Tratado Prático da Pensão por Morte

Wladimir Novaes Martinez

Advogado especialista em Direito Previdenciário

Tratado Prático da Pensão por Morte

EDITORA LTDA.

© Todos os direitos reservados

Rua Jaguaribe, 571
CEP 01224-001
São Paulo, SP – Brasil
Fone: (11) 2167-1101
www.ltr.com.br

LTr 4643.8
Junho, 2012

Dados Internacionais de Catalogação na Publicação (CIP)
(Câmara Brasileira do Livro, SP, Brasil)

Martinez, Wladimir Novaes
   Tratado prático da pensão por morte / Wladimir Novaes Martinez. — São Paulo : LTr, 2012.

   Bibliografia.
   ISBN 978-85-361-2153-6

   1. Direito previdenciário — Brasil 2. Pensão por morte — Brasil 3. Previdência social — Brasil I. Título.

12-06054   CDU-34:362.62:368.4(81)

Índice para catálogo sistemático:

   1. Brasil : Pensão por morte : Previdência
      social : Direito   34:362.62:368.4(81)

Sumário

À guisa de introdução 53

Capítulo 1 — Considerações Iniciais 55
    Lei Eloy Chaves 55
    Pretensão das companheiras 55
    Casamento religioso 56
    Uniões não civis 56
    União homoafetiva 56
    União estável 56
    Prova do direito 56
    Situação dos separados 56
    Distintos regimes 56
    Alcance do estudo 57
    Memória histórica 57
    Direito da mulher 57
    Experiência paulista 57
    Conclusões derradeiras 57
    Natureza da exposição 57

Capítulo 2 — Questões Vernaculares 58
    Separação das pessoas 58
    Ausência do segurado 58
    Heterossexual ou transexual 58
    Cônjuge civil 58
    Convivência marital 58
    Membro convivente 59
    Bigamia conjugal 59
    Dependente e pensionista 59
    Auxílio-reclusão 59
    Filiado ao RGPS 59
    Amásio ou amásia 59
    Concubina impura 59
    Amante 60
    Solteiro 60
    Enteado 60
    Sobrevivente 60
    Sociedade de fato 61
    Varão e varoa 61
    Provisoriedade da pensão 61
    Benefício da pensão 61
    Casamento 61
    Adulterino 61
    Espúrio 61
    Filhos 61

Capítulo 3 — Fundamentos Legais 62
    Fonte constitucional 62
    Fonte infraconstitucional 62
    Fonte histórica 62
    Consolidação das Leis 62
    Norma regulamentar 62
    Lei acidentária 63
    Norma administrativa 63
    Direito sumular 63
    Entendimentos administrativos 63
    Servidor público 63

Capítulo 4 — Renda Inicial 64
    Limite mínimo e máximo 64
    Segurado em atividade 64
    Auxílio-doença 64
    Aposentadoria por invalidez 64
    Acréscimo de 25% 65
    Presidiário falecido 65
    Morte presumida 65
    Segurado especial 65
    Reserva de cotas 65
    Revisões *a posteriori* 66
    Período básico de cálculo 66
    Buraco negro 66
    Benefício suspenso 66
    Percentual doutrinário 66
    Auxílio-acidente 66
    Evolução histórica 67
    Pensão alimentícia 67
    Dependente incapaz 68
    Imposto de Renda 68
    Regimes especiais 68
    Abono de permanência em serviço 68

Capítulo 5 — Data do Início 69
    Regra legal 69
    DIB na DO 69
    DIB na DER 69
    Posição da lei 69
    Atualização monetária 69
    Solicitação tardia 70
    Cômputo do prazo 70
    Conceitos válidos 70
    Prescrição do incapaz 70
    Declaração da emancipação 71

DIB judiciária	71
Habilitação *a posteriori*	71
Direito intertemporal	71

Capítulo 6 — Data da Cessação ... 72
Data da suspensão	72
Data do cancelamento	72
Recuperação da higidez	72
Data da emancipação	72
Maioridade previdenciária	73
Ausência ou desaparecimento de pensionista	73
Reaparecimento do segurado	73
Filho adotado	73
Cessação pela união estável	73

Capítulo 7 — Pressupostos Legais ... 74
Qualidade de dependente	74
Período de carência	76
Evento determinante	76
Morte presumida	77
Concomitância dos requisitos	77
Perícia médica	77
Segurado facultativo	77
Trabalhador não registrado	78
Contribuinte individual	78
Documentos necessários	78

Capítulo 8 — Qualidade de Segurado ... 79
Segurado facultativo	80
Direito à aposentadoria	80
Benefícios por incapacidade	80
Registro na CTPS	80
Resgate da qualidade	81
Causa mortis	81
Flexibilização do entendimento	81

Capítulo 9 — Qualidade de Dependente ... 82
Natureza jurídica	82
Cumulatividade do estado	82
Início da relação	82
Manutenção da condição	82
Perda da condição	82
Recuperação do *status*	83

Capítulo 10 — Morte Presumida ... 84
Ausência do segurado	84
Abandono do lar	84

Desaparecimento do segurado	84
Reaparecimento do segurado	85
Data do início	85
Evasão de presidiário	85
Suspeito foragido	85
Presença da comoriência	85

Capítulo 11 — Concorrência dos Interessados 86
    Conceito mínimo 86
    Esposa e companheira 86
    Concorrência de famílias 87
    Dependência econômica 87
    Rateio dos percentuais 88
    Pensão de duas famílias 88
    Aplicação retroativa 89
    Companheira e filhos 89
    Renúncia aos alimentos 90

Capítulo 12 — Núcleo Básico da Família 92
    Dependentes preferenciais 92
    Direito dos cônjuges 92
    Direito dos companheiros 92
    Direito dos filhos 92
    Tipos de filhos 93
    Filhos adulterinos 93
    Pessoas agregadas 93
    Paternidade *a posteriori* 93
    Enteados do segurado 93
    Menores sob guarda 94
    Marido não inválido 95
    Filhos emancipados 95
    Invalidez pré-existente 95
    Direito do varão 95
    Concorrência do companheiro com o filho 95
    Mãe do segurado 96
    Sobrinhos 96
    Sexagenários 96
    Marido desempregado 96
    Renúncia da viúva 96

Capítulo 13 — Pais do Segurado 97
    Pai e mãe 97
    Progenitores separados 97
    Progenitores separados e casados 97
    Falecimento de um progenitor 97
    Dependência econômica 97

    Dependência parcial 98
    Ação alimentícia 98
    Inexistência dos preferenciais 98
    Padrastos dos enteados 98

Capítulo 14 — Irmãos do Segurado 99
    Menores de idade 99
    Irmãos emancipados 99
    Invalidez dos irmãos 99
    Irmãos deficientes 99
    Concorrência na classe 99
    Qualidade de dependente 99
    Aposentadoria após o óbito 100
    Perícia médica 100

Capítulo 15 — Designação de Pessoas 101
    Menção legal 101
    Decreto n. 89.312/84 101
    Lei n. 8.213/91 101
    Motivação legislativa 101
    Lei n. 9.032/95 101
    Direito adquirido 102
    Correção vernacular 102
    Filha maior não inválida 102
    Lei n. 6.636/79 102
    Neto de servidor 102
    Limitação da designação 103
    Perda da designação 103

Capítulo 16 — Dependência Econômica 104
    Questão vernacular 104
    Conceito mínimo 104
    Designação de companheira 105
    Presunções vigentes 105
    Natureza da quitação 105
    Falta de pagamento 105
    Desquitada sem alimentos 106
    Renúncia aos alimentos 106
    Inversão da pensão 107
    Pensão alimentícia e previdenciária 107
    Dependência não exclusiva 108
    Auxílio-suplementar 108
    Momento da definição 108
    Perda do direito 108
    Tipos de dependências 109
    Necessidade superveniente 110

Abandono do lar 110
Provas da dependência 111
Ausência da concorrência 111
Presunção do pagamento 111
Cessão de imóvel 112

Capítulo 17 — Dependência dos não Preferenciais 113
Pai e mãe 113
Momento da definição 113
Filho casado 114
Filho enteado 114
Idade do filho falecido 114
Irmãos do segurado 114
Filho casado 114
Mais de um filho 114
Exclusividade da pessoa 114
Pai e mãe separados 114
Sobrinho do segurado 114
Presunção da invalidez 114
Prova exclusivamente testemunhal 115
Documentos comprobatórios 115

Capítulo 18 — Inscrição dos Dependentes 116
Anacronismo histórico 116
Conceito regulamentar 116
Principais segurados 116
Dependentes do segurado 117
Separação judicial 117
Segurado especial 117
Inscrição na empresa 117
Idade mínima 117
Comprovação da invalidez 117
Declaração de não emancipação 117
Inscrição dos pais 117
Extinção da inscrição 117
Múltipla filiação 118
Segurado facultativo 118
Equiparação ao filho 118
Designação da companheira 118
Ausência da inscrição 118
Filho adotado 118
Contribuintes individuais 118
Revisão da renda 118
Inscrição póstuma 118
Marco inicial 119
Documentos exigidos 119

Capítulo 19 — Ausência do Cônjuge 120

Capítulo 20 — Dependentes Separados 121

Capítulo 21 — Cônjuge Afastado 122
    Casados separados 122
    Separação judicial 122
    Conviventes separados 122
    Separado com companheira 122
    Pessoas ausentes 123
    Desaparecidos em acidente 123
    Evadidos da prisão 123
    Foragidos da polícia 123
    Detentos em presídio 123
    Internados em hospital 123
    Sequestrados em cativeiro 124
    Separados vivendo junto 124
    Interditados judicialmente 124
    Residências separadas 124

Capítulo 22 — Dependentes Ausentes 125
    Morte presumida 125
    Residência no exterior 125
    Desconhecimento do paradeiro 125
    Residência dos filhos 125

Capítulo 23 — Pecúlio Acidentário 126
    Valores históricos 126
    Montante do benefício 126
    Fonte formal 126
    Indexador próprio 126
    Prazo de decadência 126
    Acumulação com pensão 126
    Distinção do previdenciário 126

Capítulo 24 — Acidente de trânsito 127

Capítulo 25 — Infortúnio Acidentário 129
    Origem histórica 129
    Acidente típico 129
    Acidente de trajeto 129
    Qualquer natureza 129
    Afastamento e morte 129
    Valor do benefício 129
    Período de carência 130
    Auxílio-acidente 130
    Fator previdenciário 130

Necessidade da CAT 130
Auxílio-funeral 130
Volta ao trabalho 130
Direito do presidiário 131
Segurados sexagenários 131
Pecúlios do passado 131
Dano moral 131

Capítulo 26 — União Civil 132
Particularidades distintivas 132
Pensão alimentícia 133
Reserva da cota 134
Decantação do direito 134
Presença da aposentadoria 134
Deficientes e idosos 134
Cobrança dos cartórios 134
Casamento anulado 134
Casamento combinado 134
Distinção da união estável 135

Capítulo 27 — Características Gerais 136
Direito de terceiros 136
Pressuposto lógico 136
Dependência econômica 136
Iniciativa do titular 136
Irreversibilidade da concessão 137
Preferência na concessão 137
Definitividade da manutenção 137
Continuidade dos pagamentos 137
Reedição do direito 137
Multiplicidade de benefícios 137
Independência da necessidade 138
Natureza alimentar 138
Imprescritibilidade do direito 138
Data do início 138
Comutatividade sexual 138
Renúncia ao direito 138
Penhorabilidade do valor 138
Responsabilidade sucessória 138
Complementaridade privada 138
Descontos possíveis 138
Acessório do principal 139
Presença da aposentadoria 139
Deficientes idosos 139
Cobrança dos cartórios 139
Classificação didática 139
Presença de individualidade 139

Capítulo 28 — União Estável 140
    Introdução do tema 140
    Indenização civil 140
    Residência comum 141
    Tempo de constância 141
    Homem divorciado 141
    Cenários possíveis 141
    Distinções necessárias 142
    Decantação legal 143
    Nuanças elementares 143
    Amoralidade da legislação 144
    Análise previdenciária 144
    Uniões instáveis 145
    Viúvo com companheira 146
    Provas da união 146
    Impossibilidade de união estável 146
    Boa-fé dos unidos 146
    União estável parcial 146
    Jovens ficantes 147

Capítulo 29 — União Homoafetiva 148
    Conceito mínimo 148
    Visão doutrinária 148
    Visão judicial 149
    Natureza jurídica 149
    Concepção constitucional 149
    Definição legal 150
    Disciplina regulamentar 151

Capítulo 30 — Nuanças Inerentes 152
    Pressupostos gerais 152
    Convivência pública 154
    Constância da relação 154
    Presença da família 154
    Dificuldades inerentes 154
    Previdência social 155
    Prova posterior 155

Capítulo 31 — Uniões Instáveis 156
    Instabilidade da vida em comum 156
    Relações fugazes 156
    Encontros instantâneos 156
    Gravidez indesejada 156
    Filhos com prostitutas 156
    Conclusões válidas 157

Capítulo 32 — Provas das Uniões 158
    Casamento civil 158
    Casamento religioso 158
    União estável 158
    Provas comerciais 158
    Provas civis 158
    Provas religiosas 159
    Provas previdenciárias 159
    Provas securitárias 159
    Provas sociais 159
    Provas trabalhistas 159
    Prova da previdência complementar 159
    Provas tributárias 160
    Assistência à saúde 160
    Provas pessoais 160
    Provas penais 160
    Provas bancárias 160
    Provas habitacionais 160
    Provas cartoriais 160
    Provas judiciais 161
    Provas da designação 161
    Provas testemunhais 161
    Justificação Administrativa 161
    Diversos meios 161

Capítulo 33 — Relações Incestuosas 162

Capítulo 34 — União da Convivente Pensionista 163

Capítulo 35 — Justificação Administrativa 164
    Conceito básico 164
    Essência do procedimento 164
    Instrução do pedido 165
    Possibilidade de recurso 165
    Função e objetivos 165
    Rol de testemunhas 166
    Eficácia e alcance 166
    Momento da produção 166
    Início razoável de prova material 167

Capítulo 36 — Casamento e União Estável 168
    Divisão diferenciada 169
    Filho com a companheira 169

Capítulo 37 — Uniões Simultâneas 170
    Dois casamentos 170
    Bigamia de unidos 170

Casado com casado 171
Dois casamentos religiosos 171
Nulidade da segunda união 171

Capítulo 38 — Heterossexual com Homossexual 172

Capítulo 39 — Transsexuais e Bissexuais 173

Capítulo 40 — Irmãos em Família 175

Capítulo 41 — Presença do Amante 176

Capítulo 42 — Múltiplas Pensões 178
Dupla aposentadoria 178
Pensões dos IAPs 178
Servidores aposentados 178
Identidade dos valores 179
Marinha mercante 180
Dois IAPs 180
RGPS E RPPS 180
Servidor facultativo 180
Pecúlio 180
Duas atividades 180

Capítulo 43 — Servidores Públicos 181
Fonte constitucional 181
Renda inicial 181
Norma de superdireito 182
Direito ao benefício 182
Limites do valor 182
Data do início 182
Tipos de pensões 182
Não preferenciais 183
Período de carência 183
Concessão integral 183
Distribuição das quotas 183
Impugnação extemporânea 183
Pensão para o homicida 183
Morte presumida 183
Qualidade de dependente 183
Reversão da quota 184
Paridade de valor 184
Contribuição dos pensionistas 184
Regra de acumulação 184
Cônjuge varão 184
Pensão da Lei n. 3.373/58 184
Pecúlio da GEAP 185
Pecúlio *post mortem* 185

Filha solteira 185
Presunção do laudo 185
Súmula STF n. 229 185

Capítulo 44 — Servidores sem Regime Próprio 186

Capítulo 45 — Servidores e Facultativos 187

Capítulo 46 — Servidores Ex-Celetistas 188
Banco Central 188
Disposições transitórias 188
Inconstitucionalidade 188
Distinções necessárias 189
Disposição constitucional 189
Decisão do Supremo 189
Direitos supervenientes 190
Data do início 190

Capítulo 47 — Complementação dos Servidores 191
Introdução do tema 191
Regras interpretativas 191
Disposição constitucional 191
Enquadramento científico 192
Clientela protegível 192
Compulsoriedade da instituição 192
Norma criadora 192
Fundo multipatrocinado 192
Obrigatoriedade de ingresso 192
Fontes de financiamento 193
Contribuição obrigatória 193
Aporte dos assistidos 193
Tipo de planos 193
Modalidade dos benefícios 194
Tábua de mortalidade 194
Servidores não abrangidos 194
Dotação inicial 194
Retirada de patrocinadora 195
Observância do art. 40 195
Submissão à PREVIC 195
Princípios aplicáveis 195
Pensão por morte 196
Futuro do dispositivo 196

Capítulo 48 — Demissão de Servidores 197
Demitido sem aposentadoria 197
Aposentadoria por tempo de contribuição 197
Tempo de serviço 197

Definitividade do benefício 198
Aposentadoria como pena 198
Lei n. 8.112/90 198
Reversão ao serviço público 198
Regras de interpretação 198

Capítulo 49 — Parlamentares da República 199
Previdência dos Congressistas 199
Seguridade dos Congressistas 199
Conceito de parlamentar 199
Conceito de dependentes 199
Pensão por morte 199
Valor do benefício 199
Qualidade de parlamentar 199
Paridade nos reajustamentos 200
Contribuição dos pensionistas 200
Filiação RGPS 200
Décimo terceiro salário 200
Aplicação do ESPCU 200
Pensões estaduais 200
Tempus regit actum 200

Capítulo 50 — Servidores Militares 201
Conceito de militar 201
Definição de beneficiários 201
Inscrição dos beneficiários 202
Exclusão de beneficiários 202
Duas uniões estáveis 202
Designação de beneficiários 202
Valor do benefício 202
Período de carência 202
Perda do cargo 202
Promoção *post mortem* 202
Morte presumida 203
Cessação do benefício 203
Reversão 203
Prescrição 203
Regras de acumulação 203
Paridade do valor 203
Vigência dos percentuais 203

Capítulo 51 — Ferroviários Federais 205
História dos ferroviários 205
Condições mínimas 205
Aplicação do RGPS 205
Complementação do INSS 205

Regras de acumulação 206
Desvinculados da RFFSA 207
Acumulação permitida 207
Ausência de opção 207
Dupla aposentadoria 207
Reajustamento das mensalidades 207
Menor aprendiz 208
Vinculação ao RGPS 208
Pensão por morte 208
Dupla aposentadoria 208

Capítulo 52 — Economiários do SASSE 209
Origem do SASSE 209
Absorção pelo INPS 209
Pensão dos economiários 209
Abono de permanência serviço 209
Benefícios próprios 209
ECONOMUS 210
Sucessor do SASSE 210

Capítulo 53 — Regime dos Ex-Combatentes 211
Normas básicas 211
Parecer CJ/MPAS n. 3.052/03 212
Pensão especial 212
Promoção *post mortem* 212
Prazo para revisão 212
Acumulação de benefícios 212
Óbito anterior a 5.10.1988 213
Vigilância do litoral 213
Invalidez posterior ao óbito 214

Capítulo 54 — Segurados Reclusos 215
Fuga do presidiário 215
Progressão da pena 215
Evento determinante 216
Concessão e manutenção 216
Dependência econômica 216
Progressão da pena 216
Morte do preso 217
Acréscimo na RMI 217

Capítulo 55 — Auxílio-Reclusão 218
Conceito mínimo 218
Tipos de prisão 218
Exigência constitucional 218
Qualidade de segurado 219
Qualidade durante fuga 219

Período de carência 219
Evento determinante 219
Beneficiários do benefício 219
Data do início 219
Fuga do presidiário 219
Renda inicial 219
Prisão provisória 220
Equiparado ao presidiário 220
Conceito de pena 220
Livramento condicional 220
Ausência da remuneração 220
Atividade remunerada 220
Benefícios do presidiário 220
Benefício dos homossexuais 221
Filho *a posteriori* 221
Dependente designado 221
Menor sob guarda 221
Habilitação *a posteriori* 221
Qualidade de segurado 221
Cessação do benefício 221
Suspensão dos pagamentos 222
Casamento do cônjuge 222

Capítulo 56 — Casamento na Prisão 223

Capítulo 57 — Presidiários e Internados 225

Capítulo 58 — Requerimento Inicial 226

Capítulo 59 — Transferência de Benefícios 227
Conceito mínimo 227
Direito subjetivo 227
Autor do pedido 227
Mudança administrativa 227
Norma administrativa 227
Iniciativa do interessado 227
Transferência de banco 227
Requerimento de solicitação 227
Transferência para o exterior 228
Fusão do rateio 228

Capítulo 60 — Perícia Médica 229
Conceito mínimo 229
Oportunidade da realização 229
Realização prévia 229
Presença do assistente 230
Remarcação do exame 230
Local da realização 230

Post mortem	230
Prova extemporânea	230
Obrigação legal	230
Continuidade dos exames	230
Cessação da manutenção	230
Menores de idade	231
Providências dos autores	231
Demonstração judicial	231
Autarquia federal	231
Prazo judicial	231
Direito comparado	231

Capítulo 61 — Solicitação e Concessão 232
- Requisitos básicos 232
- Titularidade do benefício 232
- Instrução do pedido 232
- Renda inicial 232
- Reserva de cotas 233
- Comunicação aos interessados 233
- Aperfeiçoamento do ato 233

Capítulo 62 — Habilitação *a Posteriori* 234
- Imprescritibilidade do direito 234
- Presença tardia 234
- Concorrência extemporânea 234
- Inação da titular 234
- Invalidez após o óbito 235
- Inclusão tardia 235

Capítulo 63 — Reajustamento das Mensalidades 236
- Reajustamento no RGPS 236
- Integralidade do índice 237
- Proporcionalidade da modificação 237
- Indexador vigente 237
- Divulgação da decisão 237
- Salário-mínimo 238
- Índice negativo 238
- Acréscimo real 238
- Paridade dos servidores 238
- Regra permanente 238
- Paridade transitória 238
- Paridade mitigada 238
- Paridade plena 239

Capítulo 64 — Revisão de Benefícios 240
- Introdução da matéria 240
- Ciência dos fatos 240

Estrutura da interposição 240
Causa petendi 241
Provas materiais 241
Questões jurídicas 241
Recálculo da renda 241
Razões e comprovações 241
Revisão da revisão 242
Reformatio in pejus 242
Prazo para solicitação 242
Revisão judicial 242
Teoria dos sistemas 242

Capítulo 65 — Possibilidade de Despensão 243
Conceito mínimo 243
Titularidade do direito 243
Posição da Justiça Federal 243
Revisão da aposentadoria 243
Revisão da pensão 243
Data do início 244

Capítulo 66 — *Tempus Regit Actum* 245
Amplitude da legislação 245
Retroação natural 245
Ex-combatente 245
Direito sumular 246
Renda mensal inicial 246
Tempus regit actum 247
Norma mais benéfica 247
Entendimento jurisprudencial 247
Decisão do STF 247
Crítica da decisão 248

Capítulo 67 — Suspensão de Benefícios 249
Procedimento administrativo 249
Questões vernaculares 249
Conceito de fraude 249
Revisão administrativa 249
Suspeita de fraude 250
Certeza da ilicitude 250
Suspeita na manutenção 250
Presença de indícios 251
Posição da AGU 251
Mandado de segurança 251
Interposição de recurso 252
Momento da suspensão 252
Suspensão e cancelamento 252

Considerações gerais 252
Processo judicial 253

Capítulo 68 — Atualização Monetária 254
Natureza da atualização 254
Pensamento oficial 254
Norma legal 255
Benefício complementar 255
Períodos corrigidos 256
Valor hipotético 256

Capítulo 69 — Créditos do Segurado 257
Direito dos dependentes 257
Pretensão dos sucessores 257
Habilitação dos interessados 257
Valores dos pensionistas 257
Direito do varão 258
IN INSS n. 11/06 258
Dependentes sucessores 258
Juros devidos 258

Capítulo 70 — Resíduos Trabalhistas 259
Habilitação ao numerário 259
FGTS e PIS-PASEP 259
Saldo de salários 259
Reclamações trabalhistas 259
Prazo prescricional 259
Justiça competente 259
Inventário ou arrolamento 259
Contribuinte individual 260
Súmula STF n. 229 260

Capítulo 71 — Sucessores do Falecido 261
Sucessão civil 261
Empréstimo consignado 261
Sucessão na união estável 261
Responsabilidade dos sucessores 261

Capítulo 72 — Valores Indevidos 262
Fontes formais 262
Apuração e cobrança 262
Constatação de irregularidades 262
Início da ação 262
Conceito de interessado 263
Identificação do devedor 263
Quantificação do dano 263
Concurso de autores 264

Notificação aos interessados 264
Alegações da defesa 264
Ônus da prova 264
Instrução do processo 264
Provas ilícitas 265
Registros na Administração 265
Defesa na instrução 265
Prazo para contestação 265
Entes cientificados 266
Revisão da decisão 266
Conteúdo da decisão 266
Exigência administrativa 266
Cobrança judicial 266
Obrigação dos sucessores 267
Elementos da exigibilidade 267
Cálculo do débito 267
Notificação do devedor 267
Prazo para quitação 267
Consignação em benefício 267
Cobrança judicial 267
Boa e má-fé 268
Culpa *in vigilando* 268
Decadência do crédito 268
Prescrição do valor 268
Revisão do processo 268
Vista dos autos 268
Suspensão do processo 268
Natureza alimentar 268
Devido processo legal 269
Dano moral 269
Devolução do indevido 269
Execução fiscal 269

Capítulo 73 — Tetos de 1998 e 2003 270

Capítulo 74 — Interdição dos Pensionistas 271
Conceito mínimo 271
Determinantes da interdição 271
Início da eficácia 271
Requerentes da curatela 271
Idade mínima 272
Curador nato 272
Atestado médico 272
Contrato bancário 272

Capítulo 75 — Emancipação de Irmãos 273
Concessão dos pais 273
União do irmão 273

Serviço público 273
Atividade econômica 273
Abaixo de 16 anos 274
Pátrio poder 274
Separação do emancipado 274

Capítulo 76 — Higidez de Filhos e Irmãos 275
Conceito mínimo 275
Oportunidade da realização 275
Presença do assistente 276
Continuidade dos exames 276
Demonstração judicial 276
Autarquia federal 276

Capítulo 77 — Descontos Possíveis 277
Norma legal 277
Possibilidade de parcelamento 277
Prevalência das deduções 277
Pensão alimentícia 277
Valores indevidos 277
Empréstimo consignado 277
Retenção na pensão 278
Impenhorabilidade e inalienabilidade 278
Desconto abusivo 278
Lei n. 12.470/11 278
Pensionistas no RGPS 278
Servidor público 278

Capítulo 78 — Imposto de Renda 279
Titularidade da isenção 279
Incidência mensal 279

Capítulo 79 — Adicional de 25% 280
Requerimento tardio 280
Direito *a posteriori* 280
Prescrição do direito 280

Capítulo 80 — IRSM 1994/1997 281
IRSM 281
Lei n. 10.999/04 281
Índices históricos 281
Prazo decadencial 281

Capítulo 81 — 100% da Renda Inicial 282

Capítulo 82 — Prescrição das Mensalidades 284
Imprescritibilidade do direito 284
Prescrição de mensalidades 284

Prestações vencidas 284
Revisão do INSS 285
Natureza do prazo 286
Desenvolvimento normativo 287
Contagem do prazo 288
Interrupção do prazo 288
Período administrativo 289
Indeferimento da pretensão 289
Dormientibus num sucurrit jus 289
Prescrição quinquenal 290

Capítulo 83 — Prescrição dos Menores de Idade 291
Norma previdenciária 291
Hipóteses de prescrição 291
Situação dos ausentes 292

Capítulo 84 — Acumulação de Prestações 293
Norma de superdireito 293
Segurado e dependente 293
Rendas variadas 293
Pensão e auxílio-reclusão 293
Plano de benefícios 294
Regimes distintos 294
Acumulação com aposentadoria 294
Dois ou mais filhos 294
Dois casamentos 294
Acidentária e comum 294
Administrativa e judicial 295
Lei n. 4.242/63 295
Súmula STF n. 229 295
Urbana e rural 295
Benefício da LOAS 295
Prestações securitárias 295
Servidor e trabalhador 295
Aposentadoria dos IAP 296
Seguro-desemprego 296
Aposentadoria por invalidez 296
Acumulação da aposentadoria por invalidez 296
Diferentes regimes 296
Pensões do exterior 296
Previdência complementar 296

Capítulo 85 — Contribuição dos Pensionistas 297
Imposto de Renda 297
Constitucionalidade da Lei n. 9.783/99 297

Capítulo 86 — Contribuintes Inadimplentes 298
    Qualidade de segurado 298
    Contribuição mínima 298
    Contribuinte não inscrito 299
    Regularização da situação 299
    Orientação do INSS 299
    Salário-base 299
    Desconto nas mensalidades 299
    Recolhimento atrasado 300

Capítulo 87 — Casamento Canônico 301

Capítulo 88 — Casamento no Exterior 302
    Validação nacional 302
    União estável 302
    União homossexual 302
    Pensão alimentícia 302
    Casamento de estrangeiro 302
    Divórcio no exterior 303
    Casamento canônico 303
    Casamento no Brasil 303

Capítulo 89 — Casamentos Anulados 304
    Anulação do casamento 304
    Falso casamento 304

Capítulo 90 — Casamentos Excepcionais 306
    União espírita 306
    Casamento nuncupativo 306
    Maiores de 16 anos 306
    Menores de 16 anos 306
    Validade da procuração 306
    Posição penal 306
    Casamento putativo 307
    Cerimônia inexistente 307
    Ausência de consumação 307
    Presença do sexo 307
    Direito dos analfabetos 307
    União de um doente 307
    Noivos prometidos 307
    Cerimônia maçônica 307
    Casamento esotérico 308

Capítulo 91 — Sociedade de Fato 309
    Relação laboral 309
    Sociedade de fato 309
    União estável 310

Capítulo 92 — Casamento da Viúva 311
    União estável 311
    União pós-casamento 311
    Tríplice bigamia 312
    Carteira dos Advogados 312
    Opção pela vantajosa 312
    Direito sumular 313
    Drama social 314
    Segundas núpcias 314

Capítulo 93 — Casamento de Filhos e Irmãos 315

Capítulo 94 — Filhos Legítimos 316

Capítulo 95 — Filhos Inválidos 317
    Demonstração *a posteriori* 317
    Resgate da higidez 317

Capítulo 96 — Filhos Incapazes 318

Capítulo 97 — Irmãos Inválidos 319
    Momento da decantação 319
    Demonstração *a posteriori* 319
    Presunção de dependência 319
    Perícia médica 319
    Resgate da higidez 319

Capítulo 98 — Filhos Universitários 320
    Pensamento da 4ª Região 320
    Plano de benefícios 320
    Conselho de Recursos 320
    Turma de Uniformização 321
    Castro Guerra 321

Capítulo 99 — Filhos Tutelados 323
    Menores abandonados 323
    Condição de dependente 323
    Definição administrativa 323
    Dependência econômica 323
    Posse de bens 323
    Garantia do sustento 323
    Certeza da educação 323
    Cessação da tutela 323

Capítulo 100 — Filhos Naturais 324

Capítulo 101 — Agregados Familiares 325

Capítulo 102 — Filhos Adotivos 326

Capítulo 103 — Filhos Enteados 327
   Dependência econômica 327
   Inscrição do dependente 327
   Prova da dependência 327

Capítulo 104 — Menores sob Guarda 328

Capítulo 105 — Filhos de Proveta 329

Capítulo 106 — Filhos Extemporâneos 330
   Filhos comuns 330
   Filhos *post mortem* 330
   Fecundação artificial 330
   Inseminação homóloga 330
   Inseminação heteróloga 330
   Presunção legal 331
   Casamento da mulher 331

Capítulo 107 — Menores de Idade 332
   Menor de 14 anos 332
   Artista-mirim 332
   Menor de 16 anos 332
   Menor de 18 anos 332
   Carta Magna 332
   Menor aprendiz 333
   Contagem do tempo de serviço 333
   Guarda-mirim 334
   Menor contratado 334
   Escolas técnicas 334

Capítulo 108 — Filhos Emancipados 336
   Concessão dos pais 336
   Casamento do menor 336
   Emprego público 336
   Curso superior 336
   Empreendimento econômico 336
   Relação de emprego 337

Capítulo 109 — Crianças Abandonadas 338

Capítulo 110 — Filhos de Mãe Genética 339
   Questões vernaculares 339
   Mãe gestante 339
   Mãe genética 339
   Primeiras conclusões 340

Capítulo 111 — Jornalistas Profissionais 341
   Condições gerais 341
   Conceito de jornalista 341

Tempo de serviço 342
Valor da aposentadoria 342
Pensão por morte 342

Capítulo 112 — Jogadores de Futebol 343
Conceito mínimo 343
Renda mensal 343

Capítulo 113 — Aeronautas Nacionais 344
Conceito de aeronauta 344
Comprovação das condições 344
Tempo de serviço computado 344
Data do início 344
Renda mensal 344
Reajustamento anual 344
Perda da condição 345
Valor do benefício 345

Capítulo 114 — Juízes Temporários 346
Conceito mínimo 346
Benefício da aposentadoria 346
Aposentadoria compulsória 346
Aposentadoria por tempo de contribuição 346
Renda mensal 346
Contagem recíproca 346
Aposentadoria no RGPS 347
Direito imprescritível 347
Dez anos no cargo 347
Valor da pensão 347

Capítulo 115 — Plano Básico 348
Escorço histórico 348
Plano Básico 348
Trabalhadores protegidos 348
Definição dos dependentes 348
Prestações devidas 349
Contribuições mensais 349
Valor da pensão 349
Órgão gestor 349

Capítulo 116 — Programa aos Estudantes 350
Filiação do segurado 350
Manutenção da qualidade 350
Inscrição do beneficiário 350
Contribuição mensal 350
Cômputo do tempo de serviço 350
Requisitos legais 350

Plano de prestações 350
Período de carência 350
Instituidor do benefício 351
Pensão por morte 351
Beneficiário do programa 351
Pecúlio por morte 351
Acumulação dos benefícios 351
Extinção do plano 351

Capítulo 117 — Auxílio-Funeral 352
Natureza do benefício 352
Período de carência 352
Contingência protegida 352
Destinatários do direito 352
Prazo de decadência 352
Morte no exterior 352
Talidomida e LOAS 352
Concorrência esposa/companheira 352
Remuneração máxima 353
Pagamento pela empresa 353
Desembolso pelo INSS 353
Benefício dos metalúrgicos 353

Capítulo 118 — LOSSB 354
LOSSB 354
Pensão por morte 354
Segurados obrigatórios 354
Salário de benefício 354
Dependentes do segurado 354

Capítulo 119 — Salário-Base 355
Origem histórica 355
Progressão e regressão 355
Cumprimento dos interstícios 355
Revisão do enquadramento 355
Revisão de cálculo 356
Correção do INSS 356
Pensão por morte 356

Capítulo 120 — Benefício do IPESP 357
Dependentes preferenciais 357
Dependentes não preferenciais 357
União homoafetiva 357
Valor inicial 357
Data do início 357
Fundo de pensão estadual 357

Capítulo 121 — Previdência dos Eclesiásticos 358

Capítulo 122 — Pecúlio Acidentário ... 359
Valores históricos ... 359
Montante do benefício ... 359
Fonte formal ... 359
Indexador próprio ... 359
Prazo de decadência ... 359
Acumulação com pensão ... 359
Distinção do previdenciário ... 360

Capítulo 123 — Ato Institucional ... 361
Ato Institucional ... 361
Questão vernacular ... 361
Aposentadoria pelo empregador ... 361
Clientela protegida ... 361
Devedor da obrigação ... 361
Regras válidas ... 361
Data do início ... 362
Data da cessação ... 362
Critério de reajustamento ... 362
Regra de acumulação ... 362
Exclusão do dependente ... 362
Falecimento do titular ... 362

Capítulo 124 — Segurados Obrigatórios ... 363
Empregado previdenciário ... 363
Diretor-delegado ... 363
Bolsista ou estagiário ... 364
Empregado de Conselho ou Ordem ... 364
Empregado de cônjuge ... 364
Motorista de táxi ... 364
Volante rurícola ... 364
Trabalhador temporário ... 365
Empregado no exterior ... 365
Empregado de missão diplomática ... 365
Empregado da União ... 366
Empregado de empresa nacional no exterior ... 366
Cargo em comissão ... 366
Exercente de mandato eletivo ... 367
Empregado de organismo internacional ... 367
Empregado doméstico ... 367
Diarista ... 368
Empresário urbano e rural ... 368
Titular de firma individual ... 368
Sócio-gerente ... 368
Sócio-cotista ... 368
Sócio solidário ... 369

Sócio de indústria 369
Diretor de sociedade anônima 369
Conselho de Administração 369
Dirigente estatal 369
Diretor de cooperativa 369
Dirigente de fundações 370
Dirigente de associações e entidades 370
Gestores de órgãos sindicais 370
Órgãos colegiados jurisdicionais 370
Gestores de EAPC 370
Órgãos de controle do exercício profissional 370
Empresários rurais 371
Síndico ou administrador 371
Empresários de fato 371
Trabalhador eventual 371
Trabalhador autônomo 372
Produtor rural pessoa física 373
Garimpeiro 373
Eclesiástico 373
Empregado de organismo oficial internacional 373
Prestador de serviços no exterior 373
Avulso 373
Trabalhador em bloco 374
Médico-residente 374
Pescador artesanal 374
Tratorista rural 374
Feirante-comerciante 374
Oleiro 374
Seringueiro 374

Capítulo 125 — Segurados Especiais 375
Conceito mínimo 375
Produtor 375
Parceiro 375
Meeiro 375
Arrendatário 375
Pescador artesanal 375
Lei n. 11.718/08 376
Regime de economia familiar 376
Contratação de terceiros 376
Aposentados 376
Dirigente sindical 376
Agentes políticos 376

Capítulo 126 — Segurados Facultativos 377
Posição constitucional 377
Evolução histórica 377

Fato gerador 377
Início da filiação 377
Qualidade de segurado 378
Contribuinte em dobro 378
Filiação e inscrição 378
Clientela dos facultativos 378
Conceito mínimo 379
Impossibilidade de dupla filiação 380
Servidor facultativo 380
Facultativo complementar 380
Análise do Enunciado 381
Base da filiação 381
Natureza da relação 381
Maiores de 16 anos 381
Ex-segurado obrigatório 382
Brasileiro no exterior 382
Regime das donas de casa 382
Estudante 382
Regime Especial 383
Resgate da qualidade de segurado 383

Capítulo 127 — Bailarinas Prostitutas 384
Interesse no assunto 384
Enquadramento técnico 384
Regulamentação da matéria 384
Problemas vernaculares 385

Capítulo 128 — Professores no Magistério 386
Conceito de professor 386
Mandamento constitucional 386
Tipos de aposentadoria 387
Direito adquirido 387
Regime geral 387
Lei n. 11.301/06 387
ADI n. 3.772 388
Súmula STF n. 726 388

Capítulo 129 — Desoptantes dos IAP 389
Conceito mínimo 389
Decreto-lei n. 819/38 389
Lei n. 1.676/52 389
Última norma 389
Lei n. 3.807/60 389

Capítulo 130 — Segurados Sexagenários 390
Prestações devidas 390
Equidade ou analogia 390
Eclesiástico sexagenário 390

Capítulo 131 — Contribuintes em Dobro 391
    Pressupostos legais 391
    Segurado facultativo 391
    Pensão por morte 391

Capítulo 132 — Serventias em Extinção 392
    Nova nomenclatura 392
    Regime financeiro 392
    Rol dos participantes 392
    Dependentes dos cartorários 392
    Reajustamento das mensalidades 392
    Prescrição do direito 392
    Data do início 393
    Data da cessação 393
    Documentos necessários 393
    Valor do benefício 393
    Rateio do valor 393
    Abono anual 394
    Habilitação *a posteriori* 394
    Contribuição dos pensionistas 394

Capítulo 133 — Trabalhadores Rurais 395

Capítulo 134 — Não Segurados 397
    Ausência de características 397
    Destinação dos serviços 399
    Exclusão legal 400
    Impossibilidade jurídica 401
    Ausência de capacidade 402
    Representação de pessoas 403
    Vinculação à Justiça 403
    Vontade própria 404
    Proprietário de imóveis 404
    Brasileiro no exterior 404

Capítulo 135 — Ingresso de Incapaz 405

Capítulo 136 — Atividades Ilícitas 406
    Norma civil 406
    Conceito mínimo 406
    Trabalho proibido 406
    Policiais militares 406
    Trabalho das prostitutas 407
    Atos de cartomancia 407
    Cassinos e bingos 407

Direito Tributário 407
Menores de idade 407
Jogo do bicho 408

Capítulo 137 — Emprego com Parentes 409
Direito do Trabalho 409
Direito Previdenciário 409
Desdobramentos previdenciários 410
Noção de parentesco 410
Prestação de serviços 410

Capítulo 138 — Síndrome da Talidomida 411
Síndrome da Talidomida 411
Beneficiários do direito 411
Data do início 411
Valor do benefício 411
Critério de reajustamento 411
Acréscimo de 25% 411
Decisão judicial 412
Dever do INSS 412
Opção pela indenização 412
Vitaliciedade e intransferibilidade 412
Regras de acumulação 412
Natureza do benefício 412

Capítulo 139 — Seringueiros da Amazônia 413
Condições exigidas 413
Regra de acumulação 413
Prova do direito 413
Data do início 413
Pensão por morte 413

Capítulo 140 — Hemodiálise de Caruaru 414
Devedor da obrigação 414
Destinatários do benefício 414
Rateio da pensão 414
Exclusão dos não preferenciais 414
Atestado de óbito 414
Prova da *causa mortis* 414
Data do início 415
Valor mensal 415
Décimo terceiro salário 415
Cessação do benefício 415
Regra de acumulação 415
Suspensão da manutenção 415

Capítulo 141 — Políticos Anistiados 416
Período de anistia 416
Contagem recíproca 416

Reparação econômica 416
Parecer CJ/MPS n. 1/07 416
Teto constitucional 417
Pensão por morte 417

Capítulo 142 — Irmãos Villas Boas 418

Capítulo 143 — Portadores de Hanseníase 419
Valor do benefício 419
Reajustamento do valor 419
Natureza jurídica 419
Data do início 419
Imprescritibilidade do direito 419
Abono anual 419
Destinatário do pedido 420
Regra de acumulação 420
Acumulação com Talidomida 420
Percepção da LOAS 420
Imposto de Renda 420

Capítulo 144 — Pensões Políticas 421
Luiz Felippe Monteiro 421
Mario Kozel Filho 421
Centro de Lançamento de Alcântara 421
Alcir José Tomasi 422
Orlando Lovecchio Filho 422

Capítulo 145 — Césio 137 de Goiânia 423
Pensão goiana 423
Descendentes do contaminado 423
Dano moral 423
Prova da contaminação 423
Pensão da pensão 423
Direito individual 423
Projeto de Lei 423

Capítulo 146 — Seguro de Vida 424
Contrato de seguro 424
Segurado e seguradora 424
Normas subordinantes 424
Tipos de sinistro 424
Estipulador do seguro 424
Suicídio do segurado 425
Duração do contrato 425
Prêmio mensal 425
Indenização prevista 425
Período de carência 425

Apólice de seguro 425
Autorizados a segurar 425
Faculdade de contratação 425
Abrangência da clientela 425
Parte beneficiária 426
Designação de companheiro 426
Capital segurado 426
Acumulação com seguro social 426

Capítulo 147 — Seguro Obrigatório 427
Cobertura do seguro 427
Obrigatoriedade dos contribuintes 427
Companhias seguradoras 427
Cobertura da morte 427
Beneficiários da proteção 427
União civil 427
União estável 427
Beneficiários incapazes 427
Prazo para o pagamento 428
Causadores não identificados 428
Acumulação da proteção 428
Remissão do CC 428
Prazo de prescrição 428

Capítulo 148 — Indenizações Particulares 429
Indenização civil 429
Tipos de renda 429
Constituição de capital 429
Indenização acidentária 429

Capítulo 149 — Rendas Estatais 430
Responsabilidade do Estado 430
Danos material e moral 430
Responsabilidade de terceiros 430
Norma civil 430
Natureza jurídica 431
Regras de acumulação 431
Valor da reparação 431
Atualização monetária 431
Dependentes da vítima 431
Prêmios estatais 431

Capítulo 150 — Rendas Constituídas 432
Conceito mínimo 432
Natureza da constituição 432
Forma de pagamento 432

Garantia do credor 432
Prazo de duração 432
Beneficiário 432
Formalidade 432
Credor falecido ou doente 433
Bens oferecidos 433
Ação de exigência 433
Modalidade de pagamento 433
Estipulação genérica 433
Direito dos sobreviventes 433
Isenção de execuções 433
Pensões alimentícias 433

Capítulo 151 — Indenizações Civis 434
Conceito básico 434
Natureza jurídica 434
Titularidade do direito 434
Súmula STF n. 229 434
Carta Magna 435
Código Civil 435
Disposição do PBPS 435
Posição doutrinária 435
Dolo pessoal 436
Culpa genérica 436
Culpa grave 436
Trabalhadores de terceiros 436
Bis in idem 436
Titulares da ação 437
Tipos distintos 437
Modalidades da renda 437
Definição da mensalidade 437
Independência das ações 437
Expectativa de vida 437
Tábua de mortalidade 437
Garantia da obrigação 437
Atualização monetária 437
Cumulação civil e previdenciária 438
Óbito anterior 438

Capítulo 152 — Economistas Paulistas 439
Profissionais cobertos 439
Tipos de segurados 439
Aposentadorias possíveis 439
Pensão por morte 439
Núcleo básico 439
Núcleo amplo 439

Exclusão de dependentes 440
Renda mensal 440
Experiência Americana 440
Cessação do benefício 440
Período de carência 440
Prazo de prescrição 440

Capítulo 153 — Cartorários Paulistas 441
Notários e registradores 441
Prepostos admitidos 441
Contagem recíproca 441
Regime especial 441
Direito adquirido 442
Filiação ao IPESP 442
Acerto de contas 442
Homologação da CTC 442

Capítulo 154 — Advogados Paulistas 443
Beneficiários da Carteira 443
Dependentes do advogado 443
Designação de dependentes 443
Segurado e dependentes 443
Irmãos do advogado 443
Auxílio-reclusão 443
Ausência ou desaparecimento 444
Novo casamento 444
Impugnação de terceiros 444
Habilitação *a posteriori* 444
Valor da pensão 444

Capítulo 155 — Polícias Paulistas 445
Origem histórica 445
Fusão das organizações 445
Polícia militar 445
Guarda civil 445
Caixa Beneficente da Força Pública 446
Polícia feminina 446
Dependentes do militar 446
Data do início 446
Qualidade de segurado 446
Prescrição de mensalidades 447
Valor do benefício 447
Tempus regit actum 447
Contribuição dos pensionistas 447

Capítulo 156 — Garantia de Instância 448

Capítulo 157 — Exaurimento da Via Administrativa 449
    Renúncia ao procedimento administrativo 449
    Distinções necessárias 449
    Posição da 2ª Região 450
    Acidente do trabalho 450
    Recurso administrativo 450
    Pensamento da Justiça Federal 450

Capítulo 158 — Coisa Julgada Administrativa 452

Capítulo 159 — Impugnação de Terceiros 453
    Conceito básico 453
    Exame dos autos 453
    Data do início 453
    Devolução do recebido 453
    Impugnação política 453
    Sujeitos da relação 454
    Previdência complementar 454

Capítulo 160 — Prova emprestada 455

Capítulo 161 — Tutela Antecipada 456

Capítulo 162 — Ação Regressiva 457
    Pensamento jurisprudencial 457
    Vitórias da AGU 457
    Cálculo previdenciário 457
    Depósito garantidor 458
    Credor da indenização 458
    Prazo prescricional 458
    Justiça competente 458
    Motoristas culpados 458

Capítulo 163 — Valor da Equidade 459

Capítulo 164 — Princípios Aplicáveis 461
    Precedência do custeio 461
    Norma mais benéfica 461
    Direito intertemporal 461
    Ato jurídico perfeito 461
    Coisa julgada 461
    Direito adquirido 462
    Devido processo legal 462
    Prevalência do Judiciário 462
    Imprescritibilidade do direito 462
    Conhecimento da lei 462
    Alimentaridade da prestação 462

Substitutividade dos salários 462
Atualização monetária 463

Capítulo 165 — Natureza Jurídica 464

Capítulo 166 — Presunções Válidas 465
Dependência econômica 465
Filhos em comum 465
Necessidade alimentar 465
Presunção da morte 465
Presunção da designação 465
Pensão alimentícia 466
Presunção da incapacidade 466
Presunção da independência 466

Capítulo 167 — Interpretação da Matéria 467
Norma mais benéfica 467
Princípio da realidade 467
Amoralidade da interpretação 467
In dubio pro misero 468
Interpretação teleológica 468
Pensão por morte 468

Capítulo 168 — Aplicação do Direito 469
Elemento pré-jurídico 469
Mens legislatoris 469
Mens legis 469
Regulamentação da norma 470
Aplicação prática 470
Integração da norma 470
Entendimentos administrativos 470
Pensamento doutrinário 470
Pretensão dos beneficiários 471
Dissídios administrativos 471
Composição judicial 471
Papel dos advogados 471
Sentença judicial 471
Jurisprudência 471
Súmulas judiciais 471

Capítulo 169 — Relação Jurídica 472
Polos da relação 472
Pessoas físicas 472
Pessoa jurídica 472
Titulares responsáveis 472
Procuradores representantes 472
Benefícios trabalhistas 472

Seguro privado 472
Rendas indenizatórias 473
Obrigações estatais 473
Ministério Público 473
Terceiros interessados 473
Previdência complementar 473
Dinâmica da relação 473
Administrativa e judicial 473

Capítulo 170 — Direito Adquirido 474
Prestação enfocada 475
Tempus regit actum 475
Exigência do exercício 475
Requisitos necessários 475
Ausência de direito 475
Pretensão ao direito 476
Expectativa de direito 476
Direito simples 476
Direito adquirido 476
Perecimento do direito 476
Factum principis 476
Designação de pessoas 476

Capítulo 171 — Ministério Público Federal 477

Capítulo 172 — Validade do CDC 478
Norma sumular 478
Normas previdenciárias 478
Previdência privada 478
Serviço público 479
Lei n. 8.078/90 479
Exclusividade da aplicação 479
Questões vernaculares 479
Solução arbitrada 480
Entidades abrangidas 480
Correntes doutrinárias 480

Capítulo 173 — Essência Alimentar 482
Introdução do tema 482
Nota constitucional 482
Instituto técnico 482
Componentes mínimos 482
Mensalidades atrasadas 483
Princípio da irrepetibilidade 483
Fundamentos da irrepetibilidade 483
Pensão alimentícia 484

Alimentaridade da pensão por morte 484
Particularidades do percipiente 484
Concorrência na pensão por morte 485

Capítulo 174 — Renúncia ao Direito 486

Capítulo 175 — Regime Constitucional 487
Evento determinante 487
Previsão específica 487
Distinção das pessoas 487
Valor diferenciado 488
Arrolamento dos dependentes 488
Silêncio sobre a complementação 488
Previdência patronal 488
Contribuição dos pensionistas 488
Tipos de uniões 488
União homoafetiva 489
Indenização acidentária 489
Pensão militar 489
Militares não federais 489
Disposições transitórias 489
Ex-combatentes 489
Dependentes dos seringueiros 489
Poder aquisitivo 490
Cumprimento dos princípios 490

Capítulo 176 — Momento da Definição 491
Validade do cenário 491
Validade da união 491
Nascimento após o óbito 492
Dependência econômica 492
Invalidez dos dependentes 492

Capítulo 177 — Direito Comparado 493
Alemanha 493
Argentina 493
Bélgica 493
Canadá 493
Chile 493
China 493
Estados Unidos 494
França 494
Itália 494
México 494
Noruega 494
Portugal 494
Rússia 494
Uruguai 494

Capítulo 178 — Obrigações Derivadas 495
  Comunicação do acidente 495
  Aviso ao INSS 495
  Pedido de pensão 495
  Empréstimo consignado 495
  Exclusão de dependentes 495
  Óbito do pensionista 495
  Processo administrativo 495
  Processo judicial 495
  Deveres médicos 496
  Comunicação aos cartórios 496
  Interesse estatístico 496
  Mapeamento de sinistros 496
  Tempo especial 496

Capítulo 179 — Volição do Segurado 497
  Volunta legis 497
  Preceito constitucional 497
  Pensão por morte 497
  Regime geral 497
  Regimes próprios 497
  Servidor federal 497
  Regime militar 498
  Regime parlamentar 498
  OABPrev-SP 498
  Carteira Paulista 498
  Previdência complementar 498

Capítulo 180 — Moralidade dos Dependentes 499
  Machismo militante 499
  Distinções jurídicas 499
  Código Civil 500
  Relações com o gestor 500
  Direito do Trabalho 501
  Dano moral 501
  Seguro privado 501

Capítulo 181 — Aplicação do ECA 502
  Conceito de criança 502
  Direitos fundamentais 502
  Deveres da família 502
  Direito à vida e à saúde 502
  Família substituta 502
  Direito dos filhos 502
  Reconhecimento de filhos 503
  Menor sob guarda 503

Filho adotado	503
Adoção por separados	503
Pátrio poder	503
Adoção internacional	503
Adolescente aprendiz	503
Adolescente deficiente	504
Desaparecimento de menores	504

Capítulo 182 — Pensões no Exterior 505

Capítulo 183 — Consequências do Homicídio 506

Direito Civil	506
Direito Previdenciário	506
Direito dos filhos	506
Pensamento doutrinário	507
Homicida condenado	507
Absolvição do criminoso	507
Crime culposo	507
Situações especiais	508
Homicídio de servidor	508
Objetivos do agente	508

Capítulo 184 — Suicídio do Segurado 509

Premeditação do ato	509
Ocorrência trabalhista	509
Suicídio previdenciário	509
Absolvição do acusado	510
Analogia civilista	510
Devolução do indevido	510

Capítulo 185 — Aspectos Penais 511

Falsificação de documentos	511
Estelionato previdenciário	511
Não comunicar o óbito	511

Capítulo 186 — Declarações Internacionais 512

Capítulo 187 — Regime das Donas de Casa 513

Segurados previstos	513
Renda própria	513
Âmbito do trabalho	513
Baixa renda	513
Natureza jurídica	513
Início da relação	514
Comunicação com o RGPS	514
Alíquota de contribuição	514
Período de carência	514
Benefícios previstos	514

Cálculo das prestações ... 514
Aposentadoria por idade ... 515
Salário-maternidade ... 515
Aposentadoria por tempo de contribuição ... 515
Prestações acidentárias ... 515
Remissão ao RGPS ... 515
Pensão por morte ... 515
Solidariedade social ... 515

Capítulo 188 — Pecúlio da GEAP ... 516
Ingresso do destinatário ... 516
Destinatários do benefício ... 516
Novação da designação ... 516
Natureza do vínculo ... 516
Período de carência ... 516
Base de cálculo ... 517
Diminuição da base de cálculo ... 517
Contribuição mensal ... 517
Pecúlio do cônjuge ... 517
Pecúlio por AIDS ... 517
Autopatrocínio ... 517
Resgate das contribuições ... 517
Portabilidade do capital ... 517
Benefício proporcional diferido ... 517
Adiantamento por aposentadoria ... 518
Pecúlio na morte ... 518
Pecúlio proporcional em vida ... 518
Cálculo da contribuição ... 518
Limite do valor ... 518
Decadência e prescrição ... 518

Capítulo 189 — Regime dos Informais ... 519
Previsão normativa ... 519
Regime dos Informais ... 519
Regras de comunicação ... 519
Alíquotas de contribuição ... 519
Base de cálculo ... 519
Acréscimos legais ... 520
Benefícios previstos ... 520
Aposentadoria por tempo de contribuição ... 520
Contagem recíproca ... 520

Capítulo 190 — Pensão dos Governantes ... 521

Capítulo 191 — Indígenas e Quilombolas ... 521

Capítulo 192 — Benefício Patronal 523
  Natureza da proteção 523
  Cumulação da proteção 523
  Independência do RGPS 524
  Justiça competente 524
  Banco do Brasil 524
  Banco Banespa 524
  Empregados da Petrobras 524
  Prescrição das reclamações 525
  Transformações em EFPC 525
  Alterações contratuais 525
  Distinções necessárias 525
  Cláusulas regulamentares 526
  Vantagens pecuniárias 526
  Direito adquirido 526
  Ligth and Power 527

Capítulo 193 — Pensão da LOAS 528
  Conceito básico 528
  Natureza jurídica 528
  Pensão por morte 528
  Percepção indevida 528
  Benefício anterior 529

Capítulo 194 — Comunicação entre Regimes 530
  Comunicação e estanqueidade 530
  Básicos e complementares 530
  Gerais e especiais 530
  Assistenciários e previdenciários 530
  Civis e não civis 530
  Pensões acidentárias 531
  Patronais e previdenciárias 531
  Regimes indenizatórios 531
  Seguro-desemprego 531
  Nacionais e estrangeiros 531
  Vigentes e extintos 531
  Contributários e não contributários 531

Capítulo 195 — Regime Especial 532
  Benefícios acidentários 532
  Contribuição mensal 532
  Prestações previstas 532
  Aposentadoria do servidor 532

Capítulo 196 — Microempreendedor Individual 533
  Conceito básico 533
  Excluídos do regime fiscal 533

Distinções necessárias 533
Regime fiscal 533
Benefícios previdenciários 534
Pensão por morte 534

Capítulo 197 — Guardas Municipais 535

Capítulo 198 — Previdência Fechada 536
Remissão ao PBPS 536
Conceito mínimo 536
Aplicação da subsidiariedade 536
Documento constitutivo 537
Pressupostos convencionados 537
Características do benefício 537
Tipos de adições 538
Contribuição do pensionista 538
Regras de acumulação 538
Uniões estáveis 538
Complementação dos ferroviários 538
Prescrição de mensalidades 538

Capítulo 199 — Retirada de Patrocinadora 539
Direito de mudanças 539
Direito de retirada 539
Universo dos participantes 540
Valor da retirada 540
Conclusões finais 541

Capítulo 200 — Efeitos da Desaposentação 542
Presunções preambulares 542
Mensalidade complementar 542
Pensão por morte 543

Capítulo 201 — Homoafetividade na Previdência Complementar 544
Identidade de situações 544
Outros direitos 544
Ausência de norma 545
Provas da união 545
Inércia do Direito Civil 546
Efetividade e família 546
Inscrição no plano 546
Previsão matemática 547
Inscrição *post mortem* no RGPS 547
Direito patrimonial 547

Capítulo 202 — Tábua de Mortalidade 548
Conceito mínimo 548
Bosquejo histórico 548

Necessidade de atualização 548
Tábuas do IBGE 549
Tábua previdenciária 549
Tábuas vigentes 549
Exemplo singelo 549

Capítulo 203 — Previdência Aberta 550
Beneficiários da cobertura 550
Taxa de carregamento 550
Contrato de adesão 550
Contribuição mensal 550
Atualização das mensalidades 550
Evento gerador 551
Início de vigência 551
Período de carência 551
Período de cobertura 551
Renda mensal 551
Pensão por morte 551
Renda vitalícia reversível 552
Renda por prazo 552
Pecúlio por morte 552
Resíduos deixados 552
Imposto de Renda 552
Parâmetros e condições 553
Tábuas biométricas 553

Capítulo 204 — CAPEMI e GBOEX 554

Capítulo 205 — MONGERAL 555
Segurados instituidores 555
Destinatários do benefício 555
Ingresso no sistema 555
Contribuição do benefício 555
Dependentes preferenciais 555
Ausência dos preferenciais 556
Rateio do valor 556
Designação de pessoas 556
Valor da pensão 556

Capítulo 206 — Competência da Previdência Complementar 557
Patrocinadora e entidade 557
Patrocinadora e PREVIC 557
Entidade e PREVIC 557
Participante e patrocinadora 557
EFPC pública e o ente político 557
Participante e entidade 558

Capítulo 207 — História do Benefício 559
    Pré-história 559
    Século XX 560
    Lei Eloy Chaves 560
    Institutos de Previdência 561
    Disposições constitucionais 561

Capítulo 208 — Abono Anual 562
    Norma vigente 562
    Evento determinante 562
    Período de carência 562
    Desnecessidade de formalidade 562
    Acumulação de benefícios 562
    Auxílio-doença 562
    Pensões especiais 563

Capítulo 209 — Fundo de Garantia 564
    Indenização trabalhista 564
    Lei n. 5.107/66 564
    Lei n. 6.858/80 564
    Norma vigente 565
    Regulamento do FGTS 565
    Sucessão provisória 565
    Prazo de prescrição 565
    Ausência de dependentes 565

Capítulo 210 — Direito Procedimental 566
    Órgãos decisórios 566
    Sujeitos da relação 566
    Comunicação do indeferimento 566
    Recurso ordinário 567
    Recurso especial 567
    Embargos declaratórios 567
    Contrarrazões 567
    Recurso adesivo 567
    Uniformização dos julgados 567
    Uniformização em tese 567
    Revisão de ofício 567
    Avocatória 567
    Coisa julgada 567
    Tratamento preferencial 568
    Defesa oral 568
    Prazos recursais 568
    Meios de prova 568
    Exame de constitucionalidade 568
    Nuanças das decisões 568

Capítulo 211 — Acordos Internacionais 569
  Conceito mínimo 569
  Direitos previstos 569
  Determinação do valor 569
  Norma específica 570
  Falecimento no exterior 570
  Óbito no Brasil 570

Capítulo 212 — Planos de Saúde 571
  Direito dos dependentes 571
  Dependentes para o MPOG 571
  Direitos dos dependentes 571
  Remissão dos pagamentos 572
  Continuidade dos pagamentos 572
  Exclusão de dependentes 572
  Dependentes de empregados 572

Capítulo 213 — Dano Moral 574
  Sujeitos da relação 574
  Avaliação prévia 574
  Provas do alegado 574
  Composição do conflito 574
  Distúrbios no atendimento 574
  Demora na concessão 575
  Negativa do benefício 575
  Reserva de quota 575
  Quantificação do valor 575
  Justiça competente 575
  Ação regressiva 575
  Informação equivocada 575
  Dano morte 576

Capítulo 214 — Modelo para um RPPS 577

Capítulo 215 — Conclusões Derradeiras 580
  Valor da renda mensal 580
  Acumulação de prestações 580
  Perda do poder aquisitivo 581
  Qualidade de segurado 581
  Situação jurídica do amante 581
  Dupla filiação do servidor 581
  Casamento do pensionista 582
  Superveniência da pensão alimentícia 582
  Contribuição dos pensionistas 582
  Possibilidade de despensão 582
  Revisão da aposentadoria 582

Casamento e união estável 582
Inadimplência do contribuinte 582
Data do início 583
Natureza alimentar 583
Justificação administrativa 583
Universalização dos critérios 583
Separação na união estável 583
Duração da união estável 583
Casamento anulado 583
Casamento canônico 583
Casamento no exterior 584
Tutela antecipada 584
Pensão e aposentadoria 584
Casamento de viúvos idosos 584
Reserva de quotas 585
Direito do homicida 585
Acordo internacional 585
Momento da definição do direito 585
Uniões simultâneas 585
Constituição de rendas 585
Filhos e irmãos deficientes 586
Menores sob guarda 586
Filhos ilegítimos 586

Obras do Autor 587

À Guisa de Introdução

A pensão por morte é a principal prestação da previdência social dos dependentes. Apresenta a extraordinária particularidade de se referir a pessoas que necessariamente não são contribuintes.

Em sua origem histórica remota dizia respeito a parentes próximos do segurados sem exercitar qualquer atividade econômica ou profissional, apenas as domésticas ou estudantes e, principalmente, que não aportavam diretamente para o custeio do benefício.

Por outro lado, ela envolve a família, um conceito complexo que abrange vários indivíduos, menores ou maiores de idade, principalmente os esposos ou companheiros e, também, os irmãos e os pais dos segurados.

Talvez seja o benefício que mais suscite a íntima relação do Direito Previdenciário com o Direito Civil, obrigando o estudioso a conhecer os mais notáveis institutos técnicos civilistas.

Um cenário que torna difícil, em face das normas que regem essa relação indireta do cidadão com a Previdência Social, a aplicação, interpretação e a sua integração, pois envolve inúmeras situações da vida em comum. Que estão permanentemente em mudanças.

Este livro é um tratado no sentido de abarcar um espectro maior do benefício, sem qualquer outra profundidade científica. É prático, ou seja, presta as primeiras informações sobre os seus principais aspectos.

Mas não deixa de fornecer fontes formais importantes, entre as quais as leis, súmulas, decisões judiciais e o que é relevante, o ponto de vista dos principais doutrinadores nacionais. Por isso, dir-se-ia que foi enfocado enciclopedicamente na forma de um manual prático.

Quem estiver se iniciando nesta área do Direito Previdenciário com certeza disporá dos principais elementos do conhecimento que são necessários e que serão úteis para a compreensão desse fenômeno.

Wladimir Novaes Martinez

Capítulo 1 – Considerações Iniciais

Tecnicamente, a pensão por morte é uma prestação de pagamento continuado que cobre um risco previdenciário imprevisível, substituidora dos salários do segurado, acumulável em certas circunstâncias, devida aos dependentes de quem detinha o atributo jurídico de segurado ativo ou inativo e que faleceu, desapareceu, ausentou-se, evadiu-se ou está foragido.

Atualmente não releva os dependentes serem filiados simultaneamente à previdência social como segurados obrigatórios, estarem aposentados ou facultativos no RGPS, filiados a um RPPS, ou outro regime, e aferiram renda própria capaz de mantê-los.

Lei Eloy Chaves

Originariamente, quando foi concebida na Lei Eloy Marcondes de Miranda Chaves (Decreto Legislativo n. 4.682/23) era uma pretensão da esposa que enviuvou e dos filhos menores de idade. Mais tarde foram incluídos os pais, os irmãos e os filhos inválidos maiores de 21 anos, tutelados, adotados, enteados e os menores sob guarda (estes últimos, depois excluídos). Recentemente foram incluídos os filhos ou irmãos com deficiência intelectual ou mental (Lei n. 12.470/11).

Pretensão das companheiras

No ano de 1966, depois de um oceano de tinta e zilhões de neurônios calcinados, não podendo mais tapar o sol com a peneira diante da gritante realidade social (elemento pré-jurídico informativo considerável), pela primeira vez o legislador reconheceu o direito das companheiras (Decreto-lei n. 66/66). Mas, sem pensar ainda nos companheiros nem nos maridos vivendo sob uma união civil.

Para se ter ideia das coisas como eram em tal tempo e como elas evoluíram significativamente, com base no art. 354, § 5º, do Decreto n. 83.080/79, Marcelo Pimentel, um jusprevidenciarista de realce no Direito Previdenciário, apoiado pelo Ministro da Previdência Social Júlio Barata, em 5.5.72 concluiu que para fazer jus à pensão por morte a mulher teria de ser honesta e pobre (Parecer MTPS n. 165/72, Proc. n. 111.676/70, *in* BS/DS n. 133, de 14.7.72).

Se uma mulher casou-se no civil e viveu 32 anos com um marido antes casado no civil, sem que esse segundo matrimônio tivesse sido anulado, ela deveria aguardar o que a Justiça decidisse sobre a validade das novas núpcias para então, se fosse o caso, fazer jus ao benefício (Parecer MTPS n. 317/783, Proc. n. 100.880/67, *in* BS/DS n. 37, de 21.1.73).

Desde 1991 é um direito das esposas e das companheiras, dos maridos e dos companheiros. Historicamente, como não poderia deixar de ser, a maior parte dos filhos menores de idade sempre tiveram e continuam tendo direito.

Casamento religioso

O casamento religioso foi finalmente acolhido, pelo menos tido como uma união estável. Feita a prova da cerimônia na igreja, esse cenário não guarda maiores dificuldades.

Uniões não civis

São consideradas outras modalidades de uniões não civis.

União homoafetiva

Somente em 2000 envolveu os conviventes homossexuais (*A União Homoafetiva no Direito Previdenciário*, São Paulo: LTr, 2009).

Em outubro de 2011, o STJ reconheceu o casamento de lésbicas gaúchas.

União estável

A união estável heterossexual e (mais recentemente) a homoafetiva são institutos técnicos ainda em substanciação na doutrina e na jurisprudência, com pouco avanço sumular. Recordando-se que historicamente a Carta Magna somente aceitou essas uniões com vista ao casamento. O que é equívoco ou um anacronismo de pensadores mentalmente idosos.

Ressentindo-se da devida majestade ao casamento como instituição tradicional afetada, nosso Código Civil mantém-se desatualizado em relação à realidade social, carecendo de revitalização científica.

Prova do direito

Como o benefício, exceto em matéria de prova, em si mesmo não guarda grandes dificuldades, este desenvolvimento preocupa-se com as questões particulares diversificadas, situações raras ou inusitadas.

Nesta seara da força persuasiva das provas subsistem questionamentos respeitáveis, principalmente porque elas devem ser produzidas tempos depois do óbito do segurado. Excetuado o pagamento da remuneração e do *animus contrahendi*, circunstancialmente não há muitas diferenças reais entre uma união estável efetiva e uma pessoa idosa que viva sozinha com uma enfermeira cuidadora.

Situação dos separados

O estado jurídico dos divorciados, desquitados, separados, ou seja, dos que estabeleceram uma nova união, ainda suscita algumas dúvidas, máxime em matéria de evidência dos cenários vividos, de modo geral entendendo-se que o distanciamento físico ou jurídico arredaria a presunção de dependência econômica e, então, ela precisaria ser demonstrada ao órgão gestor.

Distintos regimes

Uma exposição sistemática, o confronto e a comparação dos diferentes regimes previdenciários e das suas particularidades, ainda que de forma superficial, como aqui, permitirão observar as diferenças entre o RGPS, os RPPS, e as prestações de militares e parlamentares, o que faz entrever uma futura universalidade da previdência social.

Alcance do estudo

A expressão "pensão por morte" foi tomada em seu sentido mais amplo possível, tornando viável uma melhor compreensão desse instituto técnico tão importante no Direito Previdenciário e distingui-lo de outras modalidades de proteção individual ou coletiva de pessoas.

Memória histórica

Numa tentativa de iniciar-se uma memória histórica do benefício está registrada a presença de institutos técnicos desaparecidos e dos modelos afins de cobertura dos dependentes que contribuem para uma melhor compreensão da pensão por morte.

Não foram esquecidos alguns benefícios indenizatórios, de legislação específica, política ou estatal, mesmo aqueles que desapareceram, na medida em que esse rastreamento induzirá à compreensão do fenômeno jurídico da pensão por morte de pessoas vivas.

Direito da mulher

A despeito de todo o avanço deste dealbar do Século XXI é possível vislumbrar que o benefício é uma conquista pela luta dos direitos da mulher, desde a disposição do Código de Hamurabi de destinar-lhe os aposentos até agora, quando são tantas as hipóteses do reconhecimento desses direitos.

Experiência paulista

Diante de sua experiência relevante, não pudemos deixar de mencionar instituições extintas e vigentes criadas pela legislação paulista, em termos de previdência básica e complementar.

Conclusões derradeiras

À guisa de conclusões finais, fizemos um balanço das perspectivas que envolvem a pensão por morte, esperando que o legislador pátrio empreenda um profundo estudo sobre a realidade social, as mudanças nos costumes, a presença da mulher no mercado de trabalho e, por último, que aprecie a necessidade de inteira revisão do benefício.

Natureza da exposição

Como sempre, além de tratar do tema principal e visando à memória do Direito Previdenciário, fizemos alusões seguidas a experiências anteriores ou desaparecidas, repetindo o conteúdo de outros livros.

Capítulo 2 — Questões Vernaculares

O trato das questões envolvendo as relações humanas contidas na pensão por morte reclama, *ab initio*, alguns esclarecimentos visando a um exato entendimento das variadas situações, qualificações e, principalmente, as expressões que as refletem.

Dá-se exemplo corriqueiro. Comumente o leigo confunde a cerimônia do casamento com a própria instituição casamento, seja ela civil ou religiosa. Ele teria assistido a um casamento, quando na verdade limitou-se a presenciar a cerimônia de sua celebração.

Por vezes renasce uma expressão pejorativa como "concubina", constante da recente Resolução PRES/INSS n. 155, de 29.9.2011 (*Manual de Reconhecimento Inicial de Direito*). Mas felizmente desapareceu a dicção "amásia" (reservada para o jargão policial).

Separação das pessoas

Uma das primeiras dificuldades diz respeito ao significado geral e particular do vocábulo "separado". De modo geral corresponderia àqueles componentes de uma união desfeita informalmente, e no particular, a quem se divorciou, desquitou, separou-se de fato ou obteve separação judicial de corpos.

O vocábulo pode ser também empregado em relação a outras uniões, embora a informalidade na prática torne mais fácil para o distanciamento. Geralmente, a união estável começa de fato e assim termina.

Ausência do segurado

Aludir à esposa ou à companheira como uma pessoa ausente não será recriminável.

Heterossexual ou transexual

Pelo visto o título de transexual será atribuído a quem, mediante uma cirurgia específica e tratamento particular da psicologia, mudou de sexo e não a quem, detendo a fisiologia de um sexo, apenas se sinta com o desejo de ser do sexo oposto.

Cônjuge civil

Diante da tradição, com certeza os companheiros não são cônjuges (locução reservada para os casados), poderão ser apontados como sendo unidos, conviventes ou simplesmente companheiros.

Convivência marital

A convivência marital em relação à união estável não seria própria, mas a convivência *more uxore* é aceitável, pois quer dizer vida em comum.

Membro convivente

Ainda não se sabe qual deve ser o título atribuído ao convivente cuja companheira faleceu. Como o vocábulo "viúvo" estaria reservado apenas ao cônjuge cujo outro cônjuge faleceu, restaria falar em ex-unido ou ex-convivente.

Bigamia conjugal

Ainda que a bigamia tenha sede no casamento civil, quem, ao mesmo tempo, mantiver duas uniões estáveis, para ser identificado também poderia ser chamado de bígamo, melhor do que bi-unido.

Dependente e pensionista

Dependente é quem depende do segurado e pensionista é o que recebe a pensão por morte deixada pelo falecido. Após a concessão do benefício não tem sentido jurídico formal falar em dependente do segurado.

Auxílio-reclusão

Quem aufere as mensalidades do auxílio-reclusão de um segurado preso não é pensionista e pode ser chamado de percipiente desse benefício.

Filiado ao RGPS

Filiado é título que somente pode ser atribuído ao segurado e não aos dependentes, que se inscreveu ou não, mas não se filiou, ainda que mantenha outro vínculo jurídico com a previdência social. Não há uma designação apropriada ou consagrada para falar da relação do sistema com os dependentes.

Amásio ou amásia

Felizmente, até mesmo do noticiário policial, desapareceu a injuriosa expressão "amásia", uma quase prostituta de um homem só.

Veja-se o que diz a vetusta Súmula STF n. 10:

> "Em caso de acidente do trabalho ou de transporte, a concubina tem direito de ser indenizada pela morte do amásio, se entre eles não havia impedimento para o matrimônio."

Ela não só usa expressões injuriosas como não reconhecia a união estável se um dos dois membros era casado ou não podia se casar (*sic*).

Concubina impura

O vocábulo "concubina", ainda usado por juízes desavisados, indica uma união estável "impura". Sem qualquer modéstia, o desembargador Luiz Alberto Azevedo Aurvalle diz o seguinte: "A diferença jurídica entre concubinato e a união estável é muito tênue para ser percebida por pessoas leigas, não estando ao alcance de pessoas mais simples" (EI n. 2001.71.08.003787-3/RS, de 2.4.09, 3ª Seção da 4ª Região, *in RPS* n. 344/593).

No voto proferido, sua excelência confundiu amante com companheira, a quem chamou de concubina. O segurado teve uma filha com uma mulher, embora casado, conviveu com ela e, portanto, não pode ser tida como amante. Curiosamente, mandou que ela pagasse as mensalidades da pensão por morte recebida para a esposa (!).

José Maria Lucena, juiz relator da AC n. 416.663/PE, de 4.6.09, distinguiu o que chama de concubinato impuro (possivelmente entre os não casados), ou adulterino (*in RPS* n. 348/1011).

Marcos de Queiroz Ramalho recorda palavras de Orlando Gomes. E diz que: "Para os Tribunais Pátrios a concubina seria a mulher dos encontros velados e que mantém relacionamento com homem casado na constância do seu matrimônio. A segunda (a companheira) seria aquela que mantém uma união socioafetiva com o homem solteiro, viúvo, ou separado da esposa cujo lar está defeito" (*A pensão por morte no Regime Geral da Previdência Social*. São Paulo: LTr, 2006. p. 89).

É curioso como alguns homúnculos, que as tiveram, quando a elas se referem o fazem com desprezo, como lembra Miguel Horvath Junior ao citar o Dicionário Aurélio, arrolando rapariga, amante, amásia, arranjo, banda de esteira, barregã, camarada, china, comborça, gato, sexta-feira, todas elas expressões pejorativas e politicamente incorretas (*Direito previdenciário*. 7. ed. São Paulo: Quartier Latin, 2008. p. 169).

Há quem fale em concubinato puro, que deve ser a união estável, e concubinato impuro, que seria a união estável de homem casado que, ao mesmo tempo, convive com companheira, relação também designada como adulterina.

Amante

Principalmente, como se fará no capítulo próprio, carece distinguir a companheira da figura da amante. São situações fáticas e jurídicas distintas.

A companheira não é esposa nem amante. Não se pode confundir o conceito amoroso (próprio da maior parte das uniões) com a classificação jurídica.

Solteiro

Um solteiro, mantida a união estável, mantém-se civilmente solteiro, e deve ter a nomenclatura de unido. Talvez solteiro unido.

Enteado

Também é difícil saber o título a ser atribuído ao filho da companheira trazido à união estável. Não haverá qualquer problema em chamá-lo de enteado, porque um enteado ele será.

Sobrevivente

A Lei n. 12.195, de 14.1.2010, assegura ao companheiro sobrevivente o mesmo "tratamento legal já conferido ao cônjuge supérstite no que se refere à nomeação de inventariante" (art. 1º).

Sociedade de fato

Em algum momento a união estável foi chamada de sociedade de fato e não era nem sociedade nem de fato, mas uma união substancial não comercial e de direito.

Varão e varoa

Estas expressões próprias dos civilistas estão perdendo utilização, mas às vezes alguém se refere à varoa, o que não soa bem e pior ainda é o membro virago.

Provisoriedade da pensão

Tendo em vista que o art. 217, I/II, da Lei n. 8.112/90 (ESPCU) prevê pensão temporária e definitiva para os servidores públicos, no RGPS há uma pensão provisória (para os filhos ou irmãos menores de 21 anos), e vitalícia para os demais dependentes, distinção feita pelo juiz Paulo Conrado em 14.1.2011 (AC n. 0401525-59.1997.4.03.6103/SP, Turma A da 3ª Região, *in RPS* n. 366/458). Também para o desaparecido (PBPS, art. 78), convindo consultar o art. 88 da Lei n. 6.015/73.

Benefício da pensão

A expressão "pensão" (é utilizada, principalmente na Europa, com o sentido de aposentadoria e até de benefício), pode significar pensão por morte propriamente dita ou uma renda mensal com alguma natureza de aposentadoria, caso da Pensão dos Soldados da Borracha (Seringueiros da Amazônia).

Casamento

O que significa o vocábulo "casamento"? Não é mais a união e sim uma união de pessoas visando à família e à reprodução. Aldo Pereira diz: "genericamente, casamento é um contrato que, em sociedades monógamas, confere a duas pessoas *status* legal distinto decorrente de certos direitos. Deveres múltiplos livremente assumidos por elas". Ele cita Alfred Korzybski (1879-1950), que queria uma codificação dos diferentes casamentos conforme a data histórica (Casamento e Casamentos, *in FSP* de 22.8.11, p-A-3).

Adulterino

Filhos havidos fora do casamento são reconhecidos e para os fins previdenciários são filhos e o adultério presente fica reservado apenas para o Direito Civil.

Espúrio

Espúrio é designação pejorativa, igual a bastardo, designando um filho concebido fora da vida conjugal de um casal. Não é politicamente correta.

Filhos

Diante da variedade de designações dos filhos que existem e de menores assemelhados ou equiparados à própria lei se obriga a distingui-los dos que são próprios, legítimos ou comuns, a que o PBPS chama de apenas filhos.

Capítulo 3 — Fundamentos Legais

Não são muitas as fontes formais positivadas que cuidam da pensão por morte, mas são suficientes.

Fonte constitucional

Embora não devesse constar uma relação dos eventos determinantes dos benefícios previdenciários na Carta Magna, ela prevê a pensão por morte em dois momentos: a) no art. 40, § 7º, I/II (servidores) e b) no art. 201, I, ao falar em "cobertura dos eventos de doença, invalidez, *morte* e idade avançada" (grifo nosso).

E no inciso V:

> "Pensão por morte do segurado, homem ou mulher, ao cônjuge ou companheiro e dependentes, observado o disposto no § 2º."

Não se sabe a intenção da ANC ao se referir expressamente ao homem e à mulher, possivelmente no sentido de casados entre si, e não fala em companheiro e companheira.

Fonte infraconstitucional

Atualmente, o supedâneo legal para a pensão por morte do RGPS é o art. 74 do PBPS que reza:

> "A pensão por morte será devida ao conjunto dos dependentes do segurado que falecer, aposentado ou não, a contar da data:
>
> I – do óbito, quando requerida até trinta dias depois deste;
>
> II – do requerimento quando requerida após o prazo previsto no inciso anterior;
>
> III – da decisão judicial, no caso de morte presumida."

A seguir são disciplinados o valor (art. 75), a habilitação *a posteriori* prevista (art. 76), o rateio (art. 77), a morte presumida (art. 78) e a exclusão da prescrição (art. 79).

Fonte histórica

A pensão por morte fez parte dos arts. 11/14 (dependentes) e arts. 36/42 (benefício) da LOPS (Lei n. 3.807/60).

Consolidação das Leis

A primeira CLPS (Decreto n. 77.077/76) tratou da pensão por morte nos arts. 55/61. A segunda CLPS, nos arts. 10/13 e 47/53 (Decreto n. 89.312/84).

O art. 62 da 1ª CLPS tratava da pensão especial do Ato Institucional.

Norma regulamentar

O atual RPS trata da pensão por morte nos arts. 105/115.

Lei acidentária

A Lei n. 6.367/76 regulava a pensão acidentária no art. 7º, regulamentada pelos arts. 17/18 do Decreto n. 79.037/76.

Norma administrativa

Os arts. 318/330 da IN INSS n. 45/10 são as fontes formais administrativas vigentes.

Direito sumular

Diversas súmulas condensaram a jurisprudência da pensão por morte.

Entendimentos administrativos

O Prejulgado MTPS n. 3.286/73, itens 11, *a/m* e 12/13, trata de várias hipóteses.

Servidor público

A pensão por morte do servidor público faz parte dos arts. 215/225 do ESPCU.

Capítulo 4 — Renda Inicial

A partir da Lei n. 9.032/95, o cálculo da renda mensal inicial da pensão por morte restou bastante simplificado. No comum dos casos, o benefício praticamente não tem mensuração; o seu valor cifra-se a uma prestação de pagamento continuado anteriormente deferida e mantida, raciocínio que é modificado quando se tratar de segurado em atividade (quando, previamente se afere uma aposentadoria por invalidez hipotética).

O art. 80 da IN INSS n. 11/06 dizia claramente que:

> "Não será calculado com base no salário de benefício o valor dos seguintes benefícios de prestação continuada: I - pensão por morte; II - auxílio-reclusão; ..."

Asseverava isso porque se baseia em um benefício que tomou por base um salário de benefício anterior.

Limite mínimo e máximo

O valor mínimo é o salário-mínimo e o máximo de R$ 3.916,20 em 2012. Mesmo para quem recolhia com base em 1/2 salário-mínimo ou para um segurado especial com pouca produção rural.

Segurado em atividade

Uma vez apurado o salário de benefício hipotético da aposentadoria por invalidez (do segurado que trabalhava ou apenas contribuía como facultativo), o percentual aplicado é de 100% de um desses valores.

Nos termos da Lei n. 9.876/99, o salário de benefício é uma média dos 80% maiores salários de contribuição, corrigidos monetariamente mês a mês, apurados num período básico de cálculo iniciado em julho de 1994 e que vai até o mês anterior à data do óbito do segurado, limitado ao salário-mínimo e ao teto da previdência social.

Auxílio-doença

A lei não mencionou o auxílio-doença em relação ao percipiente desse benefício que venha a falecer, entendendo-se que também deva ser considerada a aposentadoria por invalidez a que teria direito na data do óbito. No cálculo, basta lembrar que o primeiro benefício é de 91% do salário de benefício e no segundo é de 100%. Se alguém recebia R$ 1.820,00 de auxílio-doença, outorgará uma pensão por morte de R$ 2.000,00.

Aposentadoria por invalidez

Para o segurado que auferia a aposentadoria por invalidez a pensão por morte dos seus dependentes será de 100% do montante mensal desse benefício.

Acréscimo de 25%

Caso o aposentado por invalidez recebesse os 25% do art. 45 do PBPS, a renda mensal da pensão por morte será de 100% da aposentadoria por invalidez, sem esse ¼ de acréscimo, que, sendo personalíssimo, desaparece com o óbito do segurado.

Presidiário falecido

Se falecer o segurado que estava preso, na sua DO cessará o auxílio-reclusão e iniciar-se-á uma pensão por morte que, então, poderá ser de valor superior ao limite constitucional de R$ 915,15, de 2012.

No dizer do parágrafo único do art. 106 do RPS:

> "O valor da pensão por morte devida aos dependentes do segurado recluso que, nessa condição, exercia atividade remunerada será obtido mediante a realização de cálculo com base no novo tempo de contribuição e salários de contribuição correspondentes, neles incluídas as contribuições recolhidas enquanto recluso, facultada a opção pela pensão com valor correspondente ao do auxílio-reclusão, na forma do disposto no § 3º do art. 39" (acrescentado pelo Decreto n. 4.729/03).

Quando um segurado é preso e os seus dependentes fazem jus ao auxílio-reclusão o valor desse benefício é calculado com base nas contribuições vertidas até a data do recolhimento à prisão, observadas as suas regras e limitações. Na condição de preso, autorizado a trabalhar e, por conseguinte, obrigando-se a contribuir, falecendo, os novos salários de contribuição observarão uma revisão de cálculo para a pensão por morte.

Note-se que *in casu* o valor da pensão pode ser maior que o do auxílio-reclusão.

Morte presumida

O cálculo do benefício do segurado ausente ou desaparecido não sofre qualquer alteração em face da morte presumida, apenas sabendo-se que logo que sobreveio a ausência ou o desaparecimento, devem ter cessado as contribuições.

Supõe-se, para efeito da manutenção da qualidade de segurado, que a decisão judicial se dê dentro dos prazos do art. 15 do PBPS.

Segurado especial

Os dependentes do segurado especial que faleceu sem ter-se filiado como facultativo terão direito a um salário-mínimo (§ 2º, I). Caso ele tenha também contribuído como facultativo (inciso II), os valores dessa contribuição afetarão a dimensão da renda mensal inicial.

Reserva de cotas

Uma vez calculada a renda mensal inicial (100% de algum valor) pode dar-se de o INSS não pagar imediatamente esse montante ao titular do direito, reservando parte do numerário para uma eventual habilitação *a posteriori*, principalmente quando os interessados se manifestaram (RPS, art. 107).

Revisões *a posteriori*

Por ocasião de equívocos no cálculo da aposentadoria ou da própria pensão por morte, dentro do prazo legal de dez anos é permitido aos dependentes promoverem a revisão de cálculo. Uma situação bastante comum é a viúva ou companheira apresentar novas provas do tempo de serviço do *de cujus* e, com isso, alterar a renda mensal inicial da aposentadoria.

Período básico de cálculo

A CLPS previa um cálculo dos últimos 12 meses sem correção monetária e isso não foi alterado posteriormente (Decisão de 16.6.2009, da 3ª Turma do TRF da 3ª Região, relatada pelo desembargador Vladimir Carvalho no REO-AC n. 2006.85.00.004137-9, *in Revista Sínese* n. 243, de set. 2009, p. 205).

Buraco negro

A pensão por morte quando a data de óbito do segurado se deu entre 5.10.1988 e 5.4.1991, conhecido como período do buraco negro, deve ser de 100%. Essa foi a decisão da desembargadora Vera Lucia Jucovsky em 15.10.06 (AC n. 1.103.827 – Proc. n. 2003.61.83.014971-07, da 8ª Turma do TRF da 3ª Região, *in Revista Síntese* n. 211, de jan. 2007, p. 198-199).

Benefício suspenso

Falecendo o percipiente de um benefício suspenso pelo INSS, será preciso examinar a causa da suspensão para se saber se afeta o direito à pensão por morte. Se isso não suceder, o INSS deverá conceder o benefício dos dependentes, calculando-o com base nos elementos indiscutíveis da relação jurídica.

Percentual doutrinário

Tendo em vista a disparidade dos custos individuais, defende-se um percentual de 40% para a parte familiar e 60% para a parte individual no cálculo da pensão por morte. Assim, uma ex-esposa com três filhos ficaria com 20% + 40% = 60% e a ex--companheira com um filho com 20% + 20% = 40%, totalizando os 100% ("Uma divisão mais justa da pensão por morte", *in* Jornal do 6º CBPS, São Paulo: LTr, 1993, p. 19-20).

Auxílio-acidente

Existem duas hipóteses que envolvem o falecimento do segurado percipiente do auxílio-acidente: a) o valor fora incorporado à aposentadoria e b) não fora incorporado.

Caso tenha sido incorporado, esse novo montante é que se prestará, mas se não foi, será aferido apenas com base na aposentadoria (art. 39, § 4º).

Supondo-se que quando do óbito o segurado só estivesse recebendo um auxílio--acidente ou o antigo auxílio-suplementar, portanto com a qualidade de segurado mantida, ter-se-á de apurar a aposentadoria por invalidez devida. Possivelmente algo em torno do dobro do auxílio-acidente.

Em 7.3.07 o juiz Rodrigo Zacharias, da 1ª Turma do TFR da 3ª Região, convenceu-se de mandar incorporar os 50% do auxílio-acidente do art. 6º, § 2º, da Lei n. 6.367/76 (AC n. 457.196 – Proc. 1999.03.99.0096-03-1, *in Revista Síntese* n. 217, de jul./2007, p. 192).

Desde a Lei n. 9.528/97, a incorporação do auxílio-acidente à pensão por morte sofreu alterações pontuais.

I) Óbito até 28.4.95 — São três hipóteses:

a) O auxílio-acidente não era incorporado à pensão por morte, se o segurado falecesse em decorrência do mesmo acidente.

b) Se a *causa mortis* era diversa do acidente, 50% do valor da renda do auxílio-acidente incorporava-se à pensão por morte.

c) Caso a *causa mortis* tenha resultado de outro acidente, o valor do auxílio-acidente seria somado à pensão por morte, sem ultrapassar o teto da previdência social.

II) Óbito de 29.4.95 a 10.11.97 — O valor do auxílio-acidente é adicionado à pensão por morte.

III) Óbito a partir de 11.11.97 — Aplica-se o art. 72, §§ 1º e 2º da IN e § 3º, se ele faleceu em gozo de auxílio-doença.

Evolução histórica

Na LOPS os percentuais eram de 50% (família) + 10% por dependente, até um máximo de 100% (art. 37).

Quando da CLPS, era igual à LOPS (art. 56 do Decreto 77.077/76 e art. 48 do Decreto n. 84.312/84).

No PBPS passou a ser de 80% (família) + 10% por dependente e de 100%, se acidentária. Na Lei n. 9.032/95 tornou-se 100% (art. 75) para a morte comum ou acidentária.

Fernanda Zandoná concluiu pela irretroatividade dos 100% (Da Renda Mensal do Benefício da Pensão por morte concedida antes da Lei n. 9.032/95, *in RDS* n. 22, de abr./jun. de 2006, p. 85/98).

Pensão alimentícia

A pensão alimentícia já determinou o valor da pensão por morte da viúva e o restante para os demais dependentes (LOPS, art. 38, § 2º).

Para o procurador Paulo da Silva Cabral o RPPS extrapolou e não se poderia ratear o restante aos dependentes, em face do art. 38, § 2º, da LOPS (Parecer PGC n. 914/74 – Proc. n. 2.428.774/74, *in BS/DG* n. 34 de 21.2.75).

Dependente incapaz

A Lei n. 12.470/11 alterou o art. 77, § 4º, do PBPS, determinando que:

"A parte individual da pensão do dependente com deficiência intelectual ou mental que o torne absoluta ou relativamente incapaz, assim declarado judicialmente, que exerça atividade remunerada, será reduzida em 30% (trinta por cento), devendo ser integralmente restabelecida em face da extinção da relação de trabalho ou da atividade empreendedora."

Quer dizer, essa norma jurídica que fala em deficiência intelectual ou mental que torne o dependente absolutamente incapaz o distingue do inválido (quem não pode trabalhar), pois pressupõe que ele consiga celebrar um contrato de trabalho como o previsto no art. 93 do PBPS ou exerça atividade independente.

Imposto de Renda

O percentual da pensão por morte será igual ao da aposentadoria por invalidez do *de cujus*, mas o *quantum* líquido a receber poderá ser menor porque eventual isenção do Imposto de Renda cessa com o falecimento do segurado.

Regimes especiais

Nos casos dos regimes que oferecem um benefício igual ao salário-mínimo (REII, MEI e RPDC), não há cálculo da renda inicial.

Abono de permanência em serviço

Quando do óbito, se o segurado estava auferindo o abono de permanência em serviço é porque ele faz jus à aposentadoria por tempo de contribuição, mas o cálculo também levará em conta uma aposentadoria por invalidez hipotética.

Capítulo 5 — Data do Início

A pensão por morte conhece regras próprias no tocante ao início do pagamento das mensalidades do benefício e também quanto à cessação destas.

Regra legal

Disciplina o art. 74 do PBPS que a data do início se contará:

a) do óbito, quando requerida até trinta dias depois deste;

b) do requerimento, quando requerida após o prazo previsto no inciso anterior;

c) da decisão judicial, no caso de morte presumida.

DIB na DO

Nos termos da legislação básica, de regra o benefício começa na Data do Óbito, se for requerido até 30 dias após o falecimento do segurado. Esse prazo é muito curto e é preciso elastecê-lo na legislação; nesse mês os familiares estão enfrentando o luto e tomando diversas providências práticas e legais. No mínimo, deveria ser de 90 dias.

DIB na DER

Caso a solicitação seja protocolada após aqueles 30 dias, a DIB será na DER.

Como não se trata de prescrição não se pode falar em vantagens para os menores de idade, ausentes ou incapazes, mas o juiz que mandar computar a DIB na DO em relação a esses dependentes (e no caso, de fato, será para todos os beneficiários), fará justiça, uma vez que, às vezes, estes são prejudicados pela inércia da mãe ou do pai.

Posição da lei

A solução da Lei n. 9.528/97 dada ao art. 74 não é adequada à realidade brasileira dos dependentes. Muitos dependentes hipossuficientes, mediante procuração, recebem a aposentadoria do segurado, especialmente quando este último é idoso (e não a distinguem muito bem da pensão por morte) e quando tomam conhecimento do dever de informar o óbito já se passaram alguns meses e se tornam devedoras do valor indevidamente auferido. Nestes casos não se deveria aplicar o inciso II, retroagindo a DIB ali estabelecida para a DO, sem nada cobrar dos pensionistas.

Atualização monetária

O § 1º do art. 105 do RPS lembra que as mensalidades do período que vai entre a DO e a DER sejam atualizadas monetariamente (redação do Decreto n. 5.545/06). Quer dizer, é calculado um benefício hipotético e reajustadas as mensalidades até a DER.

Solicitação tardia

Excetuada a situação dos menores, ausentes e incapazes, no caso de solicitação fora da época, o início é na DER.

O art. 165, I, *a*, da IN INSS n. 11/06 referia-se ao Parecer CJ/MPS n. 1.630/01, que tratava do dependente capaz e incapaz.

Diz o art. 318 da IN INSS n. 45/10:

> "I – para óbitos ocorridos até o dia 10 de novembro de 1997, véspera da publicação da Lei n. 9.528, de 1997, a contar da data:
>
> a) do óbito, conforme o Parecer MPAS/CJ n. 2.630, publicado em 17 de dezembro de 2001, tratando-se de dependente capaz ou incapaz, observada a prescrição quinquenal de parcelas vencidas ou devidas, ressalvado o pagamento integral dessas parcelas aos dependentes menores de dezesseis anos e aos inválidos incapazes;
>
> b) da decisão judicial, no caso de morte presumida; e
>
> c) da data da ocorrência, no caso de catástrofe, acidente ou desastre; e
>
> II – para óbitos ocorridos a partir de 11 de novembro de 1997, data da publicação da Lei n. 9.528, de 1997, a contar da data:
>
> a) do óbito, quando requerida:
>
> 1. pelo dependente maior de dezesseis anos de idade, até trinta dias da data do óbito; e
>
> 2. pelo dependente menor até dezesseis anos, até trinta dias após completar essa idade, devendo ser verificado se houve a ocorrência da emancipação, conforme disciplinado no art. 23;
>
> b) do requerimento do benefício protocolizado após o prazo de trinta dias, ressalvada a habilitação para menor de dezesseis anos e trinta dias, relativamente à cota parte;
>
> c) da decisão judicial, no caso de morte presumida; e
>
> d) da data da ocorrência, no caso de catástrofe, acidente ou desastre, se requerida até trinta dias desta."

Cômputo do prazo

Na contagem dos 30 dias para o requerimento não é computado o dia do óbito ou da ocorrência, conforme o caso.

Conceitos válidos

Equiparam-se ao menor de 16 anos os incapazes de exercer pessoalmente os atos da vida civil na forma do Código Civil, assim declarados judicialmente.

Os inválidos capazes equiparam-se aos maiores de 16 anos de idade.

Prescrição do incapaz

Independentemente da DO, para o menor absolutamente incapaz, o termo inicial da prescrição é o dia seguinte àquele em que tenha alcançado 16 anos de idade ou àquele em que tenha se emancipado, o que ocorrer primeiro, somente se consumando a prescrição após o transcurso do prazo legalmente previsto.

Declaração da emancipação

Quando do requerimento por parte de dependente menor de 21 anos é necessária a apresentação de declaração do requerente ou do dependente no formulário denominado termo de responsabilidade, no qual deverá constar se o dependente é ou não emancipado.

DIB judiciária

O inciso III do art. 74 fala "na data" (...) "da decisão judicial", possivelmente querendo dizer na data fixada na sentença judicial que, geralmente, é anterior à própria data da lavratura ou da publicação da sentença.

Logo, nas duas hipóteses da morte presumida se contará da data em que o Poder Judiciário considerou o segurado ausente ou desparecido.

Quando se tratar de acidente, catástrofe ou outro acontecimento público e notório, causador do desaparecimento, não há por que ser outra a DIB. Terá de ser a desse evento.

A lei básica não dispõe sobre a DIB nos casos em que o benefício resultou de decisão judicial, sendo certo que, no comum dos casos, deve ser na DO, principalmente se a ação judicial foi precedida de requerimento administrativo e, caso contrário, na data da ciência do INSS da petição inicial dos dependentes.

Habilitação *a posteriori*

Quando de habilitação *a posteriori*, regula o art. 76 do PBPS que será na data da inscrição ou da habilitação (exceto, é claro, em relação aos ausentes, incapazes e menores de idade). Esse comando vale também para o cônjuge ausente (§ 1º).

Direito intertemporal

Em seu art. 265 a IN INSS n. 20/07 configurava as diferentes datas do início do benefício em razão da evolução histórica da legislação, que convém reproduzir:

I) óbitos até 10.11.97

a) Data do óbito (Parecer CJ/MPAS n. 2.630/01).

b) Data da decisão judicial na morte presumida.

c) Data da ocorrência da catástrofe, acidente ou desastre.

II) óbitos de 11.11.1997 até 26.11.2001 (MP n. 1.596-14)

a) Data do óbito, se requerida até 30 dias depois do falecimento.

b) da DER após os 30 dias.

c) Data da decisão judicial na morte presumida.

d) Data da ocorrência da catástrofe, acidente ou desastre, se requerida após 30 dias.

III) óbitos ocorridos de 27.11.2001 a 22.9.2005 (Decreto n. 4.032/01)

a) Data do Óbito, quando requerida pelo dependente maior de 16 anos até 30 dias do óbito e pelo dependente menor até 16 anos, até 30 dias após completar essa idade, devendo ser verificada a emancipação.

b) DER após o prazo de 30 dias.

c) Data da decisão judicial na morte presumida.

IV) Óbitos ocorridos depois de 23.9.2005 (Decreto n. 5.545/05).

a) Data do óbito, quando requerida até 30 dias depois do falecimento.

b) DER após os 30 dias.

c) Data da decisão judicial na morte presumida.

d) Data da ocorrência da catástrofe, acidente ou desastre, se requerida até 30 dias.

Capítulo 6 – Data da Cessação

O art. 77 do PBPS dispõe sobre o momento da cessação das quotas e do benefício propriamente dito. De regra, *mors omnia solvit*.

a) Falecimento do pensionista.

b) Maioridade previdenciária dos filhos ou irmãos.

c) Emancipação dos filhos ou irmãos.

d) Cessação da invalidez do pensionista.

e) Reaparecimento do segurado ausente.

f) Ausência ou desaparecimento do pensionista.

g) Percepção da pensão por morte dos pais biológicos para o filho adotado.

Com o falecimento do último pensionista, cessam as mensalidades da pensão por morte. E, esse benefício nunca gera outra pensão por morte para ninguém.

Diferentemente da desaposentação, no caso da despensão não se considera a extinção de um benefício para a concessão de outro, mas tão somente a revisão de cálculo em função do benefício que o precedeu.

Data da suspensão

Não há previsão expressa sobre a data em que uma pensão por morte deva ser suspensa, mas tem-se que deverá ser o momento em que o órgão gestor decidiu por essa suspensão. Se o fato gerador dessa decisão tem elemento caracterizador decantado, a suspensão terá efeitos retroativos.

Data do cancelamento

A data da cessação dos pagamentos em face do cancelamento de uma pensão por morte dependerá de sua causa determinante e, assim, da mesma forma como sucede com a suspensão, operar-se-á a partir do momento em que a autoridade tomou essa decisão. Podendo, é claro, com motivos para isso, retroagir para a data da suspensão.

Recuperação da higidez

Comprovada a recuperação da higidez para o pensionista inválido, deficiente intelectual ou mental, a cessação deve ocorrer na data fixada na perícia médica, ainda que a capacidade tenha sobrevindo algum tempo antes.

Data da emancipação

A data oficial do documento de emancipação é a que determinará a cessação do benefício do pensionista que se emancipou, seja filho ou irmão.

Maioridade previdenciária

Na data do seu aniversário de 21 anos cessa o benefício do filho ou irmão pensionista.

Ausência ou desaparecimento de pensionista

A data será a mesma válida para a definição da morte presumida.

Reaparecimento do segurado

Quando da volta do segurado ausente cessa a pensão por morte.

Filho adotado

O termo é a Data do Óbito do pai biológico.

Cessação pela união estável

É possível constatar o esforço dos magistrados da Justiça Federal em manter o benefício quando o pensionista constitui a união estável na hipótese da legislação estadual ou municipal adotar o novo casamento como causa para extinção da pensão por morte. Normalmente, eles afirmam que a pretendida união não está caracterizada nos autos.

São exemplos a AC n. 2010.219103, de 2.6.11, e a AC n. 2011.003520-3, de 8.6.11, *in RDP* n. 3, de jun./jul./2011, p. 15

A informalidade característica da união estável cria dificuldades exegéticas quando do desfazimento da vida *more uxore*, confundindo-se a separação de fato com uma separação jurídica (que não existiria). Mas, mesmo assim, separados judicialmente, o direito à pensão por morte dependerá, como se casados fossem, de uma pensão alimentícia. Se não existente não haverá o benefício (Decisão da 6ª Turma do STJ de 6.2.01 no RE n. 278.646, quando relator o Ministro Fernando Gonçalves, *in RDS*, n. 5, p. 135-138).

Capítulo 7 — Pressupostos Legais

A regra matriz jurídica da seguridade social assevera que os beneficiários fazem jus às prestações previdenciárias assim que preenchem os requisitos estabelecidos na lei.

De regra, os três principais requisitos são: a) qualidade de segurado; b) período de carência; e c) evento determinante.

No que diz respeito à pensão por morte (e ao auxílio-reclusão) apenas a primeira exigência causa questionamentos técnicos ou jurídicos, desdobrando-se em qualidade do segurado e dos dependentes.

Tem-se assentado que perecida a qualidade de segurado do *de cujus* desaparece automaticamente a qualidade dos seus dependentes.

Uma vez que se impõe a presença de pessoas com possível direito, pode ser considerada também como pressuposto legal, a perícia médica dos inválidos. E aspectos formais como a demonstração da idade, declaração sobre a não emancipação, prova da dependência econômica quando exigida, omprovação da ausência ou desaparecimento, o vínculo parental, e aspectos formais como o requerimento.

Qualidade de dependente

De regra, para que o dependente possa assumir a condição de pensionista é preciso que o segurado tenha falecido com a qualidade de segurado como filiado, eventualmente inscrito, contribuinte, aposentado ou na inatividade com direito a uma aposentadoria.

Após a cessação da atividade, os períodos de manutenção da qualidade de segurado são disciplinados no art. 15 do PBPS e nos arts. 13/14 do RPS, ocorrendo nas hipóteses ali previstas.

Possivelmente, sem se dar conta, o legislador, depois de definir o cenário do direito adquirido (§ 1º), nos termos do art. 102, § 2º, do PBPS, afirma que quem preenche os requisitos legais (portanto, em tese, alguém com qualidade de segurado) pode perder a qualidade de segurado que mesmo assim outorgará a pensão por morte aos dependentes.

Tem-se entendido que o segurado que deixou de trabalhar porque estava doente ou desempregado, se não contribuiu e, portanto, perderia a qualidade de segurado — uma vez provada uma doença incapacitante (que lhe daria direito ao auxílio-doença), assegura a pensão por morte aos seus dependentes.

Para que os familiares de um contribuinte individual em débito façam jus ao benefício é preciso que sejam recolhidas as contribuições *a posteriori* (que podem ser descontadas na pensão por morte).

Nada impede que uma inscrição seja *post mortem*, mas o tema é polêmico na doutrina e na jurisprudência.

O juiz Francisco Barros Dias decidiu que se o segurado não recolheu oportunamente as contribuições inexistiria o direito à prestação (AC n. 407.681 no Proc. 2004.83.08.002038-5/PE, em 19.5.09, 2ª Turma da 5ª Região, *in RPS* n. 346/805). Igual se colhe na RPS n. 346/808.

O relator Celso Kipper autorizou o recolhimento *a posteriori* de contribuições, se o contribuinte individual faleceu em débito (4ª Turma da 6ª Região na AC n. 2007.71.00.028.334-3/RS de 13.05.11, *in DJe* de 13.5.2011).

À evidência, quando faleceu, se o *de cujus* estava dentro do período de manutenção da qualidade previsto no art. 15, I/VI, §§ 1º/4º, do PBPS, os dependentes fazem jus ao benefício (ARN n. 2008.71.99.000252-0/SC, da 6ª Turma da 4ª Região de 2.6.2010, relatada pelo juiz Luís Alberto d'Azevedo Aurvalle, *in RPS* n. 360/462).

Se o segurado era alcoólatra, portanto, tecnicamente incapaz para o trabalho, ele não perdeu a qualidade de segurado (decisão de 28.4.11 da 7ª Turma do TRF da 3ª Região na AC n. 0002755-12.2004.4.03.6119/SP, relatada pela juíza Leide Polo Trivelato, *in RDP* n. 2/153).

Na hipótese de o segurado ter realmente perdido a qualidade de segurado, portanto, afastando-se do RGPS, não há como fazer jus ao benefício (PBPS, *caput* do art. 102). É como se ele nunca tivesse feito parte da previdência social.

O trabalhador que cumpre os requisitos do art. 3º da CLT, ainda que não esteja registrado como tal, é empregado e, por conseguinte, promovida a prova da relação empregatícia, deve ser acolhido como detentor da qualidade de segurado. Por similitude, igual se passa com os demais segurados obrigatórios.

Se o segurado prova a utilização do seguro-desemprego, o prazo de manutenção da qualidade é elastecido por mais 12 meses e com isso pode alcançar a Data do Óbito, impondo-se a pensão por morte. Nesse sentido, a Justiça Federal tem sido generosa quanto à prova de que a pessoa tentou encontrar um posto de trabalho.

Ainda que nada conste da CTPS, isso não significa ausência de desemprego (Incidente de Uniformização JEF n. 6326.92.2008.404.7195/RS, de 13.12.10, relatada por *Rodrigo Koehler Ribeiro*, *in* Revista Síntese n. 263, de mai/2011, p. 205-209).

Evidentemente, a questão do não reconhecimento da sentença trabalhista relativa que deriva na condição de segurado, tema polêmico e ainda em aberto na doutrina, haveria de influenciar a manutenção do estado de segurado.

A qualidade de segurado se mantém e, com isso, o direito à pensão por morte se o segurado celebrou acordo judicial na Justiça do Trabalho, ainda que não tenha sido reconhecido pelo INSS "desde que, no acordo, esteja demonstrada a função do empregado e o período do exercício da atividade uma vez que a empresa realizou anotação na CTPS do falecido" (AP-RN n. 2009.51.01.805737-9, desembargadora Liliane Roriz, da 2ª Turma Especializada do TRF da 2ª Região, *in Revista Síntese* n. 257, de nov. 2010, p. 203).

Claro, se o indivíduo não era segurado não deteve a qualidade de segurado nem a pode perder.

Rafael Schmidt Waldrich estudou amplamente a qualidade de segurado (A Pensão por Morte no Regime Geral de Previdência Social, *in RPS* n. 342/379).

A recente extensão do prazo do aviso-prévio reabre a discussão em torno do cômputo do tempo de serviço (garantido para os fins do Direito do Trabalho pelo art. 487, § 1º, da CLT) para efeito da previdência social uma vez que a tendência do INSS possa não considerar o período de aviso-prévio indenizado.

Uma vez que a Justiça Federal entende não haver contribuição, não há porque o período de manutenção da qualidade ter início no final desse prazo.

Período de carência

O período de carência não guarda muitos segredos. Desde 24.7.1991 ele deixou de existir no RGPS (ainda que se pensasse em restabelecê-lo em 2012). Generosamente, quando o dispensou o legislador de 1991 deve ter ajuizado com a carência da possível aposentadoria antecedente ao óbito.

Não há a exigência da carência como um número mínimo de contribuições, mas tem de haver a prova da filiação.

Com a Medida Provisória n. 1.729/98 houve uma tentativa, mas essa norma não foi convertida em lei.

Estabelecido o vínculo previdenciário, iniciada a relação jurídica de filiação (ainda que ausente a formalidade da inscrição), ato contínuo ao nascimento da condição de segurado, se ele falece os seus dependentes fazem jus à pensão por morte.

Neste caso extremo, de alguém contratado e que não chegou a trabalhar, mas esteve à disposição do empregador ter-se-á de determinar a sua remuneração para fins de fixação do valor da pensão por morte.

Em hipóteses extremas, o tema força o estudo do momento do nascimento da relação jurídica de previdência social quando ainda ausente qualquer registro. Exemplificativamente, quem provar que uma pessoa celebrou um contrato de trabalho (não necessariamente um vínculo empregatício) e que a relação laboral remunerável teve nascimento, se alguns minutos depois essa pessoa sofrer um acidente de trabalho ou não, e vier a falecer, era um segurado obrigatório e os seus dependentes estarão protegidos.

Evento determinante

O principal evento determinante da pensão por morte é o falecimento do segurado, fato a ser comprovado com a certidão de óbito e, na ausência desta, com o atestado de óbito emitido pelo médico que assistiu o desenlace.

Para esse fim, não se considera morte apenas a morte cerebral ou qualquer outro tipo de condição neurológica ou cardiológica, sem o falecimento propriamente dito.

A morte encefálica é uma condição final irreversível da cessão da atividade do tronco cerebral (mesencefalo, ponte e bulbo). Não se confunde com a morte cardíaca, que é reversível, nem com o coma (estado vegetativo), com a morte cerebral o indivíduo ainda está vivo.

Para o Direito Previdenciário interessa aquele atestado de óbito, seguido da certidão de óbito.

O suicídio do segurado somente tem interesse no seguro privado. Nos termos da Súmula STJ n. 61:

"O seguro de vida cobre o suicídio não premeditado."

A automutilação é matéria rara na doutrina e na jurisprudência previdenciária, não comparecendo nos arts. 21/23 do PBPS, em que o acidente do trabalho é conceituado. O tema pode interessar no que diz respeito ao acidente do trabalho, mas pouco diz respeito à pensão por morte.

Morte presumida

Devidamente caracterizada, a ausência é um sinistro que autoriza a concessão do benefício. Reaparecendo o segurado tido então como um desaparecido, a pensão será extinta, sem necessidade de devolução do recebido.

O desaparecimento, ou seja, a ausência provocada por acidente, equipara-se à ausência.

Se um presidiário, outorgante de auxílio-reclusão ou não, evade-se da prisão e é declarado como evadido impõe-se a pensão por morte.

Igual se pode pensar em relação ao foragido, aquele suspeito de crime que fugiu da ação policial e se encontra em local incerto e não sabido, depois da declaração de ausência por parte do Poder Judiciário.

Concomitância dos requisitos

A presença simultânea dos três requisitos básicos (qualidade de segurado, carência e evento determinante) não é exigida em todos os casos, máxime em face do direito adquirido, e vem sendo afetada pelos entendimentos da Justiça Federal.

Perícia médica

Para os filhos e irmãos inválidos, a perícia médica é um requisito indispensável para a definição dos pensionistas.

Segurado facultativo

Equivocou-se um magistrado em 9.12.2010. O segurado facultativo relatado na AC n. 2009.01.01.00.7837-9, da 2ª Turma Especial do TFR da 2ª Região, contribuiu, deixou de contribuir por quatro anos, perdendo a qualidade de segurado e sete dias antes da Data do Óbito voltou a contribuir (um mau risco), logo tinha novamente a qualidade de segurado (*Revista Síntese de Direito Previdenciário* n. 42, de jul./ago. 2011, p. 222).

Trabalhador não registrado

Trabalhador remunerado não formalizado é segurado obrigatório; não registrado, um trabalhador com as características do art. 3º da CLT é empregado. O empregador não precisa ter recolhido as contribuições. Fiscalmente as contribuições são obrigações da empresa. Assim entendeu o desembargador Antonio Salvio de Oliveira Chaves, da 1º R. 1ª Turma, *in Revista Síntese* n. 230, de ago. 2008, na AC n. 2006.01.99.044019-8, p. 191-192.

Contribuinte individual

Ana Maria Pereira de Carvalho lembra que se um contribuinte individual inscrito tenha trabalhado, mas faleceu sem ter feito qualquer contribuição, outorga a pensão por morte (Pensão por morte previdenciária —Direitos e Garantias do cônjuge (a) e do companheiro (a), *in RPS* n. 369/728). Ainda que não tenha contribuído.

Documentos necessários

São diversos os documentos exigidos, variando conforme as circunstâncias:

a) Requerimento do benefício.

b) Certidão de óbito.

c) Certidão de casamento.

d) Provas da união estável.

e) Certidão de nascimento dos filhos.

f) Termo de Responsabilidade do requerente ou do dependente que está ou não emancipado.

g) Boletim de Ocorrência, prova da ocorrência, notícias, no caso de desaparecido.

h) Laudo técnico pericial.

i) Quando cabível, a comprovação da adoção, da guarda e da designação.

Capítulo 8 – Qualidade de Segurado

A qualidade de segurado é o primeiro requisito básico definidor do direito à pensão por morte. Em princípio, quem não detiver esse *status* jurídico previdenciário fica sem poder outorgar o benefício àqueles que dele dependiam.

Esse enfoque foi ressaltado por Wladimir Novaes Filho (Qualidade de Segurado na Previdência Social, *in Revista Síntese* n. 205, de jul. 2006, p. 14-18).

Entretanto, algumas circunstâncias envolvem esse cenário quebrando essa regra fundamental. Uma delas diz respeito àquele segurado que preencheu os requisitos legais de um benefício, não exercitou o direito simples de requerê-lo, e depois, se não fosse isso, teria perdido a qualidade de segurado.

Ainda que não tenha solicitado o benefício, o entendimento consagrado é que ele manteve a qualidade de segurado e, portanto, os seus dependentes têm direito à pensão por morte.

Saliente-se que, de modo geral, até que usufrua uma prestação uma pessoa pode ser segurada; depois, não mais. Dito isso no sentido de que o sinistrado não é mais segurado e, sim, um percipiente de um benefício.

Noutra situação, o segurado tinha direito a um benefício por incapacidade, não o requereu, e teria perdido a qualidade de segurado, vindo a falecer. Provado esse evento determinante também haveria a pretensão ao benefício dos dependentes.

Pontua a Súmula STJ n. 416:

> "É devida a pensão por morte aos dependentes do segurado que, apesar de ter perdido essa qualidade, preencheu os requisitos legais para a obtenção de aposentadoria até a data do seu óbito."

A súmula interpreta um efeito do cumprimento dos requisitos poucas vezes referido na doutrina que consiste em distinguir a figura do direito em relação ao direito adquirido, ou seja, de quem tinha o direito e de quem o tinha e não o exerceu *oportune tempore*, designável como direito adquirido.

Oscar Valente Cardoso lembra que se a eclosão da doença sobreveio após a perda da qualidade de segurado, então os dependentes não fazem jus ao benefício; ao contrário, sim (Pensão por Morte e o Enquadramento Previdenciário da Concubina, *in Revista Síntese* n. 246, de dez. 2009, p. 7-24).

A presença das expressões "insuficiência hepática" ou "cirrose hepática" decorrente de alcoolismo na certidão de óbito do segurado bastou para que a desembargadora Leide Polo mantivesse a qualidade de segurado e assim sobrevivesse o direito à pensão por morte (AC n. 2004.61.19.001755-7/SP, da 7ª Turma do TFR da 3ª Região, decisão de 27.4.2011, *in Revista Síntese* n. 165, de jul. 2011, p. 218).

Alguns segurados afastam-se do RGPS, ficam sem trabalhar e não contribuem como facultativos e acabam por perder a referida qualidade de segurado. E com isso, também os seus dependentes.

Por vezes, isso sucede em decorrência de uma incapacidade para o trabalho cuja enfermidade os levou à morte, sem terem requerido qualquer benefício.

Isso acontece com outros trabalhadores, após preencherem os requisitos legais de um benefício, não solicitado a tempo ou por desconhecimento do direito. De regra, ainda que dispensado o período de carência, a lei exige a filiação, a inscrição e a qualidade de segurado.

Segurado facultativo

Depois de assumir esse *status* jurídico (quando se inicia a filiação ao RGPS), se o trabalhador apto deixar de exercer atividades determinantes da filiação ao RGPS e não contribuir como facultativo, ele perde a qualidade de segurado (art. 16 e § 4º, do PBPS).

A natureza dessa perda signif.ca juridicamente o afastamento do regime protetivo da previdência social do RGPS. Se antes não havia assegurado o direito a algum deles, não fará jus a qualquer benefício.

Direito à aposentadoria

O enunciado da súmula antes mencionada diz que a aposentadoria, em princípio, exclui outros benefícios, como o auxílio-doença e o salário-maternidade (a serem considerados em particular).

Portanto, diz respeito à aposentadoria por invalidez comum ou acidentária, aposentadoria especial, por idade ou aposentadoria por tempo de contribuição.

Benefícios por incapacidade

No caso de auxílio-doença ou aposentadoria por invalidez não requerida ou que tenham cessado, propõe-se a prova *a posteriori* da incapacidade subsequente do trabalhador. O direito somente dependerá do poder persuasório da demonstração (principalmente documentos).

Este é um raciocínio que vale para os dependentes (PBPS, art. 15, I), bem como para os filhos e irmãos inválidos (RPS, art. 108).

Na dúvida quanto a DIB ou DII, Eduardo Koetz opta pelo *in dubio pro misero* (Fixação da Data do Início da Incapacidade (DII) nas doenças de desenvolvimento progressivo e aplicação do princípio *in dubio pro misero, in Sup. Trab. LTr* n. 116/11).

Registro na CTPS

Ainda que o registro na CTPS não se beneficie da uma presunção jurídica absoluta (Súmula STF n. 225), se o INSS não impugnou as provas apresentadas para tornar possível a referida anotação, entende-se que o trabalhador era segurado, impondo-se a pensão por morte, foi o pensamento da juíza Adriana Alves dos Santos Cruz, expendida na Ag. In n. 2007.51.14.000606-1, de 3.2.2011, da 1ª Turma Especial do TFR da 2ª Região, (*in Rep. de Jurisp. IOB* da 1ª quinzena de abr. 2011, n. 7/2011, p. 194-195).

Se os dependentes apresentarem "alvarás de atividade, notas de serviço ou contrato social com retirada de *pro labore*" os contribuintes individuais deveriam "ter direito ao benefício previdenciário, claro, desde que comprovado o vínculo de dependente", assevera Rafael Schmidt Waldrich (Perda da qualidade de segurado para fins de pensão por morte, artigo constante do livro *Previdência nos 60 anos da Declaração de Direitos Humanos e nos 20 da Constituição Brasileira*, Curitiba: Juruá, 2008. p. 331-33).

Resgate da qualidade

Exceto se a publicação estiver equivocada é estranha esta decisão: "No caso concreto, as provas produzidas nos autos demonstram que quando saiu do último emprego formal, em novembro de 1997, a falecida passou a trabalhar como *diarista/doméstica*, aparentemente como autônoma (sem vínculo de emprego" (grifamos) e com isso teria perdido a qualidade de segurada, foi o que entendeu o Incidente de Uniformização JEF n. 17995.92.2008.404.7050/PR, relatado pelo juiz Alberi Augusto Soares da Silva em 17.5.2011, na Turma de Uniformização do TFR da 4ª Região, *in Revista Síntese* n. 43, de jul./ago. de 2011, p. 192-196).

Se a segurada voltou a trabalhar como diarista a qualidade de segurada que havia sido perdida foi resgatada.

Causa mortis

Quando da possível perda da qualidade de segurado, importa saber a *causa mortis*, conste ou não da certidão de óbito. Se o CUD coincidir com o CID de um auxílio-doença ou aposentadoria por invalidez indeferidos ou cessados, é sinal de que o segurado esteve incapacitado antes de falecer. Aparentemente, a doença teria agravado.

Flexibilização do entendimento

O desembargador *Celso Kipper* registra que o STJ em Incidência de Uniformização de Interpretação de Lei Federal (PET n. 7.115/PR, relatado pelo Ministro Napoleão Nunes Maria Filho) entendeu que comprovação da qualidade de segurado não se esgota com o requerimento de seguro-desemprego no MTE, não seria o único meio de prova (*in DJE* de 6.4.10). "Prevalece o livre convencimento motivado do Juiz e não o sistema de tarifação de prova".

Aceitou a prova testemunhal, mas não o simples registro na CTPS (Proc. n. 2009.70.99.002752-6/PR, da 3ª Secção, *in Boletim do IBDP* n. 177, de 24.10.2011, p. 29).

Capítulo 9 — Qualidade De Dependente

Da mesma forma como as pessoas podem ser seguradas, isto é, lhes ser cometida a condição previdenciária de filiados com direito às prestações (para isso bastando o exercício da atividade econômica na iniciativa privada ou sua vontade), elas podem depender desses segurados, que é um atributo jurídico.

Natureza jurídica

Em virtude de esse estado jurídico se subordinar ao do segurado, tal *status* é condicional. Desaparecendo o atributo de segurado, quem era dependente deixa de sê-lo (RPS, art. 17, I/IV). Podendo, em seguida, depois do óbito, tornar-se um pensionista.

Cumulatividade do estado

Alguns dependentes são também segurados e as duas relações jurídicas não se comunicam no tocante à aquisição, manutenção e perda da qualidade de segurado.

Início da relação

A relação jurídica se inicia com:

a) as uniões entre cônjuges ou companheiros;

b) o nascimento, adoção ou tutela dos filhos;

c) para o filho, depois designado como enteado, a união do pai ou da mãe com o segurado;

d) invalidez superveniente até 21 anos de idade para o filho ou o irmão;

e) para os cônjuges, o pagamento da pensão alimentícia.

Manutenção da condição

Enquanto atender aos pressupostos legais, esse atributo jurídico se mantém. Falecendo o segurado, essa condição deixará de existir e a pessoa se transformará numa pensionista.

Perda da condição

Conforme o art. 47 do RPS, a perda dessa qualidade se dá nas seguintes hipóteses:

a) Separação judicial ou divórcio;

b) Anulação do casamento;

c) Falecimento ou morte presumida;

d) Cessação da união estável (uma espécie de divórcio dos unidos);

e) Filho ou irmão completar 21 anos;

f) Casamento do filho;

g) Posse no serviço público;

h) Estabelecimento civil ou comercial;

i) Vínculo empregatício;

j) Emancipação pelos pais;

k) Cessação da invalidez;

l) Perda da qualidade de segurado dos pais;

m) Anulação da inscrição (quando permitida);

n) Adoção;

o) Perda da condição de tutelado.

Recuperação do *status*

Nas várias hipóteses permitidas, se o segurado readquire a qualidade de segurado antes perdida, o mesmo se dá com a qualidade de dependentes.

Capítulo 10 – Morte Presumida

Devidamente caracterizado e demonstrado, o afastamento do segurado do seu ambiente costumeiro, é um sinistro autorizador da concessão da pensão por morte.

A expressão "morte presumida" designa a ausência derivada da vontade própria do segurado ou a de terceiros, e o desaparecimento, um evento associado a um desastre, matéria juridicamente disciplinada no art. 7º, I/II, e parágrafo único do Código Civil e no art. 88 da Lei n. 6.015/73 (Lei de Registros Civis).

Ausência do segurado

Entende-se como ausência esse distanciamento do segurado da sua família, aquele sítio em que vivia cotidianamente, decorrido certo lapso de tempo sem notícias do seu paradeiro.

No caso de um sequestro criminoso, esse cenário poderá se transformar em um desaparecimento.

Ana Catarina Furtado Kohler lembra que o desaparecimento de uma pessoa pode ser voluntário (CC, arts. 7º, I/II e 22), e que a "declaração da morte presumida, nesses casos, somente poderá ser requerida depois de esgotadas as buscas e averiguações, devendo a sentença fixar a data provável do falecimento (CC, art. 7º, parágrafo único)" (A declaração judicial de morte presumida sem decretação de ausência decorrente de catástrofes, *in Rep. de Jurisp. IOB* da 2ª quinzena de jun. 2011, n. 12/2011, p. 433).

Abandono do lar

O abandono do lar, por parte do homem ou da mulher, não se confunde com a ausência, principalmente quando declarado pelo autor da decisão, que abandona aquela vida conjugal e simplesmente se afasta.

Às vezes, tudo isso não passou de uma briga do casal e eles acabam se arrependendo e se reencontrando.

Restabelecida a união civil ou união estável, na prática é como se nada tivesse acontecido. A lei não dispõe sobre os prazos que antecederam ao afastamento, a duração da separação, nem quanto tempo conviverão juntos novamente.

Desaparecimento do segurado

O desaparecimento consiste na ausência de pessoa vítima de um naufrágio, terremoto, tsunami, acidentes aeroviário, ferroviário, rodoviário ou qualquer outro tipo de infortúnio, quando não for encontrado ou identificado o seu cadáver.

Distintamente da ausência existem informações desse acidente e, às vezes, uma lista dos passageiros vitimados pela ocorrência. Então, tecnicamente, Ulysses Guimarães não morreu, ele e sua esposa Mora pereceram num naufrágio no litoral paulista. O seu corpo jamais foi encontrado.

Reaparecimento do segurado

Reaparecendo o segurado, tido até então como um ausente ou na rara figura do desaparecido, a pensão será extinta ato contínuo, sem necessidade de devolução do recebido em face da natureza alimentar da pensão por morte.

Data do início

Vale recordar vetusta celeuma sobre a data do início da pensão por morte nesses casos. A DIB deve ser da data do início da ausência ou do desaparecimento e não a da declaração judicial constituindo essa presunção.

Quando da ausência, a determinação do afastamento é mais fluída. Não sabendo ainda o que aconteceu, a família espera pelo retorno do ausente, quem decidirá a data para efeitos jurídicos é o Poder Judiciário.

A DIB no caso da morte presumida, na figura do desaparecimento, é a do evento, quando efetivamente o segurado teria falecido e não posteriormente a essa data, quando, *ex vi* do art. 88 da Lei dos Registros Civis, o magistrado declarou esse óbito.

Num caso em que o segurado se afogou no mar em 9.6.90, declarado judicialmente o desaparecimento somente em 22.12.98, a data do início deve ser aquele primeiro dia, isto é, 9.6.1990 (RE n. 414.600/SC – Proc. n. 2001.0017287-3, de 6.11.2009, relatado pela Ministra do STJ Maria Thereza de Assis Moura, *in Revista Síntese* n. 235, de jan. 2008, p. 156/160).

Evasão de presidiário

Se um presidiário, instituidor de auxílio-reclusão ou não, escapa da prisão e é declarado como foragido, depois de algum tempo impor-se-á a pensão por morte.

Quem desejar maior aprofundamento dessa matéria deve consultar Ana Catarina Furtado Kohler (A declaração judicial de morte presumida sem declaração de ausência decorrente de catástrofes, *in Rep. de Jurisp. IOB* da 2ª quinzena de jun. 2011, p. 433).

Suspeito foragido

O foragido é a pessoa acusada de um crime que desaparece do círculo habitual de convivência para fugir das consequências penais do delito cometido. Ou, inocente, com medo das consequências. Rigorosamente, sua família tem o direito de ter reconhecida a morte presumida do segurado.

Presença da comoriência

Para a definição de direitos, se isso se tornar importante em alguma hipótese da pensão por morte, quando do falecimento dos cônjuges no mesmo acidente adotar-se-á a regra do Direito Civil de que a mulher morreu primeiro que o homem.

Capítulo 11 – Concorrência dos Interessados

O art. 16, § 1º, do RPS diz:

> "Os dependentes de uma mesma classe concorrem em igualdade de condições."

É menção a uma possível pretensão entre os membros da mesma família, mas esse vocábulo seria melhor utilizado quando da presença de duas famílias. Por exemplo, no caso da concorrência da esposa com a companheira, ambas com direito, que resultaria na divisão do valor do benefício. Os dependentes de uma mesma classe não concorrem, eles têm direito original ao benefício.

O aludido § 1º quer dizer que os dependentes arrolados no art. 16, I, fazem jus a uma fração igual, designada como cota. Assim, uma viúva e cada um dos três filhos individualmente receberão 25% da renda mensal inicial.

Convém lembrar que historicamente a viúva recebia 50% (correspondendo a uma cota familiar) e cada um dos dependentes, inclusive ela, a 10% (cota pessoal). Se existentes três filhos seriam 90%.

Atualmente, no caso de um desses filhos ou todos eles serem separados judicialmente do pátrio poder, com a manutenção dividida e separada do benefício, essas cotas são consideradas. A viúva ficaria com 25% e os três filhos com 75% restantes.

Conceito mínimo

Concorrência quer dizer compartilhamento do benefício deixado pelo segurado, como sucede com os bens herdados no Direito Civil. Definido esse cenário jurídico, o órgão gestor procede ao rateio dos percentuais a cada um deles.

Esposa e companheira

A hipótese clássica é da concorrência da companheira com a esposa ou dos filhos de ambas.

Determina a Súmula TFR n. 159 que:

> "É legítima a divisão da pensão previdenciária entre a esposa e a companheira, atendidos os requisitos exigidos."

Esta súmula, que ainda se mantém válida desde a sua emissão, traz quatro lições:

a) possibilidade de concorrência entre duas famílias, que difere da concorrência de duas pessoas da mesma família;

b) reconhecimento da validade do direito da companheira;

c) exigência do cumprimento dos requisitos legais; e

d) divisão simples do valor.

A disposição preferiu referir-se às titulares do direito sem especificar os demais componentes (de regra, os filhos das duas mulheres) e, na ocasião, não teve a preocupação de dizer se as cotas da divisão seriam pessoais (como são agora) ou familiares.

Portava uma informação implícita: exceto no caso de manutenção do casamento, que tem as suas próprias dúvidas doutrinárias e jurisprudenciais, as duas uniões teriam de ser sucessivas e jamais poderiam ser simultâneas. Claro, exceto na figura da pensão alimentícia para a primeira delas.

Concorrência de famílias

Inicialmente é preciso pensar que nestes casos existem duas famílias, as quais deverão ou não ser protegidas pela pensão por morte.

Admite-se a concorrência de uma mulher em relação à outra, e isso sucede como se as duas tivessem direitos próprios e uma delas não existisse.

Ou seja, vigência de um casamento (no passado) em relação à esposa e manutenção da união estável no que diz respeito à companheira (no presente). Mas, e aí raramente sucederia, não impossível, até o inverso, seria possível no caso de um homem que manteve união estável, separou-se da companheira, foi condenado ou tomou a iniciativa de pagar-lhe pensão alimentícia e casou-se com outra mulher, vindo a falecer.

Nesta hipótese o órgão gestor teria de implantar dois benefícios e mantê-los.

Dependência econômica

Se separada, a esposa terá de fazer a prova da dependência econômica, de que ainda é dependente. Presente a separação fática ou judicial, evidenciará a percepção mensal da pensão alimentícia do antigo marido. Desfeito o matrimônio, ela se torna uma pessoa obrigada a evidenciar a dependência econômica, equivalendo aos pais e irmãos do segurado.

Do mesmo modo, a companheira também terá de convencer o INSS da sua condição de dependente do segurado falecido, com os meios habituais, normalmente em condições mais difíceis quando comparadas com as da esposa do segurado. Terá de provar a união estável e dela advirá a presunção da dependência econômica.

Nestes casos, na prática, usualmente as interessadas costumam conflitar entre si, uma buscando provas contrárias à pretensão da outra, situação que explica um pouco o uso da expressão "concorrência".

Entendendo-se como direito, as duas mulheres terão de demonstrar os requisitos legais, ou seja, no comum dos casos, a percepção da pensão alimentícia por parte da esposa e a continuidade da união estável, por parte da companheira. Antes de 1991, eram reclamados cinco anos de convivência mútua ou haver filho em comum, mas essa exigência desapareceu com o PBPS.

Demonstrado o direito, o valor da pensão será dividido em duas partes iguais se as concorrentes forem apenas duas mulheres e conforme o total do número de dependentes, no caso uma ou as duas possuírem filhos menores de idade.

Explicita o art. 113 do RPS:

"A pensão por morte, havendo mais de um pensionista, será rateada entre todos, em partes iguais."

Presume-se que o elaborador da norma estava pensando numa única família.

Rateio dos percentuais

O rateio será diferente se existirem duas famílias. Assim, dá-se exemplo com esposa e sete filhos e companheira com um filho, num total de dez dependentes: a primeira família receberá 10% (esposa) + 70% (sete filhos) = 80% e a segunda receberá 10% (companheira) + 10% (filho) = 20%. Total: 100%.

Seguindo-se o parágrafo único do mesmo art. 113, tem-se que se o filho da companheira completar a maioridade a cota desta passará a ser de 20% (que é o mesmo valor que ela antes recebia...).

Ainda que não possa provar a condição de dependente e, por conseguinte, de concorrente, a esposa poderá tentar impugnar o direito da companheira.

Próprio da natureza humana, igual raciocínio jurídico será estendido perfeitamente ao servidor civil ou militar e aos parlamentares.

Não há por que os órgãos gestores da previdência complementar não adotarem a mesma concepção. A questão da inscrição prévia não constitui obstáculo; uma designação *post mortem* é aceita no Direito Previdenciário.

Pensão de duas famílias

O valor da pensão por morte quando da concorrência de duas famílias (mãe e filhos) ainda é cercado de mistério, dúvidas e carência de normatização. Imagine-se um segurado deixando seis dependentes com direito ao benefício: a mulher "A" e três filhos e a mulher "B" e um filho.

Essas letras "A" e "B" identificarão as duas famílias. Neste caso o INSS dividirá a pensão por morte e em alguma outra hipótese o *quantum* de cada dependente pode ser inferior a R$ 622,00.

Imagine-se que essa pensão hipotética deixada pelo segurado é de R$ 3.600,00.

A primeira operação será dividir os R$ 3.600,00 entre os seis dependentes das duas famílias: Isto é, R$ 3.600,00 ÷ 6 = R$ 600,00.

Cada um dos quatro dependentes da família "A" tem direito a R$ 600,00 num total de R$ 2.400,00, dois terços dos R$ 3.600,00.

Cada um dos dependentes da família "B" fará jus a R$ 600,00, num total de R$ 1.200,00, um terço dos R$ 3.600,00. Note-se, metade do que têm direito os dependentes da família "A".

Receber quer dizer fazer jus; na verdade, as titulares do benefício (que recebem), no caso, são as duas viúvas.

No caso de mais um filho dessa primeira família "A" completar a maioridade de 21 anos, restarão apenas três dependentes no total, sendo que esse filho remanescente receberá R$ 1.200,00, um terço da pensão. E R$ 2.400,00 são devidos aos outros dois dependentes da família "B".

Ou seja, muda-se a relação entre as duas famílias. Na data do óbito, cada membro da família "A", como vimos, auferia o dobro do que auferiam os membros da família "B".

Estes raciocínios, complicados para os neófitos, são expostos para mostrar que o montante do benefício de R$ 3.600,00 se mantém todo o tempo, divididos entre duas famílias. Mas não igualmente. Imaginando-se que seja afastado do rateio o último remanescente da primeira família "A", os dois dependentes da família "B" (mãe e filho) receberão R$ 1.800,00 cada um, sempre num total de R$ 3.600,00.

Se este filho completar os 21 anos, a viúva remanescente ficará com os R$ 3.600,00 até falecer e ela iniciou auferindo apenas R$ 600,00 (!). No passado, o critério era por família, e então cada uma delas recebia R$ 1.800,00, mas desde 1991 a divisão é por dependente.

Para que essas operações de divisão sejam tomadas pelo INSS é preciso que a autarquia federal tome conhecimento dos fatos. Os interessados devem comunicar as mudanças aqui imaginadas, caso contrário a divisão não corresponderá à vontade da lei. Tese desenvolvida no "Benefício mínimo para duas pensões por morte", *in* Jornal do 8º CBPS, São Paulo: LTr, 1995. p. 54.

Aplicação retroativa

Diante do silêncio normativo e, portanto, permitindo a retroação benéfica da norma e sem ofensa ao *tempus regit actum*, a Súmula TFR n. 122 dispunha que:

> "A companheira, atendidos os requisitos legais, faz jus à pensão do segurado falecido, quer em concorrência com os filhos do casal, quer em sucessão a estes, não constituindo obstáculo a ocorrência do óbito antes da vigência do Decreto-lei n. 66, de 1966."

Companheira e filhos

Conforme a Súmula TFR n. 122, como a concorrência entre a companheira e os filhos do segurado havidos com sua esposa não era ainda inteiramente acolhida, esta súmula apresentava essa inovação e acrescia a retroatividade da norma benéfica, e aparentemente contrariando o princípio da aplicação da norma vigente ao tempo dos fatos.

Quando se afirma que excetuado na hipótese de se expressamente o disser, a norma previdenciária não deve retroagir, ainda que para beneficiar, será preciso aceitar que em vez de norma o que se quer dizer é apenas a lei, o entendimento da lei.

A construção doutrinária ou jurisprudencial, invadindo a área de atuação do Poder Legislativo, cria regras válidas em face da inércia desse poder.

Então se poderá ajuizar que antes do Decreto-lei n. 66/66 que positivou a introdução da companheira na legislação previdenciária, havia o entendimento dessa pretensão; uma norma que não era legal, mas uma regra sustentável. Nestas condições manteve-se o *tempus regit actum*.

A locução "quer em sucessão a estes" (dependentes) é meio confusa e somente pode ser compreendida como sendo o direito da companheira sem a concorrência dos filhos. Quer dizer, ela tem direito haja ou não filhos com o segurado com quem dividirá a pensão por morte.

Renúncia aos alimentos

A situação da mulher na ação judicial de separação ou na separação de fato da união estável em face do posterior falecimento do segurado, seu ex-marido ou ex--companheiro, ainda é sede de polêmicas. Tudo isso porque o conceito de dependência econômica nesses casos resta esmaecido pela realidade e, geralmente, pela falta de provas quando do exercício do direito.

A esse respeito dita a Súmula STJ n. 336:

"A mulher que renunciou aos alimentos na separação judicial tem direito à pensão previdenciária por morte do ex-marido, comprovada a necessidade econômica superveniente".

Durante a vigência do casamento, a mulher é dependente do marido. E, mutuamente, o marido da mulher. Essa relação econômica, muitas vezes recíproca, é presumida para fins previdenciários (art. 16, § 4º), mas a pessoa tem sua inscrição cancelada no caso de separação judicial ou divórcio sem alimentos (art. 17, § 2º).

Não há muita clareza jurídica na situação dos separados de fato sem pensão alimentícia. De modo geral, se ausentes outros dependentes concorrentes, no entender da Justiça Federal é como se a união se mantivesse regular (ainda que não seja).

Diz o art. 76, § 2º, do PBPS que:

> "O cônjuge divorciado ou separado judicialmente ou de fato que recebia pensão de alimentos concorrerá em igualdade de condições com os dependentes referidos no inciso I do art. 16 desta Lei."

Tem-se, pois, que a mulher separada ou divorciada do marido ou o marido da mulher, ambos sem receber pensão alimentícia do cônjuge do qual se separou ou divorciou, não fazem parte do rol dos dependentes com direito à pensão por morte.

Eles não têm previdenciariamente mais nada em comum, mas algumas decisões da Justiça Federal, às vezes, concedem o benefício (especialmente se não há outro dependente com direito).

Com a percepção da pensão alimentícia, de certa forma restabelece-se a dependência econômica e é como se novamente fossem casados. O vínculo que os liga é essa pensão alimentícia (que, por vezes, ausente a condenação, se apresenta apenas de fato).

Embora o direito seja irrenunciável o cônjuge pode abdicar das mensalidades da pensão alimentícia e assim se afasta do segurado. O recebimento de qualquer ajuda econômica ou financeira equipara-se à pensão alimentícia (art. 169, § 1º, da IN INSS n. 11/06).

Se esse renunciante não lograr obter os meios de subsistência, fato a ser exaustivamente comprovado, ele está em estado de necessidade da pensão alimentícia que, por qualquer motivo, não foi requerida.

O texto da súmula referida não deixa claro quando ocorrerá a perda das condições econômicas ou financeiras, mas de regra deve sobrevir até a Data do Óbito do segurado. Também não explicita o que significam essas perdas e em que nível elas justificam a pensão por morte. Possivelmente dentro do conceito de ausência dos meios mínimos de subsistência. Cada caso deverá ser examinado em particular, buscando-se as provas para persuadir o INSS da propriedade do direito.

Imagina-se que não tenha querido solicitar esse benefício civil, por orgulho, ignorância do direito, dificuldade de encontrar o alimentante ou este não tem condições de fazer os pagamentos.

A súmula está afirmando inovadoramente e criando norma jurídica, segundo a qual demonstrada essa necessidade é como se houvesse a pensão alimentícia e a mulher (e o homem) fazem jus ao benefício.

Pensando nas contribuições vertidas pelo segurado, cria regra inexistente, e tentando fazer justiça social, diz que o direito subsiste.

Embora a redação fale em casamento, mulher (e marido), esse entendimento deve ser estendido às uniões estáveis nas mesmas condições, pois o fundamento é a dependência econômica.

Às vezes, a ausência da pensão alimentícia se dá desde a separação ou mais, em ambos os casos porque o alimentante não tinha ou perdeu a capacidade financeira de atender à obrigação civil, como lembra Luiz Roberto Felix (Os fatos e a verdade. Vinhedo: *Jornal de Vinhedo* de 5.3.10, 2010, p. C-4).

Quer dizer, do ponto de vista da ex-esposa separada, agora, viúva, embora precisasse dos recursos da pensão alimentícia não os obteve enquanto a ex-esposa dela separada viveu. O direito à pensão por morte cifra-se à realidade da pensão que, se ausente, o desqualifica, mas existem julgados em que o alimentando renunciou a esse benefício civil e obteve o previdenciário (porque carece de recursos).

Capítulo 12 — Núcleo Básico da Família

No âmbito da previdência social do RGPS (e de muitos RPPS), os dependentes são as pessoas que dependem financeiramente de um segurado, uma subordinação presumida ou a ser demonstrada na ocasião do óbito do segurado.

Cada regime de previdência social tem o seu próprio conceito desse domínio, alcançando mais ou menos familiares. A tendência histórica é restringir-se a um núcleo familiar básico (os pais segurados e os filhos).

Embora, com as devidas ressalvas, pois o Direito Previdenciário (ainda) é autônomo, seja perceptível a influência civilista. O Código Civil disciplina o casamento, a união estável, os filhos, a parentalidade e deve ser consultado quando da omissão da legislação previdenciária.

Dependentes preferenciais

A seguir examinados, os dependentes preferenciais, componentes do núcleo familiar básico, são os seguintes:

I – A mulher em relação ao marido.

II – O marido em relação à mulher.

III – A companheira em relação ao companheiro.

IV – O companheiro em relação à companheira.

V – Os filhos, no que diz respeito aos pais.

Direito dos cônjuges

Na constância do casamento não há qualquer dúvida quanto ao direito dos cônjuges.

Direito dos companheiros

Presente e contínua a união estável, da mesma forma não persistem dúvidas sobre o direito dos companheiros heterossexuais ou homossexuais.

Direito dos filhos

A regra de ouro é que respeitada a idade mínima de 21 anos ou vítimas de incapacidade acometida antes do óbito do pai segurado, os filhos sempre têm direito.

Guilherme Calmon Nogueira da Gama sustenta que em face do art. 226 da Carta Magna, a seguridade social não pode excluir os filhos aptos ou inválidos e não haver hierarquia na família. Excetuada a idade máxima e a condição sanitária, eles têm os mesmos direitos que o pai e a mãe (Família e Direito Securitário, *in RDS* n. 3, 2001, p. 11-17).

Tipos de filhos

A vida e a ordem jurídica criaram classificações diversas para designar os filhos.

De modo geral, apenas didaticamente, são os naturais (nascidos de uma união livre), os legítimos (havidos dentro do casamento), reconhecidos (naturais, posteriormente tidos como legítimos), adotados (não naturais, mas acolhidos no seio da família), adulterinos (tidos fora do casamento), enteados (trazidos pelo outro cônjuge), agregados (acolhidos pelas famílias) e até mesmo os incestuosos (gerados entre parentes), sob guarda etc.

De regra, os previdenciariamente aceitos como tais perdem a condição jurídica de dependentes quando completam 21 anos, emancipam-se, casam-se, recuperam a higidez (tornando-se aptos para o trabalho) ou falecem.

Filhos adulterinos

No passado subsistiram muitas resistências ao direito dos filhos adulterinos, tudo isso em face da Lei n. 883/49, que somente poderiam ser reconhecidos como filhos depois da morte do pai.

Pessoas agregadas

Embora atualmente seja rara a figura, especialmente na zona rural havia uma figura de protegido pela família que ficou conhecido como agregado. Era alguém que fora recepcionado pela família, geralmente um menor abandonado, que acabava sendo criado por essa família, pelo menos até que se casasse. Informalmente, um adotado e não há por que se rejeitar o direito à pensão por morte. Uma eventual inferioridade jurídica em relação ao adotado se deve ao exacerbado formalismo jurídico e nada mais do que isso.

Embora se pudesse acolher a figura da adoção *post mortem* diante da deliberada intenção do segurado de proteger um menor de 21 anos que recebeu em seu lar e dele cuidou, situação conhecida como agregada, não haveria equiparação à condição de filho por falta de cumprimento da formalidade da adoção (Parecer MTPS n. 47/73, no Proc. n. 132.799/70, *in BS/DS* n. 70, de 11.4.1973).

Paternidade *a posteriori*

DIB na DO, ainda que a ação de investigação de paternidade tenha transitado em julgado quando já tinha mais de 16 anos (decisão da 6ª Turma da 4ª Região no Proc. n. 000679.52.2009.404.7011/Paraná, 3.3.10, *in Revista Síntese*, n. 250, de abr. 2010, p. 193-199, juiz José Francisco Andreotti Spizzirri).

Enteados do segurado

Não têm havido grandes debates a respeito do direito dos enteados.

Para o art. 13, § 2º, da Primeira CLPS, é dependente o enteado (AC n. 423.880/SE do TRF da 5ª Região, desembargador Paulo Gadelha, *in RPS* n. 366.469).

Nos termos do art. 16, § 2º, os enteados têm de provar a dependência econômica. Assim entendeu o juiz Walter do Amaral, na AC n. 101.041.04, no Proc. n. 2000.03.99.008802-5/SP, da 7ª Turma da 3ª Região em 22.6.2009, *in RPS* n. 346/793.

Menores sob guarda

Até a Lei n. 9.528/97 o menor sob guarda era equiparado aos filhos do segurado e até hoje as inscrições promovidas antes dessa data-base produzem dúvidas na Justiça Federal.

Para o juiz Ivan Lira de Carvalho, se o segurado não faleceu até 11.12.97, o menor não tem direito à pensão por morte (EDci n. 2005.83.09.001065-7/01–/PE, da 4ª Turma do TRF da 5ª Região em 19.8.2008, *in RPS* n. 340/227).

A bisneta que não demonstra a dependência econômica não pode ser dependente como menor sob guarda (AC n. 2002.02.01.040278-4, juíza Andréa Cunha Esmeraldo em 29.4.2009 – 2ª Turma da 2ª Região, *in RPS* n. 345/674).

Com vistas ao Estatuto da Criança e do Adolescente (ECA) o menor sob guarda deve ser considerado dependente (AI n. 2007.02.01.005533-4 Guilherme Calmon Nogueira da Gama, 17.11.2007 da 1ª Turma da 2ª Região, *in RPS* n. 345/676).

Ainda que tenha sido solicitada a guarda do menor, se a determinação judicial não ocorre até a data do óbito (*sic*) não é filho sob guarda (*sic*). É o que consta do relatório de Sandra Meirim Chalu Barbosa de Campos na AC n. 2001.51.05.000811-2, da 2ª Turma do TRF da 2ª Região, de 20.9.2007, *in RPS* n. 338/35.

Essa mesma juíza em 19.7.2007 entendeu que a Lei n. 9.528/97 é posterior ao ECA e que, portanto, não se aplica ao menor sob guarda (AC n. 2001.51.12.000415-1, da 2ª Turma da 2ª Região, *in RPS* n. 347/949).

Ao contrário dessa compreensão, invocando o art. 227, *caput* e § 3º da Carta Magna e o art. 33, § 3º, do ECA, o juiz Guilherme Calmon Nogueira da Gama entendeu que o menor sob guarda era filho do segurado, a despeito da Lei n. 9.528/97 (AI n. 2007.02.01.005533-A, de 31.10.2008, da 1ª Turma da 2ª Região, *in RPS* n. 345/676).

Oscar Valente Cardoso estudou o direito dos menores sob guarda à luz da proteção dada pela ECA (Pensão por morte à criança ou adolescente sob guarda, *in RPS* n. 345/637).

Mencionando uma Corte Especial, o juiz Francisco Neves da Cunha, em 21.7.2010 defendeu a inconstitucionalidade da Lei n. 9.528/97 (RN n. 2005.01.99.057895-8/GO, 1ª Turma da 1ª Região, *in RPS* n. 359/93).

Em 24.5.2010, criando a sua própria versão do que seja direito adquirido a um regime jurídico, o desembargador Francisco de Assis Belli julgou que a decisão judicial determinando a guarda do menor não pode ser modificada por norma superveniente como a Lei n. 9.528/97 (AC n. 2004.34.00.025688-7/DF da 2ª Turma do TRF da 1ª Região, *in RPS* n. 356/625).

O desembargador Sergio Nascimento equiparou o menor sob guarda ao enteado e assim fazendo jus à pensão por morte (10ª Turma da 3ª Região em 24.3.2009, na AC

n. 2005.03.99.047600-12/SP (1068872), *in RPS* n. 343/472). O mesmo magistrado não reconhece esse direito por falta de provas na AC (REO) n. 2006.61.04.006413-21/RS (1317344), em 24.3.2009 (*RPS* n. 343/474).

Marido não inválido

Marido não inválido cuja mulher faleceu entre 5.10.88 e 24.7.1991 também é dependente (Proc. n. 2.005.71.95.012.021-4/RS, relatado pela Juíza Joana Carolina Lins Pereira em 9.3.2009, *in RDP* n. 0/132).

Filhos emancipados

Perante a previdência social são tidos como emancipados os filhos:

a) autorizados pelos pais;

b) por sentença judicial para o menor de 16 anos;

c) pelo casamento;

d) exercício de emprego público efetivo;

e) colação de grau em ensino de curso superior;

f) estabelecimento civil ou comercial;

g) relação de emprego;

h) posse de economias próprias.

Invalidez pré-existente

A invalidez de maior de idade, declarada posteriormente a maioridade, mas pré-existente assegura a condição de dependente (decisão da 11ª Câmara de Direito Público no Votur n. 12.668/EI n. 341.238-5-5-02 de São Bernardo do Campo, em 9.2.2009, do desembargador Aroldo Viotti).

Direito do varão

Até o PBPS (24.7.91), o marido não fazia jus à pensão por morte em razão do falecimento da mulher segurada. Por analogia, muitos homens pretenderam esse benefício, mas assim não entendeu a Ministra do STF da 1ª Turma Carmem Lúcia, no Agravo Regimental do Recurso Extraordinário n. 514.436/PE em 14.6.2011, *in Revista Síntese* n. 266, de ago./2011, p. 156/161.

Concorrência do companheiro com o filho

Não tem validade a sentença que deferiu a pensão por morte ao companheiro da *de cujus* "diante da existência de filhos menores que não foram citados para integrar a lide" (TRF da 4ª Região, 6ª Turma, desembargador Luis Alberto d'Azevedo Aurvalle em 20.7.2011, *in Informativo IBDP* n. 165, de 19.7.2011).

Na ementa não fica claro de quem esse filho era e a decisão admite, prova da união estável, a concorrência do companheiro com o filho.

Mãe do segurado

Dizia a Súmula TFR n. 229:

> "A mãe do segurado tem direito a pensão previdenciária, em caso de morte do filho, se provada a dependência, mesmo que não exclusiva."

Sobrinhos

Julgando fazer justiça, a desembargadora Joana Cardina Lins Pereira outorgou pensão por morte ao sobrinho da segurada, portador de esquizofrenia paranóide e órfão de pai e mãe (3ª Turma da 5ª Região, AC n. 301.358 - Proc. n. 2001.05.00.0211941-0/AL em 7.3.2006, *in Revista Síntese* n. 204, jun. 2008, p. 193-197).

Sexagenários

Enquanto vigeu a segunda CLPS os sexagenários que se filiaram à previdência social pela primeira vez somente faziam jus ao pecúlio, salário-família e renda mensal vitalícia (CLPS, art. 6º, § 5º).

Em virtude de ter direito ao benefício de pagamento continuado da LOAS tem-se que não outorgar pensão por morte, é o que compreende o juiz Hong Kou Heri em 7.12.2009, da 9ª Turma da 3ª Região no RNC 2005.03.99.010.660-0/SP, *in Revista Síntese* n. 149, de mar. 2010, p. 184-187.

Marido desempregado

Marido desempregado somente era considerado dependente da esposa ou para a assistência médica (Parecer INAMPS/CG n. 167/83, *in* Proc. n. 521.000/53-059/83).

Renúncia da viúva

Às vezes, mostrando a generosidade das mulheres, embora com direito assegurado, uma viúva renuncia expressamente e por escrito em favor da companheira (50% ou até mesmo os 100%). Tal cenário, a ser acolhido pela doutrina, não foi aceito pelo Parecer MTPS n. 228/73 (Proc. MTPS n. 144.172/70, *in BS/DS* n. 69, de 10.4.1973).

Note-se que essa renúncia é possível, ainda que submetida à cogência da norma pública. A viúva pode requerer o benefício em seu nome e depois falecer, obrigando a companheira a fazer a prova da união estável. *Res inter allios acto judicata no nocet cec prodest.*

Capítulo 13 – Pais do Segurado

Depois dos dependentes preferenciais, o art. 16, II, do PBPS arrola o primeiro grupo dos dependentes não preferenciais. A lista é taxativa e não enumerativa. O ausente desse rol não tem direito; assim, tios, primos, sobrinhos ou avós.

São duas pessoas hierarquicamente postadas, o pai e a mãe, de modo que as previstas no inciso I (preferenciais) estão à frente das posicionadas no inciso II (não preferenciais).

Presente alguém do primeiro grupo com direito à pensão por morte (cônjuges, companheiros ou filhos), os do segundo grupo não fazem jus ao benefício. Ainda que necessitem da assistência pecuniária dos filhos e deles dependam.

Pai e mãe

Quando o segurado é solteiro, comumente ele vive na casa dos pais, embora isso não seja condição imposta para o deferimento do benefício. Provada a dependência econômica, os seus genitores farão jus à pensão por morte.

Rezava a Súmula TFR n. 229 que:

> "A mãe do segurado tem direito à pensão previdenciária, em caso de morte do filho, se provada a dependência mesmo não exclusiva."

Progenitores separados

No caso da separação dos pais é preciso verificar com mais acuidade a dependência econômica, mas uma vez provada, o direito de ambos subsiste. Existem situações impostas pela vida em que um dos pais é dependente, mas o outro não.

Progenitores separados e casados

A hipótese não é remota. Pode dar-se de um dos pais ou os dois, depois de separados, virem a se casar ou a se unir novamente. Mantida a dependência econômica desse pai ou mãe, ainda nessa nova união, o benefício se imporá se esse casamento do pai não emancipá-lo como emancipa o do filho.

Falecimento de um progenitor

Falecendo um dos pais (se os dois tinham direito), os 50% da sua cota reverterá em favor do progenitor remanescente, que passará a receber 100% da pensão por morte instituída pelo filho. Situação que será afetada porque poderá obter a pensão por morte deixada pelo cônjuge, se isso suceder antes do óbito do segurado.

Dependência econômica

Cada um dos membros dessa classe tem de provar a dependência econômica em relação ao filho segurado falecido.

Tendo em vista que os tribunais entendem que a dispensa da pensão alimentícia ou a sua simples falta, presente a necessidade do alimentante, não elide o direito ao benefício, pode dar-se acolher também que os pais sem poder provar a dependência econômica, mas necessitarem de subsistência (é claro, até a data do óbito do segurado).

Nesse sentido, José Leandro Monteiro de Macedo lembra que: "A lei não exige que a dependência econômica do dependente em relação ao segurado seja total" (Dependentes do Regime Geral de Previdência Social, *in RPS* n. 305/164).

Em algum estágio da vida dos pais, com possível direito à pensão por morte, eles podem ser dependentes e noutro não. O momento dessa verificação é até a data do óbito.

Dependência parcial

O art. 17, § 3º, da IN INSS n. 45/10, diz que a dependência econômica "pode ser parcial ou total, devendo, no entanto, ser permanente".

Ação alimentícia

Se os pais não logram ter sucesso numa ação civil pretendendo a pensão alimentícia do filho segurado, esse fato é indicador da não dependência econômica.

Inexistência dos preferenciais

Diz o art. 24 do RPS:

> "Os pais ou irmãos deverão, para fins de concessão de benefícios, comprovar a inexistência de dependentes preferenciais, mediante declaração firmada perante o Instituto Nacional do Seguro Social."

Padrastos dos enteados

Os padrastos, pais de fato dos enteados, têm direito quando do falecimento desses filhos adquiridos por ocasião da união com uma mulher que tinha filhos.

Capítulo 14 – Irmãos do Segurado

Embora também dependentes não preferenciais, a situação dos irmãos do segurado não é igual à dos pais. De certo modo ela lembra a dos filhos, pois eles terão de ser dependentes não emancipados, inválidos ou menores de 21 anos.

Menores de idade

Até completarem 21 anos de idade, os irmãos farão jus ao benefício.

Irmãos emancipados

Os irmãos emancipados perderão a condição de dependentes do irmão segurado.

Invalidez dos irmãos

Se os irmãos estão inválidos eles são considerados dependentes do segurado. Note-se ser possível haver um irmão inválido e outro não.

Irmãos deficientes

A Lei n. 12.470/11 alterou o art. 16, III, do PBPS determinando que é dependente "o irmão não emancipado, de qualquer condição, menor de 21 (vinte e um) anos ou inválido ou *que tenha deficiência intelectual ou mental que o torne absoluta ou relativamente incapaz, assim declarado judicialmente*" (grifos nossos).

As principais características desse irmão mentalmente incapaz são as mesmas do filho incapaz referidas no inciso I do art. 16 do PBPS:

a) Deficiência intelectual — a pessoa tem sérias dificuldades para o aprendizado;

b) Deficiência mental — a pessoa cuja idade mental seja menor que a idade natural;

c) Incapacidade parcial — inaptidão parcial para o trabalho;

d) Incapacidade total — inaptidão total para o trabalho, equivalendo à invalidez;

e) Declaração judicial — Diferentemente do filho inválido a insuficiência intelectual ou mental será declarada pelo Poder Judiciário que, para isso, ouvirá perícia médica especializada.

Concorrência na classe

Os irmãos contidos nesta mesma classe concorrem em igualdade de condições.

Qualidade de dependente

A qualidade de dependente do irmão desaparece se ele completa a maioridade (21 anos), se antes era inválido e readquire a higidez ou se ele se emancipa decorrente de colação de grau científico em curso de ensino superior (RPS, art. 17, III).

Aposentadoria após o óbito

Um irmão deficiente intelectual ou mental tem permissão para trabalhar e apenas terá diminuído em 30% o valor da pensão por morte.

Caso o dependente readquira a condição para o trabalho e passe a receber uma aposentadoria ao tempo em que era pensionista subsiste uma presunção de recuperação das condições para o trabalho e ele, então, deixará de ser pensionista.

Perícia médica

Escrevendo em 1976, Sully Alves de Souza lembrava que até completarem 50 anos de idade, os pensionistas inválidos sujeitavam-se ao exame médico pericial (*Direito Previdenciário*, São Paulo: LTr, 1976. p. 121).

Capítulo 15 – Designação de Pessoas

Dependentes são pessoas que dependem do segurado, com vistas aos benefícios do RGPS ou de um RPPS. Trata-se de um conceito próprio do Direito Previdenciário, instituto técnico hoje em dia um tanto anacrônico, carecendo de ser revisto em face da realidade.

Menção legal

Excepcionados os presumidos como tais, pertencentes ao grupo familiar básico, em 1991 o PBPS consagrava os pais, os irmãos e o que chamava de pessoa "designada, menor de 21 (vinte e um anos) ou maior de 60 (sessenta) anos ou inválida" (art. 16, IV).

Chamou esses últimos possíveis beneficiários de "pessoas" porque eles não precisavam ser parentes do segurado. Entretanto, deveriam demonstrar a dependência econômica, tanto quanto os demais membros da família contidos nos incisos II e III do PBPS. Logo, teria de ter algum tipo de vínculo parental, econômico ou financeiro com o segurado.

Decreto n. 89.312/84

A segunda CLPS, ao se referir à designação falava em menor de 18 anos. Excetuada a presença de filhos com direito, a pessoa designada poderia concorrer com os membros da família (CLPS, art. 10, § 5º).

Lei n. 8.213/91

Note-se que naquele momento histórico em que restringiu alguns direitos anteriores (1991), o PBPS majorou o limite de 18 para 21 anos, estendendo a proteção, é claro, sem qualquer preocupação com a procedência do custeio.

Motivação legislativa

Alhures consta que o INSS propôs a alteração do PBPS, excluindo a figura do designado porque algumas famílias estariam convencendo os seus octogenários a designarem bebês, netos ou bisnetos, e até estranhos, para receberem o benefício da pensão por morte até que completassem 21 anos.

Claro, quando pudessem fazer a prova da dependência econômica (procedimento administrativo não muito claro até hoje na legislação).

Escrevendo em 1997 censuramos o art. 22, § 5º, do RPS, que dizia: "O segurado casado não poderá realizar a inscrição da companheira" (Designação de companheira(o), *in Jornal do 10º CBPS*, São Paulo: LTr, 1997. p. 56).

Lei n. 9.032/95

A Lei n. 9.032/95 alterou esse cenário e excluiu tais pessoas do rol dos beneficiários do segurado. Então, a partir de 28.4.1995, tornou-se juridicamente impossível designar qualquer pessoa ao RGPS.

Uma enorme dúvida emergente dizia respeito às designações operadas antes de 29.4.1995, beneficiadas pela ideia do ato jurídico perfeito (e poucos se deram conta de que se tratava de ato jurídico sob condição resolutiva), quando o segurado falecesse depois dessa data.

O desembargador Petrúcio Ferreira, da 2ª Turma do TRF da 5ª Região, relator da REO-AC n. 331.147, em 8.1.07 entendeu que ainda que a designação tenha ocorrido antes da Lei n. 9.032/95 e o óbito se deu em 30.5.1995, é devido o benefício, *in Revista Síntese* n. 214, de abr. 2007, p. 166-168.

Pacificando a matéria, o Juizado Especial Federal, baixou a Súmula TNU n. 4, determinando:

> "Não há direito adquirido, na condição de dependente, pessoa designada, quando o falecimento do segurado deu-se após o advento da Lei n. 9.032/95."

Direito adquirido

Quem estava designado, assim continuou, porém os efeitos jurídicos da designação em face da pensão por morte dependiam do falecimento do segurado enquanto vigente a lei que a autorizava.

Para que fossem preenchidos os requisitos legais desse benefício era preciso que o segurado tivesse falecido até 28.4.95. Se a morte ocorreu depois ela perdia sentido.

Correção vernacular

Agiu bem o redator da súmula ao falar em direito adquirido, pois agora se trata desse instituto e não do direito simples. Apenas confundiu um pouco o direito adquirido à designação com o direito adquirido à pensão por morte; o primeiro existiu, mas não o segundo deles.

Filha maior não inválida

Escrevendo em 1981, consideramos a situação da filha maior não inválida, à luz da descrição do art. 13, *a/e*, da CLPS e concluímos que ela poderia ser designada (Designação da filha maior não inválida, *in Diário Legislativo IOB* de 1º.12.1981. p. 1.836). Até porque era qualquer pessoa.

Lei n. 6.636/79

A Lei n. 6.636/79 dizia que os designados somente teriam direito se não existissem "filhos com direito à prestação".

Neto de servidor

A designação poderia ser para qualquer pessoa, mas em todos os casos deveria ser providenciada.

Diferente foi o pensamento do juiz Luiz Paulo da Silva Araujo dispensou a designação para o neto do servidor na AC n. 2008.01.01.008093-0, da 10ª Vara Federal do Rio de Janeiro, *in RPS* n. 342/395.

Limitação da designação

No Enunciado n. 11 o CRPS entendia que:

> "A designação, limitada a uma única pessoa, é ato formal de manifestação de vontade, cuja falta não pode ser suprida por simples prova testemunhal ou circunstancial, mesmo que produzida em juízo."

O entendimento feria quatro questões consideráveis:

a) Exclusividade numérica — Se a realidade é diferente não havia por que limitar o número de designados;

b) Invalidade da prova testemunhal — Para comprovar a designação não se poderia ignorar a possibilidade de o procedimento administrativo ser acompanhado de início razoável de prova material;

c) Prova circunstancial — Fica sem aclaramento o que seja a prova circunstancial;

d) Demonstração judiciária — Há desprezo pela prova judiciária, o que é tecnicamente inadequado.

Perda da designação

Uma vez designado, quando isso era possível, a pessoa era equiparada ao filho comum e somente perdia a sua condição na forma da lei.

A esse respeito dizia o Enunciado CRPS n. 14:

> "Não sendo inválido o filho e dependente designado, mesmo solteiros, perdem aos 21 anos de idade o direito à cota da pensão previdenciária."

Capítulo 16 — Dependência Econômica

O pressuposto lógico, técnico e histórico da criação da pensão por morte (que mais tarde contaminou o auxílio-reclusão) é que os casais mutuamente se mantêm e quando do desaparecimento de um dos membros, o outro carecer dos meios de subsistência que antes detinha.

De regra, no século XIX, o homem era um provedor financeiro e a mulher cuidava da casa. Na ocasião, também se pensou nos filhos menores de idade. Mais tarde, nos pais e irmãos e até em pessoas estranhas à família (os designados).

Rigorosamente, seja na união civil ou na união estável, nos tempos atuais, em que a mulher também trabalha fora, subsiste uma mútua assistência e dependência financeira. No caso de filhos trabalhando tem-se um verdadeiro condomínio familiar; a renda do grupo custeia as despesas de todos.

Já assinalamos: "O fato de o homem e a mulher trabalharem fora de casa, em atividade profissional, ameaça o conceito tradicional de dependência, vindo a considerar-se uma mútua dependência" (Reforma da Previdência Social, *in Revista de Direito Social* n. 42, de abr./jun. 2011, p. 11-32).

Historicamente, os segurados têm mais dificuldades que as seguradas de provarem a dependência econômica.

Questão vernacular

O instituto técnico enfocado é a dependência financeira e não necessariamente econômica em relação ao segurado, ainda que esta última incorpore a primeira. Ela diz respeito aos meios habituais de subsistência da pessoa.

Conceito mínimo

Em face da legislação vigente considera-se dependência econômica a relação jurídica estabelecida entre duas ou mais pessoas de modo que elas mutuamente se assistam ou uma delas seja assistida pela outra, em caráter parcial ou total, respondendo pela manutenção da família.

Tratando-se da união estável heterossexual ou homossexual, recentemente admitido este último conceito, ela não está ainda bem clarificada. Os aspectos práticos superam os formais. Se essas relações são de curta duração, os membros pura e simplesmente se separam.

Ausente uma união estável bem demonstrada não se tem a presunção de dependência econômica, foi o que pensou o juiz Herbert de Bruyn na AC n. 2004.03.99.007690-0/SP (920.205), em decisão de 13.10.2008, da 7ª Turma do TRF da 3ª Região, *in RPS* n. 339/129.

Designação de companheira

No passado, a formalidade que envolvia o tema foi muito importante, a ponto de não ser aceita a designação *post mortem* (Provas da Designação e da Vida em Comum exigidas da Companheira, *in Supl. Trab. LTr* n. 15/85).

Historicamente, primeiro a companheira somente teria direito se fosse designada pelo segurado e mais tarde sem essa condição. Nessa evolução consigne-se que a Lei n. 7.010/82 alterou o art. 11, § 2º, da LOPS, de sorte que o marido desempregado foi considerado dependente da mulher, esposa ou companheira, para fins de assistência médica.

A filha maior não inválida provocou muitas polêmicas (Designação da filha maior não inválida, *in Diário Legislativo IOB* de 1.12.1981. p. 1.836).

Presunções vigentes

Tecnicamente, a dependência econômica apresenta dois cenários fáticos: a) ela é presumida e b) tem de ser provada.

É presumida em relação ao núcleo familiar básico (cônjuges, companheiros e filhos) e precisa ser demonstrada pelos outros dependentes (pais e irmãos).

No que diz respeito ao cônjuge ou unido é presumida enquanto vigente a vida em comum. Caso sobrevenha o divórcio, desquite ou uma separação, é preciso ser convencida a partir de uma pensão alimentícia devida por quem de direito, que pode ser jurídica ou fática. A jurídica é comprovada com a sentença judicial e os pagamentos mensais.

Discordando de *Baltazar e Daniel* (*Comentários à Lei de Benefícios da Previdência*, Porto Alegre: Livraria do Advogado, 2000. p. 81), Marina Vasques Duarte concorda conosco entendendo que "quando de uma vida em comum o casal conta com a renda familiar para manutenção do núcleo" (*Direito Previdenciário*. Porto Alegre: Verbo Divino, 2002, p. 31).

Indo à contramão da doutrina, o desembargador Walter do Amaral, da 3ª Sessão do TRF da 3ª Região, afirmou que a presunção da dependência econômica da esposa é relativa e que o INSS pode confrontá-la (relato de 14.7.2011 na AC n. 2002.03.99.030060-8/SP, *in Informativo IBDP* n. 165, de 29.7.11).

Natureza da quitação

Uma pensão alimentícia fática, decantadora dessa dependência econômica, é valor entregue pelo responsável e pode ser de pagamento único ou continuado. Nada impede que seja cedido um imóvel cujos alugueres mensais assumam caráter alimentício. Mas, no passado, um magistrado desavisado entendeu que, com o falecimento do segurado, como a pensionista ficou com os seus bens, ela não precisaria do benefício (*sic*).

Falta de pagamento

A inadimplência do devedor da pensão alimentícia não afasta juridicamente o direito à pensão por morte, exceto nos casos em que o não pagamento perdure por muito tempo e não haja reclamação por parte do alimentado.

Desquitada sem alimentos

No Direito Previdenciário, a renúncia aos alimentos ainda não está consolidada doutrinária e jurisprudencialmente. São bastante hesitantes os pontos de vista.

Rezava o Prejulgado MTPS n. 12 que:

> "A mulher desquitada, sem direito aos alimentos, não pode pleitear a pensão previdenciária, tendo ocorrido partilha de bens. A viúva, com direito à pensão pretere a pessoa designada."

Boa parte dos entendimentos do MTPS está superada pelo tempo, mas parece correto apreciá-los porque tornam possível identificar avaliações equivocadas e que não devem ser repetidas.

A dependência econômica é questão conceitual e do ponto de vista prático envolve os meios de persuasão reconhecidos pela administração e pela Justiça Federal.

Como fundamento das prestações dos dependentes é um anacronismo do Direito Previdenciário, uma vez que de regra os cônjuges, unidos e conviventes trabalham e são filiados à previdência social.

A relação jurídica da pensão por morte envolve o casal e filhos, os pais e irmãos do segurado.

Em Direito a palavra "alimentos" significa valores em dinheiro ou em espécie. Numa ou noutra modalidade visa à manutenção da pessoa alimentada (ainda que, na prática, isso nem sempre suceda).

A rigor se pode falar em alimentos decorrentes de condenação judicial que observa os critérios do Direito de Família e um conceito de alimentos próprio do Direito Previdenciário (bastante assemelhado).

Renúncia aos alimentos

Considerando o art. 1.707 do Código Civil que ao credor é "vedado renunciar o direito a alimentos", descabe-lhe renunciar ao direito, mas pode deixar de receber as mensalidades.

Miguel Horvath Júnior e Osvaldo de Souza Santos Filho entendem que o Código Civil regrediu e que a jurisprudência corrigirá esse ponto de vista, concluindo que na ausência da pensão alimentícia não há o direito à pensão por morte (A Renúncia da Pensão Alimentícia e seus efeitos na Relação Jurídica Previdenciária, in RDS n. 20, de 2005, out./dez. de 2005, p. 35/46).

Ana Paula Oriola Martins discorda de Miguel Horvath Júnior por três motivos (A pensão por morte e a sua relação com a pensão alimentícia, in RDS n. 8, de out./dez. 2002, p. 33-48):

> "I – a pensão por morte constitui-se num benefício previdenciário e a pensão alimentícia um benefício civil;
>
> II – por ter natureza previdenciária, dois princípios básicos ensejam o gozo do benefício: amparo/proteção e dependência econômica;

III – Os princípios que embasam a previdência vão além dos princípios ensejadores do direito de família e, portanto, não podem ser equiparados."

Esta é uma visão jurídica que lembra situações de fato, cada uma a ser examinada em particular.

Inversão da pensão

Às vezes, não só a mulher dispensa a pensão alimentícia, como ajuda o ex-marido, agora necessitado, especialmente no fim da vida, restabelecendo, de certa forma o casamento, mediante uma reconciliação amorosa (Parecer MPAS n. 224/75, no Proc. MTPS n. 100.632/73, *in BS/DS* n. 242, de 17.12.1974).

A Súmula STF n. 379 diz que:

> "No acordo de desquite não se admite renúncia aos alimentos, que podem ser pleiteados ulteriormente, verificados os pressupostos legais."

Pensão alimentícia e previdenciária

Os alimentos consubstanciam a pensão alimentícia, que é do Direito Civil, e que pode ser substituída pela pensão por morte previdenciária. Uma pode determinar a outra, mas necessariamente não tem o mesmo valor.

A existência de uma pensão judicial de R$ 622,00, falecido o alimentante, pode gerar uma pensão por morte de R$ 3.916,20. Uma pensão judicial de R$ 10.000,00 tem condições de demandar uma pensão por morte de R$ 622,00 (*sic*).

Do ponto de vista do direito à pensão por morte, a pensão alimentícia pode ser atendida por pagamentos em dinheiro ou entrega de bens que rendam os valores mensais em pecúnia. Ela pode ser jurídica (porque o alimentante foi condenado) ou fática porque assim desejou esse alimentante.

A lei nunca estabeleceu qual deveria ser o valor mínimo da pensão alimentícia para os fins da pensão por morte, mas deve ser entendida aquela que caracteriza um vínculo jurídico e não necessariamente a responsável pela subsistência da pessoa humana.

Quando da construção de tal ideia o seu idealizador confundiu o raciocínio jurídico (quem tem direito à pensão alimentícia deve ter direito à pensão previdenciária) com a relação econômica financeira. Quem vivia com R$ 622,00 não poderia vir a receber R$ 3.916,20, mas atualmente é assim.

Marisa Lima de Mattos teceu considerações sobre o tema: "Se, quando em vida, o segurado jamais foi demandado para que o valor da pensão de alimentos fosse elevado e, se assim o fosse o juiz da causa somente o permitiria após resolução do binômio necessidade-possibilidade, pode-se dizer que a majoração automática da pensão após a morte do segurado é verdadeira afronta aos direitos de todos os dependentes elencados no art. 16, já que todas as classes são afetadas neste caso" (Os Efeitos da Sentença dos Alimentos na Pensão por Morte, artigo contido no livro *Previdência nos 60 anos da Declaração de Direitos Humanos e nos 20 da Constituição Brasileira*. Curitiba: Juruá, 2008. p. 281-287).

O desembargador Luiz Gonzaga Barbosa Moreira concedeu a pensão por morte à ex-mulher, separada de fato e sem pensão alimentícia, que declarou não receber qualquer ajuda financeira. No relatório ele afirma que a "simples declaração não pode desprestigiar a presunção legal" (decisão de 11.9.2006, da 1ª Turma da 1ª Região na AC n. 2000.01.99.135360-2/MG, *in Revista Síntese* n. 209, de nov. 2006, p. 177).

Dependência não exclusiva

A Súmula TFR n. 229 ditava:

> "A mãe do segurado tem direito a pensão previdenciária, em caso de morte do filho, se provada a dependência econômica, *mesmo não exclusiva*" (grifos nossos).

Essa dicção deve ter partido de decisões emanadas de situações em que o segurado não tinha dependentes preferenciais.

José Leandro Monteiro Macedo leciona: "A lei não exige que a dependência econômica do dependente em relação ao segurado seja total" (Dependentes do Regime Geral de Previdência Social, *in RPS* n. 305/624, de abr. 2006).

Auxílio-suplementar

Enunciado n. 12 da Portaria MTPS n. 3.286/73:

> "A dependência econômica, que propicia à pessoa designada habilitar-se ao benefício, pode ser parcial, devendo, no entanto, representar um auxílio substancial, permanente e necessário, cuja falta seria de molde a acarretar um desequilíbrio sensível dos meios de subsistência do assistido."

Momento da definição

Sempre vale consignar que a dependência econômica cifra-se a um cenário preexistente ao falecimento segurado.

Perda do direito

Conforme o Prejulgado MTPS n. 13.*b*:

> "Não tendo havido restabelecimento legal da sociedade conjugal, a mulher, que perdeu o direito a alimentos, não tem direito à pensão nem pode reclamá-la, alegando a condição de companheira do ex-marido."

Mesmo à época em que foi editado (1971) este prejulgado era sem sentido. É visível a distinção que fazia entre união estável e casamento. Sobrevindo o desfazimento da relação conjugal sem o direito à pensão alimentícia a ex-esposa não faria jus à pensão por morte.

Abstraindo que o fato da reunião possa ter refeito o casamento, se novamente passaram a viver juntos, num regime de união estável, essa mulher fazia jus ao benefício, como companheira. Mas se isso não aconteceu e ela apenas alegou essa condição sem provar, o direito não subsiste. Esposa não é necessariamente companheira.

Tipos de dependências

Em alguns casos, um segurado poderá ser condenado a pagar pensão alimentícia para os filhos e desobrigado de pagar para a mulher. Nesse caso, ela não será incluída entre os dependentes e um dia quando o filho mais novo completar 21 anos, desaparecerá o direito ao benefício previdenciário.

Dizia o Prejulgado MTPS n. 12 que:

> "A dependência econômica, que propicia à pessoa designada habilitar-se ao benefício, pode ser parcial, devendo, no entanto, representar um auxílio substancial, permanente e necessário, cuja falta seria de molde a acarretar um desequilíbrio sensível dos meios de subsistência do assistido."

Embora se refira aos designados, esse entendimento aplica-se aos pais e irmãos do segurado.

Durante a vigência da união, casamento civil, religioso ou união estável, a mulher é dependente do marido. E, mutuamente, o marido da mulher. A dependência econômica é presumida.

Essas pessoas terão suas inscrições no INSS canceladas, no caso de separação judicial, de fato, desquite ou divórcio sem alimentos.

Ainda não há muita clareza jurídica na situação dos separados de fato. De modo geral, se ausentes outros dependentes, é como se a união se mantivesse, no entender da Justiça Federal.

Diz o art. 65, § 2º, do PBPS que:

> "O cônjuge divorciado ou separado judicialmente ou de fato que recebia pensão de alimentos concorrerá em igualdade de condições com os dependentes referidos no inciso I do art. 16 desta Lei."

Tem-se, pois, que a mulher separada ou divorciada do marido e o marido da mulher, ambos sem receber pensão alimentícia do cônjuge do qual se distanciou juridicamente, não faz parte do rol dos dependentes com direito à pensão por morte.

Previdenciariamente eles não têm mais nada em comum, mas decisões escoteiras da Justiça Federal, às vezes, concedem o benefício (especialmente quando não existem outras pessoas com a mesma pretensão).

Com a percepção da pensão alimentícia de certa forma restabelece-se a dependência econômica e é como se novamente as pessoas restassem unidas. O vínculo que os liga é essa pensão alimentícia (que, por vezes, sem a condenação judicial, se apresenta apenas de fato).

Embora o direito em si seja irrenunciável, o cônjuge pode abdicar das mensalidades da pensão alimentícia e assim se afastar do segurado. Não importando o motivo.

O juiz Francisco Hélio Camelo Ferreira elegeu os elementos da dependência econômica: a) ausência por parte dos genitores ou, no mínimo, um desnível acentuado a justificar a dependência; b) caráter permanente e/ou duradouro da renda auferida pelo instituidor;

e c) superveniência de dificuldades econômico-financeiras após o óbito (decesso econômico-social), na AP-RN n. 2004.38.01.003390-4/MG, de 22.6.11, do TRF da 1ª Região, no *Rep. de Jurisp. IOB* da 2ª quinzena de jul. 2011, p. 400.

Necessidade superveniente

O conceito de dependência econômica no Direito Previdenciário está carecendo de transformações, na medida em que sua origem foi uma convenção técnica histórica. Sendo ela o substrato que justifica a pensão por morte, é preciso definir se é a necessidade de recursos ou o pagamento de uma pensão alimentícia, ou se são as contribuições vertidas.

Baseando-se na Súmula STJ n. 336 José Antonio Savaris outorgou pensão por morte a dependente que nada recebia do cônjuge, mas precisava de auxílio-financeiro (Proc. n. 2007.38.0073.6982-0).

A Súmula STJ n. 336 garante:

> "A mulher que renunciou aos alimentos na separação judicial tem direito à pensão previdenciária por morte do ex-marido, comprovada a necessidade econômica superveniente."

Por outro lado dizia a Súmula TFR n. 64:

> "A mulher que dispensou, no acordo de desquite, a prestação de alimentos, conserva, não obstante, o direito à pensão decorrente do óbito do marido, desde que comprovada a necessidade do benefício."

Se esse renunciante não logra obter os meios de subsistência, fato a ser exaustivamente comprovado, está precisando da pensão alimentícia que, por qualquer motivo, não foi requerida ao Poder Judiciário. O texto da súmula silencia quanto à época em que ocorrerá a perda das condições econômicas ou financeiras, mas de regra deve sobrevir até a Data do Óbito.

Nem o que significa essas perdas em que nível elas justificam a pensão por morte. Possivelmente, dentro do conceito de ausência dos meios mínimos de subsistência. Cada caso deve ser examinado em particular, buscando-se as provas para convencer o INSS da propriedade do direito.

Imagina-se que a pessoa não tenha querido solicitar o benefício civil da pensão alimentícia, por orgulho (1), ignorância do direito (2), dificuldade de encontrar o alimentante (3) ou este não ter condições de fazer os pagamentos (4).

Esta súmula afirma inovadoramente e cria norma jurídica que, demonstrada essa necessidade, é como se houvesse a pensão alimentícia; a mulher (ou o homem) faz jus ao benefício. Pensando nas contribuições vertidas pelo segurado, cria regra inexistente, e tentando fazer justiça social, diz que o direito subsiste. Embora sua redação fale em casamento, mulher (e marido), esse entendimento é extensível às uniões estáveis heterossexuais e homossexuais, nas mesmas condições, pois o fundamento é a dependência econômica.

Abandono do lar

Com entendimento próprio da época, pontuava o Prejulgado MTPS n. 13.*c*

"A companheira não faz jus ao benefício se há esposa com direito às prestações, e esta só perde a qualidade de dependente por via de sentença judicial, que a declare culpada de abandono do lar e ao mesmo recusa-se a voltar."

Tal visão deve ser analisada sobre cinco aspectos: a) pretensão da companheira concorrente com a esposa; b) direito da ex-esposa; c) perda judicial da condição de dependente; d) abandono do lar; e e) recusa à volta. Das cinco afirmações, quatro delas são impróprias, inadequadas e anacrônicas.

O direito da companheira não é elidido se também há pretensão por parte da esposa. A pensão será dividida se ambas provarem o direito. Falecendo um segurado que pagava pensão alimentícia para a esposa e vivia com uma companheira, determinar-se-á a divisão igual da pensão por morte.

Ainda que ele estivesse vivendo com uma companheira o direito da esposa é igual caso isso não estivesse acontecendo; ela apenas tem de provar a dependência econômica.

Nenhum cônjuge ou companheiro perde a condição de dependente por decisão judicial, são os fatos que podem determinar essa consequência jurídica. A Justiça Federal, no máximo, os declarará presentes ou não.

Pouco importa se a separação foi amigável ou litigiosa, se a mulher abandonou o lar ou ao desfazer a união se despediu cerimoniosamente do marido.

A mulher tem o direito de se recusar a voltar ao lar e essa manifestação machista nada tem a ver com o Direito Previdenciário.

Provas da dependência

São admissíveis todos os meios de prova admitidos em Direito, normalmente coincidem com os do direito à pensão por morte.

Em 11.4.11 o desembargador Sergio Nascimento, da 10ª Turma do TFR da 3ª Região, aceitou o depoimento testemunhal como prova da dependência econômica da mãe do segurado, relatando a AG-AC n. 2008.61.06.006472-9/SP, *in Revista de Direito Social* n. 42, de abr./jun. 2011, p. 195.

Referindo-se à Sumula TFR n. 64, semelhante à Sumula STJ n. 336, Lilian Castro de Souza lembra os meios de prova possíveis contidos no art. 22, § 3º, do RPS (Dependência Econômica na Previdência Social, *in Revista Síntese* n. 216, de jun. 2007, p. 13-26).

Ausência da concorrência

Certos julgados decidem que na ausência da pensão alimentícia, se não há a concorrência da companheira, a esposa deve receber a pensão por morte.

A dependência do filho inválido é presumida como dependente dos pais, no dizer de Oscar Valente Cardoso (Considerações sobre a qualidade de dependente do filho inválido, *in RPS* n. 334/696).

Presunção do pagamento

Francisco Salzano Vieira da Cunha, Consultor Jurídico do MPAS, entendeu que se o cônjuge supérstite provar que o *de cujus* pagava a pensão alimentícia renunciada, ele faz jus à pensão por morte (Parecer CJ/MPAS n. 39, de 14.7.1980, *in* Proc. MPS n. 5.023.555/79 – DOU de 13.8.1980).

Cessão de imóvel

Quando da separação de um casal, presente patrimônio, os bens são divididos conforme a ordem civil. Promovida a partilha, um dos cônjuges, por qualquer motivo, pode doar um bem imóvel para o outro, tudo isso regido pelo Código Civil.

Obrigado a prestar alimentos ele poderá quitar esse ônus na forma da cessão de um bem para isso transferido por escritura pública.

Nesse caso, que não se confunde com a partilha ou doação, antes aludidas, tem-se a figura da pensão alimentícia e, com ela, o direito à pensão por morte.

Capítulo 17 — Dependência dos não Preferenciais

Na sucessão hereditária previdenciária, depois do núcleo familiar básico comparecem as pessoas não preferenciais obrigadas a demonstrar a dependência econômica em relação ao segurado falecido. Em linhas gerais, e nessa ordem, os pais e os irmãos.

Depois de regrar os preferenciais (inciso I), no seu art. 16 diz o PBPS serem dependentes:

II – os pais;

III – o irmão emancipado, de qualquer condição, menor de 21 (vinte e um) anos ou inválido.

O dever de provar a dependência econômica faz parte do § 4º do mesmo artigo:

> "A dependência econômica das pessoas indicadas no inciso I é presumida e *a das demais deve ser comprovada*" (grifos nossos)

Pai e mãe

Na ausência das pessoas que compõem o núcleo familiar básico, se o segurado deixou o pai ou a mãe dele dependentes, a prova dessa subordinação financeira é uma informação que diz respeito aos meios de subsistência desses genitores comparados com os do filho.

Assim, eles poderão ser trabalhadores remunerados, aposentados ou inativos, com algum tipo de renda. Em todas essas três hipóteses os rendimentos (remuneração, aposentadoria ou renda) serão confrontados com os recursos do filho falecido.

Tanto quanto diz respeito aos irmãos, essa dependência econômica pode ser total ou parcial. Na primeira vez, geralmente vivendo juntos com o filho depois falecido, os pais não têm renda ou têm uma renda pequena e dependiam inteiramente do filho.

Quando for parcial, ou seja, os pais dispunham de alguma renda, a diferença com a renda do filho terá de ser considerável.

E, ao final, pode dar-se de os pais não dependerem do filho e, sim, ser ao contrário.

Nas famílias pobres, os filhos ajudam os pais, é uma mesada ao contrário. Vivendo juntos desses pais, subsiste uma presunção não jurídica de mútua assistência ou de dependência econômica.

A indicação como dependentes para fins do Imposto de Renda ou relação trabalhista e até mesmo a designação anterior da Lei n. 9.032/95, são fortes indícios de dependência econômica.

Momento da definição

A dependência econômica a que se alude é aquela superveniente até a data do falecimento do segurado. Pouco importa se a perdeu ou se a adquiriu depois da Data do Óbito.

Filho casado

De modo geral, mas não exclusivo, se o filho falecido estava casado ou unido, pressupõe-se que mantinha a sua família, embora pudesse ajudar os pais.

Filho enteado

O enteado é tido como filho do casal e, nessas condições, provados os requisitos legais, é possível ser mantenedor dos pais.

Idade do filho falecido

Não importa a idade desse filho falecido, se era menor ou maior do que os 21 anos.

Irmãos do segurado

Além da invalidez e na ausência dos parentes elencados nos incisos I e II do art. 16 do PBPS, os irmãos têm de provar a mesma dependência econômica do irmão segurado falecido.

Filho casado

Na hipótese desse filho ser casado, ainda que dele dependam, os pais não fazem jus ao benefício.

Mais de um filho

Pode dar-se de os pais dependerem de mais de um filho e se considerará apenas aquele que diz respeito ao falecido.

Exclusividade da pessoa

Falecendo o filho segurado, ter-se-á a dependência econômica em relação aos pais (pai e mãe), apenas ao pai ou apenas à mãe.

Pai e mãe separados

Se os pais estão separados as provas da dependência financeira serão mais rigorosas.

Sobrinho do segurado

Julgando fazer justiça, a desembargadora Joana Cardina Lins Pereira outorgou pensão por morte ao sobrinho da segurada, portador de esquizofrenia paranoide e órfão de pai e mãe (AC n. 301.358 – Proc. n. 2002.000211941-0/AL, da 3ª Turma do TRF da 5ª Região, em 7.3.2006, *in Revista Síntese* n. 204, de jun. 2008, p. 193-197).

Presunção da invalidez

Se o pai ou a mãe e até mesmo o irmão são inválidos, subsiste uma presunção não jurídica de que possam depender dos filhos ou do irmão. Se esse filho era inválido a presunção é ao contrário.

Prova exclusivamente testemunhal

Os tribunais não costumam aceitar a prova da dependência econômica de pais ou irmãos quando promovida exclusivamente com depoimentos testemunhais (sem indício razoável de prova material).

Documentos comprobatórios

O art. 22, § 3º, do RPS diz que a comprovação documental será promovida com a apresentação de pelo menos três dos documentos arrolados.

1. Declaração do IR.
2. Declaração especial feita perante tabelião.
3. Prova do mesmo domicílio.
4. Disposições testamentárias.
5. Prova de encargos evidentes (*sic*).
6. Conta bancária conjunta.
7. Anotação na CTPS.
8. Quaisquer outros documentos "que possam levar à convicção do fato a comprovar" (inciso XVII).

Capítulo 18 — Inscrição dos Dependentes

A inscrição é uma providência formal exigida dos dependentes para usufruírem os benefícios próprios, sem ser necessariamente uma condição *sine qua non* para fazer jus às prestações.

A inscrição dos segurados consiste no fornecimento de dados pessoais e outros elementos dos segurados e dos dependentes para que o plano de benefícios fique atuarialmente habilitado ao cumprimento de seus compromissos.

Teoricamente, essa formalidade se impõe para que o órgão gestor tenha conhecimento do número de pessoas com possível direito ao benefício, suas condições biométricas e seus vínculos jurídicos.

Por se tratar de uma medida meramente administrativa, o PBPS delegou ao Regulamento da Previdência Social as atribuições correspondentes (PBPS, *caput* do art. 17). O RPS trata do assunto amplamente nos arts. 18 *usque* 23.

Cada RPPS adota regras próprias, com bastante liberdade criativa.

Anacronismo histórico

A inscrição dos beneficiários (segurados e dependentes) teve sentido histórico, quando a previdência social precisava saber quantas e quais as pessoas protegidas.

Hodiernamente, com os recursos organizacionais e principalmente a partir da informática, ela pode ser promovida por ocasião da solicitação de um benefício. A GFIP fornece dados para o CNIS.

Quando do requerimento de uma pensão por morte, os documentos exigidos em face desse benefício demonstrarão, de fato, a inscrição dos cônjuges ou companheiros, a existência dos filhos, pais e irmãos. Tudo isso podendo ser operado na DER, mediante dados abastecidos pela GFIP ao CNIS.

Conceito regulamentar

Diz o *caput* do art. 38 da IN INSS n. 45/10:

> "Considera-se inscrição, para os efeitos na Previdência Social, o ato pelo qual a pessoa física, é cadastrada no Cadastro Nacional de Informações Sociais — CNIS, mediante informações prestadas dos seus dados pessoais e de outros elementos necessários e úteis à sua caracterização."

Principais segurados

A inscrição do empregado, avulso, doméstico, contribuinte individual, segurado especial e facultativo, é cuidada no art. 18, I/V, do RPS.

Dependentes do segurado

Revogando a versão original do PBPS pela Lei 10.403/02, o texto ficou:

> "Incumbe ao dependente promover a sua inscrição quando do requerimento do benefício a que estiver habilitado" (art. 17, §1º).

Separação judicial

Em seu art. 17, § 2º, o PBPS diz:

> "O cancelamento da inscrição do cônjuge se processa em face de separação judicial ou divórcio sem direito a alimentos, certidão de anulação de casamento, certidão de óbito ou sentença judicial, transitada em julgado."

Segurado especial

Por causa de suas particularidades, subsiste a inscrição do segurado especial, amplamente disciplinada nos §§ 5º/6º do art. 17 do PBPS.

O art. 18, § 5º, do RPS diz:

> "Presentes os pressupostos da filiação, admite-se a inscrição *post mortem* do segurado especial" (Decreto n. 3.265/99).

Inscrição na empresa

O § 1º do art. 18 do RPS, revogado pelo Decreto n. 3.265/99, determinava que a inscrição seria feita na empresa, no sindicato ou no órgão gestor de mão de obra ou no INSS, e vedava a inscrição *post mortem*.

Idade mínima

A idade mínima é de 16 anos (RPS, art. 18, § 2º).

Comprovação da invalidez

De certa forma diz o § 9º do art. 22 que essa inscrição se dará quando do exame pericial que avaliar a invalidez do filho maior de 21 anos e o irmão.

Declaração de não emancipação

Por ocasião da inscrição, o maior de 16 anos terá de apresentar declaração de que não está emancipado (§ 10 do art. 22 do RPS).

Inscrição dos pais

Até o advento do Decreto n. 4.079/02 os pais precisavam demonstrar a não existência de dependentes preferenciais. Curiosamente o § 11 do art. 22 foi revogado e substituído pelo art. 24.

Extinção da inscrição

Se o dependente não desfruta dessa condição jurídica ou se a teve e a perdeu, a inscrição deixará de existir (RPS, art. 22, § 12).

Múltipla filiação

O RPS, em seu art. 18, § 3º:

> "Todo aquele que exercer, concomitantemente, mais de uma atividade remunerada sujeita ao Regime Geral de Previdência Social será obrigatoriamente inscrito em relação a cada uma delas."

Segurado facultativo

A inscrição do segurado facultativo se dá por ocasião do recolhimento da primeira contribuição (RPS, art. 17, V).

Equiparação ao filho

> "No caso de equiparado a filho, a inscrição será feita mediante a comprovação da equiparação por documento escrito do segurado falecido manifestando essa intenção, da dependência econômica e da declaração de que não tenha sido emancipado" (RPS, art. 22, § 13).

Designação da companheira

O § 5º do art. 22 do RPS, revogado pelo Decreto n. 4.079/02, dizia que o segurado não poderia realizar a inscrição da companheira (*sic*).

Ausência da inscrição

Dispunha o art. 23 do RPS que, na falta da inscrição, caberia ao dependente fazê-lo *a posteriori*. O dispositivo foi revogado pelo Decreto n. 4.069/02.

Filho adotado

Conforme o § 6º do art. 22 do RPS:

> "Somente será exigida a certidão judicial de adoção quando esta for anterior a 14 de outubro de 1990, data da vigência da Lei n. 8.069, de 13 de julho de 1990."

Contribuintes individuais

Os contribuintes individuais inscrevem-se diretamente junto ao INSS pela *internet*, in <www.previdencia.gov.br> ou PREV fone: 0800-78019.

Revisão da renda

O juiz José Eduardo do Nascimento recusou o Incidente de Uniformização de Jurisprudência, distinguindo o recolhido após o falecimento do segurado para fins de revisão da renda mensal inicial da pensão por morte não discutida com o recolhimento após a morte para garantir a qualidade de segurado (Proc. n. 2007.71.51.00.3086-6, de 1º.12.2010, colhido no Informativo do *IBDP* n. 155, de 29.7.2011).

Inscrição póstuma

Oscar Valente Cardoso lembra que: "Não é possível o recolhimento das contribuições, ou a inscrição póstuma do segurado contribuinte individual, a inscrição, como ato administrativo, tem sua validade cessada com o óbito e, por ser excepcional, admitida somente quando prevista em lei".

Ele relembra o Pedido de Uniformização da TNU n. 2003.36.007014454, anotado pelo juiz José Pires da Cunha em 14.5.2003, autorizando a referida inscrição (Filiação e Inscrição de Segurado após o Óbito e Direito dos Dependentes à Pensão por Morte, *in Revisa Síntese* n. 254, de ago. 2010, p. 42-49).

Marco inicial

O marco inicial (DIB) da pensão por morte, no caso do reconhecimento tardio da paternidade, após o óbito, deve ser a Data do Óbito e não a Data de Entrada do Requerimento, conforme a decisão do desembargador Messod Azulay Neto em 15.5.2011, da 2ª Turma Especializada da 2ª Região, no Agravo Interno n. AC n. 494.554 – Proc. n. 2008.51.04.000387-2 (*in Revista Síntese* de jul. 2011, n. 265, p. 182-186).

Documentos exigidos

I – Certidão de nascimento de filho em comum

II – Certidão de casamento religioso

III – Declaração do Imposto de Renda do segurado em que conste o nome do interessado

IV – Disposições testamentárias

V – Anotação na CTPS (revogado)

VI – Declaração especial feita perante tabelião

VII – Prova de mesmo domicílio

VIII – Prova de encargos domésticos evidentes e existência de sociedade ou comunhão nos da vida civil

IX – Procuração ou fiança reciprocamente outorgada

X – Conta bancária conjunta

XI – Registro em associação de qualquer natureza em que conste o interessado como dependente

XII – Anotação constante de ficha ou livro de registro de empregado

XIII – Apólice de seguro da qual conste o segurado como instituidor do seguro e a pessoa interessada como sua beneficiária

XIV – Ficha de tratamento em instituição médica

XV – Escritura de compra e venda de imóvel pelo segurado em nome do dependente

XVI – Declaração de não emancipação do dependente

XVII – Quaisquer outros documentos que possam levar à convicção do fato a promover

Capítulo 19 — Ausência do Cônjuge

Falecido o segurado que deixou dependentes vivos, às vezes, constata-se a ausência da viúva ou da companheira com direito presumível à pensão por morte. Claro, também do viúvo ou companheiro em relação à segurada.

Se, individualmente, em cada caso, essa pessoa faz jus ao benefício, esse afastamento não afetaria esse direito, a ser exercitado em seu nome. Diferente será, em face de uma ausência oficial, declarada a morte presumida, quando um tutor dos menores os representará.

São várias as causas dessa ausência, entre as quais viagens ao exterior, internação em hospitais, cumprimento de pena, interdição judicial etc. Em cada caso, carece demonstrar esses fatos para que o direito seja exercido em sua plenitude.

Reaparecido o ausente, a família estará reconstituída.

Para os fins do Direito Previdenciário, fora da hipótese da morte presumida, essa ausência reconhecida obrigará a informação por parte de quem solicitar o benefício, pois, pode dar-se de essa pessoa não ter condições de comparecer ao pedido da prestação.

Quando for possível a representação, não haverá mais problemas, bastando a juntada da procuração para que o representante atue junto ao órgão gestor.

Note-se a distinção entre pessoa ausente e pessoa da qual não se tinha informação de que tem direito ao benefício, como um filho havido fora da união civil ou estável, que se apresenta após o óbito do segurado.

Capítulo 20 – Dependentes Separados

No caso da adoção, os filhos podem estar separados dos pais, impondo-se a definição do seu direito quando um desses pais falecer; ressalte-se, têm dois provedores, o natural (possivelmente sem condições) e o substituto.

Na hipótese de adoção por terceiros, eles não mais farão parte da família original e dependerão dos seus pais adotivos.

Quando eles ficarem sob a guarda de outra família, ainda que não adotados ou tutelados, se desfrutará da mesma situação.

Pode-se imaginar igual situação para o irmão do segurado que deixou sua família original e passou a viver com outra família (e ali, até, em razão da presença dos dependentes preferenciais, não fazer jus ao benefício).

Tecnicamente quem está separado, obtém os meios de subsistência na família substituta e não faz jus à pensão por morte se o seu pai natural vier a falecer.

Mas esse é um tema que merece reflexão porque em alguns casos aquele pai natural não deixa dependente e o filho separado padece de dificuldades com a nova família.

Capítulo 21 – Cônjuge Afastado

A condição jurídica de pessoas que vivam afastadas, com isso desfazendo uma união regular, sejam elas casadas ou unidas, é bastante peculiar, tecnicamente nebulosa em face da omissão da legislação quanto às particularidades que a denotam, merecendo estudos aprofundados. Principalmente porque subsistem afastamentos de fato e de direito no âmbito do casamento e apenas os informais na união estável.

Casados separados

Marido e mulher casados, em algum momento de suas vidas em comum podem se separar fática ou juridicamente; esse estado civil repercutirá no direito à pensão por morte ou ao auxílio-reclusão.

Distanciamentos de fato, mantida a constância do casamento, não costumam gerar efeitos jurídicos, se de curta duração. Na hipótese de um afastamento do lar comum mais duradouro, a situação se equipara à da separação judicial.

Sobrevindo o falecimento do segurado nestas condições é preciso definir o nível jurídico desse cenário e, principalmente, se as características da mútua assistência persistiram. No caso de um distanciamento de longa duração o gestor exigirá a prova da dependência econômica.

Separação judicial

Promovido o divórcio ou então o antigo desquite tem-se uma separação judicial que trará implicações melhor definidas na legislação. Quem se julgar com direito ao benefício terá de fazer a prova da dependência econômica.

Apresentada uma certidão de casamento com averbação da separação há algum tempo, impõe-se ao órgão gestor verificar se não existe algum dependente que não faça parte da família que se desfez.

Conviventes separados

Para as pessoas unidas, conviventes numa união informal, as separações se assinalam exatamente por essa informalidade, dificultando a prova da sua consumação ou não. Nestas circunstâncias a pensão alimentícia e a dependência econômica dependem de comprovação.

Separado com companheira

Quem está separado de fato e vivendo uma união estável com outra pessoa, poderá caracterizar a concorrência entre o cônjuge e o companheiro.

Os divorciados ou desquitados, que devam ou não pensão alimentícia aos respectivos cônjuges, na condição de separados física e juridicamente, podem manter uma união estável com pessoas divorciadas, desquitadas, solteiras ou viúvas. Uma eventual união com uma pessoa casada é tratada adiante.

Esses divorciados ou desquitados são tidos como se fossem solteiros e apenas se obrigam às provas exigidas da união estável.

Quem está separado apenas de fato, para o Direito Previdenciário é entendido como casado e, por isso, muitas decisões judiciais não admitem a possibilidade de manterem uma união estável, ainda que ela subsista no mundo real.

Aqui estão incluídos os que solicitaram a separação de corpo ou aqueles que aguardam a solução judicial da separação de direito.

Evidentemente que essa rejeição doutrinária ou judiciária contraria o princípio da realidade. Aceitando-se casados convivendo com a esposa podendo ter uma união estável, por conseguinte ter-se-á de acolher a dos que estão separados de fato. Se o separado de fato pode constituir uma união estável *a fortiori* o separado de direito também estará nas mesmas condições.

Pessoas ausentes

Considera-se ausente a pessoa casada ou unida que se afasta do lar e não é mais localizada. Esse estado civil deve ser declarado pelo Poder Judiciário.

Quando não houver informação de que esteja preso ou vítima de acidente, o cônjuge supérstite poderá requerer a pensão por morte.

Desaparecidos em acidente

A condição de desaparecido é assemelhada à do ausente, com a particularidade de que há informações sobre um acidente sem que o corpo do segurado seja encontrado. Uma vez declarado judicialmente esse fato, caberá a pensão por morte.

Evadidos da prisão

Chama-se de evadido a pessoa que estava cumprindo pena privativa de liberdade que foge da prisão. Neste caso, o órgão gestor suspenderá o pagamento das mensalidades do auxílio-reclusão e caracterizada a figura da ausência, será devida a pensão por morte.

Foragidos da polícia

O vocábulo "foragido" é expressão indicada de pessoa procurada pela polícia, correspondendo, de certa forma, ao evadido da prisão.

Detentos em presídio

Quem está preso mantém a condição jurídica anterior, de solteiro, casado, separado ou viúvo.

Internados em hospital

Da mesma forma quem está internado num hospital, cuja permanência de regra é precária, mantém a situação anterior.

Sequestrados em cativeiro

Os sequestrados estão separados da família contrariamente a sua vontade, devendo-se entender que mantêm a relação jurídica anterior ao fato.

Separados vivendo junto

Pessoas separadas de fato ou de direito e pessoas unidas, separadas fisicamente, retornando à vida em comum, para todos os efeitos restabelecem o estado jurídico anterior ou admitindo-se a união estável, é o pensamento do Juiz Manoel José Ferreira Nunes, da 1ª Turma do TRF da 1ª Região na AC n. 2000.38.00.043985-2/MB, em 9.10.2006, *in Revista Síntese* n. 211, de jan. 2007, p. 199-200.

Se antes eram casados, têm condições de voltar a sê-lo para isso bastando a volta ao lar. Diante da informalidade da sua situação o mesmo vale para os unidos.

Interditados judicialmente

Se um dos membros estava interditado será preciso verificar a presença dos elementos da união civil ou estável e concluir-se pela existência de um casamento ou união estável e, então, definir-se pelo direito ao benefício.

Residências separadas

Nas últimas décadas, muitos casais, principalmente pessoas vivendo em uniões estáveis, mantêm uma relação jurídica formal e informal, porém residindo em duas casas, normalmente apartamentos. Isso surgiu no eixo Rio-São Paulo e hoje se estende a várias capitais do País.

Esse cenário diz respeito principalmente a artistas de TV, teatro e cinema, mas inclui também os empresários.

Quando se trata da união estável tal fato dificulta um pouco a prova da convivência em comum que é naturalmente diminuída, o que não se deve confundir com a existência de duas residências, ou seja, o casal vive junto todos os dias, mas desfruta de mais de uma moradia.

Viverem em residências separadas não altera o conceito da relação jurídica que é perfeitamente acolhida.

O Decreto n. 357/91 em seu art. 20, §1º, *a*, falava em "mesmo domicílio".

Fabio de Souza estudou a situação desses cônjuges separados de fato sem que haja pagamento de pensão alimentícia, em face da existência do casamento não desfeito. Rigorosamente, se não houver demonstração da dependência econômica não há direto ao benefício (Pensão por morte para ex-cônjuge do Regime Geral de Previdência Social, *in RPS* n. 332/549).

Capítulo 22 – Dependentes Ausentes

Quando da solicitação da pensão por morte, um dos filhos dos pais pode não estar presente convivendo junto com a família. Em muitos casos, sem se saber o seu paradeiro. Igual se passa com o irmão distanciado desse núcleo familiar e até dos pais.

Nessas circunstâncias, sem que se tenha oficialmente a declaração da ausência ou do desaparecimento. Noutras, porque esses dependentes estão viajando ao exterior, lá estudando ou residindo.

Como o valor da pensão por morte é de 100% dividido entre todos os dependentes presentes, não haverá a necessária habilitação desse ausente ou desaparecido.

Morte presumida

Uma vez declarada a morte presumida do dependente, ele não fará parte do rateio da pensão por morte. Eventualmente, se reaparecer e preencher os requisitos legais, ele será incorporado.

Residência no exterior

Quando residam no exterior, eles farão parte do conjunto dos dependentes, bastando que seja apresentada a certidão de nascimento e a prova do endereço fora do País. *In casu*, o direito subsiste.

Desconhecimento do paradeiro

Ausente declaração oficial da morte presumida e desconhecendo-se o paradeiro da pessoa com possível direito, a sua cota não será incorporada pelo titular do benefício.

Residência dos filhos

No bojo do conceito de família, a ideia é que filhos morem com os pais, mas às vezes, por vários motivos, isso não acontece. Em muitos casos, eles estão morando com os avós.

Capítulo 23 – Pecúlio Acidentário

O extinto pecúlio acidentário era um benefício devido aos dependentes do segurado falecido em virtude de acidente do trabalho. Prestação de pagamento único, de valor insignificante, desapareceu em 20.11.95, com a Lei n. 9.129/95.

Valores históricos

Na Lei n. 7.036/44, o valor era de quatro anos de diárias. A Lei n. 5.316/67 previa 30 valores de referência. Na CLPS, também somava 30 valores de referência.

Montante do benefício

Enquanto vigeu, o art. 83 do PBPS dizia:

> "No caso do inciso III do art. 81, o pecúlio consistirá em um pagamento único de 75% (setenta e cinco por cento) do limite máximo do salário de contribuição, no caso de invalidez, e de 150% (cento e cinquenta por cento) desse mesmo limite, no caso de morte."

Quer dizer, em 2012, o montante seria de R$ 5.974,30.

Fonte formal

A última norma vigente, o inciso III do art. 81 do PBPS, proclamava:

> "ao segurado ou aos seus dependentes, em caso de invalidez ou *morte decorrente de acidente do trabalho*" (grifos nossos).

Indexador próprio

Um peculiário pretendeu que o *quantum* do pecúlio acidentário fosse corrigido por um indexador de sua escolha, mas a pretensão não encontrou ressonância na 10ª Câmara Cível do Tribunal de Justiça do RGS, relatada pelo juiz Paulo Roberto Lesa Franz em 26.5.2011 na AC n. 70042168872.

Prazo de decadência

Por se tratar de um benefício de pagamento único, o prazo da decadência do direito era de cinco anos.

Não decaía o direito contra os menores e os incapazes (IN INSS n. 45/10).

Para os dependentes e sucessores, a contar da DAT ou da DO, conforme o caso (art. 512 da IN INSS n. 45/10).

Acumulação com pensão

Por se tratar de um benefício de pagamento único, o pecúlio acidentário podia ser acumulado com a pensão por morte.

Distinção do previdenciário

O pecúlio acidentário não se confunde com o previdenciário, um direito do aposentado que voltou ao trabalho, igualmente um benefício de pagamento único desaparecido em 15.4.94 (Lei n. 8.870/94).

Capítulo 24 — Acidente de Trânsito

Dia 3.11.2011, o MPS e a AGU protocolaram em Brasília uma primeira ação tentando inicialmente reaver R$ 90.829,91 gastos com uma pensionista, contra um motorista que causou a morte do seu marido segurado do RGPS, ocorrida no dia 27.4.08 na Rodovia DF-001, que liga Tabatinga a Brazilândia.

A Previdência Social consumirá futuramente 559 mensalidades com essa viúva (que tem 37 anos), aferidas conforme a Tábua de Mortalidade do IBGE adotada. Presumindo que ela viva por mais 43 anos, as despesas somarão aproximadamente R$ 11 milhões (valores em termos de 2012).

Se vingarem essas ações, quem cometer acidente de trânsito por negligência, inclusive por dirigir embriagado, terá de ressarcir os gastos havidos pela Previdência Social quando a vítima for um segurado do RGPS (mensalidades anuais + abonos anuais). Ou de um RPPS.

Para tanto, o INSS celebrará acordos de cooperação com o Ministério Público dos Estados, Polícia Rodoviária Federal, companhias seguradoras e outras fontes, a fim de obter dados das ocorrências.

Essa ação judicial nada tem a ver com a indenização cabível à família por conta do DPVAT (de pouca expressão), que não pode ser esquecida sob pena de *bis in idem*.

Segundo a mídia, a União estaria consumindo atualmente cerca de R$ 8 bilhões por ano para financiar as despesas decorrentes de acidentes de trânsito nas ruas e estradas em todo o País.

Essa medida, anunciada pelo presidente do INSS, lembra o sucesso das ações regressivas intentadas contra as empresas que, por negligência na prevenção acidentária, em cada caso causaram prejuízos ao trabalhador e custos adicionais para a autarquia federal.

A punição de responsáveis por boa parte das 40 mil mortes anuais é bem-vinda, tentando refrear àqueles que não têm respeito pela vida humana e fazem dos automóveis verdadeiras armas de destruição (embora devesse situar-se na órbita do Direito Penal).

Tendo em vista que o INSS recebe a contribuição previdenciária para custear a pensão por morte, tanto quanto sucede na ação regressiva acidentária, tais tentativas de recuperação das despesas enfrentarão óbices doutrinários substantivos e procedimentais.

Um deles diz respeito ao prazo de prescrição da ação. O segundo é a definição da responsabilidade penal do condutor. No mínimo, dependerá da capacidade financeira ou econômica do indenizador de reparar o dano causado às famílias e ao INSS.

Mas, principalmente, o fato de a previdência social ser uma modalidade de seguro social custeada pelas contribuições dos trabalhadores, das empresas e da sociedade.

Diante desse atual e emergente mau risco, do aumento formidável dos sinistros, seria preferível que, por lei complementar, o Governo Federal instituísse uma contribuição devida pelos motoristas de automóveis e caminhões, uma espécie de quota de previdência para cobrir tais gastos.

Sinalizaria sua disposição de observar o andamento técnico da previdência social e ter mais oportunidades de sucesso na obtenção dos recursos necessários, caso adotasse a metodologia do DPVAT: somente após o recolhimento da contribuição sobreviria o licenciamento do veículo.

Um novo tributo. Para penalizar socialmente a população que dirige os veículos, até porque em cada caso, possivelmente tais condutores não detêm patrimônio pessoal capaz de assegurar a custosa indenização que a prestação previdenciária representa.

Evidentemente, com base numa alíquota definida pelos matemáticos a partir da experiência de risco e do mapeamento de sinistros. Não parece correto subsistir securitariamente responsabilidade financeira individual e, sim, coletiva para atender a essas obrigações.

A culpa do acidente, quando houver, ficará por conta das regras do Direito Penal.

Capítulo 25 — Infortúnio Acidentário

A pensão por morte acidentária não se distingue muito da pensão por morte comum, exceto no que diz respeito ao sinistro deflagrador do direito substantivo; decorre do óbito do segurado em virtude de um evento laboral.

Praticamente todos os dispositivos dos arts. 19/23 do PBPS valem para essa prestação acidentária fatal.

Origem histórica

Evaristo de Moraes reproduz o *caput* do art. 7º do Decreto Legislativo n. 3.724, de 15.1.1919, em que é definida a pensão por morte acidentária pela primeira vez na legislação brasileira:

"Em caso de morte a indemnisação consistirá em uma somma igual ao salário de tres annos da victima, a qual será paga de uma só vez à sua família, conjuge sobrevivente e herdeiros necessarios, observadas as disposições do Codigo Civil sobre a ordem da vocação hereditaria e mais 100$ para as despezas de enterramento" (*Os acidentes no trabalho e sua reparação*. São Paulo: LTr, 2009. p. 104).

Acidente típico

O acontecimento mais usual é um acidente típico, traumático, tido como tradicional, em que a morte do trabalhador se deve a um fato previsível ou não, ocorrido em razão do exercício do trabalho.

Acidente de trajeto

Se a ocorrência fatal se deu no trajeto da residência (casa, hotel ou canteiro de obras) ao local do trabalho ou deste na volta à residência do trabalhador, também é considerado acidente do trabalho.

Qualquer natureza

O art. 26, II, do PBPS fala num acidente de qualquer natureza ou causa, ocorrido fora do contrato de trabalho e, nessas condições, o benefício não é uma pensão acidentária, considerada pensão comum.

Afastamento e morte

É considerada uma morte acidentária, ainda que ocorrida posteriormente ao evento determinante, se defluente da mesma causa ou do seu agravamento.

Valor do benefício

A pensão por morte é de 100% do salário de benefício do segurado, exatamente igual à da pensão comum.

Note-se que já foi de 100% do salário de contribuição do dia do acidente (art. 237 do Decreto n. 83.080/79) e de 75% do maior salário-mínimo para o trabalhador rural (art. 325).

Período de carência

Atualmente não há período de carência para qualquer uma das duas pensões por morte possíveis, em 2012 cogitou-se de restabelecer as 12 contribuições da CLPS, mas é bem provável que para a morte acidentária prossiga sem período mínimo de contribuições.

Não há período de carência, mas tem de haver filiação, portanto, rigorosamente é preciso ser constatada pelo menos uma contribuição.

Auxílio-acidente

Caso o valor do auxílio-acidente não tenha sido legalmente incorporado à aposentadoria, ele não fará parte desse benefício e, por conseguinte, não constará do cálculo da pensão por morte.

Fator previdenciário

Se o *de cujus* recebia uma aposentadoria por tempo de contribuição ou por idade, cujo cálculo observou a aplicação do fator previdenciário, tal índice afetará o montante da pensão.

Na remota hipótese de ele ser extinto e, principalmente, com efeito retroativo, será preciso pensar na revisão da pensão por morte.

Necessidade da CAT

A CAT é um dever da empresa em relação ao trabalhador e dessa forma poderia ser considerada uma informação relativa ao início da pensão por morte. Mas sua ausência não ilide o direito ao benefício.

Nada impediria que automaticamente o INSS concedesse o benefício aos dependentes, se dispuser de elementos para isso.

À luz do art. 22 do PBPS, sobrevindo o falecimento, o prazo para a emissão da CAT é imediato, ou seja, no mesmo dia do acidente.

Auxílio-funeral

A legislação previdenciária já previu um benefício de pagamento único designado como auxílio-funeral, que cobriria as despesas com o sepultamento até dois valores de referência (art. 89 do Decreto n. 83.080/79).

Volta ao trabalho

A pensão por morte do aposentado que voltou ao trabalho e se acidentou é igual à daquele que estava na atividade sem ser jubilado. Não há qualquer diferença nas duas situações.

Direito do presidiário

Se o presidiário falecer em virtude de acidente de trabalho permitido (Lei n. 7.210/84), cessa o eventual auxílio-reclusão da família e inicia-se uma pensão por morte para os mesmos dependentes. Caso o salário de contribuição seja superior aos R$ 915,05, a pensão por morte não observará esse limite constitucional.

Segurados sexagenários

Até o PBPS (1991), os sexagenários tiveram os seus direitos limitados na previdência social. Somente com o Decreto n. 94.512/87, que alterou o Decreto n. 83.080/79, eles passaram a fazer jus ao seguro de acidente do trabalho e, nessas condições, vindo a falecer poderia instituir uma pensão por morte.

Pecúlios do passado

Até que fosse extinto, a legislação previa um pecúlio acidentário por morte do segurado, de pagamento único, da ordem de 30 valores de referência (art. 247 do Decreto n. 83.080/79).

Dano moral

O espólio do trabalhador não tem legitimidade para pleitear indenização por danos morais decorrente de acidente do trabalho "por se tratar de direito próprio e personalíssimo dos respectivos familiares, de modo que não integra nenhum acervo suscetível à transmissão hereditária" (decisão de 1.6.2011 da 1ª Turma do TRT da 5ª Região, desembargadora Ivana Mércia Nilo de Magaldi do DEJT-DF no Recurso Ordinário n. 51.96.2010.5.05.0195, *in Revista Magister de Direito do Trabalho* n. 42, de jun. 2011, p. 138).

Capítulo 26 – União Civil

Sem embargo de ainda persistirem algumas dúvidas em relação a quem deva ser entendido como componente da prole protegida pela previdência social com a pensão por morte, não restam incertezas ponderáveis sobre os membros da união civil conhecida como casamento.

É uma união formal celebrada de um homem com uma mulher, depois designados esposo e esposa, pouco importando que antes do enlace esses cônjuges fossem solteiros, viúvos ou divorciados.

Eles fazem a prova do matrimônio com a certidão de casamento expedida recentemente.

Particularidades distintivas

Além dos aspectos formais, certas particularidades desse casamento civil devem ser destacadas:

a) Distinção sexual — A pensão por morte é o benefício devido aos dependentes de um segurado falecido que compunha uma união heterossexual constante. Desde 24.7.91, reciprocamente valendo para ambos os cônjuges, quando segurados e sem relevância, se um deles ou os dois eram bissexuais.

b) Ausência de duração — Não há prazo para a duração dessa vida em comum, juridicamente adquirindo eficácia em seguida à realização da cerimônia civil (exceto na hipótese de a união ser maculada por alguma razão que a anule).

Um segurado que mantinha sua mãe casou-se com uma mulher e separou-se oito dias depois, sem ter consumado o casamento, vindo a morrer cinco anos mais tarde. A desembargadora Tânia Heine, da 3ª Turma do TFR da 2ª Região, em 15.10.2003, contrariou aquela regra, presumindo nulidade da cerimônia, e entendeu ser a mãe quem fazia jus ao benefício (AC n. 1999.02.01.040442-1, *in RDS* n. 29, de jan./mar 2008, p. 161-164).

c) Convivência *more uxore* — Essa união civil pressupõe uma vida em comum, ainda que vivenciada em residências separadas. Nas últimas décadas muitos casais, principalmente pessoas vivendo em uniões estáveis, mantêm relação jurídica formal ou informal, porém residem em duas casas, normalmente apartamentos. Às vezes, no mesmo prédio. Isso surgiu no eixo Rio-São Paulo e hoje se estende a várias capitais do País. Tal cenário fático diz respeito principalmente a artistas da TV, teatro e cinema, e inclui também alguns empresários.

Quando se trata da união estável tal fato dificulta um pouco a prova da convivência, naturalmente diminuída, o que não deve confundir com a existência de duas residências, ou seja, o casal viver junto todos os dias possuindo mais de uma moradia. Morar em residências separadas não altera o conceito da relação jurídica, a ser acolhida. O Decreto n. 357/91 no seu art. 20, § 1º, *a*, falava em "mesmo domicílio".

d) Inexistência de filhos — Entende-se que marido e mulher constituem uma família; para sua definição não é exigida a existência de filhos do casal ou de terceiros.

Na mesma decisão, antes reproduzida, a desembargadora Tânia Henie descreve essa união civil: "O casamento não é apenas uma convenção, uma palavra empenhada, um elenco de obrigações e direitos assumidos, a mais singular e abrangente sociedade, cuja dilação todos reputamos necessária para a realização de valores básicos da sociedade civilizada. Afigura-se, antes de tudo, uma contínua renovação de estímulos, uma relação entre duas pessoas, dinâmica, progressiva e vívida, onde cada um dos cônjuges reconhece, advoga e pratica necessidade da vida em comum e sua existência ou conservação independe de texto legal".

e) Indistinção do regime jurídico — Para os fins da previdência social, não importa o regime jurídico do casamento civil.

f) Dependência econômica — Pressupõe-se a dependência econômica de um cônjuge em relação ao outro e até mesmo, como é usual hoje em dia, uma mútua dependência.

g) Presença de amor ou sexo — Se existe vida em comum e principalmente se ela é duradoura, imagina-se respeito mútuo, afetividade, algum amor e até mesmo sexo, mas estas duas últimas não são condições exigidas.

h) Moralidade do comportamento — A despeito do que possa profligar em alguma legislação, vigente o casamento é irrelevante o comportamento moral dos cônjuges para fins de definição do direito ao benefício previdenciário.

i) Idades mínimas e máximas — A idade mínima exigida é a do Código Civil (16 anos) e não existem idades máximas, embora em 2012 se considerasse a hipótese de limitar o casamento de pessoas idosas com jovens, quando caracterizado o *animus* de apenas outorgar a pensão por morte.

j) Estado civil — O comum é o casamento de solteiros, mas nada impede que a união se dê com separados ou viúvos.

k) Nacionalidade do ato — Os casamentos nacionais e os havidos no estrangeiro são reconhecidos.

l) Casamento de ausentes — Os juridicamente ausentes podem se fazer presentes mediante procuração.

Pensão alimentícia

O direito de cada um dos dependentes quando de casais separados condiciona-se à percepção ou não de pensão alimentícia. A mulher que não vive mais com o marido e que recebe pensão alimentícia dele equivale àquela com ele ainda unida.

Falecendo o segurado separado não obrigado a pagar pensão alimentícia, o que afastaria o direito da esposa, alguns magistrados entendem de haver o direito dessa esposa, principalmente se ausente companheira habilitada para o benefício.

Condenado a pagar a pensão alimentícia, se mais tarde o alimentante não puder atender à obrigação, será como se não tivesse sido sujeito a isso.

Reserva da cota

Tomando ciência do fato e diante da possibilidade de haver um dependente ainda não habilitado, o órgão gestor deve reservar a sua cota (Portaria MPAS n. 712/93). Tal cuidado deve ser tomado quando os declarantes da certidão de óbito possam indicar essas terceiras pessoas. Ciente do fato e não tendo reservado a cota, o órgão gestor assume a responsabilidade por eventual pagamento indevido.

Decantação do direito

O momento que se considera para os diversos fins do benefício tem sido a Data do Óbito do segurado. A invalidez do filho ou dos irmãos maiores de idade é avaliada nessa época, o mesmo valendo para a caracterização da dependência econômica.

Tem direito o pai que dependia do filho e após o óbito ganhou na loteria e não tem aquele que perdeu uma fortuna no dia seguinte ao óbito. Mas existem decisões judiciárias relativas à necessidade superveniente de quem renunciou à pensão alimentícia.

Presença da aposentadoria

O direito à pensão por morte não é afetado pelo fato de o dependente ter rendas próprias, estar trabalhando ou ser aposentado, podendo acumular os dois benefícios.

O assunto estará em pauta no ano de 2012, podendo ser revisto e introduzindo-se a necessidade como determinante do direito.

Deficientes e idosos

Quem estiver recebendo o benefício de pagamento continuado da LOPS, fazendo jus à pensão por morte de maior valor, poderá optar pelo benefício previdenciário (art. 285 da IN INSS n. 11/06).

Cobrança dos cartórios

O INSS pretende cobrar dos cartórios de registro civil mensalidades das pensões por morte da Data do Óbito até o mês em que tomou conhecimento do falecimento do beneficiário. Em 2010 somaram 3.700 casos ("Previdência cobrará de cartórios pensão paga para mortos", *in FSP* de 25.6.2011, p. A-6).

Casamento anulado

Um casamento anulado põe fim à união civil, mas diante da convivência *more uxore* deve ser sopesada a presença da união estável. Caso o segurado tenha falecido antes da decretação da anulação do casamento, essa união civil poderia ser considerada.

Casamento combinado

A Lei Complementar n. 135, de 4.6.2010, em seu art. 1º alterou a Lei Complementar n. 64/90 e, em seu art. 1º, I, *n*, faz referência a quem "em razão de terem desfeito ou simulado desfazer o vínculo conjugal ou de união estável para evitar caracterização de inelegibilidade".

Distinção da união estável

Vários aspectos distinguem a união civil da união estável. Os principais são:

a) Formalização — A união estável caracteriza-se pela simplicidade da formalização por comparação com o casamento. Mas caminha-se no sentido de sua formalização.

b) Tradição — O casamento, pelo menos desde Roma, tem muito mais tradição histórica que a união estável (embora esta sempre existisse e em Roma fosse chamada de *coemptio*).

c) Patrimônio — A jurisprudência ainda hesita no tocante à posse do patrimônio quando do óbito de um convivente, principalmente se homossexual.

d) Responsabilidades — Culturalmente, as responsabilidades pessoais do casal seriam maiores no casamento, pelo menos presente a sociedade.

e) Prova — É mais fácil provar a constância de um casamento do que uma união estável.

Capítulo 27 – Características Gerais

Por se tratar de uma pretensão previdenciária devida a parentes próximos do segurado, portanto, juridicamente terceiros, a pensão por morte apresenta nuanças próprias a serem sopesadas em particular.

Direito de terceiros

O benefício é um direito de pessoas não necessariamente contribuintes da previdência social, indivíduos que guardam relação familiar direta com um segurado (dito instituidor do benefício). O deferimento é para um beneficiado pelos aportes vertidos por esse contribuinte.

Nesse particular, teoricamente esses recursos pecuniários cobririam as prestações programadas (aposentadoria por idade, especial e por tempo de contribuição) e as não programadas, do segurado (aposentadoria por invalidez) e as dos dependentes (pensão por morte e auxílio-reclusão).

Pressuposto lógico

A pensão por morte pressupõe havidas a filiação e as contribuições do segurado ou a percepção de uma aposentadoria, ou seja, a presença da relação jurídica de previdência social. Iniciada, mantida e, agora com o óbito do segurado, transformada em sua natureza; antes, de financiamento e, agora, de benefícios.

Dependência econômica

O pressuposto nuclear do conceito é a dependência econômica, presumida para certos dependentes ou a ser demonstrada em cada caso.

Iniciativa do titular

A iniciativa de solicitação do benefício é do seu titular. No caso de abstinência, o Ministério Público Federal poderá intervir para acautelar os direitos dos menores, ausentes ou incapazes.

Rigorosamente, tomando conhecimento do direito, o órgão gestor deveria tomar a iniciativa, informar e orientar os interessados (Prejulgado n. 1 da Portaria MTPS n. 3.286/73). Com os recursos da informática, isso sucederá brevemente.

Como os demais, o benefício tem um titular. Para o desembargador José Antonio Lisboa Neiva, o filho do segurado não pode pedir o benefício, pois o direito da mãe é personalíssimo (decisão da 7ª Turma do TFR da 2ª Região no Proc. 2001.51.01.l6450-4). Mas se a mãe não faz jus, o titular da prestação é o filho que por ela pode ser representado.

Irreversibilidade da concessão

Um deferimento regular, legal e legítimo é irreversível por parte do órgão gestor. Nos casos de impropriedades, o administrador tem um prazo legal para proceder alguma modificação na concessão ou na manutenção.

Essa irreversibilidade submete-se à volição do titular, que pode renunciar em determinadas circunstâncias.

Preferência na concessão

Tratando-se de uma prestação que provê a subsistência alimentar de pessoas, deve ser preferencialmente deferida pelo órgão concessor em relação a outros benefícios sem esse caráter.

Definitividade da manutenção

Uma afirmação destinada a viger até o óbito do último pensionista: em nenhuma hipótese as mensalidades desse benefício podem ser suspensas pelo INSS sem justificações fundadas para isso.

Com o direito assegurado, adiante, a qualquer tempo o dependente pode vir a exercitá-lo.

Evidentemente, quando da quebra financeira ou econômica do sistema, retirada de patrocinadora na previdência complementar, extinção do plano de benefícios, motivos impeditivos do prosseguimento e cumprimento da obrigação, ela se esgota por si mesma.

Continuidade dos pagamentos

Em virtude de tradição, convenção e positivação históricas, trata-se de uma prestação de pagamento mensal continuado com direito a décima terceira parcela. Afora em casos excepcionais, plenamente justificados, não há possibilidade de sua antecipação ou de atraso na quitação.

Reedição do direito

Em relação ao mesmo regime e instituidor, o benefício não é reeditável (para cônjuges ou companheiros e pais). Ninguém poderia ter uma pensão por morte extinta e vir a obter outra mais tarde. Mas se um pensionista inválido recupera a higidez, o benefício será cessado e, posteriormente, se vier a ser acometido pela mesma ou outra invalidez incapacitante, a prestação terá de ser resgatada.

Imagine-se um pensionista inválido que recupere a higidez, tenha o benefício cessado e posteriormente, num segundo momento, venha a ser acometido pela mesma ou outra invalidez.

Multiplicidade de benefícios

Subsistindo filiações e contribuições obrigatórias são possíveis várias pensões por morte, em cada um dos regimes de proteção, público ou privado. Na condição de acessório do principal, a acumulação de pensões deriva da acumulação das aposentadorias.

O benefício admite acumulação com outros rendimentos assemelhados do seguro privado, da indenização civil e de renda de outra natureza.

Independência da necessidade

Os membros do núcleo familiar básico não carecem provar a dependência dos recursos financeiros. Os dependentes não preferenciais têm de fazer essa demonstração.

Natureza alimentar

Nos termos do art. 101-A da Constituição Federal, as suas mensalidades detêm caráter alimentar. No comum dos casos, recebido indevidamente não haveria necessidade de restituição.

Imprescritibilidade do direito

O direito à pensão por morte não prescreve nunca, prescrevendo apenas algumas mensalidades e em certas circunstâncias.

Data do início

De regra, o benefício deve começar na Data do Óbito do segurado.

Comutatividade sexual

Quando ambos são segurados, desde 1991 é um direito da mulher em relação ao homem e do homem em relação à mulher.

Renúncia ao direito

A pensão por morte pode ser renunciada, usualmente em favor de outra prestação de maior valor. Ou até mesmo ser substituída ou optada.

Penhorabilidade do valor

Seu valor não pode ser penhorado, mas serve como garantia de empréstimo bancário consignado.

Responsabilidade sucessória

Na condição de herdeiros e sucessores previdenciários do segurado falecido, os dependentes obrigam-se a algum débito por ele deixado.

Complementaridade privada

Benefício básico, ele admite a complementação pela previdência complementar aberta ou fechada.

Descontos possíveis

O montante anual pode sofrer dedução do Imposto de Renda. É sujeito a retenção de pensão alimentícia ou qualquer débito da previdência social.

Acessório do principal

É um direito subordinado a outro. Juridicamente, perecendo a qualidade de segurado expira a do dependente. O acessório segue o principal. Se não cabe a aposentadoria descabe a pensão.

Presença da aposentadoria

A pretensão não é afetada pelo fato de o dependente ter rendas próprias, trabalhar, aposentar-se, acumulando-se os dois benefícios.

Deficientes idosos

Quem estive recebendo o benefício de pagamento continuado da LOAS, fazendo jus à pensão por morte de maior valor, poderá optar pelo benefício previdenciário (art. 285 da IN INSS n. 11/06).

Cobrança dos cartórios

O INSS pretende ação contra os Cartórios de Registro Civil para haver mensalidades das pensões da Data do Óbito até o mês em que tomou conhecimento do falecimento do beneficiário e comunicá-lo. Em 2010 somavam 3.700 casos ("Previdência cobrará de cartórios pensões pagas para mortos", *in* FSP de 25.6.2011, p. A-6).

Classificação didática

A concessão do benefício pode ser provisória ou definitiva. Provisória enquanto não tiver a definição dos desaparecidos ou ausentes. As cotas podem viger por prazo determinado ou serem vitalícias. Por prazo determinado em relação àqueles dependentes que devem observar limite de idade (geralmente, de 21 anos). Elas ainda serão acidentárias e não acidentárias, comuns e especiais, previdenciárias ou civis.

Presença de individualidade

A pensão por morte tem individualidade. Por isso suscita situações distintas. Os 25% da aposentadoria por invalidez do art. 45 do PBPS são personalíssimos, não são repassados ao seu valor. Eventual isenção de tributos por parte do segurado não beneficia o pensionista. O valor das mensalidades presta-se como referência para vários efeitos jurídicos, como é o caso do Imposto de Renda e outros efeitos.

Capítulo 28 – União Estável

O reconhecimento jurídico da existência da união estável vem sendo pacificado ao longo do tempo, mas ainda produz algumas divergências doutrinárias e jurisprudenciais. Toda união civil contém uma união estável, mas a recíproca nem sempre é verdadeira, exceto se os conviventes se casarem. Um casamento canônico, no mínimo, é uma união estável.

Introdução do tema

Até que o Decreto-lei n. 66/66 estipulasse os seus direitos, as companheiras tiveram muitas dificuldades para obter a pensão por morte. Foram vítimas do anacronismo normativo, da ferrenha discriminação social e do verdadeiro patrulhamento ideológico por parte das instituições, entre as quais as religiosas.

Embora antes já tivessem acolhido o direito ao benefício, até 1966 obrigavam-se a fazer a prova da dependência econômica ou da designação. A partir dessa data-base, a união estável foi previdenciariamente equiparada ao casamento e, então, moral, institucional ou religiosamente presumida a dependência econômica.

Quem não a aprovava teve na prova dessa dependência econômica um bastião atrás do qual pode esconder a sua discriminação.

Até hoje as maiores dificuldades sediam-se na demonstração da convivência *more uxore*, ou seja, residência comum, mútua assistência e alguma constância. Os solteiros unidos, com ou sem filhos, não têm muitos óbices práticos em evidenciar uma união estável. Como antecipado, a questão se cinge apenas a estabelecer e avultar a vida em comum.

Não há qualquer embaraço ao reconhecimento da referida união em relação ao estado civil de ambos, exceto no que diz respeito aos casados com o casamento mantido.

Durante a união estável os conviventes continuarão civilmente como solteiros, se solteiros eram, mas poderão civilmente se identificar como unidos. Falecendo um deles, o outro ainda será um solteiro, mas talvez um percipiente de pensão por morte e, nesse caso, se poderia pensar numa nova união estável ou num casamento.

Indenização civil

A Súmula STF n. 35 profligava:

> "Em caso de acidente do trabalho ou de transporte, a concubina tem direito de ser indenizada pela morte do amásio, se entre eles não havia impedimento para o matrimônio."

Editada em 1961, esta disposição totalmente superada pelo tempo reflete bem o que pensavam os julgadores na década correspondente, valendo lembrar que cinco anos depois, a lei previdenciária assegurou o direito às companheiras (aqui designadas pejorativamente como amásias).

As primeiras observações devem reportar-se à semântica. Menção à amásia é *capitio diminutio*, porque na década de 60 esse jargão policial indicava uma relação menor, um *affaire* mantido por um homem. A palavra "transporte" foi posteriormente substituída por acidente de trajeto (*in itinere*).

Embora estivesse se referindo às prestações acidentárias, que eram muito comuns, o entendimento de que a companheira fazia jus a indenização acidentária não excluía o direito à pensão por morte. De todo modo se existe o direito à indenização subsiste o direito às prestações de pagamento continuado da previdência social.

Residência comum

Assinala a Súmula STF n. 382: "A vida em comum sob o mesmo teto, *more uxore*, não é indispensável à caracterização do concubinato".

Possivelmente, essa súmula tratava de casal casado e mantido o casamento, convivendo em residências separadas. Mas, pessoas unidas vivendo em casas distintas certamente terão dificuldades para provar a vida em comum.

Tempo de constância

Não há disposição legal expressa sobre o decurso do tempo para que uma união entre homem e mulher seja tida como estável. O que vale é a demonstração do *animus* de haver vida em comum, constituição de família, mútua dependência etc.

Homem divorciado

A informação básica do acórdão exarado em 14.10.2009 no Conflito de Competência n. 106.669/MG – Proc. n. 2009.0136483-90, é que o divórcio do segurado casado *per se* não garante a existência da união estável desse homem com outra mulher. Substancialmente, o dissídio jurídico dizia respeito à validade de uma união estável heterossexual. Se um dos membros é casado, a relação é tida como impura (*sic*), adulterina, de concubinato.

Cenários possíveis

Sob o ponto de vista da legislação do Direito Previdenciário, a realidade social atual põe em evidência três instituições básicas. A primeira delas é milenar. A regulamentação da segunda conta com cerca de 50 anos e a última, não mais que uma década. São: o casamento civil (CC, arts. 1.511/1.590), a união estável prevista no art. 226, § 3º, da Carta Magna e a união homoafetiva (ACP n. 2000.71.00.009347-0). Uma quarta hipótese lembrada é o concubinato.

O respeito institucional, tradicional e social justamente devotado ao casamento transformou o matrimônio entre o homem e a mulher numa referência para juízos relativos aos outros tipos de união experimentados pela sociedade (ainda que hoje em dia esse tipo de união oficializada não seja mais a modalidade majoritária de constituição da família).

Dessa forma é perceptível entre os profissionais do Direito que os raciocínios sobre as uniões estáveis heterossexuais ou homossexuais, em virtude de alguma semelhança, sejam operados a partir da idealização da união civil como instituição humana largamente reconhecida.

Quem examina os requisitos dessas duas últimas relações listadas, exigidos pela lei, verifica que foram extraídos dos elementos da união civil e não emergiram necessariamente dos elementos próprios das espécies de uniões.

O Estado exige publicidade, constância e objetivo familiar, porque o casamento é público, costuma perdurar no tempo e geralmente é o embrião de uma família. Embora não seja comum, as três instituições podem não ser notórias (especialmente as homoafetivas) nem duradouras, mas certamente serão familiares.

Ainda que esteja à frente do Direito Civil, o Direito Previdenciário corre atrás da realidade social sem lograr alcançá-la e, por isso, os aplicadores utilizam mecanismos anacrônicos que obstam a consecução do direito subjetivo das pessoas.

Distinções necessárias

É consabido que uma relação homoafetiva, pela sua natureza atípica, suscita comportamentos novos, incomuns, sem referências antropológicas, ela obriga análises específicas. Do mesmo modo, a união estável se posiciona muito próxima do casamento e com ele poderia se confundir se fosse arredada a concepção deturpada dos que ainda não abandonam a miopia de sua falsa moralidade.

Quem tem à mão uma certidão de casamento, ainda que a cerimônia civil tenha ocorrido havia dois dias (sem muita publicidade, nenhuma permanência e não seja conceitualmente familiar) é aceito com pleno direito aos benefícios previdenciários. Mas um casal que viveu junto muitos anos sem filhos ou sem fotografias indicativas, morando em apartamentos em que os vizinhos não se conhecem, numa chácara ou sítio distante, terá muitos obstáculos para evidenciar a convivência *more uxore*. Se for uma união homoafetiva então...

Os tribunais, cuja lentidão na apreensão do fenômeno social reflete uma posição subjetiva dos seus componentes, às vezes constroem uma barreira intransponível para a expressão do direito. Não porque a prova seja mal produzida, mas, quando da sua avaliação, em virtude de partirem do pressuposto de que essas sejam relações impuras (!).

Segurado casado (homem ou mulher), ainda que separado de fato juridicamente não poderia manter uma relação estável com outra pessoa (mulher ou homem). Tal entendimento estimularia o casamento — tese profligada pelo art. 226, § 3º, da Carta Magna —, mas essa última instituição não precisa disso (justificadamente, ela tem bons defensores, encanecidos guardiões e representantes magistrais). Essa posição anacrônica não incentiva nem desincentiva o casamento.

Com isso, ainda teremos que esperar muito mais até que a Justiça Federal decida pela divisão do benefício do RGPS ou do RPPS, quando se tratar de um segurado (a) casado (a) que manteve duas relações ao mesmo tempo (*sic*).

Aparentemente, sua excelência o julgador, intransigente defensor da moral, julga que essa seja uma ótima oportunidade de crucificar esse desatinado conquistador.

Pelo menos foi o que pensou o STF no RE n. 397.762, quando decidiu não dividir a pensão por morte deixada por servidor entre a esposa e outra mulher, com quem ele viveu por 37 anos (*sic*). Segundo a notícia, para o relator Min. Marco Aurélio: "a união entre Valdemar e Joana não pode ser considerada estável" (STF diz que concubina não tem direito à metade da pensão da viúva, *in Jornal do Advogado*, São Paulo: OAB/SP, 2008, p. 21).

Conforme o comentário da IOB ao RESP n. 674.176/PE, *in* Proc. n. 2004.0099857-2, da 6ª Turma do STJ, em que foi relator o Min. Hamilton Carvalhido, mesmo com dois filhos havidos em comum numa união estável de 30 anos (*sic*) a companheira não faz jus a nada (*Repertório de Jurisprudência IOB* n. 20, segunda quinzena de out. 2009, n. 3/27839).

Decantação legal

Primeiro, a união estável tem existência na realidade e segundo, certa visualização no universo jurídico. O PBPS não fornece o seu conceito, preferindo tentar definir quem são os seus componentes (PBPS, art. 16, § 3º). Aliás, quando faz questão de ressaltar a condição de não serem casados. Sem explicitar o que seja união estável, diz que companheira (o) é quem vive em união estável...

O RPS, mais ousado, faz uma tentativa: "... aquela configurada na convivência pública, contínua e duradoura entre o homem e a mulher, estabelecida com intenção de constituição de família, observado o § 1º do art. 1.723 do Código Civil, ..." (art. 16, § 6º).

Essa redação, devida ao Decreto n. 6.384/08, salta aos olhos, faz desnecessária remissão ao Código Civil, que tem praticamente a mesma redação e alguma menção ao art. 226, § 3º, da Carta Magna. Operando uma excepcional concessão, a ANC de 1988 admitiu a existência dessa novel figura, desde que ela estivesse direcionada para o casamento, determinando ao legislador ordinário que facilitasse "sua conversão em casamento". Quer dizer, a união estável só teria existência jurídica como um preâmbulo do matrimônio. Isso numa Carta Magna em que "são invioláveis a intimidade, a vida privada, a honra e a imagem das pessoas", em que "todos são iguais perante a lei, sem distinção de qualquer natureza", "é inviolável a liberdade de consciência". E, por último dever "promover o bem de todos, sem preconceito de origem, raça, sexo, cor, idade e *quaisquer outras formas de discriminação*" (grifos nossos).

A lei previdenciária não tem descrição do casamento, nem dele exige publicidade, continuidade ou disposição de constituição de família. Acompanha o Código Civil que em seus 80 artigos nada dispõe sobre essas exigências materiais (arts. 1.511/1.590).

Nuanças elementares

Do texto da Lei n. 9.278/96 defluem algumas considerações pertinentes à união estável, por se referirem às suas nuanças. Em seu art. 1º, ela fornece os elementos básicos: a) entidade familiar; b) convivência duradoura; c) existência pública; d) continuidade; e) diversidade sexual; e f) objeto de constituir uma família.

No art. 2º são fixados direitos e deveres iguais dos unidos: I – respeito e consideração mútuos; II – assistência moral e material, recíprocas; e III – guarda, sustento e educação dos filhos comuns.

Lendo-se a Mensagem do Poder Executivo n. 420, de 10.5.96 em que vetou os arts. 3º, 4º e 6º do Projeto de Lei, a impressão que se tem é que o Poder Executivo não queria nem concordava com a regulamentação da união estável, mas também não teve coragem de vetar todo o texto. Quais são as falhas constantes da mensagem, não disse. Discordar de um casamento de segundo grau naqueles dias significaria um terceiro grau (sic). Também não falou quais eram as condicionantes desejáveis. Por fim fez como quase sempre fazemos no Brasil: jogou o problema para a frente (*A União Homoafetiva no Direito Previdenciário*. São Paulo: LTr, 2008. p. 66).

Talvez não se pudesse esperar outra coisa porque os costumes eram diversos, mas o tratamento doutrinário e jurisprudencial que a união estável experimentou no passado não devem orgulhar ninguém, não servir de exemplo e ser esquecido.

Primeiro, foi uma frente de batalha contra as mulheres (quem sabe arquitetada pelos homens). Segundo, ignorou todo o tempo que a união estável é a modalidade mais comum de união humana desde tempos memoriais. Terceiro, porque confundiu a mulher com empregada doméstica a ser remunerada, para não se dizer coisa pior. Quando não, uma sócia e aí não podendo herdar. Finalmente, mantendo uma distância olímpica da realidade que os cercava, resultado de uma enorme hipocrisia que não se espera seja repetida mais.

Amoralidade da legislação

Não alcançamos o significado da estabilidade que intitula a locução união estável, se é a permanência da convivência e, por conseguinte, do vínculo nascente ou de uma estabilidade familiar no sentido de mútuo respeito, assistência e consideração.

Sob a esfera da proteção social o que deve importar em termos de pensão por morte é a cobertura que se impõe. Pessoas de péssimo comportamento pessoal, profissional ou social, sem atentarem contra as regras convencionadas no seguro privado fazem jus à indenização, se presente o sinistro previamente ajustado.

O Direito Previdenciário é amoral, ainda que os beneficiários estejam impedidos de praticarem imoralidades nas relações mantidas com o órgão gestor. Trata-se de uma relação jurídica patrimonial. Quem tem de patrulhar o comportamento ético dos segurados é o padrão de moral vigente, a religião e o convívio social, além de outras instituições humanas. Se, em algum momento, uma entidade particular não aceita mulheres no seu seio, isso compete à liberdade da iniciativa privada, o mesmo valendo para as igrejas que não querem sacerdotes do sexo feminino.

Análise previdenciária

À evidência, quem alegar ter vivido em união estável tem de fazer a demonstração, mas o aplicador da norma não irá além dos parâmetros do convencimento a partir de uma realidade atípica (por comparação com o casamento).

Quando o atuário estima a contribuição dos segurados e dispensa o período de carência para a pensão por morte e o auxílio-reclusão (PBPS, art. 26, I), ele não ajuíza com casais casados, unidos ou nos conviventes da união homoafetiva. Simplesmente, visualiza certo período base, tabula quantos são os segurados que contribuem e falecem e os que receberão o benefício.

Os meios de prova da união estável, dificultados naturalmente pela ausência de uma certidão cartorária que garanta sua existência, devem ser sopesados pelo observador sem ignorar as particularidades desse tipo de união entre homem e mulher. Por uma questão de usos e costumes, quando a viúva apresenta a certidão de casamento recente e da qual não consta qualquer averbação, isso é suficiente para comprovar a estabilidade do matrimônio, mas se a pessoa unida remanescente não demonstrar a continuidade temporal da relação, fica sem o benefício.

Pura e simplesmente exigir dos unidos que tenham comportamento de marido e mulher é ignorar a realidade social dessa conivência. A exegese carece considerar que os unidos convivem juntos despreocupados em deixar rastros desse tipo de união.

Viver assim, livres e descompromissados pode ser romanticamente o que sempre desejaram em termos de amor (hoje, um sonho que era somente do homem e compartilha com a mulher); esse fato real não pode ser ignorado pelo estudioso, aplicador da norma ou julgador.

Certos ou não, alguns varões sentem-se mais amados quando menos formalmente comprometidos (*sic*). Julgam terem conquistado em virtude de sua forte personalidade, encanto ou sensibilidade, e raramente admitem que quase sempre sobreveio uma mútua sedução amorosa.

Uniões instáveis

Uma palavra sobre a instabilidade das instituições que envolvem as relações entre seres humanos. A vida em comum de homem e mulher, casados ou unidos, inclui algumas desavenças temporárias. Na maior parte dos casos elas são resolvidas entre si e preservando-se a relação formal ou informal. Ao contrário do que sucede com as uniões estáveis e as não estáveis contínuas, cuja visualização é de onerosa conceituação, as relações fugazes têm decantação didática possível, embora, é claro, em virtude da sua fugacidade, padeçam das mesmas questões dos preconceitos humanos dessa delicada área.

De regra, os encontros instantâneos não costumam gerar muitos efeitos jurídicos; *in casu*, a eventualidade não é protegida pela lei previdenciária. Em cada circunstância, a reedição dos atos opõe embaraços a quem a tem de conceituar. Teria de determinar a partir de qual repetição o vínculo deixou de ser esporádico e se tornou contínuo. Para se avaliar a relevância jurídica do tema se considerem as consequências de uma gravidez resultante de um único ato amoroso ou, o que será pior, a maternidade decorrente de um estupro. Certos contatos humanos são instantâneos, jacentes num momento único, programados ou não, muito comuns quando envolvem a prostituição, que se consomem naquele breve evento e desaparecem do mundo jurídico.

Viúvo com companheira

Para os fins da união estável o viúvo é equiparado ao solteiro e, se for o caso, ao juridicamente divorciado ou desquitado. Da mesma forma se poderá raciocinar com uma união estável de dois viúvos.

Se um desses viúvos ou os dois estão recebendo uma pensão previdenciária da primeira união, a rigor isso não interfere na nova relação, devendo ser considerada em face de uma nova pensão por morte. Atualmente, terá de optar pela mais vantajosa.

Provas da união

A existência de um filho reconhecido pelo pai é um forte indicativo da união estável, a ser corroborado por outros elementos de prova. A proximidade da data do óbito com a data de nascimento desse filho afirmará a presunção da existência da relação.

Reportando-se às Súmulas STF ns. 380, 382 e 444 e as chamando de concubinas, Luiz Fernando Gama Pelegrini tratou da prova da união estável (Previdência Social. Concubina. Pensão por Morte do Segurado. Provas, in *Supl. Trab. LTr*, n. 3/82).

Não é motivo para o indeferimento se o segurado celebrou um contrato de seguro privado a favor da concubina (Parecer MPAS n. 53/73, de 30.1.73, exarado no Proc. MTPS n. 161.380/69 – in *BS/DS* n. 70, de 11.4.1973).

Impossibilidade de união estável

Para o art. 18 da IN INSS n. 45/10, não podem constituir união estável:

"I – ascendente com descendente;

II – afins em linha reta;

III – o adotante com quem foi cônjuge do adotado e o adotado com quem o foi do adotante;

IV – Os irmãos, unilaterais ou bilaterais, e demais colaterais, até o 3º grau, inclusive;

V – O adotado com o filho do adotante;

VI – As pessoa casadas;

VII – o cônjuge sobrevivente, com o condenado por homicídio ou tentativa de homicídio contra o seu consorte.

Parágrafo único. Não se aplica a incidência do inciso VI do *caput* no caso de a pessoa casada se achar separada de fato, judicial ou extrajudicialmente."

Boa-fé dos unidos

Chamando indevidamente de relação concubinária adulterina e impura, a juíza relatora Susana Sbrogio Galia acolheu uma união estável por conta da boa-fé da mulher. Decisão tomada em 1.6.2011 (IUJEF n. 00005558-54.2009.404.7195/RS do TRF da 4ª Região, in *Revista de Direito Previdenciário* n. 3, de jul. 2011, p. 108-117).

União estável parcial

Por vezes, a prova da união estável não é total em relação ao período alegado, como sucedeu no Proc. 2008.07.10.253640 (545.314), relatado pelo desembargador

Jesuino Rissato em 4.11.2011, que não a acolheu antes de 1980. Da mesma forma como ocorre com o casamento, o que importa é a demonstração da união antes do óbito (*Rep. IOB de Jurisp.* da 2ª quinzena de nov. 2011, vol. III, p. 758).

Jovens ficantes

Relações amorosas de namorado sem compromisso, ainda que envolvam relações sexuais, sem mútua assistência ou disposição de estabilizar a relação, não constituem união estável.

Capítulo 29 — União Homoafetiva

Dia 5.5.2011, por unanimidade o STF decidiu reconhecer a identidade entre as uniões homossexuais e as heterossexuais, manifestando-se na Ação Direta de Inconstitucionalidade — ADI n. 4.277, intentada pelo Governador do Rio de Janeiro, Sérgio Cabral (antes ADPF n. 178) — que visava uma definição em face dos arts. 19, II e V e 33 do Decreto-lei n. 220/75 do Rio de Janeiro — e na Arguição de Cumprimento de Preceito Fundamental — ADPF n. 132, originária da Procuradoria-Geral da República, processos relatados pelor Ministro Ayres Britto.

Essa decisão recorda a Ação Civil Pública n. 2000.71.00.009347-0, tratada no nosso *A União Homoafetiva no Direito Previdenciário*. São Paulo: LTr, 2008 e O direito dos homossexuais à pensão por morte, *in RPS* n. 236/683.

Marianina Chaves considera que a decisão do STF reconheceu a existência de uma família homoafetiva (Algumas Notas sobre as Uniões Homoafetivas no ordenamento brasileiro após o Julgamento da ADPF n. 132 e da ADIn n. 4.277 pelo STF, *in Revista Síntese* — Direito de Família n. 66, de jun./jul. 2011, p. 7-16).

Em face dos art. 3º, inciso IV, da Carta Magna e do seu art. 5º, o § 3º do art. 226 da Lei Maior é nitidamente inconstitucional quando restringe a união estável apenas ao homem e à mulher (Provas da União Homoafetiva, *in Revista Síntese de Direito de Família* n. 66, de jun./jul 2011, p. 20-34).

Antonio Carlos Rocha da Silva escreveu sobre esse tema (União Estável Homoafetiva e Pensão, abordando a união estável homoafetiva disciplinada na Orientação Normativa n. 6/02, para os servidores do Município de São Paulo, *in IPREM NOTÍCIAS*, n. 56, de jun. 2001, p. 3).

Opondo-se à união estável homoafetiva e utilizando-se de expressão politicamente incorreta Ivens Gandra da Silva Martins conclui pela inconstitucionalidade (A disciplina jurídica do Homossexualismo, *in Revista Síntese* — Direito de Família n. 66, de jun./jul. 2011, p. 77-83).

Conceito mínimo

A união homoafetiva é uma relação amorosa duradoura entre pessoas do mesmo sexo. Juridicamente, um vínculo afetivo e familiar, informalizado em comparação com o casamento e distinto da união estável em relação à identidade de sexos.

Sociologicamente não conta com aprovação consensual da sociedade e não tem os seus desdobramentos bem definidos pela legislação, doutrina ou jurisprudência. Ela carece de pesquisas profundas, discussões científicas, particularmente antropológicas, e decisões políticas.

Visão doutrinária

As semelhanças entre o casamento civil, o matrimônio religioso e a união estável e certas particularidades da união homoafetiva, intuem que essas instituições sociais são espécies de um mesmo gênero, a convivência familiar, resultante da comunhão de seres com finalidades afetivas, mútua assistência e busca do bem-estar.

A união homossexual destoa da heterossexual; sem embargo de um dos seus membros eventualmente terem concebido filhos numa relação anterior, esse parceiro poderá constituir uma família, ainda que com filhos não consanguíneos. Nada impede que mulheres unidas tenham filhos mediante inseminação artificial ou adotem crianças, guardem ou as tutelem.

Visão judicial

O juiz Alberto Nogueira Júnior, escorado no art. 226, § 3º, da Carta Magna assinou voto divergente à decisão da 2ª Turma do TFR da 2ª Região, de 28.10.2008, em que relatora juíza *Andréa Cunha Esmeraldo* concedeu pensão por morte à companheira de outra mulher, admitindo a união estável homoafetiva feminina (*Revisa Síntese* n. 237, de mar. 2009, p. 155-159).

Basicamente a união homoafetiva é uma comunhão convencional de dois seres do mesmo sexo, que tem por escopo uma vida familiar em comum — convindo lembrar que a família *stricto sensu* (pais e filhos) é um insistente desejo dos idealizadores, que terá de abrigar a modalidade *lato sensu* (pai e mãe ou irmãos vivendo juntos) —, presente o *animus* de mútua assistência, respeito e constância da relação. Não exige a conjunção carnal nem mesmo manifestações românticas externas, mas, no mínimo, o cumprimento das obrigações assumidas decorrentes da afetividade dessa convenção de vontades. Em algum caso raro, particularmente de pessoas idosas, apenas de serem companheiros, compartilhando atenções mútuas nos últimos anos de vida.

Natureza jurídica

Aceitando-se que a teoria da instituição não dispensa as afetações de contrato, pode-se ter a união homoafetiva como instituição convencional enquadrada no Direito de Família.

Não é apenas uma parceria civil, válida no Direito Econômico, nem uma sociedade de fato, embora apresente algumas características destas duas ideias, desfrutadas também pelo casamento e a união estável.

Os conviventes homossexuais mutuamente não fazem jus a qualquer indenização por serviços prestados. Em cada caso terão direito ao dano moral, pensão alimentícia, pensão por morte ou auxílio-reclusão, mas essa união não é um contrato de trabalho doméstico.

Concepção constitucional

Constata-se que um grande esforço dos estudiosos do art. 226, § 3º, da Carta Magna, é a base para a aceitação da união homoafetiva. Pode indicar uma concessão da ANC, que aceitou a união estável porque não a podia ignorar, mas deixou claro que era um preâmbulo para o casamento.

Todo o tempo, não há necessidade de se tentar equiparar os conviventes aos casados, o que será válido para os heterossexuais unidos, porque aquela união é instituição ímpar. Mas alguma associação de concepções válidas não prejudicará a compreensão. A fonte material é a realidade social.

A Carta Magna não dispôs sobre a união homoafetiva e não regeu outras instituições humanas; aliás, nem precisava, ela partia da fonte casamento. Fez questão de lembrar a existência de dois sexos, o que acontece com o matrimônio. Depreende-se que quem redigiu o art. 226, § 3º, não queria a união homoafetiva, mas não podia impedi-la em face dos elevados postulados dos arts. 1º, 3º e 5º, que também acolhera.

A fonte formal da união homoafetiva está no art. 3º, inciso IV, da Carta Magna. Se o início do inciso quer o bem de todos — e quer! — pode ser logrado sem o preconceito ou a discriminação envolvendo o sexo. Isso é reafirmado no *caput* do art. 5º quando diz que "todos são iguais perante a lei, sem distinção de qualquer natureza".

Não existe fonte legal positivada expressa para a união homoafetiva. O reconhecimento do estado jurídico dessa relação, no que diz respeito ao Direito Previdenciário é a ACP n. 09437-0 e as instruções normativas do INSS. Por se tratar de direito novo, não se podem ignorar as decisões judiciais sobre o patrimônio nem as manifestações doutrinárias.

A *mens legislatoris* do art. 226, § 3º, trata de uma instituição, que ousou a indelicadeza de chamar de concubinato como passo inicial de outra instituição, que elege como a melhor de todas: o casamento. A *mens legis*, entretanto, é outra: enquistou na Lei Maior um instituto fático e jurídico que existia na realidade: a união estável.

Colocados *vis à vis* os arts. 1º, 3º e 5º, *caput*, com os arts. 201 e 226, todos da Lei Maior, aparentemente ter-se-ia uma oposição de ideias na Constituição. Não é a Carta Magna de um país com data de início; a ANC de 1987/1988 desenvolveu-se em meio a transformações políticas e sociais. Quando elaborou os arts. 1º, 3º e 5º, na abertura do texto deixou nítida uma carta de intenções e filosofia de um Estado de Direito, composta de princípios elevados.

Por ocasião da elaboração do art. 226, que logo se comunicou ao art. 201, o que se teve foi pé no chão, resultante do debate acirrado de quem queria e não queria o reconhecimento do direito dos homossexuais. Do próprio § 3º emerge uma concessão inevitável, vazada numa linguagem que aceita a união estável como passo inicial do matrimônio (como o casamento religioso é aceito).

Definição legal

Inexiste definição legal de união homoafetiva. Sem prejuízo do que dispõem as Leis ns. 8.971/94 e 9.278/96 nem mesmo um conceito pode ser encontrado na lei. A construção jurídica fica por conta dos doutrinadores, restando bastante assentada, excetuado no que diz respeito à dependência econômica, o tempo mínimo de duração da relação e as provas convincentes. E, ainda, a respeito de aspectos trabalhistas, comerciais, civis e penais.

As normas administrativas, nascidas a fórceps (que chegaram a descrever a companheira) não tiveram a coragem de definir essa parceria, pressupondo-a para os fins dos dois benefícios que ela fez emergir.

Disciplina regulamentar

Até que o Ministério Público Federal de Porto Alegre ingressasse com a Ação Civil Pública n. 9347-0 e sobreviesse a sentença da juíza Simone Barbisan Fortes, subsistia um vazio normativo na previdência social. Com a Instrução Normativa INSS/DC n. 25/00, em cumprimento à referida sentença, a autarquia passou a regulamentar a união homoafetiva em sucessivas decisões. Sem defini-la — o que é relevante — e sem dizer o que não é união homoafetiva. Fê-lo de forma bastante singela, não a conceituando, e exigindo provas materiais de difícil produção.

Num primeiro momento, sem atender ao ditame judiciário, impondo a prova da dependência econômica, o que retirava a pretendida equiparação com o casamento e a união estável. Mais adiante, hodiernamente não a exigindo e a pressupondo (se é que não ficou camuflada na prova da própria convivência *more uxorio*).

Adota-se o art. 52, § 4º, da IN INSS n. 20/07, como a norma vigente, que silencia quanto à prova da dependência econômica, bem como seu art. 271, que remete ao art. 105 do RPS. A norma anterior, em seu art. 30, falava em prova da dependência econômica (arts. 30 e 271 da IN INSS n. 11/06). Por seu turno, o referido art. 105 do RPS trata da pensão por morte de modo geral.

Nota-se que uma e outra fonte formal cuidam da união homoafetiva em face da pensão por morte, esquecendo-se de outros benefícios e situações substantivas e adjetivas do Direito Previdenciário.

Subordinado às regras de direito intertemporal, tendo em vista que o INSS deveria aplicar as diferentes instruções normativas durante as suas respectivas vigências, tem-se que em algum momento, desde maio de 2000, reclamou a prova da dependência econômica, o que não acontece a partir da IN INSS n. 20/2007.

Capítulo 30 — Nuanças Inerentes

Distinguindo-se de outras relações humanas, a união homoafetiva suscita suas próprias nuanças, algumas das quais tendentes a sofrer mutações futuramente em face do acolhimento por parte da sociedade.

a) Identidade sexual — Somente homossexuais compõem esse tipo específico de união humana. Os bissexuais constituem relação heterossexual e homossexual e, em raros casos, as duas relações.

Transsexuais, depois de submetidos à cirurgia de transgenitalização, transmutam fisiológica, psicológica e hormonalmente de sexo. Adotado o novo sexo, nessas condições, no comum dos casos, se vierem a se unir, serão tidos como heterossexuais.

Mas, claro, exemplificativamente, se alguém do sexo masculino tornar-se do sexo feminino e se unir a uma mulher, o que se terá é união homoafetiva.

É preciso distinguir essa relação com a convivência mútua de heterossexuais (caso de dois irmãos, duas irmãs, pai e filho ou mãe e filha, bastante comuns).

b) Convivência *more uxore* — Acolhida pessoal, social e juridicamente a união homoafetiva refere-se a duas pessoas convivendo juntas. Amando-se ou não, mas se respeitando e se ajudando, o que é útil para os indivíduos e para a sociedade.

c) Mútua assistência — A *affectio societatis* é fundamental para que seja reconhecida a união homoafetiva, juridicamente tem-se presumida a dependência econômica.

d) Constância no tempo — O cenário requer alguma permanência, não positivado o tempo de duração dessa união de pessoas, mas demonstrada pelas intenções. É um requisito também exigido nas uniões estáveis heterossexuais, nas não do casamento (*sic*).

e) Objetivo familiar — A idealização é que seja constituída uma família, que se reduziria apenas aos conviventes ou agregar filhos próprios de cada um dos dois ou terceiros, além de outros parentes.

f) Alguma publicidade — Como última característica, requisito exigido na união estável e de certa foram presumido no casamento, espera-se que seja de domínio público o fato alegado, embora reconhecida sobrevenha enorme constrangimento por parte dos dois polos da relação e deva ser mensurada historicamente.

Pressupostos gerais

Tecnicamente, para que seja reconhecida publicamente a união homoafetiva (daí derivando que outros consectários na prática ficarão dependendo desse reconhecimento) e produza efeitos na própria Previdência Social e fora dela, é preciso que, por ocasião de sua existência ou *post mortem*, o interessado persuada o órgão gestor de alguns requisitos.

Os principais são: a) identidade sexual; b) capacidade jurídica; c) convivência *more uxore* (com dependência econômica presumida); d) publicidade ainda que esmaecida; e e) certa constância.

Somente pessoas do mesmo sexo podem decantar a união homoafetiva. Se um dos parceiros deixa a condição antropológica de homossexual e se torna heterossexual o que se tem é uma união estável. Quando um deles é bissexual, a união homoafetiva não é juridicamente constrangida, igual se passando se ambos são bissexuais, evidentemente presentes os demais requisitos. Também não importa que antes do enlace um ou outro tenha vivido a heterossexualidade ou a admita posteriormente.

A reunião de pessoas assexuadas, entendidas como aquelas que não têm interesse por nenhum dos sexos, ainda não tem nome.

Embora o Direito de Família sempre tenha imposto uma idade mínima para o casamento, pouco se discorreu sobre esse mesmo aspecto em relação às uniões estáveis. Aparentemente, quando de dúvidas, o que deveria ser apurado é se os pares têm compreensão do que estão fazendo. Igual raciocínio deve estender-se à união homoafetiva, não se fixando quer idade mínima, evidentemente podendo-se partir dos 16 anos.

Além da faixa etária, vale considerar a necessidade da verificação da aptidão para a vida em comum, apreciando-se em particular os impedidos de praticarem os atos da vida civil.

Embora num e noutro momento os atos normativos internos do INSS tenham imposto a dependência econômica, ela não pode ser exigida, devendo ser presumida, até porque com o seu reconhecimento público, a união homoafetiva posta os seus membros como dependentes preferenciais, ao lado do casamento e da união estável.

Como acontece com essas duas instituições do Direito de Família, em princípio, ela pode estar abrigada na exigência da convivência *more uxorio*, ou, no comum dos casos, subsiste uma mútua dependência ou um depende do outro. A possibilidade de ambos serem mantidos por terceiros é remota e deverá empalidecer diante de mútua assistência, respeito e existência familiar.

A convivência *more uxore* decorre da tradição, dos usos e costumes e do casamento. A rigor, não fosse a convenção histórica, irmãos, parentes ou amigos vivendo juntos — sem qualquer outra relação que não a familiar — poderiam constituir um tipo de união protegida pela lei previdenciária.

Por objetivar a família declinada no art. 226, § 3º, da Carta Magna e por similitude com os arts. 1.723/1.727 do Código Civil, efetivamente exige-se a prova da vida em comum. Ou seja, o legislador quer a proteção da família, formalizada pelo matrimônio ou fora dele; assim, se teria alguma paz social. A prova da convivência em comum é descrita em vários atos normativos.

Quando os autores ou as autoridades cogitam da publicidade da união estável revelam certo ranço que provém da identidade com o casamento e sem capacidade de distinguir o que seriam uniões legítimas das ilegítimas. No caso específico da união homoafetiva será preciso apreciar as provas levando em conta a discriminação e o preconceito vigentes contra a diversidade sexual.

A constância, no sentido de continuidade e alguma duração, é item que se propõe sem que se tenha solução geral. Terá de ser apreendida do *animus* dos dois membros da união.

Antes de ser um instituto técnico previdenciário, a união homoafetiva é matéria do Direito de Família. Por isso, o aplicador da norma, além do art. 226, § 3º, da Carta Magna, deve abeberar-se nos arts. 1.723/1.727 do Código Civil de 2002, procedendo as devidas adaptações.

Se no art. 1.723 ele evidencia quatro pressupostos para o seu reconhecimento, entendendo-se que a ausência de um deles descaracteriza a pretendida relação jurídica, por outro lado, o art. 1.724 propõe carta de intenções para os pares: a) deveres "conjugais"; b) lealdade pessoal; c) respeito prevalecente; e d) mútua assistência.

Evidentemente, copiados do casamento e trazidos à união estável e, agora, promovidos os devidos ajustes, transportados para a união homoafetiva. Todos aqueles quatro requisitos do art. 1.723, próprios da união estável, justificam reparos, abaixo consignados.

Convivência pública

Dispensada no casamento, exigida muito mais na união estável, bastante usual na nossa sociedade, não pode ser reclamada quando da relação homossexual, pelo menos por algum tempo (enquanto persistirem as discriminações sociais).

Constância da relação

O legislador civilista não quer proteger relações eventuais, o que, na prática, torna difícil a aplicação desse preceito. Tanto quanto a continuidade (perceptível a partir dos atos praticados pelos parceiros), também não há definição de quanto tempo tem de durar a relação. Os cinco anos de antes do PBPS ajudavam bastante, mas, da mesma forma, não eram muito recomendáveis.

Presença da família

Aceitando-se que a vida em comum decanta *per se* a profligada família apresentar-se-ão óbices quase intransponíveis. O melhor é entender que com enteados, adotados ou guardados ou sem eles, ou ainda com parentes convivendo juntos, o certo é presumir que o casal é uma família *lato sensu*.

É superior pensar que a intenção do legislador é que se comporte como família, mutuamente se respeitando e convivendo socialmente. Convém registrar que assim casais reprovados por seu comportamento moral que provarem os demais requisitos terão de ser aceitos.

Dificuldades inerentes

As dificuldades próprias da prova da união estável são transportadas para união homoafetiva, e acrescida, uma vez que se impõe a demonstração de um fato pessoal, familiar e social não inteiramente acolhido pela sociedade e sendo vítima de discriminação.

Sem se deterem nas questões antropológicas envolvidas, no comum dos casos, quando interpeladas as pessoas sustentam não serem homofóbicas, mas no particular e no íntimo pensam diferente. Uma delas é a característica da publicidade, que parece essencial a configuração dessa união, a ser tida como estável.

Até que o cenário seja alterado, a percepção jurídica dos fatos tem de ser levada em conta. Não se podem exigir as mesmas provas da união estável heterossexual.

Previdência social

Abstraindo a esfera do Direito Civil é na previdência social em que possivelmente sejam maiores os efeitos do reconhecimento da união homoafetiva em face da pensão por morte e auxílio-reclusão.

Uma união estável homossexual vivendo em regime de economia familiar terá os seus membros classificados como segurados especiais e morando juntos constituirão o empregado doméstico em face do empregador doméstico. Exatamente como na previdência básica, os direitos aos homossexuais serão os mesmos na previdência complementar aberta, fechada ou associativa.

Prova posterior

É possível a prova posterior da união homoafetiva (Desembargador Mario-Zam Belmiro, TJDFT – Proc. 2009.011.1200019 (508.886) em 3.6.2011, *in Revista Síntese Direito de Família* n. 66, p. 221-222).

Capítulo 31 — Uniões Instáveis

Uma palavra sobre as relações instáveis entre seres humanos relacionadas com um possível direito à pensão por morte. Convencionalmente, do ponto de vista técnico, sob este aspecto, o Direito Previdenciário às relações permanentes ou com a intenção de permanência.

Instabilidade da vida em comum

A vida em comum de homem e mulher, casados ou unidos, e também dos homossexuais, na constância da união inclui algumas desavenças temporárias. Na maior parte dos casos são resolvidas e absorvidas entre as partes, preservando-se a relação formal ou informal.

Brigas de casais são comuns e se não chegam à separação, elas não produzem efeitos jurídicos consideráveis.

Relações fugazes

Ao contrário do que sucede com as uniões estáveis e as não estáveis mas contínuas, cuja visualização é de onerosa conceituação, as relações fugazes têm decantação didática possível, embora, é claro, em virtude da sua fugacidade, padeçam das mesmas questões dos preconceitos humanos dessa delicada área. Até porque com o passar do tempo o cenário pode alterar-se para uma estabilidade.

Encontros instantâneos

De regra, os encontros instantâneos não costumam gerar muitos efeitos jurídicos; *in casu*, a eventualidade da aproximação não é protegida pela lei previdenciária.

Em cada circunstância, a reedição desses atos opõe embaraços a quem a tem de conceituar. Teria de se determinar a partir de qual momento o vínculo deixou de ser esporádico e se tornou contínuo.

Gravidez indesejada

Para se avaliar a relevância jurídica do tema devem ser consideradas as consequências de uma gravidez resultante de um único ato amoroso ou, o que será pior, a maternidade decorrente de um estupro.

Nos dois casos, sobrevindo o nascimento, ter-se-á um filho natural com direitos preservados pela lei civil.

Filhos com prostitutas

Certos contatos humanos são instantâneos, jacentes num momento único, programados ou não, muito comuns quando envolvem a prostituição, que se consome naquele breve evento e desaparecem do mundo jurídico.

Se, dessa relação rápida, nasce um filho ele terá de ser protegido pela lei civil e previdenciária, pois há uma mãe e um pai.

Conclusões válidas

As uniões estáveis não são acolhidas pelo Direito Previdenciário e não podem ser invocadas para sustentar o direito à pensão por morte.

Capítulo 32 – Provas das Uniões

Como a essência técnica da pensão por morte é a dependência econômica, somente subsiste o direito se uma pessoa depende de outra. Isso usualmente acontece no bojo da família, principalmente entre os cônjuges ou companheiros. Logo, os envolvidos nessa relação têm de pertencer a uma união e será preciso provar a sua existência (Provas da Designação e da Vida em Comum Exigidas da Companheira, *in Supl. Trab. LTr* n. 73/84).

Casamento civil

Formalmente, o matrimônio é demonstrado com uma certidão de casamento expedida recentemente (para que não pairem dúvidas sobre uma eventual separação dos cônjuges). Quando de dúvidas sobre a constância do casamento, o interessado tem de fazer um reforço de prova.

Casamento religioso

A prova do casamento religioso é feita com uma certidão expedida pela paróquia em que se deu a cerimônia. Não podem ser desprezadas as fotografias tiradas dentro da Igreja.

União estável

Os diferentes principais meios de prova podem ser classificados conforme a sua natureza.

Provas comerciais

I) Presença no contrato social como sócio gerente ou cotista em sociedade limitada criada pelos conviventes (Decreto n. 3.708/19).

II) Abertura de crediário em lojas comerciais.

III) Ser avalista do parceiro.

Provas civis

IV) Atestado de óbito em que conste o convivente sobrevivente como testemunha.

V) Documento outorgando procuração de um para o outro membro da relação.

VI) Designação testamentária da pessoa como herdeira.

VII) Certidão relativa à adoção de filhos.

VIII) Pagamento de pensão alimentícia de fato.

IX) Sentença condenatória de pensão alimentícia.

X) Usufruto de bem com caráter de alimentos.

XI) Prova de rendimento para fins de financiamento.

XII) Contrato de aluguel em conjunto.

XIII) Compromisso de venda e compra, documento particular ou público, de cessão de bem imóvel ou imóvel mediante escritura pública.

XIV) Declaração escrita ou gravada deixada pelo segurado.

Provas religiosas

XV) Certidão de casamento religioso.

XVI) Certidão de batismo.

Provas previdenciárias

XVII) Designação numa APS do INSS.

XVIII) Inscrição como beneficiário da GEAP.

XIX) Designação como dependente numa EFPC ou EAPC.

XX) Deferimento de auxílio-reclusão.

XXI) Alvará para levantar saldo de benefícios no INSS.

XXII) Registro em Posto de Saúde, hospitais particulares ou do INAMPS.

Provas securitárias

XXIII) Seguro de vida em nome do membro supérstite.

Provas sociais

XXIV) Ser sócio do mesmo clube ou associação de qualquer natureza.

XXV) Declaração firmada por vizinhos, zeladores ou porteiros de prédios.

XXVI) Participação conjunta em congressos e outros eventos científicos.

Provas trabalhistas

XXVII) Registro como empresário, contribuinte individual, empregado ou temporário em empresa do falecido.

XXVIII) Ficha de inscrição em sindicatos.

XXIX) Ficha do PIS-PASEP.

XXX) Ficha do salário-maternidade.

XXXI) Ficha do salário-família.

XXXII) Designação em CTPS, FRE ou LRE.

XXXIII) Autorização para levantar FGTS ou PIS-PASEP.

Prova da previdência complementar

XXXIV) Concessão de pensão por morte pela EFPC.

Provas tributárias

XXXV) Declaração como dependente para fins do Imposto de Renda.

Assistência à saúde

XXXVI) Designação em plano de saúde.

XXXVII) Declaração firmada pelo hospital de quem promoveu a internação, custeou as despesas etc.

XXXVIII) Anotação em ficha de tratamento médico em que o dependente comparece como responsável pelo atendido.

XXXIX) Atestado médico do falecimento.

Provas pessoais

XL) Cartas familiares ou de amor trocadas entre os membros.

XLI) Menção da pessoa constante em dedicatórias de livros.

XLII) Menção escrita em homenagem.

XLIII) Prova de endereço comum.

XLIV) Notas fiscais do sepultamento.

XLV) Bilhete de passagem adquirido em comum.

XLVI) Ficha de Registro de hotéis, resorts, colônia de férias etc.

XLVII) Gravação, imagem, fotografias em que apareçam juntos.

XLVIII) Declaração para efeito de seguro de automóvel.

XLIX) Assunção de encargo doméstico.

L) Declaração firmada pelo condomínio vertical e horizontal ou loteamento.

LI) Título de eleitor em que a interessada solteira seja identificada como casada.

Provas penais

LII) Boletim de ocorrência policial.

LIII) Declaração oficial de estabelecimento penal relativo à visita íntima.

Provas bancárias

LIV) Conta corrente conjunta.

LV) Empréstimos conjuntos.

Provas habitacionais

LVI) Declaração junto ao BNH ou agente financeiro.

Provas cartoriais

LVII) Registro civil em cartório de notas, declaração das partes de que vivem ou viverão juntos.

LVIII) Escritura pública.

LIX) Certidão privada emitida pelo Grupo Gay da Bahia, a partir de seu livro de registro.

LX) Disposição testamentária particular ou cartorial.

Provas judiciais

LXI) Sentença em ação judicial.

LXII) Justificação judicial.

LXIII) Alvará judicial para levantar atrasados.

LXIV) Certidão de ação judicial, civil ou penal, em que a dependente tenha sido qualificada como autora, ré ou testemunha.

Provas da designação

LXV) Declaração verbal e registrada perante servidor da Previdência Social.

LXVI) Anotação em CTPS.

Provas testemunhais

Depoimento testemunhal de vizinhos, colegas de serviço e demais pessoas tem validade, principalmente quando os depoentes conviveram com os unidos por largo tempo.

Justificação Administrativa

Um procedimento específico previsto no PBPS e promovido pelo INSS com a presença de documentos e depoimentos testemunhais.

Diversos meios

LXVII) Nota fiscal de aquisição de bens doméstico.

LXVIII) Inscrição no SESI.

LXIX) Boletim de Ocorrência.

LXX) Censo do IBGE.

Capítulo 33 — Relações Incestuosas

As uniões incestuosas (pai com filha e, mais raramente, mãe com filho e, menos ainda, irmão com irmã) não são aprovadas pela nossa cultura e sociedade, embora registradas pela antropologia.

Juridicamente, entretanto, a questão é complexa na medida em que dessa relação abominável pode emergir uma união reprovável em todos os sentidos, mas presente, e a ser considerada em face do falecimento de um dos dois membros, se segurados.

Elas existem, são totalmente informais e, às vezes, geram filhos, que sempre terão direito previdenciário no caso de falecimento dos pais segurados.

Se o filho foi reconhecido pelo segurado (ele é pai e avô...) fará jus à pensão por morte, no caso do óbito desse genitor (concorrendo com a mãe e avó...).

A aceitação formal da união entre pai e filha para fins jurídicos provocará polêmicas morais, mas tem de ser cogitada pelo antropólogo, sociólogo e estudioso do Direito Previdenciário como uma realidade e nada mais. Mas o fato de ter havido um filho em comum não significa necessariamente a demonstração de uma união estável.

Consumada a união, máxime com a existência de filhos, em alguns casos, ela terá de ser reconhecida pelo gestor previdenciário como uma união estável (ignorando-se, por ocasião dessa análise, as consequências civis e penais possíveis).

Tratando-se de homem casado ou unido, convivendo com a mulher, não se poderia falar em união estável com a filha, a quem esse pai está obrigado a manter. Logo, não seria o caso de se referir à mútua assistência, mas apenas dependência econômica da filha em relação ao pai.

Falecendo o pai segurado ela poderia concorrer com a mãe, na condição de filha, e o seu filho havido com o pai, então também avô, será mais um concorrente à pensão por morte.

Ana Cecília Rosário Ribeiro acentuou que não existe norma expressa regulamentadora (o legislador parece não gostar de tabus) e que se poderia abrigar a união incestuosa como uma figura familiar no art. 226, § 3º, da Carta Magna, mais provavelmente no seu § 4º.

Se pai e filha, mãe e filho e irmão e irmã, ainda que sem relacionamento íntimo, constituem uma família, a presença do sexo (que é tema sociológico) reforçaria a ideia de uma união familiar.

Do ponto de vista do Direito Previdenciário, sendo impossível o casamento, o que se terá é uma união estável entre parentes, a ser provada à exaustão em face de suas peculiaridades e gestando os direitos usuais.

O desembargador Luis Alberto D'Azevedo Aurvalle, em 25.1.2012 mandou pagar pensão por morte à irmã do segurado, que provou ter sido sua companheira, pelo visto os irmãos não poderiam se casar, mas poderiam se unir (AC n. 60119095-57.2011.404.9999/RS, do TFR da 4ª Região, *in Boletim IBDP* n. 188, de 6.2.2012).

Capítulo 34 – União da Convivente Pensionista

A simetria entre a união civil e a união estável, as suas semelhanças e distonias, levantam dúvidas consideráveis (pelo menos até que as duas relações jurídicas sejam totalmente equiparadas). Uma delas, diz respeito à similitude entre o casamento da viúva e o casamento da convivente percipientes de uma pensão por morte.

Tem-se que com o casamento da viúva — sem prejuízo da percepção do benefício deixado pelo primeiro marido —, em falecendo o segundo marido segurado, ela poderá optar pelo benefício de maior valor.

Possivelmente, o mesmo se dará com a segunda união estável da convivente pensionista, com as particularidades da informalidade dessas duas famílias (quando comparadas com o formalismo do matrimônio).

Assim, caso essa convivente percipiente de pensão por morte decorrente do falecimento do outro convivente venha a unir-se novamente, ela continuará recebendo as mensalidades e falecendo o segundo convivente, terá de optar pela pensão por morte de maior valor.

Na hipótese da primeira união ter sido formalizada de alguma maneira (e a designação da dependente é uma modalidade), o adequado é que seja desfeita aquela formalização ou designação e, se for o caso, uma nova formalização unindo os dois novos conviventes.

Nestas circunstâncias, o falecimento do segundo companheiro logo após o início da relação pode dificultar a prova da nova união estável.

Capítulo 35 – Justificação Administrativa

Às vezes, o dependente não detém os meios habituais ou tidos como únicos para fazer prova da união civil, união estável, do óbito do segurado, da sua idade, a de um filho ou do irmão, da relação de parentesco dos pais, da dependência econômica, da separação de fato ou judicial e de outros elementos que possam interferir no direito à pensão por morte. E, num caso extremo, até mesmo da inexistência desses eventos.

Os motivos para que isso aconteça são muitos num país continental como o nosso e com boa parte da população analfabeta e culturalmente hipossuficiente. *Ab initio*, quando presente e indiscutível, o direito à pensão por morte está acima do exagerado formalismo jurídico.

Conceito básico

A Justificação Administrativa (JA) é um instituto procedimental, que se aproxima do Processo Civil e do Direito Administrativo; floresce junto às repartições públicas como prática interna de longo alcance, objetividade e utilidade. Tranquilamente cabível no Direito Previdenciário, com as nuanças próprias do Direito Social, ela não deveria conhecer nenhuma limitação.

Assegurada por lei, trata-se de direito subjetivo de todos os dependentes, quando desejam demonstrar algo do qual não possuam os meios satisfatórios habituais de convicção ou eles são insuficientes.

Dispensa, por definição, a prova plena. O exigível situa-se no nível da razoabilidade de quem não tem a convicção completa. À evidência posiciona-se a meio caminho da prova robusta e do deserto comprobatório.

Embora deflagrada pelo justificante, quem conduz o expediente é o processante, detendo a iniciativa de impulsioná-lo, e cabendo-lhe o poder de império de fixar a data e a discrição da decisão final. Isso não só acontece quando determinada pela Junta de Recursos ou Câmara de Julgamento do CRPS (em diligência). Nesse caso, o processante limita-se a encaminhar a assentada e os depoimentos testemunhais àqueles órgãos julgadores.

Considera-se justificação administrativa o meio de convencimento, de iniciativa do titular da pretensão, processado pelo órgão gestor, objetivando levá-lo à persuasão a respeito de certos fatos ou circunstâncias previamente circunscritos pela norma, em relação aos quais o beneficiário não detenha os meios razoáveis ou acessíveis de demonstração.

Essência do procedimento

Tanto quanto a judicial, substancialmente ela é um meio de prova. Por intermédio desse expediente singular, "poderá ser suprida a falta de documento ou provado ato do interesse de beneficiário ou empresa" (PBPS, art. 108).

Um procedimento nitidamente interno, copiado do Judiciário, o resultado resta submetido à deliberação do órgão justificante. Quem verifica os pressupostos, avalia o início razoável de prova material, sopesa a validade e a autenticidade do depoimento testemunhal, é o órgão gestor.

A decisão faz coisa julgada dentro da autarquia e produz efeitos junto ao justificante e, como todo ato administrativo, pode ser revista a sua conclusão, claro, quando fundada a decisão e presentes motivos ou razões suficientes.

Trata-se de direito subjetivo do polo da relação jurídica de seguridade social. Preenchidos regularmente os pressupostos lógicos, descabe ao órgão gestor rejeitar o pedido, embora possa não acolher a pretensão da prova. Também poderá indeferir o requerimento, se presentes outros meios de configurar o objeto procedimental.

Instrução do pedido

Um andamento formal, a JA deflagra-se conforme pedido do autor. Geralmente, o INSS fornece formulário-padrão, em que o titular preenche os claros, qualificando-se, e "expondo, clara e minuciosamente, os pontos que pretende justificar" (RPS, *caput* do art. 145). Na oportunidade, ele arrolará de três a seis testemunhas idôneas, cujos depoimentos deverão levar ou não o órgão gestor à convicção.

Cientificadas do dia e hora aprazados e do local para o procedimento, as testemunhas serão inquiridas a respeito de fatos objeto da solicitação em separado, seguindo-se os depoimentos e exibição de documentos à autoridade competente para homologação ou não.

O processante obterá as declarações por escrito e consignará na ata o comportamento das testemunhas, para fins de avaliação, suas contradições ou afirmações categóricas. A norma não exclui a acareação. O justificante pode assistir aos depoimentos e, por intermédio do processante, fazer indagações às testemunhas. Em seguida, o INSS comunicará o resultado por escrito, concluindo pela: a) eficácia total; b) parcial; e c) negando eficácia.

Possibilidade de recurso

Reza o art. 147 do RPS:

> "Não caberá recurso da decisão da autoridade competente do Instituto Nacional do Seguro Social que considerar eficaz ou ineficaz a justificação administrativa."

A impossibilidade de duplo grau de jurisdição administrativa estaria mais bem situada na lei, dada sua importância. Esse posicionamento contraria o amplo direito constitucional de defesa. Na verdade, um reexame acontecerá no bojo do pedido de benefício negado, quando o segurado tentar evidenciar o fato mediante justificação administrativa.

Função e objetivos

O objetivo da justificação administrativa é provar, de modo simplificado, fatos de interesse dos dependentes, quando estes não dispuserem dos meios plenos exigidos em cada caso. Assim, ela é sempre operada mediante indícios materiais ou depoimentos testemunhais. Preferivelmente, combinados.

A intenção do procedimento é facilitar a vida dos beneficiários, pois, processada no interior da autarquia, de forma singela, evita a busca do Poder Judiciário.

Uma demonstração indireta, não proveniente do Direito do Trabalho ou Direito Previdenciário (*v. g.*, boletim de ocorrência policial, noticiário em periódicos, trabalhos escritos etc.), supera em qualidade uma declaração hodierna firmada para o mesmo fim. Uma prova fortuita, ocasional ou acidental, isto é, imprevista, tem preferência sobre a programada. A espontânea, mesmo imprecisa, vence a detalhista, se adrede preparada.

Rol de testemunhas

Conforme o art. 146 do RPS, não podem testemunhar "os loucos de todo o gênero" (inciso I); "os cegos e surdos, quando a ciência do fato, que se quer provar, dependa dos sentidos, que lhes faltam" (inciso II); "os menores de 16 (dezesseis) anos" (inciso III); e o "ascendente, descendente ou colateral, até o terceiro grau, por consanguinidade ou afinidade" (inciso IV). A administração entende essa pessoa como sendo avô, pai, filho, neto, irmão, tio, sobrinho, cunhado, sogro, genro, nora, padrasto, madrasta e enteado.

Eficácia e alcance

Em Direito, o universo da prova é grande, mas limitado na justificação administrativa. Pode suprir a falta de alguns documentos, mas não todos, e levar à convicção sobre fato ou circunstância de modo geral.

A restrição é, da mesma forma, anacrônica, pois os segurados de baixa renda sem saber se foram registrados em algum cartório ou não, têm dificuldade de provar a idade. Não tem sentido exigir uma comprovação científica, difícil e de alto custo.

Conforme o parágrafo único do art. 142, § 1º:

> "Não será admitida a justificação quando o fato a comprovar exigir registro público de casamento, de idade ou de óbito, ou de qualquer ato jurídico para o qual a lei prescreva forma especial."

Tal norma obsta a prova do desaparecimento do segurado, pensando na pensão por morte e também salienta a existência de empresa (se de ambos os fatos o pretendente possuir início razoável de prova material). O depoimento testemunhal exclusivo é vedado para o tempo de serviço (salvo quando presente motivo de força maior ou caso fortuito), dependência econômica, identidade e relação de parentesco (RPS, art. 143).

Momento da produção

Uma justificação administrativa pode ser efetuada antes ou durante o pedido da pensão por morte. E até após sua concessão, durante a manutenção, quando o dependente obteve os instrumentos necessários e, então, para incluir um dependente *a posteriori*.

Antes, será de natureza cautelar, sugerida nas hipóteses de possibilidade de perecimento dos indícios de prova ou do depoente. Melhor, na oportunidade, ser requerida junto com a solicitação do benefício.

Início razoável de prova material

O PBPS faz distinção. No art. 108, disciplina a justificação administrativa de modo geral e no art. 55, § 3º, em particular, cuidando apenas do cômputo do tempo de serviço, quando impõe início razoável de prova material.

A expressão "início razoável de prova material" desdobra-se, pelo menos, em três partes: a) ser incipiente, dispensando-se a prova exaustiva; b) ser razoável, isto é, acolhida pelo senso comum; e c) ser material, não se aceitando a apenas testemunhal.

Essa lei não especifica a natureza desse começo de evidência, sua potencialidade ou eficácia. Abre, por conseguinte, campo a muitas perspectivas. Silencia quanto à quantidade ou qualidade dos documentos. Um, se eficiente, é suficiente; vários, mesmo frágeis, na mesma direção, são convincentes.

Quem, por exemplo, no título de eleitor, certificado de reservista, certidão de nascimento dos filhos, declarou a idade (indícios individualmente fracos), beneficia-se da presunção de tê-la.

Se no começo, meio e fim de certo período apresentou prova de trabalho, admite-se tê-lo prestado todo o lapso de tempo.

Capítulo 36 – Casamento e União Estável

Uma questão polêmica, tormentosa e ainda difícil, diz respeito ao que se poderia chamar de bigamia informal, ou seja, a existência de segurado casado, com o casamento civil mantido regularmente, convivendo com outra pessoa numa união estável caracterizada.

Na opinião de alguns magistrados seria um casamento e um concubinato. Pior, quando eles dizem que a segunda mulher (sempre a mulher) seria uma amante... Ou amásia. E como tal, sem direitos.

Ou seja, abordam-se agora uma união civil e uma união estável, duas relações reais comprovadas à exaustão. Subsistindo esses vínculos ao mesmo tempo e, é claro, em duas situações juridicamente perfeitamente definidas. No comum dos casos, para complicar, até com filhos havidos em comum nas duas famílias.

O raciocínio de que o homem casado não pode manter simultaneamente uma união estável é meramente jurídico e formalista; a realidade social é outra e ele é que conta.

A oposição jurisprudencial é predominante, às vezes hesitante e inadequada, no sentido de não acolher essa união estável. Deixando a segunda mulher à míngua, o que não seria possível segundo Fábio Zambitte Ibrahim (O concubinato na Previdência Social, *in* RPS n. 361/1043).

Ele observa: "Para fins estatisticamente previdenciários, pouco importa se a união estável visa ao casamento e o concubinato não; irrelevante para o sistema se a pessoa agiu de boa ou má-fé na nova união, mas, sim, o singelo fato de que uma nova sociedade familiar foi formada, ainda que oficiosamente os fatos, sob pena de ineficácia social".

Mencionando caso em que o segurado conviveu com a esposa por 40 anos e simultaneamente com uma companheira durante 22 anos (AC n. 2005.71.07.001830-5, da 5ª Turma da 4ª Região, decisão de 19.11.2008, *in* RPS n. 358/841, relatado por Luiz Antonio Bonato), o juiz Hermes Siedler da Conceição Júnior decidiu que provada a união estável com a concubina deve-se ratear a pensão por morte com a esposa (AC n. 1999.71.08.003366-0/RS Turma Suplementar da 4ª Região, decisão de 8.6.2010, *in* RPS n. 358/839).

Tais situações, aparentemente não se relacionariam com adultério presente nem a filhos adulterinos; elas cingir-se-iam apenas à esfera pessoal e ao Direito Civil.

Esse cenário poderia ser equiparado ao do cônjuge separado que deve pensão alimentícia e que mantém uma união estável. Nessa última hipótese, bastante semelhante à anterior, o INSS costuma dividir o benefício.

Com vistas ao Direito Previdenciário, o que interessa é a dependência econômica (presumida nas duas uniões).

A resistência dos tribunais (que à luz do Código Civil também não acolhe dois casamentos) possivelmente se deve à influência da moral do Direito Civil. Julga que decidindo assim desestimularia uma segunda união, o que não é necessariamente verdadeiro.

Note-se que a eventual discriminação é contra a mulher e raramente ao homem. Existentes filhos eles sempre serão dependentes; falecendo o pai, eles se tornarão pensionistas.

Uma das mais enfáticas decisões judiciais a respeito foi tomada pelo desembargador Roberto Fialho Moreira que *ab initio* chamou a companheira de amante (a mãe de um filho com o segurado), quando examinou essa relação extraconjugal escorando-se na fragilidade da prova da união estável, negou o benefício (REOAC n. 2003.83.00.024078-4, da 1ª Turma do TFR da 5ª Região, em 21.5.2009, *in RPS* n. 348/1012).

Ela deve ser confrontada com a opinião do mesmo desembargador tomada na AC n. 397.686 (Proc. n. 2004.84.00.006734-5, 1ª Turma da 5ª Região, em 11.2.2010) em que diz: "Nesta exegese, não se tem como atribuir ao referido dispositivo constitucional, interpretação restritiva, sob pena de violação aos postulados da dignidade da pessoa humana, da liberdade, da autodeterminação, da igualdade e da não discriminação, como ainda, à própria finalidade do Legislador Constituinte em conferir à unidade familiar proteção máxima. Assim, a outra conclusão não se chega, senão a de que a Constituição visa proteger não apenas o núcleo familiar formal, mas qualquer estrutura familiar indiscriminadamente" (RPS n. 353/350).

Divisão diferenciada

Surpreende a decisão do desembargador Messod Azulay Neto, da 2ª Turma do TFR da 2ª Região, no AI n. 2005.51.01.516405-7, de 30.8.2007, quando ele diz: "Circunstâncias especiais reconhecidas em juízo para que se divida, em definitivo, a pensão de morte entre a viúva e a concubina. Pesando as circunstâncias fáticas e as de direito, concluo, com base na equidade, no livre convencimento e no princípio da igualdade material, pelo rateio da pensão no percentual de 70% para a esposa e 30% para a concubina".

Exceto na hipótese de a esposa ter tido seis filhos com o segurado e a companheira apenas dois, totalizando dez dependentes, não é possível entender porque a divisão não foi igualitária.

Filho com a companheira

É estranho registrar a distinção que a Justiça Federal faz em relação à companheira (que às vezes desairosamente chama de concubina) e o seu filho havido em comum com um homem casado. Ela não tem direito à proteção, mas o seu filho faz jus ao benefício, logo ela é tida apenas como uma procriadora (Proc. 2007.70.95.016060-07/PR – Juiz João Carlos Costa Mayer Soares, DJ 22.6.2009, *in RDP* n. 0/131).

Capítulo 37 — Uniões Simultâneas

Um acontecimento particular certamente raro é a união de pessoas que, ao mesmo tempo, mantenham duas famílias perfeitamente estabelecidas e juridicamente reconhecidas. Dois casamentos civis ou religiosos ou duas uniões estáveis.

Dois casamentos

Trata-se de um cenário que não deve ser confundido com dois matrimônios subsequentes; o segundo deles juridicamente não teria validade para o Direito de Família.

Ajuíza-se agora com dois casamentos simultâneos e que, em algum momento, um deles será judicialmente anulado.

Esse é um fato não tão incomum quanto possa parecer, pois pessoas casadas mudam de municípios ou de Estados, não dão muita importância à primeira união e novamente conseguem se casar em Cartório de Registro Civil, burlando a Lei n. 6.015/73. No comum dos casos nem o fazem por mal...

Do ponto de vista previdenciário, o que se terá é uma relação tida como um casamento desfeito, com separação de fato, é uma união estável, uma vez que o Direito Civil não reconhece esse segundo matrimônio.

Esta visão puramente formal lembra a hipótese do casamento no exterior de quem não tomou as providências para sua formalização no Brasil. Aqui será tido como solteiro; casando-se no nosso país, esse casamento valeria para fins previdenciários. Se não como união civil, pelo menos como união estável.

Bigamia de unidos

Uma verdadeira "bigamia" de não casados corresponde a duas uniões estáveis ao mesmo tempo. Inexistentes normas jurídicas específicas a respeito, as duas situações se manterão para os efeitos da previdência social e nem por isso — como acontece com o casamento — a segunda delas será anulada, pois ambas foram mantidas informalmente não civis.

Entretanto, se houver registro oficial em cartório e tentativa de registro da segunda relação, o cartório cientificado do fato poderá rejeitar o registro. E se o fizer, nem por isso terá desfeitas faticamente as duas uniões estáveis.

Falecendo o segurado subsistirá uma concorrência dos unidos remanescentes. Perfeitamente caracterizados esses fatos ter-se-á de sopesar a concorrência entre os dependentes. Definidas as duas situações a pensão por morte será dividida.

O desembargador Messod Azulay Neto, em 7.1.10 entendeu de não aceitar a segunda união estável de uma mulher que conviveu simultaneamente com dois homens (AC n. 2002.02.01.011675-1, da 2ª Turma Especial do TFR da 2ª Região, *in Revista Síntese* n. 250, de abr. 2010, p. 213).

O Ministro do STJ Luiz Felipe Salomão, em 7.6.2011, não aceitou a simultaneidade de duas uniões estáveis quando apreciou a AC n. 2006.017.3843-6 no RESP n. 912.926.

Assim não pensou o desembargador José Maria Lucena, que em 31.10.2007 mandou dividir o benefício (Proc. n. 2000.83.00.001785-1, da 1ª Turma da 5ª Região, na AC n. 340.738/PE, *in Revista Síntese* n. 224, de fev. 2008, p. 172).

Curiosamente, os mesmos juízes que rejeitam liminarmente a bigamia, anulando o segundo casamento civil, acolhem duas uniões estáveis ao mesmo tempo.

Casado com casado

Uma situação particular e certamente bastante rara é da união estável de duas pessoas casadas com outro cônjuge, mantidos os casamentos válidos e que consigam caracterizar uma terceira relação do tipo união estável.

Previdenciariamente, não há muita diferença no tocante ao estado civil da outra pessoa, solteira, viúva ou casada.

Dois casamentos religiosos

Igual tratamento deverá ser ordenado para a figura de duas uniões religiosas ao mesmo tempo. A Igreja Católica terá o segundo deles como inválido, mas provadas as duas uniões e falecendo um dos participantes, os dois outros farão jus à pensão por morte.

Nulidade da segunda união

O segundo casamento de um alguém casado com a união civil mantida não tem valor jurídico perante o Direito Civil. Uma segunda união estável de alguém que já vive outra união estável não deveria ter validade também. Mas, nos dois casos, diante da realidade, o direito à pensão por morte subsiste.

Capítulo 38 – Heterossexual Com Homossexual

Nos termos da intimidade sexual dos parceiros de uma união estável é preciso reconhecer que existem heterossexuais, homossexuais, bissexuais e transexuais.

Logo, podem constituir uniões heterossexuais, uniões homossexuais e uma combinação de heterossexuais convivendo com homossexuais. Principalmente, homens com mulheres que detêm orientação distinta.

Na nossa sociedade são poucos os casos de heterossexuais casados com homossexuais, não importando se homens ou mulheres.

Mas não são incomuns homens homossexuais convivendo com mulheres heterossexuais, casados ou unidos, e mantendo regularmente uma prole familiar.

Aparentemente isso acontece com alguma frequência, pessoas que se julgam ou são importantes, normalmente artistas que pretendem manter sua opção sexual contida na esfera apenas pessoal.

Subsistem hipóteses em que o homem fornece o seu sêmen e, por via de inseminação artificial com a própria mulher, então, ambos terão filhos seus sem ter havido relação sexual (*sic*). Porque ambos querem ter filhos e constituir família.

Por ora, não sendo relevantes os aspectos antropológicos dessas uniões especiais, um heterossexual poderá manter uma união estável com um homossexual, o que certamente será raro.

Nota-se que na maioria dos casos, diante da publicidade, tais uniões geram casamentos e não uniões estáveis.

Entende-se que a existência de uma relação protegida pelo Direito não diz respeito à presença de sexo entre os polos dessa união.

Uma união de um heterossexual com uma mulher homossexual seja a formalizada no casamento ou numa união estável, assegura o direito à pensão por morte no caso de falecimento do segurado.

No artigo "Uniões Homoafetivas e Proteção Previdenciária ao Companheiro", de Cleber Regian Pagarelli, esse autor defende o direito dos homoafetivos (*RPS* n. 351/145).

No respeitante à pensão por morte pouco releva a orientação sexual dos parceiros, o que importa é a presença de uma união, vida em comum, mútua assistência e certa duração. Fatos que indicam a presença de uma família.

Capítulo 39 — Transsexuais e Bissexuais

Existem pessoas que nascem sem a sexualidade definida. O hermafrodita tem os órgãos dos dois sexos. Inajá Guedes Barros estudou as diferentes configurações, daí resultando que perante a previdência social e a pensão por morte, o que importa é a definição pós-operatória (se houve). No caso do hermafrodita, a predominância do sexo deve ser determinada pela perícia médica (Intersexualidade, *in Revista dos Tribunais* de maio 1990, vol. 655, p. 228-235).

Casado com a senhora Joy Timbrell há 42 anos, com dois filhos em comum, o inglês Christopher Timbrell submeteu-se à cirurgia de transgenitalização e, de homem passou a ser mulher. Essa operação cirúrgica aconteceu dois anos antes e, agora, com 60 anos de idade resolveu pedir a aposentadoria por idade ao Departamento de Trabalho e Pensões da Inglaterra.

Assim como no Brasil, de regra os segurados ingleses têm esse benefício com 65 anos de idade; as mulheres, o recebem cinco anos antes. O órgão oficial negou sua pretensão; ele ou ela, não se sabe, recorreu ao Poder Judiciário com a advogada Marie-Eleni Demetriou e obteve o direito de se aposentar como mulher.

A transsexualização vem sendo praticada há cerca de 40 anos nos Estados Unidos, principalmente atendendo homens que desejam se tornar mulheres. Como recomendado, antes da operação propriamente dita, esses pacientes têm de se submeter a um severo tratamento psicanalítico, pois terão de conviver com um organismo distinto daquele de que estavam acostumados e essa transformação carece de ser realizada principalmente em termos fisiológicos e psicológicos.

No Brasil não são muitos os casos, e por isso a Previdência Social ainda não teve de enfrentar a questão. Quando suceder é possível que tenha de se aprofundar em questões antropológicas relevantes, aspectos jurídicos inusitados e aspectos formais.

A aposentadoria por idade brasileira é deferida à mulher, trabalhadora rural ou urbana, cinco anos antes dos homens. A aposentadoria por tempo de contribuição também ocorre um lustro antes e o fator previdenciário conta com uma ajuda para os segurados do sexo feminino (cinco anos no tempo de contribuição). A razão disso se perde no limbo do tempo, possivelmente por conta da fragilidade muscular, dupla atividade e maternidade enfrentadas pelas mulheres.

No Direito, tecnicamente o assunto transsexualização é novo, e tanto quanto o tema da união homoafetiva está destinado à polêmica, e perdurará por algum tempo. No caso desse inglês, note-se que praticamente ele viveu como homem até os 58 anos de idade, casando-se, tendo filhos etc. (embora pudesse ter se sentido como sendo uma mulher a vida toda).

Mas, para efeito da Previdência Social, quando requereu o benefício, era juridicamente uma segurada.

Sem estudos antropológicos, psicológicos e sociológicos, o assunto poderá avançar sem embasamento técnico, criando enormes dificuldades interpretativas. Em 2012, será preciso saber se se justifica a distinção dos sexos para que as mulheres transsexualizadas se tornem segurados e os homens transsexualizados sejam entendidos como seguradas.

Bissexuais são indivíduos que mantêm relações sexuais com pessoas do mesmo sexo e do sexo oposto. A figura é mais comum entre os homens, mas antropologicamente nada impede que uma mulher relacione-se com homens e mulheres.

Do ponto de vista jurídico do Direito Previdenciário eles são tidos como pessoas com comportamento atípico e podem ser heterossexuais mantendo casamento com mulher e se encontrando com homens. Consta que os travestis, que nas madrugadas se postam em avenidas das metrópoles, o que mais atendem são homens casados.

Antropologicamente, embora possivelmente rara a figura, não é impossível que um homem mantenha um matrimônio e, ao mesmo tempo, uma união estável homoafetiva.

Juridicamente, em cada caso, serão considerados como hetero ou homossexuais.

Antonio Góes de Figueiredo defende a ideia de que deve prevalecer o estado depois da cirurgia e não o tempo em que foi assim ou assado, hipótese acolhida por Luiz Alberto David Araújo, que ele cita (ARAÚJO, 2000, p. 142) (Transsexualismo e interssexualismo na Previdência Social e Inclusão Social, *in Revista Síntese* n. 229, de jul. 2008, p. 209-214).

Capítulo 40 – Irmãos em Família

Uma família constituída de apenas dois irmãos, duas irmãs ou um irmão e uma irmã, vivendo juntos, é um fato bastante conhecido. Principalmente quando ambos são idosos. Não pairam dúvidas de que essa reunião de parentes bem próximos mantém as características da família. Existem casos em que são três os participantes. E, note-se, em todos os casos, mutuamente se auxiliando.

Na regra, se um deles é segurado e não mantiver outro dependente com direito à pensão por morte (cônjuge, filhos ou pais), nas condições do art. 16, III, do PBPS, provada a dependência econômica o irmão remanescente fará jus ao benefício.

Raciocínio que, é claro, valerá para uniões de homens e de mulheres, sendo bastante comuns na nossa sociedade, com dito, com pessoas de certa idade.

Sem embargo de viverem juntos e da mútua assistência, não se deve confundir essa reunião familiar com uma união homossexual, de sorte que o direito ao benefício previdenciário dependerá apenas do que disciplina a lei em relação aos irmãos.

À evidência, como diz o inciso III do art. 16, terá de ser "o irmão não emancipado, menor de 21 (vinte e um) anos ou inválido". E o irmão deficiente intelectual ou mental, a partir da Lei n. 12.470/11.

Invalidez ou deficiência acometida antes do falecimento do segurado.

E, na condição de dependente não preferencial terá de fazer a prova da dependência econômica (PBPS, art. 16, § 4º).

Na possivelmente raríssima hipótese de relações incestuosas entre irmãos e irmãs segurados, comprovada à sociedade essa união estável, o tema terá de ser examinado à luz do inciso I e não do inciso III do art. 16 do PBPS, como aconteceu com a AC n. 6019095-57.2011.404.9999/RS, já citada.

Capítulo 41 — Presença do Amante

Ainda que seja difícil decantar o conceito jurídico do que seja um amante, suas obrigações e seus direitos, é preciso sopesar as pretensões desse ser humano no Direito Previdenciário.

Pensando nas mulheres, sabidamente não se pode confundir a amante com a companheira nem com parceiros de encontros casuais, instantâneos ou prostituídos, exceto, é claro, no que disser respeito a eventual nascimento de filhos, quando interessará ao Direito de Família e ao Direito Previdenciário.

Essa confusão foi feita por Wellen Candido Lopes quando examinou esses direitos (Direito do amante nas relações de afeto, *in Página Livre*, disponível na *internet* em 13.7.2011).

Douglas P. Freitas escreveu um livro intitulado *Função Sociojurídica do (a) Amante e outros Temas*, publicado pela editora Conceito Editorial em 2008, embora estivesse, o tempo todo, referindo-se à companheira e não à amante.

No vínculo entre um homem e sua amante são perceptíveis algumas nuanças que o distinguem de outras convivências possíveis, ora consideradas.

Nessa relação que se diria puramente amorosa, não há publicidade, convivência *more uxore*, uma consistente mútua assistência, dependência econômica, filhos em comum etc. No comum dos casos, subsiste apenas afetividade ou sexo.

Mas, note-se, não é incomum ser de alguma forma duradoura. Neste caso, os aspectos anteriores serem intercorrentemente alterados no curso do tempo e a relação pode se transformar numa união estável. Isso sucede quando um dos dois parceiros não é financeiramente autossuficiente.

Geralmente, são contatos pessoais que se situam no plano puramente amoroso ou íntimo e, então, os dois participantes não fazem jus aos benefícios, mas claro está que essa avaliação pressupõe um exame cuidadoso da condição de companheiros.

Saliente-se que esse cenário fático pressupõe sempre três pessoas envolvidas e até quatro, mas nunca duas, pois dois solteiros, divorciados ou viúvos estarão muito próximos da figura da união estável. Próximos porque não é impossível duas pessoas conviverem sem estarem numa união estável.

Poder-se-ia imaginar duas pessoas vivendo assim sem constituírem a figura agora focada. Nessa hipótese, sem os pressupostos da união estável (entre os quais a convivência comum, a mútua dependência etc.) não há que se cogitar da pensão por morte.

Dois tipos de encontros casuais, convencionadamente não protegidos pela Previdência Social, interessam quando eles envolverem o sexo: a) com atos de prostituição e b) sem atos de prostituição.

Relações sexuais com prostitutas não geram direitos previdenciários porque não seriam estáveis (ainda que em raríssimos casos possam se tornar algum dia, quando a prova da dependência econômica deverá ser exacerbada). Claro que as prostitutas podem se casar, manter uma união estável com outros homens, ter um homem preferido etc.

Da mesma forma se entenderá quando de encontros fortuitos sem prostituição. Entretanto, desses encontros fugidios podem derivar direitos civis e previdenciários decorrentes do nascimento de filhos, pois, estes sempre têm direito.

Capítulo 42 — Múltiplas Pensões

Do direito à dupla aposentadoria derivava a pretensão à dupla pensão, hipótese bastante rara nos tempos atuais, mas ainda persistem múltiplas pensões em razão de múltiplas filiações.

Um conceito inusitado que não se confunde com o direito à múltipla pensão decorrente do falecimento de mais de um instituidor em favor de um mesmo dependente. Também distinto das pensões não securitárias.

Demonstrada à exaustão a dependência econômica, a hipótese das múltiplas pensões se realiza quando a viúva pensionista de segurado falecido dependia dos filhos para a sua manutenção e, por seu turno, estes vêm a falecer.

Dupla aposentadoria

Dupla aposentadoria é título mais reservado para a existência de dois benefícios decorrentes de uma mesma atividade e não se confunde com a decorrente de dupla filiação. Aquela hipótese, hoje não mais existente, foi contemplada na Lei n. 2.752/56.

Embora não seja mais esse o entendimento prevalecente, com o advento da Constituição Federal de 1967, não mais existiria a dupla aposentadoria referida na Lei n. 2.752/56 (Parecer da Presidência da República PR n. 8.874/69, de 19.3.1970).

Pensões dos IAPs

Diz o art. 280 da IN INSS n. 11/06 que:

> "Excepcionalmente, no caso de óbito anterior a 29 de abril de 1995, de segurado que recebia cumulativamente duas ou mais aposentadorias concedidas por ex-institutos, observado o previsto no art. 124 da Lei n. 8.213/91, será devida a concessão de tantas pensões quantos forem os benefícios que as precederam."

Até o dia 31.12.66 o Brasil conhecia seis IAPs e exceto na figura da opção então permitida, caso o segurado fosse filiado a dois ou mais deles, preenchidos os requisitos legais ele faria jus a mais de uma aposentadoria.

Quando da unificação dos IAPs, *ex vi* do Decreto-lei n. 72/66, o então INPS assumiu o dever de custear essas aposentadorias e, falecendo os segurados, pagar-lhes a pensões por morte.

Servidores aposentados

Ditava a Súmula STF n. 372:

> "A Lei n. 2.752, de 10.4.1956, sobre dupla aposentadoria, aproveita, quando couber, a servidores aposentados antes de sua publicação."

Em razão da mesma atividade, se o segurado falecido tinha direito à dupla aposentadoria, os seus dependentes faziam jus à dupla pensão por morte. O acessório seguia o principal.

O direito à dupla aposentadoria relativa ao exercício de apenas uma atividade que filia o trabalhador a um mesmo regime previdenciário — sem confundir com a pretensão a dois benefícios pertinentes às inscrições cumulativas a dois regimes, caso dos RPPS e do RGPS — era instituto técnico tormentoso e hoje superado no tempo. Exceto no referente a uma eventual complementação, foi um terrível equívoco técnico histórico.

De modo geral, exercendo apenas uma atividade profissional alguns segurados, principalmente ferroviários, fizeram jus à aposentadoria do RGPS e do serviço público, com ou sem contribuição obrigatória para o segundo regime.

Conforme a Súmula STF n. 371:

> "Ferroviário, que foi admitido como servidor autárquico, não tem direito à dupla aposentadoria."

Neste caso, na condição de servidor estatutário, o benefício era calculado com base nos seus vencimentos.

No dizer da Súmula TFR n. 8:

> "Não constitui obstáculo a concessão da dupla aposentadoria de que trata a Lei n. 2.752/1956, art. 1º e parágrafo único, em favor de ferroviário da Estrada de Ferro Central do Brasil, o fato de deter a condição de extranumerário da União Federal à data da autarquização da referida estrada, e nessa situação ter sido posto a sua disposição, nela obtendo modificações e melhorias funcionais."

Identidade dos valores

Para a Súmula STF n. 243:

> "Em caso de dupla aposentadoria, os proventos a cargo do IAPFESP não são equiparáveis aos pagos pelo Tesouro Nacional, mas calculados à base da média salarial dos últimos doze meses de serviço."

Enquanto existiu a dupla aposentadoria ela gerou dúvidas. Imagine-se um trabalhador com direito a dois benefícios, na linguagem hodierna, provindo do RGPS (*in casu*, do IAPFESP) e de um RPPS (da União, ou Tesouro Nacional). Podia-se falar num benefício da iniciativa privada e do serviço público.

Evidentemente este último era mais vantajoso e até recentemente não tinha período básico de cálculo: os proventos eram iguais aos vencimentos do último mês de exercício no cargo da aposentação (*sic*).

Na iniciativa privada, nesse tempo o benefício era calculado com base na remuneração dos últimos 12 meses. Ele avançou historicamente para 36 meses e em 2012 se baseava nos salários de contribuição desde julho de 1994 até a data da aposentadoria (213 meses em mar. 2012).

Nem todos os critérios de cálculo da renda mensal inicial coincidiam e no que diz respeito ao período básico de cálculo a Súmula fez a distinção, obrigando a calcular uma média do ano anterior ao da DER.

Marinha mercante

Examinando a dupla aposentadoria do ex-combatente acompanhamos o entendimento do DASP segundo o qual por não serem servidores estatutários, os marítimos da marinha mercante não fazem jus a outra aposentadoria, exceto a da Lei n. 5.698/71, quando ex-combatentes, conforme o Parecer DASP n. 324/84, de 3.5.1984 (Dupla aposentadoria do ex-combatente, *in Supl. Trab. LTr* n. 66/84).

Dois IAPs

Quem estava regularmente filiado a dois ou mais IAPs fez jus a duas ou mais aposentadorias e instituiu duas ou mais pensões.

RGPS E RPPS

Diante de uma dupla filiação permitida, ao RGPS e a um RPPS, sobrevirão duas pensões por morte.

Servidor facultativo

O servidor público filiado a um RPPS que resolveu contribuir como facultativo poderá questionar o direito à dupla pensão por morte.

Pecúlio

Normalmente, pelo menos até 30.4.1974, as contribuições vertidas pelo aposentado que voltou ao trabalho não são canalizadas para a instituição de uma segunda aposentadoria e sim para um pecúlio (Lei n 8.870/94).

Duas atividades

Quem exerce duas atividades contidas no RGPS tem direito a apenas um benefício levando em conta as diferentes contribuições.

Capítulo 43 – Servidores Públicos

Tanto quanto os trabalhadores da iniciativa privada filiados ao RGPS, quando falecem os servidores públicos outorgam a pensão por morte aos seus dependentes definidos na lei de cada RPPS.

Cerca de 3.000 RPPS dos entes públicos disciplinam esse benefício segundo a lei local e a maioria deles segue os arts. 215/225 do ESPCU e os arts. 74/79 do PBPS, normas que regem a pensão por morte dos servidores federais (Lei n. 8.112/90) e a dos trabalhadores da iniciativa privada (RGPS).

Em face de ser uma referência nacional para os RPPS, é adotado o ESPCU como base para as citações.

Fonte constitucional

A partir da EC n. 41/03 o direito à pensão por morte está estatuído no art. 40, § 7º, I/II, da Carta Magna. *Ab initio* o dispositivo transfere a regulamentação da matéria à lei ordinária, que tem sido a Lei n. 8.112/90 no âmbito dos servidores federais e inspiração para as leis estaduais e municipais, conforme o caso.

O inciso I regulamenta o valor da pensão deixada pelo servidor aposentado, resultando ela ser de 100% de uma média dos vencimentos até o limite do RGPS mais 70% da diferença dos proventos que ultrapassar esse teto.

Falando em servidor no cargo efetivo, o inciso II define o mesmo montante para aquele que exercia atividade, portanto, os dois cálculos dizem respeito aos vencimentos.

Renda inicial

O art. 215 do ESPCU, que é de 1990, falava em integralidade do valor em relação à remuneração (leia-se vencimentos) ou proventos, mas esse cálculo foi modificado pela EC n. 41/03. A regra continua válida para a maioria dos servidores que recebem abaixo do teto da Previdência Social.

Supondo-se vencimentos ou proventos de R$ 10.000,00, a renda mensal inicial da pensão será de R$ 3.916,20 + 70% da diferença entre R$ 10.000,00 e esse teto da previdência (R$ 3.916,20, em 2012), portanto, R$ 6.083,80. E 70% de R$ 6.083,80 são R$ 4.226,60 que, somados aos R$ 3.916,20 (teto do RGPS), totalizam R$ 8.142,80 (a serem comparados com os R$ 10.000,00).

Decidindo em 19.5.11, o ministro do STF Ricardo Levandovsky entendeu que a pensão por morte não é integral se o servidor faleceu após a Emenda Constitucional n. 41/03. Teria de ser aplicado o critério do art. 40, § 7º, I/II, que reduz o valor final.

Norma de superdireito

As regras do ESPCU valem para os servidores federais; elas suscitam, sem obrigar os demais RPPS, que se sujeitam apenas às Leis ns. 9.717/98 e 10.887/04 e à Portaria MPS n. 4.992/99.

Para o desembargador *Lázaro Guimarães* da 4ª Turma do TRF da 5ª Região, o empregado público federal falecido em 25.7.1984, antes da Lei n. 8.112/90 (ESPCU) e da Constituição Federal de 1988, não institui a pensão por morte dos servidores (convindo que se examine o ADCT).

Direito ao benefício

O direito à pensão por morte está assegurado constitucional e legalmente, não guardando maiores dificuldades exegéticas. Combinada com as aposentadorias a sua presença num plano de benefícios garante a existência de um regime próprio de previdência social (Lei n. 9.717/98).

Limites do valor

O valor mínimo da pensão por morte é o salário-mínimo. O máximo não pode ultrapassar a remuneração (art. 1º, § 4º, da Lei n. 10.887/04). Nem superar os R$ 26.723,00, debatido e não cumprido há algum tempo, o teto dos servidores.

Data do início

A primeira mensalidade é cifrada da data do óbito, como era no PBPS antes das mudanças ali operadas em 1991, devendo ser examinadas em particular as situações referentes a solicitações a destempo.

O direito à pensão é imprescritível, mas prescrevem as mensalidades não recebidas após cinco anos, como sucede no RGPS.

Tipos de pensões

São consagrados dois tipos de pensões: a) vitalícia e b) temporária. O que as distingue são as regras de extinção do direito. Tidas como dependentes, as pessoas fazem jus a pensão vitalícia ou temporária.

O benefício de manutenção vitalícia é devido aos cônjuges, separados com pensão alimentícia, dos unidos, pais economicamente dependentes, sexagenários designados ou portadores de deficiência que dependam do servidor.

Seria, por assim dizer, o núcleo básico da família, estendido em comparação com o do PBPS.

A pensão de manutenção temporária é aquela devida aos filhos, enteados ou inválidos, aos menores sob guarda ou tutelados até 21 anos de idade, o irmão órfão, o irmão inválido dependente economicamente, a pessoa designada dependente até 21 anos ou inválida.

Não preferenciais

Quando presentes os que podem ser chamados de dependentes preferenciais, os não preferenciais não concorrem.

Da mesma forma, em relação à pensão temporária, a existência de dependentes das letras "a/b" do inciso II exclui o direito dos demais dependentes (letras "c/d").

Período de carência

Não há previsão de período de carência, mas é possível que o tema seja retomado em 2012, uma vez que o MPS pensava em restabelecer carência de 12 contribuições para o benefício do RGPS.

Concessão integral

O benefício tem um principal titular, a quem será conferido o direito. Isso somente não sucederá se existirem pessoas com direito à pensão temporária.

Distribuição das quotas

Diante da presença de vários titulares com direito, o total da renda inicial será dividido em partes iguais.

No caso de concorrência entre preferenciais e não preferenciais, os titulares receberão 50% e o restante será dividido em quotas iguais.

Tratando-se de pensão temporária, seguem-se as regras da divisão em partes iguais.

Impugnação extemporânea

A habilitação extemporânea "que implique exclusão de beneficiário ou redução de pensão só produzirá efeitos a partir da data em que for oferecida" a prova (ESPCU, art. 219, parágrafo único).

Pensão para o homicida

Diferentemente do RGPS, que se omite a respeito, o dependente que for condenado pela morte do servidor não fará jus ao benefício. Como a lei não fala em criminoso ou homicida, mas em condenado, é possível que o RPPS tenha de pagar a pensão por morte até sobrevir o trânsito em julgado da condenação. Até então as mensalidades eram válidas.

Morte presumida

Quando da ausência ou do desaparecimento (seja a serviço ou não) impor-se-á a pensão por morte, que será provisória durante cinco anos e então transformada em temporária ou vitalícia, conforme o caso, exceto se o servidor reaparecer.

Qualidade de dependente

O dependente perde a qualidade de pensionista nas seguintes hipóteses: a) falecimento; b) anulação do casamento, ocorrida após a concessão do benefício; c) cessação da invalidez; d) maioridade do filho, irmão órfão ou pessoa designada, que ocorre aos 21 anos; e) acumulação de pensão; f) renúncia expressa.

Reversão da quota

Com o fim da quota ela reverterá:

> "I – da pensão vitalícia para os remanescentes desta pensão ou para os titulares da pensão temporária, se não houver pensionista remanescente da pensão vitalícia.
>
> II – da pensão temporária para os cobeneficiários ou, na falta destes, para o beneficiário da pensão vitalícia" (art. 223).

Paridade de valor

Por ora, abstraindo todas as mudanças operadas pelas ECs ns. 20/98, 41/03 e 47/05 até então o benefício conhecia a paridade plena, vale dizer, que o seu valor seguia os reajustamentos dos vencimentos dos servidores em atividade.

Contribuição dos pensionistas

Os pensionistas são descontados em 11% do valor que ultrapassar 60% do teto da previdência social (EC n. 47/05).

A Lei n. 9.783/99 criou a contribuição de 11% (art. 1º), que incidia sobre a totalidade dos proventos mais 9% sobre o que excedesse R$ 1.200,00 até R$ 2.500,00 (art. 2º, I), que valeria até 31.12.02. Para os pensionistas com mais de 70 anos, o teto era de R$ 3.000,00. Não havia contribuição sobre pensões até R$ 600,00.

Regra de acumulação

Não deixando clara a sua área de aplicação, diz o art. 225 do ESPCU que não são possíveis duas pensões por morte. Deve-se entender que estaria se referindo a um primeiro outorgante, seguido de um novo casamento da viúva.

Aparentemente, não alude à mãe de dois servidores. Nem da percepção cumulativa da pensão por morte do RGPS com a de um RPPS, de quem estava filiado aos dois regimes.

Cônjuge varão

Tendo em vista as disposições de leis estaduais, em 23.3.2011 o STF entendeu que o marido não tem de ser inválido para fazer jus à pensão por morte de servidor, conforme o relatório da Ministra Carmem Lúcia, da 1ª Turma, no RE n. 632.341/BA, in Revista Síntese n. 263, de maio 2011, p. 173-177.

Pensão da Lei n. 3.373/58

No dizer da Súmula TFR n. 232:

> "A pensão do art. 5º, parágrafo único, da Lei n. 3.373, de 1958, ampara com exclusividade as filhas do funcionário público federal."

Pecúlio da GEAP

Os servidores federais, se por ele optaram, quando falecem deixam uma espécie de seguro de vida denominado pecúlio da GEAP.

O Parecer CJ/MPAS n. 9/83 identificou os dependentes do servidor filiado ao antigo IPASE com os trabalhadores da iniciativa privada (A companheira do funcionário federal e o direito à pensão, *in Supl. Trab. LTr* n. 73/83).

Pecúlio *post mortem*

Os dependentes de servidores que faleceram após a Lei n. 9.717/98 (que vedou benefícios não previstos no RGPS), não fazem jus ao pecúlio *post mortem* deixado pelo *de cujus* (entendimento do Ministro do STJ Felix Fischer, da 5ª Turma do STJ no RE 1.151.648/RF, de 4.8.2010, *in Revista Síntese* n. 256, de out. 2010, p. 163-167).

Filha solteira

A Lei n. 3.373/58 exigia que a dependente fosse solteira e não ocupante de cargo público. Como a interessada manteve uma união estável, o desembargador Reis Friede, em 12.7.11, entendeu que não fazia jus à pensão por morte do pai servidor (AC n. 2009.51.01.019211-7, da 7ª Turma Especial do TFR da 2ª Região, *in Rep. de Jurisp. IOB* da 1ª quinzena de ago. 2011, p. 471).

Presunção do laudo

O laudo do IML tem presunção de legalidade e veracidade no tocante à afirmação de que a filha do servidor falecido era doente mental (AC n. 2004.01.091.100989-9, da 2ª Turma do Tribunal Civil do DF, relatado pelo desembargador Sérgio Rocha, *in Rep. de Jurisp. IOB* da 1ª quinzena de set. 2011, p. 534).

Súmula STF n. 229

A aplicação da Súmula STF n. 229 ao servidor público não é pacífica. O SINDIFISCO entrou com ação ordinária na Justiça Federal do Distrito Federal e busca a mesma indenização nos casos de acidente do trabalho ao lado da pensão previdenciária comum. (DEN busca o reconhecimento e direito de pensionistas, *in IDAAP*, edição n. 50, de 10.8.2011, p. 3).

Capítulo 44 – Servidores sem Regime Próprio

De modo geral, a pensão por morte dos servidores está atualmente prevista no art. 40, § 7º, I/II, da Lei Maior.

O benefício dos servidores sem regime próprio de previdência social comparece contemplado no PBPS. O dispositivo no início da redação dá uma ideia de abranger todos os trabalhadores, mas, excepcionalmente, abordou esses desprotegidos pelos regimes protetivos dos entes públicos.

Diz o art. 12 do PBPS:

> "O servidor civil ocupante de cargo efetivo ou militar da União, dos Estados, do Distrito Federal ou dos Municípios, bem como o das respectivas autarquias e fundações, são (*sic*) excluídos do Regime Geral de Previdência Social consubstanciado nesta Lei, desde que amparados por regime próprio de previdência social."

Sabedor de que não existe militar da União fora de regime próprio, o art. 9º do RPS, em sua alínea "*j*" reporta-se apenas ao Estado, Município e Distrito Federal.

Antes da Lei n. 9.876/99 era qualquer servidor, mas a partir dessa lei somente o ocupante de cargo efetivo.

Quer dizer, se um ente da República não instituiu um RPPS (e são cerca de 3.000 municípios nessa condição), os seus servidores são filiados ao RGPS. Falecendo, os seus dependentes obtêm a pensão por morte no INSS.

Note-se que eles ficam submetidos ao PBPS em todos os sentidos e, então, esses dependentes farão jus a 100% dos proventos da aposentadoria, sem aplicação dos incisos I e II do art. 40, § 7º, da Carta Magna.

Concomitantemente, devidamente autorizado para isso, o servidor sujeito a regime próprio que vier a exercer atividade privada, se filiará em relação a essa atividade, gerando duas pensões por morte (PBPS, art. 12, § 1º). Se forem requisitados para uma repartição cujo regime não os admita como filiados, o direito permanecerá no órgão de origem (§ 2º).

É evidente que essa dicotomia jurídica de ter trabalhadores, máxime levando em conta que são concursados ocupantes de cargos efetivos, portanto estatutários, sem os mesmos direitos dos demais servidores da República, gera inconformidades políticas, institucionais e jurídicas de variada ordem.

Capítulo 45 — Servidores e Facultativos

O § 5º do art. 201 da Carta Magna, a partir da EC n. 20/98, dispôs que:

"É vedada a filiação ao regime geral da previdência social, na qualidade de segurado facultativo, de pessoa participante de regime próprio de previdência."

O estudo desse dispositivo faz lembrar o inciso I do parágrafo único do art. 194, que fala na "universalidade da cobertura e do atendimento". Quer dizer, qualquer pessoa capaz de se filiar, se inscrever e contribuir para o RGPS.

A despeito de sua redação é possível que esse preceito somente valha para o servidor sem regime próprio, porque ele está obrigatoriamente filiado ao RGPS.

O cenário faz lembrar duas relações jurídicas: a) de servidor (pessoa participante de um RPPS) e b) esse mesmo alguém, se não exercer atividade remunerada na iniciativa privada.

Desde 1991, em substituição ao contribuinte em dobro, se não fosse servidor público ele poderia ser facultativo. Quando toma posse no serviço público perderia essa condição jurídica.

O dispositivo, ainda não regulamentado e, portanto, sem eficácia jurídica, não tem sentido. Se esse servidor, devidamente autorizado, exercesse atividade remunerada na iniciativa privada, ele é obrigado a contribuir, mas como facultativo, não.

Aportando para os dois regimes (RPPS e RGPS) ao solicitar benefícios a esses dois estamentos não causará prejuízo a qualquer um deles.

Suponhamos que alguém tenha falecido depois de contribuído como facultativo por um mês, em seguida a uma filiação obrigatória.

Como não perdeu a qualidade de segurado obrigatório os seus dependentes fazem jus à pensão por morte.

Mas na hipótese ora considerada de alguém que nunca foi segurado obrigatório do RGPS e depois de se empossar como servidor público faleceu após contribuir como facultativo, os seus dependentes devem questionar esse dispositivo constante da Carta Magna na Justiça Federal.

Capítulo 46 — Servidores Ex-Celetistas

O regime previdenciário que cobre a pensão por morte de servidores (e também os demais benefícios) pode ser alterado no curso do tempo, por força de modificações constitucionais, legais (com os processos de estatização) ou em decorrência de ações judiciais pessoais dos interessados.

Matéria de transformação do regime jurídico dos servidores é nebulosa, resultando de manifestações da doutrina e da jurisprudência, e possivelmente será aclarada pela ADI n. 114/PR, adiante considerada.

Banco Central

Exemplo historicamente clássico disso é o do Banco Central do Brasil: os seus empregados celetistas foram tidos como servidores públicos federais (ADI n. 4.349-2) dessa autarquia federal da União. A Lei n. 9.650/98, em seu art. 25 autorizou a revisão das pensões concedidas pelo INSS, transformando-as em benefício da Lei n. 8.112/90.

Disposições transitórias

Uma mudança dessas, aliás, bastante extraordinária, ocorreu em 5.10.88. Certos trabalhadores não concursados admitidos no serviço público até 5.10.1983 se tornaram servidores efetivos, entendendo-se que os não concursados poderiam adquirir a mesma estabilidade nesse serviço público se, posteriormente, se submetessem ao devido concurso público.

Estudando a ADI n. 2.968, conforme entendeu Luciano de Souza Dias em 6.10.03, em parecer jurídico ofertado ao Advogado-Geral do Congresso Nacional, apreciando o art. 243 do Estatuto dos Servidores Públicos Civis da União (Lei n. 8.112/90), depois do concurso público, obtiveram estabilidade no emprego público sem deter a efetividade do cargo público.

Wolgran Junqueira Ferreira sustenta que o art. 19 do ADCT "não estabilizou os empregados no serviço público, apenas os servidores" (*Comentários ao Regime Jurídico Único dos Servidores Públicos Civis da União*. 2. ed. São Paulo: Edipro, 1993. p. 250), o que não é verdade.

Inconstitucionalidade

Paralelamente, de modo geral, algumas leis municipais ou estaduais que transformaram servidores celetistas sem concurso público em servidores efetivos fora das hipóteses do art. 19 do ADCT, são todas inconstitucionais (acórdão n. 148/03 no Proc. TRT RE-RO n. 444/02, relatado pelo juiz Carlos Augusto Gomes Lobo, decisão de 10.2.2003 do TRT da 14ª Região, *in DOU* de 26.3.2003).

Distinções necessárias

Ab initio convém examinar dois delicados institutos técnicos jurídicos do Direito Administrativo que, por serem semelhantes, mas não idênticos, às vezes levam à confusão. Estabilidade, bastante comum no Direito do Trabalho, e que também pode subsistir no serviço público, não se confunde com efetividade.

O servidor concursado, empossado no cargo, após o estágio probatório de três anos, é efetivado e estabilizado no serviço público.

Outra questão que precisa ser avultada é de ordem vernacular. A lei ora adota a expressão "servidor", como gênero, compreendendo o celetista e o estatutário, e ora emprega o vocábulo no sentido de servidor efetivo (estável ou não).

Alberto Nogueira Junior fez essas oportunas distinções (Estabilidade e efetividade no art. 19 do ADCT/88 - Ligeiros comentários sobre a jurisprudência no STF, disponível na *internet, in Universo Jurídico*).

Diógenes Gasparini reafirma que o servidor público é um gênero que compreende os servidores estatutários e celetistas (*Direito Administrativo*. 4. ed. São Paulo: Saraiva, 1995. p. 116-117).

Disposição constitucional

A respeito desse intrigante tema diz o art. 19 do ADCT:

> "Os servidores públicos civis da União, dos Estados, do Distrito Federal e dos Municípios, da administração direta, autárquica e das fundações públicas em exercício na data da promulgação da Constituição, há pelo menos cinco anos continuados, e que não tenham sido admitidos na forma regulada no art. 37 da Constituição, são considerados *estáveis* no serviço público." (grifamos)

Note-se que a disposição fala em "servidores públicos" e não especificamente em empregados públicos, mas essa expressão é abrangente e incorpora, em cada caso, esses empregados públicos e outros obreiros admitidos nos cargos sem o preenchimento dos seus requisitos.

Também que não falou em serem efetivados no serviço público e sim estabilizados que é, em princípio, uma condição de celetistas ou de servidores efetivos. Mas, à luz do § 1º: "O tempo de serviço dos servidores referidos neste artigo será contado como título quando se submeterem a concurso para fins de efetivação, na forma da lei", tem-se que deva ser lido como sendo efetivados, isto é, equiparados aos ocupantes de cargo de provimento efetivo.

Para muitos, isso queria dizer que os empregados celetistas admitidos no serviço público, aprovados em concurso público, pelo menos até 5.10.83, *ex vi legis* da Lei Maior, foram efetivados, portanto, incluídos nas regras do art. 40 da Carta Magna.

Decisão do Supremo

Nem todos os Municípios e Estados deram cumprimento a essa confusa determinação superior. Em 20.10.1989, o Estado do Paraná ingressou com a Ação Direta de

Inconstitucionalidade — ADI n. 114/PR, a qual foi julgada em 16.11.2009, mas divulgada somente no DOU de 19.10.2011, quando publicada a decisão do STF, relatada pela Ministra Carmem Lúcia.

Uma regra de ouro que inspirou esse julgamento é que, depois de 5.10.1988, sem concurso público ninguém pode se tornar servidor efetivo.

A decisão do STF decorreu de ampla discussão no plenário. Para se ter uma ideia, das 31 páginas do relatório da ministra Carmem Lúcia, dez delas foram dedicadas aos debates com os ministros Marco Aurélio, Ricardo Lewandowski, Carlos Britto, Dias Tóffoli e o presidente Gilmar Mendes. A decisão não pode ignorar os encaminhamentos da ADI n. 2.968, que tratou da eficácia do art. 243 do ESPCU.

Direitos supervenientes

Dependendo da época em que um segurado faleceu, antes da EC n. 20/98, da EC n. 41/03 ou da EC n. 47/05, caso tenha sido aposentado pelo INSS (por força de algum entendimento da época de que era um celetista sujeito ao RGPS), os seus dependentes e os pensionistas que configurarem esse direito de transformação devem solicitar o cancelamento dessa pensão por morte antes deferida e obter a concessão de um novo benefício junto ao RPPS do serviço público em que prestaram serviços.

Alberto Nogueira Júnior (ob. cit.) registra a concessão de pensão por morte a servidor falecido na qualidade formal de celetista, ou seja, antes do advento da Lei n. 8.112/90, mas após a promulgação da Carta Magna de 1988, definindo o valor como o da respectiva remuneração ou proventos.

Data do início

É possível que uma formidável discussão se trave para saber a Data do Início do Benefício, se é a mesma da primeira concessão (possivelmente na Data do Óbito), se na data da decisão do STF (16.11.2009) ou da publicação do acórdão (3.10.2011).

Não houve constituição jurídica da pretensão; o direito sempre existiu, apenas ele foi declarado pelo mais Alto Tribunal do País, portanto deve ser a Data de Entrada do Requerimento.

Capítulo 47 – Complementação dos Servidores

O tema da previdência complementar do servidor público é vasto, complexo e um tanto deserto de ideias e análises sistematizadas. Recomenda-se o estudo de Daniel Pulino (Previdência Complementar do Servidor Público, *in Regimes Próprios – Aspectos Relevantes*. São Paulo: Palma Editora, vol. 4, p. 1-64).

Introdução do tema

A instituição dessa complementação é questão técnica de grande alcance e, possivelmente, enfrentará dificuldades de toda ordem, inclusive políticas, antes de serem resolvidos os seus dilemas, impropriedades e contrassensos.

Regras interpretativas

Boa parte dos problemas interpretativos se dará em função do fato de o regramento da previdência complementar (em geral) se posicionar no art. 202, bastante próximo da previdência dos trabalhadores e a dos servidores, no art. 40 da Lei Maior. O Legislador Maior quer a universalização da previdência básica e da complementação particular e, ressalvadas as prescrições constitucionais expressas, o correto é seguir os comandos do pré-falado art. 202.

Tudo começou quando a Assembleia Nacional Constituinte resolveu tratar da previdência social do servidor na EC n. 20/98, fora do texto da EC n. 19/98. Até então as prestações previdenciárias faziam parte do vínculo jurídico laboral do servidor com a Administração Pública (como ocorre até hoje com a previdência patronal).

A Carta Magna, visando à universalização da previdência social, quer os RPPS responsáveis pelos benefícios até o teto do RGPS. Acima desse patamar, um plano de benefícios da previdência social fechada até o limite máximo dos servidores (R$ 23.723,00).

Admite, pois, uma previdência complementar da União, dos Estados, Distrito Federal e Municípios. Tramita no Congresso Nacional o Projeto de Lei n. 1.992/07 que, caso se transforme em lei, será uma referência para os demais entes da República.

Disposição constitucional

Com a EC n. 20/98, o art. 202 da Carta Magna foi inteiramente revisto, passando o art. 201, § 7º, a tratar da aposentadoria por tempo de contribuição.

Atualmente, o *caput* desse art. 202 diz:

> "O regime de previdência privada, de caráter complementar e organizado de forma autônoma em relação ao regime geral de previdência social, será facultativo, baseado na constituição de reservas que garantam o benefício contratado, e regulado por lei complementar."

Enquadramento científico

A relação jurídica jacente entre os servidores participantes e o órgão gestor será de direito privado, a despeito da EFPC gestora do plano de benefícios pertencente ao direito público.

Serão dois polos: servidor, pessoa física e EFPC, pessoa jurídica de direito público. Trata-se de uma instituição com viés de um *contrato* de adesão, com inúmeros caracteres do direito privado. Autorizando remissão quando cabível às LCs ns. 108/01 e 109/01.

Clientela protegível

Essa previdência social observaria duas direções universalizantes: subjetiva ou horizontal e objetiva ou vertical, isto é, alcançaria certos servidores e até determinado nível de remuneração.

A clientela é a mesma do RPPS, com isto pretendendo-se atingir os segurados obrigatórios do serviço público na condição de "servidores titulares de cargo efetivo". São os servidores ocupantes de cargos de provimento efetivo, estáveis ou não.

Os demais permaneceriam submetidos às regras do RPPS e, se for o caso, às do RGPS.

Compulsoriedade da instituição

Nos termos do § 14 do art. 40 da Carta Magna, cada ente da República implantaria ou não um fundo de pensão complementar, segundo as suas conveniências institucionais, técnicas e políticas. O Projeto de Lei n. 1.992/07 trata da previdência complementar da União; o Estado de São Paulo já aprovou tal instituição (Lei Estadual n. 12.618/12).

Inexiste um dever jurídico de criação da entidade; cada ente político decide por si próprio. Sendo poucos ou servidores que recebem acima do limite do RGPS, ou nenhum deles, não há sentido na complementar pública.

Norma criadora

A Carta Magna não deixou dúvidas quando disciplinou a previdência complementar dos trabalhadores da iniciativa privada, fixou-se em lei complementar (CF, art. 202, § 1º). Ao tratar do servidor público não mencionou a lei complementar, preferindo referir-se à lei, portanto, deve ser a lei ordinária (§ 15).

Fundo multipatrocinado

Nada impede que vários municípios de pequeno porte ou que tenham poucos servidores nas condições elegíveis se reúnam e criem um fundo de pensão público multipatrocinado. Principalmente, os compreendidos numa região metropolitana.

Obrigatoriedade de ingresso

A filiação ao regime será obrigatória para o servidor efetivo que ingressar no serviço público após a criação do fundo de pensão.

Diz o art. 40, § 16, da Carta Magna:

> "Somente mediante sua prévia e expressão opção, o disposto nos §§ 14 e 15 poderá ser aplicado ao servidor que tiver ingressado no serviço público até a data da publicação do ato de instituição do correspondente regime de previdência complementar."

Não diz que é obrigatória e o dever não pode nascer implicitamente.

Daniel Pulino opõe-se a essa obrigatoriedade, lembrando o art. 202 da Constituição Federal. Julga-se que a disposição do art. 40, § 16, é no sentido de revogar a facultatividade de ingresso, que seria apenas do trabalhador da iniciativa privada.

Admitida a facultatividade, podendo ingressar no sistema quando desejar, da mesma forma o participante poderia dele se afastar, desfeito o vínculo laboral com o Estado, e resgatando fração do cotizado.

De todo modo, é bom pensar que se as aplicações financeiras forem exitosas, o plano de benefício será atraente para os servidores, que poderão ter benefícios superiores aos ofertados pelo RPPS.

Na oportunidade da inscrição, o participante deveria receber um exemplar do Regulamento Básico, em que estariam avultados, entre outros, os seguintes aspectos: a) períodos de carência; b) modalidade dos benefícios; c) cálculo das diferentes complementações; d) critério da rentabilidade dos depósitos; e) indexador do reajustamento das mensalidades; e f) fórmula de resgate, nas hipóteses de afastamento do sistema ou de transferência para outra entidade, portabilidade, *vesting*, autopatrocínio etc.

Fontes de financiamento

Os recursos do plano de benefícios provirão do servidor, do ente político e dos frutos das aplicações financeiras, de modo a obstar a transferência do encargo a quem não participa do sistema.

Contribuição obrigatória

Urge alíquota pessoal atraente, na qual estariam embutidas: 1) a cotização individual constituidora de conta pessoal para os benefícios programados e 2) parcela capaz de enfrentar as contingências imprevisíveis e desestimular frequentes resgates. Percentuais e regimes financeiros fixados, obviamente, ouvidos os atuários. Possivelmente, 7,5% dos vencimentos de parte a parte.

Aporte dos assistidos

Enquanto não forem revogadas a Lei n. 9.783/99 e a EC n. 3/93, os participantes inativos e, em especial os pensionistas, estarão obrigados a contribuição igual à dos ativos, provavelmente de 7,5%.

Tipo de planos

O *in fine* do art. 40, § 15, fala em contribuição definida, possivelmente ajuizando com os benefícios programados. A nosso ver isso somente será possível em relação às prestações programadas.

O disposto no art. 40, § 16, abre a perspectiva de uma respeitável polêmica futura. Se a presença no serviço público diz respeito à última delas, caso o trabalhador já tenha participado de outro ente político. Diante das mudanças havidas crê-se que se alguém já fez parte do serviço público, deixou-o e mais tarde retornou, que esse último vínculo é que deve ser considerado.

Modalidade dos benefícios

A previdência complementar distinguirá dois tipos de benefícios: a) de risco programado (aposentadoria por idade, aposentadoria especial e aposentadoria por tempo de serviço) e b) de risco não programado (auxílio-doença, aposentadoria por invalidez, pensão por morte e auxílio-reclusão).

Para o primeiro, um regime financeiro de capitalização individual de recursos, aportando o contribuinte e o Estado, percentual mensal incidente sobre a diferença entre a remuneração recebida e o limite do salário de contribuição do RGPS.

Já para o segundo, um regime financeiro de repartição simples, baseado na solidariedade social do sistema e consoante a recomendação dos atuários para o momento histórico.

Os benefícios programados seriam calculados no ato da aposentadoria pelo RPPS, tomando-se por base o montante capitalizado em razão da expectativa de vida do titular e, a partir daí, levando em conta a rentabilidade do saldo credor.

Se o segurado falecer antes de se aposentar pela autarquia e sem ter cumprido uma eventual carência para a pensão por morte ou se o falecimento se der após a aposentação, mas antes de esgotado o capital acumulado, o saldo remanescente, na forma de pecúlio, é direito dos dependentes.

Os benefícios não programados perfilhariam as regras do RGPS, previamente definidos os seus valores e exigido certo período de carência para a pensão por morte e auxílio-reclusão.

Tábua de mortalidade

A Tábua de Mortalidade a ser adotada tem de ser atual e preferivelmente referente à clientela protegida local.

Servidores não abrangidos

Em relação aos servidores excluídos da complementação resta a conclusão de que eles deverão permanecer no RPPS e para tanto não existem normas constitucionais ou legais. Estão num limbo, a ser disciplinado posteriormente.

Dotação inicial

Para tornar possível o funcionamento da EFPC o ente político deverá custear todas as despesas de sua instalação física. Para dar cobertura das prestações imprevisíveis ele terá de fazer uma dotação inicial para o plano de benefícios.

Retirada de patrocinadora

Diante das obrigações do Estado não se pode pensar na figura da retirada de patrocinadora cuidada na LC n. 109/01. O Estado permanente deve manter-se como patrocinador. Teoricamente se o poderia fazer se restabelecesse o *status quo* anterior aos §§ 14/17 da Lei Maior, o que é impossível sem uma emenda constitucional.

Observância do art. 40

Além das regras do art. 202, a previdência complementar dos servidores deverá observar os comandos do art. 40 referentes às prestações previdenciárias, em particular no que diz respeito ao valor da pensão por morte.

Submissão à PREVIC

Aparentemente as EFPC públicas ficarão sujeitas à PREVIC, como todas as demais entidades fechadas da previdência complementar.

Princípios aplicáveis

Além dos preceitos gerais de Direito, dos postulados próprios do direito público, entre os quais os administrativos e os procedimentais, relevam os princípios específicos desenvolvidos na previdência complementar, a saber:

1) Facultatividade — A filiação dos servidores empossados antes da implantação do regime, decorrerá de a pessoa desejar a implementação dos benefícios. Submetida a proteção à norma pública, a entrada ou saída opera-se por volição do interessado. Em várias oportunidades, o desejo do beneficiário deve ser respeitado, particularmente no ingresso e na fixação do valor da implantação, no caso de benefício de risco programado.

2) Joia de ingresso — Caso um servidor empossado antes da criação da EFPC resolva ingressar nesse sistema protetivo será preciso pensar numa joia relativa ao tempo que recolheu os atuais 11% da Lei n. 9.783/99. Aparentemente nem o patrocinado e nem o participante terá interesse nisso.

3) Complementaridade da básica — Os benefícios complementam os do RPPS. Consequentemente, de certa forma, dependentes destes últimos.

4) Independência do regime — Nos termos do art. 202, o plano de benefícios será independente do plano de benefícios do RRPS. Observado o art. 40, pode ser mais ou menos.

5) Subsidiaridade das normas — A legislação da previdência social básica (RGPS) e pública (RPPS), é subsidiariamente empregada na disciplina da previdência complementar.

6) Contagem recíproca — As normas da contagem recíproca de tempo de serviço, a serem observadas pelo RRPS, serão consideradas pelo plano de benefícios da EFPC em face do tempo de serviço e da possibilidade de portabilidade.

7) Transparência do segmento — Os segurados terão acesso aos valores depositados em sua conta individualizada, não só do principal como dos acréscimos, podendo obter previamente informação sobre o valor da complementação.

8) Solidariedade do Estado — O regime financeiro dos benefícios de risco imprevisível segue a solidariedade social entre os participantes.

9) Natureza do plano — O plano de benefícios será eminentemente complementar, de modo que a EFPC se responsabilizará pela diferença entre uma média dos vencimentos ou proventos e o devido pelo RPPS.

10) Irredutibilidade do valor — Os benefícios, tanto os programados quanto os não programados, devem ser reajustados de modo a preservar o poder aquisitivo da data de sua concessão.

11) Gestão administrativa — Alterando-se a imperatividade constitucional, o órgão gestor pode ser uma autarquia, impondo à lei os requisitos mínimos para a sua execução e exercendo o MPS a superior supervisão, subsidiariedade, fiscalização e controle.

12) Equilíbrio atuarial financeiro — Como os demais planos de benefícios, sujeito ao preceito constitucional sobre o equilíbrio atuarial e financeiro.

Pensão por morte

Tendo em vista o disposto no § 7º, I/II, do art. 40 da Carta Magna, tem-se que a complementação da pensão por morte será sempre de 70% da diferença entre o salário de benefício do servidor e o limite do RGPS. Como salientado anteriormente, caso as aplicações financeiras tenham sucesso e a complementação das aposentadorias cresça, os 70% da pensão por morte poderiam ser superiores aos 100% anteriores à limitação constitucional.

Futuro do dispositivo

Sem um dispositivo constitucional que fixe a solidariedade econômica e financeira do Estado em relação ao plano de benefícios, os servidores admitidos antes da implantação do fundo de pensão não aceitarão fazer parte desse programa porque o Estado é sempre a maior garantia.

Caso a paridade, como concebida antes de EC n. 20/98, for restabelecida no serviço público alguns ajustes terão de ser promovidos na legislação constitucional e legal.

No tocante à aceitação da complementação é preciso ajuizar que a complementação do servidor não é igual à do trabalhador.

Historicamente, a parte que agora se pretende complementar era básica e a sua implantação fica sujeita aos avanços da legislação nos próximos anos. Como a criação das EFPC não é obrigatória, uma vez criada, a admissão do servidor deveria ser facultativa. Uma vez que está quebrando uma regra histórica o Estado quer criar condições para que o sistema seja atraente. Uma delas, garantir solidariamente a complementação.

Capítulo 48 — Demissão de Servidores

A demissão de servidor e o cancelamento da sua aposentadoria intrigam bastante. O cômputo do tempo de serviço desse afastado do serviço público é matéria a ser considerada para todos os fins de cada um dos RPPS e do RGPS. A aposentadoria compulsória adotada como pena no âmbito do Poder Judiciário desafia a argúcia dos estudiosos. Em cada um desses casos carece pensar no direito à pensão por morte, se esse servidor demitido ou aposentado vier a falecer.

Para os efeitos das diversas situações em seguida examinadas, considera-se decantada uma infração determinante da demissão. *In casu*, a existência de três momentos apreciáveis: a) data da consumação da ilicitude (se constituída de ato único); b) data da abertura do inquérito administrativo; e c) data da definição e decisão da infração.

A fronteira do Direito Administrativo que o separa do Direito Previdenciário nestes casos é tênue e deve ser sopesada com muita sensibilidade por parte do observador.

Demitido sem aposentadoria

Apurado que cometeu um dos ilícitos apontados na lei, postado na figura da expectativa de direito previdenciário, o servidor tem de ser punido com a demissão, mas os direitos previdenciários adquiridos e acumulados até então serão preservados, entre eles, e principalmente, o tempo de serviço.

Aposentadoria por tempo de contribuição

Se antes da data da ocorrência deflagradora da apuração da responsabilidade, o segurado preenchia os requisitos de um benefício (aposentadoria especial, por idade ou tempo de contribuição integral), ainda que não tivesse requerido nenhuma dessas prestações e esteja ou não recebendo o abono de permanência, a demissão se operará no âmbito do Direito Administrativo, sem qualquer interferência das regras do Direito Previdenciário.

Pode dar-se de a ocorrência sobrevir quando subsistente direito à aposentadoria proporcional com o servidor sem fazer jus à aposentadoria integral. Neste caso, deve ser deferida a primeira delas.

Tempo de serviço

Qualquer que seja a conclusão a que chegou o Processo Administrativo Disciplinar, com o cancelamento ou não da aposentadoria, o tempo de serviço válido completado até a data da ocorrência será preservado. Sob o manto protetor do direito adquirido e do ato jurídico perfeito, ninguém poderá desfazê-lo.

Mediante a contagem recíproca do tempo de serviço, esse período será computado em outro RPPS ou no RGPS. Iniciada uma filiação como facultativo no RGPS, o ex--servidor poderá completar o tempo necessário para uma aposentadoria no INSS.

Definitividade do benefício

Não existe possibilidade jurídica de ser cancelado um benefício, regular, legal e legitimamente deferido ao servidor, qualquer que tenha sido o ilícito praticado depois do preenchimento dos requisitos legais.

A punição sobrevirá normalmente, sem afetar o direito aos benefícios.

Aposentadoria como pena

A aposentação de um magistrado como pena por irregularidades por ele praticadas é um absurdo jurídico e uma inconstitucionalidade, a despeito do que decidiu o STF no Mandado de Segurança n. 21.948/RJ, relatado pelo Ministro Néri da Silveira em 29.4.94, *in DJ* de 7.12.1995.

Cada tipo de benefício previsto no art. 40 da Carta Magna tem seus requisitos legais e a prática de infração não é um pressuposto legal.

Lei n. 8.112/90

Diz o ESPCU que são penalidades disciplinares: "IV – cassação de aposentadoria ou disponibilidade".

Este dispositivo foi contemplado por um equívoco do legislador que confundiu as sanções administrativas com as previdenciárias. Se a aposentadoria foi legítima e não comparecer em nenhum dos 13 incisos do art. 132 do ESPUC e, em termos de servidor federal, não há como anulá-la.

Reversão ao serviço público

Se um servidor cometeu um ilícito administrativo e até mesmo um crime, que somente foi descoberto ou apurado após a concessão de um benefício ele poderia ser revertido ao cargo para ser demitido, com as consequências que isso possa provocar no Direito Administrativo, sem afetar o Direito Previdenciário.

Exceto, é óbvio, se essa infração disser respeito exatamente sobre a relação jurídica previdenciária (por exemplo, falsificou a certidão de nascimento, averbou tempo de serviço com CTC fraudada etc.).

Regras de interpretação

Ainda uma vez será preciso considerar a influência da moralidade no exame dessas situações. Ilícitos cometidos contra a Administração Pública devem ser regidos pelos princípios do Direito Administrativo que, em cada caso, enfaticamente, leva em conta a ética ou não.

A demissão é ato administrativo com caráter de sanção moral. Sobrevém depois de expediente interno específico, observado o devido processo legal e repercute política, social e juridicamente. Independentemente dos meios penais a punição se esgota com a sua consumação e divulgação.

Capítulo 49 – Parlamentares da República

Parlamentares são agentes públicos que prestam serviços para o Poder Legislativo, entre os quais se encontram os congressistas (senadores e deputados federais), os deputados estaduais, e os vereadores. O conceito abarca os suplentes desses parlamentares.

Previdência dos Congressistas

Até sobrevir a Lei n. 9.506/97, o regime próprio dos parlamentares do Congresso Nacional fazia parte do Instituto de Previdência dos Congressistas - IPC, criado pela Lei n. 4.284/63.

Aquela primeira lei pôs fim ao IPC (que está em fase de extinção) e criou o Plano de Seguridade Social dos Congressistas - PSSC.

Seguridade dos Congressistas

Facultativa, a filiação dos congressistas subsiste a partir da inscrição e depois de cumpridos os requisitos legais. Os parlamentares fazem jus à aposentadoria por invalidez e à por tempo de serviço, aos 35 anos de serviço e 60 anos de idade. Esta última pode ser proporcional ou integral.

Conceito de parlamentar

São considerados parlamentares, os senadores, os deputados federais, os deputados estaduais e os vereadores no exercício do cargo eletivo.

Conceito de dependentes

O art. 3º não define os dependentes.

Pensão por morte

Utilizando-se de uma expressão do Direito Administrativo, o art. 3º da lei dispõe:

> "Em caso de morte do segurado, seus dependentes perceberão pensão correspondente ao valor dos proventos de aposentadoria que o segurado recebia ou a que teria direito."

Valor do benefício

O valor mínimo da aposentadoria e, portanto, da pensão por morte, é de 13% da remuneração dos senadores e deputados (art. 3º, § 2º).

O valor máximo não pode ultrapassar a remuneração dos titulares outorgantes do benefício (art. 8º).

Qualidade de parlamentar

Se a inscrição do parlamentar for cancelada, ele afasta-se do regime protetivo e nesse caso não se cogita de pensão por morte (§ 2º).

Paridade nos reajustamentos

De acordo com o art. 9º, a pensão por morte será reajustada conforme o reajustamento das remunerações dos parlamentares. Como não são servidores, a eles não se aplicariam as normas das EC ns. 20/98, 41/03 e 47/05.

Contribuição dos pensionistas

Os pensionistas contribuem com 11% da remuneração que ultrapassar o teto da previdência social (R$ 3.916,20).

Filiação RGPS

O parlamentar que não se inscrever no PSSC obrigatoriamente estará vinculado ao RGPS (PCSS, art. 12, I, *h* e PBPS, art. 11, I, *h*). À evidência, nesta hipótese ele se sujeitará às regras dos arts. 74/78 do PBPS.

Décimo terceiro salário

Enquanto vigeu, o IPC no Decreto-lei n. 2.310/86 previa o pagamento de um décimo terceiro salário, mas o PSSC não tem previsão para isso e não haveria o direito à décima terceira mensalidade dos pensionistas. Foi o que entendeu o Ministro *Hamilton Carvalhido*, da 6ª Turma do STJ n. RESP n. 837.188/DF, de 16.2.2008, no Proc. n. 2006.00.77055-3.

Aplicação do ESPCU

Os parlamentares não são servidores públicos, são agentes públicos. Nessas condições, a eles não se aplica o ESPCU, ainda que, por analogia, alguns dos seus comandos possam ser remetidos.

Pensões estaduais

Durante muito tempo alguns Estados da Federação criaram benefícios para os deputados estaduais, às vezes, incluindo os vereadores.

Tempus regit actum

Diante da extinção do IPC e da introdução do PSSC, discutiu-se a validade da Lei n. 9.506/97 para pensões por morte ocorridas durante a vigência da norma anterior, mas o entendimento é que vale a da época (AC n. 22.347/DF no Proc. n. 1999.34.00.0022347-8, relatado pelo desembargador José Amilcar Machado em 29.8.2007).

Capítulo 50 – Servidores Militares

A previdência social dos militares constitui um regime próprio que não se confunde com a dos servidores civis. Ali, obviamente, subsiste previsão de pensão por morte dos dependentes dos segurados castrenses falecidos. Com regras específicas tradicionais, como as previstas na Lei n. 3.765/60.

Como sucede com a linguagem da previdência complementar, os dependentes são chamados de beneficiários.

Conceito de militar

A norma básica diz que são segurados, para efeito da contribuição obrigatória, "todos os militares das Forças Armadas" (MP n. 2.215/01). Havia descrição mais pormenorizada na versão anterior, que falava em: "a) oficiais, aspirantes a oficial, guardas-marinhas, suboficiais, subtenentes e sargentos e b) cabos, soldados, marinheiros, tarefeiros e bombeiros, com mais de 2 (dois) anos de efetivo serviço, se na atividade; ou com qualquer tempo de serviço, se reformados ou asilados".

O parágrafo único exclui alguns militares (incisos I e II).

Definição de beneficiários

Conforme o art. 7º, I, adotando alguma semelhança com o art. 16 do PBPS, são beneficiários:

a) cônjuge;

b) companheiro ou companheira designada ou que comprove união estável como entidade familiar;

c) pessoa desquitada, separada judicialmente, divorciada do instituidor ou a ex--convivente, desde que percebem pensão alimentícia;

d) filho ou enteado até 21 anos de idade ou até 24 anos de idade, se estudantes universitário ou, se inválido, enquanto durar a invalidez; e

e) menor sob guarda ou tutelado até 21 anos de idade ou, se estudante universitário, até 24 anos de idade ou, se inválido, enquanto perdurar a invalidez.

Na segunda ordem, a mãe e o pai que comprovem dependência econômica domiciliar.

Na terceira ordem:

a) o irmão órfão, até 21 anos de idade ou, se estudante universitário, até 24 anos de idade, e o inválido, enquanto durar a invalidez, comprovada a dependência econômica do militar;

b) a pessoa designada, até 21 anos de idade, se inválida, enquanto durar a invalidez, ou maior de 60 anos de idade, que vivam na dependência econômica do militar.

Inscrição dos beneficiários

Para a obtenção da pensão por morte, um aspecto formal é relevante e por isso os beneficiários deverão ser inscritos, com a indicação pessoal dos segurados.

A disposição é tão importante que, se ultrapassado um prazo de seis meses, se não ocorrer essa declaração, serão suspensos os "vencimentos, vantagens ou proventos" (art. 11, § 1º).

Exclusão de beneficiários

Como sucede no RGPS, havendo qualquer um dos beneficiários da primeira ordem, restam excluídos os demais.

Duas uniões estáveis

O desembargador Geraldo Apolinário autorizou a divisão da pensão por morte (50% + 50%) entre a primeira companheira (a quem fora inicialmente deferida integralmente o benefício) e a segunda companheira de militar (AP-REEX n. 2008.83.00.011712-1 (10359/PE) da 3ª Turma do TFR da 5ª Região em 14.2.11, *in Revista Síntese* n. 264, de jun. 2011, p. 217-218).

Designação de beneficiários

Em sua versão original a norma permitia certa designação de mulher dependente do militar menor de 21 anos de idade, interditada ou inválida (art. 7º, VI). O art. 8º da mesma norma autorizava essa indicação a qualquer tempo, mas essa disposição foi revogada pela MP n. 2.215-10/01.

Valor do benefício

O valor da pensão por morte é de 100% da remuneração do militar na ativa ou dos proventos.

Período de carência

O art. 16 originalmente falava em período de carência de 24 contribuições mensais, mas a disposição foi revogada pela MP n. 2.215-10/01.

Perda do cargo

Foi vetado um art. 20; ele dizia que se um oficial da ativa, da reserva remunerada ou reformado perdesse o posto ou a patente, deixaria pensão...

Promoção *post mortem*

Depois de falecido, caso o militar seja promovido, o valor correspondente à promoção será incorporado à pensão por morte a partir de data certa.

Decisão nesse sentido pode ser colhida na AC n. 2005.51.02.000430-4, de **13.34.09**, da 6ª Turma do TFR da 2ª Região, relatada pelo desembargador Guilherme Calmon Nogueira, *in Revista Síntese* n. 240, de jun. 2009, p. 173-176.

Morte presumida

A versão original do art. 18 tratava da morte presumida dos militares, designados como "desaparecidos ou extraviados na forma dos arts. 26 e 17 da Lei n. 1.316, de 20 de janeiro de 1951". Eles receberiam de imediato os vencimentos e vantagens do militar em atividade. O dispositivo foi revogado pela MP n. 2.215-10/01, sem que o tema restasse disciplinado.

Cessação do benefício

O art. 23, I/IV, disciplina os quatro casos em que sobrevém a perda do direito à pensão por morte:

Perda do pátrio poder

Limite de idade

Renúncia

Condenação pela morte do militar ou do pensionista instituidor da pensão militar

Reversão

Desaparecendo o direito de um pensionista, o valor correspondente será transferido aos pensionistas de primeira ordem. Caso não existam estes últimos pensionistas, ele será transferido para os pensionistas da ordem seguinte (art. 24).

Prescrição

O prazo prescricional é de cinco anos.

Regras de acumulação

O pensionista poderá cumular pensão por morte com proventos da disponibilidade ou da reforma, vencimentos, aposentadoria e até mesmo pensão civil (art. 29), também poderá receber uma pensão "de outro regime", não ficando claro se pode ser mais de uma delas (I/II).

Paridade do valor

A renda vigente é a paridade plena, ou seja, seguindo a tabela de vencimentos dos militares aposentados ou da ativa. O cálculo das revisões segue a pensão básica, chamada de "tronco" e não individualizadamente considerada (art. 30).

Vigência dos percentuais

A pensão militar será igual ao valor da remuneração ou dos proventos do militar (art. 15).

Diz o parágrafo único, que a pensão do militar não contribuinte da pensão militar que vier a falecer na atividade em consequência de acidente ocorrido em serviço ou de moléstia nele adquirida não poderá ser inferior:

I – à de aspirante a oficial ou guarda-marinha, para os cadetes do Exército e da Aeronáutica, aspirantes de marinha e alunos dos Centros ou Núcleos de Preparação de Oficiais da reserva; ou

II – à de terceiro-sargento, para as demais praças e os alunos das escolas de formação de sargentos.

Capítulo 51 – Ferroviários Federais

De modo geral, os ferroviários federais se notabilizaram por serem os primeiros trabalhadores da iniciativa privada a experimentarem os benefícios da previdência social brasileira.

História dos ferroviários

Com a Lei Eloy Marcondes de Miranda Chaves (Decreto Legislativo n. 4.682/23) as estradas de ferro vincularam-se a um regime de previdência social e os seus obreiros se tornaram segurados obrigatórios do que hoje é o RGPS, com direito à aposentadoria ordinária e os seus dependentes à pensão por morte.

De certa forma, eles também ficaram conhecidos por usufruírem duas aposentadorias e, por conseguinte, ainda que essa expressão não fosse utilizada, pela dupla pensão.

Condições mínimas

Desde 13.12.74 são observadas as seguintes situações:

I) Optantes — servidores do extinto Departamento Nacional de Estradas de Ferro integrados nos quadros de pessoal da RFFSA, sob submissão da CLT, mantida a filiação à Previdência Social; e

II) Ferroviários não optantes:

a) os já aposentados, que não puderam se valer do direito de opção;

b) servidores em atividade que não optaram pelo regime da CLT; e

c) servidores que se encontram em disponibilidade.

Aplicação do RGPS

A concessão de benefícios aos ferroviários optantes que estão em atividade, bem como aos seus dependentes, será regida pelas normas estabelecidas para os segurados em geral.

Complementação do INSS

É devida a complementação (Lei n. 8.186/91), às aposentadorias dos ferroviários e respectivos dependentes, admitidos até 31.10.69, na RFFSA ou nas respectivas estradas de ferro a ela pertencentes, nas unidades operacionais e nas subsidiárias, que detinham a condição de ferroviário na data imediatamente anterior à data do início da aposentadoria.

Por força da Lei n. 10.478/02, foi estendido, a partir de 1º.4.02, aos ferroviários admitidos até 21.5.91 pela RFFSA, o direito à complementação de aposentadoria na forma da Lei n. 8.186/91.

Essa complementação da aposentadoria devida pela União é constituída pela diferença entre o valor da aposentadoria paga pelo INSS e o da remuneração do cargo correspondente ao do pessoal em atividade na RFFSA e suas subsidiárias, com a respectiva gratificação adicional por tempo de serviço.

O valor da pensão por morte paga a dependente do ferroviário, será apurado observando-se o mesmo coeficiente de cálculo utilizado na apuração da renda mensal da pensão.

Regras de acumulação

O benefício previdenciário complementado não será pago cumulativamente com as pensões especiais previstas na Lei n. 3.738/60 e Lei n. 6.782/80, ou quaisquer outros benefícios pagos pelo Tesouro Nacional, nos termos do parágrafo único do art. 5º da Lei n. 8.186/91.

Os ferroviários servidores públicos ou autárquicos que se aposentaram de 12.12.1974, ou até 14.7.1975, sem se valer do direito de opção, conservaram a situação anterior a essa última data perante a Previdência Social, observadas, quanto aos benefícios devidos aos dependentes, as seguintes situações:

I – aposentado pela Previdência Social urbana que recebe complementação por conta do Tesouro Nacional:

a) ao valor mensal da complementação paga ao aposentado, excluído o salário--família, será aplicado o mesmo coeficiente de cálculo utilizado na apuração da renda mensal da pensão; e

b) a parcela obtida de acordo com a alínea anterior paga aos dependentes como complementação à conta da União;

II – aposentado pela Previdência Social urbana e pelo Tesouro Nacional:

a) será calculada a pensão previdenciária pelas normas estabelecidas para os segurados em geral, tendo por base a aposentadoria previdenciária;

b) em seguida ao disposto na alínea "a" do inciso, calculada a pensão estatutária, que corresponderá a 50% da aposentadoria estatutária, excluído o salário-família, qualquer que seja o número de dependentes, sendo que o valor da aposentadoria estatutária será obtido por meio de informação contida no último contracheque do segurado ou de outro documento que comprove o valor dos proventos na data do óbito;

c) obtido o valor mensal da pensão estatutária, se ele for maior que o da previdenciária, a diferença paga como complementação à conta da União; e

d) se o valor da pensão estatutária for igual ou inferior ao da previdenciária, prevalecerá esse último;

III – aposentado apenas pelo Tesouro Nacional (antigo regime especial):

a) será considerado como salário de contribuição para cálculo da aposentadoria base, o valor mensal da aposentadoria estatutária paga pelo Tesouro Nacional nos 36 últimos meses imediatamente anteriores ao óbito do segurado, observados os tetos em vigor; e

b) obtido o valor da aposentadoria base, o cálculo da pensão previdenciária obedecerá ao disposto nas normas para os demais benefícios; e

IV – aposentado apenas pela Previdência Social urbana: o cálculo da pensão obedecerá ao disposto nas normas em vigor à época do evento.

Desvinculados da RFFSA

Os segurados que se desvincularam da RFFSA, e reingressaram no RGPS como empregado de outra empresa, contribuinte individual ou facultativo, entre outros, tinham direito à complementação da Lei n. 8.186/91 ou da Lei n. 10.478/02, desde que tenham implementado todas as condições exigidas à concessão do benefício na data do desligamento da RFFSA (Súmula do STF n. 359).

Acumulação permitida

Aos ferroviários servidores públicos ou autárquicos era permitida a percepção cumulativa de aposentadoria devida pela Previdência Social com os proventos de aposentadoria da União, na forma da Lei n. 2.752/56, e do Parecer L-211, de 4.10.1978, da Consultoria-Geral da República (dupla aposentadoria).

Ausência de opção

Os ferroviários servidores públicos e autárquicos, em atividade ou em disponibilidade, que deixaram de exercer o direito de opção pelo regime da CLT, na forma permitida pela Lei n. 6.184/74, farão jus aos benefícios previdenciários, até que sejam redistribuídos para outros órgãos da administração pública ou que retornem à repartição de origem, desde que atendidos os demais requisitos regulamentares.

Dupla aposentadoria

Dizia a Súmula STF n. 371 que:

> "Ferroviário, que foi admitido como servidor autárquico, não tem direito a dupla aposentadoria."

Reajustamento das mensalidades

Os reajustamentos dos seus benefícios não seguem necessariamente os trabalhistas (AC n. 2005.38.00.0032732-5/MG, relatada pelo desembargador Carlos Moreira Alves, do TRF da 1ª Região, 2ª Turma, em 15.6.2009, *in Revista Síntese* n. 243, set. 2009, p. 203).

O reajuste de 50% aos empregados da RFFSA não se estende aos pensionistas (decisão na AC n. 2003.38.00.002430-8/MG, desembargador Francisco de Assis Belli, da 2ª Turma da 1ª Região, 13.3.2009, *in Revista Síntese* n. 240, jun. 2009, p. 164).

Menor aprendiz

Um modesto prêmio concedido ao menor aprendiz no Curso de Formação de Oficinas não é valor considerável para fins de cômputo do tempo de serviço (Parecer MTS n. 165/74 – Proc. MPAS n. 123.397/72, *in BS/DG* n. 202, de 18.10.1974).

Vinculação ao RGPS

Para o Parecer CJ/MPAS n. 14/84 (Proc. INAMPS n. 3.051.791/79) o ferroviário que não optou pela integração na Rede Ferroviária Federal S.A. é segurado do RGPS.

Pensão por morte

Não há direito à aplicação do art. 40 da Carta Magna. Valem as regras do RGPS (REO – AC n. 2003.51.12.0008967 (513.765) 1ª Turma Especial des. Abel Gomes 13.7.2011, *in Rep. de Jurisp. IOB* da 1ª quinzena de ago. 2011, p. 434).

Dupla aposentadoria

Enquanto existiram duas aposentadorias e pensões (Lei n. 2.752/56) os reajustamentos dos benefícios deveriam ser pagos pelas duas partes: a) União e b) INSS.

Esse é o entendimento do desembargador Francisco Cavalcanti, do TRF da 5ª Região, na AP. REEX n. 2009.05.00.109863-2 (9022/CE), de 4.8.2010, *in Revista Síntese* n. 258, de dez. 2010, p. 204.

Capítulo 52 — Economiários do SASSE

Os economiários, pelo menos os federais, experimentaram larga tradição de previdência social. Essa proteção iniciou-se em 31.10.1890, com o Montepio Obrigatório dos Empregados do Ministério da Fazenda.

Origem do SASSE

O Serviço de Assistência e Seguro Social dos Economiários — SASSE foi uma autarquia federal criada pela Lei n. 3.149/67. Destinou-se a propiciar prestações previdenciárias aos servidores da Caixa Econômica Federal — CEF.

Absorção pelo INPS

Posteriormente, a exemplo do que sucedera com os IAPs em 31.12.66, com a Lei n. 6.430/77, o SASSE deixou de existir e foi absorvido pelo INPS. Vigeu de 1967 até 31.7.1977 (Lei n. 6.430/77 e Decreto n. 80.012/77).

As regras de concessão dos benefícios eram próprias do seu plano de benefícios, distintas do RGPS, e quando da passagem para o INSS elas sofreram modificações. Claro, sempre respeitando o direito adquirido de quem, até 7.7.1977, preencheu os requisitos legais da lei instituidora da autarquia gestora.

Em virtude da existência de um instituto de previdência próprio, o SASSE, os economiários constituíram um grupo apartado de trabalhadores.

Pensão dos economiários

O art. 8º, § 1º, *b*, da Lei n. 3.149/67 previa: "em caso de morte, pensão mínima de 60% (sessenta por cento) para os beneficiários".

Seu art. 9º, II, tratava do valor dizendo ser a pensão "constituída de uma cota fixa e outra variável, correspondente ao número de componentes da família do servidor, subordinada ao limite do vencimento do segurado falecido, nunca, porém, inferior a 60% (sessenta por cento)".

Estipulava ainda: "a pensão temporária será paga desde que seja comprovada a dependência para cada filho e enteado de qualquer condição, bem como para ascendentes no caso de ser o segurado solteiro ou viúva sem filhos nem enteados" (inciso III).

Abono de permanência serviço

Era assegurado para quem completasse o direito à aposentadoria no SASSE em 31.7.1977.

Benefícios próprios

As regras de concessão dos benefícios eram as próprias desse plano de benefícios, distintas do RGPS e quando da passagem para o INSS elas sofreram modificações. Claro, sempre respeitado o direito adquirido de quem até 7.7.1977 preencheu os requisitos da lei instituidora da autarquia gestora.

ECONOMUS

O Instituto de Seguridade Social — ECONOMUS passou a complementar os benefícios devidos pelo RGPS para os economiários (Decreto Estadual n. 7.711/76).

Sucessor do SASSE

Na condição de sucessor do SASSE, o INSS é sujeito passivo de ações visando à pensão por morte concedida pelo SASSE (REO n. 308496.1997.51.02.012656-3, do TFR da 1ª Região, em 15.6.2004).

A despeito da absorção e por força do direito adquirido, não há possibilidade de redução do valor das pensões por morte dos economiários que faleceram antes da Lei n. 6.430/77 (AC n. 379.098 no RMN n. 00083-554.2004.05.8400, de 11.11.2008).

Capítulo 53 — Regime dos Ex-Combatentes

Agora, em 2012, certamente poucos dependentes têm o benefício em manutenção da pensão por morte instituída por ex-combatentes. Ela constitui um capítulo apartado da legislação previdenciária em face das inúmeras alterações havidas desde o final da Segunda Guerra Mundial. Na maioria dos casos, ultimamente, todas elas no sentido de diminuição do direito, algumas respeitando o direito adquirido e outras nem tanto.

Para que se possa compreender o nível do direito das pensionistas será preciso considerar a copiosa legislação que trata da aposentadoria.

Normas básicas

A primeira referência positivada compareceu no art. 178, *d*, da Carta Magna de 1967, que, aliás, mencionava uma aposentadoria integral de parâmetros incognoscíveis.

O art. 197, *c*, da Emenda Constitucional n. 1/69 alterou ligeiramente essa redação, aglutinando os servidores e os trabalhadores, mas ainda mencionando uns indecifráveis "proventos integrais" aos 25 anos de serviço. Que poderia ser 100% do salário de benefício ou 100% do que o ex-combatente ganharia se estivesse em atividade.

Verdadeiramente, a primeira norma legal a tratar do assunto foi a Lei n. 4.297/63, art. 1º, deixando claríssima uma regra-matriz de que a aposentadoria seria "igual à média do salário integral realmente percebido, durante os 12 meses anteriores à respectiva concessão, ao segurado ex-combatente, de qualquer Instituto de Aposentadoria e Pensões ou Caixa de Aposentadoria e Pensões, com qualquer idade, que tenha servido, como convocado ou não, no teatro de operações da Itália — no período de 1944-45 — ou que tenha integrado a Força Aérea Brasileira ou a Marinha de Guerra ou a Marinha Mercante e tendo nestas últimas participado de comboios e patrulhamento".

A Lei n. 5.698/71 revogou essa Lei n. 4.297/63, falando em "aposentadoria com proventos integrais aos 25 anos, em qualquer regime jurídico", claro, respeitando o direito adquirido dos que completaram os requisitos antes dessa data.

Diferentemente do praticado *ex vi* da LOPS, possivelmente em virtude da ausência do limite usual para as aposentadorias e certa diminuição dos encargos dos pensionistas (faleceu o titular), o DNPS determinou que o valor da pensão deveria ser de 70% (setenta por cento) do "salário integral", realmente percebido ou a que fizesse jus na data do falecimento. Exatamente nos termos da mencionada Lei n. 4.297/63. Mas a Lei n. 9.032/95 alterou esse percentual ascendendo para 100%.

A Lei n. 5.698/71 manteve o direito adquirido da aposentadoria, mas implicitamente revogou o critério de cálculo da pensão por morte (art. 8º). Até 5.10.1988, não existiam regras jurídicas especiais sobre esse benefício dos dependentes, de maneira que o comando se submete aos critérios da CLPS, mas não o seu teto.

Parecer CJ/MPAS n. 3.052/03

O MPS entendeu que o vocábulo "aposentadoria com proventos integrais inserto no inciso V do art. 53 do Ato das Disposições Constitucionais Transitórias da Carta Magna de 1988, não assegura ao ex-combatente aposentado com valor equivalente a remuneração que este perceberia na atividade e os proventos integrais que o mencionado preceito garante são os estabelecidos pela legislação previdenciária".

Pensão especial

A Lei n. 8.059/90 regulamentou o preceito constitucional (art. 53, III, do ADCT), resultando que as pensionistas, ademais do benefício previdenciário antes referido de 100% do patamar máximo constitucional de R$ 26.723,00, poderiam obter uma pensão especial (art. 2º, II).

Promoção *post mortem*

Se o ex-combatente faleceu em 17.3.1999, depois que a Lei n. 5.678/71 alterou a Lei n. 288/48, que assegurava a garantia da prestação com vantagens da promoção ao cargo imediatamente superior a que tinha direito o segurado, o cálculo deve seguir o da Lei n. 8.213/91 (juiz Ivori Luís da Silva Scheffer, da 3ª Turma da 4ª Região no Proc. n. 2002.71.08.002718-6/SC, *in Revista Síntese* n. 260, de fev. 2011, p. 187-192).

Prazo para revisão

Não cabe revisão de cálculo, passando o benefício de R$ 1.112,02 para R$ 465,00 e o critério anterior prevalece por 35 anos em respeito ao quinquídio da Lei n. 9.784/99 (art. 54) desembargador João Batista Pinto Silveira, no RNC n. 0003774.81.2009.404.72-08/SC em 3.11.2010, *in Revista Síntese* n. 258, de dezembro de 2010.

Acumulação de benefícios

A Súmula AGU n. 7, de 19.12.01, deixou claro que: "A aposentadoria de servidor público tem natureza de benefício previdenciário e pode ser recebida cumulativamente com a pensão especial prevista no art. 53, inciso II, Do Ato das Disposições Constitucionais Transitórias, devida a ex-combatente (no caso de militar, desde que haja sido licenciado do serviço ativo e com isso retornado à vida civil definitivamente — art. 1º da Lei n. 5.315, de 12.9.1967)".

Acumulação é percepção simultânea de duas ou mais prestações de igual ou distinta natureza pelos beneficiários. Não se trata do instituto particular do recebimento de benefícios de segurado com os de dependente, até porque direitos próprios de dependentes, bem com os serviços, podem ser auferidos ao mesmo tempo com os de segurado.

Jamais a norma jurídica estabeleceu norma de superdireito que disciplinasse a matéria envolvendo os trabalhadores da iniciativa privada com os servidores civis e militares nem entre os regimes próprios. Nada se positivou sobre as prestações assistenciárias e previdenciárias. Nem entre as prestações securitárias e as sem esse cunho social. A percepção de qualquer vantagem acumulada com o seguro-desemprego tem de ser buscada em leis especiais. O art. 124 do PBPS diz respeito tão somente aos benefícios da previdência social.

Combinar prestações de servidores ou trabalhadores ex-combatentes é tema raramente regulamentado. A súmula é bem-vinda porque trata de caso bastante específico.

De modo geral é postulado que são inacumuláveis dois benefícios da mesma natureza gerados pelo mesmo fato gerador (a dos ferroviários foi revogada). Afirmação que diz respeito à essência da prestação e não ao seu título; às vezes uma aposentadoria é designada como pensão.

O art. 53 da ADCT, diz que: "Ao ex-combatente que tenha efetivamente participado de operações bélicas durante a Segunda Guerra Mundial, nos termos da Lei n. 5.315, de 12 de setembro de 1967, serão assegurados os seguintes direitos: II – pensão especial correspondente à deixada por segundo-tenente das Forças armadas, que poderá ser requerida a qualquer tempo, *sendo inacumulável com quaisquer rendimentos recebidos dos cofres públicos, exceto os benefícios previdenciários*, ressalvado o direito de opção" (grifamos).

A impressão que fica é que essa pensão, que tem natureza de indenização, não é uma aposentadoria nem uma pensão por morte.

"A pensão é inacumulável com quaisquer rendimentos percebidos dos cofres públicos, exceto os benefícios previdenciários" (art. 4º). É possível acumular o do art. 53, III, do ADCT com o do RGPS, é o que ajuizou o Desembargador Francisco de Assis Betti em 24.11.2008 no Proc. 2001.38.00.014797-4/MG, *in Revista Síntese* n. 238, de abr. 2009, p. 174-180.

A juíza Maria Alice admitiu a acumulação com pensão estatutária (AC n. 2003.51.01.007658-9, da 8ª Turma Especial em 12.1.2010).

É possível acumular a pensão por morte do ex-combatente com a aposentadoria de policial militar (1ª Turma da 1ª Região, Des. José Amilcar Machado em 31.7.2006, na AC n. 2001.38.00.017025-0/MG, *in RPS* n. 319-524).

Óbito anterior a 5.10.1988

O juiz Luis Argentini Principe Credidio, da 1ª Turma do TRF da 5ª Região, em 27.11.2008, entendeu que se o óbito ocorreu em 17.8.1988, a norma a ser aplicada não deve ser a do RGPS, uma vez que o instituidor faleceu sob a égide da Lei n. 1.756/52 e do Decreto n. 36.911/55, garantindo-se o direito adquirido (AC n. 319.956/PE – Proc. 2003.83.00.010100-6/01, *in Revisa Síntese* n. 237, de mar. 2009, p. 165-168).

Vigilância do litoral

Era ex-combatente quem exerceu atividade de missão de vigilância do litoral brasileiro, com vista à pensão especial da Lei n. 5.315/67 (AP – REEX n. 8.344/AL do TFR da 5ª Região Proc. n. 2008.80.00.002965-1, da 2ª Turma, Desembargador Francisco Wildo Lacerda Dantas em 15.1.2010).

Invalidez posterior ao óbito

Se o autor do pedido somente se tornou incapaz ou inválido depois do óbito do ex-combatente, não há direito à pensão por morte (AG RE n. 1.208.424/PE, Proc. n. 2010/0158721-1, relatado pelo Min. Benedito Gonçalves em 8.2.2011, *in Revista Síntese* n. 261, de abr. 201, p. 169-175).

Capítulo 54 — Segurados Reclusos

A pensão por morte gerada pelos presidiários é tema particular, dadas as circunstâncias do estado jurídico do segurado durante o cumprimento da pena. Inicialmente, convém examinar o auxílio-reclusão e as consequências subsequentes em face do seu falecimento.

Já consideramos o "Direito de trabalhar dos presos" (*in Revista Síntese* n. 242, de ago. 2009, p. 13); resta, agora, o direito de instituir a pensão por morte, estando preso.

Enquanto presas, as pessoas podem trabalhar e contribuir para a previdência social, mantendo a condição de segurados, independentemente de terem outorgado auxílio-reclusão aos seus dependentes (que, para isso se habilitarão oportunamente).

Nessa condição de segurados, com a qualidade mantida, falecendo durante o cumprimento da pena, eles instituem a pensão por morte aos seus dependentes, muito possivelmente os mesmos que obtiveram o auxílio-reclusão.

Note-se que não se trata de transformação em pensão por morte, mas cessação de um benefício e o surgimento de outro benefício. Se o salário de contribuição desse segurado era maior do que R$ 915,05 a pensão por morte será superior ao valor do auxílio-reclusão. Se for igual ou inferior, manter-se-á igual.

Fuga do presidiário

Se antes de falecer o presidiário havia fugido do estabelecimento penitenciário (quando cessará o auxílio-reclusão), mantida a qualidade de segurado, o direito à pensão por morte se mantém.

Configurar-se-á, na hipótese, o cenário da ausência.

Progressão da pena

Enunciado CRPS n. 24:

> "A mera progressão da pena do instituidor do benefício ao regime semiaberto não ilide o direito dos seus dependentes ao auxílio-reclusão, salvo se for comprovado exercer ele atividade remunerada que lhes garanta a subsistência."

Esse enunciado foi revogado pelo Memo-Circular INSS/DIRBEN n. 21, de 17.4.2006.

Embora o texto não seja suficientemente claro, a sua revogação implica em que subsiste o direito ao benefício dos dependentes mesmo na hipótese do regime semiaberto (art. 288 da IN INSS n. 11/06).

Caso ele exerça atividade remunerada, o Enunciado do CRPS não obsta o direito do auxílio-reclusão dos dependentes do segurado presidiário em regime semiaberto.

Foi revogado porque a Lei das Execuções Penais — LEP (Lei n. 7.284/77) não impedia nem impede que o condenado trabalhe e, assim, possa cuidar de sua família. Logo, não havia o direito ao auxílio-reclusão.

Evento determinante

O evento determinante é a prisão, detenção ou reclusão de segurado sem a percepção de remuneração da empresa ou benefício da previdência social. Curiosamente, a lei inclui até a percepção do abono de permanência em serviço e se o segurado não estava trabalhando, aquela pequena prestação não bastaria para a subsistência.

Não releva se inocente ou culpado, condenado ou não. No caso de prisão-albergue, podendo trabalhar, não fará jus, caso seja remunerado.

Em casos de prisão administrativa, a rigor, presentes os demais requisitos, os dependentes fazem jus ao benefício.

Concessão e manutenção

Concedido, mantém-se enquanto o segurado estiver recolhido à prisão. Se ele cumpriu a pena e é libertado ou foi absolvido e é solto, o benefício se extingue. Caso fuja, é suspenso até a sua recaptura, na hipótese de ele não ter perdido a qualidade de segurado. Períodos de filiação durante a fuga são considerados para este último fim.

Não foi justo o elaborador do regulamento quando impôs esta última regra, pois seguramente quem escapole dificilmente conseguirá meios de subsistência e poderá manter a qualidade de segurado.

Dependência econômica

Diz o art. 116, § 3º, do RPS que:

> "Aplicam-se ao auxílio-reclusão as normas referentes à pensão por morte, sendo necessária, no caso de qualificação de dependentes após a reclusão ou detenção do segurado, *a preexistência da dependência econômica*" (grifos nossos).

Essa disposição não está arredando a presunção de dependência econômica se o presidiário era casado ou unido, mas enfatizando que ela deve preexistir ao recolhimento da prisão.

Sobrevindo uma união civil ou estável após a prisão, a validade da presunção de dependência econômica, sob um raciocínio puramente jurídico, é bastante ofuscada; seria difícil falar-se, em cada caso, dadas as circunstâncias em constância dessa união.

Progressão da pena

Ao lado do seu tradicional caráter inibidor, por mais severa que a pena seja, a consumação da punição deve focar-se nos aspectos ressocializadores, recuperadores e preparadores para a reinserção do presidiário na sociedade.

Entre outros meios, conhece o instituto técnico da progressividade, isto é, diante do bom comportamento do apenado, haverá a redução da severidade prisional. E também uma regressividade, isto é, o inverso, que é passar de um regime mais brando para outro mais rigoroso.

Tal política demonstraria que o objetivo do Estado não é se vingar do apenado nem apenas afastá-lo do convívio social, mas tentar resgatá-lo. À evidência, outro escopo estatal é lograr um bom comportamento durante a prisão. Tendo em vista que somente os sentenciados fazem jus ao regime progressivo, ele não beneficiaria os presos provisórios.

Regimes progressivos e regressivos são títulos que se atribuem ao *modus operandi* do cumprimento da pena. Consiste na possibilidade de haver a modificação do regime previdenciário que vem sendo executado. Logo, nosso sistema penal abandonou um regime único e adotou um regime pluralista.

O art. 112 da LEP pontifica: "A pena privativa de liberdade será executada em forma progressiva com a transferência para regime menos rigoroso, a ser determinada pelo juiz, quando o preso tiver cumprido ao menos um sexto da pena no regime anterior e ostentar bom comportamento carcerário, comprovado pelo diretor do estabelecimento, respeitadas as normas que vedam a progressão".

Morte do preso

Tomando conhecimento da morte do preso, recolhido à prisão ou evadido, impõe-se a pensão por morte.

Acréscimo na RMI

Impondo-se a pensão por morte será preciso pensar no valor desse benefício que, necessariamente, não tem de coincidir com o do auxílio-reclusão, uma vez que não tem as limitações constitucionais de valor.

Capítulo 55 — Auxílio-Reclusão

Este estudo não diz respeito ao auxílio-reclusão, um benefício muito parecido com a pensão por morte. Este capítulo se justifica na medida em que em vez de uma aposentadoria a prestação precedente pode ser o auxílio-reclusão.

Conceito mínimo

O auxílio-reclusão é um benefício-irmão da pensão por morte. A maior diferença consiste em a pessoa estar presa no primeiro caso, e morta, ausente ou desaparecida, na hipótese derradeira. À exceção dos documentos exigidos, o procedimento de habilitação é quase o mesmo. Em razão disso, disciplinado em apenas um artigo no PBPS (art. 80).

Seu pressuposto básico é a família do segurado preso restar pecuniariamente desamparada, presunção legalmente não acolhida no caso de fuga, embora, a rigor, no mundo real, da mesma forma, os dependentes enfrentarão dificuldades para sobreviver. No confronto com o desestímulo à evasão, o legislador preferiu prestigiar a política penitenciária.

A semelhança com a pensão por morte é formalmente jurídica. Significa definição do direito para as mesmas pessoas, a ser exercitado e mantido nas mesmas condições, à exceção do fato gerador: prisão de segurado não remunerado.

Os destinatários, por conseguinte, são iguais aos daquele benefício, embora possa se complicar, no caso de a esposa ou de a companheira vir a estabelecer nova união formal. Por qualquer motivo, sendo libertado o recluso, a prestação acaba. Se ele foge, o benefício é suspenso, podendo encerrar-se caso não haja recaptura.

Direito de dependente, benefício substituidor dos salários, com caráter provisório, de pagamento continuado, reeditável, até a Medida Provisória n. 83/02 impedia o trabalho remunerado no estabelecimento penitenciário. As mensalidades somente são devidas enquanto o segurado estiver preso.

Tipos de prisão

Para efeito de concessão e manutenção da prestação considera-se reclusão o cumprimento de uma pena no regime fechado ou semiaberto. A despeito do título, inclusive a detenção (classificação didática que interessa mais ao Direito Penal).

Exigência constitucional

De acordo com a Carta Magna vigente somente fazem jus ao benefício os dependentes do segurado que recebe mensalmente até R$ 915,05, decisão bastante discutida na doutrina (e que guarda uma ligeira presunção de que somente as pessoas de baixa renda é que cometem delitos).

Quando o recolhimento à prisão tiver ocorrido a partir de 16.12.1998 o auxílio-reclusão será devido desde que o último salário de contribuição do segurado, tomado no seu valor mensal, seja igual ou inferior a R$ 360,00 (valor de 1998). Observado o patamar constitucional é devido o auxílio-reclusão, ainda que o resultado da renda mensal seja superior a esse patamar.

Para prisões anteriores a 16.12.1998 aplica-se a legislação da época (que não previa aquele patamar).

Qualidade de segurado

De regra, do mesmo modo como sucede com a pensão por morte e com as mesmas dificuldades doutrinárias e jurisprudenciais, faz jus o dependente do segurado que mantenha essa qualidade, quando da prisão.

Qualidade durante fuga

Deixando de exercer a atividade e na condição de foragido, se a família não tomar a providência de contribuir como facultativo, ultrapassado um dos prazos do art. 15 do PBPS, ele perde a qualidade de segurado (exceto, é claro, se provar que trabalhou).

Período de carência

Não há período de carência. Mas, também e da mesma forma, é preciso que subsista a filiação e, pelo menos, uma contribuição (que, aliás, a expressa).

Evento determinante

O fato gerador do auxílio-reclusão é a prisão do segurado. Não importa se inocente ou condenado. Isto é, de certa forma, a incapacidade de prover a sua família.

Beneficiários do benefício

São os mesmos da pensão por morte (PBPS, art. 16).

Data do início

A DIB se dá por ocasião do efetivo recolhimento do segurado à prisão, se requerido até 30 dias desta ou na DER após esses 30 dias.

Fuga do presidiário

Se o presidiário evade-se, as mensalidades são suspensas. Passado algum tempo após a fuga, se declarada a ausência ou desaparecimento do foragido subsistirá uma pensão por morte. Uma vez recapturado o fugitivo as mensalidades são reiniciadas, mantendo-se as características anteriores. Trimestralmente os pensionistas terão de fazer a prova do que o segurado continua preso.

Renda inicial

No comum dos casos a renda mensal da pensão por morte será igual à do auxílio-reclusão. Se os dependentes não faziam jus porque o segurado percebia acima do patamar constitucional, a renda inicial será calculada com base nos salários de contribuição do segurado.

Prisão provisória

Os dependentes do segurado detido em prisão provisória terão direito ao benefício uma vez comprovado o seu recolhimento por meio de documento expedido pela autoridade responsável.

Equiparado ao presidiário

O maior de 16 e menor de 18 anos de idade internado em estabelecimento educacional ou congênere, sob custódia do Juizado da Infância e da Juventude, é considerado como um recolhido à prisão. Para ele, é exigida a certidão do despacho de internação e o documento atestando o recolhimento, pelo órgão subordinado ao Juiz da Infância e da Juventude.

Conceito de pena

Considera-se pena privativa de liberdade a cumprida em regime fechado ou semiaberto, sendo:

I – regime fechado, aquele sujeito à execução da pena em estabelecimento de segurança máxima ou média; e

II – regime semiaberto, aquele sujeito à execução da pena em colônia agrícola, industrial ou estabelecimento similar.

Livramento condicional

Não cabe a concessão se o segurado estiver em livramento condicional ou cumprindo pena em regime aberto, cuja execução da pena seja em casa de albergado ou estabelecimento adequado.

Ausência da remuneração

O empregado fará a comprovação da ausência da remuneração mediante declaração da empresa para a qual trabalhava. No caso do doméstico, o empregador doméstico. Para o autônomo que presta serviço para pessoas jurídicas, as contratantes, igual valendo para o empresário. Aqueles que não têm vínculo com empresas (autônomo, facultativo, segurado especial etc.) uma declaração de próprio punho.

Atividade remunerada

O fato de o presidiário contribuir como contribuinte individual ou como facultativo, não afeta o direito dos seus dependentes.

Benefícios do presidiário

O presidiário não tem direito ao auxílio-doença ou aposentadorias enquanto vigente o auxílio-reclusão, permitida a opção pelos dependentes, em favor da prestação mais vantajosa, opção manifestada por declaração escrita do segurado e respectivos dependentes.

Benefício dos homossexuais

Por força da Ação Civil Pública n. 2000.71.00.009347-0, é garantido o auxílio-reclusão ao companheiro ou companheira do mesmo sexo, para óbito ocorrido a partir de 5.4.1991.

Filho *a posteriori*

O filho nascido durante a prisão do segurado será incorporado ao conjunto dos dependentes, a partir da data do seu nascimento.

Dependente designado

A pessoa cuja designação ocorreu até 28.4.1995, terá direito ao auxílio-reclusão, se o recolhimento à prisão tiver ocorrido até essa data.

Menor sob guarda

É direito ao auxílio-reclusão do menor sob guarda, desde que a prisão tenha ocorrido até 13.10.1996.

Habilitação *a posteriori*

A habilitação posterior de outro dependente que importe na exclusão ou inclusão de dependentes somente produzirá efeito a contar da data da habilitação.

Qualidade de segurado

Quem perdeu a qualidade de segurado não institui o auxílio-reclusão.

Constatada uma incapacidade que ocorreu dentro do período de graça, caberá a sua concessão, entendendo-se que esse *status* previdenciário se manteve, ainda que sem requerimento do auxílio-doença.

Cessação do benefício

I – extinção da última cota individual;

II – percepção de aposentadoria;

III – óbito do beneficiário;

IV – casamento, emancipação de filho ou irmão;

V – cessação da invalidez;

VI – adoção, para o filho adotado percipiente de auxílio-reclusão dos pais biológicos, exceto quando o cônjuge ou o companheiro adotar o filho do outro;

VII – libertação do presidiário; e

VIII – morte do presidiário.

Nesta última hipótese, cogita-se do direito à pensão por morte.

Falecendo o segurado preso, o auxílio-reclusão automaticamente será convertido em pensão por morte (RPS, art. 118).

Suspensão dos pagamentos

Ela se dá em quatro hipóteses:

I – fuga do presidiário;

II – opção pelo auxílio-doença;

III – falta do atestado trimestral, firmado pela autoridade competente, comprobatório da prisão do segurado;

IV – livramento condicional, cumprimento da pena em regime aberto ou por prisão albergue.

Havendo atividade dentro do período de fuga, livramento condicional, cumprimento de pena em regime aberto ou prisão albergue, este será considerado para verificação de manutenção da qualidade de segurado.

Casamento do cônjuge

Ausente disposição específica na legislação crê-se que caso a cônjuge dependente se case ela não perde o direito ao auxílio-reclusão.

Capítulo 56 – Casamento na Prisão

De algum tempo a esta parte tem havido casamentos civis nas prisões. Rigorosamente, nada obsta haver uniões canônicas, estáveis e homoafetivas oficializadas nos presídios. A matéria diz respeito à Lei das Execuções Penais, à política administrativa das penitenciárias e às atuações do diretor do presídio. Quase sempre a decisão de autorizar esses eventos acaba restando para o Juiz das Execuções Penais.

Alhures alega-se que alguns apenados se casam apenas para que o seu cônjuge faça jus ao auxílio-reclusão. Isso não importa, mas em todo o caso a superveniência das cerimônias após a prisão é tormentosa no Direito Previdenciário.

Não há ofensa ao princípio do equilíbrio atuarial e financeiro, a questão não foi convencionada na legislação securitária em razão do pequeno número de casos, ela reclama análise na previdência social. Trata-se tão somente de um mau risco e nada mais.

O instituto técnico envolvido é o intrigante momento da gestação do direito ao benefício. No que diz respeito à pensão por morte, o entendimento doutrinário pacificado é de que aquele fato gerador tem de ocorrer antes do falecimento do segurado. Sem prejuízo de se pensar numa união *post mortem*. Por analogia, dizem alguns, a prisão teria de ocorrer após a união, para que os dependentes façam jus ao benefício.

Preliminarmente, carece responder se existe um casamento real, quando os cônjuges convivem fisicamente separados pela prisão do primeiro deles; se essa união se mantém constante e, *ipso facto*, se vige a presunção de dependência econômica.

Esses casados ou unidos constituirão uma família, ainda que uma família destituída dos principais elementos que é a presença física cotidiana dos conviventes, o amparo moral e tudo o mais que dela faz parte.

Se o presidiário é frequentemente visitado pelo cônjuge, com ele mantém relações sexuais, preserva relações morais e financeiras, não se pode negar a existência de uma família. Se há uma família, há presunção de dependência econômica, com ela o direito ao auxílio-reclusão. Tanto isso é verdade, que nunca ninguém anulou um casamento porque um dos cônjuges foi preso.

Se esse casamento for desfeito por separação ou divórcio, sem pensão alimentícia, ele não mais produzirá efeitos no Direito Previdenciário; cessará o auxílio-reclusão.

Na AC n. 1.330.585, de 13.10.08, do TRF da 3ª Região, consta: "4. Tendo em vista que o matrimônio ocorreu quase um ano após o recolhimento do segurado à prisão, não há como conceder o benefício em razão da não comprovação da vida em comum entre a autora e o apenado à data da prisão".

Se o magistrado relator apoiou-se em provas contidas nos autos, de que matrimônio não se realizou, tudo bem, mas afirmar em tese que não existe casamento nesses casos é inadmissível.

Repete-se, o que se tem é mau risco. Nada tem impedido uma pessoa de se casar com um paciente na UTI de um hospital (casamento nuncupativo) e faça jus à pensão por morte nem que uma mocinha de 21 anos se una a um nonagenário, enquanto a lei expressamente não restringir o direito à pensão por morte.

Capítulo 57 – Presidiários e Internados

Os dependentes preferenciais ou não preferenciais presos numa Delegacia de Polícia, recolhidos à prisão num estabelecimento correcional ou cumprindo pena em presídios, continuam dependentes ainda que sua manutenção dependa momentaneamente do Estado.

Quando esse apenado, seja o cônjuge ou o companheiro, os pais ou os irmãos, é o único beneficiário com direito à pensão por morte, serão duas situações: a) o segurado faleceu após a prisão ou b) quando foi recolhido à prisão, ele já era pensionista do segurado.

O direito à pensão por morte não é afetado pela perda de alguns direitos civis próprios dos presidiários.

A pretensão ao benefício será exercitada diretamente ou por representante por ele designado, devendo ser considerada essa percepção mensal de prestação previdenciária como direito ao eventual auxílio-reclusão.

No caso de o falecido ser o marido ou a mulher, o companheiro ou a companheira, se poderá entender que a união continua existindo, ainda que com todas as limitações do regime carcerário.

Capítulo 58 — Requerimento Inicial

Falecido o segurado, depois do seu sepultamento e passadas as condolências, a família tem de providenciar a coleta dos documentos comprobatórios do direito e dirigir-se ao órgão gestor da previdência social para solicitar a pensão por morte.

Depois de ter obtido cópia dos mesmos, com as provas à mão, os interessados a entregarão ao órgão competente, mediante protocolo.

Normalmente essa providência é antecedida da Data do Agendamento, cujo momento se prestará para alguns fins jurídicos, entre os quais a Data do Início do Benefício.

Se o órgão concessor entender que os papéis apresentados completam os pressupostos da instrução e não são necessárias aduções complementares, ele dará início à verificação instrumental, mas, sobrevindo a necessidade de mais informações, exigirá o cumprimento de exigências.

Os interessados devem provar:

a) óbito do segurado e, se for o caso, sua ausência ou desaparecimento;

b) a constância de uma união, quando presentes cônjuges ou companheiros;

c) a existência de filhos menores de 21 anos;

d) a invalidez desses filhos;

e) a não emancipação ou casamento dos filhos;

f) na falta de membros do grupo básico, a existência dos pais;

g) não existindo membros do grupo básico ou pais, a presença dos irmãos menores de 21 anos;

h) a invalidez dos irmãos;

i) se o cônjuge estiver separado, a prova da dependência econômica;

j) a dependência econômica dos membros da segunda e terceira classes;

k) um documento de identidade;

l) a prova de endereço;

m) requerimento padrão;

n) conta bancária.

Capítulo 59 — Transferência de Benefícios

Por vontade expressa do interessado a Previdência Social transfere o órgão mantenedor da pensão por morte que comanda os pagamentos das mensalidades. Trata-se de providência administrativa simples e realizada rapidamente.

Conceito mínimo

Transferência de benefícios é a mudança física do órgão mantenedor da prestação previdenciária, de uma localidade para outra. Normalmente, mudando a APS. O critério básico é a proximidade da residência do interessado.

Direito subjetivo

Todos os beneficiários, segurados ou dependentes, têm o direito de solicitar ao atual órgão gestor administrativo onde se opera a manutenção que transfira os pagamentos dos benefícios para outro órgão gestor.

Autor do pedido

Somente o titular detém o poder de providenciar a transferência, admitindo-se, conforme o caso, em sua substituição legal, o procurador, o curador ou o tutor.

Mudança administrativa

Pode dar-se de a Administração Pública encerrar as atividades em um órgão local e deslocar fisicamente todos os benefícios para outro órgão local.

Norma administrativa

Diz o art. 410 da IN INSS n. 45/10:

> "A transferência do benefício entre órgãos mantenedores deverá ser formalizada junto à APS mais próxima da nova localidade onde residir o beneficiário."

Iniciativa do interessado

Desejando mudar de APS do INSS, bastará ao interessado solicitar essa providência de caráter administrativo.

Transferência de banco

Às vezes, a disposição do beneficiário não é mudar a APS, mas a agência bancária em que são feitos os depósitos. Então, neste caso, a solicitação deve ser protocolada na nova agência bancária, que encaminhará a solicitação ao INSS.

Requerimento de solicitação

Se não existir formulário padronizado para isso, o interessado preencherá um requerimento de próprio punho, em que se identificará e se referirá aos dados do benefício cuja transferência pretenda realizar.

Transferência para o exterior

Quando se tratar de residência no exterior, a transferência dos pagamentos terá de ser encaminhada mediante a intermediação e atuação do Banco do Brasil.

Fusão do rateio

Reconciliados os pensionistas antes separados, se anteriormente houve uma concessão ou uma manutenção distinta da prestação, as duas partes solicitarão a fusão da prestação que passará a ser mantida individualmente.

Capítulo 60 – Perícia Médica

Além do envelhecimento populacional, a par das questões que envolvem a habilitação, a reabilitação e a readaptação dos beneficiários, o tema atual mais preocupante da seguridade social centra-se na eficácia científica da perícia médica.

Diz respeito às dificuldades técnicas na apuração da incapacidade para o trabalho, insuscetibilidade de reabilitação, e invalidez de indivíduos, filhos e irmãos do segurado.

Uma das queixas mais comuns sedia-se nas altas médicas das prestações indeferidas ou mantidas.

No comum dos casos, em face de posicionamento oposto do Poder Judiciário, tem-se que uma dessas duas perícias está equivocada, sendo consabido que os critérios, os objetivos e as pressões sofridas pelos profissionais são diferenciados e devem ser unificados pela lei.

Esse cenário não é novo e o MPS há algum tempo busca soluções conjunturais e estruturais que ponham fim às dificuldades operacionais.

Conceito mínimo

A perícia médica dos inválidos consiste num exame clínico que sopese o estado de saúde do examinado com vistas à concessão da pensão por morte.

Perícia que não pode ignorar os avanços da medicina, a idade da pessoa e a possibilidade de a técnica moderna permitir o trabalho a quem antes não tinha essa aptidão.

E também a perfeita definição do que seja deficiência intelectual e mental (Lei n. 12.470/11).

Oportunidade da realização

O momento habitual da realização da perícia médica deve ser por ocasião da instrução do pedido do benefício, isto é, quando da apresentação da documentação dos interessados.

No caso da emancipação, diz o art. 108 do RPS:

> "A pensão por morte somente será devida ao filho e ao irmão cuja invalidez tenha ocorrido antes da emancipação ou de completar a idade de vinte e um anos, desde que reconhecida ou comprovada, pela perícia médica do INSS, a continuidade da invalidez até a data do óbito do segurado" (redação do Decreto n. 6.939/09).

Realização prévia

Poderá haver uma perícia médica prévia, a ser reafirmada por ocasião da solicitação do benefício, e submetida à discrição da Administração Pública.

Presença do assistente

Diz o art. 428 da IN INSS n. 45/10:

> "O perito médico poderá, quando entender necessário, solicitar ao médico assistente do beneficiário que forneça informações a ele relativas para fins do disposto nos § 2º do art. 43 e § 1º do art. 71 do RPS ou para subsidiar emissão de laudo médico pericial conclusivo, conforme Anexo VI. *Parágrafo único.* Considera-se médico assistente o profissional responsável pelo diagnóstico, tratamento e acompanhamento da evolução da patologia do paciente."

Remarcação do exame

O segurado poderá solicitar remarcação do exame médico pericial por uma vez, caso não possa comparecer (IN INSS n. 45/10, art. 429). Se o segurado pode, também podem seus filhos e irmãos.

Local da realização

A perícia médica poderá suceder num hospital ou na residência do examinado, mediante a apresentação de documentação médica comprovando a internação ou a impossibilidade de locomoção (art. 430 da IN INSS n. 45/10).

Post mortem

Um exame depois da morte do periciado, se for materialmente viável, será reconhecido pelo órgão gestor.

Prova extemporânea

Nada impede que a família, depois de deferida a pensão por morte, tomando conhecimento do direito, promova a demonstração de que antes do óbito do segurado, um filho ou irmão maior de 21 anos era inválido.

Obrigação legal

O art. 109 do PBPS deixa clara a obrigação da submissão à perícia médica.

Continuidade dos exames

De forma clara o art. 109 do RPS determina:

> "O pensionista inválido está obrigado, independentemente de sua idade e sob pena de suspensão do benefício, a submeter-se a exame médico a cargo da previdência social, processo de reabilitação profissional por ela prescrito e custeado e tratamento dispensado gratuitamente, exceto o cirúrgico e a transfusão de sangue, que são facultativos."

Cessação da manutenção

Um benefício em manutenção poderá ser cessado quando o dependente readquirir a capacidade para o trabalho (RPS, art. 114, III).

Menores de idade

No caso de invalidez superveniente antes da emancipação ou de completar a idade mínima, desde que seja submetido a perícia médica (RPS, art. 108).

Providências dos autores

Quem pretender ver reconhecida a definição da invalidez de um dependente (e também de um segurado) em termos administrativos ou judiciais deve estar aparelhado com provas exaustivas, técnicas e proativas dessa incapacidade.

Demonstração judicial

Nos casos de indeferimento da pretensão os interessados poderão ingressar com ação declaratória na Justiça Federal para que o Poder Judiciário defina a situação do requerente, providência que pode ser encaminhada ao mesmo tempo da instrução, concessão e manutenção da pensão por morte.

Autarquia federal

O Governo Federal tem de pensar numa autarquia federal distinta do INSS, contando com a cooperação da iniciativa privada para que essa perícia médica seja descentralizada e realizada por uma junta médica composta por: a) profissional médico da Previdência Social especializado no CID alegado pelo examinando; b) um profissional médico indicado pelos empregadores; e c) um profissional médico representante dos trabalhadores.

Que essa instituição disponha de recursos materiais adequados, entre os quais a possibilidade de: a) exames suplementares laboratoriais; b) visita *in loco* dos estabelecimentos das empresas; c) acesso aos prontuários médicos; d) pesquisa internacional sobre os diferentes CID; e) participação de médicos assistentes, assistentes sociais e advogados.

Prazo judicial

Manifestando-se em Ação Civil Pública intentada pelo Ministério Público Federal de Porto Alegre, o desembargador Luis Alberto d'Azevedo Aurvalle, da 6ª Turma do TFR da 4ª Região, em 28.9.2011 fixou um prazo de 30 dias contado da DER do benefício para que o INSS realize a devida perícia médica (*Boletim do IBDP* n. 177, de 24.10.2011).

Direito comparado

Será de bom alvedrio que o MPS promova levantamento em nível mundial em matéria de direito comparado e que discuta com a sociedade, principalmente contando com a presença dos sindicatos, promovendo audiências públicas regionais, ampla e nacional. Com a participação de técnicos, especialistas e a presença das universidades.

Capítulo 61 – Solicitação e Concessão

O pedido de uma pensão por morte segue os trâmites do Direito Previdenciário Procedimental, *ab initio*, neste aspecto, convindo consultar os postulados da Lei n. 9.784/99, da Portaria MPS n. 548/11 e da IN INSS n. 45/10.

Um dia, no futuro, diante da informação do óbito do segurado, detendo a posse de todos os dados necessários, o INSS concederá o benefício espontaneamente. Isso seria muito mais fácil, se as condições que envolvem o segurado durante sua vida não se alterassem tanto.

Requisitos básicos

Para que os dependentes do segurado falecido façam jus à prestação importa que estejam presentes os requisitos legais (qualidade de segurado, uma contribuição mínima e o evento determinante). De regra, não importa que esteja contribuindo nem que seja aposentado. Os documentos apresentados pelos interessados terão de fazer a prova disso.

Titularidade do benefício

Com o falecimento do segurado, de regra a viúva ou a companheira será a signatária do pedido, em seu nome e no dos seus filhos. No caso de ter falecido a mulher, igual se passará com o marido, agora um viúvo ou convivente. Se somente os filhos fazem jus o benefício, ele será concedido em seus nomes e requerido por pessoa que os represente.

Pais podem ser representados pelo homem ou pela mulher. No caso de pais separados serão emitidos dois benefícios.

Os irmãos que tiverem direito serão os titulares do benefício. No caso de dois com direito, o órgão gestor despachará dois benefícios, com distintos titulares.

É imprescindível que os filhos menores façam parte do pedido da viúva, assim decidiu o juiz Francisco Helio Camelo Ferreira, do TRF da 1ª Região de 11.5.2011, na AC n. 2005.01.99.068747-0/MG, *in Revista de Direito Social* n. 42/195, de abr./jun. 2011.

Instrução do pedido

De posse do formulário do requerimento e dos documentos exigidos, depois de protocolada a solicitação, inicia-se um procedimento interno de verificação do direito. Esses papéis consubstanciarão um enfeixado, habitualmente designado como processo, que prosseguirá até o seu arquivamento.

Renda inicial

Finalizada a instrução do pedido com a avaliação das provas apresentadas, de posse dos elementos matemáticos necessários é feito o cálculo do valor inicial da mensalidade da pensão por morte.

Reserva de cotas

Dadas as circunstâncias (por exemplo, o segurado não vivia no lar dos dependentes, quem custeou o sepultamento foi outra pessoa com eventual direito etc.), subsistindo a dúvida de que possa haver alguém com direito, o órgão gestor reservará cota correspondente.

Comunicação aos interessados

O INSS dá ciência do deferimento da pretensão mediante a emissão de uma Carta de Concessão/Memória de Cálculo ou documento equivalente.

Aperfeiçoamento do ato

O ato administrativo de concessão do benefício, iniciado com o requerimento do pedido, aperfeiçoa-se no momento em que informado o deferimento, os dependentes recebem a primeira mensalidade. Caso isso não suceda, sobrevirá uma espécie de suspensão dos pagamentos.

Capítulo 62 – Habilitação *a Posteriori*

O administrador previdenciário espera que os dependentes do segurado falecido requeiram a pensão por morte em face do seu caráter nitidamente alimentar, que o façam imediatamente, mas são várias as hipóteses em que isso não acontece: a) falta de documentos; b) desconhecimento do titular; c) dificuldades operacionais; d) razões subjetivas; e) não inclusão de dependentes; f) desconhecimento da morte do segurado; g) ausência de pessoas; h) incapacidade jurídica etc.

O requerimento do benefício a destempo experimenta regras próprias. Se o cônjuge ou companheiro solicita tardiamente a prestação, a DIB será a DER. No caso de menores ou incapazes a DIB será a DO.

Imprescritibilidade do direito

A regra de ouro do direito à pensão por morte é a imprescritibilidade do chamado fundo de direito. Tomando conhecimento tardiamente da pretensão, nada impede o seu exercício tardio.

Vale lembrar que nesses casos, o cálculo da renda inicial é o da época do falecimento do *de cujus* e não o da DER ou da DIB do benefício.

Processada a aferição matemática do montante original, ele será atualizado até a DIB, como se tivesse sido mantido.

Presença tardia

Às vezes, a viúva ignora que deve arrolar todos os seus filhos e o faz tardiamente. Quando são menores de 16 anos é preciso pensar na não prescrição de mensalidades, mas, no comum dos casos, releva considerar que mais tarde ela pode falecer e esses menores não arrolados ficarem formalmente sem o benefício.

Concorrência extemporânea

Por variados motivos, quando da presença da união estável, por vezes a esposa e a companheira demoram a se apresentar como concorrentes. Nesse caso, a quota do benefício correspondente será deferida quando da DER. Claro, raciocínio que não vale para menores, incapazes e ausentes.

Inação da titular

Em relação aos segurados ausentes ou desaparecidos e até mesmo falecidos depois do óbito do segurado, pode dar-se de os interessados tomarem conhecimento do direito muito tempo depois. Quando se habilitarão.

Invalidez após o óbito

Caso o filho ou o irmão do segurado maior de 21 anos seja acometido de invalidez, deficiência intelectual ou mental depois do óbito do instituidor não há direito ao benefício.

Inclusão tardia

Claramente, diz o art. 76 do PBPS:

> "A concessão da pensão por morte não será protelada pela falta de habilitação de outro possível dependente, e qualquer inscrição ou habilitação posterior que importe em exclusão ou inclusão de dependente só produzirá efeito a contar da data da inscrição ou habilitação."

Este dispositivo é complexo e abarca várias situações particulares. A expressão "produzirá efeito" deve ser analisada à luz da imprescritibilidade do direito às mensalidades de certos dependentes.

Primeiro, quer dizer que se o titular não tem ainda as provas do direito de um dependente, o benefício poderá ser concedido imediatamente e a inclusão deste se operará quando ele se inscrever ou se habilitar.

Segundo, se um dependente preferencial (como cônjuge ou companheiro) estiver ausente, ele será incluído quando reaparecer.

Terceiro, que a pensão será deferida ao companheiro ou à companheira diante da ausência de um cônjuge concorrente com direito.

Quarto, que o legislador admite a hipótese de concessão em favor de uma pessoa e posteriormente essa pessoa seja afastada do direito em favor de outra pessoa. Às vezes, a Justiça Federal entende que mesmo sem pensão alimentícia a mulher separada do marido (quando ausente outro concorrente) tem direito ao benefício.

Capítulo 63 – Reajustamento das Mensalidades

Com a disciplina da correção monetária no Brasil, em 1964 emergiu uma tormentosa questão, a de tentar restabelecer o poder aquisitivo da moeda em face do processo inflacionário que assolava o país. Acolhido que aumento pouco tem a ver com reajustamento, a Lei n. 4.357/64 tentou oferecer parâmetros jurídicos para a atualização dos valores pecuniários em face da inflação que começávamos a enfrentar em níveis assustadores. Um dos principais reajustamentos históricos dos benefícios ocorrera apenas em 1959.

Aparentemente bastaria encontrar um indexador matemático e financeiro consoante o princípio constitucional estabelecido em 5.10.88, adequado à hipótese: a correção deveria restabelecer a força de compra da moeda aferida na DIB e em caráter permanente.

O princípio constitucional comparece no art. 201, § 4º, com a redação dada pela EC n. 20/98:

> "É assegurado o reajustamento dos benefícios para preservar-lhes, em caráter permanente, o valor real, conforme critérios definidos em lei."

Ele se espraiou para o texto constitucional em diversas oportunidades (CF, arts. 40, § 8º e 201, § 3º).

Com um pressuposto econômico (a inflação), são ofertados os seguintes elementos: a) há direito subjetivo ao reajustamento; b) a medida administrativa será permanente e não episódica (deixando a critério do legislador a periodicidade); c) diz respeito o valor real e não o nominal; d) a definição do critério a ser adotado é legal.

Reajustamento no RGPS

O art. 29, parágrafo único da Lei n. 10.741/03 diz:

> "Os valores dos benefícios em manutenção serão reajustados na mesma data de reajuste do salário-mínimo, *pro rata*, de acordo com suas respectivas datas de início ou do seu último reajustamento, com base em percentual definido em regulamento, observados os critérios estabelecidos pela Lei n. 8.213, de 24 de julho de 1991."

Depois de marchas e contramarchas, o art. 41 do PBPS foi revogado pela Lei n. 11.430/06 e ao seu lado restou contemplado um art. 41-A.

A norma legal vigente do RGPS diz:

> "O valor dos benefícios em manutenção será reajustado, anualmente, na mesma data do reajuste do salário-mínimo, *pro rata*, de acordo com suas respectivas datas de início ou do último reajustamento, com base no Índice Nacional de Preços ao Consumidor — INPC, apurado pela Fundação Instituto Brasileiro de Geografia e Estatística — IBGE" (redação da Lei n. 11.430/06).

Na redação anterior era praticamente a mesma (*caput* e incisos I/III), acrescendo-se um inciso IV com a seguinte redação: "variação de preços de produtos necessários e relevantes para aferição da manutenção do valor de compra dos benefícios" (redação da Medida Provisória n. 2.022-017/00). Quer dizer, além de mencionar o INPC (inciso II), a norma definia como obtê-lo.

Abstraindo o equívoco vernacular de referir-se a "proventos" que é a renda mensal do servidor jubilado, singelamente a Súmula n. 6 do TFR da 3ª Região conforma-se com o princípio da reserva legal. Quer que o reajustamento dos benefícios seja o critério legal e não o constitucional ou regulamentar. Acabou sendo o constitucional, pois o objetivo é o mesmo: resguardar o poder aquisitivo do valor dos benefícios. Elegeu a lei como a suprema norma desses reajustamentos; logo, o Congresso Nacional terá sempre a última palavra.

As normas falam em anualidade e na mesma época do salário-mínimo, obrigando a interpretação já que este último não vinha sendo reajustado a cada 12 meses, é assim desde que o mês de janeiro tenha sido a data-base. Politicamente não fica bem aumentar o salário-mínimo e não proporcionar o reajustamento dos que ganham acima desse patamar.

Quem teve o benefício concedido antes da data-base anterior terá a totalidade do percentual da variação do INPC.

Diferentemente da Súmula TFR n. 260, é proporcional aos meses da data da concessão do benefício. O critério é a variação integral do INPC.

Embora silencie a respeito, a divulgação será feita pelo MPS.

Tendo em vista o extraordinário poder legiferante do MPS, não quer que normas administrativas, quaisquer que sejam elas, prevaleçam nessa matéria.

Essa posição pode ser colhida na Súmula TRF da 3ª Região n. 6:

> "O reajuste dos proventos resultantes de benefícios previdenciários deve obedecer às prescrições legais, afastadas as normas administrativas que disponham de maneira diversa".

Integralidade do índice

Quem teve o benefício concedido antes da data-base anterior terá a totalidade do percentual da variação do INPC.

Proporcionalidade da modificação

Diferentemente da Súmula TFR n. 260, será proporcional aos meses da data da concessão do benefício.

Indexador vigente

O critério é a variação integral do INPC.

Divulgação da decisão

Embora silencie a respeito, a divulgação será feita pelo MPS.

Salário-mínimo

Não há como promover o reajustamento do benefício com base no número de salários-mínimos da data do óbito do segurado. Tentativas nesse sentido têm sido infrutíferas (AC n. 2005.05.00.050391-6/PE – 376.914, de 16.9.2008, da 2ª Turma do TRF da 5ª Região, desembargador Manoel Erhardt, *in RPS* n. 337/962).

Índice negativo

Se o índice do INPC for negativo instala-se alguma polêmica. Do ponto de vista puramente matemático, deveria ocorrer diminuição do valor das mensalidades porque, por presunção, o custo de vida teria diminuído. Todavia não existe essa presunção em face da natureza do indicador e por vários motivos (a inflação é subjetiva, não é nacional, varia conforme as classes sociais, decorre de amostragem, não oferece certeza quanto à apuração, e principalmente, perdas havidas etc.).

Neste caso, exceto se o índice deflacionário for altíssimo (o que somente sucede dentro de enormes crises monetárias, econômicas e financeiras), ele não deve ser aplicado.

Acréscimo real

Nossa Carta Magna dispõe sobre eventual acréscimo de valor dos benefícios. Circunscrito ao equilíbrio atuarial e financeiro, o legislador ordinário pode mandar resgatar perdas financeiras havidas segundo a capacidade orçamentária da seguridade social.

Paridade dos servidores

Diante das mudanças encetadas pelas EC ns. 20/98, 41/03 e 47/05, a paridade dos servidores conhece várias modalidades correspondentes a diferentes momentos da legislação constitucional.

Regra permanente

Para quem vier a se aposentar depois da última mudança (ocorrida em 19.12.2003), a regra permanente é muito clara:

> "É assegurado o reajustamento dos benefícios para preservar-lhes, em caráter permanente, o valor real, conforme critérios estabelecidos em lei" (CF, art. 40, § 8º).

A semelhança desse dispositivo com o contido no art. 201, § 4º, da Carta Magna faz pensar no art. 41 do PBPS, com a introdução do atual INPC para os servidores.

Paridade transitória

Em relação aos servidores que optaram pelo disposto no art. 2º, § 6º, da EC n. 41/03, subsiste uma espécie de regra transitória que remete à regra permanente:

> "Às aposentadorias concedidas de acordo com esse artigo aplica-se o disposto no art. 40, § 8º, da Constituição Federal."

Paridade mitigada

O parágrafo único do art. 6º da EC n. 41/03, fixava algumas regras de transição:

"Os proventos das aposentadorias concedidas conforme este artigo serão revistos na mesma proporção e na mesma data, sempre que se modificar a remuneração dos servidores em atividade, na forma da lei, observado o disposto no art. 37, XI, da Constituição Federal" (revogado pela EC n. 47/05).

Paridade plena

O art. 7º da EC n. 41/03 reza:

"Observado o disposto no art. 37, XI, da Constituição Federal, os proventos de aposentadoria dos servidores públicos titulares de cargo efetivo e as pensões dos seus dependentes pagos pela União, Estados, Distrito Federal e Municípios, incluídas suas autarquias e fundações, em fruição na data de publicação desta Emenda, bem como os proventos de aposentadoria dos servidores, as pensões dos dependes abrangidos pelo art. 3º desta Emenda, serão revistos na mesma proporção e na mesma data, sempre que se modificar a remuneração dos servidores em atividade, sendo também estendidos aos aposentados e pensionistas quaisquer benefícios ou vantagens posteriormente concedidos aos servidores em atividade, inclusive quando decorrentes da transformação ou reclassificação do cargo ou função em que se deu a aposentadoria ou que serviu de referência para a concessão da pensão, na forma da lei."

Quer dizer, quem já tinha direito aos benefícios ou estava no seu gozo até 30.12.2003 continua com a paridade anterior às mudanças, que pode ser chamada de paridade total ou plena. Para os que se jubilarem depois dessa data, vale o art. 40, § 8º (que é o INPC).

Capítulo 64 — Revisão de Benefícios

Dentro do prazo legal de dez anos, inconformados com os elementos da pensão por morte, os dependentes poderão solicitar ao órgão concessor que reexamine o ato de deferimento e, principalmente, recalcule o montante da renda inicial e, especialmente, que defina quem são os verdadeiros pensionistas.

O próprio ente devedor da obrigação previdenciária, no mesmo prazo legal também tem esse poder de reapreciação assegurado pela Lei n. 9.784/99 e pelo vetusto direito sumular (Prazo para reavaliação das Prestações Securitárias, *in Revista Síntese* n. 240, de jun. 2009, p. 12).

Introdução da matéria

Concedido o benefício, os interessados podem restar insatisfeitos com alguns dos seus aspectos institucionais:

a) quais são os pensionistas;

b) valor mensal;

c) data do início;

d) não incorporação do auxílio-acidente;

e) provas que autorizam a revisão da aposentadoria anteriormente mantida;

f) inclusão de novos dependentes;

g) demonstração da invalidez do filho ou irmão maior de 21 anos etc.

São muitas as hipóteses. Tais inconformidades poderão decorrer de várias causas, ignorância da legislação, equívoco do órgão gestor, questões jurídicas ou rejeição de provas etc.

Um pedido de reconsideração da negativa de concessão é um exemplo típico de expediente contido no Direito Previdenciário Procedimental e acaba se desdobrando em duas espécies básicas: administrativa e judicial.

Ciência dos fatos

Recebida a comunicação da concessão, com o pedido de revisão de cálculo (e até mesmo da negativa de implantação do benefício) instala-se a contenciosidade, instrumentalizada mediante requerimento dirigido ao órgão concessor, com a demonstração do alegado e, se for o caso, a juntada de novas provas.

Estrutura da interposição

No mínimo, o pedido de revisão do cálculo conterá:

a) identificação e qualificação do autor;

b) espécie da prestação;

c) número do benefício deferido;

d) exposição das operações matemáticas do INSS;

e) desenvolvimento dos números e dados do autor;

f) raciocínio a favor do objetivo do beneficiário;

g) fundamento legal da alegação; e

h) pedido de revisão propriamente dito e do pagamento de atrasados.

Tal requerimento será juntado aos autos, prosseguindo-se o feito até a solução da pendência (ou juntada deste enfeixado a um processo judicial).

Essa primeira solicitação não é efetivamente ainda um recurso. Por isso, destina-se a quem despachou o procedimento administrativo; o duplo grau de jurisdição emergirá na fase seguinte, se não atendida a pretensão do requerente.

Causa petendi

Se puder ser articulado, melhor, mas o requerimento carece de fundamentação específica. Embora se possa alegar o desconforto em apresentar razões jurídicas, tal atitude tornaria mais difícil a circunscrição da área de controvérsia. Máxime em se tratando de pendência relativa a direito e não a fato, como, por exemplo, não ter sido considerado alguém como dependente (ex.: enteado), tido pelo solicitante como legítimo.

Provas materiais

Quando da solicitação da revisão, se for o caso, é chegado o momento da produção e apresentação de novas provas materiais do alegado, que reforçarão o pedido inicial e na sede da controvérsia.

Questões jurídicas

Em muitos casos a discussão se travará em termos de direito e não em matéria de provas. Nesta oportunidade será útil carrear manifestações doutrinárias e, conforme o caso, pareceres de especialistas.

Recálculo da renda

É imprescindível o requerente dominar as técnicas matemáticas da apuração da renda inicial e exibir o seu cálculo da pensão por morte, demonstrando a divergência com o método utilizado pelo órgão concessor. Evidenciar o erro cometido, às vezes, de simples digitação.

Razões e comprovações

As razões jurídicas e as comprovações são apreciadas internamente, sopesando a validade do arrazoado e do apresentado.

Revisão da revisão

Pode dar-se de haver necessidade da revisão da revisão operada. Muitas vezes, o pedido de reexame resulta em diminuição indevida do valor originário, impondo-se mais uma apreciação.

Reformatio in pejus

Existe *reformatio in pejus* no Direito Previdenciário: da revisão, justificada em razões próprias válidas, poderá resultar um valor menor.

Prazo para solicitação

Atualmente, o termo fatal para o protocolo da revisão é de dez anos (PBPS, art. 103). Se a DIB do benefício deu-se antes da Lei n. 9.528/97, não há qualquer tempo para o pedido de revisão (entendimento sem consenso doutrinário).

Para o Procurador Federal George Harrison dos Santos Nery inexiste o prazo de dez anos para essa revisão (Proc. n. 0500686.87.2011.05.84-01, da 12ª Vara Federal do RGN, *in Boletim do IBDP* n. 165, de 29.7.2011).

Segundo Vinicius Pacheco Fluminham o prazo do art. 103 é prescricional (Considerações sobre a natureza jurídica do prazo previsto no art. 103, *caput*, da Lei n. 8.213/91, *in RPS* n. 349/1.101), portanto, ele admitiria o seu elastecimento.

Já para Eduardo Gomes Phillippsen é decadencial (Decadência do direito à revisão da renda mensal inicial de benefício previdenciário — Uma análise sob a ótica do Direito Intertemporal, *in RPS* n. 324/061).

Revisão judicial

No comum dos casos o pedido judicial operar-se-á mediante uma ação ordinária e, conforme o caso, a tutela antecipada ou o mandado de segurança.

A Lei n. 9.784/99 estabeleceu que o prazo para a Administração Pública rever os seus atos é de cinco anos (art. 54, § 1º), mas o PBPS fala em dez anos (art. 103) e assim entendeu o Ministro do STJ Gilson Dipp no RESP n. 696.568/PB (Proc. n. 2004.0149938-4, de 18.4.2005, *in Acórdãos Selecionados de Previdência Social*, de Wladimir Novaes Filho, São Paulo: LTr, 2008. p. 331-333).

Teoria dos sistemas

Aparentemente falando mais do reajustamento do que da revisão, lembrando um pouco a nossa observação sobre a supremacia do jurídico sobre o econômico ("Subsídios para um Modelo de Previdência Social"), em longo estudo Marcus Orione Gonçalves Correia assevera que "irá se perceber que justificativas de índole econômica superam as de natureza jurídica, no momento da análise dos índices de reajuste — seja quando da própria confecção da norma infraconstitucional, seja quando da análise do tema pelo Judiciário" (Revisão dos Benefícios Previdenciários: Uma leitura a partir da Teoria dos Sistemas, *in Revista Síntese* n. 203, de maio 2006, p. 47-68).

Capítulo 65 – Possibilidade de Despensão

A expressão "despensão" não designa uma modalidade de pensão, mas um tipo de revisão de cálculo da renda mensal inicial da pensão por morte, em decorrência do êxito na obtenção da desaposentação do seu benefício pressuposto, promovida pelos dependentes do segurado falecido depois do seu óbito.

Conceito mínimo

Trata-se de um vocábulo cunhado por Marcus Orione Gonçalves Correia, em palestra na EPDS, significando o direito de reexame de cálculo da aposentadoria do segurado em virtude da desaposentação, providência essa não tomada em vida pelo interessado ou que se consumou após o seu falecimento. Requerida, não foi rejeitada pela Justiça Federal.

Titularidade do direito

O tema tem sido polêmico em termos de titularidade da pretensão. Alguns magistrados da Justiça Federal entendem que os sucessores do segurado não podem modificar a sua aposentadoria, se essa providência não foi solicitada pelo *de cujus* quando estava vivo.

Na verdade, na despensão ninguém pensa em modificar o montante da aposentadoria e sim obter a definição de um *quantum* hipotético para que seja alterado o valor da pensão por morte antes instituída.

Posição da Justiça Federal

É muito cedo para se ter jurisprudência sobre essa possibilidade, valendo consignar decisão da 1ª Turma Recursal do Paraná (Proc. n. 2009.70500206198, relatada pelo juiz José Antonio Savaris em 2.9.2011) e da 7ª Turma do TRF da 4ª Região (Ap. Reex n. 5005499-28.2010.404.700, relatada pelo desembargador João Batista Pinto Silveira, de 6.4.2011, *in Revista Síntese de Direito Previdenciário* n. 43, de set./out. 2011, p. 25-26).

Revisão da aposentadoria

A possibilidade de revisão dos níveis da aposentadoria após a morte do segurado não é estranha à Justiça Federal e vem sendo acolhida com bastante tranquilidade.

Oscar Valente Cardoso reproduz ementa de quatro decisões nesse sentido (Desaposentação e Despensão: Aspectos Controvertidos, *in Revista Síntese de Direito Previdenciário* n. 43, de set./out. 2011, p. 9-28).

Revisão da pensão

Em consequência da revisão das mensalidades da aposentadoria que deu causa à pensão por morte a renda mensal inicial desta última também tem de ser revista e isso é o que se chama de despensão, expressão, obviamente, uma ideia nascida da desaposentação (*Desaposentação*. 4. ed. São Paulo: LTr, 2011).

Data do início

O novo valor da pensão por morte, depois de revisto, deve ter início a partir da DER, exceto, é claro, em relação a menores de idade, ausentes ou incapazes.

Capítulo 66 – *Tempus Regit Actum*

Quando duas normas tratam do mesmo tema, tem-se que a segunda delas deve ser sopesada em face da primeira. No Direito Social normalmente a norma superveniente é superior à supervinda, mas, às vezes, essa segunda norma pode diminuir direitos concebidos na primeira, cogitando-se de direito adquirido.

Frequentemente, a eficácia de uma disposição determina-se no tempo desde sua vigência e vai até sua revogação. Quando o novo comando é melhor que o anterior alguns estudiosos admitem aplicar este último preteritamente, para não criar quadros de pessoas iguais postas em situações distintas. Para isso suceder bastaria que essa lei superveniente expressamente dissesse que tem eficácia para fatos retroativos.

Se isso não acontece, estabelece-se celeuma jurídica; a nova lei distingue pessoas iguais e elas não se conformam com isso. Desejam a retroação da lei, para se beneficiarem.

Em decisão vetusta o STF decidiu que valem as regras da época em que foram concebidas e enquanto vigerem (Súmula n. 359). Em termos de Direito Intertemporal, tratando da pensão por morte, vale referir-se à Súmula STJ n. 340:

> "A lei aplicável a concessão de pensão previdenciária por morte é aquela vigente na data do óbito do segurado."

Amplitude da legislação

A consagração da paremia *tempus regit actum*, além de se tratar de princípio jurídico geral e que admite pouquíssimas exceções, diz respeito à legislação e não apenas à lei, isto é, inclui a norma complementar, ordinária, delegada, decreto regulamentador, portaria do MPS, ordens de serviços, orientações e instruções normativas do INSS e até mesmo os pareceres.

Retroação natural

Nunca será demais lembrar: existem normas previdenciárias por sua natureza necessariamente retroativas.

Quando da vedação da volta ao trabalho em atividades insalubres dispôs-se sobre aposentadorias especiais concedidas após essa normatização (mas se referindo às prestações concedidas em razão de tempo, de serviços especiais realizados há mais de 25 anos). Geralmente, entretanto, essas normas adquirem eficácia a partir de certa data-base e daí para frente (caso da contribuição da Lei n. 9.732/98, uso de EPI, exigência de PPP etc.).

Ex-combatente

Outra disposição pertinente à pensão por morte é o Enunciado AGU n. 8:

> "O direito à pensão de ex-combatente é regido pelas normas legais em vigor à data do evento morte. Tratando-se de reversão do benefício à filha mulher, em razão do

falecimento da própria mãe que a vinha recebendo, consideram-se não os preceitos em vigor quando do óbito desta última, mas do primeiro, ou seja, do ex-combatente."

Assim que a lei considere válida a reversão de uma quota da pensão por morte, dois momentos devem ser considerados na redação do enunciado: a) data do óbito do segurado ex-combatente e b) data do óbito do dependente.

A regra jurídica é a mesma dos demais benefícios: *tempus regit actum*. Ou seja, vale o que dizia a lei vigente quando do evento gerador do benefício, que é a morte do segurado.

O exame do direito de um dependente beneficiário à reversão submete-se ao que dizia a lei quando o ex-combatente faleceu e não o que preceitua a norma jurídica da data do falecimento da dependente.

Direito sumular

A Súmula TNU n. 15 reza:

> "O valor mensal da pensão por morte concedida antes da Lei n. 9.032, de 28 de abril de 1995, deve ser revisado de acordo com a nova redação dada ao art. 75 da Lei n. 8.213, de 24 de julho de 1991."

No Direito Previdenciário — ainda que com o meritoso objetivo de resgatar perdas institucionais havidas no passado sem tentar majorar o nível das mensalidades, o que é possível — a possibilidade de melhorar os benefícios em manutenção tem sido a linha que separa a previdência social da norma jurídica. É um tema intrigante e mal compreendido (às vezes levando o estudioso a confundir os postulados da previdência com os da assistência). O entendimento da súmula não prevaleceu porque contraria a *tempus regit actum*.

Renda mensal inicial

Atualmente, o valor da pensão por morte e do auxílio-reclusão é de 100% do montante do benefício mantido em favor do *de cujus* (PBPS, art. 75).

Se o segurado não estava auferindo qualquer prestação estima-se o montante correspondente à aposentadoria por invalidez (que é de 100% do salário de benefício).

A contar da data do início da vigência do PBPS (24.7.1991), o montante do benefício era de 50% (cota familiar) + 10% por dependente. Nestas condições, uma viúva com dois filhos fazia jus a 50% + 30% = 80% do benefício do segurado falecido. Para apenas viúva ou único filho, era de 50% + 10% = 60%.

Em 28.4.95, a Lei n. 9.032/95 alterou esses percentuais, passando a ser: 80% (cota familiar) + 10% por dependente até um limite de 100%. Assim a viúva com cinco filhos recebia 80% + 60% = 100% (*sic*).

A partir da Lei n. 9.528/97 o *quantum* da pensão por morte passou a ser de 100%, com qualquer número de dependentes.

Tempus regit actum

De modo geral, a Justiça Federal acolhe a validade da norma vigente ao tempo da consumação do direito, como diz a Súmula STF n. 359.

Norma mais benéfica

O debate técnico travado em relação à comparação da regra atual que dá mais em relação à regra revogada que propiciava menos, suscitou a aplicação do princípio da norma mais benéfica no Direito Previdenciário (*Princípios de Direito Previdenciário*. 4. ed. São Paulo: LTr, 2009).

Com efeito, assevera esse princípio que presentes duas preceituações ou duas situações, uma melhor do que a outra, o beneficiário tem direito de optar por aquela que o favorece mais. Um segurado com 65 anos de idade e 30 anos de serviço com direito à aposentadoria por invalidez escolherá o benefício mais conveniente. Note-se que, *in casu*, a aposentadoria por tempo de contribuição será de 70% do salário de benefício, a por invalidez é de 100% e também de 100% a aposentadoria por idade, mas esta última não impede a volta ao trabalho.

Crê-se que o princípio se aplica a duas disposições vigentes simultaneamente e não postadas temporalmente em sequência. Assim, exceto se dissesse expressamente, a Lei n. 9.528/97, que criou os 100% da pensão por morte, não retroage.

Entendimento jurisprudencial

Tendo em vista que tinha havido uma melhora para os pensionistas cujos segurados faleceram a partir de então, milhares de ações foram internadas na Justiça Federal visando aplicar retroativamente os 100% para os casos anteriores à majoração do percentual. De modo geral, os Juizados Especiais Federais, as Varas Federais e também a Justiça Estadual (em relação à pensão por morte acidentária) vislumbraram essa pretensão e a acolheram.

Na ocasião, a Turma Recursal de Sergipe entendeu:

> "Aplicam-se aos benefícios previdenciários concedidos antes da vigência das Leis ns. 8.213/91, 9.032/95 e 9.528/97, as regras por essas trazidas, não havendo que se falar em ofensa aos princípios do art. 5º, XXXVI, da Constituição Federal" (Súmula n. 7, alterada em 5.4.2006 e revogada em 23.5.2007).

Decisão do STF

Em 9.2.2007, o STF decidiu que deve valer a lei vigente ao tempo da concessão do benefício. Dessa decisão consta: "De igual modo, ao estender a aplicação dos novos critérios de cálculo a todos os beneficiários sob o regime das leis anteriores, o acórdão recorrido negligenciou a imposição constitucional de que a lei que majora benefício previdenciário deve, necessariamente e de modo expresso, indicar a fonte de custeio total (CF, art. 195, § 5º)" (Precedente citado: RE n. 93.312/SP – 2ª Turma, unânime, Relator Min. Moreira Alves, julgado em 11.4.1980).

Gisele Lemos Kravchychyn, que reproduziu parte do acórdão, destaca "que a irretroatividade já foi utilizada também em detrimento dos beneficiários, tendo sido decidido pelo pleno do Supremo Tribunal Federal, por maioria de votos (7 x 4), que lei posterior, ainda que mais benéfica, não pode ser aplicada aos benefícios previdenciários em manutenção" (*Prescrição e decadência no direito previdenciário*. São Paulo: LTr, 2008. p. 59).

Em 12.8.08, o Min. Celso de Mello citou a Súmula STF n. 654, segundo a qual "a garantia da irretroatividade da lei, prevista no art. 5º, XXXVI, da Constituição da República, não é invocável pela entidade estatal que a tenha editado" (Ag. Rg. no RESP n. 461.904-1/SC, *in Revista IOB* n. 233, p. 149).

Embora sensibilizado com a penúria de milhares de pensionistas, o STF preferiu respeitar a construção do ordenamento jurídico previdenciário. O pós-constitucionalismo foi esquecido, julgando que o Poder Executivo possa resolver legalmente o problema sem ofender a ordem constitucional.

Crítica da decisão

O STF optou por manter íntegra a ordem jurídica do País, o que é louvável, mas o Poder Executivo poderia encaminhar ao Congresso Nacional um Projeto de Lei mandando aumentar o valor das pensões (sem preocupação com o princípio da precedência do custeio, aliás, bastante desmoralizado ultimamente).

Capítulo 67 — Suspensão de Benefícios

Como sucede com qualquer outra prestação, dentro do prazo legal, escudada em vários aspectos, às vezes pairam dúvidas sobre a concessão ou manutenção da pensão por morte por parte do órgão gestor. Neste caso, depois de uma avaliação mínima, o seu dever é perscrutar a existência do direito e, se for o caso, depois de rigorosa apuração dos fatos pertinentes, deverá inicialmente determinar a suspensão dos pagamentos das mensalidades do benefício.

Procedimento administrativo

Embora anteriormente a 1997, o INSS já tomasse a iniciativa de auditar benefícios securitários, foi com a Lei n. 9.528/97 que a autarquia federal sistematizou o processo administrativo de verificação da regularidade da concessão e da manutenção das prestações. Trata-se, pois, de um ônus vinculado ao administrador, que a ele não pode se furtar. Tal providência teve como pressuposto um número elevado de crimes cometidos contra a Administração Pública em termos de benefícios.

Questões vernaculares

O emprego dos vocábulos "fraude", "suspeita de fraude", "indícios", "falsificação", "má-fé", "dolo", largamente utilizados sem precisão técnica, de forma singela suscitou a discussão do tema.

Fraudar um documento é um procedimento criminoso com nuanças próprias relevantes no Direito Penal e no Direito Previdenciário. O INSS passou a empregar esse verbo, por vezes equiparando um suspeito ao autor do delito, em suas comunicações. Em certos casos, consumando os pressupostos de dano moral.

Conceito de fraude

Fraude é falsificação de documento, declaração ou informação com vistas à instrução de um benefício. Frauda quem declarou que trabalhou numa empresa e não o fez ou quem preencheu uma CTPS ou FRE nas mesmas condições.

Revisão administrativa

A possibilidade de revisão dos atos administrativos foi objeto da Súmula STF n. 473 que diz:

> "A Administração pode anular seus próprios atos, quando eivados de vícios que os tornam ilegais, porque deles não se originam direitos; ou revogá-los, por motivo de conveniência ou oportunidade, respeitados os direitos adquiridos, e ressalvada, em todos os casos, a apreciação judicial."

Praticamente o mesmo diz a Súmula TST n. 346.

Suspeita de fraude

Súmula n. 46 do TRF da 2ª Região:

> "A suspeita de fraude na concessão do benefício previdenciário não autoriza, de imediato, a sua suspensão ou cancelamento, sendo indispensável a apuração dos fatos mediante processo administrativo regular, assegurados o contraditório e a ampla defesa."

Quase todas as manifestações respeitantes à suspensão ou ao cancelamento de benefícios referem-se à expressão "suspeita de fraude", sem a explicitar com a devida clareza. No que diz respeito à legitimidade de procedimentos, é um conceito que se posicionaria no meio termo entre a regularidade e a fraude propriamente dita.

Examinando a documentação, geralmente integrante dos autos de um processo, o examinador põe dúvidas sobre a validade material ou ideológica de um documento (CTPS, título de eleitor, declaração de terceiros, PPP, ficha registro de empregados, folha de pagamento, holerite etc.). Se alguém apresentar como prova uma declaração que afirma ter havido trabalhado numa empresa que nunca existiu, a suspeita de falsidade estará presente. Confirmado que a empresa nunca existiu, ela se transforma em certeza.

Suspeita é indício, convicção não bastante para chegar à conclusão da certeza, que pode chegar mais tarde, com outros meios de prova.

Como não é possível estabelecer-se um conceito básico convincente e útil para todos os casos e sabendo-se que se trata de uma avaliação quase subjetiva, suspeita de fraude é uma avaliação pessoal, sujeita a reavaliação pelo autor ou terceira pessoa, relativa à validade de uma prova apresentada, afirmada em cada caso consoante as circunstâncias.

Certeza da ilicitude

A menção à suspeita, que não seria suficiente para suspender um benefício, obriga a distingui-la da certeza da ilicitude. Suspeita é a presença de elementos indiciários que não têm o poder de convencimento total quanto à consumação do fato delituoso. A simples suspeita justifica investigação.

Certeza é convicção total, eliminação de qualquer dúvida sobre o fato estudado. No comum dos casos, entretanto, a suspeita e a certeza são subjetivas.

Existem duas certezas: a) a subjetiva e b) a jurídica. Subjetivamente qualquer pessoa formulará convicção própria sobre uma ocorrência. Certeza jurídica é a que se presta para produzir efeitos jurídicos. A qualificadora da fraude previdenciária é a jurídica e esta somente sobrevém quando transitar em julgado a decisão do Poder Judiciário.

Suspeita na manutenção

Embora a Súmula TRF n. 46 aluda apenas a concessão, também podem ocorrer suspeitas de fraude durante a manutenção de um benefício legitimamente deferido; as prestações são de trato sucessivo. Se alguém junta uma declaração falsificada, afirmando que o segurado está vivo, mas ele já faleceu, tem-se também uma suspeita de prova que se submete às razões da súmula.

Presença de indícios

Quando o INSS tiver conhecimento de indícios de irregularidades, ele deve notificar o interessado "para apresentar defesa, provas ou documentos de que dispuser, no prazo de trinta dias" (PCSS, art. 69, § 1º).

Indícios são fatos reais que pressupõem a ocorrência de eventos, sem que, ainda, se tenha certeza sobre eles (convicção que há de ser buscada).

Frequentemente, uma suspeita sobre a validade do direito ao benefício decorre de: I) falsidade material dos documentos; II) falsidade ideológica; III) capacidade laborativa ou higidez; IV) interpretação equivocada da lei; e V) erro material.

Posição da AGU

A Súmula AGU n. 15 diz que:

> "A suspeita de fraude na concessão de benefício previdenciário não enseja, de plano, a sua suspensão ou cancelamento, mas dependerá de apuração em procedimento administrativo, observados os princípios do contraditório e da ampla defesa."

Ela exige que sejam "observados os princípios do contraditório e da ampla defesa".

Nesse sentido confirma a Súmula TFR n. 160:

> "A suspeita de fraude na concessão de benefício previdenciário, não enseja, de plano, a sua suspensão ou cancelamento, mas dependerá de apuração em procedimento administrativo."

Mandado de segurança

Para a Súmula n. 43 do TRF da 2ª Região:

> "A cassação ou suspensão de benefício previdenciário é ato administrativo único, de efeitos permanentes, razão pela qual, impetrado o Mandado de Segurança após o prazo de 120 dias, opera-se a decadência."

Tentando justificar a parte dispositiva do seu enunciado, referindo-se a um incognoscível ato único, essa súmula afirma que a suspensão tem efeitos permanentes, quando isso só acontece com o cancelamento do benefício.

Não existe suspensão de benefícios e, sim, de suas mensalidades. Cassação, somente do benefício.

O prazo de 120 dias do Mandado de Segurança, que visa a um efeito imediato em face de uma mensalidade possivelmente alimentar, desde já é muito curto. Em muitos casos, quando os percipientes de benefícios se dão conta da ação da Auditoria do INSS, já se passaram os quatro meses. Um exíguo prazo que se conta da data em que o beneficiário toma conhecimento da suspensão ou cancelamento por parte do INSS.

Atendida aquela súmula do STJ, tramitando os autos pelas várias instâncias, além da indicação do que pensam os tribunais, nestes casos o prazo de 120 dias do Mandado de Segurança não parece tão irreal e não constrangeria o direito de defesa.

Também é oportuno recordar que:

> "Da decisão judicial que restabelecer benefício previdenciário, suspenso por possível ocorrência de fraude, sem a prévia apuração em procedimento administrativo, não se interporá recurso." (Súmula n. 15 da AGU, de 19.4.2002)

De acordo com o Enunciado n. 15 da AGU, ao beneficiário que teve o benefício suspenso ou cancelado somente lhe restará ingressar com ação ordinária na Justiça Federal para tentar ver reconhecido o seu eventual direito à prestação.

Interposição de recurso

O Enunciado n. 15 da AGU diz:

> "Da decisão judicial que restabelecer benefício previdenciário, suspenso por possível ocorrência de fraude, sem a prévia apuração em procedimento administrativo, não se interporá recurso."

Momento da suspensão

Se não pode haver suspensão e muito menos cancelamento de um benefício de plano, fica evidente que isso somente poderá ocorrer quando se tiver convicção plena da irregularidade.

Suspensão e cancelamento

Suspensão (deixar de pagar mensalidades de um benefício subsistente) não se confunde com o seu cancelamento (que é a sua extinção).

Benefício cancelado não se restabelece jamais e benefício suspenso pode ter suas mensalidades retomadas.

Em vez de dizer suspender benefícios dever-se-ia falar em suspender as mensalidades; um benefício é legítimo ou não, nesta última hipótese deve ser cancelado.

O art. 69, § 2º, do PCSS, autoriza a suspensão das mensalidades se, notificado, o interessado não comparecer ao INSS, nem apresentar defesa. O § 3º do art. 69 do PCSS autoriza o cancelamento do benefício após a apreciação da defesa ou por falta de resposta à notificação postal ou edital.

Ainda uma vez convém deixar clara a distinção entre a suspensão e o cancelamento. A primeira providência, quando cabível, é provisória; a segunda é definitiva. Ou seja, na figura da suspensão cessa o pagamento das mensalidades, mas o benefício se mantém. Quando a prestação é cancelada o benefício desaparece. Mais tarde, com novas provas, um novo benefício poderá ser concedido.

Embora sem a ênfase que a segunda hipótese merece, a súmula diz que não pode acontecer nem a suspensão nem o cancelamento.

Considerações gerais

1) Ato vinculado — O órgão gestor não tem escolha: a revisão é ato vinculado, portanto obrigatório, e sujeita o administrador à punição, caso não sobrevenha, quando necessária.

2) Possibilidade de revisão — Dentro do prazo legal o órgão gestor pode rever a concessão, o valor da renda mensal inicial dessa concessão ou aspectos do benefício durante sua manutenção.

3) Pressuposto lógico — O pressuposto lógico e jurídico é que existam fundadas razões para isso, as serem explicitadas quando dessa providência.

4) Notificação escrita — Decidida presença da suspeita de fraude, o interessado tem de tomar conhecimento dessa apuração e ser notificado por escrito, de preferência notícia enviada com Aviso de Recebimento (AR), com explicitação bastante clara e exposta das ilicitudes constatadas.

5) Direito de contestação — Corretamente notificada, a pessoa tem o direito de ingressar com Defesa Prévia dirigida ao INSS, nos termos da IN INSS n. 548/11.

6) Recurso Ordinário — Da decisão do INSS sobre a Defesa Prévia caberá Recurso Ordinário à Junta de Recursos.

7) Apreciação pela JRPS — A Junta de Recursos apreciará as razões dos beneficiários e decidirá sobre os argumentos e as provas apresentados.

8) Recurso à CAj — Da decisão da JRPS caberá a interposição de irresignação ao CRPS.

Processo judicial

O Cadastro Nacional de Informações Sociais é um magnífico banco de dados da DATAPREV e facilita enormemente o controle da filiação, inscrição e contribuição dos segurados. Mas o seu valor probatório não é absoluto.

A ausência de registro no CNIS do vínculo empregatício anterior a 1976 não tem o condão de ser considerado indício de fraude e autorizar a suspensão do benefício (AC n. 2009.51.01.80807-5 (512.802/RJ), da 1ª Turma Especial do TFR da 2ª Região, relatada pelo juiz Marcello Ferreira de Souza, *in Rep. de Jurisp. IOB* da 1ª quinzena de ago. 2011, p. 439).

Os benefícios da previdência social, de regra, são de pagamento continuado, quitação mensalizada e trato sucessivo. Quando a prestação é afetada por suspensão ou cancelada, é atingido todo o benefício e não apenas uma ou mais mensalidades, todas elas, passadas ou futuras, em cada caso, são atingidas (pensamento do juiz José Amilcar Machado, contido no MS apreciado na 1ª Turma da 1ª Região, em 13.11.2005 – Proc. n. 2000.39.00.001325-5/PA, *in Revista Plenun* de dez. 2005, p. 181).

Capítulo 68 – Atualização Monetária

Logo depois da LOPS, em virtude da inflação, com a Lei n. 4.357/64 o Brasil tomou conhecimento de um fenômeno monetário que jamais abandonaria: a correção monetária. Ou seja, passou a ter dois indicadores do poder aquisitivo da moeda nacional: a) o valor real e b) o valor relativo.

Um montante relativo se retorna real quando da aplicação de um indexador. Tecnicamente, se a inflação de certo período foi de 10%, multiplicando-se o *quantum*, digamos R$ 200,00 por 1,10 se terá o valor real atualizado, ou seja, R$ 220,00.

Desde 1923, a previdência social faz pagamentos mensais e de fato somente em 1959 promoveu um primeiro grande reajuste das mensalidades em razão da perda do poder aquisitivo de moeda nacional.

A partir de então emergiu a necessidade periódica dessas mensalidades dos benefícios serem reajustadas. Ultimamente, isso vem acontecendo a cada 12 meses, mas já chegou a ser mensal (*sic*).

Natureza da atualização

A correção monetária não é acréscimo; simplesmente ela tenta reconstituir o poder aquisitivo da moeda, perdido com o processo inflacionário.

Nestas condições, quando do pagamento da pensão por morte é preciso que os valores mensais sejam atualizados monetariamente.

Pensamento oficial

A Advocacia Geral da União tem entendimento a respeito:

> "Incide a correção monetária sobre as parcelas em atraso não prescritas, relativas aos débitos de natureza alimentar, assim como aos benefícios previdenciários, desde o momento em que passaram a ser devidos, mesmo que em período anterior ao ajuizamento de ação judicial." (Súmula AGU n. 38)

Ela trata de uma obviedade gritante: o desembolsado pelo INSS (e outros obrigados às prestações sociais) tem de ser atualizado monetariamente em face da perda do poder aquisitivo da moeda.

Não se trata de sanção nem de qualquer *plus* extra, mas simples hodiernização de importâncias financeiras relativas. Quando o CNPS foi legalmente autorizado a mandar o INSS pagar um reajuste excepcional, não se tratou de um abono, mas de recomposição de perdas decorrentes do INPC.

O Poder Público e até mesmo o Poder Judiciário parecem não ter compreendido ainda o significado jurídico desse fato financeiro, e isso 48 anos depois da Lei n. 4.357/64, que introduziu a correção monetária no País. Foi preciso o Parecer GQ n. 11, de 5.6.1996, afirmar que é devida a correção monetária em relação a pagamento de atrasados a servidor público (*in RPS* n. 191/1061).

Não se sabe por que a súmula mencionada fala de parcelas prescritas já que estas não são consideradas; talvez tenha passado pela mente do redator do enunciado que seria bom reafirmar que a prescrição põe fim ao ônus de quitar as mensalidades.

O enunciado também não deveria ter mencionado os créditos de natureza alimentar por dois motivos: a) não existe definição legal deste instituto técnico (tão referido e tão mal explicado), jurisprudencial ou doutrinária consensual do que sejam tais alimentos e b) a correção monetária é devida também por ocasião dos pagamentos de valores não alimentares.

Basicamente o que ela diz é que todas as parcelas devem ser corrigidas, admitindo doutrinariamente que incluem até mesmo as que se situem antes da petição inicial, ou seja, desde quando devidas.

A correção monetária é uma operação matemático-financeira de grandes consequências em decorrência do processo inflacionário. Alhures alega-se ser uma invenção nacional, mas possivelmente a experiência já deve ter sido praticada noutros países antes de 1964.

Norma legal

Até ser revogado pela Lei n. 8.880/94, o art. 41, § 7º, do PBPS dizia:

> "O pagamento de parcelas relativas a benefício, efetuado com atraso por responsabilidade da Previdência Social, será atualizado de acordo com a variação do Índice Nacional de Preços ao Consumidor — INPC, verificado no período compreendido entre o mês em que deveria ter sido pago e o mês do efetivo pagamento."

Curiosamente, a legislação afirma que se o INSS demorar mais de 45 dias deverá quitar o seu débito com correção monetária. O dever da autarquia é de atender às suas obrigações a qualquer tempo, com a atualização dos valores. Conclusão que dispensaria qualquer fonte formal se a inflação não fosse utilizada como meio de desonerar-se da obrigação legal.

Benefício complementar

Diz o Enunciado n. 311 do TST:

> "Benefício previdenciário a dependente de ex-empregado. Correção Monetária. Legislação aplicável. O cálculo da correção monetária incidente sobre débitos relativos a benefícios previdenciários devidos a dependentes de ex-empregado pelo empregador, ou por entidade de previdência privada a ele vinculada, será o previsto na Lei n. 6.899/81."

Embora esse enunciado faça menção a benefícios de dependentes, principalmente a pensão por morte e o auxílio-reclusão, em razão de seu fundamento a regra é válida para as demais prestações.

Dessa forma, se o benefício é deferido por quem de direito com atraso, por culpa do próprio empregador ou da entidade aberta de previdência complementar que para isso foi contratada, as mensalidades devem ser atualizadas nos termos da Lei n. 6.999/81.

Períodos corrigidos

A Súmula n. 8 do TFR da 3ª Região pontua:

> "Em se tratando de matéria previdenciária, incide a correção monetária a partir do vencimento de cada prestação do benefício, procedendo-se à atualização em consonância com os índices legalmente estabelecidos, tendo em vista o período compreendido entre o mês em que deveria ter sido pago, e o mesmo do referido pagamento."

Depois de quase meio século de introdução do instituto técnico, estranho que os tribunais tenham de sumular que os pagamentos atrasados sejam feitos com atualização monetária. E, também, que tenham de informar que devam ser adotados os indexadores vigentes (que vem a ser a variação integral do INPC).

Dessa forma, diz a súmula que o cálculo levará em conta a DIB ou o mês da revisão de cálculo (quando for o caso) e o mês da data do pagamento das mensalidades.

Valor hipotético

Às vezes, quando do exercício extemporâneo de um direito, é preciso cálculo da renda inicial da pensão por morte da Data do Óbito e hipoteticamente reajustá-la até a DER, como se o benefício tivesse sido mantido e reajustado periodicamente.

Capítulo 69 – Créditos do Segurado

Às vezes, o segurado falece sem ter recebido algum valor, deixando um montante previdenciário conhecido como crédito do falecido. E que passa a ser de alguém.

A esse respeito diz o art. 112 do PBPS:

> "O valor não recebido em vida pelo segurado só será pago aos seus dependentes habilitados à pensão por morte ou, na falta deles, aos seus sucessores na forma da lei civil, independentemente de inventário ou arrolamento."

Igual redação se colhe no art. 165 do RPS.

Quer dizer, os créditos do segurado que ele não auferiu em vida têm destinação legal específica.

Tem-se aí, pois, mensalidades de aposentados e mensalidades de pensionistas (*in casu*, pensando-se nos sucessores civis).

Direito dos dependentes

A regra é clara: havendo pessoas com possível direito à pensão por morte, elas têm preferência para receber os atrasados, convindo ao administrador que instrua a decisão com a certeza desse fato.

Por vezes, depois de ter pago à viúva aparece uma companheira com direito. Neste caso, se agiu com culpa *in vigilando*, o gestor terá de tentar reaver a quitação indevida ou assumir o ônus e quitar a companheira.

Exceto se houver absoluta certeza quanto ao titular do benefício, é recomendável que o INSS aguarde o seu deferimento para então pagar os dependentes.

Pretensão dos sucessores

Se não existirem dependentes com direito à pensão por morte os sucessores civis receberão os montantes deixados.

Para o Ministro do STJ Napoleão Nunes Maria Filho não há necessidade de abertura de inventário para o levantamento de parcelas depositadas em conta corrente do titular falecido (RESP n. 111.552-8/RJ, da 5ª Turma, em 19.10.2009, *in Revista Síntese* n. 247, de jan. 2010, p. 213).

Habilitação dos interessados

Quando de dúvidas, os interessados devem procurar o Poder Judiciário para serem definidas as pessoas com direito.

Valores dos pensionistas

A norma não fala dos resíduos deixados pelos pensionistas e que, como a pensão por morte, não geram outro benefício, os sucessores terão direito ao valor.

Conforme o art. 419, § 2º, da IN INSS n. 11/06, neste caso e nos demais benefícios sem dependentes "será realizado mediante autorização judicial".

Declaração da pessoa habilitada de que é único herdeiro será bastante para que se consuma o pagamento (§ 1º).

Direito do varão

Como o valor foi adquirido durante a constância do casamento esse está excluído da comunhão de acordo com o art. 1.668, V, do Código Civil:

> "São excluídos da comunhão os bens referidos nos incisos V e VII do art. 1.659."

Esse art. 1.659 do Código Civil diz: "Os proventos do trabalho pessoal de cada cônjuge" (inciso VI).

O Ministro Massami Uyeda entendeu que o marido faz jus às diferenças previdenciárias de sua mulher falecida (Recurso Especial n. 918.173/RS, no Proc. 2007.001299-6, decisão de 10.6.2008, *in Revista Síntese* n. 230, de ago. 2008, p. 158-163).

IN INSS n. 11/06

> "Havendo mais de um herdeiro, o pagamento poderá se efetuado a apenas um deles, mediante declaração de anuência dos demais." (art. 419, § 1º)

Dependentes sucessores

Daisson Portanova, citado nos Comentários da IOB ao acórdão que dispensou o inventário (*Rep. de Jurisp. IOB* da 2ª quinzena de nov. 2009, p. 686-687) diz que: "Não há, como dita o direito material indicado, qualquer possibilidade de os sucessores civis receberem parcelas previdenciárias, quando não tiverem direito à pensão".

Juros devidos

A desembargadora Leide Polo especificou quais são os critérios de atualização e juros de mora: "3. Corrigem-se as parcelas vencidas na forma do Manual de Orientação de Procedimentos para os Cálculos na Justiça Federal e os juros de mora incidem desde a citação inicial, à razão de 0,5% (meio por cento) ao mês, a teor do que dispõem os arts. 219 do Código de Processo Civil e 1.062 do Código Civil de 1916. A partir de 11.01.2003, data da vigência do novo Código Civil, Lei n. 10.406, de 10 de janeiro e 2002, nos termos do art. 8º, *caput* e § 1º da Lei Complementar n. 95, de 16 de fevereiro de 1998, deverão ser computados nos termos do art. 406 deste diploma e 161, § 1º, do Código Tributário Nacional, ou seja, em 1% (um por cento) ao mês. E, ainda, a contar de 30.6.2009, data em que passou a viger a Lei n. 11.960, de 19 de junho de 2009, a qual alterou o art. 1º-F da Lei n. 9.494, de 10 de setembro de 1997, os juros incidirão uma única vez, até feito pagamento, e serão aqueles correspondentes aos índices oficiais de remuneração básica e juros aplicados à caderneta de poupança" (Decisão de 14.6.2011, da 7ª Turma do TRF da 3ª Região na AC n. 2007.03.99.30952-0/SP, 14.6.11, *in Rep. de Jurisp. IOB* n. 2-29.725).

Capítulo 70 – Resíduos Trabalhistas

Quando um segurado falece durante a prestação de serviços, rompe-se o vínculo empregatício ou a relação laboral mantida com uma empresa. É comum, nesses casos, ele deixar de receber alguns créditos que, agora, são de propriedade dos seus dependentes previdenciários e, na ausência destes, dos seus herdeiros.

Normalmente, é um direito da viúva. A carta de concessão da pensão por morte é um documento emitido pelo INSS que convencerá o empregador da propriedade do seu direito.

Habilitação ao numerário

Diante do falecimento do trabalhador apresentar-se-ão pessoas julgando-se com direito à percepção dos montantes por ele deixados. A empresa, como se fosse um INSS, terá de tomar todos os cuidados para que somente os juridicamente habilitados exercitem esses direitos. Caso não tome essas providências, corre o risco de ter de refazer as quitações.

FGTS e PIS-PASEP

A Lei n. 6.858/80 deixou claro o direito desses dependentes, como tal definido na legislação previdenciária, de auferirem os saldos do FGTS ou o montante do PIS-PASEP.

Saldo de salários

O saldo de salários está incluído nos bens deixados pelo empregado falecido. Da mesma forma, décimo terceiro salário proporcional, férias etc.

Reclamações trabalhistas

Caso o trabalhador tenha ingressado com ação trabalhista contra o empregador, e esta venha a ser decidida ao seu favor depois do óbito, os seus familiares receberão os valores correspondentes.

Prazo prescricional

Tratando-se de um conflito entre herdeiros do empregado e o empregador, o prazo prescricional é de dois anos a contar da data do óbito.

Justiça competente

A justiça competente para essas ações é a Justiça do Trabalho.

Inventário ou arrolamento

O juiz João Bosco Gouveia de Melo, da 7ª Câmara do Tribunal de Justiça de Pernambuco, relatando no Agravo n. 146.329-8/01, de 8.5.2007, entendeu que não há necessidade de inventário ou arrolamento para o levantamento das verbas trabalhistas dos atrasados (disponível na *internet*).

Contribuinte individual

Igual raciocínio deve prevalecer em relação à prestação de serviços por parte dos contribuintes individuais que trabalham para empresas, entre os quais, o autônomo e o empresário que prestam serviços à pessoa jurídica.

Súmula STF n. 229

Embora não sejam resíduos trabalhistas, mas civis, os dependentes fazem jus ao valor da indenização civil decorrente da Súmula STF n. 229.

Capítulo 71 – Sucessores do Falecido

Quando um segurado da previdência social falece, ele pode deixar alguma dívida pessoal de ordem civil, comercial, exacional ou previdenciária, carecendo apurar quem responderá por essas obrigações pecuniárias.

Tais valores estão envolvidos com o direito à pensão por morte e é altamente provável que os responsáveis sejam os dependentes com direito ao benefício. No comum dos casos, a viúva responde pelos débitos, na condição de dependente do falecido. Ou, então, os filhos.

Sucessão civil

Inicialmente, a responsabilidade é do espólio. Encerrado o inventário, passará a ser dos herdeiros. Os filhos são sucessores dos pais (CC, art. 1.997). Depois da partilha, respondem os herdeiros. As dívidas são limitadas ao valor da herança.

Empréstimo consignado

Falecendo o contratante do empréstimo consignado, os herdeiros não têm obrigação de pagar algum resíduo do empréstimo. Para isso o falecido celebrou um contrato de seguro privado com os bancos.

Sucessão na união estável

A união estável é um casamento informal; logo, os conviventes são sucessores natos nos direitos e nas obrigações (CC, art. 1.796). Júlio Pinheiro Faro estudou amplamente a sucessão civil na união estável, raciocínio que pode ser estendido à união homoafetiva (A sucessão do companheiro, *in Rep. IOB de Jurisp.* da 1ª quinzena de set. 2011, p. 607).

Responsabilidade dos sucessores

A viúva do titular de firma individual não responde pelas dívidas deixadas pelo *de cujus*, por não ser sócia (voto da desembargadora Maria Helena Guedes S. P. Maciel, da 2ª Turma da 6ª Região, no Proc. 19362.2010.5.06.0231, de 10.10.2011, *in Rep. IOB de Jurisp.* da 1ª quinzena de nov. 2011, p. 108).

Capítulo 72 — Valores Indevidos

Quando um pensionista recebe indevidamente a pensão por morte ou parte do seu valor, de regra ele tem de devolver aos cofres da União (entendimento, claro, que vale para quaisquer outros benefícios).

Fontes formais

A Lei n. 9.784/99 é a norma que regula as relações entre os segurados e os dependentes e a Previdência Social. O procedimento interno do INSS é o principal objeto da Portaria MPS n. 548/11 (*Comentários à Lei do Procedimento Administrativo Fiscal*. São Paulo: LTr, 2010).

Por intermédio da IN INSS n. 49/10, o INSS disciplinou a recuperação de mensalidades indevidamente desembolsadas em favor de beneficiários da seguridade social, que julgou sem direito à prestação deferida.

Caso um pensionista tenha auferido valores indevidos ou até mesmo resíduos da aposentadoria do segurado falecido, ele será cobrado e essa exigência administrativa onerosa seguirá os trâmites dessa IN INSS n. 49/10 (*Cobrança de Benefícios Indevidos*. São Paulo: LTr, 2012).

Apuração e cobrança

São dois os principais momentos da exigência dos valores indevidos: a) apuração e b) cobrança. As causas são muitas e dizem respeito à instrução, à concessão e à manutenção do benefício.

Uma vez constatado o ato impróprio, um expediente burocrático com as características da investigação criminal e, portanto, ainda sem oposição do interessado, presenciados os pressupostos da cobrança (ausência de decadência ou de prescrição, não restituição do indevido, inexistência de decisão judicial favorável ao autor, valor ínfimo etc.) segue-se a exigência administrativa propriamente dita.

Constatação de irregularidades

O primeiro passo da movimentação formal se dá mediante a verificação de indícios de irregularidades, exame de denúncias verbais ou escritas etc.

Um dos procedimentos responsáveis por essa apuração é a descoberta pela Corregedoria Regional, que assume o dever indeclinável de auditar a instrução da concessão e, muitas vezes, da manutenção de uma pensão por morte.

Início da ação

Não importando como a APS tomou conhecimento da possível ilicitude, a abertura da investigação administrativa deve ser cercada de formalidades. Tratando-se de ato diretamente vinculado ao fato infracional exige do promotor fundamentar sua ação, impondo-se um documento inicial do expediente a ser encaminhado.

Esse documento indicará o evento deflagrador da providência. Fica bem indicar como o servidor tomou conhecimento do ilícito, embora uma denúncia anônima não afaste a ilicitude.

Nessa narrativa os fatos serão articulados, objetiva e sinteticamente; todo o tempo essa *notitia criminis* será mencionada nos autos, rejeitando-se imprecisões, suposições, presunções e a modalidade da técnica chamada vulgarmente de achismo.

Conceito de interessado

Revelando preocupação com a identificação da pessoa responsável pelo ilícito, o parágrafo único do art. 5º da IN INSS n. 49/10 o chama de interessado. Uma escolha meio infeliz, para aquele que teria causado prejuízo ao MPS. Noutros momentos e, ainda mais impropriamente, ela é designada como terceiro.

Em cada caso dar-se-á de o responsável não ser um segurado nem um dependente e o indivíduo causador do prejuízo ser um estranho àquela relação entre os beneficiários e a previdência social. Um intermediário, procurador, contador, despachante etc.

Identificação do devedor

Evidentemente, qualquer ação administrativa procedimental desta natureza precisa identificar claramente o responsável pelo fato gerador provável causador do prejuízo ao erário público. O que nem sempre será fácil, principalmente quando da presença de intermediários.

Ab initio convém distinguir o que quis dizer o art. 6º da IN INSS n. 49/10 com devedor e responsável. De regra, uma prestação tem um titular, quem juridicamente exercitou o direito, e se ocorreu uma ilicitude com implicações pecuniárias (percepção de valor indevido), este será tido como suspeito, às vezes referido como interessado. Comprovada à exaustão a ilicitude, ele terá de devolver o recebido indevidamente.

Noutros casos, a responsabilidade será atribuída a outra pessoa, que não esse titular do direito, como um intermediário na promoção do requerimento, e até mesmo aos servidores que participaram da infração.

Quantificação do dano

Um elemento importante dessa relação jurídica estabelecida entre o credor e o devedor num processo que trata do crédito previdenciário é o montante pecuniário do prejuízo. Ele determinará se a ação terá prosseguimento, o vulto do dano e a possibilidade de parcelamento da dívida.

O *quantum* do crédito origina-se de um ato único ou contínuo (hipótese em que será necessário definir esse período com a data do início e a data do final, normalmente configurando os meses de competência).

Concurso de autores

O art. 12 da IN INSS n. 49/10 configura uma associação de autores, ou seja, a presença de terceiros e agente público, circunstância que obrigará a Administração Pública a empreender dois expedientes formais, separados, cada um deles direcionado a um desses autores.

Notificação aos interessados

Sem explicitar se será ao final do procedimento ou se ocorrerá antes disso, mas com certeza anteriormente à decisão definitiva, os arts. 13/14 da IN INSS n. 49/10 tratam da notificação dos interessados.

Para tornar possível uma instrução mais completa da apuração e permitir a defesa do interessado, além da vista dos autos, eles serão notificados por escrito.

A notificação é ato relevante dessa relação jurídica e se não for realizada juridicamente a contento causará a anulação de todo o procedimento seguinte.

Alegações da defesa

Quem decide o que constará da defesa (a ser chamada de Defesa Prévia — que não se confunde com o eventual Recurso Ordinário) é o defendente. O requerimento será dirigido à autoridade que tomou a decisão de apuração da eventual infração à lei, por exemplo, ao Gerente Executivo da APS ou ao Chefe da Corregedoria Regional. Será preciso identificar o número do processo administrativo constante da notificação (que não se confunde com número do benefício).

Embora a IN n. 49/10 não aluda ao pedido, ao final da petição, ao registro de quem seja o requerente: a manutenção do benefício, solicitação ordenada sistematicamente tem sequência: a) questões preliminares; b) apreciação de suas razões; c) realização de pretensão exposta na inicial; e d) manutenção do pagamento dos benefícios.

Ônus da prova

Defendendo-se, quem alegar alguma coisa tem de provar o alegado. Pontua o art. 332 do CPC:

> "Todos os meios legais, bem como os moralmente legítimos, ainda que não especificados neste Código, são hábeis para provar a verdade dos fatos, em que se funda a ação ou a defesa."

Decidindo pela apuração, suspensão ou cancelamento, e cobrança de um possível crédito, o órgão gestor tem o dever de salientar a propriedade dessa medida, ou seja, dispor de comprovação da validade da sua autuação.

Instrução do processo

A despeito de toda a processualística e a procedimentalística do Direito Previdenciário, presente uma infinidade de atos normativos esparsos, a IN INSS n. 49/10 resolveu expor alguns pontos fundamentais. Um deles a iniciativa da apuração, que será "de ofício ou mediante impulsão do órgão responsável pelo processo" (art. 18).

Além das razões de ordem técnica, o impulsionador dos fatos fará juntar as demonstrações materiais dos fundamentos da apuração. Serão os indicativos das impropriedades sob verificação.

Assim sendo, no mínimo, um processo dessa natureza conterá: a) requerimento formal do pedido; b) provas apensadas, próprias ou emprestadas; c) diligências promovidas *in loco*; d) intimações realizadas; e) resultado de perícias; f) oitiva de órgãos consultivos; g) memoriais e pareceres acostados; h) fundamentos legais; i) citação de jurisprudência; j) impugnação de provas ilícitas; k) reprodução de doutrina; l) resultado da audiência pública; m) declaração de impedimento ou suspeição; n) apreciação das razões e das provas; o) raciocínio de encaminhamento da decisão etc.

Provas ilícitas

Diz o art. 30 da Lei n. 9.784/99:

> "Não são admissíveis no processo administrativo as provas obtidas por meios ilícitos."

Uma prova material e juridicamente válida, isto é, com capacidade de convencimento fora dos autos, obtida ilicitamente, continua sendo uma prova considerável e, em princípio, não se poderia rejeitá-la.

Caso a produção tenha sido irregular o autor deve ser responsabilizado por isso, mas não poderia chega a pôr em dúvida a validade dos documentos em si mesmos.

Registros na Administração

Diz o art. 20 da IN n. 49/10 que: "Quando o interessado declarar que fatos e dados estão registrados em documentos existentes na própria Administração responsável pelo processo ou em outro órgão administrativo, o órgão competente para instrução proverá, de ofício, à obtenção dos documentos ou das respectivas cópias".

Defesa na instrução

O INSS é obrigado ao receber a reclamação, ainda que *ab initio*, não vislumbrar a existência da pretensão do autor.

Um conteúdo básico de uma petição dessa natureza conterá: a) identificação do autor; b) antecedentes históricos; c) conteúdo da decisão; d) fundamento legal; e) doutrina e jurisprudência; f) provas materiais; g) solicitação de diligência; h) pedido final; e i) data e assinatura.

Prazo para contestação

O prazo para apresentação da defesa é de dez dias, termo esse que pode ser duplicado (art. 49 da Lei n. 9.784/99).

Um decêndio é um tempo muito curto para, diante da notificação que, às vezes, alude a fatos complexos. Se não tomou conhecimento da impugnação de períodos antigos quando da instrução, o interessado enfrentará enormes dificuldades para tentar fazer a prova contrária.

Entes cientificados

Realizado o crédito, isto é, recolhida a importância aos cofres da Previdência Social, o processo deve ser arquivado com um despacho para isso competente e nele ficará consignada a forma de pagamento realizada.

Uma vez resolvida a obrigação, o setor contábil baixará a responsabilidade do interessado e para isso o servidor que operou a cobrança para lá encaminhará os autos do processo.

Revisão da decisão

Em seu art. 34 a IN INSS n. 49/10 acosta-se ao poder de revisão das decisões do INSS, promovido pela própria autarquia.

Isso se dá pelo menos em quatro hipóteses: a) de ofício, assim que constatada a impropriedade da decisão; b) por solicitação do interessado que demonstrou a improcedência da apuração e da cobrança; c) advento de fatos novos; e d) presença de circunstâncias que justifiquem a medida a ser tomada.

Claro, conforme a Súmula STF n. 346:

"A Administração Pública pode declarar a nulidade dos seus próprios atos."

Conteúdo da decisão

Ultimado o expediente de apuração, cientificado o interessado, protocolada ou não a defesa no prazo de dez dias, será proferida a decisão da autarquia, assinada por servidor ou equipe de servidores.

Exigência administrativa

Concluída a apuração, com o exame de eventuais oposições, impugnações ou defesas por parte do interessado, decantado formal e materialmente o crédito, ausente o pagamento no prazo estipulado, iniciar-se-á o procedimento administrativo da exigência do valor.

Trata-se de um expediente assemelhado à Notificação Fiscal, emitida pela RFB para a realização do crédito previdenciário fiscal.

A notificação conterá: a) cópia da decisão administrativa definitiva; b) demonstrativo atualizado do montante a ser recuperado; c) prazo para o pagamento; e d) informação das consequências advindas da inadimplência (desconto no benefício ou início de cobrança judicial).

Cobrança judicial

No prazo estabelecido, caso as tentativas de sua realização não deram resultado (quitação à vista, consignação em folha de pagamento, parcelamento da dívida etc.), é dever do impulsionador determinar a atualização dos valores mensais e tomar as providências burocráticas de uma cobrança judicial.

Obrigação dos sucessores

Quando do falecimento do responsável, o INSS enfrentará naturais dificuldades para recuperar a importância definida no processo de apuração. Especialmente quando da inexistência de dependentes com direito à pensão por morte.

Tomando conhecimento do óbito do interessado, a cobrança será direcionada contra os previdenciariamente responsáveis, um instituto técnico que não conhece regulamentação clara nem sistematização e serão cobrados os dependentes ou os sucessores, nessa ordem.

Elementos da exigibilidade

O art. 33 da IN INSS n. 49/10 estabelece quatro elementos básicos no processo de cobrança: a) relatório final; b) decisão final; c) demonstrativo do crédito atualizado; e d) guia de recolhimento.

Cálculo do débito

Um dos momentos importantes da recuperação do crédito previdenciário é o que respeita ao montante apurado e, agora, a sua atualização monetária.

Notificação do devedor

Encerrada a apuração e concluindo o órgão gestor pela subsistência de um crédito relativo a pagamento efetuado indevidamente, dar-se-á início à cobrança administrativa. A quitação poderá ser produzida com um pagamento à vista ou parcelamento da dívida, desconto nas mensalidades de um benefício mantido ou posteriormente deferido.

O interessado terá de ser notificado de todos esses fatos. A falta da notificação é prejudicial, mas nos termos do art. 27 da Lei n. 9.784/99: "O desatendimento da intimação não importa o reconhecimento da verdade dos fatos, nem a renúncia a direito pelo administrado".

Prazo para quitação

O art. 39, I/II, da IN INSS n. 49/10, estabelece claramente os prazos para a quitação do débito do interessado. Esses prazos contam-se da data em que ele tomou ciência da exigência e é de 60 dias.

A regra de ouro é que os prazos fluem a partir da data da notificação, excluídos dessa contagem o dia do começo e incluído o dia do vencimento.

Consignação em benefício

A falta de pagamento no prazo estipulado não põe fim à ação da cobrança, ela prosseguirá por dois modos: a) comprometendo um benefício mantido ou b) cobrança judicial.

Cobrança judicial

Nesse art. 39, a IN INSS n. 49/10 fixou o prazo de 60 dias para o pagamento da dívida previdenciária não fiscal do interessado. Como antecipado, contados da "data da notificação de devedor" ou da "data da publicação de edital".

Caso não haja benefício em manutenção os autos da cobrança serão encaminhados à Procuradoria-Geral Federal para a inscrição da dívida ativa e posterior cobrança judicial.

Boa e má-fé

A atuação ética dos interessados nas relações com a Previdência Social é sopesada pelo gestor público, que faz notáveis distinções de ordem pessoal, comportamental ou moral, e nem todas elas de fácil verificação em cada caso.

De regra, nesse sentido, os indivíduos seriam distinguidos por agirem de boa-fé (um dever de todo cidadão), ou má-fé, nesse último caso, convindo destacar a presença do dolo (vontade consciente de causar prejuízos à autarquia).

Culpa *in vigilando*

Entre outros aspectos, diz o *caput* do art. 42 que se o crédito do INSS teve origem em um erro administrativo o seu pagamento pode ser parcelado.

Decadência do crédito

O INSS tem um prazo decadencial para a cobrança da dívida, que é de cinco anos.

Prescrição do valor

Uma vez iniciada a cobrança, esse mesmo INSS tem um prazo de cinco anos para realizá-la.

Revisão do processo

A Lei n. 9.784/99 consagrou a ideia de que a administração deve anular seus próprios atos quando eivados de vícios de ilegalidade e pode revogá-los por motivo de conveniência e oportunidade, respeitados os direitos adquiridos.

Nestas condições todo o processo de apuração de cobrança, quando justificado, pode ser revisto.

Vista dos autos

Durante todo o trâmite administrativo o interessado tem o direito de examinar os autos da cobrança, requerendo vistas e obtendo cópias.

Suspensão do processo

Presente causa determinante, o andamento de um processo de apuração ou de cobrança poderá ser sustado, suspendendo-se as ações.

Natureza alimentar

A devolução de valores indevidos não pode ignorar o art. 101 da Carta Magna, que afirma serem alimentares as mensalidades das prestaçoes previdenciárias. Daí, para muitos, não haver restituição dos valores indevidos já consumidos.

Devido processo legal

Entende-se que se está diante de um benefício flagrantemente ilegal somente depois de investigação minuciosa, desapaixonada e objetiva e de ter sido ouvida a parte contrária. Em cada caso, chegar à conclusão de que ocorreu má-fé, boa-fé dos interessados ou erro *in procedendo* do INSS é tarefa difícil, monumental e que reclama muita sensibilidade do avaliador. Presunções são arriscadíssimas.

O procedimento tem de seguir o devido processo legal com contraditório e ampla defesa, caso contrário não terá validade.

Dano moral

Pôr em dúvida a validade das provas juntadas pelos destinatários da seguridade social do pedido de uma pensão por morte, principalmente depois de um logo tempo passado, suspender as suas mensalidades ou cancelá-las e cobrar os valores tidos como indevidos, são decisões, medidas legais que representam enorme constrangimento aos interessados.

Se tais provas eram boas quando do protocolo na DER e foram posteriormente reconhecidas como tais, a indisposição pode ser ainda muito maior. A percepção mensal das prestações que são os meios diuturnos da subsistência dos pensionistas. Tudo isso indica um possível prejuízo pessoal, o qual suscita o dano moral.

Devolução do indevido

Reportando-se ao Proc. n. 2002.05.000104.114/PE, da 1ª Turma do TFR da 5ª Região, de 18.11.2002, relatado pelo desembargador Paulo Machado Cordeiro, à luz do disposto no art. 14 da Medida Provisória n. 2.215-10/01, em relação ao benefício da LOAS indevido, o desembargador Lazaro Guimarães determinou que o máximo a ser descontado na pensão por morte é de 30% (MS n. 101.787/PE – Proc. n. 2007.83.00.0014902-6, de 6.10.2008, da 5ª Turma da 4ª Região, *in Revista Síntese* n. 236, de fev. 2008, p. 176).

Execução fiscal

A Justiça Federal tem rejeitado a inscrição na dívida ativa dos créditos e extinguido a cobrança fiscal dos valores. Mencionando precedentes do STJ (AG-RG n. 1.340.269/PR e RESP n. 1.177.342/RS), o Ministro Napoleão Nunes Maia Filho rejeitou a inscrição e a cobrança fiscal, entendendo que se trata de responsabilidade civil (RE n. 1.177.252/RS, no Proc. n. 2010.00.14100.9, de 19.9.2011, *in Boletim do IBDP* n. 179, de 7.11.2011, p. 3-6).

Capítulo 73 — Tetos de 1998 e 2003

Em setembro de 2010, manifestando-se no RE n. 564.354/SE, na decisão n. 11.680/11, o STF reconheceu o direito dos aposentados e pensionistas de terem o salário de benefício considerado acima do limite da previdência social, quando do cálculo de um benefício, máxime em razão da EC n. 20, de 15.12.1998 (R$ 1.200,00) e da EC n. 41 de 19.12.2003 (R$ 2.400,00).

Com isso, o MPS decidiu proceder a revisão da renda mensal inicial e pagar os atrasados escalonadamente, de outubro de 2011 a janeiro de 2013, incluindo benefícios iniciados desde 5.4.91 até 31.12.2003 (Resolução INSS n. 151/11, *in DOU* de 1º.9.2011).

Esse raciocínio matemático pode ser aplicado futuramente toda vez que a aludida média dos salários de contribuição, geralmente designada como salário de benefício, ultrapassar o limite do mês da aposentação.

Se o valor do benefício foi alterado e o aposentado faleceu, a pensão por morte também terá de ser revista.

Todos os pensionistas cujos segurados falecidos teriam tido direito à revisão de cálculo, se não tiverem os montantes majorados, devem recorrer à APS com solicitação de exame da situação porque possivelmente fazem jus a um pequeno acréscimo.

Capítulo 74 – Interdição dos Pensionistas

Tanto os dependentes, os parentes que dependem de um segurado vivo, como os pensionistas, aqueles que fazem jus à pensão por morte desse contribuinte, podem estar sem condições de poder exercer o direito previdenciário de requerer, receber ou administrar as mensalidades de um benefício, impondo-se a figura jurídica civil da interdição.

Conceito mínimo

Em linhas gerais, quando a pessoa não tem possibilidades de administrar a própria vida e os seus bens, ela tem de ser substituída por outra pessoa, geralmente um parente que, em seu nome, praticará os atos da vida civil. Entre eles, requerer e receber a pensão por morte.

A matéria está disciplinada nos arts. 1.767/1.783 do Código Civil, que menciona a falta de discernimento (*caput* do art. 1.767).

Determinantes da interdição

No mais comum dos casos, a interdição, um ato médico e jurídico, geralmente deve-se a distúrbios mentais que limitam a ação da pessoa.

Eduardo Henrique Teixeira, Sérgio Paulo Rigonatti e Antonio de Pádua Serafim fizeram um levantamento estatístico de 41 casos de interdição psiquiátrica na região de Campinas e encontraram 26 retardos mentais, 9 demências, 7 psicoses crônicas, uma epilepsia e 36 deles visavam os benefícios previdenciários (Aspectos Gerais da Interdição em Psiquiatria, *in Revista Brasileira de Psiquiatria* n. 3, vol. 25, set. 2003). Eles não relataram hipóteses de esquizofrenia nem de prodigalidade, esta última uma figura mais rara.

A lei civil inclui os deficientes mentais, os ébrios habituais e os viciados em tóxicos e por último "os excepcionais sem completo desenvolvimento mental". Claro, além dos pródigos (CC, art. 1.767, V).

Início da eficácia

A sentença gera efeitos *ex tunc*, ou seja, produz efeitos imediatamente e daí para frente. Não se refere a atos anteriores.

Requerentes da curatela

Podem solicitar ao Poder Judiciário que declare a interdição:

a) Pais, tutores, cônjuges, irmãos e outros parentes.

b) Ministério Público Federal.

Idade mínima

Como os menores de 18 anos dependem dos pais, eles não podem ser interditados. Quando órfãos, são tutelados por alguém.

Curador nato

No caso de marido e mulher, companheiro e companheira, constituintes de uma família, eles são curadores natos (CC, art. 1.775).

Atestado médico

Um simples atestado médico não substitui o laudo médico pericial (Decisão da 3ª Câmara de Direito Privado em 11.12.2007, relatada por Beretta da Silveira na AC n. 5311684800).

Está praticamente assente na jurisprudência que sem o exame médico pericial não tem validade a sentença que declare a interdição de uma pessoa. O juiz deverá ouvir o interditando pessoalmente (CC, art. 1.771).

Contrato bancário

Se um contrato bancário foi celebrado antes da declaração da interdição, em especial o empréstimo consignado, há necessidade de uma perícia médica que convalide a higidez mental do signatário (AC n. 1250964900, relatado por Irineu Fava da 13ª Câmara de Direito Privado em 3.10.2007).

Capítulo 75 – Emancipação de Irmãos

Como o irmão do segurado perde a condição de dependente com a sua emancipação, considera-se importante, e a ser verificada em cada caso, essa figura jurídica do Direito Civil (PBPS, art. 16, I e III)

Emancipação é um instituto técnico por meio do qual uma pessoa incapaz ou relativamente incapaz adquire a capacidade civil. Ela não se confunde com maioridade; a primeira situação induz a segunda. Maioridade civil é aos 18 anos e maioridade previdenciária, para os fins da pensão por morte, é aos 21 anos.

Nesse sentido o Direito Previdenciário abebera-se no Direito Civil e importa algumas ideias (mas não todas) para decidir sobre a exclusão da pessoa emancipada, que fica equiparada ao maior de 21 anos e, assim, perde a qualidade de dependente.

A emancipação de menores está prevista no art. 5º do Código Civil. O seu parágrafo único diz:

> "Cessará para os menores, a incapacidade: I – pela concessão dos pais, ou de um deles na falta do outro, mediante instrumento público, independentemente de homologação judicial, ou por sentença do juiz, ouvido o tutor, se o menor tiver 16 (dezesseis) anos completos; II – pelo casamento; III – pelo exercício de emprego público efetivo; IV – pela colação de grau em curso de ensino superior; V – pelo estabelecimento civil ou comercial, ou pela existência de relação de emprego, desde que em função deles, o menor com 16 (dezesseis) anos completos tenha economia própria."

Concessão dos pais

Se um dos progenitores, em particular o pai do irmão do segurado, promove a emancipação desse irmão, deixa de ser dependente e se já for pensionista, perde essa qualidade.

União do irmão

Embora o Código Civil admita a figura da união estável, quando descreve a emancipação não fala nos unidos, mas apenas nos casados. Entretanto, casando-se ou unindo-se esse irmão perde a condição de dependente.

Serviço público

Caso um menor de 21 anos venha a tomar posse como servidor público, assim entendido o estatutário ou celetista, perderá a condição de dependente pela emancipação. Possivelmente a palavra emprego público foi contemplada no sentido de servidor público.

Atividade econômica

Contando com economias próprias e se estabelecendo civil ou comercialmente ou, ainda, mantendo relação de emprego, esse irmão se torna emancipado.

Não basta ter um emprego, é preciso deter economia própria. Assim pensa Alessandro de Araujo Guimarães (Reflexos no Direito do Trabalho da emancipação civil do menor decorrente de existência de relação de emprego, *in Boletim Jurídico*, em 8.10.2006). Não tem muita independência um jovem que recebe o salário-mínimo.

Abaixo de 16 anos

Sobrevindo um casamento nos casos de gravidez (CC, arts. 1.520 e 1.551) ou para evitar pena criminal (art. 1.520) dá-se o casamento até para menores de 16 anos.

Pátrio poder

Não são quaisquer pais que detêm o pátrio poder; alguns deles perderam esse *status* jurídico em decorrência da disposição da lei.

Separação do emancipado

A anulação do casamento, o divórcio ou outra modalidade de separação é tema polêmico em matéria de manutenção da emancipação. Gilbert Ronald Lopes Flores (*site* Artigos Jurídicos), diferentemente de alguma doutrina, entende que é preciso distinguir o casamento nulo do casamento anulável e da separação judicial.

Capítulo 76 – Higidez de Filhos e Irmãos

Uma das hipóteses para que os filhos maiores de 21 anos se mantenham como dependentes, diante do óbito do segurado, se tornem pensionistas, é que estejam inválidos. Tal condição é apurada mediante perícia médica a ser realizada pelo órgão gestor da Previdência Social.

Além do envelhecimento populacional, o tema atual mais preocupante da seguridade social, a par das questões que envolvem a habilitação, a reabilitação e a readaptação dos beneficiários, centra-se na eficácia científica da perícia médica.

Diz respeito às dificuldades técnicas na apuração da incapacidade para o trabalho, insuscetibilidade de reabilitação e invalidez de filhos e irmãos do segurado.

Acrescida das preocupações doutrinárias oriundas das recentes Leis ns. 12.435/11 e 12.470/11 (Convenção de Nova York).

No comum dos casos, em face de posicionamento assimétrico do Poder Judiciário, tem-se que o resultado de uma dessas duas perícias jacentes está equivocado, sendo consabido que critérios, objetivos e pressões sofridas pelos profissionais emitentes são diferenciados e deveriam ser unificados pela lei.

O art. 109 do PBPS deixa clara a obrigação da submissão à perícia médica. Uma pensão por morte em manutenção poderá ser cessada quando o dependente readquirir a higidez (RPS, art. 114, III).

Conceito mínimo

A perícia médica dos inválidos consiste num exame clínico que sopese o estado de saúde do examinado com vistas à concessão da pensão por morte.

Perícia que não pode ignorar os avanços da medicina, a idade da pessoa e a possibilidade de a técnica moderna permitir o trabalho de quem antes não tinha essa aptidão. E, também, a perfeita definição do que seja a deficiência intelectual e mental (Lei n. 12.470/11).

Oportunidade da realização

O primeiro momento habitual da realização da perícia médica deve ser por ocasião da instrução do pedido do benefício, isto é, quando da apresentação da documentação dos interessados.

Poderia haver uma perícia médica prévia (RPS, art. 108), a ser reafirmada por ocasião da solicitação do benefício, e submetida à discrição da Administração Pública.

Um exame depois da morte do interessado, se for materialmente viável, será reconhecido pelo órgão gestor.

Nada impede que a família, depois de deferida a pensão por morte, tomando conhecimento do direito, promova a demonstração de que antes do óbito do segurado, um filho ou irmão maior de 21 anos era inválido.

Um segurado poderá solicitar remarcação do exame médico pericial por uma vez, caso não possa comparecer (art. 429 da IN INSS n. 45/10). Se o segurado pode, também podem os seus filhos e os irmãos.

A perícia médica poderá suceder num hospital ou na residência do examinado, mediante a apresentação de documentação médica comprovando a internação ou a impossibilidade de locomoção (art. 430 da IN INSS n. 45/10) ou na sede do órgão gestor.

Presença do assistente

Diz o art. 428 da IN INSS n. 45/10:

> "O perito médico poderá, quando entender necessário, solicitar ao médico assistente do beneficiário que forneça informações a ele relativas para fins do disposto nos § 2º do art. 43 e § 1º do art. 71 do RPS ou para subsidiar emissão de laudo médico pericial conclusivo, conforme Anexo VI. *Parágrafo único*. Considera-se médico assistente o profissional responsável pelo diagnóstico, tratamento e acompanhamento da evolução da patologia do paciente."

Continuidade dos exames

De forma clara, o art. 109 do RPS determina:

> "O pensionista inválido está obrigado, independentemente de sua idade e sob pena de suspensão do benefício, a submeter-se a exame médico a cargo da previdência social, processo de reabilitação profissional por ela prescrito e custeado e tratamento dispensado gratuitamente, exceto o cirúrgico e a transfusão de sangue, que são facultativos."

Demonstração judicial

Nos casos de indeferimento da pretensão os interessados poderão ingressar com ação na Justiça Federal para que o Poder Judiciário defina a situação do requerente, providência que pode ser encaminhada ao mesmo tempo da instrução, concessão e manutenção da pensão por morte dos demais dependentes.

Manifestando-se na Ação Civil Pública intentada pelo Ministério Público Federal de Porto Alegre, o desembargador Luis Alberto d'Azevedo Aurvalle, da 6ª Turma do TFR da 4ª Região, em 28.9.2011, fixou um prazo de 30 dias contado da DER do benefício para que o INSS realize a devida perícia médica (*Boletim do IBDP* n. 177, de 24.10.2011).

Autarquia federal

O MPS teria de pensar numa autarquia federal distinta do INSS, contando com a cooperação da iniciativa privada para que essa perícia médica seja descentralizada e realizada por uma junta médica composta por: a) profissional médico da Previdência Social especializado no CID alegado pelo examinando; b) um profissional médico indicado pelos empregadores; e c) um profissional médico representantes dos trabalhadores.

Que essa instituição disponha de recursos materiais adequados, entre os quais a possibilidade de: a) exames suplementares laboratoriais; b) visita *in loco* dos estabelecimentos das empresas; c) acesso aos prontuários médicos; d) pesquisa internacional sobre os diferentes CID; e) participação de médicos particulares e assistentes sociais e de advogados.

Capítulo 77 – Descontos Possíveis

As retenções que podem ser efetuadas no desembolso mensal da pensão por morte são regradas no PBPS, sem guardar grandes dificuldades interpretativas.

O rol é exaustivo e não admite exceções.

Norma legal

Nesse sentido diz o art. 115 do PBPS, que podem ser descontados dos benefícios:

I – contribuições devidas pelo segurado à Previdência Social;

II – pagamento de benefício além do devido;

III – Imposto de Renda retido na fonte;

IV – pensão de alimentos decretada em sentença judicial;

V – mensalidades de associações e demais entidades de aposentados legalmente reconhecidas, desde que autorizadas por seus filiados;

VI – pagamento de empréstimos, financiamentos e operações de arrendamento mercantil concedidos por instituições financeiras e sociedades de arrendamento mercantil, públicas e privadas, quando expressamente autorizado pelo beneficiário, até o limite de 30% do valor do benefício.

Possibilidade de parcelamento

O § 1º do mesmo artigo dispõe que:

"Na hipótese do inciso II, o desconto será feito em parcelas, conforme dispuser o regulamento, salvo má-fé."

Prevalência das deduções

O § 2º estabelece regra de prevalência:

"Na hipótese dos incisos II e VI, haverá prevalência do desconto do inciso II."

Pensão alimentícia

A retenção de uma eventual pensão alimentícia poderá incidir na pensão por morte com base em dois dispositivos (arts. 114/115).

Valores indevidos

Valores indevidos pagos ao aposentado ou a pensionistas podem ser descontados da pensão por morte (IN INSS n. 49/10).

Empréstimo consignado

A Lei n. 10.820/03 autorizou os bancos e os pensionistas a celebrarem um contrato de empréstimo consignado, cuja garantia é oferecida pela pensão por morte paga pelo INSS, como era previsto pelo art. 45 do ESPCU.

Retenção na pensão

Estranhamente, o Ministro do STF Antonio Cezar Peluso considerou válida a retenção de valor no benefício da pensionista Elianete Marinho Duarte para pagar uma dívida contraída com a sua empregada doméstica Luciléia Maria da Silva, sentenciada pela Justiça do Trabalho (Ag. Rg – RCL n. 8.341/PB, de 1º.3.2011, *in Rep. de Jurisp. IOB* da 2ª quinzena de jul. 2011, vol. I, p. 44).

Impenhorabilidade e inalienabilidade

Art. 114 do PBPS:

"Salvo quanto a valor devido à Previdência Social e a desconto autorizado por esta Lei, ou derivado da obrigação de prestar alimentos reconhecida em sentença judicial, o benefício não pode ser objeto de penhora, arresto ou sequestro, sendo nula de pleno direito a sua venda ou cessação, ou a constituição de qualquer ônus sobre ele, bem como a outorga de poderes irrevogáveis ou em causa própria para o seu recebimento."

Desconto abusivo

Na ausência transitada em julgado que autorizaria o desconto na pensão por morte é considerado abusivo o desconto mensal de 30%. Dessa forma vislumbrou o desembargador Marcelo Navarro em 14.5.2005 quando examinou a AC n. 311.662/PE – Proc. n. 2002.05.0032.053-7, da 4ª Turma do FR da 5ª Região, *in Revista Plenun de Trabalho e Previdência* n. 1, de ago. 2005, p. 168-169.

Lei n. 12.470/11

Quando o dependente deficiente intelectual ou mental trabalhar e for remunerado, a sua cota de pensão será descontada em 30% do valor mensal.

Pensionistas no RGPS

Não existe contribuição previdenciária incidente sobre a pensão por morte do RGPS, como também, inexiste contribuição sobre a aposentadoria antes recebida pelo *de cujus*.

Servidor público

A pensão por morte instituída por servidores públicos se sujeita à contribuição de 11% incidente sobre o valor que ultrapassar os R$ 3.916,20, nos termos do art. 40, § 7º, I/II, da Carta Magna, uma excrescência a ser eliminada do ordenamento previdenciário.

Apreciando as ADI ns. 3.105 e 3.128, relatadas pelo Ministro Antonio Cezar Peluso, no dia 18.8.2004, o STF decidiu que era constitucional a incidência da contribuição prevista na Lei n. 9.783/99, desde que acima do teto do RGPS, a despeito do ponto de vista da doutrina como é o caso de Hugo de Brito Machado Segundo (Inconstitucionalidade da contribuição dos aposentados e pensionistas, *in Jus Navigandi* de dez. 1999).

Capítulo 78 – Imposto de Renda

De regra, o valor da pensão por morte não deveria sofrer quaisquer descontos, mas a legislação excepciona essa regra e permite algumas retenções. Uma delas, bastante particular, é o IR, matéria disciplinada no Regulamento do Imposto de Renda (Decreto n. 3.000/99).

Atualmente (2012), a tabela vigente de retenção é a seguinte:

Base de cálculo mensal (em R$)	Alíquota %	Parcela a deduzir do imposto (em R$)
Até 1.637,11	—	—
De 1.637,12 até 2.453,50	7,5	122,78
De 2.453,51 até 3.271,38	15,0	306,80
De 3.271,39 até 4.087,65	22,5	552,15
Acima de 4.087,65	27,5	756,53

Titularidade da isenção

A isenção do IR é pessoal e não se transfere. Se o segurado era beneficiado por uma isenção, ela cessará com o seu falecimento e não alcançará os dependentes.

Incidência mensal

Questão que produziu respeitável celeuma, por insistência da Secretaria da Receita Federal dizia respeito à definição da alíquota quando do pagamento de atrasados: se ela deveria incidir sobre a soma das mensalidades então pagas ou considerar individualmente os meses de competência (durante os quais, aliás, essas alíquotas podem não ter sido iguais às da data da quitação).

Em 5.4.2006, a juíza Vivian Josete Pantaleão Caminha, da 1ª Turma do TRF da 4ª Região, entendeu pela validade do respeito aos meses de competência no Mandado de Segurança n. 2001.70.01.003905-9/PR, in Revista RDS n. 28, de out./dez. 2007, p. 125-133.

Assim também ajuizou o Ministro do STJ Luiz Fux, da 1ª Turma, quando examinou o RE n. 617.081/PR, em 20.4.2006, in RDS n. 22, de abr./jun. 2006, p. 143.

Capítulo 79 – Adicional de 25%

Diz o art. 45 do PBPS:

> "O valor da aposentadoria por invalidez do segurado que necessitar da assistência permanente de outra pessoa será acrescido de 25% (vinte e cinco por cento)."

Acresce o parágrafo único que tal percentual poderá ser aplicado ao valor máximo do benefício, chegando até mesmo a R$ 4.895,70 em 2012, e será recalculado quando dos reajustamentos anuais e cessará com a morte do aposentado "não sendo incorporável ao valor da pensão" (letras *a/c*). *Ab initio*, que fique claro ser um direito personalíssimo do aposentado e de mais ninguém.

Requerimento tardio

Se o percipiente da aposentadoria por invalidez ingressou com o solicitação desse ¼ da renda mensal, ainda que há tempos esteja cumprindo os requisitos legais, a data do início dos 25% será na DER.

Não se trata de revisão de cálculo como previsto no art. 103, parágrafo único, do PBPS, mas um *plus* que depende de instrução *a posteriori*. Inclusive, perícia médica ou visita *in loco* de assistente social do INSS.

Caso a vantagem tenha sido requerida, mas somente deferida após a morte desse aposentado, os familiares terão direito a receber as mensalidades desde a DER até a DO, a título de crédito do segurado.

Direito *a posteriori*

Suponha-se que os dependentes de um segurado falecido tenham provas de que ele, quando estava vivo, fizera jus a essa majoração da renda mensal sem reclamar tal inclusão. O direito existiu em tese, mas não foi oportunamente exercido; a percepção pressupunha estar o segurado vivo e carente de assistência permanente.

Prescrição do direito

Retroagir à data do preenchimento dos pressupostos deve ser cogitado em face da imprescritibilidade dos benefícios. O direito é hipoteticamente válido, mas estão prescritas as mensalidades e elas não serão percebidas.

Acostando-se a Jefferson Feitosa Rodrigues, em Voto Vista, o juiz José Antonio Savaris defendeu o direito de 25% para todas as demais aposentadorias. "O que releva é a identidade de situação fática (incapacidade, total necessidade de assistência permanente de outra pessoa), o que me fez reconhecer em nome da necessidade de recursos para sua subsistência e do postulado da igualdade, que faz jus ao acréscimo pretendido" (Incidente de Uniformização JEF n. 0010550-56.2009.404.7154/CS, relatado pelo juiz Antonio Fernando Schenkel do Amaral e Silva em 19.8.2011, da Turma Regional de Uniformização do TFR da 4ª Região, *in Revista Síntese* n. 169, de nov. 2011, p. 184-189).

Capítulo 80 – IRSM 1994/1997

Algumas questões judiciais previdenciárias são polêmicas, elas se tornaram notórias, geraram muitas dúvidas e, afinal, parte delas foi solucionada no Poder Judiciário. Uma delas, de grande repercussão ficou conhecida como a Revisão do IRSM 1994/1997.

IRSM

IRSM é Índice de Reajuste do Salário-Mínimo e o período 1994/1997 diz respeito a 1º.3.1994 a 28.2.1997 (Lei n. 8.542/92). Esta pendência está resolvida. Mas tendo em vista que o fato gerador ocorreu antes da Lei n. 9.528/97, que estabeleceu o prazo decadencial (por muitos referido como prescricional), pela primeira vez tem-se que não há termo para reclamar eventuais prejuízos, especialmente no que diz respeito ao recálculo da pensão por morte de segurados cujo benefício possa ter incluído o PBC que vai de 1º.3.1994 a 28.2.1997.

Fundamentalmente o que ocorreu foi o polêmico índice de fevereiro de 1994 praticado pelo INSS fora outro que não os 39,67% e com isso o salário de benefício dos benefícios concedidos no referido período sofrerá perdas em razão da inflação.

Lei n. 10.999/04

Vencido no Poder Judiciário, o MPS suscitou o Congresso Nacional. Foi editada a Lei n. 10.999/94, fixando a obrigação de promover a revisão dos benefícios, regulamentada pela IN INSS/DC n. 120/05.

Índices históricos

INPC — de 12/1992 até 01/1994 — (Lei n. 8.213/91)

IRSM — de 01/1994 até 02/1994 — (Lei n. 8.542/92)

URV — de 03/1994 até 06/1994 — (Lei n. 8.880/94)

IPC-R — de 07/1994 até 06/1995 — (Lei n. 8.880/94)

INPC — de 07/1995 até 04/1996 — (MP n. 1.053/95)

Prazo decadencial

Por qualquer motivo, se uma pensionista não teve a sua pensão por morte revista, ela tem todo o tempo para solicitá-la administrativa ou judicialmente.

Capítulo 81 — 100% da Renda Inicial

A incompreensão de um conceito jurídico técnico, a desordem da legislação previdenciária, a imperiosa necessidade dos beneficiários e a volição dos profissionais do Direito de tentar resgatar as perdas reais e as decorrentes da inflação, às vezes levam a debates doutrinários infindáveis e, por vezes, desfocados, obrigando os tribunais a adotarem decisões irrepreocháveis, mas profundamente insatisfatórias em relação a multidões que se julgaram com um direito.

A discussão dos 100% da pensão por morte diz respeito a saber se uma lei vigente ao tempo dos fatos perde eficácia futura, em virtude do advento de uma lei mais favorável que não discipline o passado. A maioria dos estudiosos entendeu que sim, uma lei nova deveria ser aplicada às situações anteriores à data do início de sua eficácia, ainda que silente a esse respeito, para beneficiar e tornar iguais os que seriam iguais.

Se antes, a renda inicial da pensão por morte era de 60% ou 90% do salário de benefício e passou a ser de 100%, os atuais pensionistas deveriam receber esses 100%. Um raciocínio lógico sustentável bastante simples que deveria ter sido respeitado pelo legislador, quando redefiniu o cálculo da renda inicial e deveria (o que seria válido), expressamente ter estendido esses 100% àqueles pensionistas cujo óbito do segurado tivesse ocorrido antes da lei que majorou o percentual.

Não se sabe a *mens legislatoris* da época, mas a *mens legis* ignorou essa possibilidade, obrigando o STF à decisão que tomou.

Fundamentalmente o que se tem é um direito natural não observado pelo legislador; portanto, não havia direito ao acréscimo de 40% e 10%, conforme uma decisão puramente jurídica.

Ab initio, no que diz respeito aos pensionistas, vale a vetusta Súmula STF n. 359, segundo a qual a aplicação e a interpretação da matéria devem perfilhar a lei vigente à época do óbito.

Desse modo entendeu Mauro Campbell Marques, relator do Proc. 2010.01.72134-8 no Agravo de Instrumento n. 1.350.883/ES, da 2ª Turma do STJ, decisão de 2.12.2010, *in RPS* n. 365/312.

Ainda que a norma superveniente seja mais vantajosa, prevalece o direito definido quando da reunião dos pressupostos. No caso da pensão das viúvas faltou sensibilidade ao Governo Federal; poderia encaminhar ao Congresso Nacional proposta de lei mandando acrescer 40% e 10% à renda mensal (Súmula STF n. 336).

Ester Moreno de Miranda Vieira pensa diferente: "Concluindo, numa época em que a tão chamada aplicação da lei no tempo — *tempus regit actum* — é utilizada como uma fórmula absoluta sem uma análise mais profunda dos requisitos de legalidade, legitimidade e validade da norma, cabe aos profissionais do Direito Previdenciário demonstrar que, neste caso, não se trata de aplicar a lei mesmo que 'errada' apenas para favorecer os segurados, mas que se trata de uma aplicação com base numa interpretação sistemática e lógica do ordenamento, esse entendido como sistema jurídico e não como mero aglomerado de normas" (A Revisão da Pensão por Morte concedida no período de 29.4.1995 a 10.12.1997, *in Jornal do IAPE*, São Paulo: IAPE, de jan./jun. 2011, p. 6).

Capítulo 82 – Prescrição das Mensalidades

O tema da prescrição das mensalidades previdenciárias deve ser distinguido do direito à pensão por morte e, uma vez concedida esta, da pretensão à revisão dos seus elementos da concessão (A prescrição do art. 103 da Lei n. 8.213/91 — Prazo para reavaliação das prestações securitárias, in Rep. de Jurisp. IOB da 1ª quinzena de ago. 2009, p. 480+482).

Imprescritibilidade do direito

Num passado remoto, a legislação já dispôs expressamente sobre a imprescritibilidade do direito aos benefícios e, em particular, à pensão por morte (LOSSB, art. 15).

Quer dizer, e isso vale até hoje, preenchidos os requisitos legais, a qualquer momento o titular do direito pode exercê-lo. Tendo em vista tratar-se de obrigação que se consuma mediante sucessivas prestações, neste caso, prescrevem algumas dessas mensalidades mais antigas.

Vale lembrar que esses raciocínios dizem respeito à clara presença do direito real, ele se submete à regra do art. 102, § 2º, do PBPS:

> "Não será concedida pensão por morte aos dependentes do segurado que falecer após a perda desta qualidade, nos termos do art. 15 desta Lei, salvo se preenchidos os requisitos para obtenção da aposentadoria na forma do parágrafo anterior."

São duas situações aí focadas: a) se o falecido havia perdido a qualidade de segurado, os seus dependentes não fazem jus ao benefício e b) se ele perdeu essa mesma qualidade de segurado após atender aos pressupostos para uma aposentadoria; o benefício é devido. E então se devendo considerar eventuais prescrições de mensalidades.

Prescrição de mensalidades

Então, se uma viúva, única dependente, requerer o benefício após 30 dias da DO, a DIB será na DER, restando perdidas as mensalidades anteriores a essa data.

Mas se existirem menores de idade, incapazes ou ausentes, a prescrição não afeta esses dependentes.

Não ocorre a prescrição do direito às mensalidades do menor incapaz, quota a ser paga desde a DO do segurado e não da DER. Inaplicação da prescrição quinquenária. Foi o pensamento do desembargador Geraldo Apolinário no TFR da 3ª Turma do TRF da 5ª Região, em 2.9.2009, na AP – REEX n. 2009.83.00.02747-4, in Rep. de Jurisp. IOB da 2ª quinzena de out. 2009, p. 614).

Prestações vencidas

Por seu turno reza o parágrafo único do art. 103:

> "Prescreve em cinco anos, a contar da data em que deveriam ter sido pagas, toda e qualquer ação para haver prestações vencidas ou quaisquer restituições ou diferenças

devidas pela Previdência Social, salvo o direito dos menores, incapazes e ausentes, na forma do Código Civil."

Significa que se o segurado faleceu em 1º.1.2000, a pensão por morte teve DIB nessa DO (1º.1.2000) e a viúva requereu revisão do cálculo em 1º.1.2012, que ela terá direito à mudança a contar de 1º.1.2006, portanto, perdendo 72 mensalidades (que vão de 1º.1.2000 até 31.12.2005).

Revisão do INSS

O *caput* do art. 103-A do PBPS esclarece:

> "O direito da Previdência Social de anular os atos administrativos de que decorram efeitos favoráveis para os seus beneficiários decai em dez anos, contados da data em que foram praticados, salvo comprovada má-fé" (redação da Lei n. 10.839/04).

Quando da revisão de benefícios a atuação ética dos interessados é sopesada pelo INSS, que faz notáveis distinções de ordem pessoal, comportamental ou moral, nem todas elas de fácil verificação. De regra, nesse sentido as pessoas são distinguidas por agirem de boa-fé (um dever de todo cidadão) ou má-fé, convindo avultar a exigência do dolo.

Em várias oportunidades os atos normativos falam em dolo, uma vontade consciente de prejudicar o patrimônio do RGPS em proveito próprio ou de terceiros.

Às vezes, essa expressão vem acompanhada do vocábulo "má-fé". No comum dos casos, quem age com disposição contrária à norma que conhece pratica a referida má-fé. Como exemplo do que acontece com o uso indiscriminado das palavras "dolo" e "má-fé" tem-se que o fraudulento procede com dolo e, por conseguinte, opera com má-fé.

A expressão má-fé é ampla, fluída e mal explicitada na legislação, na jurisprudência e na doutrina. As avaliações são personalíssimas, quase sempre subjetivas e frequentemente pontuais. O ônus da prova é de quem alega e assim, sempre que afirmar, o INSS terá de evidenciar sua presença. A má-fé lembra uma ideia de fraude, deliberada e consciente intenção de prejudicar alguém.

O autor não pode agir simplesmente por julgar que faça jus a um bem maior. Se alguém contribuiu a vida toda pelo teto, mas dentro do período básico de cálculo com base no salário-mínimo, não pode fraudar o salário de contribuição desse último período.

Quem age de má-fé causa dano material ao erário público. Essa ação será comissiva (que é a mais comum) ou omissiva. A má-fé é um conceito amplo que abriga infindáveis hipóteses, tornando difícil a sua conceituação geral.

Com exceção da parte dos crimes previdenciários, a legislação não cuida da sua tentativa, apenas fixando-se na consumação.

Existem situações de quase má-fé, isto é, cenários em que a pessoa se aproxima do ato delituoso sem atingir a intensidade total do dolo (e agora não se fala da tentativa).

Quem aumentar os salários de contribuição às portas da aposentação sem justificativas para isso, visando melhorar a renda mensal inicial, descumpre a lei. A volta ao trabalho do impedido consiste em não observância da lei. Não há fraude, mas desobediência da norma legal.

O objetivo do legislador ao fixar prazos da decadência e de prescrição é assegurar alguma tranquilidade jurídica às relações humanas. Nesse sentido, mesmo quando de ofensa ao bem maior do homem que é a vida, existem prazos para a ação persecutória do Estado e o culpado é, por assim dizer, inocente depois de passado certo tempo.

Não tem muito sentido o INSS não dispor de prazo para rever benefícios deferidos indevidamente, depois de dez anos. O prazo de 120 meses é suficiente para corrigir eventuais erros. A tranquilidade jurídica previdenciária propicia a manutenção do engano proposital, máxime se eventual delito estiver prescrito. Caso contrário, que se comunique ao Ministério Público Federal.

Natureza do prazo

O prazo para reavaliar os elementos de um benefício (também chamado de revisão de cálculo, por ser a hipótese mais comum) é de decadência. Significa que o beneficiário (segurado ou dependente), depois do deferimento, tem dez anos para reexaminar o despacho concessório, com a exibição de provas juntadas ou não, quando da instrução.

Essa convenção institucional securitária visa tentar fornecer alguma estabilidade à relação procedimental. Esse prazo decenal é razoável. Lembra-se que, antes da DER, quando da juntada da documentação, em alguns casos, o titular já percorrera um vasto caminho na tentativa de reunir os pressupostos do seu direito, tempo bastante diminuído ultimamente com o CNIS.

Imagine-se um segurado que se aposentou com 30 anos de serviço, enquanto persuadia o INSS de ter mais 5 anos, e que só produziu a prova dez anos depois da concessão da aposentadoria proporcional. Nessas condições, segundo o ordenamento legal vigente só lhe restará o difícil processo de desfazer a aposentadoria de 70% do salário de benefício, mediante a desaposentação, e requerer a aposentadoria integral com 35 anos de serviço. Claro, com todos os desdobramentos desse cenário administrativo e judicial (*Desaposentação*. 4. ed. São Paulo: LTr, 2011).

Uma vez deferida a prestação cogita-se da possibilidade de revisão dessa concessão que afeta o próprio direito, quem são os dependentes que fazem jus ou, o que é bastante comum, o cálculo da renda mensal inicial.

Claramente, diz o art. 103 do PBPS:

> "É de dez anos o prazo de decadência de todo e qualquer direito ou ação do segurado ou beneficiário para a revisão do ato de concessão de benefício, a contar do dia primeiro do mês seguinte ao do recebimento da primeira prestação ou, quando for o caso, do dia em que tomar conhecimento da decisão indeferitória definitiva no âmbito administrativo" (redação da Lei n. 10.839/04).

Dividido em dois grupos de situações, o INSS também tem um prazo de dez anos para promover alteração na concessão de um benefício, principalmente uma revisão de cálculo da renda mensal inicial.

Tem-se entendido que, se houve má-fé, não há prazo para a revisão de ofício, o que é um absurdo jurídico; e que, se não houve essa má-fé, qualquer que seja o equívoco passados os dez anos, o INSS não poderia rever o benefício.

Note-se que não havia esse prazo na legislação previdenciária; logo, da mesma forma, ele somente entrou em vigor dez anos depois, ou seja, em 5.2.2004.

Desenvolvimento normativo

Até 11.12.2007 não havia prazo para as revisões, e a qualquer tempo o beneficiário podia reclamar os dados da prestação. Evidentemente, era um cenário de *non sense*. O INSS não tinha segurança administrativa e, de fato, nem sempre encontrava os autos de um processo de concessão de 25 anos atrás.

Com a Lei n. 9.528, de 10.12.1997 (DOU de 11.12.1997), foi criado um primeiro termo, de dez anos, a partir do qual desapareceria o direito adjetivo de reconsideração.

Ab initio, dois fatores devem ser destacados: a) o termo foi logo depois alterado pela Lei n. 9.711/98 (reduzido à metade) e b) ele deveria iniciar-se em 11.12.2007 e não em 11.12.1997.

Quer dizer, somente dez anos depois de publicada a norma legal ela adquiriria eficácia, não poderia retroagir. Até então, os beneficiários não sabiam que tinham de se comportar dessa ou daquela maneira.

Com a Lei n. 9.711, de 20.11.1998 (DOU de 21.11.1998) — portanto, quando a Lei n. 9.528/97 não era eficaz — o prazo foi reduzido para cinco anos (!). Logo, raciocinando da mesma forma, somente adquiriria eficácia em 10.11.2003. Deve-se lembrar que essa norma revogou a anterior; portanto, não há que se pensar em 2007 na eficácia da Lei n. 9.528/97.

Mas tem mais.

A Lei n. 10.839, de 5.2.2004 — quando estava em vigor a Lei n. 9.711/1998 (!) —, reintroduziu o prazo de dez anos da Lei n. 9.528/97.

Esse terceiro lapso de tempo deveria entrar em vigor em 5.2.2004 (e isso teria acontecido, se ele tivesse emergido quando não havia prazo, isto é, antes de 1997).

Entretanto, comparado com o prazo de cinco anos da Lei n. 9.711/98, ele vigeu imediatamente, porque, das duas, é uma norma mais benéfica. Nosso Direito Previdenciário tem entendido que as normas que restringem direitos não retroagem.

O raciocínio é complexo e embaralha o pensamento de quem encaminha as ideias diante de tantos vaivens.

A partir de sua publicação no DOU, a Lei n. 10.839/04 produziu efeitos jurídicos, querendo dizer que os beneficiários têm dez anos para reclamar qualquer direito seu.

Há outro prazo, de cinco anos, que também costuma causar confusão. Se alguém está aposentado há algum tempo e, com razão, dentro do prazo legal (dez anos), promove uma revisão de cálculo, o INSS pagará a diferença a partir da DER e desembolsará 60 meses antes desse dia. São dois atrasados: a) o tempo que o processo demandou para ser decidido e b) os 60 meses. Há também mais um prazo, de cinco anos, do art. 75 da LC n. 109/01, que vale para a previdência complementar.

Vale lembrar que, se dentro desse decênio, o que é possível, o beneficiário apresentar um fato novo que o INSS desconhecia e que venha a alterar a instrução do benefício antes concedido, e o modifica, a modificação se dará a partir da data dessa apresentação do documento comprobatório do fato, sem o pagamento de atrasados.

Por último, mais uma importante distinção. Fora do tema revisão da concessão, se alguém tem direito a um benefício e não o solicitou na época própria (quando completou os requisitos), e, mesmo após ter perdido a qualidade de segurado, se vier a requerê-la, a DIB será a DER. Atrasados, no caso, somente entre a DER e a data em que a prestação foi deferida.

Érica Paula Barcha Correia e Marcus Orione Gonçalves Correia contam o prazo da Medida Provisória (O art. 103 da Lei n. 8.213/1991, *in Rep. de Jurisp. IOB* da 2ª quinzena de ago. 2009, n. 16/2009, p. 511-513).

Contagem do prazo

Dez anos significam 120 meses. Eles têm termo inicial e final. No ensejo, carece nominar e explicitar os vários momentos praticados pelo INSS em torno da instrução do requerimento.

a) Data do Agendamento do Requerimento (DAR) — Época meramente burocrática que, depois da DER, será a DIB.

b) Data da Entrada do Requerimento (DER) — Dia da entrevista previamente agendada (DAR) e ocasião em que se dá o protocolo oficial do pedido.

c) Data do Início dos Pagamentos (DIP) — Ocasião em que os valores monetários estarão à disposição do interessado, quando as mensalidades começarem a ser pagas.

d) Data do Início do Benefício (DIB) — Dia inicial do direito às mensalidades, frequentemente coincidente com a DER e que se presta para a definição da data-base do primeiro reajustamento anual (PBPS, art. 41).

e) Data do Recebimento do Benefício (DRB) — Momento em que o segurado recebe o valor na rede bancária (fato sem grande expressão jurídica).

f) Data da Concessão do Benefício (DCB) — Quando o segurado toma conhecimento por escrito do deferimento (que não é necessariamente a data da emissão constante da Carta de Concessão/Memória de Cálculo).

Os dez anos são contados desta última data, que sempre é posterior à DER. Além dessa data do início dos dez anos, o art. 103 do PBPS fala em "a contar do dia primeiro do mês seguinte ao do recebimento da primeira prestação".

Interrupção do prazo

Ainda que se tenha um prazo de decadência, fluindo inexoravelmente com o passar do tempo, é preciso refletir sobre fatos que sobrevenham durante esses dez anos e que o interrompe.

Não é incomum, antes da DER (I) ou até mesmo depois da DCB (II), o segurado ter intentado ou tentar reclamação trabalhista (e até na Justiça Federal), pretendendo o reconhecimento de certo tempo de serviço ou salário de contribuição. Em uma circunstância mais remota, uma ação laboral postulada depois dos dez anos (III).

Imagine-se que a sentença faça coisa julgada antes ou depois dos indigitados dez anos. Se a decisão judicial se der antes do decênio, essa prova emprestada, tardiamente obtida, será anexada à ação de revisão de cálculo. Se a publicação da sentença se der após o prazo de dez anos, o efeito deverá ser o mesmo. Mas, na hipótese de reclamação ajuizada depois do decênio, não há o direito de incorporação do bem auferido.

Lembra-se que a sentença apenas declara o direito, não constitui; ela retroage à data do protocolo da impugnação e não quando da publicação.

Os dez anos do art. 103 do PBPS têm uma função jurídica específica: criar estabilidade para as relações administrativas. Fora dele, aplicar-se-ia o princípio *dormientus nun sucurrit jus* (*Princípios de Direito Previdenciário*. 5. ed. São Paulo: LTr, 2011). Mas uma coisa é a inércia que possa ser atribuída ao dormidor e outra a terceiros (*in casu*, o Poder Judiciário).

Período administrativo

É muito comum, logo após tomar conhecimento da concessão ou da negativa do deferimento, o segurado ingressar com o pedido administrativo de revisão destinado à JRPS e que se encerra no CRPS.

O tempo que foi consumido com esse encaminhamento administrativo faz parte dos dez anos. Passados dois anos da DCB, o titular da pretensão tem apenas oito anos para tentar ver reconhecido o seu direito na Justiça Federal.

Indeferimento da pretensão

Se, em vez da concessão do desejado pelo requerente, o que sucedeu foi o indeferimento da pretensão, o prazo do beneficiário para recorrer dessa decisão é o mesmo: dez anos. Entretanto, ele pode desistir de recurso e, passado algum tempo (com fato novo; se não contribuiu, pelo menos terá mais idade), requerer novamente a prestação.

Dormientibus num sucurrit jus

Sejam os chefes da família remanescentes ou seja, os familiares, a demora dos dependentes em solicitar tardiamente a pensão por morte tem vertentes jurídicas e fáticas (estas últimas nem sempre exprimíveis formalmente). Se juridicamente a questão resta equacionada com a perda das mensalidades vencidas pela prescrição, no mundo real, entretanto, as coisas não são tão simples assim.

Consideremos os motivos, as causas e o que leva alguém com direito a não exercê-lo: a) ignorância do direito; b) falta de provas; c) desavenças familiares; d) dificuldades operacionais; e) situação financeira adequada; f) orgulho pessoal.

Há quem não saiba que tem direito e que esse direito é imprescritível e que pode ser exercitado a qualquer tempo.

Não detendo as provas necessárias para instruir o requerimento, somente após essa reunião é que se torna possível o exercício do direito.

Às vezes, os familiares não detêm consenso em relação ao direito e fazem juízos morais não coincidentes com os jurídicos, adiando o momento do pedido.

Há quem não tenha paciência na reunião de documentos para a obtenção da prestação, desistindo num primeiro momento e, mais tarde, arrependendo-se dessa solução.

Quem esteja desfrutando de uma situação econômica ou financeira decide não solicitar o benefício e mais tarde, quando essa decisão é modificada, resolve requerer a pensão por morte.

Embora de menor expressão, em raros casos é o orgulho pessoal que dispensa o benefício, constatando-se que algumas mulheres preferem não depender dos homens (*sic*).

Prescrição quinquenal

Reza a Súmula STJ n. 85:

> "Nas relações jurídicas de trato sucessivo em que a Fazenda Pública figura como devedora, quando não tiver sido negado o próprio direito reclamado, a prescrição atinge apenas as prestações vencidas antes do quinquênio anterior à propositura da ação."

Essa é uma construção histórica. Ela quer dizer que se uma viúva pedir a pensão por morte sete anos depois do óbito do marido, que ela apenas receberá os últimos cinco anos e daí para frente.

Capítulo 83 – Prescrição dos Menores de Idade

Benefícios não requeridos oportunamente suscitam a prescrição de mensalidades. Quando envolvem menores, elas observam regras próprias civis e previdenciárias.

Diz o art. 3º do Código Civil:

> "São absolutamente incapazes de exercer pessoalmente os atos da vida civil: I – os menores de dezesseis anos; II – os que, por enfermidade ou deficiência mental, não tiverem o necessário discernimento para a prática desses atos; III – os que, mesmo por causa transitória, não puderem exprimir sua vontade."

Logo, por assim dizer, civilmente temos menores, incapazes e deficientes.

Não há referência aos ausentes do art. 103 do PBPS.

O art. 4ª configura como pessoas relativamente incapazes, os maiores de 16 e menores de 18 anos de idade.

O parágrafo único desse art. 4º trata da capacidade dos índios.

Nos termos do art. 198 do Código Civil, não corre a prescrição contra os menores de 16 anos (inciso I), incapazes (inciso II) e os que estão servindo as Forças Armadas (inciso III).

Norma previdenciária

A legislação previdenciária abraçou parte dessa determinação e decidiu no art. 79 do PBPS:

> "Não se aplica o disposto no art. 103 desta Lei ao pensionista menor, incapaz ou ausente, *na forma da lei*" (grifos nossos).

Lei que se presume seja a Lei n. 10.406/02 (Código Civil vigente).

Como se vê, uma remissão obrigatória à lei ordinária civil, o que excluiria os ausentes.

Hipóteses de prescrição

Se o segurado faleceu deixando viúva e filho de quatro anos de idade, mas a pensão por morte somente foi requerida dez anos depois, a DIP da cota da viúva será na DER (dez anos depois da DO) e a DIP do menor de 16 anos será na DO.

A Data do Início do Benefício sempre será a Data do Óbito, mas a Data do Início do Pagamento variará conforme cada situação.

Assim, a viúva, titular do benefício, nesse caso receberá 50% da pensão por morte da DO até a DER, em nome da criança e daí para frente 100% do mesmo valor. Dali 17 anos, a cota desse menor reverterá a seu favor (o que não acontece da DO até a DER) e a pensão por morte continuará sendo de 100%.

Caso outro menor, sempre se pensando em exercício extemporâneo do direito, na DO do pai já tivesse mais de 16 anos, a DIB de todo o benefício, incluindo a sua cota e a de sua mãe observam as regras do art. 74 do PBPS (100% somente a partir da DER, sem pagamento de atrasados). As mensalidades que vão da DO até essa DER prescreveram.

Essa não prescrição das mensalidades que favorece os menores de 16 anos tem de ser considerada em relação aos incapazes e ausentes porque estes dependentes, com qualquer idade, não têm condição de exercitar os seus direitos, exceto se curatelados. Para aqueles, não haveria prescrição.

Situação dos ausentes

Julga-se que se a família cuidou de curatelar um ausente, nos termos do art. 22 do Código Civil, esse ausente restará representado pelo curador e, nesse caso, equipara-se à mãe que não requereu o benefício oportunamente.

Em seu art. 446 a IN INSS n. 49/10 tratou apenas dos menores de 16 anos não emancipados, dos que não têm discernimento e não têm como exprimir sua vontade, silenciado quanto aos ausentes.

Capítulo 84 — Acumulação de Prestações

Uma área pouco sistematizada da legislação previdenciária envolve a acumulação de benefícios. As determinações estão dispersas em diferentes leis gerais, não codificadas e localizadas em normas específicas de cada tipo de regime e de prestações.

Igual se passa em particular com o direito à acumulação da pensão por morte, que é, de regra, um consectário da percepção simultânea de aposentadorias. De modo geral, quando mais de uma aposentadoria é possível, também o será mais de uma pensão.

Norma de superdireito

A acumulação de benefícios prevista nos regimes jurídicos públicos e nos privados não conhece ordenamento organizado no Direito Previdenciário. Nem mesmo no bojo de cada um dos quatro regimes vigentes. Tal ordem é absolutamente necessária, em virtude da multiplicidade da proteção aos dependentes, no ensejo das modificações que se avizinham em relação a esse benefício.

Segurado e dependente

Tal omissão é sentida ainda mais quando se trata do benefício de segurado e do dependente. Para não falar das prestações designadas como pensões especiais, e pensões indenizatórias.

Às vezes, a norma sedia-se no texto da Carta Magna.

Com os debates travados em 2012 é possível formular-se uma regra geral e comandos particulares que tratem da pensão por morte no âmbito do Direito Previdenciário, na seguridade social, mais especificamente na previdência social básica pública e privada e na complementar e, também, em relação a outras modalidades conhecidas.

Rendas variadas

As várias rendas não securitárias possíveis, como a do benefício patronal, a do seguro de vida, do seguro obrigatório (DPVAT), das pensões particulares, das pensões estatais e das rendas constituídas do Código Civil, indenizações da Súmula STF n. 229 e os resíduos trabalhistas da Lei n. 6.858/80 podem ser acumulados com a pensão por morte, do RGPS.

O exame da acumulação de benefícios dos dependentes também pressupõe considerar a pensão por morte e o auxílio-reclusão, direitos distintos (o último deles pode se transformar no primeiro), em face da diversidade de regime protetivos.

Pensão e auxílio-reclusão

Nos termos do art. 80 do PBPS, quem dependia de segurado preso receberá o auxílio-reclusão sem prejuízo de ser pensionista de outro segurado falecido.

Plano de benefícios

Os principais comandos sobre a percepção simultânea de benefícios estão contidos no art. 124 do PBPS, mas a lista não esgota as possibilidades.

Seu inciso VI trata do assunto; ele diz:

> "mais de uma pensão deixada por cônjuge ou companheiro, ressalvado o direito de opção pela mais vantajosa."

A regra comum é apenas uma pensão por morte, mas existem várias hipóteses em que é possível aos dependentes acumularem mais de uma delas.

Regimes distintos

Quem se envolve com mais de um regime de previdência social na condição de dependente, falecendo o segurado instituidor, fará jus a duas ou mais pensões por morte.

Isso é perfeitamente possível no RGPS, no RPPS, no RSSC e no regime dos militares. Note-se que, em cada caso, o segurado outorgante da pensão por morte de quem se filiou e contribuiu para o custeio do benefício.

Acumulação com aposentadoria

Quem é dependente e segurado ao mesmo tempo, preenchidos os requisitos legais, atualmente fará jus à pensão por morte e à aposentadoria ou outro benefício. O raciocínio sustentador dessa conclusão é a dupla filiação e inscrição e contribuições derivadas.

Dois ou mais filhos

A pensionista do marido ou de um filho falecido que dependa economicamente de um segundo filho, na condição de mãe e em relação a este poderá acumular uma terceira pensão por morte. Claro, desde que demonstre a dependência econômica (que, em cada caso, do cônjuge ou companheiro, não será fácil).

Dois casamentos

Um segundo casamento não gera pensão por morte.

O matrimônio anulado terá de ser tido como união estável e produzirá efeitos perante a previdência social.

Afirmando possivelmente apenas no plano jurídico, no dizer da juíza Leide Polo, ninguém poderia ter dois casamentos (RNC n. 2001.61.04.001443-0/SP, da 7ª Turma da 3ª Região, de 7.2.2009, *in RPS* n. 343/327).

Acidentária e comum

Em razão do acidente de trabalho só é possível receber uma pensão por morte (sem prejuízo de outros direitos civis) e, no passado, a acumulada com o pecúlio acidentário.

Se o segurado fazia jus ao pecúlio, este era deferido sem prejuízo da pensão por morte dos dependentes.

Administrativa e judicial

Não é possível acumular a pensão obtida na via administrativa com a ganha na via judicial pelo mesmo fato gerador ou vice-versa.

Lei n. 4.242/63

Existem disposições específicas para cenários distintos.

Particularmente, dizia a Súmula TRF n. 243:

> "É vedada a acumulação de pensão especial concedida pela art. 30 da Lei n. 4.242, de 1963, com qualquer renda dos cofres públicos, inclusive benefício da previdência social, ressalvado o direito de opção, revogada a Súmula n. 228."

Para a antiga Súmula TFR n. 63:

> "A pensão de que trata o art. 242 da Lei n. 1.711, de 1952, não se confunde com a que decorre de filiação do falecido funcionário ao regime de Previdência Social (LOPS). É cabível sua cumulação, preenchidos os requisitos legais exigidos."

Súmula STF n. 229

Os dependentes de um segurado que demonstrarem a culpa do empregador fazem jus a uma indenização civil juntamente com a pensão por morte previdenciária. Que pode ser na forma da constituição de uma renda programada mensal.

Urbana e rural

Pelo mesmo fato gerador não é possível acumular a pensão por morte rural com a urbana, mas se alguém detinha as duas condições, de trabalhador rural e citadino, fazendo jus a duas aposentadorias, a acumulação não é vedada.

Benefício da LOAS

Um percipiente de pensão por morte possivelmente não fará jus ao benefício de pagamento continuado da LOAS. Falecendo quem recebia esse benefício assistenciário não outorgará pensão.

Prestações securitárias

A possibilidade de acumulação da pensão por morte com algum dos benefícios excepcionais depende da lei regulamentadora de cada um deles (Césio 137, Seringueiros da Amazônia, Hemodiálise de Caruaru, Síndrome da Talidomida), Pensão da Hanseníase e a nova pensão do trabalhador rural.

Servidor e trabalhador

O relator do Proc. 2011.0034619-3/RS, em 14.4.11 entendeu ser possível acumular a pensão acidentária prevista no art. 242 do EFPCU (Lei n. 1.711/52) que previa a pensão por morte acidentária para o servidor que sofresse infortúnio laboral com a do art. 1º da Lei n. 3.363/58, fato, aliás, autorizado pela Súmula TFR n. 63 (AG-RG n. 1.237.771/RS, da 2ª Turma *in* DJE de 14.4.2011, *in RDP* n. 2/104).

Aposentadoria dos IAP

Era perfeitamente possível a acumulação de pensões deixadas por segurados em gozo de aposentadorias dos diferentes IAPs, se falecidos até a Lei n. 9.032/95.

Seguro-desemprego

Diz o parágrafo único do art. 124 do PBPS:

> "É vedado o recebimento conjunto do seguro-desemprego com qualquer benefício de prestação continuada da Previdência Social, exceto pensão por morte ou auxílio-reclusão" (redação da Lei n. 9.032/95).

Aposentadoria por invalidez

A percepção da aposentadoria por invalidez por parte do filho inválido reafirma a sua condição de dependente com direito à pensão por morte do pai ou da mãe.

Não há que se falar em ausência de dependência econômica, que é presumida (AC n. 2006.02.01.000010-9, da 1ª Turma Especializada da 2ª Região, relatada pelo juiz Aluisio Gonçalves de Castro Mendes, em 31.5.06, in Revista Síntese n. 207, de set./2006, p. 185).

Acumulação da aposentadoria por invalidez

A Turma Nacional de Uniformização da Jurisprudência dos JEF (TNU), dia 13.9.11 admitiu a acumulação da aposentadoria por invalidez rural com a pensão por morte, mesmo antes da LC n. 16/73 (AC n. 2006.71.95.002910-0, relatado pela juíza *Simone Lemos Fernandes*).

A Súmula n. 36 diz:

> "Não há vedação legal à acumulação da pensão por morte de trabalhador rural com o benefício da aposentadoria por invalidez, por apresentarem pressupostos fáticos e fatos geradores distintos."

Diferentes regimes

Além do regime dos militares e dos RPPS, atualmente existem RGPS, REII, MEI e RPDC, cada um deles prevendo uma pensão por morte, convindo examinar cada uma de suas normas introdutórias para se saber da acumulação do benefício.

Pensões do exterior

Para fins de exame das regras de acumulação, é preciso pensar que as pensões concedidas no exterior não interferem nesses comandos.

Previdência complementar

Na previdência complementar fechada, se um segurado participa de dois ou mais planos de benefícios, os seus dependentes terão dois ou mais benefícios.

Igual se passa na previdência aberta e no seguro privado. Nada impede haver uma pensão por morte prevista na previdência fechada, na aberta ou numa seguradora, tudo ao mesmo tempo.

Capítulo 85 – Contribuição dos Pensionistas

A contribuição de pensionistas é um equívoco científico histórico cometido pelo legislador pátrio que não deveria prosperar. Seguramente ela foi concebida unicamente para tentar diminuir as despesas com a previdência social. Somente para os pensionistas de servidores porque o Governo Federal não tem coragem política de diminuir a instituída pelos trabalhadores da iniciativa privada (insitamente menores).

Para que isso não acontecesse bastaria convocar os matemáticos e os planos de benefícios exigirem dos contribuintes ativos exatamente o necessário para custear a pensão por morte sem o aporte dos dependentes.

Quando se quebra um princípio, ameaça-se o ordenamento técnico e mais cedo ou mais tarde essa ofensa produzirá feitos danosos para todos. Seria preferível definir um valor menor para a pensão por morte (ou para as aposentadorias) do que lhe atribuir 100%, ou menos que isso, e depois fazer incidir contribuições.

O tema foi amplamente debatido quando da edição da Lei n. 9.783/99, quando foi implantada a contribuição dos servidores inativos e pensionistas dos três poderes de União (EC n. 3/93).

Já sustentamos que: "O desconto efetuado na retribuição do trabalhador ou do servidor destina-se a financiar socialmente os seus benefícios, atualmente sob o regime de repartição simples. Subtraído esse elemento fundamental do tributo, ele se desnatura e se transforma em confisco" (Contribuição dos servidores federais inativos, *in Notícias da APAFISP*, n. IX, n. 2, mar./abr. 2009, p. 11).

Quando do exame da ADI n. 790-4/DF, relatada pelo Ministro Marco Aurélio, ele argumentou que o disposto no art. 195, § 5º, da Constituição Federal, segundo o qual "nenhum benefício ou serviço de seguridade social poderá ser criado, majorado ou estendido sem a correspondente fonte de custeio", homenageia o equilíbrio atuarial, revelando princípio da correlação entre, de um lado, contribuições, e de outro, benefícios e serviços. Considerando relações ideais, o Ministro esqueceu-se da finalidade da contribuição, que é o benefício e que ela antecede a fruição da prestação.

Imposto de Renda

A 1ª Seção do STJ, examinando o Recurso Especial n. 1.086.492, entendeu que cabe retenção e recolhimento do Imposto de Renda das complementações da pensão por morte, *in* Revista Síntese n. 258, de dez./2010, p. 223.

Constitucionalidade da Lei n. 9.783/99

José dos Reis Feijó Coimbra, Benedito Calheiros Bonfim e Marcelo Cerqueira consideram inconstitucional a exigência de contribuição dos pensionistas (Imposição de Contribuição sobre Proventos dos Aposentados e Pensionistas da União, *in RDS* n. 2, de 2001, p. 85-103).

Capítulo 86 – Contribuintes Inadimplentes

O direito dos dependentes de um contribuinte individual falecido em débito para com a Previdência Social constituiu capítulo apartado referente à pretensão ao benefício do RGPS, com algum silêncio legal, doutrinário e jurisprudencial.

A regra é que esses verdadeiros sucessores previdenciários deverão quitar as obrigações herdadas do segurado, na condição de responsáveis, podendo fazê-lo com compensação nas mensalidades da prestação devida (PBPS, art. 115, I).

Numa previdência social nitidamente contributiva não há como negar-se esse direito-dever de contribuir posteriormente, exatamente quando os familiares do *de cujus* mais precisarão de recursos.

A inadimplência não afeta o *status* jurídico da qualidade de segurado. À evidência, a família do falecido é civilmente devedora de regularizar a situação fiscal do falecido.

Em virtude da mudez normativa legal, o cenário vem sofrendo disciplina hesitante no âmbito administrativo e judicial.

A IN INSS n. 11/06 permitia a regularização das contribuições *a posteriori*, mas ela foi revogada pela IN INSS n. 20/07, uma desastrada visão ratificada na IN INSS n. 45/10, num grande retrocesso.

Se existe previsão legal de acréscimos e possibilidade de parcelamento na legislação é porque as contribuições fora de prazo são reconhecidas no Direito Previdenciário e em nenhum momento a lei previdenciária afirma claramente que o inadimplente não tem direito. Nem teria sentido.

Qualidade de segurado

Ser segurado é uma coisa, bastando atender ao art. 11 do PBPS, mas ser contribuinte é outra. Prova disso é que a filiação só emerge ao mesmo tempo para um tipo de segurado: o facultativo. As duas entidades não podem ser confundidas, sob pena de ofensa ao princípio da proteção.

O tema está vinculado à manutenção da qualidade de segurado, devendo-se *a priori* deslindar eventual dúvida: se a inadimplência afeta ou não a dita qualidade de segurado. Um segurado continua segurado e não perde essa condição por estar em atraso com as contribuições.

Nada impede de, como poderia fazer em vida, pôr-se em dia antes de falecer; que o façam por ele os seus sucessores é a regra comum.

Contribuição mínima

Nestes casos, a norma administrativa exige pelo menos uma condição mínima anterior ao óbito (IN INSS n. 45/10, art. 238, § 1º), desde que não seja sido ultrapassado o período de graça. Ignora-se de onde se extraiu essa conclusão de contribuição mínima.

Tais contribuições seriam as do art. 45-A do PCSS (indenização), em relação a períodos superiores ao da decadência e não para todos os demais períodos.

Contribuinte não inscrito

Se o segurado não havia promovido sua inscrição, ou seja, tenha trabalhado como contribuinte individual sem ter feito registro ou qualquer recolhimento, os dependentes terão de fazê-lo, contrariamente ao que entende o art. 328, § 2º, da IN INSS n. 45/10, que veda a inscrição *post mortem*.

Há aqui uma pequena confusão com a ideia do ingresso do incapaz. O raciocínio somente vale para o segurado facultativo. Sendo o contribuinte individual um segurado obrigatório, a inscrição é mera formalidade, na verdade, um anacronismo da legislação previdenciária.

A inscrição é ato nitidamente administrativo e formal, documentado, de iniciativa da pessoa interessada, homologada pelo órgão gestor da Previdência Social.

O contribuinte individual está filiado, mas não inscrito, e não há porque não fazê-lo *a posteriori* do início das atividades e, se for o caso, após a sua morte.

Regularização da situação

A regularização é possível. Carlos Alberto Pereira de Castro e João Batista Lazzari registram as hesitações do Poder Judiciário Federal, citando a AC n. 2003.70.09.015399-9, de 13.11.2007, da 6ª Turma do TRF da 4ª Região, relatada por João Batista Lazzari, mas ao lado dessa decisão, eles consignam o pensamento do juiz Marcos Roberto Araujo dos Santos de 25.4.2007, no PU n. 2005.72.95.01331-7 (*Manual de Direito Previdenciário*. 3ª ed. São Paulo: Conceito Editorial, 2011. p. 658).

Orientação do INSS

Ao admitir a contribuição, o INSS tem o dever de orientar o segurado quanto à base de cálculo, alíquota e contribuição a ser recolhida e explicitar claramente que a adimplência é condição para a existência do direito à pensão por morte.

Salário-base

Quem estava ou deveria estar contribuindo pelo regime do salário-base que desapareceu em 31.3.2003, a última classe da escala de salários-base recolhida é a que se prestará como base de cálculo da contribuição no entender dos atos administrativos. Porém nem isso será verdade se for possível provar que o segurado sempre quis progredir.

A partir da Lei n. 9.876/99, será a remuneração devidamente comprovada pelos dependentes.

Desconto nas mensalidades

Nos termos do art. 115, I, do PBPS há previsão de retenção de valores devidos a contribuições em atraso.

Recolhimento atrasado

O desembargador Celso Kipper em 13.5.2011 aceitou o recolhimento das contribuições operado pela família, mas não as acolheu quando o pagamento fosse feito com desconto no valor da pensão, exigindo a aplicação do art. 45, § 1º do PCSS (indenização), apreciando a AC n. 2007.71.00.028334-3/RS, da 6ª Turma do TFR da 4ª Região, *in Rep. de Jurisp. IOB* da 1ª quinzena de jun. 2011, p. 303.

Capítulo 87 – Casamento Canônico

O matrimônio religioso segue as regras de cada religião. Para o item n. 1.660 do Catecismo da Igreja Católica é "o pacto matrimonial, pelo qual uma homem e uma mulher constituem entre si uma íntima comunidade de vida e de amor...".

O Canon n. 1.505 do Código de Direito Canônico também define esse casamento, ele é um sacramento indissolúvel. Admite separação dos corpos, sem poderem casar religiosamente outra vez. A cerimônia é pública, e para isso a idade mínima é de 16 anos.

Nas religiões afro-brasileiras o casamento é realizado pelo babalorixá e tem valor legal.

Diante da separação entre a Igreja e o Estado, numa prática quase universal entre os países, o casamento religioso sempre foi distinguido do casamento civil.

O atual Código Civil diz:

"O casamento religioso, que atender às exigências da lei para a validade do casamento civil, equipara-se a este, desde que registrado no registro próprio, produzindo efeitos a partir da data de sua celebração" (art. 1.515).

Neste caso, o registro civil terá de ocorrer dentro de 90 dias (art. 1.516, § 1º). Não é possível haver o casamento religioso, se um dos nubentes já era casado (art. 1.516, § 3º), caracterizando-se a bigamia.

Muitas pessoas se casam apenas na Igreja e levam uma vida em comum como se fossem civilmente casadas. No mínimo, juridicamente, elas têm de ser vistas constituindo uma união estável.

Com o reconhecimento hodierno dessa união, a distinção entre as duas modalidades de relações entre homem e mulher vai perdendo força.

Dizia o art. 11 da LOPS, na redação dada pelo Decreto-lei n. 66/66, tinha-se:

"Não sendo o segurado civilmente casado, considerar-se-á tacitamente designada a pessoa com quem se tenha casado segundo rito religioso, presumindo-se feita a designação prevista no parágrafo anterior."

Mais tarde, essa designação de não casados civilmente deixou de ter importância.

Quer dizer, a esposa canônica era presumidamente designada. Era aceito jurisprudencialmente, mesmo sucedendo antes desse decreto. Mesmo assim, na condição de pessoa designada (que não concorreria com os filhos do segurado, Marcelo Pimentel negou o benefício no Parecer MPTS n. 78/71, *in* Proc. MTPS n. 165.156.65, *in BS/DS* n. 238, de 15.12.1971).

Hodiernamente, a questão é de mera formalidade; para todos os efeitos o casamento canônico é forma de união a ser acolhida. Como sucede na união civil, no caso de ter havido dois casamentos religiosos, teoricamente o segundo deles perderia a validade, pelo menos no âmbito da Igreja e se isso aconteceu o adequado é considerar uma união estável.

Capítulo 88 — Casamento no Exterior

Um casamento ocorrido fora do Brasil é um capítulo apartado no Direito Internacional Privado, com reflexos no Direito Civil e no Direito Previdenciário.

Ele admite, pelo menos, três hipóteses: a) brasileiros casados nas nossas embaixadas; b) brasileiros casados fora das nossas embaixadas; e c) estrangeiros casados no seu país de origem ou em outro.

Validação nacional

De acordo com o art. 7º da LICC, o Brasil reconhece o casamento de brasileiros ou estrangeiros realizado no exterior. São necessárias algumas providências burocráticas no país em que sobreveio a união formal e também no território nacional.

São exigidos registro no consulado ou embaixada brasileira naquele país e a presença no Serviço de Registros de Pessoas Naturais no Brasil.

Para se ter uma ideia da validade dessa união no exterior, consulte-se o artigo de Viviane Girardi publicado no *site* OAB/ESA em 20.2.2006, "Comentários a acórdão proferido pelo STJ sobre o casamento realizado no estrangeiro", quando aquela Alta Corte admitiu a validade da cerimônia, a ponto de ser considerado bigamia um novo casamento no Brasil. A decisão foi relatada pelo Ministro Ari Pargendler no Proc. n. 2000.0099301-8, da 3ª Turma, no RESP n. 280.1987, *in DJU* de 5.8.2002. Reconhecido no Brasil, esse casamento será equiparado ao aqui celebrado, para todos os fins.

União estável

Dada sua informalidade, a união estável iniciada no exterior e que aqui tenha prosseguimento, valerá para ser reconhecida. Caso aquele país admita alguma forma oficial de registro, ela deve ser trazida para o nosso País, onde terá validade.

União homossexual

Casamento homossexual celebrado em países que o admitem, enquanto o Brasil não o acolher, será tido como união estável homoafetiva.

Pensão alimentícia

Pagamento no Brasil de pensão alimentícia determinada pela Justiça estrangeira será apreciado em virtude da pensão por morte ou auxílio-reclusão.

Casamento de estrangeiro

Os estrangeiros podem se casar perante as "autoridades diplomáticas ou consulares do país de ambos os nubentes" (LICC, art. 7º, § 2º).

Divórcio no exterior

Terá de ser examinado depois de três anos da sentença e carece de homologação pelas autoridades nacionais (LICC, art. 7º, § 6º).

Casamento canônico

Ocorrido casamento religioso no exterior ele terá de ser registrado no Cartório de Registro Civil.

Casamento no Brasil

A cerimônia civil entre brasileiros ou estrangeiros ou um brasileiro e um estrangeiro realizada no nosso território segue as regras do Código Civil nacional (LICC, art. 7º, § 1º).

Capítulo 89 — Casamentos Anulados

Como sucedia com a designação de bebês, parentes ou não, por parte de aposentados idosos sem dependentes (possibilidade desaparecida em 29.4.1995 com a Lei n. 9.032/95), ultimamente o INSS constatou que cerca de 18.000 aposentados de idade avançada se casaram com mulheres bem mais jovens. Algumas dessas uniões civis ocorridas por ocasião da internação do aposentado em hospitais. Em raros casos, na UTI (*sic*).

Por ora, abstraindo o direito de qualquer indivíduo capaz de se casar com quem quiser e de idosos conviverem diuturnamente com cuidadoras, os quais gostariam de retribuir pela atenção, cogita-se da validade de tais uniões com vistas ao direito à pensão por morte.

A validade do casamento é matéria de Direito Civil e somente interessa à previdência social, se cogitar da solicitação do benefício previdenciário e se for possível concluir que houve simulação. E que, casamento, não houve.

Essa questão é delicada; as uniões civis ou estáveis entre uma pessoa de bastante idade, ainda que com outra pessoa da mesma faixa etária, se caracterizam por aspectos particulares distintos dos casamentos de quem tem menos idade.

A preocupação de haver um casamento civil em vez de uma união estável (cujas características são distintas) demonstra o *animus* de apenas obter o benefício.

À evidência, o tema terá de ser estudado pelo MPS e regulamentado.

Anulação do casamento

A AGU processou a pensionista que havia se casado com um servidor incapaz e interditado com 88 anos de idade (com quem se unira em 2006 na Comarca de Jaboatão dos Guararapes-PE), que recebia uma pensão de R$ 8.117,06, uma vez que a Justiça havia reconhecido a demência senil desse servidor.

Uma decisão da 7ª Vara da Seção Judiciária de Pernambuco na Ação Ordinária n. 0010450-40.2009.4.05.8300, movida pela 5ª Procuradoria Regional da União, foi provida, anulando o casamento e a interessada teve de devolver cerca de 120 mil reais.

Falso casamento

Numa decisão inusitada e discutível, o desembargador Vasco Della Giustina decidiu não aceitar um casamento civil sob a alegação de que fora celebrado exclusivamente com fins previdenciários (*sic*), pois o segurado tinha 91 anos de idade, morrendo logo em seguida, e a mulher 43 anos menos, morrendo logo em seguida.

Sua ementa diz: "Anulação de casamento. Matrimônio que se realiza com fins exclusivamente previdenciários. Simulação. Desarmonia entre a vontade formal, que leva à realização do ato jurídico, e a vontade subjacente, visando apenas proporcionar pensão previdenciária para a esposa. Vício embutido na vontade dos contraentes, com simulação da vontade de constituição de vida em comum, quando o casamento apenas serviu como meio de conferir à nubente a qualidade de dependente, não só por afetar a formação da família, mas por traduzir, por igual, burla ao espírito do Código Civil e às normas previdenciárias, assim como ofensa à moral média, transacionando-se bem indisponível como se negócio fosse. Idade dos nubentes, ancião de 91 anos, que se casa com mulher 43 anos mais jovem, morrendo, pouco depois, de câncer. Ausência de demonstração de relacionamento afetivo entre estes, companheiro da contraente que no dia das bodas comparece, esperando-a do lado de fora, desejo do *de cujus* ser grato à empregada, de inúmeros anos, na relação laboral. Precedentes jurisprudenciais. Apelo desprovido" (Tribunal de Justiça do RGS – AC n. 700026541664 - 7ª Câmara 3.10.08, in *Revista Síntese* n. 237, de mar. 2009, p. 175-182).

Certamente, esse magistrado não aceitaria a homicida do segurado, que requeira a pensão por morte do falecido.

Capítulo 90 — Casamentos Excepcionais

Algumas modalidades particulares ou situações envolvendo a união de homens e mulheres chamam a atenção, justificando comentários em particular.

Para se ter uma ideia das variações culturais, segundo o jornalista Aldo Pereira, o africano Bello Maasaba casou-se com 107 mulheres na Nigéria, com as quais teve 175 filhos (Casa e Casamentos, *in FSP* de 22.8.2011, p. A-3).

União espírita

As entidades espíritas não realizam casamentos propriamente ditos, mas os adeptos dessa corrente filosófica podem se unir formalmente, numa cerimônia ritual específica, celebração não religiosa, que se presta para demonstrar a disposição de viver juntos, constituírem família, possivelmente terem filhos e observarem os padrões do espiritismo.

Casamento nuncupativo

O casamento nuncupativo ocorre quando um dos nubentes está em iminente risco de vida, chamado também de casamento *in extremis* (CC, art. 1.540). Deve ser acompanhado por seis testemunhas não parentes e tem a mesma validade do casamento usual.

Note-se que *ab initio* ele tem outros objetivos, pois quase sempre se dá com uma pessoa idosa ou muito doente. Em alguns casos, por pessoas que antes viviam em união estável e pretendem regularizar a sua situação perante a ordem jurídica.

Maiores de 16 anos

Podem se casar com autorização dos pais. Na ausência destes, os tutores ou curadores (CC, art. 1.517).

Menores de 16 anos

Será autorizado em caso excepcional.

Validade da procuração

Os nubentes podem ser representados por procuradores (CC, art. 1.542).

Posição penal

Os incisos VII e VIII do art. 107 do Código Penal falavam no casamento para a extinção da punibilidade, nos casos de gravidez, foram revogados pela Lei n. 11.106/05. Os casos que sucederam até então mantêm a mesma validade. Atualmente, o art. 1.520 ainda fala nesse casamento penal.

Casamento putativo

É um pseudocasamento, provavelmente uma figura em extinção, em que a noiva era enganada e pensava estar se casando oficialmente, sem que estivesse. Caio Mario da Silveira, citado por João Paulo Capella Nascimento ("Casamento putativo e seus efeitos"), define-o como "o eivado de vício que o inquina de nulidade, mas que produz os efeitos de válido, em atenção à boa-fé de ambos ou de um dos contraentes".

Declarada a putatividade, todos os efeitos se mantêm até a data da sentença do Poder Judiciário. Vale lembrar o art. 215 do CP: crime da posse sexual mediante fraude.

Cerimônia inexistente

É aquele que, por qualquer motivo, não aconteceu, nem real nem putativo. Não tem existência formal nem jurídica e se o casal continua vivendo junto, o que se tem é uma união estável.

Ausência de consumação

Diz-se do casamento não consumado, uma união heterossexual sem relação sexual e que pode ser anulado. Às vezes falece um dos participantes durante o processo de anulação e a união tem de ser reconhecida.

Presença do sexo

Sexo não é imprescindível para a caracterização do casamento. Ele é necessário, mas não excludente jurídica do casamento. Quando elenca os elementos casamento, o art. 1.566 do Código Civil não arrola as relações sexuais.

Direito dos analfabetos

O art. 1.534, § 2º, admite o casamento de quem não saiba escrever.

União de um doente

Quem está doente não está impedido de se casar (CC, art. 1.539).

Noivos prometidos

O Brasil não possui o casamento dos prometidos, e, para todos os efeitos, ele não tem validade jurídica no nosso País.

Cerimônia maçônica

A maçonaria é uma ordem universal, filosofia que observa princípios da fraternidade e da tolerância, adota o lema da liberdade, da igualdade e como bandeira a justiça, a verdade, a honra e o progresso.

Os casamentos realizados na loja maçônica constituem-se em cerimônia bastante formal e bonita, contando com a presença da autoridade maçônica local, testemunhas e convidados não maçons. Ela é designada como "cerimônia de reconhecimento conjugal" e segue as regras da união civil.

Casamento esotérico

Cada entidade esotérica tem os seus rituais filosóficos para a realização de casamentos, às vezes chamados de espirituais.

Capítulo 91 – Sociedade de Fato

Embora fosse solução acatada à época, a aceitação de que a união estável constituía apenas uma sociedade de fato não enriqueceu o pensamento jurídico nacional.

No ensejo, vamos esquecer a lamentável nomenclatura, utilizá-la e jogá-la no lixo, onde já deveriam estar as expressões "concubina" e "amásia". E esperar que uma nova linguística também ponha fim à discriminação odiosa que as palavras representaram.

Equiparar um casamento de fato com uma sociedade civil ou comercial foi rebarbativo e refletiu o anacronismo de quem tinha o poder de pensar que uma união amorosa entre homem e mulher, criando uma família, muitas vezes duradoura e com muitos filhos havidos em comum, não poderia ser concebida como uma simples relação entre sócios ou um patrão e um empregado doméstico. No caso, como sempre, aliás, uma serviçal doméstica feminina.

Relação laboral

Comparar os deveres conjugais com uma relação laboral foi um reducionismo e uma indigência intelectual sem tamanho, porque, verdadeiramente, o que se pretendia era tão somente excluir a mulher da partilha dos bens angariados durante a vigência da união (que seria propriedade apenas dos homens).

O Ministro do STJ Ruy Rosado de Aguiar decidiu que havia o direito da concubina de receber pensão mensal, a título de indenização por serviços prestados durante 20 anos de convivência, no cuidado da casa e dos filhos, e no desempenho de atividades produtivas (RESP n. 108.445/RJ, da 4ª Turma, *in DJU* de 7.4.1997).

O mesmo ministro resolveu que se "a mulher que manteve união estável durante 13 anos tem direito, quando do rompimento dessa relação, de ser indenizada pelos serviços prestados" (RESP n. 97.811/RJ, da 4ª Turma, *in DJU* 14.10.1996).

Sociedade de fato

Se o casal mantinha uma sociedade de fato, os sócios deveriam ser iguais, mas parece que foi concebida como uma sociedade limitada com um sócio-gerente (a mulher, aquela que trabalhava no lar) e um sócio-cotista (quem se beneficiava dos favores familiares). A mulher dormia com o homem, cuidava dele, dava-lhe filhos, tratava da casa e da prole e, quando da separação ou morte, ele lhe reparava os serviços prestados como se ela tivesse sido apenas uma sócia.

Claro, com a obrigação de fidelidade (entendimento contido na AC n. 592.094.171 da 7ª Câmara do TJ-RS, relatado pelo desembargador Alceu Binato de Morais, *in DJ* de 4.11.1991).

União estável

Essa visão discriminatória, machista e preconceituosa, prevaleceu até pouco tempo, quando as Leis ns. 8.971/74 e 9.278/96 reconheceram em parte a união estável (com as limitações de estilo).

A Carta Magna hierarquizou as uniões do seu art. 226: a) união civil (§ 1º); b) união religiosa (§ 2º); e c) união estável (§ 3º). Fora dessas três hipóteses não existiria outra relação jurídica com vistas ao Direito Previdenciário.

Capítulo 92 — Casamento da Viúva

Em sua versão original, digamos já no século XIX, a pensão por morte foi concebida para acudir a viúva de um segurado (e os seus filhos). Somente a partir de 1991 pensou-se normativamente no contrário, ou seja, em um benefício instituído pela segurada em favor do homem.

Nesse sentido, até essa data-base, com fulcro naquela primitiva construção teórica, o casamento dessa viúva pensionista implicava na suspensão do benefício; para muitos, no cancelamento. A esposa teria sua subsistência garantida graças ao novo marido.

Já sustentamos que a viúva que se casou antes de 5.4.91 com um homem não segurado da previdência social (que, se falecesse, não instituiria a pensão por morte para ela), uma vez falecido esse segundo marido, o INSS deveria restabelecer o benefício suspenso e não extinto (Direito da Pensionista que Perdeu a Pensão por Casamento com Marido não Segurado, *in Revista Síntese* n. 203, de maio 2006, p. 192-193).

O TFR já havia estabelecido que:

> "Não se extingue a pensão por morte, se do novo casamento não resulta melhora na situação econômico-financeira da viúva, de modo a tornar dispensável o benefício" (Súmula TRF n. 170).

Com efeito, a ideia é a preservação do padrão de vida dos dependentes e, para tanto, o plano de benefícios deveria estar preparado para isso.

União estável

embora a união estável seja reconhecida desde os idos de 1966, nada se dispôs na legislação (e raramente dela se ocupou a doutrina) sobre a situação da ex-companheira percipiente de pensão por morte que volta a unir-se. Isso se deve principalmente ao fato de que tal relação familiar, a heterossexual ou a homossexual, se caracteriza pela informalidade quando comparada com a cerimônia da união civil. O órgão mantenedor do benefício não tem condições materiais de constatar uma nova união informal. Se o MPS pretender rever o conceito de pensionista, como cogitou em 2012, terá de disciplinar essas situações.

O casamento dos viúvos, dos ex-unidos ou dos filhos menores de 21 anos não inválidos, ainda produz inquietações e reflexões no Direito Previdenciário.

União pós-casamento

Num passado remoto já se pensou assim: como a mulher casada duas vezes não pode ficar com duas pensões por morte, a viúva que se uniu a um companheiro também não pode tê-las (Parecer PGC do INSS n. 1.096/74 – Proc. n. 2.426.584/74, *in BS/DS* n. 31, de 18.2.1975).

Tríplice bigamia

O Parecer PGC n. 530/76, de 18.10.1976 (Proc. n. 2.506.543/76) e o Parecer INAMPS/CG n. 103/80 (Proc. n. 3.062.716/80), dão conta de um cenário de divisão da pensão por morte de um segurado que se casou com três irmãs: Maria, 58 anos, Ruth, 36 anos e Maria, 29 anos de idade. O INPS decidiu conceder 1/3 para a primeira Maria e os restantes 2/3, para Ruth e Maria com quem também se casara (casamento putativos) assim que a Justiça decidisse.

Carteira dos Advogados

A despeito de toda a evolução havida no RGPS, que trata dos trabalhadores da iniciativa privada desde 1991, e do ESPCU, que cuida dos servidores federais desde 1990, a recente Lei Estadual n. 13.549/09, disciplinadora da Carteira de Previdência dos Advogados Paulistas, determina que o casamento ou a união estável do pensionista põe fim à pensão por morte outorgada pelo segurado.

Opção pela vantajosa

Para a maioria dos trabalhadores filiados ao RGPS, o viúvo ou a viúva, não perde o benefício se vier a se casar ou a se unir.

Mais tarde, se contrair um segundo matrimônio ou se unirem e, se falecer o segurado, uma vez comparados os valores das duas pensões possíveis, eles terão de optar pela melhor delas. Não podem acumulá-las (ainda que atuarial e financeiramente os segurados para isso tenham contribuído).

No caso das legislações que preveem a suspensão do pagamento em virtude do casamento ou da união, suspensas as mensalidades, após a morte da pessoa terá de ser restabelecida a pensão por morte que fora suspensa.

Ora, no âmbito dessas anacrônicas leis (caso da Carteira dos Advogados Paulistas), o casamento e a união estável são a mesma coisa. De fato, a união estável composta de companheiros, usualmente não tem a formalidade do matrimônio. Mas o efeito será igual, obrigando o órgão gestor que afirmar o impedimento para a percepção do benefício, fazer a prova do alegado.

Que, curiosamente, é a mesma dos unidos tentando persuadir a previdência social da existência da união estável.

Não são apenas os viúvos ou os companheiros que precisam saber dessas coisas. Também os seus filhos menores de 21 anos não inválidos. Que também podem se casar e perderem a condição de pensionistas (em algumas leis também em decorrência da emancipação).

Há aí uma presunção jurídica de que se ele foi capaz de contrair matrimônio ou se unir é porque teria condições de se manter. Ora, como esse raciocínio é puramente jurídico, desfazendo esse casamento ou união estável, o *status* de pensionista terá de ser restabelecido e mantido até completar os 21 anos.

A situação do filho inválido maior de 21 anos que se casa é bastante sutil; a presunção de que se casando evidencia a independência econômica não prevalece diante da proteção social maior deflagrada pela sua invalidez.

Por último, uma observação que merece análise mais profunda: se historicamente o casamento pressupunha um provedor e aí o segundo marido seria o novo provedor — razão que levou o legislador a fazer cessar a pensão por morte concedida pelo INSS até 24.7.1991 e de mantê-la em alguma lei — é preciso ajuizar no caso da viúva que em vez de ser mantida, ela mantém o novo marido.

Marcus Orione Gonçalves Correia e Érica Paula Barcha Correia reproduzem a ementa da AC n. 010952336.15.2.00, relatada pelo juiz Jirair Aram Megueriam, da 2ª Turma do TFR da 1ª Região, em que cita a Súmula TFR n. 160: "Não se extingue a pensão previdenciária, se do novo casamento não resulta melhora na situação econômico-financeira de modo a tornar dispensável o benefício" (*Curso de direito da seguridade*. 4. ed. São Paulo: Saraiva, 2008. p. 297).

Direito sumular

Diz a Súmula TFR n. 170:

"Não se extingue a pensão previdenciária, se do novo casamento não resultar melhora na situação econômico-financeira da viúva, de modo a tornar dispensável o benefício."

Esta disposição perdeu sua razão de ser a partir de 24.7.1991, quando ficou determinado que o novo casamento da viúva não põe fim à pensão por morte. Aliás, alterando os incisos do art. 37 da CLPS, omitindo a condição na redação do art. 77 do PBPS, a legislação previdenciária extinguiu o casamento como modalidade extintiva do direito à pensão.

Ele somente tem algum interesse histórico, mas chama a atenção para a situação econômico-financeira, além de suscitar o questionamento de saber se ele deve ser aplicado apenas na data do óbito do segurado ou posteriormente.

Era também importante considerar o direito da viúva que se casou novamente, perdeu o direito ao benefício porque o novo marido oferecia melhores condições econômicas, mas este homem não segurado faleceu depois sem lhe deixar outra pensão por morte. A nosso ver a lei não trata da extinção do benefício, mas apenas da suspensão do pagamento, na medida em que o primeiro segurado havia contribuído para que ela tivesse a prestação até falecer.

Do mesmo modo carece ajuizar a hipótese de essa viúva ter perdido a guarda dos filhos pensionistas. Nesse caso, ela perde a sua parte da pensão por morte, mas aqueles que cuidam dos menores não a perdem até completarem 21 anos.

Suponha-se que a pensão por morte recebida pela viúva era dividida com uma companheira que se manteve "solteira" ou "viúva". O direito a sua parte da pensão não se comunica ao destino da parte da viúva.

Essa viúva pode perder o direito à pensão, mas não a pretensão ao pecúlio do falecido. Esse direito deve ser aferido por ocasião do óbito e não subsequentemente.

Quando foi editada a súmula, ela não teve a preocupação de tratar das uniões estáveis heterossexuais e muito menos das uniões homoafetivas, mas em 2012 esse tema voltou ao debate.

Teoricamente se o unido (heterossexual) ou convivente (homossexual) que estava recebendo a pensão por morte reconstitui uma união estável, em razão da concepção do direito à pensão por morte, o benefício deve cessar.

Ocorre que tais uniões normalmente são informais e o órgão gestor não dispõe de recursos para detectá-las. Somente tomará providências quando se cientificar do fato.

O certo não é equiparar tais uniões ao casamento; apenas para se beneficiar.

Drama social

A possibilidade de perder as mensalidades da pensão por morte em razão da constituição de uma nova família cria problemas pessoais, sociais e religiosos.

Aqueles que seguem orientações religiosas contrárias à união estável, principalmente mulheres, sofreram sanções morais, algumas se tornando celibatárias contra a vontade natural de restabelecer um elo amoroso. Muitas viveram em pecado.

Rigorosamente, tais religiões ou seitas religiosas foram obrigadas a ceder, uma vez que a união estável, *in casu*, para eles significava um casamento.

Por ora abstraindo a impropriedade técnica jurídica na manutenção do benefício em face da nova união (civil ou estável), o legislador precisa definir essa situação. Definindo, por exemplo, o cenário de uma viúva que recebe dez salários-mínimos e se une com um homem que apenas recebe três salários-mínimos. Talvez ela devesse perder apenas o correspondente à renda desse novo marido e, assim continuar com o padrão de vida dos dez salários-mínimos.

Segundas núpcias

A norma que rege a segunda núpcia é a vigente quando da segunda união e não a data do óbito do segurado. Se o novo casamento se deu em 30.4.96, a pensão por morte poderia ter sido extinta, devendo ser restabelecida desde a suspensão (pensamento do desembargador Sérgio Nascimento, relator da AC n. 2002.61.13.01715-0 (987.930), de 14.3.2006, da 10ª Turma do TFR da 3ª Região, *in RPS* n. 317/381).

Capítulo 93 — Casamento de Filhos e Irmãos

Quando define os dependentes preferenciais, o inciso I do art. 16 do PBPS refere-se ao "filho *não emancipado*, de qualquer condição, menor de 21 (vinte e um) anos ou inválido" (grifos nossos).

Da mesma forma quando menciona o irmão (inciso III). Não há qualquer alusão ao seu estado civil, mas há menção à emancipação.

Ainda que possa supor, não se refere ao filho ou irmão solteiros e possivelmente o "qualquer condição" diz respeito ao tipo de filho e não ao seu estado civil.

A idade máxima, o fato de não ser emancipado e a presunção de dependência econômica (em se tratando de filhos), tudo indica que se trata de pessoa solteira que viva sob guarita da família.

O art. 5º da Lei n. 8.059/90, que trata dos dependentes do ex-combatente, alude expressamente aos filhos solteiros (inciso III) e irmãos solteiros (inciso V).

O art. 217, II, *a/d*, da Lei n 8.112/90 segue o PBPS e silencia quanto ao estado civil do filho ou do irmão.

Filhos, aliás, considerados comuns, adotado, enteado e tutelado (e possivelmente o menor sob guarda).

Sobrevindo o casamento, igual raciocínio valerá para a união estável, propondo-se a perda da qualidade de dependente (tema para o legislador). Aparentemente, o elaborador da norma não quis distinguir e os acolhe, mesmo casando-se, como sendo dependentes, enquanto não emancipados. E se estiver recebendo o benefício e vier a se casar ou a se unir, o direito desaparecerá porque se emancipou.

Quando esse filho ou esse irmão se casa ou se une, no comum dos casos, é porque tem capacidade de manter uma família, embora, em muitíssimos casos a união se deva a outros motivos e o casal conte com a ajuda dos pais.

Diz o art. 5º, II, do Código Civil, que o casamento emancipa o menor de 21 anos. Logo, com o casamento ou a união estável desse filho ou irmão sobrevém a perda da qualidade de dependente e também poria fim à qualidade de pensionista.

Com exceção do fato de eles terem de provar a dependência econômica, por não serem dependentes preferenciais, igual se passa com os irmãos do segurado falecido.

Capítulo 94 – Filhos Legítimos

Relacionar as espécies jurídicas de filhos suscetíveis de serem dependentes do pai segurado, *ab initio* implica em questiúnculas vernaculares. No seu art. 16, o PBPS fala em filho "de qualquer condição", presumindo-se que esteja aludindo aos tipos acolhidos no Direito de Família.

O parâmetro para eventuais distinções, por assim dizer, é a regra, isto é, o ser humano havido na constância do casamento ou efetivamente havido entre marido e mulher, neste último caso, presumido como concebido pelo casal.

Tecnicamente, esse filho é o legítimo, podendo existir outros: não legítimos, como os legitimados, adotados, tutelados, curatelados, enteados etc.

De todo modo, igual raciocínio deve ser estendido à união estável homossexual mantida (quando de filhos trazidos à família homoafetiva) e heterossexual.

Ele pode ter sido originariamente natural, não legitimado ou não reconhecido, etc, e posteriormente legitimado e reconhecido e, então, para todos os fins, igualado ao filho legítimo.

Tal filho legítimo, às vezes designado como comum (como os outros), sempre terá direito à pensão por morte se, na data do óbito do pai, detinha as condições da legislação.

Estado jurídico que pode perecer em várias hipóteses legais, quando passará a ser designado como filho interditado, emancipado, casado, universitário, estabelecido, servidor público, ausente etc. Filho legítimo dos pais, mas previdenciariamente sem deter a condição de dependente.

Capítulo 95 – Filhos Inválidos

Os filhos inválidos do segurado, maiores de 21 anos, são seus dependentes. Antes de completarem a maioridade previdenciária presumidamente dependiam duplamente dos pais. Por serem filhos e por serem inválidos.

É estranho pensar que no passado foi preciso uma súmula para definir o direito desses filhos.

A vetusta Súmula TFR n. 185 dizia:

> "Filhos solteiros maiores e inválidos, presumida a dependência econômica, têm direito a pensão previdenciária por morte do pai."

Diante do silêncio de menção à esposa do segurado, mãe dos filhos maiores inválidos, essa dicção pressupunha que nessa família não havia outros dependentes com direito ao benefício, que fizessem parte do grupo familiar nuclear: mãe ou companheira.

Ela assevera com clareza, embora hodiernamente isso não seja, que a invalidez sustenta a presunção da dependência.

De regra, os filhos são tidos como dependentes até os 21 anos. Se até a data do óbito do pai eles se invalidarem, a maioridade previdenciária não mais os excluirá do direito à pensão por morte.

Repete-se: invalidez pressupõe a dependência econômica, com a particularidade nitidamente previdenciária de que ela tem de se referir ao acometimento da incapacidade laboral antes da exclusão do direito, que se dá por ocasião do óbito do pai.

Trata-se de uma convenção, mas se alguém saudável depois dos 21 anos perder a higidez após o óbito do pai, não é considerado dependente do segurado. Terá de ser protegido pela mãe supérstite ou pela assistência social.

O comando fala em filho solteiro e exclui o casado, mas tecnicamente um filho casado inválido nem sempre reúne as condições para se sustentar.

Ela menciona um pai segurado porque à época, anterior ao PBPS, ele não era considerado dependente, *in casu*, da mãe.

Demonstração *a posteriori*

Não existem muitas regras positivadas ou regulamentadas sobre a prova posterior da invalidez, mas sempre é possível provar que ela sobreveio antes do óbito do segurado, mediante perícia médica particular ou oficial.

Resgate da higidez

Antes do óbito do segurado, usufruindo o *status* de dependente, se esse filho recupera a saúde ou, depois do falecimento, na condição de pensionista percipiente da pensão por morte, se sobrevém a higidez, respectivamente, ele perde as duas condições jurídicas.

Capítulo 96 — Filhos Incapazes

A Lei n. 12.470/11 alterou a redação do art. 16, I, do PBPS, que passou a dizer:

"o cônjuge, a companheira, o companheiro e o filho não emancipado, de qualquer condição, menor de 21 (vinte e um) anos ou inválido ou *que tenha deficiência intelectual ou mental que o torne absoluta ou relativamente incapaz, assim declarado judicialmente*" (grifos nossos).

As principais características definidoras desse mentalmente incapaz são as seguintes:

a) Deficiência intelectual — a pessoa tem sérias dificuldades para o aprendizado e para as manifestações do pensamento. Seu intelecto é limitado e enfrenta óbices para compreender as coisas ao seu redor. Não entende o mundo como aqueles que têm um cérebro articulado. Não foram mentalmente aquinhoados pela natureza e padecem na infância, durante o período escolar (ali, às vezes, designados como excepcionais) e durante toda a vida não entendem o mundo em que vivem como as pessoas normais. Não retêm as informações em sua memória.

b) Deficiência mental — a pessoa cuja idade mental seja menor que a idade natural. Normalmente, isso se dá em razão de uma doença que as limita, de ordem psiquiátrica ou psicanalítica. São retardados mentalmente, portadores de deficiências que as inibem em seu crescimento natural.

c) Incapacidade parcial — inaptidão parcial para o trabalho.

d) Incapacidade total — inaptidão total para o trabalho, equivalendo à invalidez.

e) Declaração judicial — Diferentemente do filho inválido a insuficiência intelectual ou mental será declarada pelo Poder Judiciário que, para isso, ouvirá a perícia médica especializada.

Quer dizer, essa norma jurídica que fala em deficiência intelectual ou mental, que torne o dependente absolutamente incapaz, o distingue do inválido (quem não pode trabalhar), pois pressupõe que ele consiga celebrar um contrato de trabalho, como o previsto no art. 93 do PBPS ou exerça atividade independente.

Capítulo 97 – Irmãos Inválidos

Quando define os dependentes não preferenciais, na terceira linha de sucessão, postam-se os irmãos inválidos. Eles são distinguidos na lei porque posicionados na terceira classe, que os obriga à prova da dependência econômica, e ainda têm de provar a invalidez.

Momento da decantação

Como sucede com os filhos do segurado, os irmãos têm de invalidar-se antes do falecimento do segurado. São raríssimos os casos em que a Justiça Federal reconhece a perda da higidez depois do óbito.

Demonstração *a posteriori*

Se a demonstração da invalidez não foi promovida antes da DO, *a posteriori* é possível promovê-la, se a DII for anterior a essa DO.

Presunção de dependência

O legislador poderia ter estabelecido a presunção da dependência econômica desse irmão inválido, mas assim não fez, de sorte que há necessidade de evidenciá-la ao órgão gestor. Um dos argumentos é a invalidez.

Perícia médica

A invalidez deve ser verificada pela perícia médica do INSS, não só quando da inscrição do dependente como a qualquer momento. Sobrevindo a recuperação da higidez ele perde a qualidade de dependente e após a morte do pai, a de pensionista.

Resgate da higidez

Os mesmos raciocínios expendidos em relação aos filhos inválidos valem para a hipótese de recuperação da saúde dos irmãos, nas mesmas condições.

Capítulo 98 — Filhos Universitários

A situação dos filhos do segurado maiores de 21 anos que frequentam um curso superior ainda não está pacificada no Direito Previdenciário, embora se possa afirmar que a tendência da jurisprudência seja no sentido de que a maioridade previdenciária se dê aos 21 anos.

Pensamento da 4ª Região

A Súmula TRF da 4ª Região n. 74 diz que:

> "Extingue-se o direito à pensão previdenciária por morte do dependente que atinge 21 anos, ainda que estudante de curso superior."

A pretensão técnica de que os maiores de 21 anos possam fazer jus à pensão por morte é construção doutrinária. Entendem os defensores dessa tese que isso tornaria possível e estimularia maior interesse educacional por cursos superiores, além de oferecer oportunidade de estudar àqueles que não têm renda para isso.

Note-se que a extensão, caso outorgada, diria respeito apenas aos cursos universitários, em detrimento dos profissionalizantes, que também são importantes para as classes sociais de menor poder aquisitivo.

A súmula não fez distinção, mas com certeza refere-se apenas à pensão por morte do RGPS. Ela acompanha os preceitos do PBPS, sem ignorar que o Código Civil de 2002 baixou a maioridade de 21 para 18 anos.

Plano de benefícios

O art. 16 do PBPS diz que é dependente:

> "o filho não emancipado, de qualquer condição, menor de 21 (vinte e um) anos ou inválido" e o irmão não emancipado, "de qualquer condição, menor de 21 (vinte e um) anos ou inválido."

Quando era permitida a designação, isto é, até 28.4.1995, incluía também os maiores de 60 anos, hipótese extinta pela Lei n. 9.032/95.

Conselho de Recursos

Já dizia o Enunciado CRPS n. 14:

> "Não sendo inválidos o filho e o dependente designado, mesmo solteiros, perdem aos 21 anos de idade o direito à cota da pensão previdenciária."

Jairo Rodrigues Neves de Lima diz que uma pesquisa feita no TRF das 1ª e 5ª Regiões e no STJ, revelou que as concessões são em número superior aos que negam e por isso a extensão deve prevalecer (Extensão da Pensão por Morte até os 24 anos para o beneficiário menor que ostente a condição de estudante universitário. São Paulo: IOB, *Revista IOB* n. 227, de maio 2008, p. 163-166).

Já nos referimos ao art. 147, § 2º, da LC Estadual n. 180/68 que previa pensão por morte até 25 anos se estivesse frequentando curso superior (Curso Superior excludente da Pensão por Morte, *in Jornal do 18º CBPS*, LTr, 2005, p. 38-39).

Marcio André Ramos Vieira reproduz acórdão de 21.8.03 da 1ª Turma do TFR da 5ª Região na AC n. 314.160, relatada pelo desembargador Ubaldo Alaide (DJ de 17.9.2003) que, por falta de amparo legal, não há o direito (*Manual de Direito Previdenciário*. Niterói: Impetus, 2006. p. 447).

Turma de Uniformização

A Súmula TNU n. 37 garante:

> "A pensão por morte, devida ao filho até os 21 anos de idade, não se prorroga pela frequência do curso universitário."

No ensejo do debate João Ernesto Aragonês Vianna, lembrando a Súmula TFR n. 180, recorda que o casamento do dependente não põe fim à cota da pensão. Depois de 24.7.1991 isso faz parte do PBPS, *ipso facto*, o casamento do menor de 21 anos, ainda que o emancipe não o afastaria do rol dos dependentes necessários (*Curso de Direito Previdenciário*. São Paulo: LTr, 2006. p. 178).

Um modelo de previdência social que observa o princípio constitucional da seletividade dos benefícios (e desde 1994 pôs fim a muitas prestações) indicou a necessidade de extinguir a figura da designação, não abriga a exceção pretendida. Além de discriminar os não universitários ela beneficiaria uma parcela da população, a daqueles que logram ingressar em faculdades.

É possível que em vez de ampliar a idade para 25 anos se devesse pensar em baixá-la para 18 anos.

Fabio Zambitte Ibrahim se posiciona contra a extensão, aí incluindo a frequência às escolas técnicas (*Curso de Direito Previdenciário*. 7. ed. Niterói: Impetus, 2006. p. 420).

Castro Guerra

O desembargador Carlos André de Castro Guerra é um intransigente defensor da tese. Ele relatou o AMS n. 2005.61.11.002543-9, alegando que se "trata de um proveito pessoal e da coletividade" (Proc. n. 277.332, decisão de 8.6.2006 da 10ª Turma da 3ª Região, *in RPS* n. 318/441).

Sem embargo do grande esforço intelectual dos desembargadores Castro Guerra e Sérgio Nascimento, de alguns julgados favoráveis a sua tese, o entendimento prevalecente na jurisprudência é de que os filhos maiores de 21 anos não são mais dependentes, ainda que cursem uma faculdade (AC n. 2009.51.01.018248-3/RJ, decisão de 24.2.2010 da 6ª Turma da 2ª Região, *in RPS* n. 357/727 e igual se colhe em RPS n. 364/262).

Entendendo que é a dependência econômica que define o direito ao benefício (presumida ou não), Sérgio Nascimento determinou que o INSS pagasse a pensão por morte de 21 a 24 anos para um filho universitário (AC n. 2006.61.13.003639-3/SP (12953326) em 17.2.2009, da 10ª Turma da 3ª Região, *in RPS* n. 343/482).

O tema foi retomado no artigo: Pensão por morte de dependente universitário, *in RDS* n. 23, de set./2006, p. 49/52, de Carlos André de Castro Guerra.

O desembargador Galvão Miranda pensa diferente (AMS n. 2005.61.16.001261-1/SP – Proc. n. 280.228, decisão de 10.10.2008, da 10ª Turma da 3ª Região, *in RPS* n. 321/780).

Neril I. Cenzi e Vanessa Cenzi Prates creem que o benefício deva ser concedido, falando num Projeto de Lei de n. 2.053/03 do dep. fed. Gastão Vieira, do PMDB do Maranhão (Pensão previdenciária a dependente maior de 21 anos, *in Jornal do 17º CBPS*, LTr, 2004. p. 105-107).

Uma inclusão ou não do dependente que completa 21 anos de idade ocorre em três oportunidades: a) por ocasião da instrução do pedido do benefício; b) data em que o dependente recuperou a higidez; e c) cessação da cota mantida.

Aquela súmula não faz distinção, inclui todas as modalidades de filhos; são aqueles que se tivessem menos de 21 anos fariam jus à pensão por morte (filho legítimo, ilegítimo, adotado, enteado, tutelado, sob guarda etc.).

Pessoas designadas, enquanto isso foi possível, não eram filhos, devendo-se considerar a hipótese de ter havido a designação regular antes da Lei n. 9.032/95 e manter-se como tal.

Se o filho inválido está cursando uma faculdade, a condição sanitária assegura-lhe o direito à pensão por morte enquanto mantiver essa incapacidade para o trabalho.

Devidamente autorizado, quando o menor de idade se casa ele perde a qualidade de dependente. A lei presume que ao assumir novas responsabilidades (o que nem sempre é verdade) seja capaz de se sustentar.

Diz o art. 114 do RPS que: "emancipação for decorrente de colação de grau científico em curso de ensino superior" faz extinguir a pensão por morte.

Capítulo 99 – Filhos Tutelados

Quando os pais falecem, são julgados ausentes ou perdem o pátrio poder, os seus filhos podem ser tutelados por terceiros, preferivelmente por parentes (CC, art. 1.728); os tutores, nomeados pelo juiz (art. 1.733).

Menores abandonados

Menores abandonados podem sem tutelados (CC, art. 1.734) e algumas pessoas não podem ser tutores (CC, art. 1.735, I/VI).

Condição de dependente

Nos termos da legislação civilista, uma família pode acolher um menor de idade mediante o instituto técnico da tutela. Enquanto atender aos demais requisitos do art. 16 do PBPS, esse menor, assemelhado ao adotado, manterá a condição de dependente.

Definição administrativa

Diz o art. 21 da IN INSS n. 45/10 que:

> "Equiparam-se aos filhos, mediante comprovação da dependência econômica, o enteado e o menor que esteja sob a tutela do segurado, desde que este tutelado não possua bens aptos a garantir-lhe o sustento e a educação."

A respeito da tutela diz o art. 1.746 do CC que se ele tiver bens estes proverão o seu sustento e educação.

Dependência econômica

Junto com o enteado, o tutelado tem de fazer a prova da dependência econômica. Se ele não tem bens sobrevirá uma presunção lógica em relação aos seus novos pais.

Posse de bens

Ele terá de demonstrar que não possui bens materiais.

Garantia do sustento

Tais bens, se existirem, não podem ser suficientes para garantir-lhe o sustento, caso contrário, ele não dependerá economicamente dos pais.

Certeza da educação

Da mesma forma, as suas rendas não poderão ser suficientes para a sua educação.

Cessação da tutela

O tutelado perde essa condição quando completa 18 anos ou se for adotado (CC, art. 1.723, I/II).

Capítulo 100 — Filhos Naturais

Os dois componentes de uma união, que chamaremos de primeira família, constituída sob a forma da união civil ou da união estável, individualmente podem ter filhos com outras pessoas, sem fazer parte dessa primeira família, referindo-se ou não, então, a uma segunda família.

Na história da humanidade e até hoje tem sido comum homens gerarem filhos fora do casamento, da união estável, e sem constituir uma família, em relacionamentos distintos.

Sempre pensando naquela primeira família, cifrado ao casamento, no Direito Civil eles são conhecidos como filhos naturais (no passado, designados como bastardos, uma expressão que adquiriu cunho pejorativo).

Na condição de filhos, em princípio, eles têm direito à pensão por morte, restando saber como estão vivendo até a data do óbito do pai segurado, porque são filhos legítimos da mãe, se ela não vive em outra família.

Estas considerações valem para o filho não reconhecido; o reconhecido pelos pais fará parte daquela primeira família. Quando reconhecido pelos pais (CC, art. 1.607) terão os mesmos direitos que os demais filhos.

Esse reconhecimento às vezes se dá após a morte do pai e produzirá efeitos perante a Previdência Social.

Capítulo 101 – Agregados Familiares

Embora não fosse tão comum nas grandes cidades, metrópoles ou capitais, no interior era bastante usual a figura da adoção informal de uma pessoa, geralmente criança, acolhida por uma família que dela cuidava como um filho. A hipótese não excluía a presença de maior de 18 anos.

Tais pessoas eram conhecidas como agregados.

É "aquele que vive na família como pessoa da casa", a definição do *Novo Dicionário Aurélio*. 1. ed., 14. impr. Rio de Janeiro: Nova Fronteira, 1995. p. 52.

A legislação previdenciária nunca dispôs sobre a situação jurídica desses agregados, se eram tidos como filhos, tutelados, adotados ou outra modalidade de designação.

Não passavam de menores sob guarda de fato.

Em muitos casos, quando completavam a maioridade civil, eles deixavam a família, embora mantivessem contato familiar.

Sem embargo de não serem filhos, poderiam ser entendidos sobre a vala comum "de qualquer condição" para fins de proteção, especialmente quando fossem os únicos sobreviventes dessa família.

Capítulo 102 — Filhos Adotivos

Desde que possua um mínimo de 34 anos de idade, um homem ou uma mulher, ou então, ambos casados podem acolher alguém como se fosse o seu filho (CC, art. 1.596).

Os conviventes de uma união estável também estão autorizados a adotar (CC, art. 1.622) e ultimamente tem sido considerada e praticada a adoção por parte de membros da união homoafetiva. As regras do Direto Civil são exatamente as mesmas dos casais heterossexuais.

A partir da adoção essa pessoa é identificada como filho do homem, da mulher ou do casal que os adotou.

Uma adoção é um processo judicial; sua inspiração maior é o cuidado com esse filho.

A filiação é provada com a certidão de nascimento expedida pelo Cartório de Registro Civil (CC, art. 1.603).

Tidos para todos os efeitos como filhos comuns, são beneficiados pela presunção de dependência econômica. Adquirem, mantêm e perdem a qualidade de segurado como os demais filhos comuns.

Capítulo 103 – Filhos Enteados

Na constituição de uma família, um dos seus membros pode trazer um filho para viver junto. Tanto pode ser o homem quanto a mulher o responsável por esse filho. Comumente, é um filho legítimo e, então, o novo pai ou a nova mãe é chamado de padrasto ou madrasta. E, esse filho, de enteado.

Com redação dada pela Lei n. 9.528/97, o art. 16, § 2º, do PBPS diz:

> "O enteado e o menor tutelado equiparam-se a filho mediante declaração do segurado e desde que comprovada a dependência econômica na forma estabelecida no Regulamento."

Com a redação dada pelo Decreto n. 4.032/01, por outro lado diz o art. 16, § 3º, do RPS:

> "Equiparam-se aos filhos, nas condições do inciso I, mediante declaração escrita do segurado, comprovada a dependência econômica na forma estabelecida no § 3º do art. 22, o entendo e o menor que esteja sob sua tutela e desde que não possua bens suficientes para o próprio sustento e educação."

Dependência econômica

Estranha muito essa exigência legal e regulamentar da dependência econômica do enteado, pois, por exemplo, em relação à mãe, se ela for segurada, ele não precisaria demonstrá-la. Igual raciocínio vale em relação ao pai, de quem é filho. Participando da família em igualdade de condições com os outros filhos, não há porque a lei e o regulamento distingui-los.

Inscrição do dependente

"A inscrição do dependente do segurado será promovida quando do requerimento do benefício a que tiver direito..." (*caput* do art. 22 do RPS).

Prova da dependência

A prova é requerida com, pelo menos, três de 18 documentos relacionados no art. 22, § 3º, do RPS.

Capítulo 104 — Menores sob Guarda

Até que a Lei n. 9.528/97 modificasse o seu art. 16, § 2º, o PBPS equiparava os menores sob guarda aos filhos dos segurados:

> "Equiparam-se a filho, nas condições do inciso I, mediante declaração do segurado: o enteado, o menor que, por determinação judicial, *esteja sob a sua guarda*; e o menor que esteja sob sua tutela e não possua condições suficientes para o próprio sustento e educação" (grifos nossos).

Por qualquer motivo, essa Lei n. 9.528/97 resolveu excluir essas crianças e adolescentes do rol dos filhos, quebrando uma possível inclusão do art. 16 quando ele fala em filho "de qualquer condição".

Se os filhos tutelados e os adotados são protegidos pela lei previdenciária não tem muito sentido excluir os menores sob guarda. Eles não podem ser confundidos com as pessoas designadas, condição jurídica artificial que se presta, às vezes, para simulações.

Em termos de eficácia da norma vigente ao tempo dos fatos, os menores sob guarda somente tiveram direito a pensão por morte do segurado, se ele faleceu antes da Medida Provisória n. 1.523/96, depois convertida na Lei n. 9.528/97.

Essa exclusão não foi acolhida pela doutrina e pela jurisprudência e, talvez, seja o assunto mais polêmico do direito à pensão por morte. Muitos dos especialistas escudados na proteção atribuída aos menores pelo Estatuto da Criança e do Adolescente (arts. 33/35 da Lei n. 8.069/90).

Nesse sentido, diz a Convenção sobre os Direitos da Criança (Decreto-Legislativo n. 28/90):

> "Os Estados-Partes reconhecerão a todas as crianças o direito de usufruir da previdência social, inclusive do seguro social, e adotarão as medidas necessárias para lograr a plena consecução desse direito, em conformidade com sua legislação nacional" (art. 1º).

Convém registrar o *caput* do art. 227 da Carta Magna:

> "É dever da família, da sociedade e do Estado assegurar à criança, ao adolescente e ao jovem, com absoluta prioridade, o direito à vida, à saúde, à alimentação, à educação, ao lazer, à profissionalização, à cultura, à dignidade, ao respeito, à liberdade e à convivência familiar e comunitária, além de colocá-los a salvo de toda forma de negligência, discriminação, exploração violência, crueldade e opressão" (redação dada pela EC n. 65/10).

O direito foi assegurado pelo desembargador Francisco de Assis Betti (AC n. 2009.33.00.10078/BA em 3.8.2011, da 2ª Turma do TRF da 1ª Região, *in RPS* n. 372/1001).

O juiz Aluísio Gonçalves de Castro não acolhe o ECA (AIT-AC n. 2008.51.01.804376-5, da 1ª Turma do TFR da 2ª Região, em 17.4.2010, *in Rep. IOB de Jurisp.* da 1ª quinzena de jun. 2010, p. 349).

Capítulo 105 — Filhos de Proveta

A ciência médica tornou possível a concepção humana fora do útero da mulher. O sêmem do homem é colocado junto do óvulo da mulher, dentro de um tubo de ensaio, conhecido como proveta, onde se dá a inseminação artificial. Uma vez fecundado o óvulo, ele é introduzido no útero da mulher.

Destarte, historicamente, nasceu Louise Brown, o primeiro bebê de proveta.

Esse processo é conhecido como inseminação *in vitro* (num vidro) e não se confunde com a inseminação *in vivo* em que o sêmem do homem é introduzido no útero da mulher.

Em nenhum momento a legislação previdenciária regulou a situação da mulher que se dispõe a dar à luz um bebê via inseminação artificial. Para o Direito Civil os filhos assim nascidos são comuns.

Naturalmente, esse filho é legítimo e será tido como dependente do segurado.

Capítulo 106 – Filhos Extemporâneos

Didaticamente são designados como filhos extemporâneos os nascidos depois do óbito do segurado. Se estiver vivo, após o desfazimento da união dos seus pais (CC, art. 1.596, V).

Pelo menos, são dois tipos: a) concebidos antes da morte do homem e nascidos após o seu falecimento e b) concebidos e nascidos depois da morte do segurado, por intermédio de inseminação artificial.

Claro, nos dois casos, serão filhos legítimos.

Filhos comuns

O Código Civil faz distinções importantes para o enquadramento desses filhos.

> "Presumem-se concebidos na constância do casamento os filhos: I – nascidos cento e oitenta dias, pelo menos, depois de estabelecida a convivência conjugal" (art. 1.597).

Para o legislador não importa saber do pai natural. Ainda que concebidos anteriormente à cerimônia do casamento.

Antes da união oficial, se um casal teve filhos eram filhos comuns e se tornam legitimados ainda após a cerimônia.

Filhos *post mortem*

No inciso II do mesmo artigo colhe-se:

> "nascidos nos trezentos dias subsequentes à dissolução da sociedade conjugal, por morte, separação judicial, nulidade e anulação do casamento."

O legislador considera filhos do casal, ainda que o segurado tenha falecido, os nascidos até 300 dias após o óbito. Claro que feita uma prova genética contrária, a paternidade poderá ser cometida a outro homem e, então, ele passar a ser um enteado daquele primeiro segurado.

Fecundação artificial

No inciso III do mesmo artigo contém-se:

> "havidos por fecundação artificial homóloga, mesmo que falecido o marido."

Inseminação homóloga

> "havidos a qualquer tempo, quando se tratar de embriões excedentários, decorrentes de concepção artificial homóloga" (inciso IV).

Inseminação heteróloga

> "havidos por inseminação artificial heteróloga, desde que tenha prévia autorização do marido" (inciso V).

Se antes de falecer o marido forneceu o sêmem, ele será o pai da criança nascida.

Presunção legal

Diz o art. 1.598 do Código Civil:

> "Salvo prova em contrário, se, antes de decorrido o prazo previsto no inciso II do art. 1.523" — de 10 meses — "a mulher contrair novas núpcias e lhe nascer algum filho, este se presume do primeiro marido, se nascido dentro dos trezentos dias a conta da data do falecimento deste e, do segundo, se o nascimento ocorre após esse período e já decorrido o prazo a que se refere o inciso I do art. 1597."

Casamento da mulher

Essa mulher que teve ou terá um filho extemporâneo poderá se unir ou se casar e ter filhos com o novo parceiro sem que a situação jurídica seja modificada, tidos como filhos do primeiro casamento.

Capítulo 107 — Menores de Idade

Como certamente será raro, o menor de idade, principalmente com menos de 14 anos, ter constituído família própria, neste capítulo é considerado o direito dos pais em relação a esse menor de idade e, ainda mais raramente, o direito de um irmão.

Diferentemente da idade máxima, a idade mínima para o ingresso na previdência social suscita alguma polêmica no Direito Previdenciário. Isso sucede em dois aspectos: a) jurídico — uma comparação da idade constitucional com a legal e b) prático — reconhecimento da realidade laboral como um fato informador do aplicador da norma.

Esses entendimentos devem ser sopesados, pois a jurisprudência da Justiça Federal registra casos de trabalhador-mirim até com dez anos de idade.

A NPTR previa limite de idade de 12 anos até 4.10.1988, vedando certos trabalhos ao menor de 18 anos.

Menor de 14 anos

Os 14 anos foram referidos em virtude de a Constituição Federal vigente até 4.10.1988 aludir a essa idade como a mínima para o aprendiz (art. 7º, XXXIII).

Artista-mirim

A legislação dos artistas permite o trabalho de crianças desde que devidamente autorizado pela autoridade competente, sendo representadas pelos pais, tutores ou adotantes. Lembrando o ECA, se esse trabalho excepcional é autorizado, o tempo de serviço deve ser computado para todos os fins do Direito do Trabalho e do Direito Previdenciário.

Menor de 16 anos

Em caráter excepcional é facultado o esforço dos menores de 16 anos na condição de guardas-mirins, patrulheiros e outros obreiros de tenra idade.

Menor de 18 anos

A Carta Magna veda certa atividade laboral para os menores de 18 anos, mas o INSS não poderá deixar de avaliar a atividade penosa (não citada expressamente), perigosa ou insalubre, ou noturna, caso seja comprovado que o trabalhador esteve exposto em caráter habitual e permanente ao perigo de dano à saúde ou à integridade física (arts. 57/58 do PBPS).

Carta Magna

A fixação de limite de idade na Norma Superior e nas leis ordinárias é no sentido de que o legislador não deseja a prática de atividades desses menores de idade, as comuns e as especiais, e que o seu exercício deva ser fiscalizado, vedado e punido administrativamente.

Entretanto, se a realidade informa que isso sucedeu o obreiro não pode ser prejudicado por isso. O interessado deve reforçar a prova, sem que haja presunção de que abaixo dessas idades alguém trabalhou.

Menor aprendiz

A situação do menor aprendiz continua sem disciplina previdenciária sistematizada, ainda que a Lei n. 11.180/05 tenha criado o programa PROJOVEM, destinado à educação de menores de idade. Menor aprendiz é o jovem que está aprendendo uma profissão, principalmente um ofício, admitido em empresas privadas, escolas técnicas ou cursos profissionalizantes, com ou sem remuneração.

Sua filiação sempre foi muito discutida no Direito Previdenciário e da mesma forma o cômputo do tempo de serviço realizado quando o obreiro tinha idade inferior à permitida constitucionalmente. Nossa legislação, a doutrina e as decisões judiciais não têm cuidado dos autônomos ou microempresários menores de idade.

As maiores dificuldades doutrinárias estão contidas no conceito de remuneração, destinação dos serviços prestados pelo jovem prestador de serviços e o cômputo do tempo de serviço para os fins do RGPS.

Mais ou menos os mesmos que fazem parte do estagiário da Lei n. 11.788/08.

A priori eles não se confundem com o empregado; falta-lhes a capacidade jurídica laboral para tanto, mas em caráter excepcional o vínculo empregatício poderá ser reconhecido para fins trabalhistas e previdenciários.

A expressão "menor aprendiz" é um gênero que compreende várias figuras de menores de idade trabalhando, entre as quais o aluno bolsista, operário aprendiz, aluno aprendiz, empregado aprendiz, operário-aluno e menor assistido (Decreto-lei n. 2.318/86) e até mesmo um menor aprendiz no serviço público (art. 268 da Lei n. 1.711/52), sem falar no menor trabalhador da CLT (art. 428).

Contagem do tempo de serviço

A Súmula TRF da 2ª Região n. 32 diz:

> "Conta-se como tempo de efetivo serviço, para fins previdenciários, o período de atividade como aluno-aprendiz em escola técnica, exercida sob a vigência do Decreto n. 4.073/42, desde que tenha havido retribuição pecuniária, admitindo-se como tal o recebimento de alimentação, vestuário, moradia, material escolar e parcela de renda auferida com a execução de encomendas para terceiros, à conta do orçamento da União, independente de descontos previdenciários".

Além de outras, uma das características fundamentais que distingue o menor aprendiz dos demais obreiros é a destinação jurídica do seu trabalho: é preciso que suas tarefas estejam voltadas para o aprendizado, crescimento profissional, busca de domínio de um ofício. Quer dizer, ele é o destinatário último do seu trabalho.

Guarda-mirim

De modo geral o guarda-mirim, vigilante-mirim, polícia-mirim, legionário e patrulheiro estão aprendendo o exercício de uma atividade. Conforme cada circunstância, a ser apreciada minuciosamente pelo aplicador da norma, pode haver um vínculo empregatício, o que transformará o menor aprendiz em empregado. Comprovada a remuneração subsiste o vínculo empregatício (Parecer CJ/MPAS n. 2.893/02). Presente a subordinação funcional, o salário mensal e os serviços destinarem-se à empresa, tem-se a figura do empregado.

Menor contratado

De acordo com a IN INSS n. 20/07, o menor contratado pelas empresas é empregado. Essa contratação presume o registro na CTPS e na LRE e sua definição, como submetido à CLT, fora da condição de menor aprendiz.

O cômputo do tempo de serviço desse segurado é questão ainda polêmica, mas de modo geral é aceita a contagem por parte da Justiça Federal. A alegação do INSS de que tal trabalho do menor é vedado, não retira desse obreiro-mirim a condição de suporte da filiação e da condição de segurado obrigatório.

Evidentemente, nesses casos, a prova do exercício da atividade tem de ser robusta, exaustiva e indiscutível, o que nem sempre é possível em face do tempo passado.

É aceito o estudo nos cursos em escolas industriais ou técnicas da rede federal de ensino, bem como em escolas equiparadas (colégios ou escolas agrícolas), desde que tenha havido retribuição pecuniária à conta do Orçamento da União (IN INSS n. 20/07, art. 113, II).

Diante do silêncio normativo, a ideia é uma construção doutrinária e jurisprudencial, indo do excesso à escassez. Para alguns autores, a cessão da moradia, a alimentação, o fardamento, o material escolar e o vestuário, fornecidos por quem os admite é suficiente para caracterizar a remuneração, mas as decisões judiciais não têm uniformidade. De modo geral, sempre se aceitou a bolsa de estudo, caso do auxílio financeiro do ITA.

Escolas técnicas

Reza a Súmula AGU n. 24:

> "É permitida a contagem, como tempo de contribuição, do tempo exercido na condição de aluno-aprendiz referente ao período de aprendizado profissional realizado em escolas técnicas, desde que comprovada a remuneração, mesmo que indireta, à conta do orçamento público e o vínculo empregatício."

Esse menor aprendiz é um tipo de jovem obreiro, menor de idade, que está se aperfeiçoando visando uma profissão, ofício ou ocupação. No caso dos patrulheiros ou guardinhas, inicialmente a ação é assistencial, ela objetiva retirá-los da rua, mas eles também aprendem muita coisa útil para a sua vida futura.

As escolas técnicas são estabelecimentos de ensino, contidas na iniciativa privada ou no serviço público, voltadas para o estudo e a profissionalização dos trabalhadores. Geralmente têm oficinas profissionalizantes.

A remuneração tradicional, agora designada como direta, é a própria dos empregados, geralmente mensal e em dinheiro etc.

Entretanto, no que diz respeito ao menor aprendiz poderá ser a indireta, ou seja, mediante valores *in natura*, habitação, resultado da venda dos produtos etc. Às vezes, ocorre de haver pagamento em dinheiro e *in natura*.

Capítulo 108 – Filhos Emancipados

Filhos emancipados são aqueles que, por vários motivos previstos na legislação civil, adquirem a maioridade previdenciária antes dos 21 anos (CC, art. 5º, I/V).

O art. 16, I, do PBPS, refere-se a um "filho não emancipado"; *a contrario sensu*, significa que o civilmente emancipado deixa de ser dependente dos pais segurados.

A ideia básica aí contida é que a emancipação desfaz a concepção jurídica de que tal filho ainda dependa de terceiros. Trata-se de uma presunção adotada pelo legislador quando dispôs a norma previdenciária. Quer dizer, ainda que de fato a pessoa receba ajuda material dos pais, para os fins da pensão por morte, ela será tida como financeiramente independente.

Em seu art. 5º, o Código Civil diz que a menoridade cessará aos 18 anos completos e que cessará para os menores a incapacidade por seis motivos, a seguir apreciados.

Concessão dos pais

Na falta do outro, um dos pais ou os dois, "mediante instrumento público, independentemente de homologação judicial, ou por sentença do juiz, ouvido o tutor, se o menor tem dezesseis anos completos" poderá tornar o filho emancipado (CC, art. 5º, parágrafo único, I).

Casamento do menor

Nas circunstâncias juridicamente permitidas, se o menor se casa entende-se que ele detenha condições de subsistência e com isso afaste a presunção absoluta da dependência econômica do segurado.

Para todos os efeitos uma união estável pode ser equiparada ao casamento e nesse sentido a convivência *more uxore* elidiria a condição de dependente.

Emprego público

Tomando posse em cargo público, quando isso for possível em face de sua idade, o menor se emancipa.

Curso superior

Caso esse menor cole grau em curso de ensino superior também se emancipará.

Empreendimento econômico

O Código Civil fala em estabelecimento civil e comercial, esquecendo-se de mencionar o estabelecimento industrial ou de prestação de serviços, mas eles devem ser compreendidos na ideia do legislador.

Relação de emprego

O inciso V esclarece que a existência de relação de emprego, sem indicar se formalizada ou não "desde que, em função desse emprego, o menor com dezesseis anos completos tenha economia própria".

Quer dizer, ainda que receba o salário-mínimo no seu emprego esse menor não mais dependerá dos pais.

Capítulo 109 — Crianças Abandonadas

Os menores abandonados, aqueles que vivem nas ruas, são filhos de alguém que pode ser segurado da previdência social, ou não. No comum dos casos provêm de famílias desarticuladas e, às vezes, esses infelizes desconhecem quem são os seus pais.

Na medida do possível, o Estado os acolhe em instituições, lembrando-se que se forem filhos de um segurado falecido, é preciso pensar na pensão por morte, um benefício a ser requerido pelos responsáveis por esses assistidos.

Em 1976, a CPI dos Menores Abandonados calculava em 2 milhões de brasileirinhos nessa situação.

Considera-se abandonado o menor sem a assistência dos pais ou da coletividade, sem residência fixa, ao relento, vivendo nas ruas.

A tutela desses menores cabe ao Ministério Público e à Defensoria Pública.

Quando se conseguir localizar os pais desses menores e se eles forem segurados da previdência social, serão tidos como dependentes mesmo que estejam sendo mantidos por uma entidade particular ou estatal.

Falecendo esses pais eles têm direito à pensão por morte.

Capítulo 110 — Filhos de Mãe Genética

Como a generalização da reprodução assistida na modalidade de inseminação artificial, quando algumas mulheres que fazem parte de casais estéreis, se predispõem a engravidar filhos, com a participação genética na concepção, propõem-se algumas questões relativas ao filho assim gerado, à pensão por morte da mãe gestante e da mãe genética.

Uma procriação artificial desperta controvérsias no Direito de Família. Juridicamente: quem é a mãe do recém-nascido? Os autores afirmam não mais haver o *mater semper certa est*. Aparentemente, somente se saberia quem é o homem cedente dos espermatozóides.

Dependendo do conceito que se tenha de quem é a progenitora, do ponto de vista da concepção da vida se entenderá que serão duas as mães. Pelo visto, a mãe genética, um pouco mais do que a mãe gestante. Afinal, a maternidade envolve outros aspectos além do processo biológico da reprodução (desde a gestação até o parto). E os desdobramentos que se seguem dali para frente.

A mulher que adote um bebê logo após o seu nascimento e dele cuide por toda a vida, ainda que sem laços sanguíneos com essa criança, é juridicamente considerada adotante e pode ser tida moralmente como mãe pessoal, familiar ou social.

Questões vernaculares

Como soe acontecer, por ocasião do desenvolvimento de um novo instituto técnico jurídico, com as inúmeras manifestações doutrinárias enriquecedoras do debate, sobrevêm problemas linguísticos. Ainda sem se saber com precisão filosófica quem é a mãe da criança nascida desse vínculo convencional entre duas mulheres, constata-se a presença de várias locuções para indicar os polos da relação humana.

A mulher que fornece o óvulo, juntamente com o espermatozóide do homem, tem sido conhecida como mãe doadora, emissora, biológica, genética e, até, adotante. A mulher que promove a procriação é chamada de receptora, fecundadora, procriadora, substituta e de gestante. Vai se consagrando o uso de mãe gestante ou mãe genética.

Mãe gestante

Em se tratando de uma segurada, ainda que não tenha havido relação sexual propriamente dita, a mãe gestante fica grávida habitualmente durante os nove meses e dá à luz. Mesmo que não detenha o bebê sob sua guarda em seguida nem vá alimentá-lo com o seu leite, ela precisa se recuperar do parto. A partir daí, juridicamente não tem mais qualquer vínculo com o filho parido.

Mãe genética

A mãe genética fornecerá o óvulo juntamente com o espermatozóide do homem. Na gravidez, será concebido um ser humano tido por todos como seu filho.

Durante os nove meses ela acompanhará a gestação da mãe gestante, psicologicamente vivenciará certa maternidade virtual a distância. Depois do nascimento, assumirá todos os desvelos de atender às necessidades do recém-nascido em relação a um bebê que é fruto do seu amor. Alegrar-se-á e sofrerá como qualquer mulher fértil.

Primeiras conclusões

Inexistente norma administrativa que assegure o direito às duas mulheres seguradas na legislação, o INSS deverá reconhecer o direito e não contestá-lo. Caso contrário, terá de se haver com decisões interativas da Justiça Federal até que o entendimento seja sumulado.

De regra, a mãe genética será tida como mãe perante a Previdência Social, registrará o filho havido como seu e assim ela poderá ser dependente não preferencial desse filho, caso ele faleça na condição de segurado, da mesma forma como esse filho poderá ser dependente dela se, igualmente, ela falecer na condição de segurada.

Tal entendimento elimina eventual direito da mãe gestante, o cenário não geraria qualquer direito previdenciário.

Capítulo 111 – Jornalistas Profissionais

A aposentadoria do jornalista profissional (Lei n 3.529/59) vigeu até 13.10.1996, véspera da publicação da MP n. 1.523/96, que extinguiu o benefício. A partir dessa data eles perderam a distinção e passaram a se aposentar como os demais segurados do RGPS.

Condições gerais

Eram duas as condições impostas:

a) tempo de serviço — 30 anos de serviço em empresas jornalísticas, inclusive na condição de contribuinte individual, ex-autônomo e

b) período de carência — no mínimo 24 contribuições mensais, sem interrupção que determine a perda da qualidade de segurado.

Não havia idade mínima para o benefício, portanto, era possível aposentar-se com 18 + 30 = 48 anos de idade.

Conceito de jornalista

Entendia-se como jornalista quem devidamente registrado no órgão regional do MTE, exercia função habitual e remunerada, em qualquer das seguintes atividades:

I – redação, condensação, titulação, interpretação, correção ou coordenação de matéria a ser divulgada, contendo ou não comentário;

II – comentário ou crônica, por meio de quaisquer veículos de comunicação;

III – entrevista, inquérito ou reportagem escrita ou falada;

IV – planejamento, organização, direção e eventual execução de serviços técnicos de jornalismo, como os de arquivo, ilustração ou distribuição gráfica de matéria a ser divulgada;

V – planejamento, organização e administração técnica de que trata o inciso I deste artigo;

VI – ensino de técnicas de jornalismo;

VII – coleta de notícias ou informações e respectivos preparos para divulgação;

VIII – revisão de originais de matéria jornalística, com vistas à correção redacional e à adequação da linguagem;

IX – organização e conservação de arquivo jornalístico e pesquisa dos respectivos dados para a elaboração de notícias;

X – execução de distribuição gráfica de texto, fotografia ou ilustração de cunho jornalístico, para fins de divulgação; e

XI – execução de desenhos artísticos ou técnicos de cunho jornalístico, para fins de divulgação.

Tempo de serviço

Não eram computados como tempo de serviço, os períodos:

I – de atividades que não se enquadrem nas 11 condições previstas;

II – de contribuição em dobro ou facultativamente, por não se tratar de prestação de efetivo trabalho nas condições específicas exigidas;

III – de serviço militar; e

IV – em que ele não exerceu a atividade em razão do trancamento de seu registro profissional no MTE.

Valor da aposentadoria

O cálculo do salário de benefício obedecia as mesmas regras estabelecidas para a aposentadoria por tempo de contribuição do RGPS e a RMI corresponderá a 95% do salário de benefício.

Pensão por morte

Falecendo o jornalista, especialmente aquele que logrou obter a aposentadoria até 13.10.1996 ou que, com base no direito adquirido, a requereu tempos depois, as regras da pensão por morte seguem os comandos do RGPS.

Capítulo 112 – Jogadores de Futebol

Os jogadores de futebol foram aquinhoados com uma legislação especial que vigeu por 24 anos.

Conceito mínimo

A aposentadoria do atleta profissional de futebol era devida a quem praticou, em qualquer época, o ludopédio com vínculo empregatício e remuneração, em associação desportiva integrada ao sistema desportivo nacional (Lei n. 5.939/73).

Renda mensal

O benefício, requerido de 23.2.1976 (Decreto n. 77.210/76) obedecia às normas estabelecidas para os segurados em geral, salvo nos casos em que, em virtude do desempenho posterior de outra atividade de menor remuneração, resultasse salário de benefício desvantajoso em relação ao período de atividade de jogador profissional de futebol. Nesse caso, o salário de benefício, para cálculo da renda mensal, será obtido mediante as seguintes operações:

a) média aritmética dos salários de contribuição relativos ao período em que tenha exercido atividade de jogador profissional de futebol, após sua competente correção, com base nos fatores de correção dos salários de contribuição do segurado empregado que exerceu essa atividade, observando-se a DIB;

b) média aritmética dos salários de contribuição no PBC do benefício pleiteado, segundo regra geral aplicada aos demais benefícios do RGPS;

c) média ponderada entre os montantes apurados nas alíneas anteriores, utilizando-se, como pesos, respectivamente, o número de meses de exercício da atividade de atleta profissional de futebol e o número de meses que constituir o PBC do benefício pleiteado;

d) ao salário de benefício obtido na forma da alínea anterior, era aplicado o percentual de cálculo, percentagem básica somada à percentagem de acréscimo, para apuração da renda mensal, conforme o disposto no RGPS.

Capítulo 113 – Aeronautas Nacionais

A aposentadoria específica do aeronauta (Lei n. 3.501/58), ressalvado o direito adquirido, foi extinta em 16.12.1998, pela EC n. 20/98 (Portaria MPAS n. 4.883/98).

Conceito de aeronauta

Era considerado aeronauta o comandante, o mecânico de voo, o rádio-operador e o comissário, assim como aquele que, habilitado pelo Ministério da Aeronáutica, exercesse função remunerada a bordo de aeronave civil nacional.

Comprovação das condições

A comprovação da condição de aeronauta era feita para o segurado empregado pela CTPS e para o contribuinte individual, por documento hábil que comprove o exercício de função remunerada a bordo de aeronave civil nacional, observando que as condições para a concessão do benefício eram comprovadas na forma das normas em vigor para os demais segurados, respeitadas a idade mínima de 45 anos e o tempo de serviço de 25 anos.

Tempo de serviço computado

I – efetivo exercício em atividade de voo prestado contínua ou descontinuamente;

II – percepção de auxílio-doença ou aposentadoria por invalidez, desde que concedidos como consequência da atividade de aeronauta intercalados entre períodos de atividade, sem que tenha havido perda da qualidade de segurado; e

III – percepção de auxílio-doença por acidente de trabalho ou moléstia profissional, decorrentes da atividade de aeronauta.

Data do início

A data do início da aposentadoria era fixada da mesma forma prevista para a aposentadoria por tempo de contribuição.

Renda mensal

A renda mensal corresponderá a tantos 1/35 do salário de benefício quantos forem os anos de serviço, não podendo exceder a 95% desse salário (art. 168 do Decreto n. 83.080/79).

Reajustamento anual

O reajustamento dos benefícios de aeronauta obedecia aos índices da política salarial dos demais benefícios do RGPS.

Perda da condição

Perdia o direito à aposentadoria o aeronauta que, voluntariamente, se afastasse do voo, por período superior a dois anos consecutivos.

Valor do benefício

As pensões devidas aos dependentes de aeronautas, aposentados ou não, são concedidas e mantidas com base no RGPS.

Capítulo 114 – Juízes Temporários

Os juízes temporários foram distinguidos com uma legislação específica que os favoreceu em termos de previdência social (Lei n. 6.903/81).

Conceito mínimo

Até que a Lei n. 6.903/81 fosse revogada pela Lei n. 9.528/97 (tida como constitucional pela ADI n. 1.878), os magistrados da Justiça do Trabalho obtiveram uma aposentadoria distinta dos demais juízes.

Muitos deles se insurgiram contra essa revogação e recorreram aos tribunais, mas a jurisprudência, de modo geral, caminha no sentido da constitucionalidade da lei revogadora. Alguns conseguiram o reconhecimento de certa expectativa de direito (AC n. 5.2917/RS - Proc. n. 2003.71.00.052917-0, em 16.5.06).

Respeitado o direito adquirido, as mudanças são sempre possíveis.

Benefício da aposentadoria

Podiam obter esse benefício, além de ministros do TST e do TRT, os juízes temporários das então Juntas de Conciliação e Julgamento da Justiça do Trabalho.

Aposentadoria compulsória

Como os demais servidores civis federais eles eram aposentados obrigatoriamente aos 70 anos de idade.

Aposentadoria por tempo de contribuição

A aposentadoria por tempo de serviço se dava aos 30 anos se serviço, não necessariamente de magistratura.

Renda mensal

Caso ele tivesse com 35 anos de serviço, os proventos equivaliam aos vencimentos mensais.

Se possuísse de 30 a 35 anos, era proporcional ao tempo de serviço.

Contagem recíproca

A contagem recíproca de tempo de serviço beneficiava especialmente esses juízes; eles podiam computar 30 anos de serviço do RGPS (não importando a base de cálculo nem a contribuição ali efetuada) e depois de cinco anos no Poder Judiciário, obter um benefício integral muito superior ao do RGPS. Fato que, muito possivelmente, levou à extinção desse regime.

Aposentadoria no RGPS

Com base nessa mesma contagem recíproca de tempo de serviço o período de juiz temporário podia ser considerado para fins do RGPS.

Direito imprescritível

O juiz temporário que completou os requisitos legais até o advento da Lei n. 9.528/97, poderá pedir o benefício a qualquer tempo (RESP n. 250.111/PE no Proc. n. 2000.00211305-5, relatado em 14.3.2001, pelo Ministro do STF Vicente Leal, da 6ª Turma).

Dez anos no cargo

Quem não estava no cargo precisava ter dez anos de exercício e por isso a 1ª Turma do TFR da 5ª Região cancelou o benefício (AC n. 325.310/PB - Proc. 2000.81.00.001708-3).

Valor da pensão

Os dependentes dos juízes temporários faziam jus a 100% dos vencimentos ou dos proventos do segurado falecido, sem qualquer distinção especial. No caso de o óbito ocorrer após a EC n. 41/03, esse benefício fica condicionado às regras do art. 40, § 7º, I/II, da Carta Magna.

Capítulo 115 — Plano Básico

No passado, durante dois anos subsistiu esforço no sentido de introduzir uma previdência social para o trabalhador rural (*Legislação da Previdência Social Rural*. 2. ed. São Paulo: LTr, 1986). À lei disciplinadora chamou-se de Plano Básico.

Escorço histórico

Com a Lei n. 4.214/63, o País deu os primeiros passos no sentido de propiciar proteção previdenciária sistemática e geral aos rurícolas. Mas, vale lembrar, o Decreto n. 1.824/53 considerou como segurados obrigatórios do IAPETC "os tratoristas e condutores de máquinas motorizadas" (Resolução CD/DNPS n. 189/69).

A referida Lei n. 4.214/63 chamava-se Estatuto do Trabalhador Rural e previa segurados obrigatórios (art. 160) e dependentes (art. 162), sendo regulamentada pelo Decreto n. 53.154/63.

Entretanto, pode-se afirmar que a previdência social passou a existir efetivamente com o PRORURAL — Programa de Assistência ao Trabalhador Rural (LC n. 11/71), depois designado de PRORURAL (LC n. 16/73). Foi regulamentada pelo Decreto n. 73.617/74, normas que vigeram até o advento do PBPS (24.7.1991).

Plano Básico

Em 1º de maio de 1969 o Decreto-lei n. 564/69 criou o Plano Básico de Previdência Social, logo alterado pelo Decreto-lei n. 704/69 e regulamentado pelo Decreto n. 65.106/69, normas que vigeram até a LC n. 11/71.

Trabalhadores protegidos

Foram considerados filiados os empregados:

I – do setor agrário da empresa agroindustrial;

II – da empresa produtora ou fornecedora de produto agrário *in natura*;

III – do empreiteiro ou da organização que, embora não constituídos sob a forma de empresa utilizem mão de obra para produção e fornecimento de produto agrário *in natura*;

IV – safristas, assim considerados os empregados, inclusive trabalhadores rurais, cujos contratos tenham sua duração dependente de variações estacionais da atividade agrária.

Definição dos dependentes

Os dependentes eram explicitados no art. 2º, § 2º:

> "Os dependentes do segurado no Plano Básico são os mesmos do segurado do sistema geral de previdência social."

Prestações devidas

Além de auxílio-doença, aposentadoria por invalidez e aposentadoria por idade, para os dependentes havia previsão de auxílio-reclusão, auxílio-funeral e pensão por morte (art. 3º, II, *a/e*).

Contribuições mensais

A legislação estipulava uma contribuição de 4% a 6% do salário-mínimo regional, com igual aporte da empresa, mais 2% do salário-mínimo regional para o SAT e a contribuição da União (art. 5º).

Valor da pensão

Não havia preceito expresso sobre o valor da pensão por morte remetendo ao RGPS da então LOPS (art. 8º).

Órgão gestor

Quem administrou o Plano Básico até a extinção foi o INPS (art. 6º).

Capítulo 116 – Programa aos Estudantes

A Lei n. 7.004/82 criou um Programa de Previdência Social aos Estudantes, um regime especial de previdência social paralelo ao RGPS, sem com ele se comunicar, destinado ao estudante "matriculado em estabelecimento de ensino de 1º e 2º graus, em curso universitário ou de formação profissional", se ele não fosse segurado obrigatório do RGPS (Comentários à Lei dos Estudantes, in Supl. Trab. LTr n. 67/82).

Filiação do segurado

Como a filiação era facultativa e não somava o tempo de serviço, a proposta do Governo Federal não teve aceitação e a lei instituidora foi revogada pelo art. 137 do PBPS, em 1991.

Manutenção da qualidade

A lei admitia um período de manutenção da qualidade por 12 meses (art. 3º, § 1º), findo o qual se rompia a relação jurídica e desaparecia o direito aos benefícios.

Inscrição do beneficiário

A inscrição, promovida pelos responsáveis, era uma condição para o exercício dos direitos.

Contribuição mensal

Uma vez filiado o segurado por vontade própria, os pais do estudante deveriam verter uma contribuição mensal de 8,5% do salário-mínimo regional.

Cômputo do tempo de serviço

O tempo de contribuição, chamado de tempo de vinculação, não era computado para o RGPS urbano ou rural (art. 11).

Requisitos legais

Eram quatro os pressupostos legais reclamados: a) inscrição; b) qualidade de segurado; c) período de carência; e d) evento determinante. Tinham de ocorrer ao mesmo tempo.

Plano de prestações

O plano de benefícios, chamado de programa, contemplava três benefícios e dois serviços; previa uma pensão por morte (art. 4º, *a*) e um pecúlio por morte (art. 4º, *b*).

Período de carência

O programa exigia no mínimo 12 contribuições para fazer jus à pensão por morte ou pecúlio por morte (art. 9º).

Instituidor do benefício

O instituidor da relação jurídica era o pai ou a mãe, ou responsável pelo estudante.

Pensão por morte

Nos termos do art. 6º:

> "A pensão consistirá numa prestação mensal equivalente a 50% (cinquenta por cento) do salário-mínimo regional e será concedida pela morte do pai ou responsável pela manutenção dos estudos, declarado na ocasião da inscrição até o término do curso ou o ingresso em atividade laboral vinculada a Sistema de Previdência Social obrigatório."

Beneficiário do programa

O destinatário era o estudante, normalmente filho do instituidor.

Pecúlio por morte

O pecúlio por morte consistirá "num pagamento único, no valor de 2 (dois) salários-mínimos regionais, e será devido pela morte do pai ou responsável pela manutenção dos estudos, declarado na ocasião da inscrição" (art. 7º).

Acumulação dos benefícios

Aparentemente era possível acumular a pensão por morte com o pecúlio por morte.

Extinção do plano

Com o art. 137 do PBPS:

> "Fica extinto o Programa de Previdência Social aos Estudantes, instituído pela Lei n. 7.004, de 24 de junho de 1982, mantendo-se o pagamento dos benefícios de prestação continuada com data de início até a entrada em vigor desta Lei."

Capítulo 117 – Auxílio-Funeral

Em face de sua extinção em 1996, com a Lei n 9.528/97, e também por conta do prazo decadencial de cinco anos, esgotado em 2001, o tema auxílio-funeral perdeu significado e somente tem sentido como registro histórico.

Dizia o revogado art. 141 do PBPS:

> "Por morte do segurado, com rendimento mensal igual ou inferior a Cr$ 51.000,00 (cinquenta e um mil cruzeiros), será devido auxílio-funeral, ao executor do funeral, em valor não excedente a Cr$ 17.000,00 (dezessete mil cruzeiros)."

Natureza do benefício

Em razão do seu valor, o auxílio-funeral verdadeiramente era uma ajuda aos familiares do segurado falecido. Benefício de pagamento único, não reeditável, acumulável com outras prestações, um raro direito de não dependentes.

Período de carência

Como a atual pensão por morte, não exigia número mínimo de contribuições; bastava a filiação, que emergia com a inscrição.

Contingência protegida

Não bastava o falecimento, pela própria natureza exigia o sepultamento, logo não era devido nos casos de ausência e desaparecimento.

Destinatários do direito

Eram dois grupos de beneficiários: o executor e o dependente.

Prazo de decadência

Contado da data do óbito, o prazo de decadência para o requerimento do benefício era de cinco anos.

Morte no exterior

Mesmo que a morte tenha ocorrido no exterior, feita a prova das despesas, subsistia o direito ao auxílio-funeral.

Talidomida e LOAS

Os destinatários da pensão Síndrome da Talidomida e da LOAS não instituíam o benefício.

Concorrência esposa/companheira

Não havia previsão de divisão entre a esposa e a companheira, talvez por causa do pequeno valor, e principalmente porque o principal titular do direito era quem se encarregou do sepultamento.

Remuneração máxima

O benefício era devido somente quando o segurado ganhasse até três salários-mínimos.

Pagamento pela empresa

Poderia ser pago pela empresa em que o segurado trabalhava.

Desembolso pelo INSS

O INSS podia assumir o encargo de realizar o sepultamento, mediante convênio com as empresas funerárias, nesse caso, despendendo menos de Cr$ 17.000,00 (RBPS, art. 90).

Benefício dos metalúrgicos

A 21ª Cláusula do acordo dos metalúrgicos previa um auxílio-funeral (Contribuição Previdenciária do Abono, por Aposentadoria ou Morte do Metalúrgico, in Supl. Trab. LTr n. 14/83).

Capítulo 118 — LOSSB

Historicamente, a LOPS (Lei n. 3.807/60) é a regra-matriz da legislação previdenciária dos trabalhadores da iniciativa privada. Mais de 52 anos depois, ela ainda se constitui no protótipo do PCSS, PBPS e RPS.

LOSSB

Com o Decreto-lei n. 7.526/45, foi criada a Lei Orgânica dos Serviços Sociais do Brasil.

Pensão por morte

Já no art. 2º estipulava a morte como uma contingência protegida pelo regime a ser criado, que chegou a funcionar uns meses e desapareceu sem ter sido revogado (*sic*).

Segurados obrigatórios

Considerava como segurados obrigatórios todas as pessoas maiores de 14 anos que exercessem atividade remunerada, excluídos os servidores e os militares. Previa seguros facultativos para reforçar as prestações mantidas. Chamava expressamente as prestações de benefícios (art. 7º).

Salário de benefício

O salário de benefício, que determinava a renda mensal inicial do benefício, baseava-se em uma média dos 36 últimos salários de contribuição.

Dependentes do segurado

Ponderava-se como sendo dependentes do segurado:

a) A esposa, o marido inválido, os filhos de qualquer condição, se menores de 18 anos ou inválidos e as filhas solteiras de qualquer condição, se menores de 21 anos ou inválidas.

b) A mãe e o pai inválidos, os quais, mediante declaração expressa do segurado, podiam concorrer com a esposa ou o esposo inválido.

c) Os irmãos menores de 18 anos ou inválidos e as irmãs solteiras menores de 21 anos ou inválidas.

Na falta de algum desses dependentes, previa-se a designação.

O cônjuge desquitado, sem pensão alimentícia, não fazia jus ao benefício.

O regime seria administrado pelo Instituto dos Serviços Sociais do Brasil — ISSB, uma autarquia federal jamais implantada.

Capítulo 119 – Salário-Base

O regime contributivo do salário-base, por permitir a vontade do contribuinte, gerou muitas perplexidades no Direito Previdenciário (*Salário-Base dos Contribuintes Individuais*. São Paulo: LTr, 1999).

Origem histórica

Esse regime foi criado pela Lei n. 5.890/73 e extinto em 31.3.2003 com a Lei n. 10.666/03. Baseava-se numa escala de dez classes de salários-base em que os contribuintes individuais obrigatoriamente deveriam se posicionar (enquadrar, permanecer, progredir, regredir, retornar etc.).

Tal enquadramento inicial era operado com base no tempo de filiação do trabalhador ou numa média dos últimos seis salários de contribuição anteriores. Ou em qualquer valor abaixo dessa classe enquadrada, sempre por desejo expresso do segurado.

O sistema permitia que alguém da classe média alta recolhesse com base no salário--mínimo e alguém com menor poder aquisitivo, com base na classe máxima.

Progressão e regressão

Quem se enquadrou legalmente na classe máxima no primeiro recolhimento (Classe X), poderia regredir (descer) para qualquer classe inferior, ali permanecer (ficar) e retornar (subir) à classe que quisesse e deixar para recolher pelo teto nos últimos 36 meses e se aposentar em melhores condições (*sic*). Claro, em um sistema atuarialmente inadequado, mas legal. Pelo menos até a Lei n. 9.876/99, que extinguiu esse período básico de cálculo de 36 meses.

Cumprimento dos interstícios

Ao contrário, quem se enquadrou no salário-mínimo (Classe I) deveria cumprir os interstícios, subir gradual e somente depois de duas décadas chegaria à Classe X. Tudo isso, sem nada a ver com sua remuneração. Como se vê, um sistema complexo, criador de uma ficção fiscal que não mais existe, repete-se, a partir de 1º.4.2003.

Os aposentados que foram contribuintes individuais e se sujeitaram a esse regime fiscal e não tiveram reconhecidas as contribuições que verteram, dentro do prazo de dez anos contados da concessão devem examinar se estão na situação ora configurada. Se a concessão do benefício se deu antes da Lei n. 9.528/97, não há prazo para um pedido de revisão de cálculo do benefício.

Revisão do enquadramento

Em 2004, a Secretaria da Previdência Social entendeu que quem agiu de acordo com a lei, assim permanece e quem não a cumpriu, é como se a tivesse cumprido (!).

Para isso é preciso conhecer minuciosamente as regras do regime contributivo, bastante difícil, depois levantar mensalmente os recolhimentos efetuados na época e compará-lo com os salários de contribuição utilizados no período básico de cálculo da renda mensal inicial (Progressão e Regressão de Contribuições Atrasadas na Escala de Salários-Base, *in Supl. Trab. LTr* n. 18/84).

Revisão de cálculo

Um pedido de revisão de cálculo, diante da complexidade da matéria e o tempo passado, máxime em se tratando de ação na Justiça Federal que cuida de muitos assuntos e este é bastante peculiar, deve explicitar claramente o regime contributivo, os salários-bases, os valores monetários da época e, especialmente, o cálculo do benefício, evidenciando ou não se houve descumprimento da complexa norma jurídica.

Correção do INSS

O INSS tem competência para rever os enquadramentos indevidos e, com isso, reduzir a renda mensal inicial, sem que o aposentado deva restituir o que, de boa-fé, recebe indevidamente. Foi essa a visão da juíza Eliana Paggiarin Marinho, da 6ª Turma do TFR da 4ª Região, na AP-RN n. 000042.37.2008.404.7116/RS, em 18.10.2011, *in Rep. IOB de Jurisp.* da 2ª quinzena de nov. 2011, p. 636.

Pensão por morte

O interesse no tocante ao regime contributivo do salário-base diz respeito dos segurados a ele sujeitos que faleceram na inadimplência, na ausência de sua vontade fiscal, devendo-se deslindar a questão de saber qual a base de cálculo e, por conseguinte, o valor da pensão por morte.

Têm-se algumas distinções a serem examinadas. Segurado que se filiou e nunca contribuiu e segurado que se filiou, contribuiu algum tempo, cessou as contribuições, entrou em inadimplência e faleceu.

São três soluções possíveis: I) fixação pelo INSS; II) classe mínima (salário-mínimo); e III) classe máxima pessoal permitida pelo tempo de filiação. O salário-mínimo era garantia constitucional.

Em vida, nunca tendo manifestado a sua intenção e não se podendo transferir sua vontade sequer aos dependentes, entendemos que somente a vontade do legislador, manifestada em lei, por suprir a lacuna, prevalece.

E outra não poderia ser a vontade do legislador se não a de esgotar a lei vigente, oferecendo aos dependentes a pensão de maior valor (Manifestação de vontade na escala de Salários-Base, *in Revista LTr* n. 45-2, p. 272).

Capítulo 120 — Benefício do IPESP

O Instituto de Previdência dos Servidores Públicos — IPESP era uma autarquia paulista, que foi sucedida pelo SPPREV (LC n. 1.010/07), o qual justifica alguns comentários particulares.

Como sucedia com o regime especial dos municípios, foi criado para propiciar a pensão por morte dos servidores públicos do Estado de São Paulo. Até ser criado o RPPS, as aposentadorias eram custeadas pelo Tesouro Estadual.

Em virtude de não propiciar a aposentadoria e a pensão, uma vez que a aposentadoria era devida pelos cofres públicos, o regime de previdência social do IPESP não seria considerado um regime próprio como previsto na Lei n. 9.717/98.

Com as alterações providas pela LC n. 1.012/07, à exceção da menção expressa à união homoafetiva e das limitações constitucionais, a pensão por morte do servidor paulista é praticamente igual à do RGPS.

Dependentes preferenciais

Os dependentes da primeira classe são o homem e a mulher, casados ou unidos, e os filhos hígidos e inválidos, incluindo os enteados e os tutelados, estes últimos quando evidenciarem a dependência.

Dependentes não preferenciais

São os pais que demonstrarem a dependência econômica, direito subsistente quando inexistirem os dependentes preferenciais.

União homoafetiva

Numa rara e corajosa decisão, o art. 144, II, da LC n. 1.010/07 prevê expressamente a existência da união homoafetiva.

Valor inicial

Em observância ao art. 40, § 7º, I/II, da Lei Maior, o montante do benefício é de 100% até R$ 3.916,20 (pagos pelo RPPS) e de 70% da diferença entre os vencimentos ou proventos a esse teto do RGPS.

Data do início

A Data do Início do Benefício é a Data do Óbito do servidor, se requerida a pensão por morte até 60 dias do falecimento do servidor. A partir daí, na Data de Entrada do Requerimento.

Fundo de pensão estadual

Com o Projeto de Lei n. 840/11 foi aprovada a criação da Fundação de Previdência Complementar do Estado de São Paulo (SP-Prevcom) entidade pública que gerirá o plano de benefícios complementar, que complementará a pensão por morte.

Capítulo 121 — Previdência dos Eclesiásticos

Desde a Lei n. 6.696/79 os eclesiásticos são segurados obrigatórios do RGPS. Estão definidos na Portaria MPAS n. 1.984/80 (Eclesiásticos: os mais recentes segurados obrigatórios, in Revista LTr n. 44/55).

Desde 1960 (LOPS) e até então, o ingresso dos presbíteros na previdência social era facultativo.

A partir da Lei n. 9.876/99 restam classificados como contribuintes individuais e desfrutam de uma situação previdenciária fiscal ímpar em relação às Igrejas, ainda que recebam uma parcela de manutenção (cuja natureza jurídica é verba de representação); não são empresários, autônomos e, muito menos, empregados da diocese.

Mas, claro, quando prestam serviços foram do âmbito religioso, no caso, como professores, os padres podem ser autônomos ou empregados (enquadramento autorizado pela Lei n. 10.493/02).

De modo geral, tomada a expressão em seu sentido mais amplo, os clérigos se dividem em cristãos e não cristãos. Entre os cristãos, os católicos e os não católicos. De modo particular, são acolhidos os ministros judeus, budistas, maometanos, muçulmanos, hinduístas, xintoístas etc.

Quando não católicos, eles constituem família e, assim, pastores, mentores, ministros, bispos, na condição de segurados comuns, ao falecerem outorgam pensão por morte para os seus dependentes.

A CNBB em 1963 fez uma tentativa isolada de criar um próprio regime de previdência social e criou um Instituto de Previdência do Clero (IPREC), que desapareceu uma década depois, e que chegou a construir o Hospital Cura D'Ars, em Fortaleza, Ceará.

Talvez seja a hora de a CNBB pensar em instituir uma EFPC associativa para os eclesiásticos e, da mesma forma, as igrejas cristãs não católicas adotarem a mesma solução, com base na LC n. 109/01.

Os atuais eclesiásticos da Igreja Católica, segurados obrigatórios, no comum dos casos podem deixar pais e irmãos com direito à pensão por morte, sem quaisquer distinções especiais.

Clérigos são seres humanos e, às vezes, constituem família, vivendo em união estável. Claro, sem a publicidade reclamada dos seus fiéis. Muitos padres por esse Brasil afora tiveram filhos, reconhecidos ou não.

O desembargador Victor Luiz dos Santos Laus, calcado no princípio da realidade e diante de provas exaustivas da existência *more uxore*, deferiu pensão por morte para a companheira de um sacerdote jesuíta gaúcho em 28.8.2007 (AC n. 2005.04.01.040270-0/RS, in Boletim Jurídico do TRF da 4ª Região n. 71, p. 15).

Capítulo 122 – Pecúlio Acidentário

O extinto pecúlio acidentário era um benefício devido aos dependentes do segurado falecido em virtude de acidente do trabalho. Prestação de pagamento único, de valor insignificante, desapareceu em 20.11.95, com a Lei n. 9.129/95.

Valores históricos

Na Lei n. 7.036/44, eram de quatro anos de diárias. A Lei n. 5.316/67 previa 30 valores de referência. Na CLPS, também somava 30 valores de referência.

Montante do benefício

Enquanto vigeu, o art. 83 do PBPS dizia:

> "No caso do inciso III do art. 81, o pecúlio consistirá em um pagamento único de 75% (setenta e cinco por cento) do limite máximo do salário de contribuição, no caso de invalidez, e de 150% (cento e cinquenta por cento) desse mesmo limite, no caso de morte."

Quer dizer, em 2012, o montante seria de R$ 5.874,20.

Fonte formal

A última norma vigente, o inciso III do art. 81 do PBPS, proclamava: "ao segurado ou aos seus dependentes, em caso de invalidez ou *morte decorrente de acidente do trabalho*" (grifos nossos).

Indexador próprio

Um peculiário pretendeu que o *quantum* do pecúlio acidentário fosse corrigido por um indexador de sua escolha, mas a pretensão não encontrou ressonância na 10ª Câmara Cível do Tribunal de Justiça do RGS, relatada pelo juiz Paulo Roberto Lesa Franz em 26.5.2011 na AC n. 70042168872.

Prazo de decadência

Por se tratar de um benefício de pagamento único, o prazo da decadência do direito era de cinco anos.

Não decaía o direito contra os menores e os incapazes (IN INSS n. 45/10).

Para os dependentes e sucessores, a contar da DAT ou na DO, conforme o caso (art. 512 da IN INSS n. 45/10).

Acumulação com pensão

Por se tratar de um benefício de pagamento único, o pecúlio acidentário podia ser acumulado com a pensão por morte.

Distinção do previdenciário

O pecúlio acidentário não se confunde com o previdenciário, um direito do aposentado que voltou ao trabalho, igualmente um benefício de pagamento único desaparecido em 15.4.1994 (Lei n. 8.870/94).

Capítulo 123 — Ato Institucional

Em 9.4.1964 a Junta Militar que governava o País baixou um Ato Institucional, conhecido como AI-1, demitindo trabalhadores ocupados na área do serviço público.

Em 16.5.1969, o AI-10 mandou aposentar compulsoriamente alguns servidores.

Com a Lei n. 6.683/79 foram anistiados os crimes políticos cometidos de 2.9.1961 a 15.8.1979.

Ato Institucional

No *caput* do seu art. 62, a primeira CLPS (Decreto n. 77.077/76) dizia:

> "Será devida pensão especial ao dependente do servidor público civil da administração direta ou indireta, segurado do INSS, que gozava de estabilidade, bem como ao do empregado estável de sociedade de economia mista, demitido em decorrência de ato institucional."

Questão vernacular

Impropriamente, ainda que se refira a dependentes, a CLPS chamava esse benefício de pensão. Um benefício de quem estava vivo, como observou Mozart Victor Russomano (*Comentários à Consolidação das Leis da Previdência Social*. São Paulo: Revista dos Tribunais, 1977. p. 236).

Aposentadoria pelo empregador

Vale registrar que o art. 124 da CLPS mandava aposentar o servidor autárquico e o empregado das estatais (Decreto-lei n. 290/67 e Lei n. 5.558/70), sem definição quanto à pensão por morte, no caso de falecimento desses trabalhadores.

Clientela protegida

Eram indicados como instituidores do benefício os servidores estáveis estatutários filiados ao INPS e os empregados estáveis das empresas estatais, da mesma forma vinculados à Previdência Social.

Devedor da obrigação

O INPS era o responsável pela concessão e manutenção do benefício.

A disposição não compareceu na 2ª CLPS (Decreto n. 89.312/84) e no PBPS, de certo modo sendo substituída pelos preceitos institucionais da Lei da Anistia.

Regras válidas

Embora se tratasse de uma pensão especial, de natureza política, regia-se pelas mesmas normas da pensão por morte comum, com as devidas adaptações em face de o instituidor estar vivo.

Data do início

A disposição não falava na data do início, mas remetia às regras da pensão por morte comum, logo deveria ser na DER. Configurando-se, por assim dizer, a data da demissão como sendo uma Data do Óbito, pelo menos para efeitos da prescrição das cotas de menores, incapazes e ausentes.

Data da cessação

O benefício cessava, caso o servidor instituidor viesse a exercer cargo público ou ser empregado em sociedade de economia mista. Ou, se estivesse em condições de se manter e a sua família.

Critério de reajustamento

O critério de reajustamento do benefício seguia o dos demais segurados da previdência social.

Regra de acumulação

Nos termos da letra *c* do § 2º do artigo criador do benefício, a pensão do Ato Institucional não poderia ser acumulada com vencimentos de servidor ativo, proventos de servidor aposentado ou outra pensão do Poder Público, entre as quais a do RGPS.

Exclusão do dependente

Em particular a norma excluía desse direito o dependente segurado do então INPS que recebesse benefício como servidor ou trabalhador, pois, presumidamente, tinha sua subsistência segurada.

Falecimento do titular

Falecendo o servidor instituidor desse benefício, o INSS deveria transformar a modalidade do benefício, mantendo o mesmo valor e os mesmos dependentes.

Capítulo 124 – Segurados Obrigatórios

Na previdência social as pessoas com direito à pensão por morte são os dependentes dos segurados (obrigatórios ou facultativos). Daí a relevância de saber quem são esses segurados. E também os não segurados.

O PBPS, o RPS e a IN INSS n. 45/10 arrolam os segurados obrigatórios do RGPS.

Empregado previdenciário

A descrição do empregado é praticamente a do art. 3º da CLT, com os seus defeitos e virtudes, referindo-se ao assalariado subordinado urbano-rural que presta serviços para as empresas. Se a clientela do PBPS é, de regra, da iniciativa privada, principalmente contida na ideia de *urbe* (Decreto-lei n. 5.452/43) e na *hinterland* (Lei n. 5.889/73), conclusão que decorre da menção à empresa em seu sentido amplo, não havia necessidade da referência à "natureza urbana ou rural", aliás, de demorada e difícil explicação.

O "em caráter não eventual" complica as coisas e torna necessário aclará-las: se esporádica a tarefa, e não o prestador de serviços, o exercente passa a ser o eventual. Com a definição de empregado, para os fins da legislação previdenciária, o art. 3º da CLT só tem sentido quando com aquela conflitar. Põe em realce a questão da atividade da empresa, seja a principal ou a permanente, como elemento de caracterização do trabalhador, mas nada alude à distinção entre atividade-fim e atividade-meio. A primeira pode pontuar o tipo de empresa e para qual ramo está voltada, distinguindo-se das demais, mas a segunda é comum a todos os empreendimentos e não se presta à descrição desejada. Assim, exemplificativamente, quem trabalha em limpeza (atividade-meio), em qualquer atividade empresarial, é empregado e, *a fortiori*, na empresa de limpeza (atividade-fim).

Licenciado, portanto, suspenso o contrato de trabalho, o vínculo do obreiro mantém-se como de empregado e, nessa condição, se eleito diretor de sociedade anônima, à vista do texto legal, previdenciariamente deve ser tido como empregado.

Com relativa frequência, um empregado é guindado à condição de diretor de sociedade anônima.

Diretor-delegado

Um silêncio sepulcral cobre a classificação do trabalhador, geralmente executivo, admitido para administrar sociedade por quota de responsabilidade limitada constituída por duas pessoas jurídicas (por sua vez limitadas ou não), sem ser acionista ou superior hierárquico para caracterizar subordinação funcional, às vezes designado como diretor--delegado.

Bolsista ou estagiário

Se esses estudantes não observam as regras próprias da legislação pertinente, caso do estagiário desviado do adestramento ou treinamento, ocupado em função estranha ao curso frequentado, enfim, fora das normas exigidas para tê-lo como estudante, trabalhando e aprendendo, trata-se de empregado (obviamente, quando presentes os demais elementos definidores do art. 3º da CLT).

Empregado de Conselho ou Ordem

Desde a Lei n. 5.410/68, não importando o regime jurídico-laboral, este trabalhador é classificado como empregado para fins do RGPS. Tais entidades, dada sua instituição e *modus operandi*, são de difícil classificação quanto à natureza jurídica, situando-se na zona cinzenta entre órgãos públicos e privados, embora possam ser tidas como delegações do poder estatal cometidas à iniciativa privada, e com esta última essência devem ser entendidas.

Empregado de cônjuge

É considerado empregado, quando trabalha para empresa coletiva, mas o INSS reclama demonstração robusta da prestação de serviços.

Para o Direito do Trabalho não há impedimento quanto à prestação de serviços para parentes, embora a característica nuclear da definição de empregado seja a subordinação, e por esta não estar implícita entre marido e mulher ou companheiro e companheira, precisa ser demonstrada, para fins do Direito Previdenciário.

Motorista de táxi

Em relação aos proprietários de táxis (tidos como concessionários do serviço público de transporte de passageiros) e os motoristas profissionais tem havido grande resistência por parte da administração gestora na aceitação de possível contrato de locação. A aproximação com a relação empregatícia é respeitável e, conforme o *modus operandi*, pode disfarçá-la. Não é fácil distinguir a receita entregue pelo obreiro, descontado o valor previamente avençado, com a quitação do valor locativo do veículo automotor. Mais penoso ainda é sopesar os diferentes itens presentes urdidos adrede, demonstradores da subordinação ou da independência.

Volante rurícola

O rurícola, conhecido como "boia-fria", é empregado, convindo verificar, em cada caso, para quem são prestados os seus serviços: se para o agenciador ou para o empreendedor rural. A princípio, presumidamente, é para a empresa rural, e só na circunstância de o intermediário possuir idoneidade comercial — hipótese rara — o vínculo se estabelecerá com ele.

De certa forma, a matéria foi regulamentada na Lei n. 11.718/08, ali designados como trabalhadores rurais de curta permanência.

Trabalhador temporário

O art. 11, I, *b*, do PBPS descreve o temporário como trabalhador subordinado assemelhado ao empregado, com ele frequentemente confundido. A equiparação transforma-o num segurado completo, com todos os direitos de empregado.

Doutrinariamente, é o prestador de serviços para terceiros, por prazo determinado, em substituição de pessoal regular e permanente, ou para atender a aumento extraordinário de serviços, que provém de empresa especificamente constituída para esse fim.

Apresenta características fundamentais. Para alguém ser temporário é necessário originar-se de empresa de trabalho temporário, em que cadastrado e registrado como tal. Impõe-se, pois, contrato de natureza civil entre a fornecedora e a tomadora da mão de obra em que aquela funciona como intermediadora do profissional e responsabiliza-se pelos salários e obrigações sociais daí decorrentes.

Também é significativa a transitoriedade, quer dizer, o contrato do temporário, além de especial, é por prazo determinado, não podendo ultrapassar 90 dias.

Deve influenciar a destinação dos serviços. Além de provir de empresa de trabalho temporário e de trabalhar para determinado empreendedor por prazo limitado, é imprescindível o obreiro comparecer na tomadora da mão de obra para substituir pessoal regular e permanente, isto é, ficar no lugar de empregado. A substituição se dá em virtude de férias, normais ou coletivas, ou outros eventos afastadores do empregado. Consequentemente, não é temporário quem substitui o empresário, autônomo ou avulso.

Por ocasião do acréscimo de produção, previsto ou não, em caráter excepcional quanto ao vulto, como acontece em determinadas condições específicas, opera-se o aumento extraordinário. Não se confunde com a majoração programada de produção, a qual requer crescimento do número de empregados ou de outros trabalhadores.

Empregado no exterior

O empregado brasileiro ou estrangeiro, aqui domiciliado e contratado para trabalhar no exterior a favor de empresas nacionais, é segurado obrigatório do RGPS. Isso ocorre independentemente de ele, em razão de trabalhar fora do País, eventualmente estar submetido a outro regime de previdência social.

As empresas brasileiras (ou estrangeiras) costumam enviar trabalhadores para operar fora do Brasil, em duas condições básicas: a) com rompimento do contrato de trabalho, anteriormente celebrado e b) mantendo-se o vínculo empregatício.

Na primeira hipótese, a qualidade de segurado e os direitos inerentes podem ser mantidos por meio da contribuição como facultativo, prevista no art. 13 do PBPS, praticamente sem prejuízos para o segurado, no tocante ao tempo de serviço. Na outra, assegura-se a filiação e a obrigação do desconto e da contribuição.

Empregado de missão diplomática

Sendo empregado e, portanto, segurado obrigatório, quem presta serviço no País à missão diplomática e à repartição consular ou a órgãos a elas subordinados, e até mesmo para os membros dessas entidades de representação estrangeira.

É excluído o estrangeiro sem residência fixa no Brasil e o brasileiro amparado pela legislação da Nação representada.

Empregado da União

Outro tipo de empregado é o brasileiro civil trabalhando para a União, isto é, seja por ela remunerado, admitido em organismos oficiais brasileiros ou internacionais, salvo se protegido pelo sistema próprio de previdência social do país onde sediado. Não se confunde com o equiparado o autônomo, a serviço de organismos internacionais, diretamente, sem a presença da União.

Empregado de empresa nacional no exterior

O trabalhador contratado no Brasil para trabalhar em empresa domiciliada fora do País "cuja maioria do capital votante pertença a empresa brasileira de capital nacional" deve ser tido como empregado.

Nessa hipótese, são duas empresas consideradas. Uma nacional, detendo a maioria do capital votante, e outra, estrangeira, situada no exterior, em que o brasileiro ou estrangeiro, aqui domiciliado e contratado, presta serviços.

Tanto neste quadro como no anterior, em que se cuida de sucursal ou filial de empresa nacional, sediada no exterior, não se cogita de estar ou não filiado a regime próprio de previdência social do país onde fixado o estabelecimento.

A exigência de haver a empresa nacional é para tornar possível a realização do desconto e o recolhimento das contribuições de trabalhador residente fora do Brasil.

Cargo em comissão

A Lei n. 8.647/93 deixou clara a filiação do servidor ocupante de cargo em comissão, determinando que é equiparado ao empregado para fins da previdência social.

Com vigência e eficácia a partir de 14.4.93 se criou mais um tipo de empregado: o servidor federal ocupante de cargo em comissão. Mandou-se incluir a letra *g* ao item I do art. 11: "o servidor público ocupante de cargo em comissão, sem vínculo efetivo com a União, Autarquias, inclusive em regime especial, e Fundações Públicas Federais".

Esse ocupante de cargo em comissão não pode ser confundido com o servidor da União, do Distrito Federal, dos Estados e, principalmente, dos Municípios sem regime próprio de previdência social, aludidos no art. 13 do PCSS. Este último é celetista ou estatutário, vinculado à administração pública, beneficiando-se do disposto no art. 40 da Constituição Federal.

Inexistente regime próprio, *a contrario sensu* do art. 13, tornam-se segurados obrigatórios, incorporando-se ao regime especial contido no RGPS.

O servidor ocupante de cargo em comissão sem vínculo efetivo, contribuindo para o RGPS, dele faz parte nas mesmas condições dos demais segurados, equiparando-se ao empregado regido pelo art. 3º da CLT, para fins de contribuição e benefícios.

Exercente de mandato eletivo

A Lei n. 9.506/97 especificou que o exercente de mandato eletivo federal, estadual ou municipal, se não filiado a regime próprio, pertence ao RGPS. À vista da EC n. 20/98, a Lei n. 10.887/04 alterou o art. 12 do PCSS e este art. 11 do PBPS, acrescentando-lhe uma letra *j* com a intenção de configurar os ocupantes de cargos eletivos como segurados obrigatórios do RGPS, pelo menos desde sua vigência.

Empregado de organismo internacional

A Lei n. 9.876/99 transportou o empregado de organismo oficial internacional ou estrangeiro em funcionamento no Brasil da condição de equiparado ao autônomo para a de empregado.

Empregado doméstico

O conceito de doméstico é praticamente o mesmo da Lei n. 5.859/72 e do Decreto n. 71.885/73. Remanescem dúvidas quanto à situação dos prestadores de serviços a várias pessoas ou famílias (caso da diarista ou do vigilante de residências, insitamente domésticos, mas inscritos como autônomos em face da pulverização do vínculo laboral) e ainda no tocante a parentes.

Um doméstico é a pessoa remunerada por indivíduos ou famílias, pela prestação de serviços contínuos não econômicos.

Assemelhado ao empregado da CLT, ele apresenta pessoalidade, onerosidade, continuidade do trabalho destinado à pessoa ou à família, mas a atividade não há de ser econômica.

São fundamentais a remuneração e a submissão nessa relação jurídica; por isso o agregado ou parente não é doméstico (mas, em cada caso, não é fácil distingui-los).

No lar existem serviços permanentes e ocasionais: quem presta serviços eventuais é titular de firma individual (empresário), autônomo ou eventual, cooperado, ou empregado de empresa, mas não doméstico.

As tarefas têm de ser destinadas à pessoa ou família, pouco importando serem executados no âmbito residencial destas.

Previdenciariamente falando, uma "república" de estudantes é uma família. Cada um dos membros condôminos responde pelas obrigações assumidas em relação ao doméstico. A CTPS deve ser assinada por um dos componentes ou por todos eles; a responsabilidade é da coletividade.

Se alguém presta serviços continuamente para um doméstico, cumprindo os requisitos do trabalho definidos na Lei n. 5.859/72, é igualmente doméstico.

O caseiro de chácara de lazer é doméstico. Enquanto a produção agropecuária da propriedade não tiver expressão pecuniária e se destinar ao lazer, ao consumo da família ou do conjunto de proprietários, não caracterizado o regime de economia familiar, ele continuará doméstico.

Se passar disso ele se tornará o empregado regido pela Lei n. 5.889/73. O piloto de aeronave ou embarcação destinada a uso familiar é doméstico. Tais veículos são extensões da residência do proprietário.

Diarista

Diarista é autônomo e não um empregado doméstico.

Empresário urbano e rural

Diferentemente da CLPS, atribuindo título ao antigo empregador, no inciso V, *f*, é apontado o empresário, designação superior à anterior. Existem empreendedores sem empregados classificáveis como segurados obrigatórios. O rol é extenso:

Titular de firma individual

Firma individual é a empresa, geralmente de pequeno porte, de propriedade de uma só pessoa. A razão social ou firma assume o nome do proprietário. O titular é o único responsável, segundo o Direito Comercial.

Curiosamente chamada de "sociedade de um sócio só", é geralmente destinada à prestação de pequenos serviços. Nela, de certa forma, confunde-se a pessoa física com a jurídica.

Em relação ao titular de firma individual, subsiste a presunção jurídica de prestar serviços à empresa titulada, por isso dispensável a retirada *pro labore* na contabilidade para configurá-lo como segurado obrigatório.

Sócio-gerente

Sócio-gerente, previdenciariamente, é o principal sócio na sociedade por cotas de responsabilidade limitada; quem, juntamente com o cotista, compõe o capital social, presta serviços de gerência, tal qual o titular de firma individual.

Não é necessária a percepção de retirada *pro labore* para ele ser tido como empresário, pois o seu trabalho é presumido. Se não gerencia (trabalha), participando apenas da constituição do capital, independentemente do constante no contrato social, não é sócio-gerente, mas apenas sócio-cotista.

Sócio-cotista

Na mesma sociedade por cotas de responsabilidade limitada, o sócio-cotista entra apenas com o capital, participando, no final do exercício, do lucro do empreendimento. A princípio, não opera, mas, pouco importando o disposto no contrato social, se o fizer, dividirá a gerência com o sócio-gerente.

Desse sócio-cotista, para ser segurado obrigatório, exige-se a retirada *pro labore*, a qual presume o seu trabalho na empresa. Não é a remuneração a razão de fazê-lo empresário, mas, sim, o trabalho e a filiação. Havendo labor comprovado, o sócio-cotista, mesmo sem retirada consignada na contabilidade, ainda assim é segurado obrigatório. Ao contrário, se o sócio-gerente não labora, mesmo efetivada a dita retirada, não está filiado nem deve ser inscrito.

Sócio solidário

É quem faz parte da sociedade em nome coletivo, em que todos os sócios respondem pelas obrigações sociais, de forma solidária e ilimitada (art. 315 do Código Comercial).

Sócio de indústria

Na sociedade de capital e indústria, disciplinada no arts. 317/24 do Código Comercial, um dos sócios entra com o capital e o outro com o trabalho, historicamente designado por "indústria". Há grande semelhança entre essa sociedade e a limitada. O sócio de indústria é o sócio-gerente, enquanto o sócio capitalista é o sócio-cotista.

Diretor de sociedade anônima

As sociedades anônimas são integradas por sócios, cada um deles entrando com número variável de cotas de igual valor, respondendo apenas pela importância por essas frações representadas, sendo chamados de acionistas. As partes são as ações.

Tais empreendimentos são administrados por uma diretoria (ou presidência) e, de acordo com a Lei n. 6.404/76, a direção e o Conselho Fiscal são os seus órgãos sociais. Na administração, atuam os diretores.

Diretor de sociedade anônima é pessoa eleita em Assembleia Geral para compor a diretoria, em que exerce o cargo de comando geral da empresa.

Conselho de Administração

A mesma Lei n. 6.404/76 prevê a hipótese de a administração superior das sociedades anônimas servir-se de um Conselho de Administração, órgão colegiado de deliberação, composto de, no mínimo, três membros.

Tais pessoas são eleitas pela Assembleia Geral (e por ela destituíveis) para compor esse Conselho, exercendo funções ligadas à administração.

Dirigente estatal

Dirigente estatal é o ocupante de cargo de direção nas fundações, empresas públicas e sociedades de economia mista, enquanto empresas governamentais (da administração indireta).

Diretor de cooperativa

A cooperativa é forma de sociedade, composta de cooperados. Possui órgão dirigente igual à sociedade anônima, normalmente integrada por cooperados.

Se os diretores auferem retribuição pela gerência, não presumido o seu trabalho, tornam-se segurados obrigatórios na condição de empresários.

Dirigente de fundações

No Direito Administrativo brasileiro existem dois tipos de fundação: a) de direito privado e b) de direito público. As de direito público são federais, estaduais e municipais. Não importando a modalidade, são empresas, e seus diretores ou dirigentes, empresários.

Dirigente de associações e entidades

Associações são empreendimentos coletivos nos quais um número elevado de cidadãos se reúne para um fim geralmente não comercial nem industrial ou rural, caso das entidades recreativas, políticas, sociais, filantrópicas etc., sem fins lucrativos.

Tais corporações são dirigidas por uma diretoria, sem presunção de retribuição, tanto quanto os dirigentes de cooperativas. Ocorrendo remuneração em favor de tais diretores, eles são empresários.

Gestores de órgãos sindicais

São múltiplos os órgãos dirigentes. Podem ser urbanos ou rurais, subdividindo-se, cada um, ainda, em categorias profissionais ou patronais. Os níveis também são diferenciados, podendo ser regionais (sindicatos), estaduais (federações) ou nacionais (confederações).

Os seus membros são segurados obrigatórios, devendo contribuir durante o exercício de tais atividades, e, se for o caso, percebendo remuneração da empresa de origem, também ali contribuírem.

Órgãos colegiados jurisdicionais

Nas áreas trabalhistas e previdenciárias, e em outros segmentos, subsistem organismos colegiados judiciais ou administrativos, organizados paritariamente, de representantes classistas. Dá-se exemplo com as antigas JCJ, da Justiça do Trabalho, e com as JRPS e CAJ do CRPS.

As JRPS e CAJ são órgãos colegiados de controle jurisdicional administrativo da Previdência Social (Portaria MPS n. 548/11). Além do presidente e mais um representante do governo federal, são constituídas de dois representantes classistas, um das empresas e o outro, dos segurados.

Gestores de EAPC

Os diretores de entidades fechadas de previdência complementar são contribuintes individuais.

Órgãos de controle do exercício profissional

Certas categorias de profissionais, mormente a dos liberais (médico, advogado, engenheiro etc.), pela importância do exercício de suas atividades, são mais bem controladas por órgãos superiores, instituídos por lei, como exemplo o CFM, a OAB e o CFA, tidos como autarquias.

Se a administração é remunerada, seus membros são segurados obrigatórios, na condição de contribuintes individuais.

Empresários rurais

Não há distinção entre empresário urbano ou rural nem mesmo em relação às empresas, mas a lei previdenciária mais recente estabeleceu algumas diferenças quanto às obrigações fiscais e, assim, existiria um empresário produtor rural pessoa física e um empresário produtor rural pessoa jurídica, com as mesmas características até aqui apontadas, em todos os casos como contribuintes individuais (Lei n. 9.876/99).

Síndico ou administrador

O síndico ou administrador condominial foi considerado contribuinte individual pela Lei n. 9.876/99, enquadrando-se, didaticamente, como verdadeiro equiparado ao empresário.

Empresários de fato

Empresário de fato é o proprietário de fato de empresa de direito ou sócio de fato em sociedade de direito, pessoas com todas as características do empresário, com a situação cível não regularizada.

O empresário de fato está na situação de filiado, e não na de inscrito, e, assim, tem dificuldades para exercer os seus direitos em razão da falta da inscrição.

Trabalhador eventual

O eventual, pessoa dependente, não tem profissão definida ou está adestrando-se antes de dominá-la, e presta serviços subordinadamente para as empresas, sem chegar a ser empregado. Deste se distingue por trabalhar em função ocasional, serviço não permanente, em tarefa esporádica. O segundo, um profissional, possui independência, isto é, opera por conta própria.

Definir eventual é tarefa árdua e, a partir da Lei n. 5.890/73, a primeira norma a equipará-lo a autônomo, tornou-o praticamente um autônomo não inscrito, quase uma inutilidade. O legislador de 1991 desceu a níveis insuspeitáveis de insuficiência técnica e o considera um prestador de serviços, "em caráter eventual, a uma ou mais empresas, sem relação de emprego".

A rigor, a oração é precária e pouco esclarecedora: 1) "quem presta serviço" é designação comum a todos os trabalhadores; 2) a referência aos semicírculos urbano e rural é despicienda; com ela ou sem ela nada se caracteriza; 3) o "em caráter eventual" é impropriedade, mesmo à vista do conceito de não eventual do art. 9º, § 4º, do RPS; é tautologia pretender-se definir o eventual com a palavra "eventual", pior ainda não deixando bem claro se essa ocasionalidade diz respeito ao trabalhador (*sic*) ou à tarefa (*sic*); 4) a multiplicidade de empresas não é própria desse obreiro; se ele se multiplica, torna-se praticamente um profissional, um autônomo; 5) "sem relação de emprego" é truísmo desnecessário.

Trabalhador autônomo

O autônomo trabalha por conta própria. Prestador independente de serviços, geralmente um profissional, exercita habitualmente atividade remunerada para terceiros, pessoas físicas ou jurídicas, assumindo os riscos inerentes à sua execução.

Um contrato estabelecido com pessoas ou empresas é nitidamente civil; não é laboral. O importante nessa relação é a tarefa ajustada em si ou a outra, enfim, o resultado do trabalho.

Assemelha-se ao titular de firma individual de pequeno porte. Tem reduzido estabelecimento (podendo ser móvel), administra empreendimento de vulto mínimo e arca com os imprevistos específicos de seu labor.

É dito profissional, isto é, detém profissão, domina a técnica, conhece uma arte ou efetiva prática operativa, por meio da qual obtém os meios de subsistência e se realiza como ser humano e membro da sociedade. Autônomo porque frequentemente e por sua conta exerce atividade profissional, repete-se. Tal construção guarda suas principais características, avulta a dinâmica do esforço individual e não olvida a condição não amadorística, sem falar no essencial, a assunção de riscos específicos e o trabalho não subordinado.

Para a Lei n. 8.213/91, é: "pessoa física que exerce, por conta própria, atividade econômica de natureza urbana, com fins lucrativos ou não" (art. 11, V, *h*) e descrito depois do eventual (art. 11, V, *g*).

O RPS, no art. 9º, § 15, fornece inúmeros exemplos de autônomo: a) condutor autônomo de veículos rodoviários; b) auxiliar de condutor autônomo de veículos rodoviários (Lei n. 6.094/74); c) comerciante ambulante (Lei n. 6.586/78); d) trabalhador associado à cooperativa de trabalho prestando serviços a terceiros; e) membro do Conselho Fiscal de sociedade anônima; f) quem presta serviços não contínuos a família (possivelmente, a faxineira e o vigilante de ruas); g) notário, tabelião ou oficial de registros; h) feirante-comerciante; i) edificador de obra de construção civil (*sic*); j) médico-residente (Leis ns. 6.932/81); k) pescador em regime de parceria; l) incorporador de imóveis (Lei n. 4.591/64); m) bolsista da Fundação Habitacional do Exército (Lei n. 6.855/80); e n) árbitro e seus auxiliares (Lei n. 9.615/98).

Uma pessoa física não se confunde com jurídica, embora não seja fácil distingui-la, como asseverado, do titular de firma individual de pequeno porte. Tem capacidade física e jurídica para o exercício de sua profissão. Dentro dessa capacidade compreende-se a idade mínima de 16 anos para a habilitação profissional, especialmente no tocante às ocupações regulamentadas.

A lei revogada considerava como equiparado ao autônomo: 1) produtor rural pessoa física; 2) eclesiástico; 3) empregado de organismo oficial internacional; e 4) brasileiro civil trabalhando no exterior para organismo oficial internacional.

No inciso V descrevia os equiparados. Pessoas, por sua natureza, não autônomas. Esses trabalhadores filiavam-se, inscreviam-se e contribuíam como autônomos, na escala de salários-base do art. 29 do PCSS, sem o ser. Se fossem, não haveria necessidade de equipará-los.

Produtor rural pessoa física

O produtor rural pessoa física é empreendedor equiparado a autônomo, um pequeno produtor, praticamente o segurado especial referido no inciso VII, com a particularidade de contratar terceiros para ajudá-lo. A partir de 23.12.92, por força da Lei n. 8.540/92, a redação passou a ser: "a pessoa física, proprietária ou não, que explora atividade agropecuária ou pesqueira, em caráter permanente ou temporário, diretamente ou por intermédio de prepostos e com auxílio de empregados, utilizados a qualquer título, ainda que de forma não contínua".

Garimpeiro

Garimpeiro é outro pequeno empreendedor excluído do âmbito rural por não estar ocupado na exploração agropecuária e com nova redação: "a pessoa física, proprietária ou não, que explora atividade de extração mineral — garimpo — em caráter permanente ou temporário, diretamente ou por intermédio de prepostos e com auxílio de empregados, utilizados a qualquer título ainda que de forma não contínua".

Eclesiástico

Eclesiástico, não obstante a referência expressa no art. 143, § 2º, da Constituição Federal, é um segurado sem definição na LOPS, na CLPS ou no PBPS. Quiçá na Lei n. 6.696/79, a primeira norma a considerá-lo um segurado obrigatório.

De modo geral, a descrição pode ser encontrada na Portaria MPAS n. 1.984/80: "aqueles que consagram sua vida ao serviço de Deus e do próximo, com ou sem ordenação, dedicando-se ao anúncio de suas respectivas doutrinas e crenças, à celebração dos cultos próprios, à organização das comunidades e à promoção de observância das normas estabelecidas, desde que devidamente aprovados para o exercício de suas funções pela autoridade religiosa competente".

Empregado de organismo oficial internacional

O empregado de organismo oficial internacional ou estrangeiro em funcionamento no Brasil é o prestador de serviços para entidades do tipo ONU, não filiado a outro regime de previdência social, geralmente do órgão ou país de origem.

Prestador de serviços no exterior

Prestador de serviços no exterior para organismo oficial internacional é o civil trabalhando para órgãos internacionais, salvo se protegido pela previdência social do país do domicílio.

Avulso

Avulso é um trabalhador, vinculado ou não a sindicato intermediador de mão de obra, que presta serviços a diversas empresas. Usualmente tarefas portuárias, principalmente de carga e descarga de mercadorias transportadas por navios nacionais ou estrangeiros.

O conceito da lei é bastante singelo: "quem presta, a diversas empresas, sem vínculo empregatício, serviços de natureza urbana ou rural definidos no regulamento".

São suas principais características: a) liberdade laboral — inexiste vínculo empregatício entre eles e o sindicato ou com o armador (proprietário do veículo transportador); b) prestação de serviços para mais de uma empresa, bastante comum no caso do portuário, e dada a natureza do meio de transporte; c) execução de serviços não eventuais às empresas tomadoras de mão de obra, sem subordinação a elas; d) trabalho para terceiros com mediação de entidades representativas ou não; e e) exclusividade na execução de atividades portuárias.

Trabalhador em bloco

Um grupo particular desses segurados obrigatórios são os trabalhadores do bloco, reunidos no cais do porto por um líder que recebe o pagamento do serviço prestado e o distribui ao final de cada tarefa (limpeza dos navios, pintura, retirada dos frutos do mar que aderem ao casco do navio).

Médico-residente

O médico-residente é objeto das Leis ns. 6.932/81, 7.217/84, 8.138/90 e outras mais que tratam esse estágio diferenciado em relação à Lei n. 11.788/08.

Pescador artesanal

O pescador pode ser localizado no Decreto-lei n. 3.832/41, no Decreto n. 71.498/72 e na Lei n. 7.356/85.

Tratorista rural

O tratorista rural vem regrado desde a Lei n. 1.824/53. O garimpeiro foi excluído do conceito de segurado especial por força da Lei n. 8.398/92. Compareceu no Decreto n. 75.208/75.

Feirante-comerciante

A Portaria SPS n. 112/73 e a Resolução CD/DNPS n. 118/71 trataram do feirante--comerciante.

Oleiro

O oleiro está desenhado no despacho da Secretaria de Previdência Social de 1º.9.1972.

Seringueiro

A Resolução CD/DNPS n. 442/68 cuidou do seringueiro, do marisqueiro e do faiscador.

Capítulo 125 – Segurados Especiais

Os segurados especiais constituem um universo paralelo no Direito Previdenciário. Para se ter uma ideia de sua importância, eles foram citados expressamente na Constituição Federal.

Conceito mínimo

É pequeno proprietário ou não, autônomo, e prestador de serviços rurais e na pesca, trabalhando individualmente ou em regime de economia familiar, sem o concurso de empregados, conforme a Lei Maior, ou sem a ajuda de terceiros. A maioria envolvida com o Direito Agrário.

Produtor

É o empreendedor de atividade econômica em propriedade rural. Para o art. 48, § 3º, do Decreto n. 53.154/63 era "toda pessoa física ou jurídica, proprietária ou não, que explora atividades agrícolas, pastoris ou na indústria rural, em caráter temporário ou permanente ou através de prepostos".

Um dos poucos conceitos legais, aliás, inteiramente superado pelo da Lei n. 8.213/91.

Parceiro

O parceiro celebra contrato de parceria com o proprietário da terra e desenvolve exploração agropecuária, dividindo os lucros conforme o ajuste. O contrato de parceria não se confunde com o de emprego, embora, muitas vezes, após reclamação trabalhista, este último emerja do exame de matéria fática.

Meeiro

Ele celebra um contrato de meação com o proprietário da terra e, da mesma forma, empreende atividade agropecuária, partilhando os rendimentos auferidos. Uma meação é variação do contrato de parceria, em que cada um dos meeiros tem direito à meação.

Arrendatário

O arrendatário obtém o uso da propriedade por meio de aluguel pago ao proprietário do imóvel rural. O valor da locação pode ser *in natura*, distinguindo-se da parceria ou meação em razão da inexistência de riscos para o dono da área rural.

Pescador artesanal

Pesca, utilizando-se de recursos precários e próprios da economia de subsistência. A embarcação não pode ultrapassar duas toneladas brutas. A ON SPS n. 2/94 impõe a matrícula na Capitania dos Portos ou no IBAMA.

São assemelhados ao pescador artesanal o mariscador ou marisqueiro, o caranguejeiro, o eviscerador de pescado, o observador de cardume, o pescador de tartarugas, o catador de algas.

Lei n. 11.718/08

O segurado especial, quem não é, e quem perde essa condição jurídica, foi extensivamente mais explicitado na Lei n. 11.718/08, com mais informações colhidas no Decreto n. 6.722/08. O curto texto original do inciso VII do art. 11 do PBPS, em sua redação original, foi bastante ampliado tornando difícil sistematizar estes comentários.

Regime de economia familiar

No § 1º do inciso VII, a Lei n. 8.213/91 fornece um conceito legal do regime de economia familiar: "a atividade em que o trabalho dos membros da família é indispensável à própria subsistência e é exercido em condições de mútua dependência e colaboração, sem a utilização de empregados".

A Lei n. 11.718/08 indica ser: "A pessoa física residente no imóvel rural ou em aglomerado urbano ou rural próxima a ele que, individualmente ou em regime de economia familiar, ainda que com o auxílio eventual de terceiros, na condição de: ...".

Contratação de terceiros

Não faz parte do conceito de segurado especial contratar terceiros. O *caput* fala na eventualidade de terceiros ajudá-lo. Ocorre que esse é um fenômeno mais comum do que se pensa, especialmente na semeadura ou na colheita.

Alterando, pois, a fortaleza do conceito inicial, o § 7º admite, por prazo determinado à ajuda de empregados, possivelmente contratados informalmente.

Aposentados

A Lei n. 9.032/95 acrescentou um § 3º ao art. 11 com a seguinte redação:

> "O aposentado pelo Regime Geral de Previdência Social — RGPS que estiver exercendo ou voltar a exercer atividade abrangida por este Regime é segurado obrigatório em relação a essa atividade, ficando sujeito às contribuições de que trata a Lei n. 8.212, de 24 jul. 1991, para fins de custeio da Seguridade Social."

Dirigente sindical

O dirigente sindical, nos termos do § 4º, no curso do seu mandato eletivo, mantém o enquadramento de antes da investidura. Se era empregado, fica como empregado; se autônomo ou empresário, absorve essa condição de contribuinte individual (Lei n. 9.528/97).

Agentes políticos

O § 5º tem o ocupante de cargo de Ministro de Estado, Secretário Estadual, Municipal ou Distrital previdenciariamente como se fosse empregado. Esses agentes públicos nessa condição, não tidos como servidores, geralmente desfrutam de uma condição definida: ou são servidores, portanto filiados a um RRPS, ou são empregados, autônomo ou empresário, filiados ao RGPS. O ente político que os admite, quando for o caso, deve descontar e recolher a parte patronal da contribuição.

Capítulo 126 – Segurados Facultativos

A condição jurídica dos facultativos interessa à pensão por morte na medida em que muitos segurados obrigatórios perdem essa condição, e se veem obrigados a se filiarem como facultativos para manter os direitos e, em algum momento, auferirem um benefício. Caso faleçam antes disso geram uma situação distinta porque não são mais trabalhadores.

Posição constitucional

Até o advento da EC n. 20/98, o art. 201, § 1º, da Constituição Federal dizia:

> "Qualquer pessoa poderá participar dos benefícios da previdência social, mediante contribuição na forma dos planos previdenciários."

Por outro lado, após a referida mudança, reza o § 5º do mesmo artigo:

> "É vedada a filiação ao regime geral da previdência social, na qualidade de segurado facultativo, de pessoa participante de regime próprio de previdência."

Evolução histórica

O facultativo, juntamente com o segurado especial, substituiu o contribuinte em dobro, perdendo as características anteriores. Sua função, porém, é mais ampla; abrange o anterior tipo de contribuição não obrigatória e estende-se a qualquer indivíduo nunca filiado. Qualquer pessoa é a não segurada obrigatória. Salvo para o referido segurado especial, as duas condições excluem-se.

Fato gerador

A base material da filiação do facultativo é a vontade de ingressar no RGPS ou de nele permanecer.

Início da filiação

O início da filiação do facultativo dá-se com a exteriorização do desejo de se filiar e, consequentemente, de aportar, a contribuição valendo como demonstração da vontade; a exação fiscal tem como pressuposto material a inscrição no INSS.

Diferentemente do art. 9º da CLPS, não há prazo, contado da cessação da atividade, para o início da contribuição como facultativo e, assim, mesmo se a inscrição for feita após a perda da qualidade de segurado, os meses relativos à contribuição serão considerados para todos os fins.

Os arts. 25, § 1º, e 21 do PCSS excepcionam o *in fine* do art. 13 e, assim, o produtor, o parceiro, o meeiro, o arrendatário rural, o pescador artesanal e os assemelhados podem inscrever-se como facultativos.

A informação de que o tempo de contribuição não conta para os fins dos benefícios defluia da versão original do art. 55, III, do PBPS. Ao contrário, e corrigindo este dispositivo, o art. 58, VI, do RBPS mandou contar o "período de contribuição efetuado como segurado facultativo". Igual se vê na Lei n. 9.032/95.

Qualidade de segurado

Trata-se de segurado atípico, com qualidade de segurado como qualquer outro, mantida por 12 meses (PBPS, art. 15, VI) mais 45 dias (§ 4º) e com quase todos os direitos. Na verdade, 12 meses e 15 dias.

Diferentemente do disposto no art. 9º da CLPS, ele pode deixar de contribuir, afastando-se do regime previdenciário a qualquer momento e a ele voltar, sem necessidade de recolher certas contribuições não recolhidas (exceto os períodos inferiores aos aludidos 12 meses e 15 dias).

O artigo disciplina a figura do facultativo, abrangendo, como dito, o antigo contribuinte em dobro e o segurado especial do art. 11, VII, bem como e especialmente qualquer pessoa não segurada obrigatória ingressando nos planos previdenciários.

Contribuinte em dobro

O contribuinte em dobro, cuja identidade desapareceu em 1991, era um trabalhador que, após a cessação da atividade, desejasse manter a qualidade de segurado, conservando a filiação por vontade própria e assegurando indefinidamente e enquanto contribuinte a dita qualidade e, com ela, os direitos inerentes, além de contar o tempo correspondente. Tal cômputo foi originalmente autorizado pela Lei n. 5.610/70.

Filiação e inscrição

Para o facultativo, coincide a data da inscrição com a da filiação, ambas contadas da inscrição no INSS. Nesse momento, para tornar efetiva a volição de filiar-se, o segurado deve fazer o primeiro recolhimento, coincidindo o mês da competência com o pagamento. A partir da data do desembolso dessa primeira contribuição, inicia-se a filiação e a inscrição.

Clientela dos facultativos

A clientela de tais segurados é vasta: a) qualquer pessoa não exercente de atividade remunerada descrita no art. 11; b) quem deixar de exercer atividade submetida à filiação obrigatória; c) dona de casa; d) síndico de condomínio quando não remunerado; e) estudante; f) brasileiro residente no exterior; g) brasileiro acompanhando cônjuge que trabalha no exterior; h) bolsista e estagiário, aludidos na Lei n. 6.494/77 ou bolsista durante curso de especialização, pós-graduação, mestrado ou doutorado; i) membro de conselho tutelar de que fala o art. 132 da Lei n. 8.069/90, quando não vinculado a qualquer regime de previdência social; j) presidiário que não exerça atividade remunerada nem esteja vinculado a qualquer regime de previdência social; k) brasileiro residente ou domiciliado no exterior, salvo se filiado a regime previdenciário de país com o qual o Brasil mantenha Acordo Internacional; l) estagiário da Lei n. 11.788/08; e m) categorias excluídas da previdência social (uma classificação de segurados da previdência social).

A filiação do facultativo residente no exterior foi regulamentada pela Portaria MPAS n. 4.198/97.

Em seu art. 15, VI, referindo-se à manutenção da qualidade de segurado, independentemente de contribuições e da fruição de benefício, o PBPS diz: "até 6 (seis) meses após a cessação das contribuições, o segurado facultativo". Com a IN INSS n. 29/08, os seis meses transformaram-se em 12 meses.

Por contribuições — operando o legislador com a regra, quando não disciplina a exceção — há de se entender as regulares, isto é, as mensais e consecutivas. Assim, combinando-se esse comando com o disposto no § 4º do mesmo artigo, a perda da qualidade de segurado do facultativo, de ordinário, ocorre após 12 meses e 15 dias. De ordinário, porque o recolhimento até o dia 15 deverá ser antecipado para o dia útil imediatamente anterior, caso não haja expediente bancário.

Conceito mínimo

O conceito de facultativo é amplo e sua substância depende da vontade do indivíduo. Qualquer pessoa não filiada obrigatoriamente ao RGPS, maior de 14 anos, pode filiar-se à previdência social e recolher contribuições mensais. Tudo isso com vista aos benefícios cujos requisitos possa futuramente preencher. Até mesmo o doente, incapaz para o trabalho, recebendo ou não benefício. Se estiver auferindo prestação continuada, o pagamento será inútil, pois o tempo é computado sem contribuição e serve como base de cálculo para outros benefícios (como definido na lei).

De sua natureza resulta poder a pessoa ingressar e afastar-se do RGPS quando desejar, para isso servindo-se do recolhimento das contribuições. A filiação dá-se com a inscrição, aperfeiçoada pela quitação da exação, e o afastamento ocorre por cessação das cotizações.

A ideia de facultativo e o prazo de manutenção da qualidade a ele atribuído fazem nascer dúvida não solvida pela legislação: a) o segurado sem recolher há certo tempo demonstra a volição de abandonar a Previdência Social ou simplesmente é inadimplente?; b) se não manifesta por escrito, de alguma forma, ao INSS, a condição a ser assumida, como resolver o problema?; c) pode/deve ou não recolher as contribuições relativas ao período descoberto?

Sendo certo, por ocasião do início da filiação, surgir a faculdade de contribuir somente a partir de sua manifestação (inscrição e primeiro desembolso), e caso seja, portanto, impedido de recolher contribuições pretéritas (inteligência da doutrina acolhida pela autarquia gestora), devem ser sopesadas duas situações básicas: a) período compreendido dentro dos 12 meses e 15 dias e b) período superior a esse lapso de tempo.

No primeiro caso, mantida a qualidade de segurado, ocorrendo atraso é devedor e está obrigado a atualizar as contribuições atrasadas, caso venha a recolher a primeira e nova contribuição. Deve e pode contribuir em relação ao passado recente.

Na segunda hipótese, tendo deixado perder a qualidade de segurado, demonstrou não querer permanecer no seio da previdência social. Mudando de ideia, trata-se de nova filiação, retorno ao RGPS, operando-se a partir da exteriorização da vontade. Nem mesmo aos primeiros 12 meses e 15 dias estará obrigado.

Diz o Enunciado CRPS n. 6:

> "O ingresso do segurado em regime próprio de previdência social pelo mesmo emprego, importa a sua exclusão automática da Previdência Social para o qual não pode contribuir como facultativo."

No dizer do CRPS, se o celetista tem o seu regime jurídico laboral transformado em estatutário, no qual será securitariamente protegido, ele não pode manter aquela anterior situação por meio da contribuição facultativa, mas, inocorrente possibilidade de o servidor também se inscrever, o ditame se torna inócuo.

Esse discurso constitucional obstando a filiação, como facultativo, do filiado a regime próprio (deste excluído o RGPS), é destituído de sentido, pois o sistema nacional de proteção social admite, com tranquilidade, duas filiações, as contribuições e as prestações correspondentes.

O art. 11, § 2º, do RPS, repetindo o texto da Carta Magna, admite essa filiação no caso "de afastamento sem vencimento e desde que não permitida, nesta condição, contribuição ao respectivo regime próprio".

Impossibilidade de dupla filiação

O Enunciado CRPS n. 6, intrigante entendimento, que encontrou ressonância na EC n. 20/98, deixou a Portaria MTPS n. 3.286/73 e alçou-se ao nível constitucional (com redação distinta da sua versão administrativa). Em linhas gerais diz que quem participa de um RPPS não se filiará como segurado facultativo no RGPS (*sic*).

À evidência, trata-se de uma excrescência inesperada; o tema não é matéria para a Carta Magna. Ali deve ter sido contemplado pela inexplicável insistência de um preocupado observador da previdência social.

Servidor facultativo

As normas sobre o serviço público jamais admitiram uma figura semelhante nos RPPS; logo, nenhuma pessoa consegue manter a qualidade de segurado de servidor após a demissão.

Facultativo complementar

Conhecido como autopatrocinado, essa possibilidade técnica também tem existência na previdência complementar. E continuará existindo na EFPC pública.

Tal impedimento institucional convencionado historicamente deve-se ao anacronismo que erode o Direito Previdenciário. Em algum momento, antes que a instituição fosse proletarizada, os benefícios previdenciários dos servidores premiavam sua dedicação ao serviço público.

Análise do Enunciado

Tendo em vista que o antigo entendimento do CRPS se referia a alguém que estava filiado ao RGPS (por conta do seu trabalho, aliás, denominado de "mesmo emprego") e que passou à condição de filiado a um RPPS — como aconteceu com o regime único municipal e os empregados do Banco Central S.A. — ele era absolutamente correto; ninguém pertence a dois regimes previdenciários em decorrência da mesma base de filiação.

O Enunciado não estava dizendo que alguém filiado a um RPPS e ao RGPS, deixando a iniciativa privada, esteja impedido de recolher como contribuinte em dobro, mas o art. 201, § 5º, da Carta Magna, infelizmente fixa exatamente isso.

Enquanto existiu o contribuinte em dobro (até 24.7.91) a filiação facultativa só era possível ao ex-segurado. Ninguém tinha permissão para iniciar-se na previdência social como dobrista. A partir de 24.7.91, com o PCSS e o PBPS vigendo, um segurado então maior de 14 anos que nunca trabalhou, sequer ingressou no regime como facultativo.

Base da filiação

A base material dessa filiação é a volição de entronizar-se na previdência social. Seu início dá-se com a exteriorização do desejo de se filiar e, consequentemente, de contribuir, o pagamento da contribuição valendo como demonstração desse *animus*.

Este último ato tem como pressuposto a inscrição promovida junto ao órgão gestor. Pode acontecer no dia seguinte ao fim do contrato de emprego ou do exercício de atividade (ou, após, a qualquer tempo).

Natureza da relação

Trata-se de contribuinte atípico, como qualquer outro com a qualidade mantida por 12 meses após a cessação das contribuições, com todos os direitos ínsitos ao não exercente de atividades: computa tempo de filiação e de contribuição. O legislador o tem como exceção, pensando ser provisória a sua situação, mas resta óbvia a impropriedade atuarial, vertendo dos 16 aos 46 anos e pagando 20% do salário-mínimo, a mulher aposenta-se por tempo de contribuição e receberá, para o resto da vida (cerca de 40 anos), o salário-mínimo.

Diferentemente do passado, desde 25.7.1991, o facultativo deixa de contribuir, afastando-se do RGPS, a qualquer momento e a ele retornar sem a imperiosa necessidade de recolher as contribuições pretéritas. Mas se o período de mora for superior ao da manutenção da qualidade, não poderá pagar os atrasados.

Maiores de 16 anos

Homem ou mulher, com mais de 16 anos pode filiar-se, bastando para isso promover a inscrição e recolher as contribuições com base num valor declarado (Decreto n. 3.265/99).

À exceção da prova da atividade, desnecessária *in casu*, a partir de 25.7.1991, tal situação segue as regras dos contribuintes individuais.

Ex-segurado obrigatório

Quem deixou de ser segurado obrigatório, em qualquer das categorias, logo após a cessação da atividade (no dia seguinte) e sem prazo, mesmo durante o pedido de manutenção da qualidade pode inscrever-se como facultativo.

Se o rompimento do contrato (servidor, empregado, temporário, doméstico, avulso), de prestação de serviço (autônomo ou eventual) ou de sociedade (empresário) está sendo discutida na Justiça, é mantida a qualidade de segurado.

Querendo o segurado computar o tempo de serviço correspondente ele precisa aportar como facultativo.

Às vezes, em certas circunstâncias incomuns, o segurado trabalhou (filiou-se) e recolheu contribuições, normalmente como segurado obrigatório, mas não consegue provar o labor (base da filiação). Operados os reparos formais e pecuniários necessários, as cotizações podem ser tidas como de um facultativo.

A referência ao mesmo emprego no Enunciado, objeto do Prejulgado anteriormente citado, induziu o CRPS ao equívoco. A partir de 24.7.1991, qualquer pessoa, mesmo nunca tendo sido segurada pode iniciar-se como contribuinte. Lá, cuidava-se de outra situação: de quem, em razão do mesmo emprego, antes submetido ao RGPS, transformou-se em estatuário obrigando-se a regime próprio.

Assim, diferentemente do referido Enunciado, independente de sua filiação obrigatória a regime próprio, até 15.12.1998, não há impedimento legal de o servidor público filiar-se facultativamente ao RGPS. Com a EC n. 20/98 e a redação atribuída ao art. 201, § 5º, da Carta Magna, tal entendimento restou inadequado.

Brasileiro no exterior

Rompida a filiação no território nacional o brasileiro ou não, deslocado para prestar serviços no exterior sem residência fixa no Brasil, se quiser contribuirá como facultativo. Quando do restabelecimento de relação jurídica no País retomará o vínculo nacional somando, para os fins de benefícios, o tempo de facultativo.

Regime das donas de casa

Dona de casa é expressão reservada à pessoa não exercente de atividade profissional, normalmente mulher casada ou vivendo em união estável. Nada impede de ser um homem nas mesmas condições. Sem embargo de depender de segurado o direito de inscrever como facultativo.

Estudante

Os estudantes, particularmente os estagiários da Lei n. 11.788/08, têm permissão para contribuir dessa forma. Do mesmo modo, o síndico de condomínio não remunerado.

Regime Especial

O Regime Especial de Inclusão dos Informais — REII, do Decreto n. 6.042/07, que é facultativo, não deve confundir as pessoas que a ele se filiam. Suas contribuições e benefícios são distintos. Quem desejar se inscrever nesse regime especial contribuirá com 11% do salário-mínimo e receberá apenas o salário-mínimo, sem direito à aposentadoria por tempo de contribuição.

Resgate da qualidade de segurado

A ideia de mês de competência gera situação que permite o resgate da qualidade de segurado perdida. Dia 7 de março, se alguém manteve qualidade de segurado até 28 de fevereiro e a perderia em 1º de março, vertendo como facultativo até o dia 15 de março, em relação ao mês de fevereiro, essa qualidade é restabelecida.

Capítulo 127 – Bailarinas Prostitutas

A prostituição, masculina ou feminina, antropológica e sociologicamente pode ser definida como uma oferta de favores sexuais em troca de dinheiro. Apresenta inúmeras nuanças e varia culturalmente em cada país e momentos históricos da humanidade.

Alguns países nórdicos da Europa e a Alemanha já a regulamentaram. Na Grécia e Roma antigas, as mulheres pagavam pesados tributos.

Embora jocosamente, às vezes seja identificada como a profissão mais antiga da história, o que não é verdade, a despeito de todo o avanço dos direitos da mulher, a prostituição faz parte do dia a dia da humanidade e, de alguma forma, o ofício é regulamentado em alguns países sob os aspectos tributários.

A Rede Nacional de Prostitutas tem 23 mil filiadas no Brasil e elegeu o dia 2 de junho como o Dia Internacional da Prostituta.

Interesse no assunto

Como o exercício da prostituição não é crime, mas uma atividade profissional, é perfeitamente possível a prostituta filiar-se ao RGPS na condição de segurada obrigatória (é claro, podendo fazê-lo como facultativa). Se proprietária de um estabelecimento comercial (boate, cabaré, casa noturna etc.), com empresária.

Possivelmente adotando algum eufemismo, poderá se inscrever no ISS e recolher o INSS como autônoma (Código 1.406), até mesmo como MEI. Falecendo e deixando dependentes subsiste o direito à pensão por morte nos termos do art. 16 do PBPS.

Enquadramento técnico

A situação jurídica previdenciária das prostitutas (os prostitutos ainda não chamavam atenção) foi abordada inicialmente pela Resolução CD/DNPS n. 451, de 13.10.1969 (Proc. MTPS n. 121.958/69), por iniciativa do Sindicato de Hotéis e Similares de São Paulo, que decidiu baixar os autos em diligência ao INPS (*in* BS/INPS n. 107, de 29.10.1969).

Por via de consequência, em 16.2.1970, mediante a Resolução n. 63, esse mesmo Conselho Diretor do DNPS decidiu que:

> "As bailarinas profissionais que comprovadamente exerçam suas atividades em cabarés e estabelecimentos similares são seguradas autônomas do Instituto Nacional de Previdência Social."

Regulamentação da matéria

Como soi acontecer com questões morais, existem muitas resistências à prostituição e principalmente a sua regulamentação. O Projeto de Lei do Deputado Federal Fernando

Gabeira foi rejeitado pela Comissão de Constituição e Justiça da Câmara dos Deputados em 17.11.2007.

Mais cedo ou mais tarde esse tema deverá ser retomado com a definição jurídica dos direitos e obrigações das profissionais.

O México tem uma casa das prostitutas idosas onde abriga 300 delas.

Problemas vernaculares

Dançarinas em casas noturnas são empregadas e não autônomas. Hodiernamente são chamadas de garotas de programas.

As normas na década de 70 não tinham a ousadia de dar nome às prostitutas, chamando-as de bailarinas. Para não criar problemas as enquadrou como autônomas, o que somente seria verdade em relação àquelas que exploram o lenocínio em suas casas.

Capítulo 128 — Professores no Magistério

A pensão por morte dos dependentes do professor depende da situação jurídica do educador, quando da data do óbito. E ela não é muito simples, evoluindo significativamente ao longo do tempo.

O direito à aposentadoria dos mestres experimentou uma longa, tortuosa e intrigante caminhada normativa, que ainda não terminou.

Até 30.6.81 subsistia uma verdadeira aposentadoria especial do professor — equivalente à prevista nos termos dos atuais arts. 57/58 do PBPS — que provinha da LOPS, regulamentada pelo Decreto n. 53.831/64 e que desapareceu em 13.10.1996.

Atendendo aos apelos dos órgãos de classe da educação, a EC n. 18/81 elevou o benefício à condição de prestação constitucional.

Então, até que a Medida Provisória n. 1.523/96 revisse o PBPS, existiam dois benefícios: a) especial e b) constitucional, distinguindo o professor da professora (EC n. 18/81).

O MPS entendeu que com a EC n. 20/98 o conceito de professor restou bastante limitado, praticamente restrito ao mestre com giz na mão.

Com a Lei n. 11.301/06 o conceito de professor foi novamente ampliado, incluindo os especialistas em educação, diretores, coordenadores e assessores pedagógicos (provavelmente contrariando a EC n. 20/98).

Em 10.8.2006, o Ministério Público Federal ingressou com a ADI n. 3.772, pretendendo ver declarada a inconstitucionalidade da lei, julgada em 19.10.2008, em que se entendeu de restabelecer o direito dos professores ocupados em direção, coordenação e assessoria pedagógica.

Mebel Wolf Salvador julga que em face de tais raciocínios, a LDBE deve prevalecer e não o PBPS ("Parecer", exarado para o SINPRO/RS, disponível na *internet*).

Conceito de professor

Em linhas muito gerais, professor é quem ministra as aulas educacionais para alunos de determinados cursos disciplinados na LDBE.

Tecnicamente são os educadores envolvidos com o magistério. Legalmente, os que ministram conhecimento em sala de aulas, os diretores, os coordenadores, os assessores e os pedagogos.

Desse conceito, em 2010 ficaram excluídos os secretários escolares, especialistas em educação, pesquisadores. E, é claro, treinadores, instrutores e outros profissionais que ensinam (e que são muitos).

Mandamento constitucional

O art. 40, § 5º, da Constituição Federal fala em "exercício das funções de magistério na educação infantil e no ensino fundamental e médio" e igual redação se colhe no art. 201, § 8º, da CF, com as redações dadas pela EC n. 20/98.

Crê-se que os desentendimentos decorreram em virtude do alcance dos vocábulos educação, magistério e professor, atribuídos pelas normas jurídicas.

Educação tem um âmbito muito mais amplo que magistério, pois a família educa mais do que a escola e a vida também.

Magistério significa ir além de apenas ministrar aulas.

Ser professor, esse sim, é um educador voltado ao ensino (dentro ou fora das salas de aula). Nesse sentido um secretário estadual da educação não exerce o magistério nem é professor. Logo o art. 56 da PBPS extrapolou a Lei Maior.

Tipos de aposentadoria

Para compreensão da questão é preciso perceber que existem alguns tipos de benefícios:

a) Aposentadoria do professor da escola pública (CF, art. 40, § 5º).

b) Aposentadoria constitucional (que reclama 25 anos da mulher e 30 anos do homem).

c) Aposentadoria especial da LOPS, que exigia 25 anos para ambos os sexos (EC n. 18/81).

d) Aposentadoria por tempo de contribuição do professor que trabalhou até 30.6.1981 e converteu o tempo especial para o de professor (NB 42).

Direito adquirido

Para completar o assunto convém reproduzir a Portaria MPAS n. 2.865/82:

> "Os professores que, na data da entrada em vigor da Emenda Constitucional n. 18, já tinham cumprido as exigências de tempo de serviço e idade estabelecidas na legislação anterior, para a aposentadoria especial, poderão aposentar-se com base em tais normas, desde que por elas optem expressamente" (DOU de 10.6.1982).

Regime geral

O § 2º do art. 56 do RPS, diz que "para fins do disposto no parágrafo anterior, considera-se função de magistério a atividade docente do professor exercida exclusivamente *em sala da aula*" (grifos nossos). Certamente ninguém lerá que o professor tem de trabalhar apenas no espaço físico da sala, pois preparar aulas, formular quesitos para provas, corrigir trabalhos escolares, esforços exercidos em outros ambientes que não seja sala de aula.

Lei n. 11.301/06

Opondo-se frontalmente às restrições impostas pelo PBPS, que deveria excluir apenas os cursos superiores, a Lei n. 11.301/06 alterou o art. 67, § 2º, da LDBE, que passou a ter a seguinte redação:

> "Para os efeitos do disposto no § 5º do art. 40 e no § 8º do art. 201 da Constituição Federal, são consideradas funções de magistério as exercidas por professores e especialistas em

educação no desempenho de atividades educativas, quando exercidas em estabelecimento de educação básica em seus diversos níveis e modalidades, incluídas, além do exercício da docência, as de direção de unidade escolar e as de coordenação e assessoramento pedagógico."

ADI n. 3.772

A emenda da ADI n. 3.772 diz: "II – As funções de direção, coordenação, assessoramento pedagógico integram a carreira do magistério, desde que exercidos, em estabelecimentos de ensino básico, por professores de carreira, excluídos os especialistas em educação, fazendo jus aqueles que as desempenham ao regime especial de aposentadoria estabelecido nos arts. 40, § 4º, e 201, § 1º, da Constituição Federal".

O Ministro do STF Ricardo Lewandovski, relator da ADI n. 3.772 assim se expressou na ementa: "I – A função de magistério não se circunscreve apenas ao trabalho em sala de aula, abrangendo também a preparação de aulas, a correção de provas, o atendimento aos pais e alunos, a coordenação e o assessoramento pedagógico e, ainda, a direção de unidade escolar".

Súmula STF n. 726

"Para efeito de aposentadoria especial de professores, não se computa o tempo de serviço prestado fora da sala de aula."

Nestas condições o texto da Súmula n. 726 foi de fato alterado e deverá ser revisto.

Capítulo 129 – Desoptantes dos IAP

A figura do desoptante somente tem interesse histórico e diz respeito ao estado jurídico do segurado, mas com reflexos na pensão por morte, na medida em que o trabalhador podia abdicar da proteção do regime que mais tarde se tornou o regime geral.

Conceito mínimo

A desopção foi uma tentativa que permitia ao optante por um dos regimes de previdência social antes da LOPS, de rever a sua decisão, e voltar a contribuir para um segundo regime previdenciário. E, é claro, fazer jus a novos benefícios e outorgar mais uma pensão por morte.

Ser optante correspondia ao segurado que exercia atividade pública e privada, filiado obrigatoriamente aos dois regimes, escolher por não filiar-se ao da iniciativa privada (RGPS, art. 507). Mediante essa desopção o trabalhador pretendia reassumir condição de filiação a um IAP e, assim, detinha duas filiações.

Decreto-lei n. 819/38

A norma mais remota que autorizou o servidor público, primeiro federal e depois os demais, a optar pela filiação apenas ao regime público foi o Decreto-lei n. 819/38.

Lei n. 1.676/52

A Lei n. 1.676/52 regulamentou a desopção.

Última norma

A última norma a dispor sobre o assunto foi a Lei n. 2.752/56.

Lei n. 3.807/60

Com a LOPS desapareceu essa opção do servidor e inaugurou-se a possibilidade de sobreviverem duas pensões por morte.

Capítulo 130 – Segurados Sexagenários

Etimologicamente, o vocábulo "sexagenários" designa as pessoas com 60 a 69 anos de idade. No Direito Previdenciário, era expressão referente ao trabalhador filiado obrigatoriamente com mais de 60 anos de idade sem antes deter a qualidade de segurado. Ou, se a teve, ele a havia perdido há mais de cinco anos (CLPS, art. 6º, § 5º).

Se a detivesse, dentro desse lustro, ele readquiria esse atributo previdenciário para todos os fins, inclusive para instituir a pensão por morte, assim que retornasse à atividade sujeita ao RGPS.

Com o PBPS, esse entendimento técnico equivocado desapareceu da legislação e os sexagenários tornaram-se iguais aos demais segurados.

Prestações devidas

Por se tratar de um mau risco, os sexagenários eram excluídos das principais prestações, apenas fazendo jus ao pecúlio, salário-família, LOAS e assistência médica. Curiosamente, isso sucedeu depois de 5.10.88 e vigeu ainda por três anos, contrariando a universalidade da previdência social.

Entre elas, não estava incluída a pensão por morte e que, depois do PBPS, foi admitida até sem o período de carência (*sic*).

Equidade ou analogia

Quando da vigência das duas CLPS, alguns estudiosos entenderem que essa disposição contrariava a universalidade da previdência social, mas esse princípio ainda não tinha assento na Carta Magna e a maioria acolheu a ideia de que faltava fundamento legal. Hoje o tema é praticamente histórico, mas quem julgar que o princípio não carece dessa positivação poderia tentar obter uma pensão por morte com base na equidade dos protegidos.

Eclesiástico sexagenário

O ministro de confissão religiosa que, por ocasião da Lei n. 6.696/79, possuía mais de 60 anos, não era segurado obrigatório.

Capítulo 131 – Contribuintes em Dobro

Possivelmente o instituto técnico mais antigo da previdência social, abrigado desde o MONGERAL (10.1.1835), o contribuinte em dobro subsistiu eficazmente desde 1940 (Decreto-lei n. 2.004/40) até o PBPS (1991), quando foi substituído pelo segurado facultativo.

Compareceu na Lei Eloy Marcondes de Miranda Chaves (art. 18), nas caixas de previdência e IAP e no art. 9º da LOPS (*O contribuinte em dobro e a Previdência Social*. São Paulo: LTr, 1984).

Pressupostos legais

As principais características desse cotizador dobrista, como ficou conhecido tal segurado, eram as seguintes:

a) Filiação ativa anterior.

b) Inatividade laboral no âmbito da LOPS.

c) Ingresso facultativo.

d) Manifestação da vontade.

e) Observância do prazo para inscrição.

f) Obrigação de contribuir.

g) Alíquota dobrada.

h) Manutenção da qualidade de segurado.

i) Aquisição de novos direitos.

Segurado facultativo

Quem era contribuinte em dobro até o PBPS (1991) e desejou continuar contribuindo para o RGPS, fê-lo mediante o regime contribuinte do facultativo.

Pensão por morte

Respeitadas as suas particularidades o contribuinte em dobro, ou dobrista, como era conhecido, assemelha-se ao atual facultativo e tinha os mesmos direitos que os segurados obrigatórios. Falecendo, os seus dependentes faziam e fazem jus à pensão por morte.

Capítulo 132 — Serventias em Extinção

A Lei n. 14.016/10 declarou a extinção a Carteira de Previdência das Serventias não Oficializadas da Justiça do Estado de São Paulo, que fora criada pela Lei n. 10.393/70.

Nova nomenclatura

Essa carteira, financeiramente autônoma e com patrimônio próprio, passou a denominar-se Carteira de Previdência das Serventias Notariais e de Registro.

Regime financeiro

A Carteira das Serventias adotará o regime financeiro de capitalização e será administrada pela SPPREV, na qualidade de seu liquidante, sendo vedado o resgate antecipado de quaisquer valores de contribuições, salvo na forma dos benefícios previstos nesta lei.

Rol dos participantes

São participantes da Carteira das Serventias aqueles que fizeram opção de permanência em decorrência do disposto na Lei n. 8.935/94.

Dependentes dos cartorários

I – o cônjuge ou o companheiro, na constância, respectivamente, do casamento ou da união estável;

II – o cônjuge, ainda que divorciado, desde que beneficiário de alimentos;

III – o companheiro, na constância da união homoafetiva;

IV – o filho inválido, sem limite de idade, comprovada a dependência econômica;

V – o filho solteiro menor de 24 (vinte e quatro) anos, devidamente matriculado em instituição de ensino superior;

VI – o pai ou a mãe de participante solteiro, comprovada a dependência econômica.

Reajustamento das mensalidades

Os benefícios serão reajustados anualmente, no mês de janeiro, de acordo com a variação do IPC-FIPE, calculados sobre os 12 últimos meses, ou desde a data do último reajuste se inferior a este período.

Prescrição do direito

Prescreve em três anos, contados da morte do participante, o direito de seu dependente habilitar-se à pensão.

Data do início

O benefício será devido a partir da publicação do ato de sua concessão pela imprensa oficial.

Data da cessação

Cessa o direito ao recebimento da pensão:

I – pelo falecimento do pensionista, seu casamento ou passar a viver em união estável;

II – pelo implemento de idade;

III – pela renúncia, a qualquer tempo;

IV – pela cessação da invalidez, a menos que por outro motivo continue devida a pensão;

V – na hipótese do parágrafo único do art. 42 da Lei.

Documentos necessários

O pagamento da pensão será requerido à SPPREV em petição conjunta ou separada dos beneficiários, devendo o pedido ser acompanhado inicialmente de:

I – certidão de óbito do participante;

II – certidão de casamento do participante, com todas as averbações extraídas posteriormente ao seu óbito;

III – certidão atualizada, com todas as averbações, de nascimento dos dependentes, excluída a da viúva;

IV – conforme o caso, sentença de divórcio do participante, acórdão que a confirmou ou reformou e certidão de seu trânsito em julgado;

V – ao inválido, prova de invalidez;

VI – ao companheiro, a comprovação de união estável, de acordo com o Código Civil Brasileiro.

Valor do benefício

A renda mensal será 75% da remuneração-base do participante.

Rateio do valor

Havendo cônjuge com direito à pensão, metade desta lhe será atribuída e a outra metade caberá, em partes iguais, aos demais beneficiários. Se não houver, o total será dividido em partes iguais entre os demais beneficiários.

Cessado o direito à quota de qualquer dos beneficiários, esta reverterá ao cônjuge, se houver, ou será rateada entre os beneficiários remanescentes. Cessado o direito à percepção da quota de pensão do cônjuge, esta será rateada entre os beneficiários remanescentes. A pensão somente se extinguirá quando não houver mais qualquer pensionista com direito a ela.

Abono anual

O benefício de dezembro de cada ano será acrescido do abono anual de valor igual ao pago no mês de dezembro desse ano, exceto se o benefício referir-se àquele concedido no correr do ano, quando o valor corresponderá a 1/12 por mês ou fração de vigência do mesmo.

Habilitação *a posteriori*

Concedida a pensão, qualquer impugnação, inscrição ou habilitação posterior que implique a exclusão ou inclusão de beneficiário, produzirá efeito a partir do deferimento da pretensão pelo liquidante ou por decisão judicial transitada em julgado.

Contribuição dos pensionistas

Os pensionistas contribuirão com 11% do valor do benefício em manutenção.

Capítulo 133 – Trabalhadores Rurais

Em razão do princípio constitucional da equivalência urbano-rural, a partir do PBPS, com exceção da aposentadoria por idade deferida cinco anos que a dos segurados urbanos, os direitos dos rurícolas tornaram-se praticamente iguais aos dos trabalhadores da cidade. Pelo menos em tese.

Da mesma forma também a pensão por morte. Anteriormente a 1991 esse cenário vinha se igualando, principalmente depois da LC n. 11/71.

Essa evolução foi muito lenta e estranha de ver como a questão foi tratada pelo legislador, aplicador da norma e magistrados. Repelindo um direito social dos trabalhadores que poderia ter sido alavancado pela jurisprudência.

Claramente, a Súmula do STF n. 613 dizia:

> "Os dependentes de trabalhador rural não têm direito à pensão previdenciária, se o óbito ocorreu anteriormente à vigência da Lei Complementar n. 11/71."

Quase todas as tentativas de aplicar a norma previdenciária hodierna vigente para fatos geradores sucedidos preteritamente, sempre que ela não disponha expressamente sobre a retroeficácia, não tiveram sucesso na mais Alta Corte do País. Nem que fosse para obrigar o legislador ordinário a dispor expressamente sobre o passado.

Até a LC n. 11/71 a legislação rurícola não previa a pensão por morte para os dependentes do trabalhador rural. Constitucionalmente, somente em 1988 é que emergiu o princípio da equivalência urbano e rural.

O tempo que os políticos, os administradores e os legisladores brasileiros demoraram em reconhecer o direito dos rurícolas em matéria previdenciária, na condição de postura equivocada e atraso intelectual, somente foi superado pela demora na libertação dos escravos no Brasil.

Desde 1923 até 1971 (PRORURAL), era uma pálida imitação da previdência urbana, o trabalhador rural ficou à própria sorte. Somente em 1991, depois que a Constituição Federal assim determinou em 5.10.1988 é que o elaborador da norma previdenciária originária pensou na interlândia.

A Lei Maior fixou princípios altissonantes como o da equivalência urbana e rural, mas não foram atendidos pelo legislador ordinário, que os distingue.

Caso em algum momento o julgador queira quebrar o princípio da aplicação da norma vigente ao tempo dos fatos (e seria meritória posição como a dos demais casos), deveria mandar aplicar retroativamente a eficácia da LC n. 11/71 para óbitos anteriores a 25.5.1971.

Culpa maior coube ao MPS, que não teve a sensibilidade necessária para perceber que a solidariedade do regime do seguro social obrigaria a essa retroação, medida evidentemente promovida por lei.

E se tivesse um custo social elevado (não era tanto), a classe média urbana consumidora dos produtos rurais deveria responder por isso, como faz hoje em dia.

Até hoje é perceptível essa distinção. A pensionista do marido não faz jus à aposentadoria por idade, por estar descaracterizada a condição de segurada especial (AI n. 1.418.681/GO, do STJ, *in Informação da AGU*).

Capítulo 134 – Não Segurados

Os não segurados constituem categoria de pessoas não filiadas compulsoriamente a qualquer regime de previdência social, em razão da condição fática e jurídica ostentada, ou por vontade própria e, por conseguinte, restam desprotegidas.

Vindo a falecer, os seus dependentes não farão jus a nenhuma pensão por morte previdenciária (sem prejuízo do direito a outras rendas possíveis).

Embora exerçam atividades laborais, algumas delas remuneradas, por vários motivos esses indivíduos não são alcançados pela proteção securitária.

Vale lembrar que na maioria dos casos, entretanto, a existência de retribuição do trabalho é a condição *sine qua non* para promover a filiação obrigatória, mas existem exceções.

Ausência de características

Em virtude de lhes faltar uma ou outra das características definidoras do direito, certos obreiros restam arredados da proteção oferecida pela previdência social básica, sem prejuízo de poderem socorrer-se de outras técnicas securitárias.

a) Agentes públicos

Salvo determinações em particular, inerentes ao cargo, o Presidente da República, os Governadores e os Prefeitos, em virtude do *munus* público, não se filiam ao RGPS. Para o Supremo Magistrado vigem disposições protetoras na Carta Magna e em leis especiais, o mesmo acontecendo com governadores e prefeitos.

b) Percipiente de rendas

Quem subsiste graças à percepção de rendas (derivadas de lucros, juros, aluguéis, cessão de bens, frutos de ações ou outras aplicações de capital) não tem à sua disposição a proteção, salvo se organizarem uma empresa para gerir os seus negócios.

c) Percipientes de valores simbólicos

Aquele que, por qualquer motivo, recebe importância sem significado jurídico não está tutelado pela legislação protetiva. Inexistiria prestação substitutiva para a hipótese ou risco a cobrir.

d) Proprietário de casa própria

Enquanto não configurado como pequeno construtor ou comerciante de imóveis, o proprietário de obra de construção civil destinada a si mesmo ou à sua família não é uma empresa nem empregador, embora sujeito a determinadas obrigações trabalhistas e previdenciárias materiais e formais.

O RPS o define como contribuinte individual: "a pessoa física que edifica obra de construção civil" (art. 9º, § 15, IX).

e) Empregador doméstico

A pessoa que tem doméstico ao seu serviço é equiparada a empresa em razão do trabalhador e se torna empregador doméstico, mas nem por isso será um contribuinte pessoalmente considerado.

f) Farmacêutico

Participando de sociedade por cotas de responsabilidade limitada, apenas com o nome, se não receber *pro labore*, o farmacêutico não é segurado, nem empresário ou empregado.

g) Filantropo

Um número elevado de pessoas dedica-se à filantropia ou à benemerência. São abnegados, praticando assistência social beneficente, sem auferir vantagens pecuniárias, dedicando-se de bom grado ao idoso, à criança, ao enfermo ou ao deficiente.

h) Sócio-cotista sem *pro labore*

O sócio-cotista sem retirada de *pro labore* não é empresário nem segurado obrigatório. Alude-se à situação real e não à descrita no contrato social, em que, por vezes, o empresário comparece numa condição e verdadeiramente exercita outra.

Nesse sentido, o sócio-cotista que comprovar o exercício de atividade, mesmo sem retirada consignada na contabilidade, é segurado obrigatório.

i) Jornalista colaborador

O quadro de prestadores de serviço dos jornais e periódicos compõe-se de jornalistas estagiários e profissionais (empregados ou autônomos).

O colaborador, não vivendo profissionalmente do que escreve, envia textos (artigos ou reportagens) para publicação sem remuneração ou com retribuição simbólica. A jurisprudência entende não haver contrato de trabalho nem relação civil.

j) Menor aprendiz

Trabalhando sem remuneração, em troca de estudo, o menor de idade não é segurado. O período de aprendizagem será considerado se o trabalhador auferir alguma remuneração ou presente relação empregatícia. As normas administrativas casuisticamente abrem exceções a essa regra, devendo cada caso ser examinado em particular. Um modesto prêmio não caracteriza retribuição, principalmente em relação ao treinamento de escolas ferroviárias. A situação do praticante gratuito é semelhante à do menor aprendiz.

k) Diretor de APM

As APM são empregadoras quando ao seu serviço estiverem pessoas trabalhando remuneradamente, por exemplo, na cantina, cooperativa ou fornecimento de material escolar. Seu diretor, movido pela dedicação, não é empresário.

l) Diretor de cooperativas, fundações ou associações

O diretor de cooperativa, situando-se como dirigente de associação, se remunerado é previdenciariamente um substituto do empresário. A Lei n. 5.764/71, em seu art. 44, prevê remuneração para a diretoria da entidade, matéria assente nos estatutos aprovados pela Assembleia Geral. Ausente essa retribuição, mesmo ele sendo cooperado, estará excluído da previdência social.

m) Membro de órgão colegiado

Inúmeras instituições são dirigidas por entes coletivos, entre as quais Conselhos, Ordens, Academias, Juntas Comerciais, Federações, Confederações, Bolsas de Valores, Comissões Especiais etc. O condutor dessas entidades, em razão dessa atividade, fica na dependência do disposto nos estatutos no tocante à remuneração.

n) Juiz de Paz

Juiz de Paz é trabalhador singular. Ocupante de cargo honorífico, presta serviços relevantes à comunidade e à organização da Justiça e do Estado, mas seu labor é por natureza não remunerável. O eventualmente obtido em função do cargo não pode ser considerado contraprestação por serviços prestados, reduzindo-se a verba de representação.

o) Não eclesiástico

Em virtude do surgimento de seitas e práticas quase religiosas, correntes filosóficas ou existenciais, clubes de serviços etc. (legalizados geralmente sob a forma de sociedades civis), instituições reunindo líderes, mentores, guias de um lado e, do outro, aficionados, fiéis e seguidores, sem se poder, na maioria dos casos ter esses agrupamentos como uma religião.

Seus chefes não são considerados eclesiásticos por faltar à prática por eles desenvolvida as nuanças universalmente reconhecidas da religião (ex.: umbandismo, espiritismo, movimento Seicho-no-iê etc.).

p) Não exercente de atividades

A previdência social destina-se precipuamente a quem trabalha. Quem não tem participação na sociedade atual habitualmente não é protegido, podendo, não obstante, em razão de suas eventuais necessidades, sere assistenciariamente acudido.

Destinação dos serviços

A razão que afasta alguns prestadores de serviços da classificação de segurado, às vezes, é porque o seu trabalho não se destina juridicamente a quem materialmente o desempenha. Nestes casos, os trabalhadores não são segurados; apesar disso, não são de todo desprotegidos. Têm a cobertura relativa a outra situação, à própria situação ou seu trabalho é ocasional, não justificando tutela especial.

a) Estagiário

A não ser na condição de facultativo, o estagiário é tutelado por legislação específica, e esta o arreda de algumas normas trabalhistas e previdenciárias comuns (Lei n. 11.788/08). Ele se comporta como se fosse empregado, mas não é assim considerado enquanto observar os requisitos legais de sua condição de estudante-trabalhador.

Os serviços prestados — mesmo criando riquezas para o empresário — destinam-se ao aprendizado, formação profissional, enfim, a si próprio, e não a quem lhe oferece a possibilidade de trabalho.

b) Presidiário

O trabalho penitenciário é admitido em lei. Aliás, recomendado taxativamente (Leis ns. 6.416/77 e 7.210/84). O apenado está sujeito ao trabalho e este deve ser remunerado. Ausente o *animus contrahendi*, não há contrato de emprego. Cada uma das situações, a menor ou maior liberdade de contratar, as variadas condições de trabalho (dentro ou fora da prisão), os inúmeros contratos existentes, devem ser apreciadas *per se* antes de se afirmar ser ou não empregado ou autônomo. O RPS o prevê como facultativo no art. 11, IX (*Direito Elementar dos Presos*: São Paulo: LTr, 2010).

c) Guarda-mirim

Entende-se por guarda-mirim o menor de idade conhecido como guardinha, patrulheiro, legionário ou vigilante-mirim, pequeno trabalhador congregado em entidade de fins assistenciais, prestando serviços à sociedade, empresas, ou à própria entidade, geralmente como mensageiro, guardador de automóveis, orientador de trânsito ou executante de outros serviços leves. O objetivo superior da entidade mantenedora, além da congregação do menor, é assisti-lo, educá-lo, adestrá-lo e encaminhá-lo na vida profissional.

Eventual pagamento ao guarda-mirim é de difícil apreensão, se remuneratório, ou se se destina apenas à representação, desvinculado da prestação de serviços. Trata-se, geralmente, do mínimo para a subsistência.

Aspecto de relevância é verificar se os serviços convergem a quem o remunera (a entidade assistencial), a si mesmo ou, na primeira hipótese, às pessoas de modo geral e às empresas. Naquela circunstância pode ser considerado empregado.

Exclusão legal

Embora contratados e remunerados, certos prestadores de serviços não são segurados do RGPS, porque assim dispõe expressamente a legislação.

a) Técnico estrangeiro

O contrato formulado com técnico estrangeiro, para prestar serviços no Brasil, está disciplinado no Decreto-lei n. 691/69. Tal ajuste refere-se a serviços especializados, de duração predeterminada, submetendo-se a normas trabalhistas especiais. Quando recebe em moeda estrangeira, o contratado não é segurado, mas está protegido caso a remuneração seja feita em moeda nacional. Há determinação expressa com relação ao professor e pesquisador franceses, nos termos do Acordo de Cooperação Técnica entre o Brasil e a França e, por isso, não são filiados.

b) Diretor de cooperativas habitacionais

Enquanto vigente a Resolução BNH n. 94/66, o diretor de cooperativas habitacionais era filiado como segurado obrigatório do então regime urbano se, nessa condição, recebesse remuneração superior a seis salários-mínimos.

c) Diretor de entidades filantrópicas

As entidades beneficentes de assistência social são sociedades, associações ou fundações administradas geralmente por órgãos colegiados.

Para serem reconhecidas como tais e isentadas da parte patronal, além de outros requisitos materiais previstos na legislação, é preciso não remunerar os seus diretores. O legislador presume a subsistência do administrador graças a outras fontes, em diferentes atividades em virtude das quais é segurado.

A imposição legal de ausência de retribuição não tem a ver com as características desse trabalhador, mas acaba por interferir nelas. Ausente a retribuição, mas não a prestação de serviços, conclui-se não ser empresário o diretor dessas instituições.

d) Monitor do MOBRAL

O professor, o alfabetizador e o monitor do MOBRAL estão excluídos da previdência social em razão do Decreto n. 74.562/74.

e) Empregado de representações estrangeiras sujeito a regime próprio

O prestador de serviços subordinados para missão diplomática, repartição consular ou organismo a ela dependente é considerado empregado, e quem trabalha para organismo oficial estrangeiro ou internacional, nas mesmas condições, autônomo. Porém, se sujeito ao regime próprio do país representado, não é segurado.

Impossibilidade jurídica

Caracterizar pessoas trabalhando como seguradas é tarefa com percalços no meio do caminho. Às vezes, os óbices são jurídicos, provenientes de fatores morais encampados pelo Direito.

a) Parentes consanguíneos

A relação trabalhista ou comercial entre pessoas ligadas por laços de parentesco é assunto não esgotado no Direito do Trabalho e no Direito Previdenciário. A nebulosidade dissolver-se-á graças a estudos sistemáticos ou se o legislador dispuser claramente. Inexistem disposições expressas na lei vigente impedindo alguém de trabalhar para parente. Nem poderia haver, seria um contrassenso. No direito agrário, o regime de economia familiar, além de reconhecido, é estimulado.

b) Titular de representações estrangeiras

O embaixador e o cônsul são pessoas a serviço do país representado (e dos compatriotas domiciliados no território nacional). Exercem atividades remuneradas pela nação representada. O primeiro geralmente é servidor de carreira, e o cônsul, titular de cargo sem vínculo com os conterrâneos. Ambos exercentes de atividades laborais, estão excluídos, embora a missão diplomática possa ser empregadora de trabalhador sujeito ao regime geral.

c) Estrangeiro com visto de turista

O estrangeiro de passagem pelo País, ressalvadas as disposições contidas na Lei dos Estrangeiros, não é segurado obrigatório.

d) Exercente de atividades ilícitas

Praticante de atividades delituosas não é protegido pela previdência. A ilicitude conhece vários níveis, desde a simples infração até o crime, e as pessoas praticantes de atos caracterizados como contravenção, mesmo fazendo deles seus meios habituais de subsistência, não encontram guarida na previdência social. A liceidade é presunção jurídica presente nos atos praticados pelo segurado.

Ausência de capacidade

De regra, a pessoa sem capacidade jurídica não pode ser segurada obrigatória. A incapacidade pode ocorrer por vários motivos: inadaptação do ser humano à sociedade, menoridade, higidez, ausência etc.

a) Indígena não aculturado

A legislação específica sobre o assunto considera índio ou silvícola todo indivíduo de origem e ascendência pré-colombiana, identificado como pertencente a grupo étnico cujas características culturais o distinguem da sociedade nacional. De acordo com o Código Civil, o silvícola não tem plena capacidade para os atos da vida civil. Falta-lhe, pois, capacidade jurídica para manifestar a vontade, não podendo praticar certos atos relacionados com o trabalho.

Nosso indígena tem tutela especial. Sua inadequação não tem a ver com a idade nem com a higidez corporal. Ele é relativamente incapaz em decorrência de sua inadaptação à nossa cultura e civilização.

b) Menoridade previdenciária

Embora possa ser beneficiário na qualidade de dependente, o menor de 16 anos de idade não pode ser segurado do regime geral, por lhe faltar capacidade jurídica. Quando presta serviços permitidos pela autoridade (*v. g.*, artista de TV, cinema ou de circo), ele o faz por meio do pai ou tutor, seu responsável, com o qual se estabelece contrato de representação.

A princípio, não pode trabalhar. Só com autorização especial o faz. Se o faz, não é tutelado pelo Direito do Trabalho e sim pelo Direito Civil e, em particular, pelo Código de Menores.

c) Incapacidade

A capacidade para os atos da vida civil é disciplinada no Código Civil. São aptos para os atos da vida comercial e, em especial, para os empreendimentos, os capazes para a vida civil. Absolutamente incapazes: a) o louco de todo gênero; b) o surdo-mudo sem poder exprimir sua vontade; e c) o ausente, declarado tal por ato de Juiz.

O menor de 12 anos é absolutamente incapaz, mas, excepcionalmente autorizado (*v. g.*, como artista), pode trabalhar como empregado, sendo proibido "qualquer trabalho a menores de 14 anos, salvo na condição de aprendiz" (CF, art. 7º, XXXIII). O pródigo é relativamente incapaz.

Representação de pessoas

Os representantes não são empregados ou contratados como trabalhadores, no sentido trabalhista.

a) Mandatário

O mandatário, habitualmente, não é prestador de serviços remunerados. Representa o mandante. O mandato ou procuração tem função jurídica específica, de regra a realização de negócio jurídico; mesmo sendo remunerado por esse serviço, não há aí relação de emprego entre o mandatário e o mandante.

b) Síndico

Síndico de condomínio imobiliário é pessoa, geralmente condômino, normalmente não remunerada, prestando serviços ao condomínio. Indicado nas convenções ou assembleias de condôminos, não se confunde com os empregados ocupados na conservação do edifício (ex.: zelador, ascensorista, vigilante, porteiro etc.).

Por força de antiga disposição do INPS, o síndico de prédio residencial, considerado representante dos condôminos, e não seu contratado, não é empregado nem autônomo, não sendo, destarte, segurado obrigatório. Claro, poderá filiar-se como facultativo (RPS, art. 11, II).

Vinculação à Justiça

Pessoas denominadas como órgãos auxiliares da Justiça são designadas para prestar serviços para o Poder Judiciário, várias delas referidas expressamente no CPC. Em função do exercício dessa atividade, remunerável e normalmente remunerada, são segurados sujeitos ao regime geral, mas quando designados para o *munus* público, mesmo retribuidamente por terceiros, não estabelecem relação de trabalho com estes por faltar a vontade de contratar.

a) Inventariante

O inventariante de pessoa física, salvo se pago por essa atividade, transitória por natureza, não chega a constituir situação protegível pela previdência social. Se é a esposa do titular de firma individual e o substitui durante o espólio, é empresária.

b) Síndico de falências

O síndico de falências é criação da Lei de Falências (Decreto-lei n. 7.661/45), na qual prevista remuneração, mas nenhuma relação de emprego com a massa falida. O mesmo acontece com o comissário de concordatas, cujo pagamento é determinado na mesma lei. O administrador de massa insolvente está na mesma situação. Em razão da natureza dessa incumbência e por serem órgãos auxiliares da Justiça, mesmo retribuídos não são segurados. Igual aos peritos, obriga-se o aplicador a entendê-los como autônomos, embora não assumam quaisquer riscos.

c) Interventor e liquidante

O interventor e o liquidante são incumbidos de administrar empresas e proceder às liquidações judiciais ou extrajudiciais (Lei n. 6.024/74). Nem sempre remunerados por essas empresas, provindo os seus honorários do órgão interveniente, em que mantêm situação própria. Se o interventor ou liquidante provém de repartição, é órgão auxiliar da administração pública, mantendo a filiação de origem. Se se tratar de estranho à administração pública, é empresário. Junto com o administrador especial e diretor-fiscal da LC n. 109/01, para o Decreto n. 3.048/99 é autônomo (RPS, art. 9º, XVI).

d) Tutor e curador

Tutor é pessoa designada pela Justiça para administrar bens de menores (Lei n. 10.406/02). O curador cuida do patrimônio dos incapazes. Excepcionalmente, são remunerados. O mesmo se passa com o tutor de herança jacente e o curador de ausentes.

Vontade própria

Quando a lei faculta, geralmente por omissão normativa, algumas pessoas, por vontade própria, não são seguradas. Não são comuns as hipóteses na história da legislação previdenciária.

Até o advento da LOPS, a lei previdenciária, excepcionalmente, permitia aos segurados obrigatórios, também sujeitos ao regime próprio de previdência social — em particular, o servidor —, afastar-se dos ex-institutos de previdência social (particularmente, do IAPC).

Desde 26.8.1960, tais opções desapareceram, mas foram mantidas as até então concedidas, e quem escolheu essa exclusão não é segurado obrigatório em respeito ao direito adquirido, podendo desoptar em caráter excepcional.

Proprietário de imóveis

O proprietário de imóveis destinados a uso residencial ou comercial, subsistindo graças à percepção de aluguéis e sem ter constituído empresa de administração de bens, é um empresário de fato para fins securitários, especialmente se tiver empregados a seu serviço (zelador, ascensorista, vigilante etc.).

Brasileiro no exterior

Nossa legislação não é xenófoba. Mas por variados motivos e até por respeito à política de boa vizinhança e autodeterminação dos povos, trabalhadores estrangeiros prestam serviços no nosso território, mantendo-se excluídos expressamente do RGPS.

Mas até mesmo brasileiros são excluídos, se cobertos pela previdência social do País ou organização dadora de serviços. São os seguintes: a) brasileiro trabalhando para representações estrangeiras; b) brasileiros trabalhando para a União no exterior; c) empregado de organização oficial internacional ou estrangeira; e d) brasileiro civil trabalhando no exterior para organismo oficial.

Capítulo 135 – Ingresso de Incapaz

Historicamente, no século XIX, a previdência social resultou da combinação do mutualismo com o seguro privado, exatamente quando o Estado resolveu intervir na proteção da iniciativa privada, monitorar e comandar as ações. Mas até hoje o seguro privado faz parte da construção técnica da previdência social, ou seja, ela tem um viés securitário.

Por isso, quem ingressa no RGPS incapaz para o trabalho, ou seja, após consumar o sinistro que seria coberto pelo benefício previdenciário, não faz jus a prestações por incapacidade.

Diz o parágrafo único do art. 59, do PBPS que:

> "Não será devido auxílio-doença ao segurado que se filiar ao Regime Geral de Previdência Social já portador da doença ou da lesão invocada como causa para o benefício, salvo quando a incapacidade sobrevier por motivo de progressão ou agravamento dessa doença ou lesão."

Na mesma linha de pensamento reza o art. 42, § 2º, do PBPS:

> "A doença ou lesão de que o segurado já era portador ao filiar-se ao Regime Geral de Previdência Social não lhe conferirá direito à aposentadoria por invalidez, salvo quando a incapacidade sobrevier por motivo de progressão ou agravamento dessa doença ou lesão."

Rigorosamente não se veda o ingresso do incapaz no RGPS, mas são fixadas limitações no tocante aos benefícios por incapacidade. Tal cenário equivale à consumação da DII antes de implementação do período de carência.

Se o segurado for acometido por outra doença depois de cumprida a carência, quando exigida, ele fará jus ao benefício.

Progressão é evolução da doença; um resfriado pode evoluir para uma gripe, essa gripe tornar-se uma pneumonia e, depois, chegar-se à tuberculose.

Agravamento é uma espécie de complicação que impede o trabalho. Nesses casos, é válido o auxílio-doença.

A questão proposta é a situação dos dependentes do trabalhador que ingressou incapaz exatamente nas condições dos dois artigos e falece no exercício da atividade. Claro, com a qualidade de segurado mantida.

O fato gerador da pensão por morte é o falecimento de um trabalhador ou contribuinte. Ele era segurado e morreu, logo se impõe a pensão por morte. Como ele não teria direito à aposentadoria por invalidez o seu valor hipotético se prestará para o cálculo da pensão por morte.

Capítulo 136 — Atividades Ilícitas

Diante do enorme volume de ilicitudes praticadas, do ponto de vista previdenciário carece ajuizar sobre a situação jurídica dos dependentes, quando do falecimento do segurado. É possível que a venda de apostas no jogo do bicho pelos apontadores tenha despertado o interesse pela situação dos exercentes dessa prática contravencional e das atividades ilícitas e de modo geral.

Norma civil

Ab initio vale registrar o que dispõe o art. 104 do Código Civil:

"A validade do ato jurídico requer: I - agente capaz; II - *objeto lícito*, possível, determinado ou determinável; III - forma prescrita ou não defesa em lei" (*grifos nossos*).

Bruno Martins Teixeira lembra que a despeito de algumas súmulas do TST, o tema está mal disciplinado no Direito do Trabalho, registrando-se total silêncio na legislação previdenciária (Reconhecimento dos direitos trabalhistas nas atividades ilícitas, in Jus Navigandi em 12/09).

Ana Paula Fleuri de Bastos admite a existência de um contrato de trabalho quando do exercício de algumas atividades não legais (Atividade ilícita: vínculo no Contrato de Trabalho, *in Júris Way* de 1.4.09).

Conceito mínimo

Um dos primeiros questionamentos nesta área é a conceituação das atividades ilícitas, propondo-se o exame da inocência do trabalhador que prestou serviços para uma empresa voltada para exploração econômica ilícita (como o comércio de produtos pirateados, exploração ilegal da madeira na Amazônia etc.).

Julga-se indispensável cogitar do princípio da primazia da realidade. Se a pessoa trabalhava em atividade ilícita e dela auferia os meios de subsistência, parece correto que os seus dependentes façam jus à pensão por morte (e que a RFB pretenda receber as contribuições devidas).

Trabalho proibido

Algumas modalidades de trabalho são expressamente proibidas ou contrariam a lei. Se exercitada, por ora abstraindo as consequências penais, eles devem ser considerados em face de haver alguém trabalhando e que, na sua falta, deixa em dificuldades os seus dependentes.

Policiais militares

A legislação das polícias militares varia conforme o Estado, dispondo ou não sobre as atividades nas horas de folga dos seus membros. O tema continua provocando divergências doutrinárias e jurisprudenciais.

A Súmula TST n. 386 diz:

"Preenchidos os requisitos do art. 3º da CLT é legítimo o reconhecimento de relação de emprego entre policial militar e empresa privada, independentemente do eventual cabimento de penalidade disciplinar prevista no Estatuto do Policial Militar."

Silvana Souza Netto Mandalozzo põe em dúvida a validade do art. 22 do Decreto--lei n. 667/69, em face da Carta Magna de 5.10.1988. O dispositivo veda o exercício da atividade privada (Vínculo de emprego em face de policial militar estadual, *in APEJ* — Academia Paranaense de Estudos Jurídicos, em 3.12.2010).

Trabalho das prostitutas

No Brasil, a prostituição não é crime nem contravenção penal. Por isso, as prostitutas podem se inscrever como "bailarinas" e aportarem como contribuintes individuais, fazendo jus a todos os benefícios compatíveis. Inclusive, na raríssima hipótese, à aposentadoria especial, pois elas se expõem aos agentes nocivos biológicos, para dizer o mínimo.

Atos de cartomancia

Determinado empregador admitiu a prestação de serviços por parte de uma cartomante, mas o TRT da 2ª Região não acolheu o vínculo empregatício e a acolheu como autônoma (Proc. n. 83200.67.2009.5.02.046 (20110947210), relatado pela juíza *Dâmia Azun*, em 4.8.2011 (Rep. de Jurisp. IOB da 1ª quinzena de set./2011, p. 500). Crê-se que não estavam presentes os elementos do art. 3º da CLT, caso contrário, ela teria de ser registrada como empregada.

Cassinos e bingos

O trabalho em cassinos, bingos e jogos de azar clandestinos, quando ilegais, suscita a responsabilidade penal dos empregadores e não a dos trabalhadores.

Direito Tributário

Aparentemente, no Direito Tributário as dúvidas dos estudiosos são menores. Para o fisco, *pecunia non olet* (nas palavras do imperador romano Vespasiano, o dinheiro não tem cheiro). Frequentemente são exigidos tributos incidentes sobre atos ilícitos, o que incluiria as contribuições previdenciárias.

Atila da Rold Roesier defende essa tese, no ensejo observando a realidade objetiva aí jacente (A cláusula *pecunia non olet* em Direito Tributário, *in Jus Navigandi* de set. 2009).

Fernando Gentil Gizzi de Almeida também se põe favorável à tributação (A vertical celeuma acerca da tributação de atividades espúrias, *in site* da Lex-Magister).

Menores de idade

Com exceção dos aprendizes, menores de 16 anos constitucionalmente não podem ser empregados. Mas muitos o fazem. O entendimento jurisprudencial é no sentido de reconhecer esse trabalho, caso isso seja comprovado à exaustão.

Jogo do bicho

O jogo do bicho é uma contravenção penal (art. 58 do Decreto-lei n. 3.688/41). A presença do banqueiro e do apontador de apostas talvez seja a prática ilícita mais universal e comum que se possa imaginar no Brasil.

A doutrina e a jurisprudência hesitam e divergem significativamente, não havendo definição final da questão. Apreciando o RR n. 1.650/2003-011012.001 a 1ª Turma do TST entendeu não haver vínculo empregatício entre os dois polos dessa atividade contravencional, mas esse não é um pensamento unânime na Justiça do Trabalho.

Cristina Magrin Madaleno acolhe a relação laboral (O jogo do bicho como objeto do contrato de trabalho — Da validade e efeitos, colhido na *internet*).

O Estado parece ter interesse na manutenção de certa hipocrisia em relação às atividades legais em face do Direito do Trabalho e da Previdência Social. Em cada caso, considerar desdobramentos dessas práticas tem de ser operado distintamente das consequências penais ou contravencionais.

Capítulo 137 – Emprego com Parentes

Dentro da informalidade, é bastante comum uma pessoa prestar serviços para os seus parentes. Normalmente, mulheres cooperam com os maridos e, com muita frequência, os filhos ajudam os pais. Quando esse trabalho for remunerado, será preciso considerar a hipótese da relação empregatícia ou da prestação de serviços e, *in casu*, a filiação obrigatória ao RGPS.

Não sendo formalmente registrado, se esse trabalhador falece e deixa alguns dependentes, propõe-se o direito à pensão por morte. As dificuldades maiores estarão sediadas na prova do trabalho e no recolhimento *a posteriori* das contribuições com vistas ao benefício.

Direito do Trabalho

De modo geral, para o Direito do Trabalho não há impedimento referente à prestação de serviço entre parentes, embora a característica nuclear da definição do empregado seja a subordinação e esta condição prática não estaria implícita entre marido e mulher ou companheiro e companheira, pais e filhos, e precisa ser exaustivamente demonstrada para fins do Direito Previdenciário.

Como a CLT não faz distinção entre as pessoas, máxime em se tratando de uma pessoa jurídica (empregador) contratando uma pessoa física (empregado), a dúvida suscitada pelo INSS não diz respeito à possibilidade de haver uma relação desse tipo, em si aceitável, mas a validade factual em si mesma.

Cientificamente o discutível é a presença da subordinação (um dos elementos fundamentais da relação de trabalho), entre marido e mulher e pais e filhos.

Algumas empresas registraram os parentes dos proprietários sem que estes prestem serviço, pondo em dúvida a filiação e a inscrição.

Na organização empresarial nada impede que um desses membros subordine o outro, embora ela possa ser esmaecida pelo vínculo matrimonial ou parental.

Direito Previdenciário

Sendo distintos os direitos do trabalhador subordinado em relação ao contribuinte individual, a questão diz respeito às consequências da existência da relação de emprego ou de doméstico, pois efetuadas as contribuições oportuna e regularmente, se não é usual aceitar a esposa ou companheira como empregada do marido ou companheiro, se terá de aceitar a contribuição como de facultativo.

Promovidas as devidas retificações, em alguns casos, se poderá considerar a situação adotando-se a contribuição como facultativo.

Entretanto, isso é bastante viável quando se trata de uma sociedade de porte, da qual o cônjuge faça parte como sócio ou diretor de sociedade anônima.

Nos casos de dúvida quanto à filiação, o INSS exigirá um reforço de prova da prestação de serviços.

Desdobramentos previdenciários

Reconhecido o vínculo familiar pelo Direito do Trabalho e pela Justiça do Trabalho, descaberá ao INSS recusar a filiação ou a inscrição e deferir benefícios para tais segurados.

Noção de parentesco

Usualmente fala-se em parentesco referindo-se obviamente aos parentes, ou seja, membros do núcleo familiar básico (cônjuges ou companheiros e filhos) e extensivo, incluindo pais, irmãos, tios, primos etc.

Prestação de serviços

Admitida a relação empregatícia, em tese, que é mais, terá de se aceitar presente uma relação de trabalho e assim, nada impede uma empresa de contratar um autônomo parente dos seus sócios ou dos diretores.

Capítulo 138 – Síndrome da Talidomida

A expressão "pensão" foi utilizada pelo legislador em 1982 no sentido de um benefício reparador de danos causados por alguém, com algumas características previdenciárias. Neste caso, de pessoa não filiada e que jamais contribuiu para a previdência social.

Síndrome da Talidomida

Talidomida foi um remédio alemão adotado pelas gestantes na década de 1970. Muitas mulheres que o utilizaram deram à luz filhos congenitamente disformes. A Lei n. 7.070/82 instituiu uma pensão com natureza assistenciária para essas crianças.

Beneficiários do direito

Têm direito os deficientes portadores da Síndrome da Talidomida nascidos a partir de 1º.1.1957, data do início da comercialização da droga denominada "Talidomida" (Amida Nfálica do Ácido Glutâmico), inicialmente comercializada com os nomes comerciais de sedin, sedalis e slip. O benefício é devido, se constatado que a deformidade física foi consequência do uso da talidomida, independentemente da época de sua utilização.

Data do início

A data do início da pensão especial é fixada na DER.

Valor do benefício

A RMI é calculada mediante a multiplicação do número total de pontos indicadores da natureza e do grau de dependência resultante da deformidade física, constante do processo de concessão, pelo valor fixado em portaria ministerial que trata dos reajustamentos dos benefícios pagos pela Previdência Social.

Critério de reajustamento

Sempre que houver reajustamento dos benefícios, o Sistema Único de Benefícios — SUB multiplicará o valor constante da Portaria Ministerial pelo número total de pontos de cada benefício, obtendo-se a renda mensal atualizada.

Acréscimo de 25%

O beneficiário maior de 35 anos, que necessite de assistência permanente de outra pessoa e que tenha recebido a pontuação superior ou igual a seis pontos, fará jus a um adicional de 25% sobre o valor desse benefício (art. 13 da MP 2.129-10/01).

O beneficiário desta pensão especial fará jus a esse adicional de 25% sobre o valor do benefício, desde que, pelo menos, comprove:

I – 25 anos, se homem, e 20 anos, se mulher, de contribuição para a Previdência Social, independente do regime; e

II – 55 anos de idade, se homem ou 50 anos de idade, se mulher, e contar pelo menos 15 anos de contribuição para a Previdência Social, independente do regime.

Decisão judicial

Na decisão proferida na Ação Civil Pública n. 1997.0060590-6, da 7ª Vara Federal de São Paulo/SP, a União foi condenada ao pagamento mensal de valor igual ao do que trata a Lei n. 7.070/82, a título de indenização, aos já beneficiados pela pensão especial, nascidos entre 1º.1.1966 a 31.12.1998, considerados de segunda geração de vítimas da droga.

Dever do INSS

A partir de março de 2005, por determinação do Ministério Público Federal, o INSS assumiu o pagamento da indenização devida aos beneficiários deste Instituto, que anteriormente era efetuado pelo Ministério da Saúde.

Opção pela indenização

A opção pelo pagamento da indenização de que trata a Lei n. 12.190/10, importa em renúncia e extinção do benefício de que trata o § 4º deste artigo, na forma do art. 7º do Decreto n. 7.235/10.

Vitaliciedade e intransferibilidade

O benefício é vitalício e intransferível, não gerando pensão a qualquer eventual dependente ou resíduo de pagamento a seus familiares.

Regras de acumulação

Não se pode receber a talidomida com qualquer rendimento ou indenização por danos físicos, inclusive os benefícios assistenciais da LOAS que, a qualquer título, venha a ser pago pela União, porém, é acumulável com outro benefício do RGPS ou ao qual, no futuro, o portador da síndrome possa a vir filiar-se, ainda que a pontuação referente ao quesito trabalho seja igual a dois pontos totais.

Natureza do benefício

O benefício tem natureza indenizatória, não prejudicando eventuais benefícios de natureza previdenciária. Não poderá ser reduzido em razão de eventual aquisição de capacidade laborativa ou de redução de incapacidade para o trabalho, ocorridas após a sua concessão.

Capítulo 139 – Seringueiros da Amazônia

Durante a Segunda Guerra Mundial a borracha se tornou muito importante para os Aliados. No Brasil, alguns amazonenses tiveram papel extraordinário na extração do cauchu e ficaram conhecidos como Soldados da Borracha. Para eles foi instituído um benefício designado como pensão.

Condições exigidas

Para fazer jus ao benefício mensal vitalício, o requerente devia comprovar que:

I – não auferia rendimento, sob qualquer forma, igual ou superior a dois salários-mínimos;

II – não recebia qualquer espécie de benefício pago pela Previdência Social urbana ou rural;

III – se encontrava numa das seguintes situações: trabalhou como seringueiro recrutado nos termos do Decreto-lei n. 5.813/43, nos seringais da região amazônica e foi amparado pelo Decreto-lei n. 9.882/46 ou trabalhou como seringueiro na região amazônica atendendo ao apelo do governo brasileiro.

Se o requerente residiu em casa de outrem, parente ou não, ou vivenciou a condição de internado ou de recolhido a instituição de caridade, não tinha prejudicado o direito à pensão mensal vitalícia.

Regra de acumulação

Vedava-se a percepção cumulativa dessa pensão com qualquer outro benefício de prestação continuada da Previdência Social, ressalvada a possibilidade de opção pelo benefício mais vantajoso.

Prova do direito

A prova de que não recebia qualquer espécie de benefício ou rendimentos, será feita pelo próprio requerente, mediante termo de responsabilidade firmado quando da assinatura do requerimento.

Data do início

O início do benefício era fixado na DER e o valor mensal corresponderá a dois salários-mínimos vigentes no País.

Pensão por morte

A pensão continuará sendo paga ao dependente do beneficiário, por morte desse último, no valor integral do benefício recebido, desde que comprovado o estado de carência e não seja mantido por pessoa de quem dependa obrigatoriamente.

Capítulo 140 – Hemodiálise de Caruaru

No período de 1º.2.1996 a 31.3.1996, muitas pessoas foram contaminadas com a hepatite tóxica no Instituto de Doenças Renais, de Caruaru, em Pernambuco, e vieram a falecer. A Lei n. 9.422/96 determinou que a União assumisse a responsabilidade de indenizar certos parentes dessas pessoas.

Devedor da obrigação

As despesas decorrentes são atendidas com recursos do Tesouro Nacional.

Destinatários do benefício

Tem direito:

I – o cônjuge, o companheiro ou a companheira, o filho não emancipado, de qualquer condição, menor de 21 anos de idade ou inválido;

II – os pais;

III – o irmão não emancipado de qualquer condição, menor de 21 anos de idade ou inválido; e

IV – os avós e o neto não emancipado de qualquer condição, menor de 21 anos de idade ou inválido.

Rateio da pensão

Presente mais de um pensionista habilitado, o valor do benefício será rateado entre todos em partes iguais, revertida em favor dos demais a parte daquele cujo direito à pensão cessar.

Exclusão dos não preferenciais

Como sucede com o art. 16 do PBPS, os dependentes da mesma classe excluem os dependentes das classes seguintes.

Atestado de óbito

A concessão depende do atestado de óbito da vítima, indicativo da *causa mortis* relacionada com os incidentes. Comprovado com o respectivo prontuário médico, e justificado judicialmente, quando inexistir documento oficial que o declare.

Prova da *causa mortis*

Para comprovar a *causa mortis*, deverão ser apresentados: I – certidão de óbito com o indicativo dessa *causa mortis* e II – prontuário médico em que fique evidenciado que a contaminação em processo de hemodiálise no Instituto de Doenças Renais de Caruaru/PE ocorreu no período de 1º.2.1996 a 31.3.1996, independentemente de o óbito ter ocorrido após este período.

Data do início
O benefício começa na Data do Óbito.

Valor mensal
Corresponde a um salário-mínimo.

Décimo terceiro salário
A lei não prevê o pagamento do décimo terceiro salário.

Cessação do benefício
A pensão cessa com a morte do último beneficiário.

Regra de acumulação
Acumula-se esse benefício com qualquer outro da Previdência Social ou de outro regime previdenciário, inclusive o da LOAS.

Suspensão da manutenção
O pagamento do benefício é suspenso caso seja verificado o pagamento da indenização aos dependentes das vítimas pelos proprietários do Instituto de Doenças Renais.

Capítulo 141 – Políticos Anistiados

A partir de 1º.6.01 o trabalhador que, em virtude de motivação política foi atingido por atos de exceção, institucional ou complementar (Decreto Legislativo n. 18/61 e Decreto-lei n. 864/69), ou que, em virtude de pressões ostensivas ou expedientes oficiais sigilosos, tenha sido demitido ou afastado de atividade remunerada, no período de 18.9.1946 a 5.10.1988, pode requerer ao Ministério da Justiça, o que de direito lhe couber (Lei n. 10.559/02)

Período de anistia

O segurado terá direito à contagem de tempo do período anistiado, reconhecido pela Comissão de Anistia do Ministério da Justiça, no âmbito do RGPS, vedada a adoção de requisitos diferenciados para a concessão dos benefícios.

A comprovação da condição de anistiado e do período de anistia, em que esteve afastado de suas atividades profissionais, em virtude de punição ou de fundada ameaça de punição, por razões exclusivamente políticas, dar-se-á com a apresentação da portaria do Ministério da Justiça, publicada no DOU.

Contagem recíproca

Esse período poderá ser utilizado para fins de contagem recíproca, desde que devidamente indenizado pelo anistiado político.

O pagamento de aposentadoria ou pensão excepcional de anistiados efetuado pelo INSS será mantido, sem solução de continuidade, até a sua substituição pela reparação econômica de prestação mensal, permanente e continuada, instituída pela Lei n. 10.559/02.

Reparação econômica

Após a concessão da reparação econômica e a consequente cessação da aposentadoria de anistiado pelo INSS, caso o segurado reúna as condições necessárias, poderá ser concedido benefício do RGPS.

São computados para este fim os períodos amparados pela legislação previdenciária e o período de anistia, em que o segurado esteve afastado de suas atividades profissionais em virtude de punição ou de fundada ameaça de punição, por razões políticas, reconhecidos pela Comissão de Anistia do Ministério da Justiça.

Para a concessão de benefícios do RGPS não são computadas as contribuições que tenham sido devolvidas sob a forma de pecúlio.

Parecer CJ/MPS n. 1/07

No que couber, aplicam-se as orientações contidas no Parecer CJ/MPS n. 1/07 aos processos de benefícios indeferidos com pedido de recursos tempestivos ainda pendentes de decisão, caso o segurado reúna as condições necessárias para a concessão do benefício do RGPS, fixando-se a DER na data da publicação do referido parecer em 19.1.2007.

Teto constitucional

A aposentadoria do anistiado, enquanto mantida pelo INSS até a sua substituição pelo regime de prestação mensal, permanente e continuada, a cargo do Ministério da Justiça, submete-se ao teto do art. 37 da Lei Maior. Os benefícios concedidos submetem-se ao limite máximo do salário de contribuição.

Pensão por morte

As pensões de anistiado, concedidas pelo INSS a partir de 6.5.1999, derivadas de aposentadoria excepcional de anistiado mantida pelo INSS na data do óbito do segurado instituidor, submetem-se ao limite a que se refere o § 5º do art. 214 do RPS.

Capítulo 142 – Irmãos Villas Boas

Três sertanistas paulistas, Orlando (1914-2002), Cláudio (1916-1998) e Leonardo (1918-1961) Villas Boas, que residiram em Botucatu, no Estado de São Paulo, notabilizaram-se por sua atuação como protetores da cultura indígena.

Eles foram os empreendedores da Expedição Roncador-Xingu. Cláudio e Leonardo nasceram em Botucatu; Orlando, em Santa Cruz do Rio Pardo, cidade próxima de Bauru.

Os dois primeiros foram aquinhoados com uma pensão vitalícia equivalente ao NS-A III de Nível Superior federal (Lei n. 9.793/99).

A mesma norma atribuiu pensão por morte à Maria Lopes de Lima Villas Boas, viúva de Orlando Villas Boas.

Essa pensão não era acumulável com outro benefício da União, permitida a opção, caso os dependentes fizessem jus no RGPS ou num RPPS.

Este tipo de benefício, que retribui a dedicação de pessoas voltadas para a nossa civilização (e que não tiverem tempo de se realizar noutra atividade) é o que se pode chamar de pensão estatal. Não repara nem indeniza os esforços desses três irmãos que foram voluntários idealistas em favor da cultura indígena, mas, apenas, reconhece o seu esforço extraordinário.

Capítulo 143 – Portadores de Hanseníase

Com a Medida Provisória n. 373/07 o Governo Federal resolveu implantar uma pensão especial devida às pessoas atingidas pela hanseníase e que foram isoladas e internadas compulsoriamente em hospitais-colônias até o dia 31.12.1986.

Essa norma foi regulamentada pelo Decreto n. 6.168/07. Em 2008 a IN INSS n. 30/08 tratou dos aspectos administrativos. Nesse ano tinham sido requeridos e atendidos 382 pedidos. Há uma previsão de 3.000 portadores da doença e uma despesa anual de 27 milhões de reais.

A Lei n. 9.010/95 determinou que a expressão "lepra" não mais fosse usada em qualquer documento público e verdadeiramente ela está entrando em desuso. Tornou-se politicamente incorreta.

Num passado remoto, a Lei n. 3.230/57 determinou que o segurado acometido pela hanseníase não perdia a qualidade de segurado (ela deve ter sido revogada pela LOPS).

Valor do benefício

Inicialmente a pensão foi concebida como sendo de R$ 750,00 e em 2010, com os reajustamentos, estava em R$ 883,00.

Reajustamento do valor

O benefício é reajustado conforme as prestações do RGPS que estejam acima do salário-mínimo, ou seja, praticamente a variação integral do INPC.

Natureza jurídica

Trata-se de uma renda mensal vitalícia intransferível aos dependentes ou herdeiros do titular. As fontes normais atribuem uma característica de pensão indenizatória e esse Estado assumirá legalmente, ainda que assim não seja.

Data do início

O benefício começa com a DER e quando da edição da lei decidiu-se que seriam pagos atrasados desde 25.5.2007.

Imprescritibilidade do direito

Por determinação legal o benefício é imprescritível, logo, pode ser solicitado a qualquer momento.

Abono anual

Não há direito ao abono anual.

Destinatário do pedido

O pedido deve se encaminhado ao Secretário Especial de Direitos Humanos da Presidência da República — Comissão Interministerial da Avaliação (Hanseníase). Depois, o INSS receberá o pedido, instruirá a concessão e pagará o benefício.

Regra de acumulação

É possível acumular com qualquer benefício do RGPS.

Acumulação com Talidomida

É possível acumular com o benefício Síndrome da Talidomida; a hipótese é remota.

Percepção da LOAS

Embora a Cartilha Informativa da Secretaria Especial de Direitos Humanos, em seu item 14, diga não haver essa possibilidade, a IN INSS n. 30/08, autoriza essa acumulação com o benefício da LOAS.

Imposto de Renda

O valor está isento do IR.

Capítulo 144 – Pensões Políticas

Em várias hipóteses, por motivos políticos (geralmente, atentados) ou não (acidentes do trabalho), a União entende-se responsável pelos acontecimentos e julgou melhor indenizar a vítima ou seus parentes.

Luiz Felippe Monteiro

A Lei n. 10.705/03 instituiu pensão especial, mensal e vitalícia a favor de Luiz Felippe Monteiro Dias, filho de Lyda Monteiro da Silva, vítima de um atentado ocorrido em 27.8.1980, no Rio de Janeiro.

Na época, a renda inicial foi fixada em R$ 500,00. O montante inicial é atualizado nos mesmos índices e critérios estabelecidos para os benefícios do RGPS.

Além de indenizatório, o benefício é personalíssimo e não se transmite aos herdeiros do beneficiário. Caso o dependente interessado ingresse com ação contra a União, as importâncias pagas serão deduzidas de qualquer eventual indenização devida.

Mario Kozel Filho

Mário Kozel e Terezinha Lana Kozel, pais do soldado Mário Kozel Filho, que faleceu vítima de atentado ocorrido em 1968, foram aquinhoados com uma pensão especial, mensal e vitalícia (Lei n. 10.724/03).

O valor mensal inicial foi estabelecido em R$ 330,00. O valor mensal será atualizado nos mesmos índices e critérios estabelecidos para os benefícios do RGPS.

Da mesma forma indenizatória, a pensão é personalíssima e não se transmite aos herdeiros dos dois beneficiários. As importâncias pagas serão deduzidas de qualquer indenização que a União venha a desembolsar em razão do acontecimento.

Centro de Lançamento de Alcântara

A Lei n. 10.821/03 concedeu indenização aos dependentes dos servidores do programa espacial brasileiro, que faleceram, vítimas de acidente ocorrido com o foguete VLS-1, em 22.8.2003, no Centro de Lançamento de Alcântara – MA.

Os servidores falecidos foram:

Amintas Rocha Brito; Antonio Sergio Cezarini; Carlos Alberto Pedrini; Cesar Augusto Costalonga Varejão; Daniel Faria Gonçalves; Eliseu Reinaldo Moraes Vieira; Gil Cesar Baptista Marques; Gines Ananias Garcia; Jonas Barbosa Filho; José Aparecido Pinheiro; José Eduardo de Almeida; José Eduardo Pereira II; José Pedro Claro Peres da Silva; Luis Primon de Araújo; Mario Cesar de Freitas Levy; Massanobu Shimabukuro; Mauricio Biella de Souza Valle; Roberto Tadashi Seguchi; Rodolfo Donizetti de Oliveira; Sidney Aparecido de Moraes; e Walter Pereira Junior.

As importâncias serão deduzidas de qualquer indenização que a União venha a desembolsar em razão do acidente. Será paga em parcela única, corresponderá ao produto do montante total do valor da remuneração fixa, percebida pelo servidor falecido, no mês anterior ao da ocorrência do óbito, pelo número de anos remanescentes quando completaria 65 anos.

São consideradas remuneratórias as seguintes rubricas: vencimento básico; vantagem pessoal a título de adicional por tempo de serviço; Gratificação de Desempenho de Atividade de Ciência e Tecnologia; vantagem pecuniária individual; e vantagem pessoal decorrente de quintos ou décimos incorporados.

Em nenhuma hipótese o *quantum* será inferior a R$ 100.000,00 e será deferida aos dependentes na ordem de preferência estabelecida pelo PBPS. Até completarem 24 anos, os dependentes desses servidores terão direito à bolsa-educação especial, a ser paga mensalmente mediante depósito em conta bancária vinculada.

A bolsa somará R$ 400,00 mensais por dependente, atualizada anualmente, sempre no mês de janeiro, adotando-se o índice legalmente estipulado para o reajuste das mensalidades escolares das instituições particulares de ensino.

Alcir José Tomasi

Ficam concedidos esses benefícios aos dependentes legais do subtenente do Exército Alcir José Tomasi.

Orlando Lovecchio Filho

A Lei n. 10.923/04 concedeu uma pensão especial, mensal e vitalícia a Orlando Lovecchio Filho, vítima de atentado ocorrido em 19.3.1968, que resultou na perda de membro e incapacidade funcional laborativa permanente.

O valor foi estabelecido em R$ 500,00 e é atualizado nos mesmos índices e critérios estabelecidos para os benefícios do RGPS.

As importâncias pagas serão deduzidas de qualquer indenização que a União venha a desembolsar em razão do acontecimento.

O benefício é personalíssimo e não se transmite aos herdeiros do beneficiário.

Capítulo 145 – Césio 137 de Goiânia

No dia 13.9.1987 ocorreu um grave acidente nuclear em Goiânia, classificado como nível 5 na Escala Internacional de Acidentes Nucleares. Uma cápsula de cloreto de sódio provinda do Laboratório Nacional de OAK Ridge, EUA, foi abandonada pelo Instituto Goiano de Radioterapia (IGR) e descoberta num lixão. Consta que nesses 35 anos seis pessoas morreram e existam ainda 628 contaminados.

Pensão goiana

A Lei n. 14.226/02, do Estado de Goiás, propicia uma pensão especial de R$ 800,00 para quem se expôs a 100 RAD e de R$ 400,00 para os demais contaminados. Cerca de 397 servidores municipais de Goiânia recebem R$ 482,00.

Descendentes do contaminado

A Lei n. 9.425/96 assegura pensão especial de: "150 (cento e cinquenta) UFIR para os descendentes de pessoas irradiadas ou contaminadas que vierem a nascer com alguma anomalia em decorrência da exposição comprovada dos genitores ao Césio 137" (art. 2º, IV).

Dano moral

Tramitam muitos processos na Justiça Federal contra a União, em que os autores reclamam dano moral.

Prova da contaminação

Para os fins do benefício, a prova do evento determinante é um laudo técnico pericial emitido por junta médica da Fundação Leide das Neves Ferreira, de Goiânia.

Pensão da pensão

Falecendo o titular, os seus dependentes não têm direito a uma pensão. O direito é pessoal e intransferível.

Direito individual

O policial militar Ivo Alves da Paixão reclamou e recebeu uma pensão especial de R$ 400,00, decidida na 3ª Câmara Civil do TJ de Goiânia, e relatada pelo desembargador Walter Carlos Lemes (AC n. 86.857-0/181, *in* Proc. n. 2005.00393774, de 18.6.2005).

Projeto de Lei

O deputado federal João Campos (PSDB/GO), mediante o Projeto de Lei n. 816/03, que tramita no Congresso Nacional, pretende alterar a Lei n. 9.425/96.

Capítulo 146 – Seguro de Vida

Além da proteção previdenciária básica e complementar, qualquer pessoa pode contratar as mensalidades de uma pensão por morte que cubra o falecimento do segurado com uma seguradora, nos termos da legislação que disciplina essa avença específica (Código Civil, arts. 789/813).

Contrato de seguro

O seguro de vida é um contrato bilateral formal e escrito, celebrado entre duas pessoas: a) uma pessoa física (segurado) e b) uma pessoa jurídica (seguradora). Tenta-se reparar a perda da vida do segurado, estipulador ou não, propiciando algum conforto à sua família ou a quem ele designou como beneficiária dessa proteção de natureza civil.

Para Emerson Toro de Abreu "é aquele pelo qual uma das partes (segurador) se obriga para com outra (segurado), mediante o pagamento de um prêmio a garantir-lhe interesse legítimo, relativo à pessoa ou à coisa, a indenizá-la de prejuízo decorrente de riscos futuros previsto no contrato (art. 757 do Código Civil de 2002)" (O Contrato de Seguro no Brasil e suas Características, *in Rep. de Jurisp. IOB* da 2ª quinzena de jul. 2011, n. 14, vol. III, p. 502).

Segurado e seguradora

A relação jurídica estabelecida envolve uma seguradora e um segurado, podendo envolver terceiros (pessoa física ou jurídica que arcará com o dever de custear o seguro).

Normas subordinantes

Na condição de um contrato civil, essa avença segue as regras do Código Civil, tem natureza civil e observa a regulamentação das normas próprias do seguro privado (Decreto-lei n. 73/66).

Dessas normas deflui a necessidade de que a apólice do seguro defina exata, precisa e claramente qual a contingência protegida, por exemplo, se apenas o falecimento ou inclui o desaparecimento e a ausência do segurado.

Tipos de sinistro

O risco coberto pode ser a morte natural ou acidentária. Nos dois casos, uma adução à pensão por morte previdenciária, se o segurado for filiado ao RGPS. Ou, em relação ao não segurado, sem qualquer vínculo com a Previdência Social. Um benefício de pagamento único ou continuado é acumulável com outras técnicas de proteção social.

Estipulador do seguro

O seguro de vida pode ser estipulado por pessoa física ou jurídica (CC, art. 801). Neste caso terá de explicitar o motivo da estipulação em favor de terceiros (CC, art. 790). Para o cônjuge, ascendente ou descendente, a motivação é presumida.

Suicídio do segurado

De acordo com o art. 798 do Código Civil:

> "O beneficiário não tem direito ao capital estipulado quando o segurado se suicida nos primeiros dois anos de vigência inicial do contrato, ou da sua recondução depois de suspenso, observado o disposto no parágrafo único do artigo antecedente."

Duração do contrato

O contrato pode ser celebrado com duração anual e perdurar indeterminadamente (CC, art. 796).

Prêmio mensal

Todos os meses o segurado ou o estipulador recolherá uma contribuição a favor do segurador, designada como prêmio, suficiente para que o segurador possa dar cumprimento à cobertura. Deixando de fazê-lo, perece o seguro de vida.

Indenização prevista

A indenização prevista no acordo será aferida conforme o ajustado na apólice, podendo ser um capital de pagamento único ou uma renda programada ou vitalícia.

Período de carência

O segurador poderá estipular um período de carência durante o qual não cobrirá o risco morte. Neste caso terá de devolver o que foi pago (CC, art. 797), deduzidas as despesas de administração e o custo da apólice.

Apólice de seguro

Uma cópia desse contrato leva o nome de apólice e dela constarão as cláusulas acordadas entre as duas partes. É de suma importância que todas as condições estejam previstas (ainda que façam parte da lei), de forma clara e compreensível e escritas em letra de corpo que permita a leitura do comum dos mortais.

Autorizados a segurar

Somente as sociedades anônimas, bancos e seguradoras podem operar com o seguro de vida (Decreto-lei n. 73/66).

Faculdade de contratação

A contratação é facultativa, ninguém é obrigado a operá-la, mas em alguns casos a lei fixa esse dever para terceiros estipulantes: Lei do Estágio Profissional, Lei dos Jogadores de Futebol etc.

Abrangência da clientela

O seguro pode ser individual ou em grupo.

Parte beneficiária

Se da apólice não consta o beneficiário do seguro ou se esse beneficiário perder essa condição, 50% do capital segurado será devido "ao cônjuge não separado judicialmente, e o restante aos herdeiros do segurado, obedecida a ordem da vocação hereditária" (CC, art. 792).

Caso nenhuma dessas pessoas esteja habilitada serão "beneficiários os que provarem que a morte do segurado os privou dos meios necessários à subsistência" (parágrafo único).

Designação de companheiro

Um segurado separado judicialmente ou separado de fato, poderá indicar o companheiro como beneficiário (CC, art. 793).

Capital segurado

O capital segurado, no caso de morte, não está sujeito às dívidas do segurado (CC, art. 794).

Acumulação com seguro social

Antonio de Paula Muniz Correa, à luz do art. 7º, XXVIII, da Carta Magna, garante que o seguro de vida pode ser acumulado com o seguro previdenciário (Seguro por morte decorrente de acidente do trabalho, *in RPS* n. 338/5).

Capítulo 147 – Seguro Obrigatório

Os acidentes de trânsito propiciam uma cobertura securitária distinta com um pagamento indenizatório do tipo pecúlio, para a hipótese da ocorrência da morte do segurado, mediante um seguro obrigatório a ser custeado pelo proprietário de veículo automotor, conhecido com DPVAT (Lei n. 6.194/74).

Cobertura do seguro

São cobertos os "Danos pessoais causados por veículos automotores de via terrestre, ou por sua carga, a pessoas transportadas ou não" (art. 20, do Decreto-lei n. 73/66, na redação da Lei n. 6.194/74).

Obrigatoriedade dos contribuintes

O DPVAT é um seguro obrigatório para os proprietários de veículos automotores.

Companhias seguradoras

O seguro é celebrado *ex vi legis* com companhias seguradoras, que se tornam os devedores da obrigação.

Cobertura da morte

Ocorrendo o falecimento do segurado em virtude do acidente, sobrevirá uma indenização no valor de 40 salários-mínimos, ou seja, R$ 24.880,00 em 2012 (art. 3º, I).

Beneficiários da proteção

De modo geral, os destinatários do segurado obrigatório praticamente são os dependentes do segurado previstos na legislação previdenciária, ou seja, cônjuges, companheiros e filhos (art. 4º).

União civil

Ate que fosse revogado, o valor era devido ao cônjuge sobrevivente na constância do casamento; na sua falta, aos herdeiros legais (art. 4º, § 1º).

União estável

Curiosamente, o art. 4º, § 1º distinguia entre o homem e a mulher. Para a companheira, a legislação previdenciária e para os companheiros, exige-se uma convivência *more uxore* de cinco anos.

Beneficiários incapazes

Também revogado no caso do direito de beneficiário incapaz, o valor será pago a quem detiver a "guarda, sustento ou despesas conforme dispuser alvará judicial" (art. 4º, § 2º).

Prazo para o pagamento

Depois de apresentados os documentos, o prazo para a quitação será de 30 dias (art. 5º, § 1º).

Causadores não identificados

Quando não se lograr identificar o causador da ocorrência infortunística, um consórcio de seguradoras será responsável pelo pagamento.

Acumulação da proteção

Esse pecúlio indenizatório pode ser acumulado com as prestações securitárias e também com eventuais seguros facultativos (art. 9º).

Remissão do CC

Em seus arts. 789/802, o Código Civil dispõe sobre o seguro de pessoa.

Prazo de prescrição

Por não se tratar de seguro de responsabilidade civil, para Henrique Lima, escrevendo em 2007, seria de 10 anos (*in Jus Navigandi*). Há dúvida se são esses dez anos ou três anos (CC, art. 206, § 3º).

Capítulo 148 – Indenizações Particulares

Quando declarado culpado pela morte de uma pessoa, o responsável poderá ser acionado para promover uma reparação financeira aos dependentes, herdeiros ou sucessores da vítima.

A quitação será mediante um pagamento único, na forma de um pecúlio (um capital acumulado), uma renda mensal programada ou vitalícia.

Indenização civil

Este tipo de indenização não é uma pensão por morte com natureza securitária, ele tem essência civil, em razão da responsabilidade do autor da ilicitude.

Tomando-se como exemplo outros pagamentos assemelhados, algumas das regras jurídicas do benefício previdenciário devem ser assimiladas ou invocadas, em particular aquelas que dizem respeito ao seguro privado.

Tipos de renda

O interessado deve ter em mente diferença entre a renda programada, que perdurará por tempo determinado e será de valor maior e o da renda vitalícia, que não tem prazo para o vencimento da obrigação.

Constituição de capital

Tendo em vista a duração do ônus mensal da indenização, o CPC autoriza a constituição de um capital acumulado para responder por essa obrigação.

Diz o art. 20, § 5º, do CPC:

> "Nas ações de indenização por ato ilícito contra pessoa, o valor da condenação será a soma das prestações vencidas com o capital necessário a produzir a renda correspondente às prestações vincendas (art. 602), podendo estas ser pagas, também mensalmente, na forma do § 2º do referido art. 602, inclusive em consignação na folha de pagamentos do devedor."

Indenização acidentária

Às vezes, o credor da obrigação põe em dúvida a capacidade do devedor de cumprir a obrigação. Nesse caso, o indenizador tem a obrigação de constituir um capital garantido da obrigação para a solução da condenação, a despeito da idoneidade financeira do empregador (CPC, art. 20, § 5º e art. 475-Q), foi o que decidiu a 2ª Turma do TRT da 3ª Região no RO n. 00436.2008.090.03.00-3, relatado pelo desembargador Sebastião Geraldo de Oliveira, em 4.5.2009, *in Rep. de Jurisp. IOB* da 1ª quinzena de jun. 2009, p. 347).

Capítulo 149 – Rendas Estatais

Em nosso ordenamento jurídico subsistem várias disposições estabelecendo a responsabilidade do Estado em relação às pessoas físicas que tenham ilicitamente sofrido danos materiais (ou morais) causados pelos seus agentes, ressaltando-se quando a ação governamental levou o cidadão à morte e deixando membros de sua família ao desamparo.

As principais hipóteses em que isso sucede são: a) ações policiais; b) repressões durante manifestações; c) condenação de inocentes; d) desabamentos; e) inundações; f) incêndios etc.

Condenado pelo Poder Judiciário, ou espontaneamente, o Estado tem de ressarcir as perdas correspondentes na forma de um pecúlio ou de uma renda constituída, muitas vezes confundida com a pensão por morte usual.

Responsabilidade do Estado

O art. 5º, V, da Carta Magna lapidarmente informa:

> "é assegurado o direito de resposta, proporcional ao agravo, além da indenização por *dano material, moral ou à imagem*" (grifos nossos).

Exemplificativamente, se alguém foi apenado por um delito que não cometeu, cumpriu a pena ou não, ele deve ser reparado pela União, com possível ação regressiva (CF, art. 37, § 6º).

Danos material e moral

O inciso X do mesmo art. 5º assegura alguns direitos da personalidade a serem preservados:

> "são invioláveis a intimidade, a vida privada, a honra e a imagem das pessoas, assegurado o direito a indenização pelo *dano material ou moral* decorrente de sua violação" (grifos nossos).

Responsabilidade de terceiros

Até mesmo pessoas estranhas ao serviço público podem implicar em responsabilidade do Estado.

Nesse sentido a Lei Maior diz:

> "As pessoas jurídicas de direito público e as de direito privado prestadoras de serviços públicos responderão pelos danos que seus agentes, nessa qualidade, causarem a terceiros, assegurado o direito de regresso contra o responsável nos casos de dolo ou culpa" (CF, art. 37, § 6º).

Norma civil

De certa forma, regulamentando os preceitos constitucionais, o Código Civil acentua em seu art. 186:

"Aquele que, por ação ou omissão voluntária, negligência ou imperícia, violar direito e causar dano a outrem, ainda que exclusivamente moral, comete ato ilícito."

O "aquele", aqui reproduzido é amplo e inclui os entes governamentais.

Natureza jurídica

O desembolso correspondente é uma reparação de natureza civil, em virtude de dano causado ao cidadão, regida pelo Código Civil.

Regras de acumulação

Dada a sua natureza, o pecúlio ou a renda mensal decorrente das rendas estatais são acumuláveis como quaisquer outros direitos civis ou securitários.

Valor da reparação

O montante a ser pago será fixado em cada caso, aferido conforme as condições subjetivas dos dependentes, no caso de morte, deixando claro o direito a cada um deles. O usual é aferir-se a renda devida e multiplicá-la pelo número de meses, conforme a Tábua de Mortalidade.

Atualização monetária

A norma que institua essa indenização, em virtude da manutenção da obrigação no tempo, deve prever o critério de atualização do valor, ao longo do tempo, em face da inflação. A variação integral do INPC parece ser um bom critério.

Dependentes da vítima

Os dependentes com direito à indenização devem ser mencionados expressamente na norma instituidora. Quando couber, ou na dúvida, convindo seguirem-se a regras do Direito Previdenciário.

Prêmios estatais

Às vezes, o Estado resolve premiar o patriotismo, uma ação social venturosa, o desempenho excepcional do cidadão em favor da coletividade, e até mesmo o heroísmo, por intermédio de uma renda que usualmente chama de pensão.

Estes pagamentos mensais não são indenizações civis nem prestações securitárias, mas gratificações estatais espontâneas devidas ao mérito individual do agraciado e, em alguns raros casos, se estende aos seus familiares quando do seu falecimento.

Capítulo 150 – Rendas Constituídas

Em seus arts. 803/813, o Código Civil de 2002 prevê a figura da renda constituída, que compareceu no Código Civil de 1916, sob o título de "rendas constituídas sobre imóveis".

Trata-se de um instituto jurídico nitidamente civil, que pode propiciar a subsistência de pessoas componentes de uma família, assemelhando-se à renda do segurado e até mesmo, *mutatis mutandis*, de pensionamento para os dependentes, mas sem se confundir com a pensão por morte previdenciária. Com a qual poderá acumular.

Conceito mínimo

Nesse contrato, nasce a obrigação de alguém de fazer pagamentos periódicos a quem lhe entregou esse capital. Com receio de não poder administrar por largo tempo os frutos de um bem de sua propriedade, esse bem é repassado ao devedor da obrigação que assume o ônus de promover os pagamentos durante certo tempo ou até o fim da vida desse credor.

Natureza da constituição

Trata-se de um contrato civil celebrado entre duas pessoas: o rendeiro ou devedor e o beneficiário da futura renda ou credor. Poderá ser a título gratuito, sem qualquer obrigação do beneficiário ou a título oneroso, ou seja, oferecendo o bem que garantirá os pagamentos. Normalmente é um ato bilateral, mas admite-se a figura da unilateralidade.

Forma de pagamento

O pagamento poderá ser em espécie ou mediante a cessão de bens.

Garantia do credor

Durante a elaboração do ajuste, o credor da renda constituída poderá exigir que o rendeiro ofereça garantia real ou fidejussória. Uma modalidade factível é a constituição de um capital.

Prazo de duração

O prazo pode ser até à morte do credor, ou seja vitalícia, ou por prazo determinado.

Beneficiário

O contratante poderá indicar uma pessoa ao rendeiro para que seja o beneficiário da renda.

Formalidade

Dada a sua natureza eminentemente formal, a constituição da renda impõe a elaboração de uma escritura pública registrada em cartório de títulos e documentos.

Credor falecido ou doente

Não tem validade a estipulação da renda em favor de pessoa falecida ou que venha a falecer dentro de 30 dias.

Bens oferecidos

Quando forem oferecidos bens em garantia, estes entram na posse do beneficiário.

Ação de exigência

Não satisfeito, o credor poderá acionar o rendeiro para que cumpra as suas obrigações.

Modalidade de pagamento

O pagamento pode ser único ou mensal.

Estipulação genérica

Quando da estipulação genérica envolvendo mais de uma pessoa, sem que fique clara a divisão, os direitos são iguais.

Direito dos sobreviventes

A relação é *intuitu personae* não passando aos sobreviventes.

Isenção de execuções

O instituidor poderá especificar que a renda fique "isenta de todas as execuções pendentes e futuras" (CC, art. 813).

Pensões alimentícias

A instituição prevalece em face de montepios e pensões alimentícias.

Capítulo 151 – Indenizações Civis

As chamadas pensões civis não são benefícios previdenciários. Nem necessariamente pensões por morte. Têm natureza de reparação de algum dano causado à vítima, que se torna o titular do direito à indenização. Também não se confunde com as prestações estatais.

Conceito básico

Indenizações civis são obrigações indenizatórias devidas às pessoas, seguradas da Previdência Social ou não, ou aos seus sucessores, que sofreram dano material por culpa do responsável pelo infortúnio, causando-lhes sofrimentos, incapacidade para o trabalho e até a morte.

Essa indenização, atribuída a alguém deflui da culpa civil por um dano ilícito causado a alguém.

Natureza jurídica

Esses pagamentos são reparações civis regidas pelo Direito Civil, que diz:

> "Aquele que, por ação ou omissão voluntária, negligência ou imprudência, violar direito e causar dano a outrem, ainda que exclusivamente moral, comete ato ilícito" (CC, art. 186).

Titularidade do direito

Duas pessoas podem ter direito a essa prestação reparatória: a) a vítima e b) os seus herdeiros.

Súmula STF n. 229

Em termos de legislação previdenciária, no caso do falecimento do trabalhador em virtude de acidente do trabalho, comprovada a culpa do empregador cogita-se da Súmula STF n. 229:

> "A indenização acidentária não exclui a do direito comum, em caso de dolo ou culpa grave do empregador."

Esta súmula completará 50 anos em 2013. Foi concebida quando a legislação acidentária previa uma indenização devida ao empregado, em caso de acidente do trabalho.

Os benefícios infortunísticos que resistiram à indistinção entre as causas comuns e as causas ocupacionais foram: o auxílio-doença acidentário e aposentadoria por invalidez acidentária e o auxílio-acidente. Para os dependentes do segurado, a pensão por morte.

Com vistas ao art. 927 do Código Civil, Maurício S. Bastos põe em dúvida se o seu art. 186 teria inovado em relação ao art. 159, mas diante do disposto no art. 7º,

XXVIII, da Constituição Federal, conclui que nada se alterou e que é a culpa aquiliana (Atualidade da Súmula n. 229 do STF, disponível na *internet*).

O art. 31 da Lei n. 7.036/44 tratava do dolo do empregador ou dos seus prepostos como uma causa para a indenização.

Carta Magna

Diz esse art. 7º, XXVIII, da CF:

> "seguro contra acidentes de trabalho, a cargo do empregador, sem excluir a indenização a que este está obrigado, quando incorrer em dolo ou culpa."

Quer dizer, a duplicidade de indenização é constitucional, um equívoco histórico perpetuado, provocando uma desnecessária indisposição das empresas.

Código Civil

O Código Civil brasileiro de 1916 dizia:

> "Aquele que, por ação ou omissão voluntária, negligência ou imprudência violar direito, ou causar prejuízo a outrém, fica obrigado a reparar o dano" (art. 159).

Na versão da Lei n. 10.406/02 colhe-se:

> "Aquele que, por ação ou omissão voluntária, negligência ou imprudência, violar direito e causar dano a outrem, ainda que exclusivamente moral, comete ato ilícito" (art. 186).

Quando se fala em direito comum refere-se ao Direito Civil.

Disposição do PBPS

Em seu art. 121 o PBPS reafirma a súmula epigrafada:

> "O pagamento, pela Previdência Social, das prestações por acidente do trabalho não exclui a responsabilidade civil da empresa ou de outrem."

Posição doutrinária

Diversos autores, entre os quais José Luiz Dias Campos e Adelina Bitelli Dias Campos, sustentam haver sido a vontade da Assembleia Nacional Constituinte incluir também o dolo ou culpa leve como determinantes da indenização civil (*Acidentes do Trabalho*. 2. ed. São Paulo: LTr, 1991).

Por outro lado, *Martinho Garcez Neto* extrema ao arrolar vários estudiosos, entre os quais Araujo de Castro, Aguiar Dias, R. Amorim, A. Médici Filho e Savatier, convencidos de a vítima do acidente de trabalho não poder optar pela indenização comum (*Prática da Responsabilidade Civil*. 4. ed. São Paulo: Saraiva, 1989. p. 22-23).

Como demonstra Rubens Camargo Mello, a Súmula STF n. 229 há de ser estudada antes e após a Constituição Federal de 1988 ("A Súmula n. 229 do STF ante a Constituição Federal de 1988", *in RPS* n. 112/200).

Na verdade, historicamente a súmula vem sendo recepcionada, enfatizada e reconhecida como o instrumento de restabelecimento da antiga indenização infortunística, que o legislador ordinário retirou da legislação.

Dolo pessoal

Dolo é a disposição consciente da pessoa de cometer a ilicitude ou de buscar resultado danoso a alguém. No caso das empresas, certamente serão raras as hipóteses em que o empregador deseja o mal pessoal do empregado.

Culpa genérica

Age com culpa quem procede de modo que, mesmo não objetivando um resultado danoso, ele acaba sendo atingido. Conhece as três hipóteses tradicionais: imprudência, imperícia e negligência.

Inocorrente o dolo e a culpa, afirmamos: "Nos demais casos, relativos aos acidentes naturalmente decorrentes da atividade laborativa, prevalece a reparação transferida ao Estado, isto é, através da prestação previdenciária acidentária, e nada mais. Dentre essas, a culpa moderada, leve ou levíssima está excluída dos efeitos jurídicos da dita Súmula" (*Comentários à Lei Básica da Previdência Social, Tomo II — Previdência Social*. 7. ed. São Paulo: LTr, 2006. p. 579).

Culpa grave

Incide na culpa grave o empregador que não toma o mínimo cuidado na prevenção acidentária.

Em 12.6.2008, o relator Enio Santarellli Zulian atribuiu culpa ao empregador por ter havido morte numa briga generalizada no refeitório da empresa, devido ao manuseio de ferramenta classificada como arma letal (Apelação n. 409.648-A/3.00, da 4ª Câmara do TJ/SP, *in Revista IOB* de agosto de 2008).

Trabalhadores de terceiros

Em virtude da terceirização, as empresas contratam diferentes pessoas (colaboradores de pessoas jurídicas, temporários, cooperados, autônomos etc.) que prestam serviços nos seus estabelecimentos.

Nestes casos, a despeito de os acidentes sobrevirem nas suas unidades, a responsabilidade não se dilui entre a fornecedora e a tomadora da mão de obra. Entende-se que é o ambiente que gera o infortúnio.

Bis in idem

Considerando que a empresa contribui com a taxa de acidentes do trabalho (historicamente uma transferência da responsabilidade do empregador para o INSS) e que no caso de culpa assume o dever de reparar a Previdência Social (PBPS, art. 120), ainda ter de indenizar civilmente o trabalhador seguramente é um indesejável *bis in idem*.

José Antonio Ribeiro de Oliveira Silva lembra o vetusto art. 31 do Decreto-lei n. 7.036/44 ("O pagamento da indenização estabelecida pela presente lei exonera o empregador de qualquer outra indenização e direito comum, relativa ao mesmo acidente, *a menos que esse resulte de dolo ou culpa seu ou de seus prepostos*". (grifos nossos) (A responsabilidade objetiva do empregador pelos danos decorrentes de acidente do trabalho. São Paulo: *Revista LTr* n. 74-01, p. 54-64).

Titulares da ação

Como é usual, geralmente telegráfica, a súmula não especifica quais são as pessoas que desfrutam da titularidade para ingressar com a ação de indenização do dano causado à família. Tratando-se de uma reparação com caráter civil, não previdenciária, serão os sucessores ou herdeiros, podendo-se invocar o art. 16 do PBPS.

Tipos distintos

Em termos de responsáveis, as pensões civis são públicas ou privadas. São públicas quando devidas pelo Estado e privadas na hipótese de a responsabilidade ser cometida a pessoa física ou jurídica de direito privado.

Modalidades da renda

As mensalidades da renda mensal podem ser vitalícias ou programadas. As programadas admitem regra de reversão.

Definição da mensalidade

O montante da mensalidade da indenização deve ser objeto de cálculo que aferirá a idade da pessoa a ser indenizada, uma tábua de mortalidade, sua condição socioeconômica, quanto ganharia e a sua expectativa de vida.

Independência das ações

As pensões civis independem de outras pensões.

Expectativa de vida

A expectativa de vida será aferida a partir de uma tábua de mortalidade reconhecida como válida em matéria de cobertura.

Tábua de mortalidade

A tábua de mortalidade será a mais atual possível, admitindo-se a possibilidade de inovação pelo menos a cada cinco anos.

Garantia da obrigação

A decisão do cumprimento da obrigação pode prever uma garantia a ser oferecida pelo devedor dessa obrigação.

Atualização monetária

Uma cláusula do contrato deve prever a modalidade da atualização monetária dos valores.

Cumulação civil e previdenciária

A indenização civil pode ser acumulada com a prestação previdenciária, foi o entendimento do STJ n. AR – AI n. 875.536/RS no Proc. n. 2007.0039583-6, Ministro Luiz Felipe Salomão, 19.10.2010, *in Revista Síntese* n. 258, de dez. 2010, p. 159-163.

Óbito anterior

As duas partes que avençam uma renda vitalícia (preferindo-a à renda programada) devem saber que o segurado pode falecer antes do idealmente programado ou ultrapassar esse mesmo prazo.

Um óbito que ocorra antes da expectativa de vida fixada em 70 anos quando da quantificação da renda não gera o dever de quitá-la, encerrando com a data do óbito do segurado (TRT da 3ª Região, AP n. 1373.2005.038.03.00-7 – Turma Especial, relatada pelo desembargador *Heriberto de Castro*, 12.11.2008 – *Rep. de Jurisp. IOB* de jan. 2009, p. 8).

Capítulo 152 – Economistas Paulistas

Do mesmo modo como sucedeu com os advogados, os economistas paulistas puderam se filiar a um regime de previdência social denominado Carteira de Previdência dos Economistas de São Paulo (Lei n. 7.384/62), administrado pelo IPESP. A lei introdutória foi regulamentada pelo Decreto Estadual n. 43.544/64.

Como os economistas autônomos ou empregados já eram segurados obrigatórios do RGPS desde a LOPS, essa cobertura assumiu caráter de previdência complementar de fato.

Profissionais cobertos

Eram protegidos os economistas profissionais e provisionados inscritos no CREP da 2ª Região (SP) e seus dependentes, designados como beneficiários.

Tipos de segurados

Diferentemente da Carteira de Previdência dos Advogados, a filiação era obrigatória para os menores de 50 anos e facultativa para quem tivesse mais do que essa idade.

Aposentadorias possíveis

Era garantida a aposentadoria por invalidez, a por tempo de contribuição aos 30 anos e a por idade (65 anos). O valor era dividido em duas partes: um salário-mínimo mais uma base variável, que dependia do tempo de contribuição (redação da Lei n. 2.489/80).

Pensão por morte

Era devida aos dependentes do economista enquadrados em dois núcleos auto-excludentes.

Núcleo básico

Fazia jus ao benefício:

a) a viúva, ainda que desquitada, desde que percipiente de pensão alimentícia e o marido inválido;

b) os filhos inválidos;

c) os filhos menores de 21 anos ou frequentando ensino superior até 25 anos;

d) as filhas solteiras até 25 anos.

Núcleo amplo

Do núcleo amplo fazia parte:

a) o pai inválido ou a mãe viúva;

b) a mãe casada com pai inválido;

c) uma pessoa designada.

Exclusão de dependentes

Como se dá com o art. 16 do PBPS, os beneficiários do núcleo básico excluíam os demais dependentes.

Renda mensal

Correspondia a 30% da aposentadoria mais 8% para cada dependente.

Para o segurado ativo, 70% da aposentadoria.

Experiência Americana

A tábua de mortalidade adotada era a "Experiência Americana".

Cessação do benefício

Os pagamentos cessavam com a morte do pensionista, casamento ou união estável, limite de idade, recuperação da higidez do inválido.

Período de carência

O benefício reclamava 12 contribuições mensais.

Prazo de prescrição

Estranhamente, era de 36 meses a contar da morte do segurado o direito à pensão.

Capítulo 153 – Cartorários Paulistas

Até que a matéria fosse regulamentada pela Lei n. 8.935/94, a filiação previdenciária dos cartorários esteve confusa, precariamente regulamentada e resolvida diferentemente em cada Estado da República. Em alguns casos, foram tidos como estatutários, noutros, celetistas, e até filiados a um regime especial.

Os dependentes desses cartorários podem ser divididos em três grupos: a) dos que faleceram até o advento dessa Lei n. 8.935/94; b) dos falecidos após sua data do início de vigência e estão no RGPS; e c) dos falecidos após a Lei n. 8.935/94 que optaram pelo regime público.

Até a Lei n. 8.935/94, ombro a ombro trabalhavam pessoas sujeitas ao RGPS e a um RPPS, de modo que o cálculo da pensão por morte depende de cada situação.

Notários e registradores

São considerados cartorários os: "I – tabeliães de notas; II – tabeliães e oficiais de registro de contratos marítimos; III – tabeliães de protesto de títulos; IV – oficiais de registro de imóveis; V – oficiais de registro de títulos e documentos, e civis das pessoas jurídicas; VI – oficiais de registros civis das pessoas naturais e de interdições e tutelas; VII – oficiais de registro de distribuição" (art. 5º).

Prepostos admitidos

Os notários e os oficiais de registro podem contratar escreventes, substitutos, e auxiliares como empregados, com remuneração livremente ajustada e sob o regime da legislação do trabalho.

Contagem recíproca

Esses cartorários são atualmente vinculados ao RGPS e têm assegurada a contagem recíproca de tempo de serviço em sistemas diversos.

Regime especial

Os notários e os oficiais de registro puderam contratar, segundo a legislação trabalhista, seus atuais escreventes e auxiliares de investidura estatutária ou em regime especial desde que estes aceitem a transformação de seu regime jurídico, em opção expressa no prazo de 30 dias, contados da publicação da Lei n. 8.935/94.

Sobrevindo a opção, o tempo de serviço prestado será integralmente considerado, para todos os efeitos de direito. Sem a opção, os escreventes e auxiliares de investidura estatutária ou em regime especial continuarão regidos pelas normas aplicáveis aos servidores ou pelas editadas pelo Tribunal de Justiça respectivo. Quer dizer, fazem parte de um RPPS, normalmente estadual.

Direito adquirido

Aquelas notários e oficiais de registro, quando da aposentadoria esteve assegurada percepção de proventos de acordo com a legislação que anteriormente os regia, desde que tenham mantido as contribuições nela estipuladas até a data do deferimento do pedido ou de sua concessão.

O disposto neste artigo aplica-se aos escreventes e auxiliares de investidura estatutária ou em regime especial que vierem a ser contratados.

Seus proventos serão os fixados pela legislação previdenciária aludida no *caput*.

Filiação ao IPESP

Como não eram segurados obrigatórios do RGPS (INSS), em São Paulo os cartorários puderam contribuir para uma autarquia estadual, o IPESP.

Atualmente, os órgãos públicos paulistas emitem as CTC, mas elas não são homologadas pelo SPPREV, entidade sucessora do IPESP, com vistas ao acerto de contas da Lei n. 9.676/98.

O IPESP — que apenas propiciava pensão por morte dos servidores paulistas até ser substituído pelo SPPREV — não era considerado um regime próprio (Resolução CD/DNPS n. 336/68), exigência que, aliás, consta do item 6º, IX, da Portaria MPS n. 154/08, que rege as CTC.

Diante da emissão da CTC e não pairando qualquer dúvida de que o trabalhador prestou serviços remunerados para um cartório nos períodos ali mencionados, ele tem de ser considerado como sendo do RGPS. *Ipso facto*, esse período será computado pelo INSS por intermédio da contagem recíproca de tempo de serviço (arts. 94/99 da Lei n. 8.213/91).

Acerto de contas

O SPPREV, na condição de sucessor do IPESP, repassará as contribuições devidas *ex vi* da Lei n. 9.676/98, numa relação jurídica da qual os segurados não fazem parte, são vínculos entre uma autarquia federal (INSS) e uma autarquia estadual (SPPREV).

Homologação da CTC

Quem tem de homologar a CTC é a SPPREV, a despeito do Parecer da Consultoria Jurídica do SPPREV n. CJ-SPREV n. 25/2010 – Proc. n. 503.732/2009-1 (Anexo VII).

Se necessário for, os interessados ingressarão com ação na Justiça Estadual, para obrigar a homologação, mas o INSS não pode deixar de consignar esses períodos de trabalho. De todo modo é evidente que se houve prestação de serviços, ela tem de ser considerada pelo INSS.

O INSS deve concluir que: seja por via de contagem recíproca, como foi encaminhado o atual pedido, seja por via de cômputo comum de tempo de serviço, o certo é que os períodos de trabalho têm de ser considerados como pertencentes ao RGPS (o que, aliás, *en passant*, tem a capacidade jurídica de homologar a posterior contribuição em dobro).

Capítulo 154 – Advogados Paulistas

A Carteira de Previdência dos Advogados de São Paulo, até então gerida pelo IPESP, foi criada pela Lei n. 5.174/59 (portanto, antes da LOPS), alterada pela Lei n. 10.394/70 e, em razão da Lei n. 13.549/09, ambas do Estado de São Paulo, encontra-se em fase de extinção.

Mas com grandes possibilidades de prosperar (*Comentários à Lei da Carteira dos Advogados*. São Paulo: LTr, 2010).

Essa Carteira do IPESP, como é conhecida, não se confunde com a OABPrev-SP, uma EFPC associativa instituída pela OAB de São Paulo (*Comentários ao Regulamento Básico da OABPrev-SP*. São Paulo: LTr, 2009).

Beneficiários da Carteira

Têm direito às prestações os advogados inscritos até quando isso foi possível (Resolução IPESP n. 272, de 21.12.2007), com direito a um de dois tipos de aposentadoria: a) por inscrição e b) por invalidez. E os seus dependentes.

Dependentes do advogado

São dois grupos: primeiro, núcleo familiar básico: 1) cônjuges casados; 2) companheiros heterossexuais; 3) conviventes homossexuais. Filhos solteiros até 21 anos ou inválidos.

O segundo é constituído dos pais que provarem a dependência econômica do filho advogado.

Designação de dependentes

Seguindo a orientação do RGPS, *ex vi* da Lei n. 9.528/97, não há possibilidade de designação de dependentes.

Segurado e dependentes

Na hipótese de ambos os casados ou unidos serem advogados inscritos, eles serão segurados e mutuamente dependentes. Nesse caso, falecendo o primeiro deles, o supérstite fará jus à pensão por morte, sem prejuízo de eventual aposentadoria.

Irmãos do advogado

Não existe previsão normativa para os irmãos, sejam inválidos ou não, de fazerem jus à pensão por morte.

Auxílio-reclusão

A norma vigente não previu o auxílio-reclusão e, tendo em vista a limitação constitucional de valor, provavelmente não será possível a obtenção do benefício do RGPS.

Ausência ou desaparecimento

A norma não dispôs sobre a morte presumida, mas certamente os dependentes farão jus ao benefício se a provarem suficientemente.

Mediante alvará judicial emitido pelo Poder Judiciário, os herdeiros receberão eventuais atrasados deixados pelo falecido.

Novo casamento

Se a viúva se casar novamente ou vir a manter uma união estável ela perderá o direito à pensão por morte (art. 13, I).

Impugnação de terceiros

O art. 16 da Lei n. 13.549/09 admite contestação por parte de terceiros, principalmente de companheiras.

Habilitação a *posteriori*

A possibilidade de um dependente habilitar-se fora do prazo usual é contemplada no art. 17 da norma vigente.

Valor da pensão

O montante da pensão por morte não foi disciplinado em particular, cabendo aos interessados escolher uma de quatro modalidades:

I – "pagamentos mensais de um valor correspondente a um número consoante ou decrescente de cotas, por um período determinado pelo segurado";

II – "um valor correspondente a um número constante ou decrescente de cotas, determinado com base na expectativa de vida indicada por tábuas biométricas";

III – valor mensal correspondente a 1%, 2% ou 3% "do total de cotas existentes em cada mês em nome do segurado"; e

IV – "número constante de cotas, determinado atuarial e anualmente, com base no saldo de recursos existentes no último dia do ano anterior e na expectativa de vida apontada por tábuas biométricas" (art. 11, § 1º, I/IV).

Vale recordar que o Plenário do STF em 14.12.2011 reconheceu a solidariedade e responsabilidade do Estado de São Paulo em relação à Carteira dos Advogados (ADI n. 4.291, relatada pelo Ministro Marco Aurélio).

Capítulo 155 – Polícias Paulistas

Quase todos os Estados brasileiros têm polícia militar, variando o nome (caso da Brigada Gaúcha). As médias e grandes cidades criaram polícia militarizada designada como guardas municipais.

Diante da multiplicidade de situações foi eleita a Polícia Militar de São Paulo, para saber da definição, das obrigações e dos direitos dos dependentes desses militares com vistas à pensão por morte.

Um caso particular dessas polícias militares estaduais, como força auxiliar do Exército Brasileiro, é o da Polícia Militar de São Paulo.

O policial militar paulista é um servidor estatutário e, no que diz respeito à previdência social e, em particular, à pensão por morte por ele instituída, tem um plano de benefícios regido pela recente LC Estadual n. 1.012/07.

Trata-se de um regime próprio distinto dos servidores civis em vigor, o SPPREV da LC Estadual n. 1.010/07 (que prevê normas sobre a polícia civil).

Origem histórica

A norma mais remota sobre a previdência do militares brasileiros (*in casu* lusitanos) é uma Carta Portuguesa que criou o Plano de Montepio Militar dos Oficiais do Corpo da Marinha, de 23.9.1675, e que, a partir de 7.9.1822, se tornou da Marinha Brasileira. E, logo depois, do Exército Brasileiro.

Em seguida foi organizada uma entidade civil previdenciária, na ocasião designada como caixa beneficente.

Fusão das organizações

Historicamente, o Estado de São Paulo primeiro conheceu uma Força Pública, depois, uma Guarda Civil, duas polícias estaduais que, em 1970, se fundiram na Polícia Militar de São Paulo (Decreto-lei n. 1.072/69).

Polícia militar

Com o nome inicial de Corpo de Guardas Municipais Permanentes, a Força Pública paulista foi criada em 15.12.1831. O Corpo de Bombeiros, em 1880.

Em 2012, a Polícia Militar conta com cerca de 140 mil componentes. Além do Exército Brasileiro, é o maior contingente da América Latina.

Guarda civil

A Guarda Civil de São Paulo, uma polícia civil uniformizada, foi criada pela Lei n. 2.141, de 11.10.1926, e foi extinta em 1970 (Lei n. 217/70).

Em 1894, o Tenente Coronel José Feliciano Lobo Viana propôs a criação de uma Caixa de Socorros para os bombeiros, mas não foi bem sucedido. "Caixa de Socorros" era a expressão constitucional designativa de uma instituição de previdência social.

Caixa Beneficente da Força Pública

A Lei n. 958/05, criou a Caixa Beneficente da Força Pública de São Paulo. O Decreto-lei n. 217/70 unificou essa Caixa com a da Guarda Civil e surgiu a Caixa Beneficente da Polícia Militar — CBPM (Lei n. 452/74).

Polícia feminina

Em 1955, durante o Governo Jânio Quadros, criou-se, em São Paulo, a Polícia Feminina.

Dependentes do militar

São os seguintes:

I – o cônjuge ou o companheiro ou a companheira;

II – os filhos, de qualquer condição ou sexo, até 21 anos e não emancipados, bem como os inválidos para o trabalho e os incapazes civilmente;

III – os pais, se não existirem dependentes das classes mencionadas nos incisos I ou II.

Não há menção aos irmãos. Os dependentes dos incisos II e III têm de comprovar a dependência econômica. O enteado e o menor tutelado equiparam-se ao filho desde que comprovem a dependência econômica do militar.

A comprovação da dependência econômica dos dependentes enumerados terá como base a data do óbito do militar, de acordo com as regras e critérios estabelecidos em norma regulamentar.

Data do início

A DIB é a Data do Óbito, quando requerida a pensão por morte em até 60 dias depois deste. Passados esses 60 dias, na DER.

O benefício é deferido ao primeiro dependente que o requerer, admitindo-se novas inclusões a qualquer tempo, produzindo efeitos financeiros a partir da data em que forem requeridas.

A perda da qualidade de dependente pelo pensionista implica na extinção de sua quota de pensão, admitida a reversão da respectiva quota somente de filhos para cônjuge ou companheiro ou companheira e destes para aqueles.

Qualidade de segurado

A qualidade de dependente perece nas seguintes hipóteses:

I – falecimento da pensionista;

II – não cumprimento de qualquer dos requisitos ou condições estabelecidos na lei;

III – matrimônio ou constituição de união estável.

O ex-cônjuge, o ex-companheiro ou a ex-companheira somente terá direito à pensão se o militar lhe prestava pensão alimentícia até a DO.

Prescrição de mensalidades

O direito à pensão não está sujeito à prescrição.

Valor do benefício

O montante será igual à totalidade da remuneração do militar no posto ou graduação em que se deu o óbito, dos proventos do militar da reserva remunerada ou reformado na data do óbito, até o limite máximo estabelecido para os benefícios do RGPS, acrescido de 70% (setenta por cento) da parcela que exceder esse limite (CF, art. 40, § 7º, I/II).

Tempus regit actum

Para óbitos ocorridos antes da publicação da LC n. 1.013/07, o cálculo da pensão por morte devida aos dependentes obedecerá às regras da legislação vigente na data do óbito.

Contribuição dos pensionistas

Os pensionistas contribuem com 11% incidentes sobre o valor do benefício que supere o limite máximo estabelecido para os benefícios do RGPS.

Capítulo 156 – Garantia de Instância

A garantia de instância era um instituto técnico com objetivo múltiplo: a) seu título indica a certeza do duplo grau de jurisdição (que faz parte do ordenamento processual); b) diminuir os recursos protelatórios e obstáculos em alguns casos; c) antecipar o pagamento de exações.

Basicamente ela queria dizer que um contribuinte da previdência social que quisesse discordar da decisão do INSS, em matéria de financiamento ou prestações, para ter o recurso na caminhada procedimental ou recursal deveria depositar certo montante (a ser posteriormente restituído ou aproveitado como aporte exacional).

Historicamente, tendo em vista a posição do STF até 29.6.07 e essa diversidade de objetivos, os comentaristas hesitaram em se opor à garantia de instância ou de aceitá-las. A maioria considerou-a inconstitucional e ofensiva ao princípio da ampla defesa.

Na quase totalidade, postados contra o percentual fixado na lei, geralmente de 30% do valor discutido. A ser devolvido com correção monetária conforme a Súmula TFR n. 47:

> "Cancelado o débito fiscal, a correção monetária, relativa à restituição da importância depositada em garantia de instância, incide a partir da data da efetivação do depósito".

O Superior Tribunal de Justiça se manifestou com a Súmula STJ n. 373:

> "É ilegítima a exigência de depósito prévio para admissibilidade de recurso administrativo."

Até que esse entendimento fosse acolhido, a legislação previdenciária contemplava dois dispositivos relativos ao instituto técnico que ficou conhecido como garantia de instância (e que era mais do que isso).

Capítulo 157 — Exaurimento da Via Administrativa

Os dissídios previdenciários estabelecem-se administrativamente entre os beneficiários e o administrador. Quando insolúveis na esfera procedimental é usual a pessoa inconformada buscar o Poder Judiciário.

A esse respeito, o art. 5º, LV, da Carta Magna, garante:

> "aos litigantes em processo judicial ou administrativo, e aos acusados em geral são assegurados o contraditório e ampla defesa, com os meios e recursos a ela inerentes."

Quando um beneficiário da previdência social (aí incluído o da assistência social) enfrentar uma prestação resistida ele tem quatro caminhos a seguir: a) consultar sobre sua pretensão; b) negociar com o administrador; c) contestar a negativa administrativamente, subindo até o CRPS; e d) postular no Poder Judiciário.

Às vezes, sucede de tomar estas duas últimas iniciativas ao mesmo tempo ou entremeadamente, quando se entenderá que o expediente administrativo deva ser sobrestado, aguardando-se a decisão da justiça.

Renúncia ao procedimento administrativo

Neste sentido dizia o art. 36 da Portaria MPS n. 323/07:

> "A propositura, pelo interessado, de ação judicial que tenha objeto idêntico ao pedido sobre o qual versa o processo administrativo importa em renúncia tácita ao direito de recorrer na esfera administrativa e desistência do recurso interposto."

Raciocínio que, *a contrario sensu*, não valerá no curto interregno que vai do pedido ou da data do indeferimento até o do protocolo da defesa prévia.

Distinções necessárias

Alguns juízes e até mesmo tribunais têm exigido que, primeiro o titular deve procurar o órgão gestor e deduzir sua pretensão para, somente diante de um indeferimento, peticionar.

Outros magistrados julgam que bastaria ter havido a solicitação não atendida em certo prazo para justificar a ação judicial.

O Poder Judiciário não é uma divisão do INSS, o verdadeiro devedor da obrigação, e este último deveria ser acionado sempre em primeiro lugar. Somente nos casos em que se tenha confirmado que a autarquia disciplinou de modo diferente e desigualmente venha frequentemente decidindo, não tem sentido procurar a Justiça Federal.

Até que sobreviesse o Decreto n. 4.827/03, o INSS sistematicamente não convertia períodos de trabalho insalubre, tido como especial, para o comum exercitado após 28.5.1998. Depois, mudou de entendimento.

Posição da 2ª Região

Súmula do TRF da 2ª Região n. 44 diz que:

"Para a propositura de ações de natureza previdenciária é desnecessário o exaurimento das vias administrativas."

Esta súmula posiciona-se no sentido de que não é preciso exaurir a via administrativa; implicitamente afirma que basta haver um requerimento. Não está autorizando alguém a dirigir-se diretamente à Justiça com um pedido de benefício, pois o devedor originário é o INSS.

A Súmula n. 9 do TRF da 3ª Região praticamente repete essa redação:

"Em matéria previdenciária, torna-se desnecessário o prévio exaurimento da via administrativa, como condição de ajuizamento da ação."

Acidente do trabalho

Tratando apenas da infortunística, a Súmula STJ n. 89 dizia:

"A ação acidentária prescinde de exaurimento da via administrativa."

Um pedido administrativo e uma ação judicial caminhando ao mesmo tempo podem levar a duas situações extremas: a) o Poder Judiciário sentenciar contra o segurado e b) o INSS conceder o que o Poder Judiciário negou.

Na primeira hipótese, prevalece a decisão judicial. Na segunda, a autarquia deveria examinar as razões do indeferimento da pretensão e revendo a decisão, acompanhá-la. Mas se isso não acontecer o correto é oficiar ao Poder Judiciário de que vai cumprir aquilo que entendeu.

Recurso administrativo

A Súmula do 2º Tribunal de Alçada Civil de São Paulo n. 6 rezava:

"Não é obrigatório o recurso à Junta de Recursos da Previdência Social para o aforamento da ação acidentária na vigência da Lei n. 5.316/67."

A JRPS é um órgão colegiado de controle administrativo do MPS. Pode ser tida como segunda instância ou segundo grau do CRPS. Se o questionamento diz respeito à prestação acidentária (e não ao seguro de acidentes do trabalho), elas são competentes para examinar a reclamação do beneficiário. De sua decisão cabe recurso à Câmara de Julgamento (CAj) do CRPS, sediada em Brasília (Portaria MPS n. 548/11).

Observados os postulados do Direito Previdenciário procedimental, usualmente os titulares da pretensão, diante da negativa do INSS, se socorrem das JRPS para terem o direito reconhecido. Em termos administrativos, desde 1º.4.2007, elas têm competência para decidir se a incapacidade para o trabalho é uma doença ocupacional e se a perícia médica da autarquia deveria ter promovido o enquadramento do NTEP.

Pensamento da Justiça Federal

Uma decisão pode transformar a Justiça Federal de primeira instância numa APS. Sem saber se o INSS indeferiria uma pretensão da pensão por morte, ela foi agravada com o texto do Ministro da 2ª Turma do STF Eros Graus, exarado em 3.6.2008, no RE n. 548.676-1/SP (*Revista Síntese* n. 230, de ago. 2008, p. 155-157): "Não há no texto constitucional norma que institua necessidade de prévia negativa de pedido de concessão de benefício previdenciário no âmbito administrativo condicionante ao pedido e provimento judicial".

Além do tema não ser constitucional e, sim, de processo civil, tal conclusão somente será válida em relação às hipóteses em que se tenha certeza da posição da autarquia federal.

Capítulo 158 – Coisa Julgada Administrativa

De regra, quando uma sentença transita em julgado, especialmente na última e definitiva instância do Poder Judiciário, e da qual não caiba qualquer remédio jurídico, diz-se subsistente a coisa julgada processual. Tal entendimento justifica um princípio constitucional que se deve a busca da tranquilidade jurídica, sem o qual as pendências não teriam fim (CF, art. 5º, XXXVI).

Doutrinariamente, não pairam muitas dúvidas quanto à validade dessa coisa julgada processual, acolhida pela jurisprudência e doutrina nacionais.

Por outro lado, o contencioso administrativo, a exemplo de outros expedientes procedimentais, de certa forma foi estruturado tomando o ordenamento do Poder Judiciário como parâmetro e, nesse sentido, um acórdão do CRPS pode aportar à última instância e dessa decisão definitiva não mais caber qualquer remédio administrativo (sem prejuízo de ação judicial).

Nesse caso, no Direito Previdenciário Procedimental se fala em coisa julgada administrativa. Quer dizer, o beneficiário não mais detém o poder de interpor irresignações tentando rever a decisão final. Pelos mesmos motivos, em face da tranquilidade jurídica do ente político.

A despeito destas distinções, entretanto, alguns autores dizem não haver coisa julgada administrativa, uma vez que as decisões internas da Administração Pública podem ser revistas e são pelo Poder Judiciário, em face da supremacia do estamento constitucional.

Crê-se num equívoco de quem pense assim e que o tema possa ser pacificado, afirmando-se que a definitividade da decisão burocrática assegurada pela coisa julgada administrativa situa-se apenas no âmbito da repartição pública. A eventual celeuma não tem muita consistência e não deveria ocupar o tempo dos especialistas.

Há simetria perfeita entre os atos procedimentais praticados pelo MPS em comparação com os atos judiciais praticados pela Justiça Federal, assinaladamente distintos e inconfundíveis pela própria natureza.

Capítulo 159 – Impugnação de Terceiros

Um fenômeno do procedimento administrativo e do processo judicial que chama a atenção dos estudiosos é a participação de terceiros no pedido, na instrução e no deferimento da pensão por morte do segurado falecido.

No passado, isso foi muito comum quando uma mulher se apresentava com provas convincentes de ter sido companheira do trabalhador, mas hoje em dia, às vezes, é a esposa que interfere na concessão do benefício solicitado pela companheira, fazendo demonstração extemporânea de uma pensão alimentícia.

Conceito básico

O instituto técnico é conhecido como impugnação de terceiros, no sentido de que uma pessoa pretende impugnar a concessão do benefício que fora exclusivamente deferido para um indivíduo ou família.

Quando a relação do segurado com esse impugnante foi curta, encerrou-se há pouco tempo, era notória, porém sem deixar provas escritas, as dificuldades do administrador e do julgador são aumentadas. Máxime no caso da união estável, naturalmente cercada de informalismos.

Exame dos autos

Um dos primeiros problemas diz respeito ao direito de exame dos autos por parte desses terceiros interessados, que desejam saber quais são os fundamentos da solicitação instruída.

Data do início

Outra questão pertinente é a DIB do eventual pagamento que terá de ser feito a quem provou deter o direito. No comum dos casos, exceto se presentes os menores, incapazes ou ausentes, será por ocasião do requerimento da impugnação.

Devolução do recebido

Acolhida a impugnação e desfeito o direito do primeiro requerente, questão delicada diz respeito à devolução dos valores mensais que esse requerente recebeu indevidamente.

Impugnação política

Pode dar-se de uma pessoa ou instituição apenas pretender demonstrar que a relação não existiu a ponto de justificar a concessão do benefício, sem qualquer outra pretensão.

Sujeitos da relação

Além de cônjuges, companheiros ou irmãos, por vezes os pais tentam interferir em seu favor. O que é bastante comum na união homoafetiva, por parte de parentes que não a reconhecem por motivos jurídicos, pessoais ou religiosos.

Previdência complementar

Pode-se chamar de terceiro interessado na lide quando um fundo de pensão, obrigado a complementar subsidiariamente o benefício do INSS pretende demonstrar a não propriedade da concessão (por conta das implicações sobre a EFPC).

Capítulo 160 – Prova Emprestada

Em algumas circunstâncias, os interessados em uma pensão por morte têm necessidade de convencer o órgão gestor do seu direito, sem ainda dispor dos meios necessários de prova à mão.

A demonstração da união civil ou estável, a convivência *more uxore*, a dependência econômica dos pais ou irmãos, a percepção da pensão alimentícia, a invalidez do filho ou irmão maior de 21 anos, o próprio falecimento do segurado, são requisitos materiais exigidos em cada caso, e eles carecem ser evidenciados à exaustão.

Por vezes, a prova de uma união estável jaz nas mãos de outra família, a do *de cujus*, e o inverso também se dá, isto é, a companheira deter informações úteis para a ex-esposa participar da concorrência entre ambas.

Noutros casos, certo documento com significativo poder de persuasão permanece apensado aos autos de um processo, principalmente no caso de inventário do falecido.

Às vezes, o convencimento se fará com uma evidência integrante de uma ação judicial em andamento.

No comum dos casos, a convicção depende de um documento arquivado num órgão público, que seja ou não o órgão gestor do benefício.

Nesse sentido, fala-se em prova emprestada, tema que Jorge Augusto Buzetti Silvestre estudou em "A Flexibilização do uso da Prova Emprestada" (*Rep. de Jurisp. IOB* da 2ª quinzena de jan. 2011, p. 77).

O alvará judicial que autorizou o casamento de um incapaz representado pelo seu curador pode ser uma prova emprestada (Proc. n. 2010.71.0240789 (492.959), relatado pelo desembargador José Divino de Oliveira em 31.3.2011, da TJ DFT, *in Rep. de Jurisp. IOB* da 2ª quinzena de abr. 2001, p. 296).

Diz o art. 37 da Lei n. 9.784/99:

> "Quando o interessado declarar que fatos e dados estão registrados em documentos existentes na própria Administração responsável pelo processo ou em outro órgão administrativo, o órgão competente para a instrução proverá, de ofício, a obtenção dos documentos ou das respectivas cópias."

Quer dizer, se o órgão gestor tem conhecimento de uma informação importante para a instrução da pensão por morte que está arquivada em outro órgão administrativo, ele deve tomar as providências necessárias para a obtenção dessa informação. Provavelmente acionado pelo próprio interessado.

Documento contido num processo em que um homossexual sobrevivente obteve o reconhecimento da união estável *a posteriori* do óbito, com vistas ao inventário e sucessão do bem patrimonial, pode ser trazido como elemento de convicção da existência da união estável para os fins previdenciários (AC n. 0007309.38.2003.8.19.0204, da 19ª Câmara Civil do TJ-RJ, relatado pelo juiz Ferdinando de Nascimento em 20.4.2011, *in Rep. de Jurisp. IOB* da 1ª quinzena de maio 2011, p. 320).

Capítulo 161 — Tutela Antecipada

O instituto técnico processual da tutela antecipada tem gerado polêmicas respeitáveis no que diz respeito à repetição das mensalidades recebidas na hipótese de, finalmente, transitar em julgado a sentença definitiva de mérito e o titular restar sem ganho de causa previdenciária.

Esse tipo de ação judicial, disciplinada no CPC, impõe condições para sua efetividade e uma delas é a prevista no art. 273, § 2º:

> "Não se concederá a antecipação da tutela quando houver perigo de irreversibilidade do provimento antecipado."

No comum dos casos, os pensionistas não têm condições financeiras de restituir o que receberam, principalmente porque as prestações previdenciárias são alimentares.

As divergências doutrinárias são respeitáveis. Camila Cibele Pereira Marches entende dever ocorrer a devolução (Tutela Antecipada e sua Efetividade nos Benefícios de Trato Alimentar, *in Revista Síntese — Direito de Família* n. 68, de out./nov. 2011, p. 21-30), mas Lais Fraga Kauss posiciona-se ao contrário, entendendo haver a necessidade da devolução.

O STJ não tem posição final sobre a devolução dos valores auferidos em razão da antecipação de tutela quando não reconhecido o direito do titular. A Ministra do STF Carmem Lúcia é do ponto de vista de que o montante não deve ser devolvido, mas, invocando o art. 273, § 2º, do CPC, alguns magistrados postam-se em sentido contrário.

A Súmula n. 729 do STF diz:

"A decisão na ADC-04 não se aplica à antecipação de tutela em causa de natureza previdenciária."

Esta súmula enfocada é bastante sintética e afirma que a conclusão da Ação Direta Constitucional — ADC não vale para as prestações previdenciárias. Rigorosamente, deveria dizer que as ações judiciais previdenciárias (ou até securitárias) comportam a tutela antecipada disciplinada nos arts. 273 e 461 do CPC.

Lais Fraga Kauss chama a atenção para a liberação indiscriminada das liminares: "Os magistrados precisam estar mais cientes da seriedade do trabalho dos Procuradores Federais e dos novos ditames de sua atuação. Além disso, o instituto da tutela antecipada deve ser mais respeitado em seus pressupostos de concessão; a proliferação indiscriminada das decisões antecipatórias representa grande risco ao interesse público, ainda mais com a criação jurisprudencial do direito trazida nessa onda de direito pós-positivista" (A Tutela Antecipada nos benefícios previdenciários, *in Revista Síntese — Direito de Família* n. 68, de out./nov. 2011, p. 40-45).

Capítulo 162 – Ação Regressiva

A despeito de tecnicamente ser financiada com as contribuições previstas no art. 22, II, do PCSS (seguro de acidentes do trabalho), a Previdência Social dispõe de recurso normativo legal para ressarcir-se das despesas previdenciárias havidas em razão de certos infortúnios laborais.

Claramente, diz o art. 120 do PBPS que:

> "Nos casos de negligência quanto às normas padrão de segurança e higiene do trabalho indicados para a proteção individual e coletiva, a Previdência Social proporá ação regressiva contra os responsáveis."

Quer dizer, independentemente de outros eventuais direitos civis (Súmula STF n. 229), trabalhistas (PBPS, art. 118), fundiários (FGTS) e previdenciários (auxílio-doença, aposentadoria por invalidez e auxílio-acidente, bem como a pensão por morte), comprovado que o sinistro ocupacional que deu origem ao benefício deveu-se à negligência do empregador em cuidar da prevenção acidentária, dentro do prazo decadencial do Código Civil, o INSS poderá acionar a empresa para ressarcir-se das despesas previdenciárias havidas com o falecimento infortunístico do trabalhador.

Neste caso, a autarquia federal determinará o *quantum* mensal do benefício e, a partir de uma tábua de mortalidade atualizada, aferirá os custos correntes da manutenção do benefício até a sua cessação, para cobrar os montantes do devedor. Com a possibilidade de periodicamente ter de rever essa tábua de mortalidade.

O instituto técnico está aberto ao debate doutrinário.

Pensamento jurisprudencial

O desembargador Carlos Eduardo Thompson Flores, da 3ª Turma do TFR da 4ª Região, em 14.10.2008, entendeu que o empregador estava obrigado a indenizar o INSS em face de o segurado ter falecido em 5.2.2005 e ter deferido a pensão por morte NB 136.054.508-2 (AC n. 2006.72.00.000168-2/SC, *in Revista Síntese* n. 234, de dez. 2008, p. 173).

Vitórias da AGU

A Advocacia-Geral da União (AGU) vem noticiando sucessos havidos na Justiça Federal, com as ações regressivas contra algumas empresas. Na Ação Ordinária n. 0000370.58.2010.4.02.5101, ela provou perante a 17ª Vara Federal do Rio de Janeiro a responsabilidade civil da Indústria de Produtos Alimentícios Piraquê S/A, decorrente da morte do segurado, ocorrida em 2006. Na data da sentença, teria de pagar R$ 41.427,18 e, depois disso, R$ 426.741,48 até a cessação do benefício.

Cálculo previdenciário

Em cada caso, o INSS apresentará um cálculo previdenciário que adote tábua de mortalidade atual, definidora da renda mensal inicial, cessação da menoridade dos filhos etc. para chegar aos valores finais que consumirá com os dependentes.

Depósito garantidor

Se for o caso (insolvência ou inidoneidade do devedor) poderá exigir um depósito de capital garantidor dessa obrigação. A constituição desse montante assegurador da obrigação mensal é matéria nova em Direito Previdenciário, sem muita experiência na Administração Pública.

Credor da indenização

A nosso ver, o credor dessa reparação não seria o INSS, mas a família do segurado falecido, que é quem sofreu o dano ou o prejuízo.

Prazo prescricional

O prazo da prescrição é de três anos (CC, art. 206, § 3º, V). Desse modo entendeu o desembargador Carlos E. Thompson Flores Lenz, da 3ª Turma do TRF da 4ª Região, quando examinou o Proc. n. 5000541.76.2010.4047009, *in Informativo IBDP* n. 165, de 29.7.2011.

Justiça competente

Luciano Athayde Chaves, em longo estudo, entende que a justiça competente é a do trabalho ("Sobre as ações regressivas previdenciárias. A competência da Justiça do Trabalho", *in Revista LTr* n. 75-07/813, de jul. 2011). Mesmo levando em conta que se trata de um dissídio entre uma autarquia federal e uma pessoa jurídica de direito privado.

Motoristas culpados

Segundo o jornalista Paulo Muzzolon a AGU vai cobrar auxílio-doença, aposentadoria por invalidez e pensão por morte dos causadores de acidentes, quando forem condenados ("INSS cobrará pensão do motorista infrator", *in FSP* de 18.9.2011, p. B-1).

O argumento apresentado pelo Presidente do INSS é que a responsabilidade não deve cair nas costas de milhões de trabalhadores "que contribuem para o fundo, pois quem paga os benefícios das vítimas de acidentes são todos os trabalhadores, com a sua contribuição".

Capítulo 163 – Valor da Equidade

A equidade é um tema árido em Direito e, da mesma forma, no Direito Previdenciário. Do ponto de vista da lógica, no caso de dúvidas, é assente que duas situações iguais devem comportar soluções idênticas. Um grande questionamento prático envolve a definição dessa identidade de cenários e em que casos a equidade se aplica.

Não é fácil defini-la em cada caso, mas é possível afirmar que diante de duas situações assemelhadas (que não sejam iguais), poder-se-ia invocar a mesma disposição jurídica. Se até 1991 o casamento da viúva fazia cessar o pagamento da pensão por morte, por força de disposição de lei, esse entendimento deveria ser aplicado também à união estável, ainda que silente a norma jurídica.

Entretanto, se expressamente a lei promover essa distinção, nada há a ser feito.

Algumas legislações locais autorizam que o filho cursando nível superior seja dependente até os 25 anos. Nem por isso tal entendimento poderia ser aplicado no RGPS, pois há vedação no PBPS.

De modo bem geral, todas as viúvas de segurados da iniciativa privada são iguais, mas o percentual a ser aplicado ao salário de benefício variou historicamente no tempo, já foi de 60% e de 90% e é de 100%. Estas variações temporais não são abrigadas pela equidade porque quem define os iguais, em algum momento, é o legislador e não o aplicador da norma ou intérprete.

Equidade não é isonomia, mas similitude de cenários. A isonomia garante a todos os iguais os mesmos direitos. As mulheres são iguais aos homens, mas o Direito Previdenciário os distingue. Hoje, no positivismo brasileiro a equidade é mecanismo que permite suprir lacunas da lei quando não existir vedação legal.

Se todos são iguais perante a lei, toda vez que o aplicador, o integrador ou o intérprete estiver diante de uma mesma situação, ele deverá aplicar a mesma norma dispositiva. Mas essa exegese não é absoluta porque diante das diferenças entre as pessoas, a lei poderá dispor diferentemente.

Assim, embora homem e mulher sejam iguais, no Direito Previdenciário isso nem sempre acontece. Note-se, sabiamente, o legislador assim decide para que, então, com a aplicação da lei, os dois se tornem iguais. Uma mulher com 30 anos de serviço identifica-se a um homem com 35 anos de serviço.

Sendo diferentes, uma trabalhadora citadina tem direito à aposentadoria por idade aos 60 anos, mas a rurícola obtém o mesmo benefício com 55 anos de idade, e igual diferença de cinco anos vale para os homens.

A aplicação desse verdadeiro princípio pressupõe o conhecimento, a certeza e a definição da igualdade, e igualdade dos iguais, é claro. Os homens não são iguais às mulheres e não tem sentido que ambos devam cumprir o mesmo tempo de serviço insalubre de 25 anos para fazer jus à aposentadoria especial (especialmente quando essa prestação tem por objetivo indenizar o organismo trabalhador). Antes que o legislador criasse a aposentadoria proporcional da mulher aos 25 anos todas as tentativas judiciais nesse sentido não frutificaram.

Capítulo 164 – Princípios Aplicáveis

Alguns princípios do Direito Previdenciário são válidos em relação à pensão por morte e devem ser destacados. Os principais são os seguintes.

Precedência do custeio

Desde 1991, o princípio técnico e jurídico da previdência social mais ofendido é o da precedência do custeio. Principalmente, no referente à pensão por morte. Foram criados benefícios ou majorados os existentes sem previsão específica de fonte de custeio.

Verdade que, ao mesmo tempo e tornando mais difícil a tarefa matemática e atuarial de precisar o que foi acrescido sem financiamento, algumas restrições foram estabelecidas ao benefício.

Em 1991 o marido passou a ter o mesmo direito que a mulher. A inclusão da união homoafetiva ocorreu em 2000. Um novo casamento não ilide o direito. Não há restrição legal a casamento de idosos com mulheres jovens.

Norma mais benéfica

Sempre que se apresenta aos dependentes a possibilidade de escolha, a situação hodierna mais benéfica estará à sua disposição. Às vezes, os beneficiários confundem esse direito imaginando que seriam situações separadas no tempo, mas assim não é porque estas se submetem às regras do direito intertemporal.

Direito intertemporal

Alguns comandos específicos dizem respeito à pensão por morte:

a) A regra geral da legislação previdenciária é a irretroatividade da norma previdenciária;

b) Se expressamente o disser, a norma mais benéfica pode retroagir;

c) Existem situações em que a lei naturalmente trata do passado sem que seja ofendida a irretroatividade;

d) Vale o *tempus regit actum*.

Ato jurídico perfeito

O ato jurídico perfeito é preservado em sua integridade científica, técnica e institucional, valendo considerar sua relatividade diante de um bem jurídico de valor maior. Ele tem de ser compreendido como uma instituição em defesa da tranquilidade jurídica do beneficiário e não na instituição gestora. Daí acolher-se a despensão.

Coisa julgada

Exceto diante de fatos novos, assim compreendidos uma lei emergente, um parecer inovador favorável aos beneficiários, uma súmula vinculante, a coisa julgada deve ser respeitada em todos os casos.

Direito adquirido

Preenchidos os requisitos legais, a qualquer tempo é possível ao titular exercitar o seu direito. Uma pensão pode ser calculada com base numa aposentadoria proporcional anteriormente assegurada, mas não requerida, se de maior valor que a aposentadoria integral.

Devido processo legal

Em face de sua natureza alimentar, enfatiza-se o devido processo legal quando da fase da instrução e principalmente por ocasião da suspensão ou do cancelamento de um benefício, sob a alegação de impropriedade.

Prevalência do Judiciário

Diante da quase impotência de Poder Judiciário em enfrentar uma multidão crescente de dissídios, o pensador da previdência social carece ajuizar sobre a existência de dois estamentos de controle dos atos administrativos vigentes com o mesmo objetivo: a) procedimento administrativo e b) procedimento judicial.

Talvez a solução seja a concentração numa Justiça previdenciária exclusiva, abrangente e substituidora dos atuais papéis do CRPS, Juizados Especiais e Varas da Justiça Federal.

Depois de examinados os dois processos e verificada a validade da decisão, se a administração deu mais do que o Poder Judiciário, esta decisão é que deve prevalecer.

Imprescritibilidade do direito

A imprescritibilidade do direito à pensão por morte é princípio respeitabilíssimo, embora devesse pensar especificamente no tempo passado e no *dormientibus non sucurrit jus*. A prescrição de certas mensalidades é válida para os capazes de exercitar o direito e continua jurídica e tecnicamente correta.

Conhecimento da lei

O aplicador da norma jurídica deve precaver-se contra a aplicação absoluta desse princípio geral de Direito, porque a desinformação é muito grande entre os hipossuficientes.

Alimentaridade da prestação

O vazio normativo e doutrinário sobre a natureza dos valores mensais da pensão por morte deve suscitar disciplina jurídica. Definindo-se situações e valores que justifiquem sua alimentaridade e, principalmente, a validade da irrepetibilidade (que vem sendo considerada um princípio, se não fundada ou nascente, pelo menos muito aplicado na Justiça Federal).

Substitutividade dos salários

O postulado da substitutividade dos salários, uma tarefa primordial da previdência social, deve sempre ser relembrado ao legislador ordinário porque o benefício securitário deve preservar o *status quo ante* e não enriquecer nem empobrecer as pessoas.

Atualização monetária

Enquanto o País enfrentar a inflação, o administrador deve buscar incessantemente um verdadeiro indexador, aquele que seja capaz de resgatar as perdas monetárias havidas em certo período e que leve em conta as mudanças de hábitos, a condição de beneficiária, a idade e higidez dos pensionistas, entre outros aspectos.

Capítulo 165 — Natureza Jurídica

A pensão por morte, cujo título não identifica todos os seus eventos determinantes (o que é irrelevante), é um benefício previdenciário dos dependentes do segurado falecido, ausente ou desaparecido, de pagamento continuado, substituidor dos salários do *de cujus*, e destinado à manutenção de certos membros de sua família.

Quando se diz segurado, diz-se a pessoa com a qualidade de segurado mantida.

A *causa mortis* não importa. Pode ser natural, provocada pelo segurado ou por terceiros, acidentária ou comum.

Rigorosamente é uma prestação dos dependentes; eles são os titulares do direito e uma vez falecido o último deles, não há como se desdobrar em uma nova pensão. Desaparecido o pensionista, nessa condição, ele não outorga pensão por morte para ninguém.

Atualmente pode ser acumulada com muitas outras rendas estatais. É pretensão de um dependente, inconfundível com o seu direito à aposentadoria, de sorte que nem se deveria falar em acumulação; são pretensões jurídicas distintas.

Na condição de direito constitucional, definida na lei, ela reclama certos pressupostos e caminha inexoravelmente na direção de uma prestação futura vinculada à necessidade das pessoas.

Institucionalmente, deve-se à dependência financeira de uma pessoa à outra, sem sofrer a influência do comportamento social dos indivíduos, está diretamente envolvida com a subordinação pecuniária, um conceito anacrônico em face do cenário social e laboral.

Somente tem direito ao benefício quem dependia do segurado e nesse sentido o seu valor mensal é substituidor dos salários do trabalhador que deixou parente presumidamente no desamparo. Daí ser mensurado em função do salário de contribuição do falecido.

Beneficia-se da presunção da necessidade dos titulares do direito e, destarte, tem preferência tanto no âmbito da Administração Pública quanto no Poder Judiciário.

A mensalidade é protegida pela legislação em vários sentidos, entre os quais a impenhorabilidade, mas admite a possibilidade de retenção de parcelas legais que cumpram obrigações jurídicas, como é o caso de Imposto de Renda, empréstimo consignado, pensão alimentícia, dívidas para o órgão gestor etc.

Declaradamente alimentar, especialmente a do RGPS, constitui-se em um montante mensal que não pode ser suspenso nem extinto sem causa bastante eficiente para isso. Deve ser reajustada toda vez que a moeda nacional perder poder aquisitivo.

Direito imprescritível, as mensalidades são devidas desde a data do óbito do trabalhador ou contribuinte e permanecem em manutenção até que ocorra uma das causas de sua extinção.

Capítulo 166 – Presunções Válidas

As presunções têm grande relevância no Direito e, particularmente, no Direito Previdenciário.

Elas podem ser relativas (*juris tantum*) e absolutas (*jure et de jure*).

Também são classificadas como lógicas, vale dizer, decorrentes do articulado entendimento humano ou legal, isto é, fixadas na lei.

Algumas presunções fáticas e jurídicas incidem sobre as uniões humanas, dizem respeito à pensão por morte, e devem ser utilizadas quando da aplicação da lei, na integração ou na interpretação.

Dependência econômica

Uma delas, e talvez a principal, é a presunção absoluta da dependência econômica admitida no bojo do casamento e da união estável heterossexual ou homossexual, quando demonstrada a vida em comum por algum tempo.

Rigorosamente, hoje em dia a presunção é de uma mútua dependência e não dependência de um em relação ao outro componente da família.

Filhos em comum

Os filhos havidos na constância do casamento ou da união estável, com as exceções constantes do Código Civil, são presumidamente do casal.

Necessidade alimentar

De certa forma, como tecnicamente foi modelada a pensão por morte no Direito Previdenciário brasileiro, a despeito da pessoa poder deter outras rendas, os dependentes presumem-se carentes do benefício para a subsistência.

Presunção da morte

Declarada a ausência ou o desaparecimento por quem de direito, admite-se a morte do segurado e até mesmo a de um dependente. Neste caso, a presunção é relativa, ela comporta prova em contrário.

Os ausentes ou desaparecidos, depois de algum tempo, são declarados mortos. Nesta condição, de posse da sentença declaratória do Poder Judiciário, cabe aos dependentes requererem a pensão por morte.

Presunção da designação

Os cônjuges, os companheiros e os filhos são preferencialmente presumidos como dependentes do segurado. Os pais e os irmãos não gozam dessa presunção.

Pensão alimentícia

O pagamento da pensão alimentícia ou o simples direito em face da inadimplência do alimentante presume a dependência econômica da pessoa que a recebe em relação a quem a paga.

Presunção da incapacidade

A incapacidade não se presume, ela tem de ser provada.

Presunção da independência

O filho menor de 21 anos que casa é equiparado ao capaz de obter os meios de subsistência.

Capítulo 167 – Interpretação da Matéria

As regras de interpretação do Direito Previdenciário em relação à pensão por morte (e ao auxílio-reclusão) *a priori* são praticamente as mesmas dos demais benefícios, ou seja, nas limitadas hipóteses em que couber, exemplificativamente aplica-se o *in dubio pro misero* (*Princípios de Direito Previdenciário*. 5. ed. São Paulo: LTr, 2010).

Aqui, *ab initio*, impõe-se uma questão técnica: quais os critérios exegéticos para a dúvida fática e para a dúvida jurídica.

Quando o STF decidiu sobre a aplicação da norma vigente, ao tempo, aos fatos, ele considerou uma eventual dúvida jurídica de direito intertemporal (prevaleceu o *tempus regit actum*); não havia fato a ser decidido. A prova da qualidade do segurado falecido é matéria fática.

Cada uma dessas duas situações comporta uma regra de interpretação diferente.

Até que o Poder Judiciário se manifeste haverá incertezas fáticas sobre o falecimento do segurado e, não fora o que diz a lei, se poderia conceder uma pensão provisória. A partir do momento em que é declarada a morte presumida, cessará a dúvida jurídica (e pode prosseguir a fática).

Crê-se que o tema jurídico possa comportar a interpretação extensiva, valendo a interpretação restritiva para a matéria fática. Não havendo provas materiais da união civil ou estável, não há direito dos cônjuges ou companheiros (ainda que presumida a necessidade de um deles em face do óbito do outro).

Norma mais benéfica

Presente a possibilidade de duas pensões por morte, a interpretação deve conduzir à mais benéfica para os dependentes (posição, aliás, assumida pela legislação previdenciária vigente).

Mas não se pode confundir a norma mais favorável quando cogitada temporalmente; é preciso que as duas condições subsistam ao mesmo tempo.

Princípio da realidade

Ainda que a moral social, religiosa ou jurídica, em algum momento rejeite o adultério, a bigamia ou a manutenção de duas uniões simultâneas, se um homem ou uma mulher, ambos casados, mantém outra união, esta não pode ser desconsiderada para fins da pensão por morte.

Amoralidade da interpretação

Exceto nas relações pessoais dos beneficiários com o órgão gestor, a moral das pessoas não faz parte do Direito Previdenciário. Um dependente que cometeu um crime hediondo tem direito à pensão por morte do pai segurado.

Um trabalhador de baixa renda que não prova a filiação ao RGPS não tem direito previdenciário, mas um milionário que dispensa a previdência social, faz jus ao benefício, se era segurado.

Por causa da ausência da carência, uma mulher casada há 12 horas, falecendo o marido que trabalhava há 12 horas, tem direito à pensão por morte. Um homem que contribuiu por 25 anos, perdeu a qualidade de segurado e faleceu, não institui pensão por morte, conforme observa Ariel G. Fonseca (As injustiças e incoerências do direito previdenciário, *in RPS* n. 237/982).

In dubio pro misero

Já consideramos o princípio que sopesa a parêmia *in dubio pro misero*. E, na ocasião, propusemos:

a) existência de duas ou mais opções;

b) disparidade de grandezas entre as escolhas;

c) impossibilidade absoluta de verificação do fato gerador;

d) parcialidade ou constatação das provas;

e) obscuridade patente da norma;

f) razoabilidade da proposição; e

g) finalidade da determinação.

Este talvez seja o raciocínio exegético previdenciário que, desconhecendo a linha que separa a previdência da assistência, talvez seja o mais malbaratado.

Interpretação teleológica

A hermenêutica da seguridade social é tormentosa. Há um grande esforço dos especialistas (em sua maioria, mestres e doutores) em atribuir significado relevante para os postulados filosóficos, princípios constitucionais e comandos jurídicos não positivados, visando alcançar a justiça social, o primado dos direitos humanos e a dignidade do cidadão.

Essa postura científica não ignora o comando legal nem duvida da segmentação do Direito Previdenciário, seccionado em custeio e benefícios e as linhas fronteiras que distanciam a assistência social da previdência social, raciocínio que importa nunca esquecer.

Pensão por morte

Na condição de prestação não programada, de pagamento continuado e substituidora dos ingressos do trabalhador segurado, a pensão por morte reclama interpretação distinta dos demais benefícios, especialmente os programados.

Levando em conta a natureza alimentar de suas mensalidades, nos casos em que couber dúvida sobre matéria fática, é preciso pensar numa exegese extensiva.

Capítulo 168 – Aplicação do Direito

Envolvendo um segurado, obrigatório ou facultativo que trabalha ou está aposentado, e os seus possíveis dependentes, pessoas que para isso não contribuem, por apresentarem uma multiplicidade de circunstâncias no mundo real, diante da alimentaridade da prestação, em termos de discussão jurídica, a pensão por morte é o benefício mais complexo da legislação previdenciária, em termos de discussão jurídica.

Elemento pré-jurídico

A origem mais remota desse direito é a vida; a realidade das relações humanas informa, preenche e substancia o elemento pré-jurídico à solta na sociedade, gerando afetações e ainda sem qualquer disciplina positivada específica.

Cabe ao cientista social apreendê-lo e suscitá-lo ao legislador para apreciação técnica. Às vezes, sobrevêm debates nacionais, grandes discussões e até mesmo plebiscitos.

Eles dependem das necessidades dos homens e não podem ser tomados logo que nascem, na sua infância, mas na maturidade; é preciso sopesá-las estruturalmente com bastante acuidade, objetivado o discernimento da técnica instrumental protetiva.

Em 2012, a esse respeito, estamos diante de grandes desafios; referem-se à mulher e ela é mãe, esposa e filha. Estão ganhando espaço no mercado de trabalho, vivendo mais. Mas eis aí o drama, não são todas elas e tal fato tem de ser sopesado pelo observador.

Mens legislatoris

De posse da informação de um dissídio substantivo, o legislador deve recepcioná-lo, pesquisá-lo, sistematizá-lo e encaminhá-lo à discussão no seio do Parlamento. Seu tema será debatido nas diversas comissões até ser levado ao plenário da Câmara dos Deputados. Passando pelo Senado Federal, aprovado no Congresso Nacional, irá à sanção do Presidente da República e publicação no DOU. Juridicamente, a norma está positivada e adquire, em primeiro lugar, vigência; depois de passados alguns dias ou ao mesmo tempo, eficácia.

Por estar naturalmente distante da realidade, máxime num país continental e de tantas desigualdades sociais, nem sempre o legislador regulamenta os fatos corretamente e existem casos em que isso é impossível. As leis nascem, florescem, amadurecem, envelhecem e fenecem como as plantas. Sem falar nas disposições que emergem anacrônicas por culpa da miopia dos homens (CF, art. 226, § 3º).

Mens legis

Quando o mundo jurídico toma conhecimento da norma vai considerá-la, não mais como vontade política, desejo do povo, mas uma ordem a ser observada e nos seus exatos termos. Verificará sua constitucionalidade, propriedade e validade. Às vezes, depois de filtrada pelo crivo do Judiciário e ausente um desses elementos, vítima de vícios de elaboração, ela está revogada ou derrogada.

Mens legislatoris é a vontade do legislador; *mens legis* é a vontade da lei. Ambas nem sempre coincidem. Repaginando o que disse alguém alhures, a norma jurídica é tão importante para a coletividade que sua feitura não deveria ser entregue aos políticos.

Regulamentação da norma

Conforme sua natureza, redação, disposições e especificações, há casos em que a norma legal precisa ser esmiuçada por decreto presidencial, explicitada em portarias ministeriais ou instruções normativas. Correndo o seriíssimo risco de ser adulterada.

Aplicação prática

Uma vez convalidada ela será aplicada em cada caso, por iniciativa dos interessados, dos beneficiários ou do órgão gestor. Sendo constitucional, mas não tecnicamente boa, não há que se fazer, exceto tentar impugná-la no Judiciário ou, politicamente, atuar junto a quem de direito, para que seja substituída.

A indigitada lei que obrigou as gestantes a madrugarem e irem aos postos do INSS receber o salário-maternidade, um absurdo do legislador, felizmente foi revogada.

Integração da norma

Caso seja necessário, em virtude de lacunas, ela será integrada por novas disposições. Ivan Kertzman assinala cinco instrumentos de integração: analogia, equidade, usos e costumes, princípios de Direito, jurisprudência e poderia ter acrescentado a doutrina (*Curso Prático de Direito Previdenciário*. Salvador: Podivm, 2005. p. 53-54).

O integrador terá de ter cumulativamente conhecimento, objetividade e a sabedoria do legislador, do administrado e do julgador.

Entendimentos administrativos

Diante de dificuldades, a própria Administração Pública levantará questões, submetendo-as à apreciação da Advocacia Geral da União e outros órgãos consultores. Solicitará resposta às indagações e pareceres normativos, sobrevindo despachos e entendimentos (como as súmulas da AGU).

A IN INSS n. 45/10 e a Portaria MPS n. 548/11 são belos exemplos. Quando de equívocos, têm de ser combatidos como aconteceu com a indigitada ODS n. 600/98.

Pensamento doutrinário

Em abstrato, os doutrinadores se manifestam na forma de artigos na mídia, publicações em revistas especializadas, livros didáticos e pensamentos doutrinários.

Sua contribuição é inestimável: provêm de especialistas, profissionais centrados, com tempo para estudar e encontrar a melhor solução.

Pretensão dos beneficiários

Em face dos fatos e da norma vigente, os interessados expressam as suas pretensões, requerendo a pensão por morte ou solicitando a decantação de algum componente desse direito. No comum dos casos, elas são atendidas, numericamente maiores e não chamam a atenção, mas também são resistidas.

Dissídios administrativos

Sobrevindo discordância do órgão gestor, emerge um dissídio a ser solucionado internamente perante o Direito Previdenciário Procedimental.

Composição judicial

Transitando em julgado o acórdão administrativo, insatisfeito, o interessado recorrerá ao Poder Judiciário, um verdadeiro *bis in idem* que, ao lado das três administrativas, pode adicionar mais quatro instâncias.

Papel dos advogados

Os advogados têm papel relevante de sistematizadores do Direito e, em alguns casos, com suas argumentações, frequentemente eles o criam. Nesse mister, são aliados dos magistrados.

O direito das viúvas de se casarem sem perder a pensão por morte antes de 1991 deveu-se a ações judiciais oriundas de Porto Alegre.

Sentença judicial

A sentença judicial configurará o direito presente na causa, depois de última decisão definitiva, porá fim ao dissídio no plano jurídico.

Jurisprudência

Um conjunto de decisões iterativas, predominantes e na mesma direção, o que se chama de jurisprudência.

Súmulas judiciais

Por fim, a matéria será sumulada e se consolidará o direito jurídico possível naquele momento histórico e em face da norma vigente ao tempo dos fatos.

Capítulo 169 – Relação Jurídica

O exercício formal do direito à pensão por morte emerge de uma relação jurídica no Direito Previdenciário, comum ou contenciosa, administrativa ou judicial, abrangendo a previdência pública ou privada, básica e complementar, um vínculo jurídico potencial, nascente, preservado ou extinto.

Polos da relação

Estabelecida essa relação jurídica, essencialmente os seus titulares são duas pessoas: a) dependentes, pensionistas, terceiros, às vezes, designados como beneficiários e b) órgão gestor da prestação, pessoa jurídica de direito público ou privado.

Pessoas físicas

Ainda que um menor de idade fique sob a guarda de uma instituição, mesmo assim o seu direito é personalíssimo. Os beneficiários da pensão por morte sempre são pessoas físicas. Antes do deferimento da prestação, chamados de dependentes, depois, como pensionistas.

Pessoa jurídica

No comum dos casos, a pessoa jurídica é uma entidade, geralmente uma autarquia, uma pessoa jurídica de direito público municipal, estadual, distrital e da União. Mas, na previdência complementar, uma entidade de direito privado e até público, no caso dos servidores.

Titulares responsáveis

De modo geral, os titulares são o Gerente Executivo da APS do INSS, os dependentes, o curador, o tutor ou outro representante legal dos interessados.

Procuradores representantes

Uma vez constituídos os representantes dos titulares do direito, os advogados também serão considerados na relação jurídica.

Benefícios trabalhistas

Quando estipulado um regime de previdência patronal, serão a empresa criadora e os destinatários da norma. Note-se que nesse caso essas relações submetem-se ao direito privado trabalhista.

Seguro privado

No âmbito do seguro privado, as parte envolvidas são os beneficiários e a companhia seguradora. Na fase potencial, enquanto não consumado o sinistro, a seguradora e o segurado ou quem celebrou o contrato em favor do segurado.

Rendas indenizatórias

Para a indenização civil, os pensionistas, no exercício do seu direito, e os responsáveis pelos danos a eles causados.

Obrigações estatais

Quando a culpa for atribuída ao Estado, a relação se dará entre os beneficiários e o órgão público responsável.

Ministério Público

Em face da presença de menores, incapazes ou ausentes, comparece o Ministério Público federal.

Terceiros interessados

Em muitíssimos casos, pessoas que tenham interesse na lide, entre as quais as que se presumirem com direito ao benefício, e outras mais, as que sofrerão as consequências do exercício do direito, são tidas como interessados.

Previdência complementar

Um fundo de pensão, pessoa jurídica de direito privado, que administre um plano de benefícios de complementação, em face da definição de suas obrigações, participa como terceira e como principal, em face do participante.

Dinâmica da relação

A relação é potencial enquanto o segurado estiver vivo, ou seja, ela não tem existência jurídica. Os dependentes se postam na expectativa de direito.

Ela é nascente com o óbito do segurado; geralmente tem início na Data do Óbito (excepcionalmente, na DER).

Seguidamente, uma vez instaurada, mantida até o falecimento do último pensionista.

Depois disso, extinta, podendo ser restaurada, se alguém provar que tinha direito e se apresentar posteriormente.

Administrativa e judicial

Será adjetiva, caso sobrevenha algum dissídio entre os dois polos da relação. Num primeiro momento, no âmbito administrativo e, se for o caso, na esfera judicial.

Capítulo 170 – Direito Adquirido

Assegurado constitucionalmente, em dicção que revela a preocupação de ser ofendido como mandamento fundamental do ordenamento jurídico (CF, art. 5º, XXXVI), o direito adquirido é uma conquista do cidadão em face da organização estatal, da validade do ordenamento jurídico e dos percalços gerados por interpretações equivocadas de quem está obrigado a respeito dos indivíduos.

Dizia a Súmula STF n. 359:

> "Ressalvada a revisão prevista em lei, os proventos da inatividade regulam-se pela lei vigente ao tempo em que o militar, ou o servidor civil, reuniu os requisitos necessários, *inclusive a apresentação do requerimento, quando a inatividade for voluntária*" (grifos nossos).

De todas que a Corte Suprema baixou, esta talvez seja a mais importante de suas condensações sumulares. Aplicando o conceito de *Francesco Gabba* ela pôs fim às celebérrimas discussões sobre qual a norma a ser praticada quando de direitos substanciados em face do decurso do tempo e mediante atos de trato sucessivo: se a revogada ou a vigente.

É um divisor de águas a ser compreendido no Direito Previdenciário quanto aos elementos da definição da prestação (se ela é constituída de vários deles) e a instituição protetiva em si mesma.

A exigência da locução intercalada ("inclusive a apresentação do requerimento") restringia. Fazia do exercício um requisito a mais para a conservação das pretensões asseguradas, obrigando as pessoas a se retirarem do trabalho contra a sua vontade, tese admitida apenas na aposentadoria compulsória (PBPS, art. 51).

Essa posição foi reformulada por ocasião do Recurso Extraordinário n. 72.509/PR, em 14.2.1973.

Na oportunidade do julgamento do feito quando presente *Aliomar Baleeiro*, travou-se discussão sobre a revisão da súmula, então operada maioria de votos, vencido o presidente do STF e o Min. Antonio Neder. No ensejo desapareceu também o *in fine* sublinhado. O texto final ficou:

> "Ressalvada a revisão prevista em lei, os proventos da inatividade regulam-se pela lei vigente ao tempo em que o militar, ou o servidor civil, reuniu os requisitos necessários."

Em sua síntese, a Súmula STF n. 359 faz valer a norma eficaz quando da reunião das exigências definidoras da prestação, e não a norma subsequente, se ela dá menos ou impõe requisito novo danoso.

Nesta rara condensação sobre o assunto, *pari passu* com a teoria jurídica e o ordenamento nacional, o STF consagrou a potencialidade de o legislador — seja o constitucional ou o ordinário — legitimamente justificado por elemento pré-jurídico, inovar em relação às instituições sociais, aumentando ou diminuindo as prestações, extinguindo-as ou adaptando-as, enfim, aperfeiçoando-se segundo o momento histórico.

Prestação enfocada

Elegeu-se o critério da lei vigente ao tempo da reunião dos pressupostos como referência para contrastar com as normas supervenientes modificadoras, na hipótese de redução de vantagens ou direitos. Não obsta, com isso, o surgimento de alterações posteriores a essa ocasião; tão somente preserva os direitos de quem atendeu aos requisitos legais.

Tempus regit actum

Consagra-se a observância da regra vigente ao tempo dos fatos definidores do direito.

Embora seja visível que a súmula emergiu de problemas na área do funcionalismo civil e militar, pela universalidade da regra e o seu embasamento lógico e jurídico, ela se aplica aos trabalhadores da iniciativa privada filiados à previdência básica e complementar.

O desembargador Geraldo Augusto, do Tribunal de Justiça de Minas Gerais, entendeu que se o servidor fez jus à aposentadoria por tempo de contribuição antes da EC n. 41/03 e faleceu após essa emenda constitucional, que o critério de definição da pensão por morte deve ser o da EC n. 20/98, ou seja, sem aplicação dos incisos I e II do § 7º do art. 40 da Carta Magna (Proc. n. 1977221.59.2010.8.13-0-024/MG, de 18.10.2011, in Boletim do IBDP n. 179, p. 14).

Equivocou-se o julgador; a pensão por morte é regida pela norma vigente na DO.

Exigência do exercício

O exercício é imposição para a configuração do direito simples, mas o direito adquirido dispensa esse procedimento, de modo que o que distingue um do outro é exatamente o não exercício *oportune tempore* ou o exercício após a mudança para piorar a situação do beneficiário.

Esse direito adquirido preserva a validade do patrimônio assegurado, tido como incorporado, em face da passagem do tempo futuro e das mudanças havidas na legislação.

Requisitos necessários

Os pressupostos necessários são as determinações legais, geralmente três: a) qualidade de segurado mantida; b) período de carência (quando exigida); e c) evento determinante. Quem detém os dois últimos (logo tinha o estado jurídico previdenciário) pode perder o primeiro sem prejuízo da pretensão.

Ausência de direito

Sequencialmente, o direito às prestações securitárias se diz inexistente (durante a ausência da filiação), em formatação (antes da expectativa), próximo da realização (expectativa), a pretensão torna-se uma realidade (direito), aperfeiçoa-se como direito adquirido e um direito perece (decadência ou prescrição).

Pretensão ao direito

Enquanto o segurado estiver vivo o que existe é apenas uma pretensão dos dependentes. Se um dos seus filhos completar 21 anos não logrará ter direito.

Expectativa de direito

Quem está no estágio jurídico da expectativa de direito não tem direito simples nem adquirido.

O filho concebido antes do óbito do segurado somente fará parte do conjunto de pensionistas após o seu nascimento.

Direito simples

Quem preencheu todos os requisitos legais tem direito e o cálculo será feito conforme a norma da época da reunião dos pressupostos legais.

Não sendo exercitado nesse momento e sim mais tarde, especialmente se sobrevir norma que reduza os direitos, a garantia passa a ser direito adquirido.

Direito adquirido

Diz que está presente direito adquirido quando o direito simples for exercitado tempos do esperado pelo legislador.

Perecimento do direito

O direito pode perecer se até a Data do Óbito do segurado o pretendente não reunir os pressupostos legais.

Factum principis

A legislação do Imposto de Renda e a obrigação de pagar pensão alimentícia são fatos não previdenciários que afetam a mensalidade do benefício e por isso não há direito adquirido ao valor do benefício que arredasse o *factum principis*.

Se a contribuição dos servidores inativos fosse constitucional, e não é, não se poderia falar em direito adquirido ao nível antes da tributação.

Designação de pessoas

Somente tem direito como pensionista se faleceu antes da lei que modificou esse direito do designante da pessoa designada.

Capítulo 171 – Ministério Público Federal

Tem-se entendido que os direitos individuais homogêneos se submetem à atuação do Ministério Público Federal. Quando existem menores, ausentes ou incapazes não protegidos pela pensão por morte, a manifestação dessa entidade é indispensável.

O desembargador Luis Alberto D'Azevedo Aurvalle sustenta que: "4. O Ministério Público Federal tem legitimidade para a propositura de ação civil pública para defesa de direitos individuais homogêneos, quando presentes relevantes interesses sociais, como na presente ação previdenciária" (ARN n. 5001825-34.2011.404.7100/RS, da 6ª Turma TRF da 4ª Região, *in RPS* n. 369/766).

Em 17.5.2008, o desembargador Francisco de Assis Betti entendeu de anular todos os atos processuais praticados desde a contestação do órgão gestor por ter constado a não oitiva do Ministério Público Federal em relação à presença de filhos menores incapazes quando do requerimento e instrução do pedido de pensão por morte (Proc. n. 2006.01.99.010424-9/MG, 17.5.09 da 2ª Turma do TFR da 1ª Região, *in Repertório de Jurisprudência IOB* da 2ª quinz. de jul. 2009, n.14/2009, p. 446-448).

Capítulo 172 — Validade do CDC

Com a edição da Súmula STJ n. 321 estabeleceu-se notável polêmica em Direito Previdenciário, a ser sopesada em face do direito à pensão por morte. Para se ter uma ideia das dificuldades à frente, o art. 47 do Código de Defesa do Consumidor: "as cláusulas contratuais serão interpretadas de maneira mais favorável ao consumidor".

A doutrina nacional está dividida na aplicação da Lei n. 8.078/90 em relação aos benefícios previdenciários, justificando alguns comentários.

Norma sumular

Essa disposição do STJ diz:

> "O Código de Defesa do Consumidor é aplicável à relação jurídica entre a entidade de previdência privada e seus participantes."

Normas previdenciárias

A legislação da previdência social, básica ou complementar fechada, pública e associativa e até a aberta, não conhece um Código de Direito Previdenciário. Aliás, diante da multiplicidade de regimes públicos e privados, entre estes os lucrativos, o sistema carece de normas universalizantes de superdireito de seus comandos.

Em razão desse deserto de sistematização jurídica, as normas que regem os dissídios estão disseminadas em vários instrumentos legais. Desde a Carta Magna e até instruções normativas ministeriais.

O RGPS dos trabalhadores da iniciativa privada, administrado pelo INSS, já conheceu uma Consolidação das Leis da Previdência Social (Decreto n. 89.312/84), mas essa experiência cessou em 1984, a despeito da recomendação constitucional. Pelo menos dispõem de duas leis básicas, gerais e quase orgânicas, acompanhadas de um número elevado de normas especiais, orbitando-as, e uma infinidade de decretos regulamentares, portarias ministeriais, pareceres e outras fontes formais, como as súmulas e os entendimentos administrativos.

Atendendo ao art. 12 da Lei n. 9.528/97, um texto atualizado do PCSS e PBPS foi publicado em 2008. A previdência social do servidor não apresenta tantas fontes formais e cada um dos 5.565 Municípios, 26 Estados, DF e a União, disciplina de modo particular o regime protetivo, servindo-se da Lei n. 9.717/98 (RPPS) e da Lei n. 10.887/04, como referência e alguns princípios compatíveis de Direito Administrativo. Claro, com regras abundantes, mas não sistematizadas nem organizadas em uma lei federal geral consolidadora.

Previdência privada

Por seu turno, a previdência privada apresenta duas leis complementares básicas, poucas leis ordinárias no passado e um Decreto n. 4.942/03 que regulamenta os aspectos disciplinares procedimentais. E uma infinidade de normas do CGPC e da SPC e, agora, do CNPC e da PREVIC (Lei n. 12.154/09). Particularmente, em razão do segmento aberto, quando necessário, obrigando remissão à Lei n. 6.024/74.

Entretanto, a relação jurídica de previdência social complementar tem sido satisfatoriamente disciplinada nessas normas, sendo comum, às vezes, quando necessário, ela invocar os princípios de outras áreas previdenciárias, especialmente as securitárias.

O CNPC e a PREVIC devem uma Norma de Procedimentos Administrativos que regule as relações das entidades fechadas com os órgãos reguladores e fiscalizadores e com os participantes. O Decreto n. 4.942/03 não é suficiente.

Serviço público

Da mesma forma, como sucede com a proteção do servidor público, não há uma coordenação geral, reclamando por um ordenamento jurídico e, na melhor das hipóteses, esperando uma codificação. Muitos municípios e Estados, além de copiarem-na, tomam a Lei n. 8.112/90 como referência fundamental.

Lei n. 8.078/90

Diante de uma infinidade de conflitos entre os adquirentes e as empresas comerciais e prestadores de serviços, como o seu próprio título assevera, a Lei n. 8.078/90 veio em socorro do consumidor. Ela era absolutamente imprescindível, a legislação esparsa não dispunha tão claramente sobre as obrigações e os direitos das partes envolvidas quando das relações de consumo. Ajuíza com o comum dos compradores de produtos e contratantes de serviços (até porque inserida no art. 170, V, da Carta Magna).

Obrigada a tratar de questões abrangentes peculiares, assinalou-se por certa generalidade. Em virtude de dispor sobre o contrato de adesão, possivelmente foi estimulada pela presença desse tipo de relação na previdência aberta. E daí a tentação natural de ser estendida à previdência fechada.

Exclusividade da aplicação

A súmula epigrafada, que é de 2005, diz que o CDC aplica-se às relações entre os participantes e as entidades de previdência privada. Em virtude da indistinção, estaria se referindo aos dois segmentos protetivos (EAPC e EFPC comum, pública e associativa), sem se estender à previdência básica (RGPS) e lançando dúvidas sobre sua aplicação à previdência complementar fechada pública (CF, art. 40, §§ 14/16).

Roberto Eiras Messina apontou equívocos na elaboração da súmula; ela teria sido precipitada e os pouquíssimos julgados (segundo ele foram somente cinco) em que se baseou, não a fundamentam, sendo que apenas o RESP n. 306.155/MG trataria do tema (Súmula n. 321 do STJ — Uma reforma justa e necessária. São Paulo: LTr, *in* jornal do 6º CBPC, 2006, p. 26-28).

Questões vernaculares

É paupérrima uma definição que usa a palavra "consumo" para explicar o que seja serviço. Por outro lado, a expressão "securitária" no sentido que ali foi empregado não diz respeito à seguridade social, mas ao seguro privado e, caso se queira, a "ordem trabalhista" incluiria os benefícios previdenciários (Harmonização entre o CD e a LC 109/01 – A Previdência Complementar como relação de consumo. São Paulo: LTr, *in jornal do 5º CBPC*, 2005, p. 5-6).

Karina Emy Fujimoto chama a atenção para o conceito consumerista de consumo: "qualquer atividade fornecida no mercado de consumo mediante remuneração, inclusive de natureza bancária, de crédito e securitária, salvo as decorrentes de caráter trabalhista" (art. 3º).

Solução arbitrada

Daniel Pulino recomenda a arbitragem para a solução de muitos dos conflitos entre os participantes e as entidades gestoras, sem invocar o CDC (Resolução de Conflitos por Arbitragem na Previdência — Opinião Complementar: Discussões Gerais. São Paulo: LTr, *in jornal do 6º CBPC*, 2006, p. 33-35).

Entidades abrangidas

A súmula reproduzida poderia ter feito a distinção, que se imagina bem consabida pelo STJ: as duas técnicas complementares não se confundem; não só no que diz respeito a quem institui os planos de benefícios (instituições financeiras ou seguradoras e empregador), serem comerciais (lucrativas e não lucrativas), abertas e fechadas, competência jurisdicional (Justiça Comum e Justiça do Trabalho), destino do superávit e responsabilidade no caso do déficit, considerando o papel especial, que é a participação do empregador que institui e provê a entidade fechada.

Estudo da ABRAPP configura três fundamentos: a) distinção entre aberta e fechada; b) universalidade da aberta (para todos); e c) presença do participante gestão e elege o CDC ("O Judiciário e a Complexidade do novo Direito Previdenciário", São Paulo: ABRAPP, *Revista dos Fundos de Pensão* de abr. 2009, p. 9).

Roger Franchini considera que os magistrados aplicam o CDC em razão da proximidade entre a fechada e a aberta, sem se darem conta de que são bem diferentes em seus fundamentos ("Da inaplicação do CDC entre as entidade fechadas de previdência complementar e seus membros", disponível *in Jus Navigandi*).

Correntes doutrinárias

Formaram-se duas correntes doutrinárias: favoráveis e contrárias ao CDC. Julgamos que *in medio virtus est* e que somente o que não excepcionalmente estiver disciplinado nas normas civis, comerciais, trabalhistas, securitárias e previdenciárias, é que pode remeter ao CDC.

É preciso examinar um a um cada preceito para verificar se, então, tem cabimento a norma consumerista. Em termos de previdência social lembra-se o emprego da norma mais favorável. Quando de duas soluções, deve-se adotar aquela que mais protege o titular do direito, mas não existe no Direito Previdenciário instituto técnico que mande sistematicamente interpretar de forma mais favorável, o que somente seria aceitável na assistência social.

Flávio Bento, Adriane Kochenberger Menezes Correa e Nailce Oliveira Takeda lembram o art. 47 do CDC quando dizem que "as cláusulas contratuais serão interpretadas de maneira mais favorável ao consumidor" e o art. 51 que prescreve serem "nulas de pleno direito entre outras as cláusulas contratuais relativas ao fornecimento de produtos e serviços que..." (Previdência Complementar e Aplicação da Lei de Defesa do Consumidor, São Paulo: LTr, *in jornal do 28º CBPS*, 2009, p. 32-33).

No dizer de Fabiana de Oliveira Cunha Sech: "Deste modo, forçoso concluir que a Súmula n. 321 do STJ contraria até mesmo o disposto no art. 3º da Lei Complementar n. 109/01, posto que não propicia a harmonização entre as políticas previdenciárias e de desenvolvimento econômico-financeiro, mas sobrepõe os preceitos legais da Ordem Econômica Financeira (onde se insere o CDC) às regras que regulamentam o regime de previdência complementar" (Vendem-se aposentadorias. EFPC enfrenta novo obstáculo com o CDC, São Paulo: *site* do IAPE, maio 2006, disponível na *internet*).

João Paulo Rodrigues da Cunha Lopes aponta dois argumentos contrários à aplicação: a) a distinção topográfica que a Lei Maior estabelece ao dispor sobre a defesa do consumidor nos arts. 5º, XXXII, e 170, V e a Previdência Social nos arts. 201/202 e b) cada um desses segmentos ter legislação própria ((In)aplicabilidade do Código de Defesa do Consumidor à Entidade Fechada de Previdência Privada, disponível na *internet*).

À guisa de conclusão final tem-se que os dissídios e as dúvidas de aplicação do direito à pensão por morte devem ser resolvidos com base na legislação própria, que é suficiente para isso.

Capítulo 173 – Essência Alimentar

Notável questão envolve a natureza alimentar das prestações da pensão morte e, por conseguinte, cifrando a saber se a pensionista deverá restituir certas mensalidades recebidas indevidamente (Natureza Alimentar da Prestação Previdenciária, *Revista Síntese* — Direito de Família n. 68, de nov. 11, p. 9-20).

Introdução do tema

Tem sido usual cunhar-se a locução "natureza alimentar" a um determinado montante, normalmente referindo-se às quantias trabalhistas ou securitárias, em particular às prestações previdenciárias, e também para o benefício da LOAS. E, de modo geral, para outras importâncias capazes de ensejar a subsistência das pessoas e das famílias.

Nota constitucional

Ab initio convém reproduzir o que diz o art. 100, § 1º, da Carta Magna:

"Os débitos de natureza alimentícia compreendem aqueles decorrentes de salários, vencimentos, proventos, pensões e suas complementações, benefícios previdenciários e indenizações por morte ou por invalidez, fundadas na responsabilidade civil, em virtude da sentença judicial transitada em julgado, e serão pagos com preferência sobre todos os demais débitos, exceto sobre aqueles referidos no § 2º deste artigo" (redação da EC n. 62/09).

À exceção da descrição do dispositivo constitucional, não regulamentado por lei ordinária, não existe definição sistematizada positivada do montante que detenha tal essência jurídica. Nem mesmo conceituações doutrinárias definitivas, a despeito do empenho de muitos estudiosos.

Instituto técnico

Geralmente, *magister dixit*, alhures afirma-se que algum numerário tem ou não essa nuança alimentar. Por conseguinte, quando possua, se recebido indevidamente, não precisa ser devolvido.

Diante da multiplicidade de circunstâncias, examinando o ambiente formal, além de declarar tal atributo jurídico, os magistrados, às vezes, constituem a alimentaridade e ponto final. O que dificulta a apreensão de uma posição justa é a repercussão dos efeitos. Saber quais são as pensões indevidas que deveriam ou não ser devolvidas.

O tema assume importância, na medida em que cunhada certa qualificação ela trará desdobramentos práticos e jurídicos relevantes.

Componentes mínimos

À luz do art. 1º, III, da Carta Magna, o pagamento alimentar destinar-se-ia, em princípio, à alimentação propriamente dita; numa segunda abrangência, aos vestuários, à moradia, ao transporte para o local de trabalho. Podendo-se, perfeitamente, incluir os gastos com a educação e a saúde.

Fora desse universo circunscrito subsistiriam outras quitações indispensáveis à existência digna sem o dito caráter alimentar. A rigor, nesse caso, seriam excluídas as despesas com o lazer, as viagens de recreio e supérfluos de modo geral.

A perquirição da alimentaridade de uma importância não desprezaria os conceitos das condições mínimas garantidoras da dignidade humana. Abstraindo, por ora, a disposição constitucional antes mencionada, tem-se praticamente assente que todas as quitações responsáveis pela subsistência ou sobrevivência da pessoa humana são alimentares.

Mensalidades atrasadas

A percepção de atrasados cuja soma reflita mensalidades alimentares, em cada caso pode não ser alimentar. Mas o solicitante de um benefício que conseguiu sobreviver até o seu deferimento, teoricamente obteve os meios de manutenção mediante empréstimos com terceiros e necessita ressarci-los. Haverá alteração na natureza do valor, se os seus níveis pecuniários forem altíssimos.

Princípio da irrepetibilidade

A despeito da posição majorante dos entendimentos favoráveis à não devolução de parcelas alimentares, ainda não se pode falar em um princípio; ele reclama maior profundidade e capacidade de solucionar dúvidas internas. Uma delas é saber se o elemento moral envolvido nas relações previdenciárias deve ser sopesado.

Tal conclusão não pode se prestar para desdobramentos desnaturalizados; não ter de devolver mensalidades de um benefício contestado pelo INSS, mas favorecidas por uma liminar numa ação judicial e, que, afinal, ficou decidido que o titular não fazia jus, estimular o ingresso desse tipo de ação sem fundamento, pois não haveria necessidade de devolução.

Fundamentos da irrepetibilidade

É notável observar como foi erigida a construção lógica de que se é alimentar o valor indevido ele não deve ser restituído. Seria porque são destinados efetivamente à subsistência humana ou porque a clientela dos beneficiários é historicamente constituída de hipossuficientes? Os autores teriam se dado conta de que na pensão alimentícia o alimentante é o proprietário dos recursos, mas o INSS não é proprietário do patrimônio da previdência social?

O patrimônio do seu plano de benefícios (que pertence à coletividade de protegidos) não se confunde com o patrimônio da autarquia. Se um servidor recebeu do Setor de Recursos Humanos do INSS vencimentos alimentares indevidos ele talvez não devesse devolvê-los como também não teria de devolver o empregado de uma empresa que auferiu remuneração indevida, mas identificar esse cenário com o plano de benefícios gerido pelo INSS é indistinção tecnicamente reprovável.

Pensão alimentícia

Primacialmente, embora possa ter sido concebida ajuizando-se com a nutrição da mulher e dos filhos e outras despesas mínimas dignas da respeitabilidade humana, a pensão alimentícia civil de um segurado não se destina exclusivamente à sobrevivência ou à subsistência. Caracterizando um cenário particular, ela observa outros elementos pertinentes ao alimentante e ao alimentado, cogitando-se principalmente de sua educação e saúde.

Crê-se que boa parte dos elementos da teoria jurídica da pensão alimentícia migrou indevidamente para a natureza alimentar das prestações securitárias. O conteúdo moral presente nas ações civis acabou por influenciar outros valores sem se ter certeza de até onde essa contaminação é válida. Há alguma confusão entre os alimentos civis e os alimentos securitários. Pratica-se uma identidade entre os dois, como se eles fossem iguais e não são, e julgando-se ser arriscado tentar importar os conceitos civilistas para a previdência social.

Alimentaridade da pensão por morte

Não parece haver muitas dúvidas sobre a alimentaridade da prestação previdenciária, especialmente se de pequeno valor no nosso País.

Mas não se pode ignorar que quando o INSS faz um pagamento dessa natureza ele retira recursos da coletividade protegida, diminuindo o patrimônio coletivo, e que precisa reavê-lo para manter equilibrado o regime financeiro. Também não se pode pensar de forma simples: se o INSS foi o culpado, *per se* não tem de haver a restituição. Assim sanciona-se a administração pública favorecendo quem fundamentalmente não tem direito.

Particularidades do percipiente

O *quantum* ora enfocado é personalíssimo; tem a ver com a condição econômica ou financeira do titular. Determinado patamar assumiria uma nuança distinta e outro não a deteria (aquele, por exemplo, de quem tenha rendas próprias). A aposentadoria do RGPS deveria ser considerada alimentar para quem ganha até R$ 3.916,20, mas não para o abastado que tem muitos imóveis alugados ou outras rendas.

Releva considerar a situação do percipiente do valor sopesado, se ele desfruta ou não de outras condições econômicas ou financeiras que lhe permitam obter os meios de manutenção. Detentor de dois ou mais benefícios deveria ser avaliado em particular.

Ou seja, não se pode afirmar que haja uma presunção jurídica de que os valores recebidos indevidamente foram consumidos como alimentos nem há vedação legal para a ação de restituição. Ao contrário.

Uma concepção jurídica dessa natureza não pode olvidar o enfoque pessoal e familiar. Em média, constituída de pai e mãe e dois filhos, de modo geral, uma família carece de menos do que outros valores individuais com essa mesma natureza para a sua subsistência. Existem despesas pessoais (chuveiro) e gerais (TV ligada), e que dependente da quantidade de indivíduos vivendo sob o mesmo teto.

Outro grupo de pessoas é constituído daqueles que têm outros meios de subsistência ou são mantidos por terceiros, caso dos presidiários e dos eclesiásticos.

Concorrência na pensão por morte

Quando o segurado deixa duas mulheres ou duas famílias com direito à pensão por morte é bastante comum que um dos dependentes se antecipe ao outro e obtenha o benefício integralmente. Nessas circunstâncias, que justificam esse cuidado, o CRPS recomenda ao INSS que sempre procure saber se há mais alguém que possa concorrer à pensão por morte.

Às vezes, a autarquia federal não toma esse cuidado e depois de ter deferido o benefício para um dependente e manter as mensalidades, descobre que há outra pessoa com direito à metade da renda mensal, impondo-se a divisão da pensão por morte. Nestas condições cobra, daquele que recebeu a totalidade, 50% do benefício.

O INSS é quem recebe a solicitação, quem instrui a concessão e verifica o direito, exceto na raríssima hipótese de não saber da existência de outras pessoas com direito, ele tem todas as condições de saber quem faz jus. Na dúvida, deve deferir apenas 50% até que se defina a situação. Não fazendo, age com culpa *in vigilando* e não tem sentido cobrar de quem agiu de acordo com a lei.

Em 10.12.2007 a Lei n. 9.528/97 determinou que a DIB da pensão por morte é a DER, se passados mais de 30 dias da solicitação do titular do benefício (PBPS, art. 75). Assim, muitas viúvas hipossuficientes, procuradoras do segurado aposentado que recebiam a aposentadoria, ignorando a diferença jurídica entre as duas prestações, apresentando-se tardiamente descobrem que "devem" o que receberam desde a DO. Ora, contraditando a lei, nesses casos a DIB deveria ser a DO e não existir débito algum a ser devolvido.

Capítulo 174 – Renúncia ao Direito

Por se tratar de direito patrimonial disponível, presentes os seus pressupostos, o titular da pensão por morte pode renunciar a sua solicitação e, também, em algum momento, durante a manutenção, abdicar da percepção mensal. Claro, volição admitida somente válida para pessoas juridicamente capazes, entre as quais os cônjuges ou os companheiros, os filhos, os pais ou os irmãos, todos no pleno gozo de suas faculdades mentais.

Um ato jurídico de tal natureza tem de ser expresso, escrito e formalíssimo; deve ser cercado de todos os cuidados por parte do órgão gestor, carecendo de certificar-se da propriedade de tal desistência. Mas, saliente-se, na prática simplesmente deixar de requerer o benefício corresponde a uma dispensa informal e isso, às vezes, sucede quando a família não exercita o direito.

Quando da concorrência entre ex-esposa e ex-companheira, ambas perfeitamente decantadas, com direito a 50% das mensalidades, dá-se de uma delas (usualmente a ex-esposa), renunciar a sua cota em favor da ex-companheira, principalmente quando esta não detém os meios para uma subsistência digna.

Existem casos em que essa ex-esposa requer o benefício em seu nome e, sabendo das dificuldades da companheira de fazer a prova da união estável, lhe repassa o valor mensal. Eventual problema diz respeito ao falecimento dessa doadora, a titular do benefício.

De todo modo, ainda que haja apenas um titular com direito ao benefício, é permitido desistir da pensão por morte, expressamente ou não. Repete-se. Quando não requer a prestação, cônscio do direito, de fato alguém estará abandonando o seu direito.

Uma renúncia dessa natureza traz implicações para os dois sujeitos da relação; em princípio, teria de ser irretratável, se mantidas as condições da abdicação. O arrependimento do ato jurídico perfeito terá de ser considerado por quem de direito.

Capítulo 175 – Regime Constitucional

A pensão por morte tem assento constitucional qualificado. É um benefício previdenciário com sede na Carta Magna de longa data; ali é distinguida das aposentadorias e de outros benefícios securitários possíveis nos quatro regimes de direito público subsistentes no País.

Por conseguinte, não pode ser eliminada da lei ordinária, nem seu valor diminuído consideravelmente, em face do salário de benefício, devendo observar particularmente a natureza substitutiva dos salários do trabalhador. O benefício está assegurado, o básico e o complementar do servidor e do trabalhador. O art. 201 a menciona duas vezes.

Os incisos I e II, do art. 40, ainda que tecnicamente justificados, confrontam-se com a igualdade dos pensionistas iguais, regra que a Carta Magna suspende com propriedade científica.

Nesse momento a Lei Maior não trata de pensões especiais, daquelas detentoras de natureza civil nem das excepcionais; enfoca apenas as securitárias.

Evento determinante

O evento determinante do benefício está presente no art. 201, inciso I. É o falecimento do segurado, sem importar a causa nem o causador.

Pouco significado tem a ausência de referência à morte presumida, que é uma espécie de morte, a ser disciplinada em lei ordinária.

Previsão específica

A prestação dos dependentes está expressamente mencionada no art. 40, § 7º, I/II, em dispositivo que regula a previdência social dos servidores.

Na versão inicial do inciso V do art. 201 era contemplada expressamente:

> "pensão por morte do segurado, homem ou mulher, ao cônjuge ou companheiro e dependentes, obedecido o disposto no § 5º e no art. 202."

O final do texto passou a incluir o § 2º, que fala em salários-mínimos como piso do benefício.

Distinção das pessoas

Disciplinar a previdência social topicamente em dois momentos não tem maior destaque exegético, resulta da evolução histórica convencional da matéria. Evidentemente tem significado jurídico na interpretação.

Claramente a Constituição Federal distingue os trabalhadores dos servidores, a despeito de programar paulatinamente uma futura igualdade securitária, pelo menos no que diz respeito à previdência social (CF, art. 194, parágrafo único, I).

Valor diferenciado

A Lei Maior distingue a renda mensal do benefício. Quer o valor dos dependentes dos servidores diminuído por comparação com a dos trabalhadores (que pode outorgar a totalidade, combinando a previdência social básica com a complementar), em face dos salários de contribuição.

Agirá bem uma norma da previdência complementar que permitir esse avanço em termos de previdência complementar, no que diz respeito ao montante final.

Arrolamento dos dependentes

Como não poderia deixar de ser, a Carta Magna arrola os dependentes e o faz de modo amplo, não os especificando expressamente. Com isso o legislador ordinário elege os que são preferenciais e os não preferenciais.

Em norma de superdireito, a Lei Complementar que dispuser sobre a identidade das pessoas que fazem jus ao benefício, equiparando parlamentares, militares, servidores e trabalhadores, atenderá ao princípio constitucional da igualdade.

Silêncio sobre a complementação

A Carta Magna não regulou a previdência particular com a mesma especificidade da previdência básica; a complementação da pensão por morte não comparece no Texto Maior, como a dos servidores.

O Regulamento Básico de uma EFPC e, mais ainda, das EAPC, pode dispor diferentemente sobre a matéria, bastando respeitar os princípios do art. 202 da Carta Magna.

Previdência patronal

O art. 201, § 2º, deixou claro que não se pode confundir o Direito do Trabalho com o Direito Previdenciário Complementar.

Contribuição dos pensionistas

Pela primeira vez a Lei Maior dispôs sobre a contribuição dos pensionistas, que incide sobre a diferença entre o valor do benefício e um patamar correspondente ao teto do RGPS (CF, art. 40, § 18).

Se o pensionista for portador de doença incapacitante o patamar será de dois tetos do RGPS (CF, art. 40, § 21).

Tipos de uniões

No art. 226 fica clara a proteção à família (*caput*), acolhendo-se o casamento (§ 1º), o casamento canônico (§ 2º) e a união estável (§ 3º). Cuidou da adoção (art. 227, § 5º) e a da identificação dos filhos (§ 6º).

Como se verá em várias oportunidades, a ANC e também o Código Civil perderam ótima oportunidade de ajustar a norma jurídica à realidade social. Por isso, as decisões do STJ e do STF a respeito da homoafetividade.

União homoafetiva

A ANC de 1988 não tratou da união homoafetiva em termos de disciplina específica, entretanto, sem obstaculizar como instrumento de realização da família. Daí a decisão de 25.10.2011 do STJ acolhendo o casamento de duas lésbicas gaúchas.

Indenização acidentária

O art. 7º regula a indenização cabível em face de acidente do trabalho, aí incluído o infortúnio laboral (inc. XXVIII). E a ação indenizatória correspondente.

Pensão militar

Até que fosse reformulado, o art. 42, § 10, dizia:

> "Aplica-se aos servidores a que se refere este artigo, e a seus dependentes, o disposto no art. 40, §§ 4º e 5º."

O dois incisos mencionados tratavam da paridade dos servidores civis e da pensão por morte. A versão atual não mais registra esse texto, o que quer dizer que prevalece a legislação própria dos militares.

Militares não federais

Atualmente, o art. 42, § 2º, diz:

> "Aos pensionistas dos militares dos Estados, do Distrito Federal e dos Territórios aplica-se o que foi fixado em lei específica do respectivo ente estatal."

Nestas condições, a Carta Magna outorgou ao legislador ordinário a disciplina da matéria, criando algumas dificuldades se essa lei conflitar com os princípios gerais dos benefícios insculpidos na Lei Maior.

Disposições transitórias

O ADTC dispôs sobre a revisão das pensões para fins de atingir a adequação à Constituição Federal, pela primeira vez referindo-se aos pensionistas (art. 20). A disposição é genérica e dispensa observações específicas.

Ex-combatentes

Os pensionistas dos ex-combatentes foram mencionados no art. 53, III, do ADCT, em caso de morte, pensão à viúva ou companheira ou dependente, de forma proporcional, de valor igual ao do inciso anterior (que fala em pensão de segundo tenente das Forças Armadas).

No parágrafo único ficou claro que a pensão especial substitui qualquer outra pensão já concedida aos ex-combatentes.

Dependentes dos seringueiros

O § 2º do art. 54 do ADCT regrou a pensão por morte dos "dependentes reconhecidamente carentes" dos seringueiros da Amazônia.

Poder aquisitivo

O art. 58 dispõe sobre a revisão de cálculo da pensão por morte, não mencionada expressamente, mas incluída entre os benefícios da previdência social do RGPS, de modo a serem expressos em número de salários-mínimos até a implantação do plano de custeio e de benefícios, e pagas a partir de abril de 1989.

Cumprimento dos princípios

A Lei Maior elege vários princípios como a universalidade, a igualdade e a equidade, mas ao mesmo tempo afeta esses princípios com regras próprias sobre o benefício, fazendo distinções.

Capítulo 176 — Momento da Definição

Há uma linha que separa a situação jurídica dos segurados do direito dos seus dependentes: a data do óbito. O que acontece antes do falecimento influencia a pretensão posterior.

O que atribui a esses dependentes a condição de pensionistas são fatos que devem suceder em determinado momento da vida das pessoas em face do segurado.

Assim, na figura tradicional, a pensão por morte é devida ao cônjuge supérstite na data do óbito do segurado, se mantida a relação fática e jurídica do casamento; noutras palavras, a constância do matrimônio. Quando ele não foi preservado — sem saber há quanto tempo ele deve ser desfeito para se produzir os efeitos — surgem problemas na obtenção do benefício.

Do mesmo modo, o direito dos dependentes não preferenciais também está condicionado ao cenário presente nessa data-base.

Essa determinação técnica é mera convenção histórica acolhida pela legislação. Por isso, os dependentes que deixarem de dominar os requisitos legais algum tempo não definido na lei, antes do óbito, não fazem jus ao benefício.

Validade do cenário

É preciso decantar quanto tempo terá de ter passado para que uma pessoa que, a princípio faria jus ao direito, o perde, porque não mais reúne os pressupostos legais. Carece aclarar quando se caracteriza a DII para que um irmão inválido faça jus à pensão assim que o seu irmão segurado falecer.

Em Bauru, certa feita um casal de unidos solteiros viveu durante 32 anos juntos e sem filhos, separou-se, o homem casou-se 30 dias depois e 30 dias em seguida, ele faleceu.

A união estável manteve-se por três décadas e o casamento algo em torno de um mês. Segundo o PBPS, a ex-esposa faz jus a 50% da pensão e também a ex-companheira.

Mas se a separação tivesse ocorrido há dois anos sem pagamento de pensão alimentícia?

Validade da união

A legislação não responde a indagação de saber qual é o prazo que se tem para definir o desfazimento factual de uma união estável ou civil.

Certo servidor viveu com a companheira de 1978 a 1992, portanto, por 14 anos, e teve um filho com ela. Faleceu em 19.10.05, 13 anos depois. Sentenciando em 6.10.2008 o juiz José Antonio Lisboa Neiva, da 6ª Turma do TFR da 2ª Região não concordou com a pensão por morte (REO MS n. 2006.51.01.016.118-1, *in Revista Síntese* n. 235, de jan. 2008, p. 119).

Nascimento após o óbito

Corretamente, o art. 274 da IN INSS n. 11/06 fala em um filho do segurado concebido na vigência do casamento "dentro de trezentos dias subsequentes à dissolução da sociedade conjugal por morte, separação judicial, nulidade e anulação de casamento, são considerados filhos concebidos na constância do casamento, conforme o inciso II do art. 1.597 do Código Civil".

O dispositivo não tratou da inseminação *post mortem*, operada com sêmen do segurado, ocorrida além dos 300 dias ("Nasce o primeiro bebê do Brasil gerado com sêmen de pai morto", *in FSP* de 17.6.2011, p. C-4). Sendo filho do segurado deve incorporar-se ao conjunto dos dependentes.

Dependência econômica

Ainda por conta da convenção histórica, a dependência econômica dos pais ou dos irmãos deve subsistir antes da data do óbito do segurado.

Nestas condições, no extremo das situações, em face da lei, se antes dessa data dependia e no dia seguinte não mais, a relação se impõe; ao contrário, se sobreveio perda dos meios de sobrevivência havidos anteriormente, não há o direito à pensão por morte.

Invalidez dos dependentes

Igual se passa em relação ao estado de saúde dos dependentes.

Capítulo 177 – Direito Comparado

Praticamente todos os países do mundo que adotam a previdência social concebem a pensão por morte. Variam os tipos de dependentes, a relação do benefício com a remuneração do segurado, as idades, e o período em que podem receber o benefício (*site* Consultor Jurídico, colhido na *internet* em 27.9.09).

Para compreender o benefício brasileiro importa partir das nossas realidades socioeconômicas e dos números definidores nos outros países.

Em quase todas essas legislações comparece a expressão "criança" em vez de membros da família ou de dependentes.

Alemanha

O benefício é devido por dois anos depois de cumprido um período de carência de 60 contribuições. O valor é de 100% da aposentadoria, pagos durante os três primeiros meses; a partir do quarto mês, diminui para 25% para pensionista com menos de 45 anos e de 55%, para quem tiver mais de 35 anos.

Argentina

O período básico de cálculo é de 30 contribuições nos últimos 36 meses, desde que o dependente tenha vivido pelo menos cinco anos com o instituidor (marido ou companheiro). Perdura por dois anos, se tiver filho. Na ausência de outros dependentes, a viúva ou a companheira recebe 50% da aposentadoria. Viúva ou companheira com filhos até 18 anos, aufere 70%; se tiver dois filhos, será de 90% e se forem três ou mais filhos, o percentual será de 100%.

Bélgica

Somente as viúvas com mais de 45 anos fazem jus e depois de 12 contribuições. Se o óbito decorreu de um acidente do trabalho, é de 80% do valor da aposentadoria.

Canadá

Viúvas de 60 a 64 anos têm direito. Aos 65 anos a pensão por morte é substituída pela aposentadoria ou renda mínima. O valor máximo é de R$ 747,00. O percentual é de 37,5% da aposentadoria.

Chile

O valor é de 60% da aposentadoria, sendo de 70% para o cônjuge com até dois filhos órfãos com menos de 18 anos (e 24 anos se for estudante).

China

A esposa, as crianças e o pai do segurado recebem 40% do valor do salário. Para a viúva é de 30% e para os demais dependentes é de 10% por criança.

Estados Unidos

Viúvas ou divorciadas (se o casamento perdurou pelo menos por anos), órfão até 18 anos ou entre 18 e 19 anos, se estudantes. Mãe e pai com 62 anos ou mais e com 50% para o dependente. O valor é 75% do valor segurado. Se casar, perde antes de 60 anos. Precisa ter 50 anos mínimos.

França

Tem direito a viúva com 52 anos de idade e renda inferior a 15 mil euros por ano. A esposa divorciada que não se casou faz jus e o valor é de 54% da aposentadoria.

Itália

Devida à esposa ou marido, mesmo separados ou divorciados, se não voltaram a se casar, inclui os filhos menores e até mesmo os netos. O montante é de 100% do benefício recebido, divididos conforme a presença dos dependentes. Se existir somente o cônjuge, será de 100%. Havendo filhos, será de 60% para o cônjuge e 20% para cada filho. Existindo tão somente os filhos com direito, cada um deles receba 40% do valor. Para pais e irmãos: 15% cada um.

México

A viúva sem filhos recebe 90% do benefício por seis meses. Caso tenha filhos, serão 50% + 20% por filhos menores de 16 anos ou até 25 anos, se estiver estudando. Casando-se, ela terá direito a um pecúlio de 36 meses.

Noruega

O percentual é de 100% para a viúva e são exigidas 36 contribuições mínimas ou ser aposentado. O casamento precisa perdurar por mais de cinco anos ou o casal ter uma criança como dependente.

Portugal

Representa 60% da aposentadoria. Perdura por cinco anos, exceto se a viúva tenha mais de 35 anos de idade, seja incapaz para o trabalho ou tenha filhos menores de idade.

Rússia

Viúvas com 55 ou mais anos de idade, desempregadas ou com filhos até 14 anos ou não aptos para o trabalho. Não cessa com o novo casamento. Irmãos ou irmãs com menos de 18 anos ou avós do segurado com 61 anos ou mais têm direito.

Uruguai

Há previsão de uma "filha solteira maior de 45 anos, que cuida dos pais inválidos".

Capítulo 178 – Obrigações Derivadas

Mors omnia solvit. O falecimento de um segurado tem inúmeras aplicações práticas e efeitos jurídicos. A primeira delas, uma comunicação à seguradora. Por morte se entende o óbito, a ausência ou o desaparecimento. Cada qual com o comprovante devido.

Comunicação do acidente

Se a morte se deu em virtude de acidente do trabalho o empregador está forçado a comunicar o fato, não só à autoridade policial como ao gestor da previdência social (PBPS, art. 22). Isso trará consequências junto da previdência social de variada ordem, particularmente no que diz respeito ao FAP do SAT.

Aviso ao INSS

Tratando-se de um aposentado o dever dos familiares é de dar ciência à entidade que mantém o benefício para cessar os pagamentos destes.

Pedido de pensão

À evidência, a morte é o evento determinante da pensão por morte.

Empréstimo consignado

O Banco com o qual foi celebrado um contrato de empréstimo compulsório tem de ser avisado, uma vez que a garantia do mútuo deixou de existir.

Exclusão de dependentes

Caso tenha havido inscrição de dependentes e um deles faleceu será preciso dar ciência a quem de direito. Só existe a obrigação de comunicar a morte dos pais ou irmãos com possível direito se não existirem dependentes preferenciais vivos.

No caso da previdência complementar fechada esse dever é bastante significativo porque a relação de custeio e benefícios depende da clientela protegida.

Óbito do pensionista

Falecendo o próprio pensionista será preciso comunicar o fato ao mantenedor para que cesse o benefício.

Processo administrativo

O andamento de um processo administrativo é afetado pela morte do requerente. Quando a *causa mortis* coincide com o CID alegado pelo segurado há interesse no restabelecimento de um benefício por incapacidade que fora indeferido.

Processo judicial

O Poder Judiciário deve tomar conhecimento que o autor de um processo faleceu, para que sejam tomadas as providências devidas em virtude dessa ocorrência.

Deveres médicos

Quando do óbito de pessoa motivado por certas enfermidades, os médicos são obrigados a notificarem as autoridades.

Comunicação aos cartórios

Os cartórios de registro civil devem tomar ciência do falecimento do segurado.

Interesse estatístico

Para efeito de elaboração das tábuas de mortalidade há visível interesse em se saber quantas mortes ocorreram em certo período de tempo e em certa clientela protegida.

Mapeamento de sinistros

As empresas têm necessidade de gerenciar os riscos e mapear os locais e as causas de morte nos seus estabelecimentos, para os diversos fins práticos, prevencionistas e jurídicos.

Tempo especial

O processo de conversão do tempo especial continua mesmo após o falecimento do segurado, foi o pensamento da desembargadora Vera Jucovsk em 9.6.2011, da 3ª Turma do TRF da 3ª Região, no AR n. 2006.03.00.0407-26-A-/SP, *in DJF-3*.

Capítulo 179 – Volição do Segurado

Na sua origem e praticamente durante todo o Século XX a vontade do segurado tinha peso específico na definição de quem faria jus à pensão por morte quando do seu falecimento. Subsistiam normas disciplinando na só a indicação, mas a substituição e a revogação dessas indicações.

Em cada um dos regimes próprios de previdência social, o RGPS é um deles, existe comando específico espelhando uma tendência do Direito Previdenciário no sentido de extinção desse instituto técnico da designação.

Quando fizer parte da lei vigente, a apreensão do desejo do designante pode realizar-se por todos os meios em Direito admitidos.

Rigorosamente, para todos os efeitos, o direito dos dependentes presume uma designação não declarada, expressa na vontade do legislador.

Volunta legis

No comum dos casos, no Direito Previdenciário prevalece a vontade do legislador, que estaria melhor habilitado para a escolha dos dependentes. Quando de exceções elas devem provir expressamente e não podem ser presumidas.

Preceito constitucional

A possibilidade da designação de pessoas não é matéria constitucional, cabendo a cada lei determinar nesse sentido.

Pensão por morte

Essa volição da disposição do segurado de proteger algum membro da família e até mesmo de não parentes, diz respeito à transformação de uma pessoa faticamente dependente em pensionista.

Regime geral

Desde a Lei n. 9.032/95, não existe mais a figura da designação na legislação previdenciária. Quem foi designado antes dessa lei e cujo designante tenha falecido também antes de 29.4.95 manteve o direito.

Regimes próprios

Cada um dos regimes próprios disporá sobre a existência ou não da designação, sendo certo que apenas deverá levar em conta o princípio do equilíbrio atuarial e financeiro do plano de benefícios. Ou seja, ouvirá o matemático.

Servidor federal

A Lei n. 8.112/90 diz:

> "a pessoa designada, maior de 60 (sessenta) anos e a pessoa portadora de deficiência, que vivam sob a dependência econômica do servidor" (art. 217, I, *e*).

Também o companheiro e a companheira designada (art. 217, I, letra *c*).

Com vistas à pensão transitória, uma pessoa designada que viva na dependência econômica do servidor, até 21 (vinte e um) anos, ou, se inválido, enquanto durar a invalidez (art. 217, II, *d*).

Regime militar

O art. 7º, III, que trata da terceira ordem de sucessão dos servidores militares aponta uma pessoa designada chamada de declarada, que tenha até 21 anos de idade, se inválida, enquanto durante a invalidez, ou maior de 60 anos, que viva na dependência econômica do militar.

Regime parlamentar

O art. 8º, II, da Lei n. 4.284/63 fala em:

> "a pessoa do sexo masculino, menor ou incapaz ou do sexo feminino, menor, solteira, desquitada ou viúva, ou incapaz, e que vivam sob a dependência econômica do contribuinte."

O § 3º do mesmo artigo trata da reversão, tão somente admite mediante declaração do contribuinte.

OABPrev-SP

Utilizando-se de uma fórmula genérica, que abrange os parentes e os não parentes, o art. 29 do Regulamento Básico da OABPrev-SP diz:

> "Os Beneficiários indicados pelo Participante farão jus aos benefícios de Pensão por Morte de Participante Ativo ou Assistido no caso de falecimento do Participante."

Carteira Paulista

O art. 5º da Lei n. 13.549/09, que define os beneficiários, não tem previsão de designados.

Historicamente, o art. 8º, *c*, da Lei n. 7.384/62, indicava "a pessoa expressamente designada pelo segurado, mediante declaração escrita, alterável ou revogável a qualquer tempo".

Previdência complementar

A previdência complementar, aberta ou fechada, pública ou associativa, é o ambiente em que a figura da designação tem maiores oportunidades de permanecer. Isso se deve ao fato de que a relação entre contribuição e benefícios, tábua de mortalidade de clientela protegida, é a mais científica possível.

Assim, ouvido o matemático assistente, se instituído no Regulamento Básico da EFPC ou da EAPC o participante poderá indicar quem quer que seja.

Capítulo 180 – Moralidade dos Dependentes

O comportamento pessoal e social dos beneficiários da previdência social é um tema pouco tratado na doutrina nacional previdenciária, ainda que assuma certa relevância em matéria de seguro privado (direito do homicida, suicídio premeditado, automutilação etc.), no Direito do Trabalho e no Direito Civil, claro no Direito Penal.

No que diz respeito à moralidade das pessoas, pelo menos até o PBPS, o assunto já despertou polêmicas como se pode ver com o art. 354, § 5º, do Decreto n. 83.080/79, o qual exigia das viúvas ou companheiras que fossem honestas e pobres (Parecer MPS n. 165/72 – Proc. 111.667/70, *in BS/DS* n. 133, de 14.7.1972).

O dever de fidelidade recíproca, um apanágio do casamento, elemento significativamente moral, um instituto técnico civilista, não tem muita ressonância na previdência social. A conduta moral do homem ou da mulher não informaria essas relações jurídicas. O que importaria é a constância da relação e a mútua dependência.

Machismo militante

O desembargador José Barison, da 2ª Câmara do Tribunal de Justiça do Rio Grande Sul, na AC n. 500.839, *in RJ* n. 106/147, decidiu que "o *discreto* relacionamento sexual da mulher não impõe a perda da prestação alimentar" (grifo nosso). Quer dizer, noutras palavras essa alimentada tem de ter comportamento moral impoluto no âmbito do Direito Civil. Com desdobramentos no Direito Previdenciário.

Em 14.6.93, o Ministro Sálvio Figueiredo, da 4ª Turma do STJ, aceitou as relações sexuais da mulher separada com vistas aos alimentos, com outro homem, "desde que não se comprove desregramento de conduta" (RESP n. 21.697-0/SP).

Julgando fazer justiça, raciocínio que talvez valesse na assistência social, a desembargadora Joana Cardino Luis Pereira outorgou pensão por morte ao sobrinho da segurada, por ser portador de esquizofrenia paranóide e órfão de pai e mãe (AC n. 301.358/AL, no Proc. n. 2002.000211941, da 3ª Turma do TFR da 5ª Região, em 7.3.2006, *in Revista Síntese* n. 204, de jun. 2008, p. 193-197).

Além da importância da ética nas relações humanas e o princípio da boa-fé, o que parece confundir os aplicadores do Direito é a tênue fronteira entre a assistência e a previdência, sabedores da pobreza da maior parte da população. Sentindo-se culpados por desfrutarem de melhores condições, desejam fazer justiça com as próprias mãos e são generosos com os despossuídos.

Distinções jurídicas

No que tange ao homicídio de um cônjuge, o Código Civil faz distinção e impede a fruição do patrimônio por parte do criminoso. Quando alguém pretende roubar e para isso mata a vítima, o Código Penal distingue e aumenta a pena. Estas duas distinções se devem à ocorrência desses crimes.

O art. 220 do ESPCU diz:

> "Não faz jus à pensão o beneficiário condenado pela prática de crime doloso de que tenha resultado a morte do servidor."

Note-se que não é quem cometeu o delito, mas quem foi condenado, logo o criminoso que foi absolvido faz jus.

O legislador, sempre apressado, não sabe se pune o criminoso (então um suspeito, indiciado ou processado) ou o condenado. Se alguém é isentado da pena pelo crime de homicídio, por exemplo pela prescrição, não foi condenado e pode receber a pensão por morte, *a contrario sensu* do art. 220 da Lei n. 8.112/90.

Na prática, até que sobrevenha a condenação com trânsito em julgado, o homicida tem direito à pensão por morte e depois deixaria de recebê-la a partir desse momento jurídico (na maioria dos casos, bem demorado).

Além da pena restritiva de liberdade, quando o Direito Penal quer afetar o patrimônio da pessoa ele estabelece a pena de prisão e multa.

Se o Direito Previdenciário não tem disposição, até por conta do princípio da insignificância do número dos casos, é porque não seja o obstáculo à pensão por morte.

Regra fundamental parece ser que nas relações com o órgão gestor os beneficiários devem perfilhar um comportamento ético adequado, mas pessoalmente o seu modo de vida não interessaria ao Direito Previdenciário.

Código Civil

Diante da facilidade de raciocínio, olvidando-se do perigo que isso representa, é comum pensar-se em usar o Código Civil que em seu art. 1.814, I, excluir da sucessão:

> "que houverem sido autores, coautores ou partícipes de homicídio doloso, ou tentativa deste, contra a pessoa de cuja sucessão se tratar, seu cônjuge, companheiro, ascendente ou descendente."

Essa remissão foi adotada na AC n. 430.140, de 31.3.08, conforme descrição de Francisco Amado, que afirma não poder a pessoa "locupletar-se com a própria torpeza" (relatado pela desembargadora Joana Carolina Lins Pereira, da 2ª Turma, acórdão reproduzido por Tatiana Sada Jordão (Benefício de pensão por morte: uma análise sobre a concessão ao condenado por homicídio do instituidor, *in Revista Síntese* n. 43, de jul./ago. 2011, p. 227-233).

A fidelidade é um apanágio do casamento, mas ela não era exigida para desconstruir o matrimônio nem a sua própria constância. Trata-se de exigência moral que pertence à esfera dos cônjuges.

Relações com o gestor

Os beneficiários são obrigados à ética nas suas relações com o RGPS ou RPPS. Não podem fraudar nem mentir e muito menos falsificar documentos. O PBPS se refere à boa-fé de quem recebeu benefício indevido.

Quando o legislador previdenciarista quer, ele impõe regras de conduta, como é o caso do ingresso do incapaz, da volta ao trabalho do percipiente de aposentadoria por invalidez e da aposentadoria especial.

Direito do Trabalho

A legislação trabalhista não acata a má-fé do trabalhador, de modo que a automutilação não produz efeitos indenizatórios para o empregado. Mas se o segurado causa a incapacidade, o órgão gestor não pode negar-se a conceder o benefício (até que a lei o vede um dia).

Dano moral

Se o órgão gestor causa dano material ou moral ao beneficiário ou se este prejudica o patrimônio ou a reputação da Administração Pública cabe dano moral da parte prejudicada, porque a norma jurídica quis.

Seguro privado

Dada a natureza da cobertura do risco e a relação pecuniária entre o prêmio e a reparação (um pequeno valor pode gerar uma grande indenização), o seguro privado a não acolhe a automutilação. Ainda uma vez, neste caso, as relações com a seguradora devem seguir a boa-fé, a ética e a moralidade.

Capítulo 181 – Aplicação do ECA

O Estatuto da Criança e do Adolescente - ECA (Lei n. 8.078/90), com as modificações impostas pela Lei n. 12.010/09, dispõe amplamente sobre as crianças e os adolescentes, pessoas que podem ser consideradas dependentes de um segurado. Agora, são abordados os conceitos que possam interessar em face da pensão por morte.

Conceito de criança

Considera-se criança a pessoa até 12 anos de idade incompletos, e adolescente, aquela entre 12 e 18 anos de idade. Nos casos expressos em lei, aplica-se excepcionalmente o ECA às pessoas entre 18 e 21 anos de idade.

Direitos fundamentais

A criança e o adolescente gozam de todos os direitos fundamentais inerentes à pessoa humana, assegurando-se-lhes, por lei ou por outros meios, todas as oportunidades e facilidades, a fim de lhes facultar o desenvolvimento físico, mental, moral, espiritual e social, em condições de liberdade e de dignidade.

Deveres da família

É dever da família, da comunidade, da sociedade em geral e do poder público assegurar, com absoluta prioridade, a efetivação dos direitos referentes à vida, à saúde, à alimentação, à educação, ao esporte, ao lazer, à profissionalização, à cultura, à dignidade, ao respeito, à liberdade e à convivência familiar e comunitária.

Direito à vida e à saúde

A criança e o adolescente têm direito à proteção à vida e à saúde, mediante a efetivação de políticas sociais públicas que permitam o nascimento e o desenvolvimento sadio e harmonioso, em condições dignas de existência.

Família substituta

Toda criança ou adolescente tem direito a ser criado e educado no seio da sua família e, excepcionalmente, em uma família substituta, assegurada a convivência familiar e comunitária, em ambiente livre da presença de pessoas dependentes de substâncias entorpecentes.

Direito dos filhos

Os filhos, havidos ou não da relação do casamento, ou por adoção, têm os mesmos direitos e qualificações, proibidas quaisquer designações discriminatórias relativas à filiação.

Reconhecimento de filhos

Esses filhos havidos fora do casamento poderão ser reconhecidos pelos pais, conjunta ou separadamente, no próprio termo de nascimento, por testamento, mediante escritura ou outro documento público, qualquer que seja a origem da filiação. O reconhecimento pode preceder o nascimento do filho ou suceder-lhe ao falecimento, se deixar descendentes.

Menor sob guarda

A guarda confere à criança ou adolescente a condição de dependente, para todos os fins e efeitos de direito.

Como é bastante comum, aqui se tem debates sobre a revogação da lei que pôs fim ao direito do menor sob guarda de ser dependente do segurado, independentemente de ter sido posterior ao ECA. Para alguns autores, o ECA complementa a Carta Magna e deveria ser observado.

Filho adotado

Uma adoção atribui a condição de filho ao adotado, com os mesmos direitos e deveres, inclusive sucessórios, desligando-o de qualquer vínculo com pais e parentes, salvo os impedimentos matrimoniais.

Se um dos cônjuges ou companheiros adota o filho do outro, mantêm-se os vínculos de filiação entre o adotado e o cônjuge ou companheiro do adotante e os respectivos parentes.

Adoção por separados

Os divorciados, os judicialmente separados e os ex-companheiros podem adotar conjuntamente, contanto que acordem sobre a guarda e o regime de visitas e desde que o estágio de convivência tenha sido iniciado na constância do período de convivência e que seja comprovada a existência de vínculos de afinidade e afetividade com aquele não detentor da guarda, que justifiquem a excepcionalidade da concessão.

Pátrio poder

A morte dos adotantes não restabelece o poder familiar dos pais naturais.

Adoção internacional

Considera-se adoção internacional aquela pela qual a pessoa ou casal postulante é residente ou domiciliado fora do Brasil (Convenção de Haia, de 29.5.93).

Adolescente aprendiz

Aos adolescentes aprendizes, maiores de 14 anos, são assegurados os direitos trabalhistas e previdenciários.

Adolescente deficiente

É assegurado trabalho protegido aos adolescentes portadores de deficiência.

Desaparecimento de menores

A investigação desses menores adolescentes será realizada imediatamente após notificação aos órgãos competentes, que deverão comunicar o fato aos portos, aeroportos, Polícia Rodoviária e companhias de transporte interestaduais e internacionais, fornecendo-lhes todos os dados necessários à identificação do desaparecido.

Capítulo 182 – Pensões no Exterior

São bastante comuns casos de pessoas que migraram para o Brasil e estão recebendo aposentadorias concedidas no exterior, no país de origem. Um tema distinto daqueles cuidados nos acordos internacionais de previdência social.

Falecendo um aposentado (até mesmo um trabalhador filiado ao regime do exterior não aposentado, como os servidores de escritórios comerciais, consulados e embaixadas), são deferidas pensões por morte pelos governos dos países representados. E mantidas, ainda que ele mude de residência e venha morar no Brasil.

Se esses dependentes continuam residindo no Brasil, depois de deferida a pensão por morte, eles aqui a receberão mensalmente, sem qualquer interferência da nossa legislação, excetuada a do Imposto de Renda.

Em algumas hipóteses, se para isso fizerem jus, acumularão essa percepção com uma pensão por morte deferida no Brasil.

Se retornarem ao seu país de origem eles continuarão com esses dois benefícios mantidos.

Na interpretação da matéria, há de se entender que é como se eles não tivessem o benefício deferido no exterior.

Existem hipóteses excepcionais em que o trabalhador é autorizado a operar no nosso País, mantendo a filiação e as contribuições para o regime próprio do seu país e, nesses casos, a concessão do benefício provirá do exterior.

Capítulo 183 — Consequências do Homicídio

Diante do número elevado de homicídios cometidos por parentes do segurado, cogita-se do direito previdenciário do dependente homicida à pensão por morte. O tema experimenta um deserto de manifestações doutrinárias; poucos estudiosos trataram do assunto. De modo geral, quando consultados, verbalmente os especialistas afirmam que provada a intenção do delinquente de objetivar a pensão por morte, não haveria esse direito.

A questão não é simples; ela pressupõe o exame técnico do comportamento moral das pessoas e se isso interfere no direito às prestações previdenciárias, concepção com ideias próprias no Direito do Trabalho e no Direito Penal.

Direito Civil

Nosso Código Civil é claro ao excluir da sucessão os herdeiros ou legatários. O art. 1.814, I diz:

> "que houverem sido autores, coautores ou partícipes de homicídio doloso, ou tentativa deste, contra a pessoa de cuja sucessão se tratar, seu cônjuge, companheiro, ascendente ou descendente."

Tal entendimento é lógico, adequado e respeitável na órbita do Direito de Família. Para o Direito Civil pouco importa se a ação criminosa visa ou não ao patrimônio do cônjuge.

Direito Previdenciário

A influência do Direito Penal no Direito Previdenciário ainda não foi devidamente aprofundada.

Os conceitos da criminalística são importados com as devidas ressalvas, uma vez que os direitos previdenciários são patrimoniais.

Este é um tema diretamente envolvido com o comportamento dos beneficiários e suscita a discussão se as relações devem ficar à margem desse cenário.

Algumas considerações têm de ser relevadas. Penalizar o homicida é praticar o *bis in idem*. Quando o Código Penal deseja a duplicidade da pena, como sucede com o latrocínio (a morte objetiva tornar possível o roubo), ele estipula a pena e a multa. Enquanto a lei previdenciária não apresentar previsão legal, a analogia com o Direito Civil é passível de críticas.

Direito dos filhos

Se o pai ou a mãe e o companheiro ou a companheira não fizerem jus à pensão por morte por serem homicidas, os filhos havidos da união civil ou estável têm direito ao benefício e, também, nas circunstâncias jurídicas próprias, os pais e os irmãos.

Pensamento doutrinário

Para a desembargadora Joana Carolina Lins Pereira, comprovado o homicídio praticado pela esposa não cabe o benefício da pensão por morte.

Se não há disposição na lei previdenciária, aplica-se o Direito Civil (AC n. 430.140/PE – Proc. n. 2006.83.00.012473-6, da 2ª Turma do TFR da 5ª Região, decisão de 31.3.2008, *in DJ* de 16.4.2008).

A mesma desembargadora mandou cancelar a pensão por morte deferida e mantida ao homicida, assim que o INSS tomou conhecimento da condenação (decisão da 2ª Turma do TRF da 5ª Região, em 16.4.2008, na AC n. 143.140, *in Revista Síntese* n. 43, de jul./ago. 2011, p. 230).

Tatiana Sada Jorão, acostando-se a Paulo Modesto (Controle Jurídico do Comportamento Ético da Administração Pública no Brasil, *in Revista de Diálogo Jurídico*, Salvador, n. 13, abr./maio 2011, p. 2), por analogia com os arts. 1.814 e 1.816 do Código Civil e com base na presunção da boa-fé das pessoas, discorda do direito à pensão por morte (Benefício Previdenciário da Pensão por Morte — Uma análise sobre a concessão ao condenado por homicídio do instituidor, *in Revista Síntese* de jul. 2011, n. 43, p. 227-233).

Francisco de Assis Marins Bezerra defende o direito ao benefício (Pensão por morte, *in RPS* n. 374/60).

Homicida condenado

Homicida é quem matou (tal indivíduo faria ou não jus à pensão por morte). Homicida condenado é a mesma pessoa se ela, finalmente, foi condenada em razão do homicídio. A rejeição ao comportamento humano parece ser dirigida a quem matou.

Um processo crime que envolva homicídio, ainda mais se tratando de culpado parente, demora para ser solucionado. Durante o curso do processo é preciso pensar na subsistência do homicida e dos seus familiares. Durante o longo período do processo penal, garantida a autarquia, a pensão por morte deveria ser deferida e mantida até a solução final.

Absolvição do criminoso

Se, afinal, o acusado não teve de cumprir a pena, por exemplo, em razão do decurso da prescrição, entender-se-á previdenciariamente que não houve crime, examinando-se tão somente a questão moral envolvida.

Crime culposo

Nestas avaliações, sempre tendo em conta o aspecto moral, é preciso sopesar se o homicídio foi doloso ou culposo.

Nesta última hipótese, em que não haja culpa do autor, parece sem dúvida o deferimento da prestação.

Situações especiais

Algumas situações especiais como a elisão da responsabilidade, a inimputabilidade etc., excluem a responsabilidade do agente e devem ser consideradas.

São exemplos, um autor incapaz, o praticante de um crime impossível, quem sofreu coação irresistível, o estado de necessidade, a violenta emoção, a embriaguez completa, a eutanásia e a ortotanásia, crime passional e coautoria.

Tais cenários descrevem ação humana reprovável que tem tratamento penal distinto, e deve informar o direito à prestação, se se entender que o homicídio seja elemento do direito ao benefício.

Homicídio de servidor

Diz o art. 220 do ESPCU:

> "Não faz jus à pensão o beneficiário condenado pela prática de crime doloso de que tenha resultado morte do servidor."

Desse entendimento se tem que o importante é a condenação e não o homicídio e que ele somente vale para a hipótese do crime doloso; se a morte se deu sem culpa do criminoso, a pensão por morte se imporia.

Com base no art. 248 da LC n. 4/90, a 2ª Câmara Cível do Tribunal de Justiça de Mato Grosso não acolheu o direito à pensão por morte de uma mulher que assassinou o marido (AI n. 109.614/2008).

Objetivos do agente

Circunstancialmente talvez será preciso separar o *animus* do homicida: a) sem visar a pensão por morte e b) sem visar ao benefício.

Capítulo 184 – Suicídio do Segurado

A automutilação e a própria morte têm interesse relevante para o direito infortunístico (em termos de responsabilidade do empregador quando for o responsável) e para o seguro de vida privado.

Convencionadamente, na órbita da previdência social básica e complementar qualquer um desses atos terríveis não influi na caracterização da incapacidade para o trabalho ou para os fins da pensão por morte. O que não acontece no Direito do Trabalho, na esfera acidentária.

Pouco importa se o óbito sobreveio por ação do próprio segurado ou de terceiros. Os dependentes ficam ao desamparo e impõe-se a pensão por morte.

Premeditação do ato

Os tribunais costumam fazer distinção entre o suicídio premeditado e o não premeditado, rejeitando a indenização avençada dos dependentes do segurado na primeira hipótese. É claro, premeditado, pensando no valor objeto do seguro.

Nesse sentido, a Súmula STJ n. 61 diz:

> "O seguro de vida cobre o suicídio não premeditado."

Como é comum na sintética redação sumular, inviesadamente, o tribunal não se manifestou direta e expressamente sobre o suicídio premeditado, dando a entender que este não teria cobertura securitária. Possivelmente prefere que cada caso seja examinado em particular. Pode dar-se de alguém arquitetar o fim da vida em razão do sofrimento de que é vítima.

Ocorrência trabalhista

Às vezes, na área trabalhista, o empregador é responsabilizado pelo acidente do trabalho. "Provado que o suicídio, ocorrido no local de trabalho, decorrente, entre outras razões, pela excessiva jornada de trabalho a que era submetido, em atividades que, pela importância, exigiam acentuada dedicação, mostram-se induvidosos o nexo causal e a culpa das empregadoras. Com isso faz-se presente a obrigação de reparação" (decisão do 2º Grupo Civil do Tribunal de Alçada do Rio Grande do Sul, relatada pelo juiz Leo Lima, apreciando o Recurso de Embargos Infringentes n. 194.166.534, em 10.10.1995, in *Comentários às Súmulas Previdenciárias*. São Paulo: LTr, 2010. p. 462).

Como antecipado, em virtude de uma convenção histórica, o evento determinante de um benefício não incorpora a volição humana.

Suicídio previdenciário

Ainda que por absurdo um segurado praticasse o suicídio exclusivamente para deixar a pensão por morte aos seus dependentes, no âmbito do RGPS, diante da responsabilidade objetiva do regime protetivo, esse benefício é exigível.

O suicídio previdenciário é um mau risco e como tal deve ser assimilado. O número de casos é ínfimo e não justifica maiores considerações.

Sobrevindo um suicídio no ambiente de trabalho, diante da contingência protegida impor-se-á a pensão por morte para os seus dependentes. Eventuais questionamentos dirão respeito a saber se há culpa da empresa, caso em que se tornará um acidente do trabalho, com os desdobramentos inerentes.

A partir do enunciado da Súmula STJ n. 361, caso a morte tenha sido programada, não subsistiria a cobertura da seguradora. Mesmo que não tenha sido premeditada, a responsabilidade da empresa terá de ser verificada em cada caso.

Absolvição do acusado

A distinção entre homicida e homicida apenado não parece interessar aos formalistas do Direito. Quando do exame desta questão, se alguém matou e foi condenado por isso deve ser considerado assassino no plano formal e material; se apenas matou e não foi condenado, não importando o motivo, continua sendo um homicida.

Em voto proferido na AC n. 2006.72.07.07.002270-4/SC, o juiz Mauro Sbaraini em 28.2.2008 disse: "O fato de a autora ter assassinado o falecido deixou de ter importância a partir do momento em que essa foi absolvida pelo soberano tribunal do júri (fls. 240/242)".

Analogia civilista

A maior parte dos estudiosos postos contra o direito ao benefício por parte do homicida, diante da mudez legislativa do Direito Previdenciário, refere-se à analogia com o Direito Civil, autorizados pelo art. 4º da LICC. Crê-se que não seja o bastante, em face dos bens tutelados.

"2. Privar a concubina dos benefícios da pensão por morte por analogia com ato de indignidade, motivador de exclusão da sucessão hereditária (Código Civil, art. 1.595) não encontra simetria, no plano de juridicidade, com o herdeiro considerado indigno por sentença declaratória, transitarda em julgado (Código Civil, art. 1.596)", foi o pensamento do juiz Aloiso Palmeira Lima, do TFR da 1ª Região, AC n. 199.401.154090/MG no RE n. 2004.0085321-1, citado na Tese de Dissertação de Marcos Flávio Alves da Silva, da Universidade de Santa Catarina (Concessão de benefício de pensão por morte ao homicida, dependente econômico do ex-segurado, Tubarão, 12.11.2008).

Devolução do indevido

O INSS concedeu o benefício e depois o réu foi condenado. Se a autarquia pagou as mensalidades, elas têm de ser devolvidas (AC n. 1999.01.033914-4/MG do TFR da 1ª Região).

A demora na solução de um processo criminal choca-se com o princípio da preferência dos benefícios imprevisíveis. Deixar de pagar a pensão por morte e esperar uma decisão processual significaria a desproteção dos dependentes causadores da morte do segurado. Dentro da sua compreensão (de que não é devido o benefício), a autarquia deveria correr o risco de concedê-lo e, se for o caso, tentar receber de volta o indevido.

Capítulo 185 — Aspectos Penais

Não são muitos os aspectos penais que especificamente digam respeito à pensão por morte. Excetuados os ilícitos referentes aos benefícios em geral restam apenas questões durante a instrução do pedido: a falsificação de documentos, o estelionato previdenciário e a percepção de mensalidades indevidas.

Tudo isso somente quando perfeitamente caracterizado o dolo dos dependentes.

Falsificação de documentos

Diz o *caput* do art. 297 do Código Penal:

> "Falsificar, no todo ou em parte, documento público, ou alterar documento público verdadeiro: Pena — reclusão, de dois a seis anos, e multa."

Quem falsifica uma certidão de óbito ou de casamento com a intenção de requerer uma pensão por morte comete o delito de falsificação.

Pessoas que adulteram certidões de nascimento não são beneficiadas pela aplicação do princípio da insignificância (juiz Alfredo Jará Moura, DJe 11.7.2011 – 1ª Turma da 2ª Região na AC n. 2009.51.01.0810615-9, *in Rep. de Jurisp. IOB* da 1ª quinzena de ago. 2011, p. 515).

Estelionato previdenciário

Como não há previsão na Lei n. 9.983/00, há que se recorrer ao art. 171, § 3º, do Código Penal, que diz:

> "Obter, para si ou para outrem, vantagem ilícita, em prejuízo alheio, induzindo ou mantendo alguém em erro, mediante artifício, ardil, ou qualquer outro meio fraudulento: Pena — reclusão de um a cinco anos, e multa."

O texto é absolutamente claro e não justifica maiores esclarecimentos.

Não comunicar o óbito

Deixar de comunicar o óbito ao órgão gestor com a deliberada intenção de continuar recebendo benefício de segurado aposentado, em vez de requerer a pensão por morte é um ilícito previdenciário.

Capítulo 186 – Declarações Internacionais

Desde a Declaração de Direitos de 1689, Declaração dos Direitos do Homem e do Cidadão de 1789, principalmente com a Declaração dos Direitos Humanos de 1948, a civilização conheceu inúmeras declarações, tratados internacionais, acordos e pactos, recomendações e convenções.

As Convenções da OIT, desde 1919, têm sido significativas para o Direito do Trabalho, influenciando as legislações locais.

Algumas constituições dos países dispõem que, uma vez aprovadas pelo Parlamento Nacional, essas determinações têm força de lei.

De modo geral, trata-se de um compromisso moral e político dos signatários, visando ao respeito ao ser humano, um ideal comum a ser atingido pelas nações.

Não são normas internacionais obrigatórias, ainda que algumas delas o sejam, mas inspiram políticos, legisladores e governantes, são frequentemente invocadas como argumento para a aplicação, a integração e a interpretação das normas positivadas.

Às vezes, algumas normas ordinárias apresentam disposições declaratórias, como é o caso do Estatuto dos Idosos, do Estatuto da Criança e do Adolescente, do Código de Defesa do Consumidor.

Não têm força cogente, exceto para o legislador, mas são referidas como programas a serem atingidos pelos governos.

Por causa de sua generalidade, as declarações nem sempre aludem especificamente à pensão por morte, mas, à evidência, tratam da proteção das pessoas que perecem sem os meios de subsistência quando o seu provedor vem a falecer.

Quando do silêncio da legislação, da doutrina e/ou da jurisprudência, pensando na justiça, o magistrado pode se socorrer das declarações universais para subsidiar os seus argumentos em favor de alguém que necessite da proteção securitária.

Capítulo 187 — Regime das Donas de Casa

Disciplinando matéria de contribuições e benefícios no PCSS, conversão da Medida Provisória n. 529/11, a Lei n. 12.470/11 criou um regime facultativo de previdência social para certas pessoas. Que, em certos casos, poderia ser identificado como Regime de Previdência das Donas de Casa (RPDC).

Segurados previstos

Em vez de falar em "donas de casa", talvez com receio de excluir os homens, diz o art. 21, § 2º, II, *b*, do PCSS, que haverá uma contribuição:

> "do segurado facultativo sem renda própria que se dedique exclusivamente ao trabalho doméstico no âmbito de sua residência, desde que pertencente a família de baixa renda."

Resta evidente não estar se referindo aos empregados nem aos empregadores domésticos, que são tratados em particular no PBPS (Lei n. 5.859/72).

Em razão da condição de segurado facultativo, uma dona de casa que exerça atividade que a filie como segurada obrigatória, não poderá enquadrar-se no regime dessa Lei n. 12.470/11.

Renda própria

Tal pessoa não poderá usufruir renda própria, significando retribuição de trabalho, aluguéis, pensão alimentícia, aposentadoria ou outro tipo de rendimento.

Âmbito do trabalho

A lei fala "no âmbito de sua residência", presumindo-se que seja numa casa da família. Quem é motorista, exercente de uma atividade profissional, tido como doméstico, não coincide com este tipo de segurado.

Uma dona de casa que seja empregada doméstica ou diarista trabalhando fora de sua residência, por ser profissional remunerada, também está excluída. Da mesma forma, a dona de casa que faz parte de um regime de economia familiar do segurado especial.

Baixa renda

Entende-se como baixa renda a da "família inscrita no Cadastro Único para Programas Sociais do Governo Federal — CadÚnico cuja renda mensal seja de até 2 (dois) salários-mínimos" (PCSS, art. 21, § 4º).

Natureza jurídica

Nos termos da norma reproduzida conclui-se tratar de um segurado facultativo, que ingressa e abandona o RGPS, retornando quando desejar, cujo prazo para o recolhimento é até o dia 15 do mês subsequente ao mês de competência.

Em tais condições, a primeira contribuição referiu-se a setembro de 2011, recolhida até o dia 15 de outubro de 2011.

Início da relação

Assim que recolher essa primeira contribuição, que dirá respeito ao mês de competência (e, se for o caso, até mesmo mês de pagamento) tem início a relação jurídica desse RPDC.

A não ser que o dependente faça uma prova definitiva, exaustiva e acolhida, o INSS e, possivelmente também a Justiça Federal, não aceitarão contribuições *a posteriori* do óbito, ainda que com os acréscimos legais.

Comunicação com o RGPS

Como sucede com o regime do Microempreendedor Individual — MEI (LC n. 123/06), as normas não pormenorizam as regras de comunicação entre esse regime da dona de casa e dos demais trabalhadores da iniciativa privada. Logo será tido como um regime especial embutido no RGPS.

Caso queira computar o tempo de contribuição para um regime próprio de servidor (RPPS), primeiro terá de recolher a diferença entre os 20% e os 5%, ou seja, 15% e, depois, obter uma Certidão de Tempo de Contribuição (CTC) junto do INSS.

Alíquota de contribuição

A contribuição mensal é de 5% do salário-mínimo, em 2012, de R$ 31,10. Mudando o salário-mínimo e não se dando conta, mais tarde poderá complementar a diferença.

Período de carência

A carência dos benefícios é a mesma dos arts. 24/27 do PBPS:

a) 12 contribuições para o auxílio-doença e aposentadoria por invalidez;

b) 180 contribuições para aposentadoria por idade;

c) 10 contribuições para o salário-maternidade.

Não há carência para a pensão por morte e o auxílio-reclusão, para os portadores das doenças do art. 151 do PBPS, para o serviço social ou reabilitação profissional.

Benefícios previstos

Do modo como foi conceituado esse modelo previdenciário, à exceção da aposentadoria por tempo de contribuição estão à disposição dos filiados todas as demais prestações compatíveis com o trabalho doméstico. Logo, não há direito ao salário-família nem estabilidade no emprego.

Cálculo das prestações

As prestações do RPDC não são calculadas. Estão cifradas no salário-mínimo. Supõe-se que na hipótese do art. 45 do PBPS não haja o acréscimo de 25% para o percipiente da aposentadoria por invalidez.

Aposentadoria por idade

As mulheres, principais destinatárias da Lei n. 12.470/11, no mínimo terão de cumprir 15 anos de carência e após essas 180 contribuições, possuírem no mínimo 60 anos de idade. Os trabalhadores rurais observam a mesma carência e menos cinco anos de idade.

Salário-maternidade

Há direito ao salário-maternidade depois de dez contribuições mensais.

Aposentadoria por tempo de contribuição

Quem desejar a aposentadoria por tempo de contribuição terá de recolher 15% de todo o período e com os juros da Lei n. 9.430/96, isto é, como se tivesse contribuído com 20% todo o tempo.

Prestações acidentárias

Não há previsão de acidente do trabalho. Não se poderá falar em acidente de qualquer natureza ou causa para a espécie. Os acidentes domésticos serão eventos determinantes dos benefícios comuns por incapacidade. Não há direito ao auxílio-acidente.

Remissão ao RGPS

Resulta que a dona de casa se submete a um regime especial vinculado ao RGPS, a ser remetido em todas as dúvidas.

Pensão por morte

A pensão por morte será igual ao salário-mínimo. Devida aos dependentes referidos no art. 16, I/III, do PBPS. Não há carência nem para o auxílio-reclusão.

Quer dizer que se antes do óbito a dona de casa efetuou pelo menos, uma primeira contribuição, subsistirá o direito dos dependentes.

Solidariedade social

Muito possivelmente esse RPDC não atenderá ao princípio da precedência do custeio, tantas vezes desrespeitado, pois o legislador acostou-se à solidariedade dos demais contribuintes para financiar as prestações ali concebidas.

Capítulo 188 — Pecúlio da GEAP

A GEAP — Fundação de Seguridade Social, administrada pela GEAP — Previdência, é uma entidade fechada de previdência complementar do servidor público, criada pelo art. 216, II, e art. 219, do Decreto n. 72.771/73, aprovada pela SPC por intermédio da Portaria SPC n. 2.529/08 (*DOU* de 24.9.2008), que assegura um benefício peculiar designado como Plano de Pecúlio Facultativo — PPF.

Em linhas gerais, o segurado, designado como participante, resgata 20% do montante acumulado, quando de sua aposentadoria e sua família recebe os restantes 80%, por ocasião de seu falecimento.

Ingresso do destinatário

O servidor e o empregado públicos têm a opção de ingressar no sistema, nele permanecer e dele se afastar quando assim desejarem (se deixar o serviço público).

O sistema é regido pelos princípios da previdência complementar fechada (LC n. 109/01). A norma básica é o Regulamento do Pecúlio Facultativo da GEAP.

Destinatários do benefício

O pecúlio, quando da morte do segurado, é devido aos beneficiários antes designados pelo participante. Por ocasião de sua aposentadoria, eles o obterão.

Novação da designação

O Regulamento do PPF silencia quanto à mudança da designação, mas, evidentemente ela será possível, sobrevindo após a comunicação do interessado.

Diz o § 2º do art. 20 que:

> "Na hipótese de dissolução do casamento ou da sociedade de fato, devidamente comprovada, caberá o resgate das contribuições", quando se tratar do Pecúlio por Morte do Cônjuge ou Companheiro.

Natureza do vínculo

O ingresso no plano de benefícios é facultativo.

Período de carência

O período de carência é de 12 meses para a utilização do Pecúlio por Morte — PPM e do Pecúlio por Morte do Cônjuge ou Companheiro (a) — PPM-CO, contados da primeira contribuição.

No caso dos 20% por ocasião da aposentadoria, é de 60 meses.

Para o Pecúlio Proporcional de Vida — PPV é de 240 meses.

Quem desejar portar ou solicitar o *vesting* precisará estar contribuindo há 36 meses.

Supõe-se, à luz do art. 45 do Regulamento do PPF, que no caso de morte antes dos 12 meses, o valor será resgatado pela pessoa designada.

Base de cálculo

O salário de participação é o valor do vencimento básico do participante ativo e a remuneração do participante celetista. No caso dos aposentados, os seus vencimentos.

Diminuição da base de cálculo

Se o salário de participação diminuir, o participante poderá manter contribuição do nível anterior (art. 30, § 3º).

Contribuição mensal

O aporte mensal terá por base o salário de participação, multiplicado por índice atuarial escolhido pelo segurado.

Pecúlio do cônjuge

O participante poderá contribuir para o Pecúlio por Morte do Cônjuge ou Companheiro — PPM-CO, sendo a metade da sua contribuição.

Pecúlio por AIDS

São devidos 80% do valor do Pecúlio por Morte, vigente na data do requerimento no caso de manifestação da doença.

Autopatrocínio

Se o participante deixar o serviço público ele poderá manter a filiação e a inscrição e continuar contribuindo com base no salário de participação do último mês de contribuição.

Resgate das contribuições

Na hipótese anterior, não desejando mais contribuir, o participante tem permissão para cancelar a sua inscrição e receber as contribuições vertidas ao plano de benefícios. Neste caso o valor do resgate corresponderá a 50% das contribuições vertidas. A ser pago à vista ou em 12 parcelas.

Portabilidade do capital

Ainda nas mesmas condições, em vez de continuar recolhendo ou resgatar, o participante tem o direito de transportar os valores para outra entidade de previdência complementar, cessando a relação com a GEAP — Previdência.

Benefício proporcional diferido

É a figura do *vesting* da LC n. 109/01. O segurado não mais contribui e espera a realização do evento determinante quando receberá o capital acumulado.

Adiantamento por aposentadoria

Aposentando-se, o servidor receberá 20% do valor do Pecúlio por Morte — PPM, vigente no mês de sua aposentadoria.

Pecúlio na morte

O pecúlio por morte é corresponde a 80% do valor do benefício.

Pecúlio proporcional em vida

Um benefício opcional e será devido ao participante que tenha pelo menos 80 anos de idade e 20 anos de contribuição (art. 21).

Cálculo da contribuição

O *site* da GEAP dá o seguinte exemplo para um homem com 31 anos de idade (portanto sujeito a uma taxa de 1,83%). Quem recebe R$ 1.127,25 e escolheu o multiplicador 10: R$ 1.127,25 x 10 x 1,83 dividido por 1.000 = R$ 20,63.

Limite do valor

O valor total do pecúlio não pode ultrapassar 40 vezes o teto da previdência social (RGPS), ou seja, R$ 3.916,20. Em 2012, resultava em R$ 156.648,00.

Decadência e prescrição

Falecido o servidor, contado da data do óbito, o seu dependente tem cinco anos para solicitar o benefício. Uma vez requerido o Adiantamento Financeiro por Aposentadoria — AFA, se requerido pelo interessado, não prescreve.

Capítulo 189 – Regime dos Informais

O sistema nacional de previdência social compreende quatro regimes gerais (poderiam ser chamados de regimes próprios) e três regimes especiais.

Esses quatro regimes gerais são:

a) Regime próprio (RPPS)

b) Regime dos militares

c) Regime dos parlamentares (PSSC)

d) Regime geral (RGPS)

Os regimes especiais são três:

e) Microempreendedor Individual (MEI)

f) Regime das Donas de Casa (RPDC)

g) Regime dos Informais (REII)

Neste capítulo é desenvolvido o Regime Especial de Inclusão dos Informais (REII).

Previsão normativa

O REII tem previsão constitucional nos §§ 12/13 do art. 201 da Carta Magna. Ele foi criado pela Lei n. 11.430/06 e em parte regulamentado pelo Decreto n. 6.042/07, alterando o art. 199-A do RPS.

Regime dos informais

O REII funciona como um círculo estanque circunscrito em um círculo maior (RGPS) dos trabalhadores informalizados e que acabam se formalizando com um plano de benefícios de renda mensal mínima.

Regras de comunicação

Quase não existem normas de comunicação na legislação, cabendo a interpretação doutrinária, mas na condição de regime especial, quando compatíveis, os seus participantes seguem os comandos do RGPS.

Alíquotas de contribuição

Inicialmente foi concebida uma contribuição de 11% do salário-mínimo. Que, em 2012, era de R$ 68,42 por mês.

Base de cálculo

A base de cálculo é o salário-mínimo.

Acréscimos legais

Quem pagar contribuições em atraso arcará com os juros de mora de 0,5% e multa de 10% ao mês.

Benefícios previstos

Com exceção da aposentadoria por tempo de contribuição, a despeito dessa pequena contribuição, estão à disposição dos filiados todas as demais prestações do RGPS.

Aposentadoria por tempo de contribuição

Caso o filiado ao REII pretenda transformar o seu tempo de serviço em tempo de contribuição e assim fazer jus à aposentadoria por tempo de contribuição, ele terá de completar o aporte mensal de 11% do salário-mínimo, com 9% da mesma base de cálculo, preteritamente, pelo tempo que escolher. E recolher os 20%, desde quando decidir, para frente.

Contagem recíproca

Se pretender computar esse tempo de serviço num RPPS terá de adicionar os mencionados 9% e depois obter a CTC.

Capítulo 190 – Pensão dos Governantes

A previdência social do Presidente da República, do Governador de Estado e do Prefeito Municipal, de ministros, secretários de Estado ou municípios é nebulosa, mal disciplinada e carente de normas de superdireito. Igual se passa com os vices ocupantes desses cargos.

De modo geral, as pessoas que ascendem a essas relevantes posições na República são seguradas de algum regime previdenciário, mas isso pode não acontecer. De regra, elas não estão abrangidas pelo regime dos parlamentares nem dos servidores civis ou militares.

O art. 184 da EC n. 1/69 previa um subsídio permanente para o Presidente da República, mas a disposição foi revogada e não mais compareceu na Carta Magna de 5.10.1988.

Disposições sobre esse tema deveriam fazer parte da Carta Magna, mas ela silencia a respeito. Nada se encontra no Título IV — Da Organização dos Poderes nem no seu Capítulo II — Do Poder Executivo (arts. 76/91).

Rigorosamente, quem atinge a suprema magistratura do País é pessoa que desfruta de condições para sua subsistência futura. Além do mais, o tempo de permanência na Presidência da República, em média não ultrapassa oito anos. Eles são agentes públicos e não servidores. Igual se passa com os Ministros de Estados e os Secretários Estaduais ou Municipais.

Não há previsão constitucional ou legal para a aposentadoria desses governantes. Menos ainda, pensões por morte para as suas viúvas.

Dona Dulce Figueiredo, que vivia da pensão deixada pelo marido, João Batista Figueiredo, general do Exército Nacional, falecida com 83 anos, enfrentou sérias dificuldades financeiras no fim da vida.

A Lei n. 5.007/81 do Estado do Pará criou a aposentadoria para todos os prefeitos municipais, mas foi considerada inconstitucional pelo STF.

As Assembleias Legislativas de vários Estados criam aposentadorias e pensões bastante discutíveis para os seus governadores.

Capítulo 191 — Indígenas e Quilombolas

A maioria das etnias indígenas brasileiras pratica uma modalidade de casamento entre o homem e a mulher que se poderia designar de união estável, isto é, uma convivência marital de dois seres humanos de sexo oposto. Sem a cerimônia oficial dos não indígenas. São raríssimas as referências jurídicas a essa união dos silvícolas, embora elas sejam reais.

Em algumas culturas, as mulheres não desejam se unir a ninguém e em outras, elas preferem manter-se virgens a vida toda.

Algumas tribos, como os antigos tupinambás e os atuais xavantes, admitem a poligamia: um índio vivendo com mais de uma índia. Os xoclengues praticam a poliandria (casamento grupal).

Entre os índios da comunidade akhrairé e mekpriré constata-se o casamento dos prometidos, isto é, crianças e adolescentes são "casados", vale dizer, prometidos em casamento.

Para tornar mais fácil o exercício dos direitos civis e em particular os previdenciários, são promovidos casamentos coletivos segundo o ritual civil.

As cerimônias do casamento indígena variam significativamente; são muito ritualísticas e observam os usos e costumes tribais.

Evidentemente, a despeito do aspecto cultural dessas uniões, elas têm de ser respeitadas pelos "brancos", ainda que a união indígena não seja considerada um casamento civil, vale entre a comunidade. Portanto, deve ser tida como uma união estável.

Os casamentos indígenas não se confundem com os casamentos dos quilombolas, que são comunidades não necessariamente de índios, mas principalmente de descendentes de escravos. Eles vivem em pequenos agrupamentos, geralmente na zona rural, praticamente em regime de economia grupal, e operando com produtos artesanais ou agrícolas. Não há, por assim dizer, uma união quilombola propriamente dita, mas uniões livres, tecnicamente consideradas uniões estáveis.

Capítulo 192 – Benefício Patronal

Pelo menos até o advento da Lei n. 6.435/77 — uma das primeiras normas disciplinadoras da previdência aberta e, principalmente, da fechada — empresas estatais de porte, espontaneamente ou mediante negociação com os sindicatos profissionais, instituíram planos de benefícios previdenciários que podem ser designados como patronais, laborais, trabalhistas ou empresariais (sem terem constituído entidades fechadas gestoras desses planos).

Em geral, tais planos não eram ou ainda não são contributários (os empregados não desembolsavam qualquer valor) ou contributários (o trabalhador devia um pequeno aporte), visando à complementação dos benefícios da previdência básica.

No comum dos casos, é claro, incluindo a complementação da pensão por morte.

Historicamente, isso sucedeu porque à época não havia previdência fechada sistematizada. O art. 81 da Lei n. 6.435/77, revogada pela LC n. 109/01, dispôs sobre essa previdência patronal, fixando prazo de 120 dias para adequar-se à previdência fechada, o seu § 2º admitiu a preservação da "cobertura das reservas e dos compromissos anteriormente assumidos".

Entende-se que a disposição do art. 81 aplicava-se primordialmente às EFPC de fato, existentes então, e não aos planos patronais, exceto no que diz respeito ao final do preceito.

Note-se que o legislador ordinário, trabalhista ou previdenciário, deixou o tema à socapa. À exceção do art. 468 da CLT, somente súmulas dispõem sobre a matéria.

Natureza da proteção

Essa proteção previdenciária — que não deve ser confundida com a previdência fechada — era eminentemente trabalhista, submetida às regras do Direito Tributário, e regida pela norma celetista, em particular, o art. 468 da CLT.

O objetivo é a complementação da renda mensal devida pelo RGPS e se inseria totalmente no contrato de trabalho, daí haver aproximação com a legislação trabalhista e a Justiça do Trabalho.

Cumulação da proteção

Pode dar-se de subsistir um plano patronal desse tipo e sobrevir simultaneamente a criação de uma entidade fechada, cumulando-se as obrigações das duas partes, e a serem distinguidas pelo aplicador e intérprete.

Hoje, além da previdência básica do RGPS, os advogados paulistas têm a sua disposição o direito à complementação da pensão por morte pela Carteira de Previdência dos Advogados (Lei n. 13.549/09) e pela OABPrev-SP, além de poderem contratar uma complementação aberta e um seguro de vida.

Não estranharia se algum deles, empregados de uma empresa que criou um plano patronal, ali estivesse participando.

Independência do RGPS

Institucional e historicamente a previdência patronal surgiu antes da básica (*sic*). A presença concomitante das duas põe em cheque a validade da primeira delas.

Em parte, por isso, diz a Súmula TST n. 92:

> "O direito à complementação de aposentadoria criado pela empresa, com requisitos próprios, não se altera pela instituição de benefício previdenciário por órgão oficial."

Logo, é perfeitamente possível a percepção conjunta de dois benefícios. Um, básico (impropriamente designado como oficial; afinal, oficiais todos são), e o outro, complementar. Rigorosamente não se poderia falar em simultaneidade (ideia que diz respeito a mesma base) e, sim, em complementação.

É visível a confusa da redação, pois, de regra, no que diz respeito à previdência fechada, a entidade é instituída depois do RGPS.

Justiça competente

Tratando-se de uma relação entre empregado e empregador, no caso de um dissídio, a Justiça competente é a trabalhista.

A Orientação Jurisprudencial da SDI-1, do TST n. 26 dita:

> "Competência da Justiça do Trabalho. Complementação de pensão requerida por viúva de ex-empregado. Inserida em 1º.2.1995 (inserido dispositivo, DJ de 20.4.2005). A Justiça do Trabalho é competente para apreciar pedido da complementação de pensão postulada por viúva de ex-empregado, por se tratar de pedido que deriva do contrato de trabalho."

É evidente que, neste caso, à luz do que dispõe o art. 68 da LBPC, somente poderá estar se referindo a essa previdência patronal e não à previdência fechada (que, em certo sentido, também deflui do contrato de trabalho).

Banco do Brasil

A Orientação Jurisprudencial TST n. 18 fixou regras sobre a inclusão de valores na aposentadoria dos bancários e, por conseguinte, elas repercutem na pensão por morte.

Banco Banespa

O TST tratou da complementação da aposentadoria proporcional dos banespianos, referindo-se ao art. 106 do Regulamento de Pessoal de 1965 (Enunciado TST n. 313).

Empregados da Petrobras

O ato constitutivo da previdência trabalhista, normalmente o Manual de Pessoal da empresa, é a norma regente das relações entre os empregados, os seus dependentes e a empresa instituidora da proteção.

A Orientação Jurisprudencial da SDI-1 do TST n. 166 diz:

> "Petrobras. Pensão por morte do empregado assegurada no Manual de Pessoal. Estabilidade decenal. Opção pelo regime do FGTS (cancelada em decorrência da sua conversão na Orientação Jurisprudencial Transitória n. 42, da SBDI-1, DJ de 20.4.05). Tendo o empregado adquirido estabilidade decenal, antes de optar pelo regime do FGTS, não há como negar-se direito à pensão, eis que preenchido o requisito exigido pelo Manual de Pessoal."

Prescrição das reclamações

A regra que cuida sobre a prescrição previdenciária dessas obrigações é de ordem laboral. Uma viúva que reclame valores da pensão por morte terá de observar as regras da CLT (Enunciado TST n. 326). Igual se colhe no Enunciado TST n. 327.

Para a Orientação Jurisprudencial da SBDI- 1 do TST n. 129:

> "Prescrição. Complementação da pensão e auxílio-funeral. A prescrição extintiva para pleitear judicialmente o pagamento da complementação de pensão e do auxílio-funeral é de 2 anos, contados a partir do óbito do empregado."

Transformações em EFPC

Em alguns casos, esses planos patronais foram transformados em fundos de pensão fechados, tornando o empregador num patrocinador da entidade gestora, gerando alguns embaraços na interpretação da matéria.

Ausente negociação com os trabalhadores, os direitos continuam sendo trabalhistas e assim devem ser compreendidos, mesmo que sejam administrados por uma EFPC.

O ideal, nesses casos, é a separação dos dois planos de benefícios.

Alterações contratuais

O Enunciado TST n. 51 assinala:

> "As cláusulas regulamentares que revoguem ou alterem vantagens deferidas anteriormente, só atingirão trabalhadores admitidos após a revogação ou alteração do regulamento."

Toda teoria que estuda a expectativa de direito, o direito simples e também o direito adquirido, informa o Direito do Trabalho com ênfase para o Direito Previdenciário, quando a matéria envolve institutos laborais que interfiram na área previdenciária. Restando evidente a influência da CLT na elaboração desse entendimento.

Distinções necessárias

Para a exata compreensão de muitos direitos previdenciários derivados da relação jurídica de trabalho, é preciso reconhecer três situações distintas: a) direitos inteiramente compreendidos no Direito de Trabalho; b) direitos trabalhistas com natureza previdenciária; e c) convivência dos direitos trabalhistas com os previdenciários.

No passado, cônscias da necessidade de complementação da proteção social oferecida pela previdência básica, as empresas implantaram planos patronais de proteção ao trabalhador após a aposentação. Até hoje, muitas delas têm permissão para complementar o auxílio-doença (mesmo sem criar um fundo de pensão).

Posteriormente, em muitos casos, esses planos patronais foram transformados em planos previdenciários, deixando o ambiente jurídico do Direito do Trabalho e ingressando no ambiente jurídico do Direito Previdenciário Complementar. E nem sempre sendo exatamente apreendido pelos beneficiários.

Às vezes isso gera muitas incertezas, como o que aconteceu com o Banco do Estado de São Paulo AS, que até 1975 complementava os bancários aposentados pelo INSS e foi obrigado a criar uma EFPC, o BANESPREV, que se incumbiu, é preciso salientar, previdenciariamente dessas obrigações.

É comum encontrarem-se complementados invocando direitos trabalhistas em relação a benefícios complementares dos fundos de pensão criados em substituição aos planos previdenciários (contributários ou não).

Rodolfo Pamplona Filho e André Luiz Batista Neves preocuparam-se com esse cenário, convindo consultá-los (*Direito Previdenciário nos Enunciados do TST*. São Paulo: LTr, 2009. p. 82-83).

Cláusulas regulamentares

Grandes empreendimentos possuem Estatutos Sociais, Regulamento de Pessoal, Quadro de Cargos e Carreiras, enfim, regramentos que dispõem sobre a disciplina do contrato de trabalho. Às vezes, algumas dessas regras fazem parte de Acordo ou Convenção Coletiva de Trabalho. Daí os enunciados do TST falarem em cláusulas regulamentares, em que estão as disposições dos regulamentos de pessoal.

Ao longo do tempo, tais cláusulas são alteradas segundo o arbítrio do empregador. Ele as modifica, diminuindo direitos ou os aumentando, gerando questionamento sobre a validade e a natureza dessas alterações, sempre submetidas à disposição do art. 468 da CLT.

Vantagens pecuniárias

As palavras que mais produzem debates e possam repercutir na previdência social são pecuniárias. A principal delas, evidentemente, é a complementação do benefício básico do RGPS. Uma empresa podia instituir a complementação dos benefícios do INSS e teve de mantê-los até que tal atribuição fosse cometida a um plano de benefícios de fundo de pensão.

Direito adquirido

Quando da diminuição, alteração ou extinção dessas conquistas trabalhistas é preciso considerar o direito do trabalhador de auferi-las e, diante da modificação, se tornam direitos adquiridos. Tais direitos trabalhistas não podem ser subtraídos do empregado.

Essa compreensão dos fatos substanciou o Enunciado TST n. 288:

> "A complementação dos proventos da aposentadoria é regida pelas normas em vigor na data da admissão do empregado, observando-se as alterações posteriores, desde que mais favoráveis ao beneficiário do direito."

Conclusão que não vale para a previdência fechada.

Ligth and Power

"Quando a Eletropaulo assumiu o contrato de trabalho do autor, a Lei n. 4.819/1958, que conferia o direito à complementação da aposentadoria, não mais estava em vigor, eis que, revogada pela Lei Estadual n. 200/1974", assim entendeu a desembargadora Rosa Maria Zuccaro da 1ª Turma do TRF da 2ª Região na AC n. 2009.636.699 de 8.9.2009, *in Rep. de Jurisp. IOB* da 1ª quinzena de nov. 2009, p. 664.

Aparentemente o contrato de sucessão entre a Eletropaulo e a Light não previu a manutenção do benefício empresarial, criando-se um cenário *sui generis* uma vez que o direito dos trabalhadores vai até sua morte.

Sergio Luiz Akaoui Marcondes fez a distinção necessária (A Súmula n. 188 do TST e sua inaplicabilidade no âmbito da Previdência Complementar, *in Revista dos Fundos de Pensão*. São Paulo: ABRAPP, n. 376, de set./out. 2011, p. 89-90).

Já Georgenor de Sousa Franco Filho associa o art. 468 da CLT à previdência fechada, o que não coincidente com os demais pensadores ("Contrato de Previdência Privada Complementar — Alteração dos Benefícios diante do art. 468 da CLT", *in Sup. Trab. LTr* n. 114/11).

Capítulo 193 — Pensão da LOAS

A confluência da previdência com a assistência e a natureza das suas prestações gera algumas dificuldades exegéticas na definição dos direitos securitários.

Conceito básico

A LOAS, proveniente da Lei n. 8.742/93, é uma sigla que designa o benefício assistenciário de pagamento continuado de um salário-mínimo devido ao portador de deficiência e ao sexagenário que não tenha meios dignos de subsistência. Recentemente, com a Lei n. 12.170/11, os deficientes intelectuais foram incluídos.

É bom saber que o Decreto n. 6.514/07, Regulamento da Lei n. 8.742/93, foi modificado pelo Decreto n. 7.617/11, afetando principalmente o conceito de pessoa com deficiência (art. 4º, II).

Natureza jurídica

Trata-se de um benefício assistenciário, que dispensa a qualidade de segurado, período de carência, nem exige contribuições vertidas pelo interessado recentemente ou em tempo algum.

Direito que tem início na DER e desaparece com o falecimento do percipiente ou por ocasião do descumprimento da Lei n. 10.741/03 (Estatuto do Idoso).

Pensão por morte

Na condição de pensão propriamente dita e por não ser aposentadoria previdenciária, além de não propiciar o abono anual esse benefício de pagamento continuado não institui pensão por morte.

É o que entendeu a 6ª Turma da 4ª Região em 22.6.11, relatada pelo desembargador João Batista Pinto no Proc. n. 12771.85.2010.404.9999/RS, *in DJe* de 19.6.2011.

A juíza Marianina Galante, da 3ª Seção da 3ª Região, em 8.1.2007 entende que a cessão da LOAS não assegura a pensão por morte (AR n. 2002.03.003540-3.5, *in Revista Síntese* n. 213, de abr. 2007, p. 177-178).

Parece ser um subproduto da regra de que pensão não outorga pensão. Mas, rigorosamente, é uma disposição sem sentido. Quem tem direito a esse benefício é um hipossuficiente que, muitas vezes, mantém com muitas dificuldades uma família, ou pelo menos uma pessoa. Falecendo, essa pessoa terá, por sua vez, de tentar um novo benefício e agora para si. Então dever-se-ia pensar na pensão por morte.

Percepção indevida

Na hipótese de terem sido recebidos indevidamente não cabe a restituição dos valores por serem alimentares, foi o que pensou a juíza Simone dos Santos Lemos

Fernandes em 15.8.2007, na AC n. 1999.38.00.034464-5/MG, *in Revista Síntese* n. 221, de nov. 2007, p. 129-136.

Benefício anterior

Falecendo o percipiente do benefício de pagamento continuado da LOAS e descoberto que antes do seu óbito ele fazia jus a um benefício da previdência social, ainda não requerido ou usufruído oportunamente, os dependentes fazem jus à pensão por morte. No caso, terá de ser cancelado o benefício assistencial e substituído pelo previdenciário, com eventual pagamento de atrasados.

O desembargador Rômulo Pizzolatti julgou que se havia direito a uma aposentadoria por invalidez subsiste o direito à pensão para a viúva (decisão de 23.10.2008 da 5ª Turma do TFR da 4ª Região na AC n. 2004.70.01.006146-7/PR, *in RPS* n 326/45).

Se o percipiente da LOAS tem direito à pensão por morte do marido, o benefício deve ser concedido e, se for o caso, cancelado o da LOAS (decisão de 13.4.2011, da 6ª Turma da 4ª Região no RO n. 0018779-78.2010.4049999/RS, *in DJe* de 25.4.2011).

Capítulo 194 — Comunicação entre Regimes

Diante da constelação de regimes básicos e complementares, previdenciários e assistenciários, trabalhistas e não laborais, civis e não civis, nacionais e estrangeiros, gerais e especiais, vigentes e extintos, propõe-se a difícil disciplina do inter-relacionamento entre eles e, como um subproduto, as regras de acumulação da pensão por morte.

Comunicação e estanqueidade

Alguns regimes são estanques, ou seja, eles não se comunicam com os outros, daí derivando a admissão de uma nova pensão por morte.

Outros, são comunicantes, isto é, preveem a presença dos demais relacionamentos entre eles, convindo, em cada caso, verificar a possibilidade da percepção simultânea.

Em muitos casos, a lei instituidora do benefício propicia a regra sobre a vedação da combinação com outros direitos iguais. Conforme a natureza, se eles são ou não transferíveis para os dependentes ou sucessores.

Básicos e complementares

Os planos de benefícios da previdência fechada são independentes entre si (um participante pode se inscrever em mais de um deles e, por conseguinte, instituir mais de uma pensão por morte), complementando o regime básico (RGPS, RPPS etc.).

Um trabalhador que seja também servidor tem o poder de instituir uma pensão por morte no RGPS e outra num RPPS, e também a complementação desse benefício na previdência aberta ou no seguro privado.

Falecendo, um empregado do Banco do Brasil outorgará a pensão por morte do RGPS, uma complementação da PREVI (entidade fechada) e uma renda mensal da BRASILPREV (entidade aberta), portanto, três benefícios previdenciários, distintos e compatíveis.

Gerais e especiais

O RPPS, o PSSC e o RGPS são gerais. O RGPS funciona paralelamente aos regimes especiais (REII, MEI e RPDC).

Assistenciários e previdenciários

Subsistem relações bastante próximas entre o benefício de pagamento continuado da LOAS e as prestações previdenciárias. Eles se intercomunicam e se excluem. A percepção de certa prestação previdenciária arreda excluir a assistenciária da LOAS.

Civis e não civis

Os valores indenizatórios (nascidos de uma obrigação decorrente de culpa) ou constituídos em favor de alguém não se confundem com os securitários.

Pensões acidentárias

Nada tem obstado o direito de acumular a indenização acidentária da Súmula STF n. 229 com um benefício acidentário previdenciário do trabalhador ou do servidor.

Patronais e previdenciárias

Embora praticamente em extinção, os benefícios previdenciários de natureza trabalhista não se imiscuem com os benefícios previdenciários propriamente ditos.

Regimes indenizatórios

Embora não se possa chamá-las de regimes porque não estão sistematizadas, determinadas leis estabelecem pensões específicas e elas próprias determinam sua independência em relação às demais.

Seguro-desemprego

O art. 124 do PBPS configura regra sobre a percepção do seguro-desemprego.

Nacionais e estrangeiros

De modo geral, os direitos assegurados no exterior nada têm a ver com os direitos iguais consumados no nosso País.

Vigentes e extintos

São muitos os regimes previdenciários extintos e que continuam produzindo efeitos até que faleça o último beneficiário e, em cada caso, devendo se considerar as relações com os regimes vigentes.

Contributários e não contributários

É possível vislumbrar, quando não vedado na lei, a existência de pensões não contributárias com pensões contributárias. Cada caso deve ser examinado em particular.

Capítulo 195 – Regime Especial

Entre os regimes de previdência social que tão somente concebiam a pensão por morte, como antecipado, destacava-se o do IPESP (extinto pela LC n. 1.010/07). Agora, com um Projeto de Lei n. 840/11, aprovado pela Assembleia Legislativa, complementada pelo regime da SP-Prevcom.

No passado subsistiu um regime especial dos municípios criado pela LOPS a partir de 5.9.1960 e que vigeu até 8.6.1973 (Lei n. 5.890/73). Foi restabelecido pela Lei n. 6.887/80, e finalmente desapareceu com o PBPS em 31.10.1991.

Esse regime especial era destinado aos servidores municipais estatutários (Parecer SPS/MPAS n. 156/74). Os empregados públicos celetistas permaneciam filiados ao RGPS com direito às aposentadorias e pensões normais do INSS. O regime especial cuidava apenas da pensão por morte e não se cogitava do auxílio-reclusão.

Benefícios acidentários

O plano de benefícios era singelo e não tratava do acidente do trabalho ocorrido com o servidor municipal.

Contribuição mensal

A contribuição era de 4,8% por parte do servidor e mais 4,8% por parte do órgão público.

Prestações previstas

Cobria apenas a pensão por morte. Nos termos do art. 8º do Decreto-lei n. 288/38, era um benefício do cônjuge sobrevivente; se homem teria de ser inválido, ou maior de 68 anos; para os filhos legítimos, legitimados ou enteados; e um pecúlio à pessoa designada pelo servidor.

Aposentadoria do servidor

Neste caso, a aposentadoria era garantida pelos cofres do Município.

Capítulo 196 — Microempreendedor Individual

A LC n. 123/06 criou o Microempreendedor Individual (MEI), um regime especial de previdência social.

Como antecipado, atendendo (e, em parte, contrariando) ao art. 201, §§ 12/13, da Constituição Federal, na redação dada pela EC n. 47/05, o legislador ordinário já havia previsto o Regime Especial de Inclusão dos Informais (REII).

O titular de firma individual que optar pelo MEI adotará um regime fiscal distinto, para isso devendo atender a algumas determinações da lei. Permanece num círculo menor: se o ultrapassar, ingressará no Simples Nacional (um círculo maior); ultrapassado este, ingressará no RGPS, um terceiro círculo ainda maior, cifrado ao faturamento anual.

A Lei n. 12.470/11 novamente regulamentou o MEI, alterando o art. 21 do PCSS, fixando uma contribuição de 5% do salário-mínimo, com vistas em benefícios de um salário-mínimo.

Conceito básico

A norma diz que é MEI o:

> "empresário individual a que se refere o art. 966 da Lei n. 10.406, de 10 de janeiro de 2002 — Código Civil, que tenha auferido receita bruta, no ano-calendário anterior, de até R$ 36.000,00 (trinta e seis mil reais), optante pelo Simples Nacional e que não esteja impedido de optar pela sistemática prevista neste artigo" (art. 18-A, § 1º).

Excluídos do regime fiscal

Não pode ser MEI, o empresário:

> I – Cuja atividade seja tributada pelos Anexos IV (prestadora de serviços) ou V da lei complementar, salvo autorização relativa a exercício de atividade isolada na forma regulamentada pelo comitê gestor; II – que possua mais de um estabelecimento; III – que participe de outra empresa como titular, sócio ou administrador; ou IV – que contrate empregado recebendo acima do salário-mínimo ou empregados (art. 18-A, § 4º, I/IV) e V – Aufira renda mensal bruta anual superior a R$ 36.000,00.

Distinções necessárias

Se o empresário ultrapassar esses R$ 36.000,00 e não chegar a R$ 43.200,00, ele deixará o regime do MEI e ingressará no regime do Simples Nacional. Descumpridas as regras destes dois últimos regimes especiais ele se vincula ao RGPS.

Regime fiscal

O regime fiscal do MEI iniciou-se no dia 1º de julho de 2009. Este é o primeiro mês de competência. O ano-calendário que presta para o cálculo será o ano de 2008.

O empresário que optar por esse regime fiscal terá as seguintes obrigações fiscais principais:

a) pessoal — 11% do salário-mínimo. Desejando a aposentadoria por tempo de contribuição deverá complementar com 9%;

b) contribuição patronal — Caso contrate um empregado, deverá recolher 3% do valor (que somente pode ser o salário-mínimo ou o piso salarial da categoria).

A partir da Lei n. 12.470/11 passou a ser de 5% do salário-mínimo.

Benefícios previdenciários

O empresário que optar por esse regime fiscal fará jus a todos os benefícios previstos no PBPS compatíveis com a condição de empresário, exceto a aposentadoria por tempo de contribuição e todos eles no valor do salário-mínimo.

Caso pretenda aquele último benefício terá de recolher a diferença (15%). Pensando em prestações superiores as R$ 622,00 ele deverá deixar o regime fiscal do MEI e ingressar no Simples Nacional ou no RGPS.

Pensão por morte

A pensão por morte é igual à do RGPS e sempre cifrada no valor do salário-mínimo.

Capítulo 197 – Guardas Municipais

Quase todas as capitais do País, metrópoles e cidades de médio porte constituíram uma força policial civil (ainda que andem uniformizados, com fardamentos assemelhados aos da antiga guarda civil).

No comum dos casos incumbida da proteção do patrimônio da municipalidade. A titulação dessas corporações varia conforme a lei que as criou. A Guarda Civil Metropolitana de São Paulo tem um enorme contingente de policiais.

Embora faça parte da administração civil da cidade é submetida à autoridade do Prefeito. Essa guarda municipal tem muita identidade com a organização das polícias militares estaduais.

A criação desse contingente de segurança dos municípios e dos munícipes tem fundamento constitucional no art. 144, § 8º, da Carta Magna, que assevera:

> "Os Municípios poderão constituir guardas municipais destinadas à proteção de seus bens, serviços e instalações, conforme dispuser a lei."

Na condição de servidores municipais estatutários, protegidos pelo regime próprio de previdência do município (se existir). Nestas condições, os dependentes desses guardas civis têm os mesmos direitos que os dependentes dos demais servidores civis.

Pela própria natureza desse corpo organizado militarmente para enfrentar violências, distúrbios, arruaças, torcidas organizadas, passeatas, multidões em fúria, trata-se de uma atividade policial sujeita à periculosidade. Muitos desses servidores foram assassinados em serviço, deixando mulher e filhos.

A legislação municipal que os distingue dos servidores civis não militarizados deve prever aposentadoria específica e pensão por morte em condições de proteção dos familiares. Neste caso, são válidas remissões à aposentadoria especial do servidor, do trabalhador e à legislação acidentária do RGPS.

Capítulo 198 – Previdência Fechada

Os planos de benefício das entidades fechadas de previdência complementar preveem a complementação da pensão por morte dos participantes. Até porque a existência dessa prestação dos dependentes ao lado da aposentadoria define o reconhecimento de um regime jurídico previdenciário, pelo menos no âmbito da previdência pública (Resolução CD/DNPS n. 336/68).

Remissão ao PBPS

Diante da semelhança de ideias é evidente a remissão à experiência quase secular do regime geral, cujo único limite é a vontade legal do participante institucionalmente convencionada no Regulamento Básico.

Se os gestores de uma EFPC não quiserem enfrentar disputas políticas, administrativas e judiciais, devem acompanhar o desenvolvimento legislativo, doutrinário e jurisprudencial da pensão por morte em face da Lei n. 8.213/91 (RGPS) e da Lei n. 8.112/90 (ESPCU).

O PBPS deve ser o inspirador do elaborador do Regulamento Básico da EFPC, na medida em que o art. 202 da Carta Magna quer um "caráter complementar" ... "em relação ao regime geral de previdência social".

Assim como há cobertura do evento "morte" (art. 201, I) tem de haver a complementação da prestação correspondente.

De todo modo, a previdência social básica foi criada em 24.1.23 (ou 15.1.1919, se se preferir em face do Decreto Legislativo n. 3.724/19) e a previdência complementar praticamente surgiu em 15.7.1977 com a Lei n. 6.435/77 (embora experimentasse técnicas trabalhistas assemelhadas anteriores) e nesses 88 anos, o RGPS propiciou enorme cabedal legislativo, jurídico e doutrinário sobre o direito dos dependentes, a ser recorrido quando da interpretação das EFPC relativa ao benefício.

Conceito mínimo

Para fins da pensão por morte considera-se o plano de benefícios empreendido por uma EFPC sob os auspícios das LC ns. 108/91 (empregados das empresas públicas) e 109/91 (empregados das empresas estatais) que propicia adição pecuniária ao valor de igual benefício do RGPS e até de um futuro RPPS público, aos dependentes do participante ativo ainda sem direito à complementação, sob risco iminente ou inativo, que vier a falecer.

Aplicação da subsidiariedade

A LC n. 109/01 pôs fim à subsidiariedade entre a previdência complementar e a básica, de tal sorte que o Regulamento Básico de cada EFPC pode dispor diferentemente do RGPS, mas isso não impede, entretanto, que siga parâmetros consagrados historicamente.

Documento constitutivo

O ato normativo adequado que dispõe sobre a pensão por morte deve ser o Regulamento Básico da entidade fechada. Não é assunto para Edital de Privatização, Convênio de Adesão ou Estatuto Social.

O Regulamento Básico corresponde a uma espécie de decreto regulamentador da lei (Estatuto Social da EFPC), tornando possíveis ajustes periódicos necessários.

Pressupostos convencionados

Aprovado pelo Conselho Deliberativo e pela PREVIC, coincidente com a lei básica da previdência complementar, os requisitos para a fruição do benefício são os constantes desse Regulamento Básico. Quando couber, sem prejuízo de eventual remissão às normas da previdência básica, doutrina e jurisprudência.

Características do benefício

Não são muitas as características do benefício e elas quase não destoam da previdência básica.

a) Qualidade de dependente — O Regulamento Básico definirá quais são os dependentes do participante, entendidos os que compõem o núcleo familiar e os dependentes não preferenciais, e a exigência da prova da dependência econômica destes últimos, protegidos ou não.

b) Período de carência — Diferentemente do RGPS, o matemático poderá exigir certo período de carência, vale dizer, um número mínimo de contribuições consideradas no regime financeiro de repartição simples, uma vez que se trata de uma prestação não programada.

c) Evento determinante — Nada impede que o sinistro coberto pela previdência fechada seja exatamente o mesmo do RGPS (falecimento, desaparecimento ou ausência), observando as variadas situações aqui consideradas.

d) Dependência econômica — Regras iguais ou comandos próprios sobre a dependência econômica deverão ser estabelecidos no Regulamento Básico da EFPC, deixando claras a mútua dependência, a dependência total ou parcial, quais as presumidas e as que devem ser provadas.

e) Data do início — A DIB pode ser a DO, sem a regra dos 30 dias do PBPS, com determinação específica para a prescrição dos ausentes, menores e incapazes.

f) Tipos de renda mensal — A renda mensal será programada ou vitalícia.

g) Concorrência ao benefício — Atualmente os critérios de concorrência prescritos no PBPS são adequados e podem ser copiados pelo Regulamento Básico.

h) Necessidade da prestação — Depois do devido debate com os participantes, o Regulamento Básico proverá sobre disposição a respeito de eventual estado de necessidade com elemento definidor do direito.

i) Pressupostos da manutenção — Da mesma forma é preciso regulamentar quais são as obrigações formais dos pensionistas no que diz respeito à prova de que estão vivos, viúvos, inválidos, não emancipados etc.

Tipos de adições

As adições ao benefício básico poderão ser as da implementação (com independência total), suplementação (um percentual da diferença ente certa média é o devido pelo INSS) e, por último, a complementação total entre os dois valores.

Contribuição do pensionista

Já consideramos a falta de propósito para a contribuição dos pensionistas, uma tradição no Direito Previdenciário Complementar.

Regras de acumulação

Por se tratar de complementação, não se cogita muito de regras de acumulação do benefício básico com o privado, o benefício deve ser independente de outras pensões a que a pessoa puder fazer jus.

À evidência, quem fizer parte cumulativamente de dois planos de benefícios, na iniciativa privada ou no serviço público, poderá, correspectivamente, receber duas ou mais pensões.

Uniões estáveis

As uniões estáveis heterossexuais ou homossexuais podem seguir os mesmíssimos comandos do RGPS.

Complementação dos ferroviários

O INSS é responsável pela complementação da pensão por morte dos ferroviários (AI n. 0003883-54 – Proc. n. 2010. 404.0000/PR, da 4ª Turma da 4ª Região em 12.5.2010, in RPS n. 362/23).

Prescrição de mensalidades

A Súmula STJ n. 291 diz:

> "A ação de cobrança de parcelas de complementação de aposentadoria pela previdência privada prescreve em cinco anos."

Essa determinação provém da própria Lei Básica da Previdência Complementar (LC n. 109/01).

Capítulo 199 – Retirada de Patrocinadora

Presente a figura jurídica da retirada de patrocinadora no âmbito da previdência fechada, propõe-se a questão de saber como fica o pagamento da complementação da pensão por morte diante das transformações havidas no plano de benefícios sem o patrocínio.

Direito de mudanças

Respeitado "o direito adquirido, o ato jurídico perfeito e a coisa julgada" (CF, art. 5º, XXXVI), quaisquer mudanças tecnicamente fundamentadas são possíveis no campo do Direito Previdenciário.

À evidência, tais alterações têm um pressuposto lógico: a imprescindibilidade de sua ocorrência, imperiosidade absoluta a ser avultada de modo exaustivo, necessário e convincente, e não por simples *voluntas personalis*.

Se um plano de benefícios experimenta equilíbrio atuarial e financeiro durante tempo capaz de informar o atuário, o órgão gestor e os órgãos reguladores e fiscalizadores do MPS, e assim se manterá dentro da previsibilidade aceitável do segmento complementar, e nenhum determinante da proteção superveniente ameaça o atendimento de todos os compromissos assumidos — ele não carece de ser reformulado (induzido por modismo doutrinário, opção técnica passageira ou solução administrativa).

Quando todas as condições econômicas, sociais e financeiras do País e do plano de benefícios permanecem substancialmente adequadas, com uma clientela protegida constituída de uma massa atuarial idealizada pelo matemático (baixa natalidade e expectativa de vida bem definida), comparados esses dados com o desenho original, ou seja, se o gestor adota uma tábua de mortalidade válida, descabem quaisquer modificações no plano de benefícios.

Ressalta-se *ad nauseam*, em relação a tais mudanças é relevante apurar-se a presença dos motivos técnicos, eles determinam a necessidade ou não de inovações. A preocupação maior será a de apreender o conceito de previdência social e suas transformações mundiais e tentar determinar a presença do requisito óbvio: necessidade da revisão da legislação.

En passant, poder responder a indagação: das aproximadamente 10.000 fontes formais desde 24.1.23, quantas foram consideradas inconstitucionais?

Direito de retirada

De forma bastante clara diz o *caput* do art. 25 da LBPC que é possível a retirada da patrocinadora, impondo-se tão somente duas condições básicas: a) exigência formal — a providência seja homologada pela PREVIC (art. 33, III) e b) exigência material — sejam garantidos os compromissos firmados até a data-base da retirada, ou seja, no caso de um plano de benefícios inteiramente equilibrado, em relação aos ativos, nenhum ônus empresarial emergirá que não sejam os decorrentes do capital acumulado.

No contexto da pretensão de mudanças que caracterizam as relações jurídicas da previdência fechada — patrocinadora e EFPC, EFPC e participantes — contempla-se o direito do patrocinador de se retirar.

A criação da entidade é um ato volitivo complexo sob condição, como diz Andréia Simões Lemos (Plano de Previdência Complementar e alterações dos regulamentos: uma análise à luz do direito intertemporal, Rio: *Revista de Previdência*, Gramma Livraria, 2005. p. 21/58).

Com efeito, por ora abstraindo o custo social dessa decisão, quem pode criar pode desfazer o que criou e por isso foi sábio o legislador complementar quando impôs severo ônus para o patrocinador retirante em relação aos assistidos e beneficiários. Que poderia ser maior — assumir as obrigações das contribuições vincendas dos ativos — mas inviabilizaria o segmento privado.

Embora a comparação não seja proporcional, o participante tem o poder de não ingressar na EFPC como tem assegurado o direito de, uma vez inscrito, dela se afastar e aí, é claro, também sofrendo os encargos dessa decisão.

Entendendo-se que o surgimento de uma EFPC emerge de um ato oficial de constituição de obrigações e direitos, deflagrado por uma pessoa jurídica de direito privado (e de uma lei, em relação à entidade fechada de natureza pública) — quando assumido um dever financeiro atual e futuro — a retirada é decisão unilateral de erosão do compromisso assumido de cooperar materialmente com a manutenção do plano de benefícios.

Universo dos participantes

A disposição do art. 16 da LBPC é, em seguida, reafirmada com a determinação do art. 17: "As alterações processadas nos regulamentos dos planos aplicam-se *a todos* os participantes das entidades fechadas, a partir de sua aprovação pelos órgãos regulador e fiscalizador, observado o direito acumulado de cada participante" (grifos nossos).

Valor da retirada

O cálculo do valor da retirada é providência administrativa cometida à EFPC e não à patrocinadora retirante. No bojo do mecanismo fático da extinção do patrocínio, além da decisão de afastamento em si mesmo, a fixação dos valores individuais e totais da retirada é um ponto culminante, decisivo e significativo para todos os envolvidos na relação jurídica entre os participantes e a EFPC.

Do ponto de vista técnico trata-se de um cálculo matemático complexo que envolve, entre outros aspectos, vários elementos biométricos, tábua de mortalidade (expectativa de vida), tipo da massa protegida, tempo de contribuição de cada um dos participantes, níveis dos salários de contribuição, idade dos segurados e dependentes.

Ou seja, uma somatória de informações, algumas ilíquidas, que deve ser considerada em certo momento (data-base da retirada).

À evidência, dependendo de tantos parâmetros e circunstâncias fáticas, a despeito da magnífica qualificação do atuário, pela própria natureza do trabalho, sempre subsistirá uma natural margem de erros possíveis.

Conclusões finais

Três participantes são atingidos pela retirada de patrocinadora com vistas ao falecimento do segurado participante em face da pensão por morte: a) contribuinte ativo; b) participante assistido; e c) pensionista.

Para o participante ativo é preciso pensar que os recursos até então amealhados fomentarão a futura pensão por morte. No que diz respeito ao assistido, ele teria constituído o capital acumulado necessário. Da mesma forma, este último raciocínio vale para o pensionista, quem já está recebendo o benefício. O ideal parece ser o plano de benefícios se manter vigente com reforços na contribuição dos ativos e assistidos e limitando-se o nível dos benefícios.

Capítulo 200 — Efeitos da Desaposentação

A desaposentação tem consequências na pensão por morte, tema tratado no capítulo da possibilidade da despensão — tida como uma revisão do cálculo do benefício em face do direito anterior ao óbito à desaposentação superveniente dessa providência após o falecimento do segurado.

Por ampliar o valor da renda mensal da aposentadoria do RGPS, ela também pode ter desdobramentos nas mensalidades da complementação da aposentadoria, com reflexos consideráveis na pensão por morte devida pelo plano de benefícios de um fundo de pensão.

Esse cenário deve ser considerado em face de três circunstâncias: complementação, suplementação e implementação do benefício básico devido pelo INSS.

Presunções preambulares

Para fins dos exemplos seguintes, suponha-se que o limite do RGPS seja de R$ 4.000,00 e de certa forma sejam abstraídos os reajustamentos periódicos devidos à inflação. Até porque o sucesso das aplicações pode melhorar os valores inicialmente concebidos, o que não sucede no RGPS.

Mensalidade complementar

Em razão do nível do valor mensal do benefício do INSS esses valores complementares ditam três hipóteses:

a) Complementação — O plano de benefício responde pela diferença entre uma média dos salários de contribuição do participante, apurada em certo período básico de cálculo, e a mensalidade desembolsada pelo INSS.

Assim, se a renda mensal do INSS é de R$ 3.000,00 e o salário de benefício era de R$ 10.000,00, o fundo de pensão responderá por R$ 7.000,00. Pelo menos, na data da concessão, pois os valores das mensalidades da complementação, em cada caso e conforme a época, às vezes, sofrem alterações de nível próprias do segmento.

Por conseguinte, quando a mensalidade mantida do RGPS e por qualquer motivo diminuir, aumentará o custo do fundo de pensão, de modo que o participante assistido continue recebendo o mesmo, ou quase o mesmo que recebia quando estava em atividade.

Logo, se reduzida para R$ 2.000,00, a EFPC terá de pagar R$ 8.000,00, totalizando os R$ 10.000,00.

Ao contrário, se aquela mensalidade do RGPS aumentar, passando a R$ 3.600,00, o plano de benefícios obriga-se a pagar apenas R$ 6.400,00 (o que nem sempre é bem compreendido pelos assistidos). Raciocínio calcado nas disposições instituídas convencionalmente no Regulamento Básico, para muitos um contrato de adesão a ser respeitado pelas duas partes contratantes. Claro, *in casu*, mantendo-se os mesmos R$ 10.000,00.

b) Suplementação — Quando o plano de benefícios contemplar a suplementação considerar-se-á a previsão de um percentual da mesma diferença. Se esse percentual for de 60%, voltando ao primeiro exemplo, o fundo de pensão teria de desembolsar apenas 60% de R$ 7.000,00 = R$ 4.200,00. No total, o participante recebia R$ 4.000,00 (do INSS) + 4.200,00 (da EFPC) = R$ 8.200,00 (total).

Representará uma diminuição ajustada, por comparação com o salário de benefício de R$ 10.000,00. Note-se que agora receberá R$ 3.600,00 + R$ 4.200,00 = R$ 7.800,00.

Caso esse segurado tenha o benefício do INSS majorado de R$ 3.000,00 para R$ 3.600,00, o dever do fundo de pensão é pagar-lhe 60% da diferença entre R$ 10.000,00 e esses R$ 3.600,00, ou 60% de R$ 6.400,00, que dão R$ 3.840,00, a serem comparados com os anteriores R$ 7.800,00.

Examinando-se, agora, a hipótese de redução do valor pago pelo INSS, que em vez dos R$ 3.000,00 o reduza para R$ 2.000,00. Os 60% a que estará obrigada o fundo de pensão será referido a R$ 10.000,00 – R$ R$ 2.000,0 = R$ 8.000,00 e, nesse caso, passará a ser de R$ 4.800,00. O participante receberá R$ 2.000,00 + R$ 4.800,00 = R$ 6.800,00, a serem comparados com os R$ 7.800,00.

c) Implementação — Na hipótese da implementação definida como sendo um valor que independe do valor básico (ou de um valor também designado como hipotético), a despeito da majoração ou diminuição do valor devido pelo INSS, a parte complementar, geralmente empreendida pela previdência aberta, não será afetada.

Pensão por morte

O valor da pensão por morte instituída pelo participante ativo ou assistido, quando assim convencionado no Regulamento Básico da EFPC, nessas exatas condições, será de 100% de um desses valores, conforme cada hipótese.

Quem obteve sucesso judicial na desaposentação junto ao INSS e teve melhora no seu benefício retroativamente, deverá dar ciência à EFPC para providenciar as correções pretéritas e futuras.

Capítulo 201 – Homoafetividade na Previdência Complementar

Em fevereiro de 2010, a ministra Nancy Andrighi, da 3ª Turma do STJ, decidiu que o convivente homossexual de um bancário faz jus à complementação da pensão por morte da PREVI, a entidade fechada do Banco do Brasil (*FSP* de 10.2.2010).

Esta decisão, possivelmente a primeira desse tribunal superior, ainda que tardia, destina-se a fazer história. Ela impressiona pelo seu conteúdo inteiramente válido, consistente e bem articulado, e também por ser absolutamente didática, necessária e oportuna.

Não agradará a gregos e troianos e continuará suscitando estudos, observações e análises, na medida em que impulsiona um movimento, como sói acontecer, não inteiramente assimilado pela nossa sociedade e que terá de esperar o tempo passar e sedimentar o significado das uniões homossexuais.

O fenômeno da homofobia parece ter a ver com novidade, o medo do desconhecido, a ignorância da antropologia, e era esperado pelos observadores.

Mas eventual resistência à conceituação jurídica da homossexualidade é equívoco geral de juízo que substancia ofensa ao princípio da diversidade humana. Independentemente do que pensam as instituições humanas, o direito tem de disciplinar as situações defluentes da realidade, lembrando o papel da previdência social de dar cobertura às contingências eleitas como protegíveis.

Pena que a decisão do STJ não tenha enfatizado o único aspecto da discussão que justifica sopesamento técnico: a necessidade ou não de prévia inscrição do convivente supérstite na entidade de previdência complementar e, também, *en passant*, alguma coisa sobre essa providência administrativa ocorrer *a posteriori* numa EFPC.

Identidade de situações

Em termos gerais, excetuado no que diz respeito à designação propriamente dita, que é um aspecto particular, no respeitante à união homoafetiva não há nenhuma diferença a ser considerada em relação ao regime de previdência social: básica ou complementar, pública ou privada. No que se refere ao tipo de segurado não é relevante ser trabalhador da iniciativa privada, servidor civil ou militar. Muito menos, se nacional ou estrangeiro, é direito universal.

A rigor, não fora certa convenção histórica, eventual predisposição não seria necessária nem mesmo em relação ao seguro privado (que ainda exige expressa destinação do titular do direito à reparação, no caso da contingência protegida (risco) se transformar em sinistro coberto pela apólice).

Outros direitos

Esta decisão repercutirá no Direito do Trabalho e produzirá efeitos no FGTS. Saldo de salários, pagamentos devidos em reclamações trabalhistas, depósitos do FGTS, terão de perfilhar a Ação Civil Pública n. 2000.71.00.009347-0, que é a fonte remota da decisão (*A União Homoafetiva no Direito Previdenciário*. São Paulo: LTr, 2008).

Ela já influencia as decisões em matéria de Direito de Família, em termos de adoção, sucessão e outros mais. Uma dupla masculina ou feminina de homossexuais pode individualmente ter filhos próprios por meios de inseminação artificial, mãe genética etc. E tais filhos serão dependentes desses pais segurados da previdência social exatamente como os dos casais casados ou unidos.

Ausência de norma

A ausência de amparo legal, tal qual vem sucedendo com a desaposentação, é inócua em virtude do direito tutelado (uma família homossexual). Poder-se-á alegar a falta de previsão regulamentar nos atos constitutivos da entidade fechada, mas esse cenário é próprio de todo direito novo.

O Regulamento Básico da Carteira de Previdência dos Advogados já prevê a hipótese (Lei Estadual n. 13.549/07).

A PREVI, entidade que protege cerca de 100 mil participantes, não ter imaginado a ocorrência de uniões homoafetivas entre os bancários provavelmente se deve a um viés homofóbico que perdura no País, ao simples esquecimento ou ausência de um pensador com imaginação, sensibilidade e noção da realidade.

O que deve preocupar o administrador dos planos de benefícios é de alertar o matemático assistente por ocasião da elaboração das tábuas de mortalidade: não esquecer essa possibilidade. A omissão de premissas atuariais conduzirá a um ínfimo desequilíbrio do plano de benefícios, facilmente contornado com a revisão anual, mas não pode obstruir o direito dos dependentes do participante.

Com a morte do segurado, note-se que o fundo de pensão não terá de aposentá-lo; canalizará os capitais acumulados para a pensão por morte do seu companheiro.

Se uma epidemia de gripe tivesse levado ao óbito centenas de segurados, no final do exercício o atuário reveria o plano e promoveria os acertos necessários (aumento da contribuição ou diminuição de benefícios).

Provas da união

Institucional, social e materialmente presumida a mútua dependência econômica em face da *affectio societatis* estabelecida, o que resta aos interessados é fazer a exaustiva prova da existência da convivência *more uxore*. Dificuldade que, de modo geral, também afeta a união estável heterossexual.

Poder-se-á contestar a decisão da Ação Civil Pública n. 2000.71.00.009347-0, que a presumiu no tocante aos trabalhadores da iniciativa privada (RGPS), mas acolhida a presunção da dependência econômica, ela não comporta prova em contrário.

Como no casamento civil ou religioso e até mesmo na união estável heterossexual assim é, não há indicativos antropológicos que contradigam a presunção em desfavor dos homossexuais. Há de se entender que ambos contribuíam para a subsistência da dupla, caracterizando a mútua assistência e dependência econômica.

Nesta matéria, as dificuldades estão sediadas exatamente nas provas da união homoafetiva que, *per se*, são obstaculizadas em face da natureza da relação e como a sociedade a concebe. Somente quando a coletividade admitir a existência da homossexualidade como entidade abraçada pela diversidade das escolhas é que os parceiros terão condições de trazer à colação persuasões mais contundentes.

Até lá, os óbices serão enormes. Especialmente no que diz respeito à permanência da união. Em 1991, ao pôr fim à exigência dos filhos em comum e dos cinco anos, pela Lei n. 8.213/91, consagrou-se a ideia de que relevava a intenção dos companheiros e não o tempo de duração da relação, mas a prova de períodos curtos conduz à concepção das uniões instáveis não protegidas pelo Direito Previdenciário.

Inércia do Direito Civil

Todas as remissões ao art. 226, § 3º, da Carta Magna, ao Código Civil e à Lei n. 9.796/98 envelheceram rapidamente, se é que não nasceram anacrônicas. Em 1988 e, assinaladamente em 2002, já era previsível que o constituinte e o legislador deveriam disciplinar a união heterossexual sem prejuízo da homossexual.

No entanto, fincou-se na ideia de construção de uma família procriacional, em seu todo respeitabilíssima, olvidando-se de que um homem e uma mulher, dois homens ou duas mulheres vivendo juntos, são necessariamente uma família. E que, adotando ou procriando separadamente, podem ter filhos.

Recentemente, a TV mostrou que dois parceiros homossexuais no Centro Oeste do País, depois de muita luta, haviam adotado quatro crianças. Presumindo-se que a decisão da Justiça Goiana tenha atendido aos pressupostos da ECA, se isso não for uma família...

Afetividade e família

Não vislumbrar essa nova família é ignorar a realidade social. Ela não visa necessariamente à constituição de patrimônio, mas da afetividade, temporária ou permanente, leve ou intensa, discreta ou exacerbada, igualzinha à do casamento.

O acórdão acostou-se à perigosa analogia, quase sempre invocada nesses casos, mas ela além de limitada é desnecessária *in casu*. Trata-se de direito próprio que emerge de um fato social a ser regrado pelo Direito.

Inscrição no plano

A nosso ver, um obstáculo respeitável diz respeito à falta de inscrição do companheiro não participante do fundo de pensão, reclamando análise desse instituto técnico (praticamente anacrônico no RGPS).

Quando da modelagem de um plano de benefícios da previdência complementar (assinaladamente tarefa formal mais técnica que a do RGPS), o atuário precisa conhecer os elementos biométricos e sociais dos participantes (idade, expectativa de vida, remuneração, tempo de serviço, estado civil, número de filhos, aptidão para o trabalho e tábua de mortalidade da clientela etc.).

A partir desses dados e da adoção de certas premissas convencionadas no Estatuto Social, serão elaborados os parâmetros em termos de contribuição e de complementação.

Previsão matemática

Em face do número dos solteiros, o matemático tem condições de saber quantos se casarão. Desde 1966, com a evolução do direito das companheiras, teve necessidade de apurar a quantidade dos que se unirão. Agora, carece avaliar o total dos participantes que constituirão uma família homossexual.

Nesse sentido, a designação de um companheiro do mesmo sexo em 2010 é constrangedora e não pode ser exigida como condição para o deferimento da pretensão. Até mesmo no que se refere à união estável heterossexual. O sistema indica que a solução é a inscrição *post mortem* ou em cartório.

Inscrição *post mortem* no RGPS

Durante algum tempo o INSS rejeitou a inscrição *post mortem* e o fez apenas por inércia histórica e institucional. Quando descobriu que o segurado não tem o poder de outorgar o direito à pensão por morte, ele não é o outorgante, desistiu de exigir a prévia inscrição.

No Direito Previdenciário vigente, presumida a dependência econômica, provada a união estável ou o casamento, o companheiro ou o cônjuge não pode dispor da pensão por morte ao seu talante (como sucede com alguns direitos civis).

Trata-se de norma pública e quem decide é a lei. Quando da separação de um casal, de regra, extingue-se a relação jurídica de previdência social, igual valendo para os unidos.

Exceto na figura da pensão alimentícia (que restabelece previdenciariamente a união), se um dos conviventes não mais quer a proteção do outro terá de deixar clara e pública essa intenção (por exemplo, fazendo um registro em cartório de que não mais existe a união homoafetiva).

Direito patrimonial

A exegese desta matéria reclama aproximação da natureza patrimonial das prestações do Direito Previdenciário. Não interessa ao Estado nem ao MPS ou a qualquer outro órgão gestor da previdência social, inclusive às EFPC, o comportamento pessoal dos segurados.

A sociedade tem os seus recursos, quando couber, para supervisionar, policiar ou condenar os excessos que os seres humanos praticam. A Igreja tem o legítimo direito de condená-los, a coletividade pode oferecer e se ambas tiverem razão, o tempo dirá, emergirá a verdade em cada caso.

É importante o que diz o Regulamento Básico da entidade, a filiação, a inscrição e a contribuição. Se todos estes atos administrativos foram corretamente praticados, eles constituem atos jurídicos perfeitos e produzem efeitos jurídicos a serem considerados pelo aplicador da norma.

Capítulo 202 – Tábua de Mortalidade

Em face da expectativa de vida dos pensionistas (aliás, crescente em todo o mundo e no Brasil) é importante a definição da renda mensal vitalícia da pensão por morte no bojo de um plano de benefícios ser aferida a partir de uma tábua de mortalidade, a mais atualizada possível.

Comumente, um plano equilibrado entra em déficit sem a adoção de uma tábua atual.

Quem contratar um benefício dessa natureza, pensando numa renda vitalícia, deve levar em conta a referida tábua de mortalidade e se existe cláusula dispondo sobre sua atualização no curso da relação.

A tábua de mortalidade experimenta várias designações: tábua de vida, tábua de sobrevivência, tábua biométrica, tábua atuarial etc.

Conceito mínimo

Pode-se designar a tábua de mortalidade como uma tentativa matemática e atuarial de estimar a probabilidade média de vida dos componentes de uma clientela protegida.

É um modelo estatístico de análise permitindo avaliar a mortalidade de uma população previamente definida. Torna possível estipular o prêmio necessário para a cobertura das despesas administrativas, lucro e custo da pensão por morte.

Como base na expectativa de vida de uma pessoa, fixada em certa idade, é possível estimar qual deva ser a renda mensal vitalícia resultante de certo capital acumulado.

Bosquejo histórico

Consta que John Graunt teria sido o primeiro a estudar a matéria e que a primeira tábua foi elaborada pelo inglês Edmund Halley, em 1693, conhecida como Tábua de Breslau, nome de uma cidade polonesa.

Em 1815, Joshua Milne usou os princípios da estatística e demografia para montagem de uma tábua.

No ano de 1868 as companhias seguradoras americanas publicaram as primeiras estatísticas.

Tornou-se famosa a história da contratante francesa, que os 70 anos de idade constituiu uma renda vitalícia com uma seguradora que julgou que ela viveria até 80 anos e, portanto, exigiu certo capital acumulado para custear a renda programada. Quando a mulher completou 90 anos, a companhia seguradora recusou-se a continuar pagando, a segurada foi à Justiça e ganhou a causa. Agora ela está com 102 anos (*sic*).

Necessidade de atualização

É evidente que um plano de benefício deve adotar a tábua de mortalidade mais adequada à sua clientela e atualizada, sob pena de produzir déficits.

Releva a importância jurídica da tábua adotada e isso já provocou dissídios entre a seguradora e os segurados.

Tábuas do IBGE

Nos termos do Decreto n. 3.265/99, o IBGE foi comandado para publicar anualmente uma tábua de expectativa média de vida, com vistas ao fator previdenciário. Vale até 80 anos.

Tábua previdenciária

O Brasil não tem uma tábua dos beneficiários da previdência social (RGPS ou RPPS) e muito menos dos pensionistas. Tem sido comum importar tábuas estrangeiras, o que é uma impropriedade.

Tábuas vigentes

As tábuas são conhecidas por suas siglas.

Por exemplo: Annuity Table 2000, ou AT-2000.

Annuity Mortality Table (AT).

Commissioners Standard Ordinary Table (CSO).

Experiência Brasileira (EB).

CSO-58: Ano base de 1958.

EB-75: Ano base de 1975.

As letras M (Masculino) e F (Feminino), geralmente no final da sigla, representam o sexo da coorte pesquisada. Por exemplo:

AT-2000M: Coorte masculina;

EB-75F: Coorte feminina.

Exemplo singelo

Suponha-se que numa cidade, num determinado período, existam 100 pessoas com 65 anos idade e que nesse mesmo período 15 delas faleceram. Logo, 15/100 = 15. Poderá se entender que numa população de 200 pessoas 30 delas falecerão.

Capítulo 203 – Previdência Aberta

A previdência aberta é uma espécie de coirmã da previdência fechada, amplas complementares, suplementares ou implementares da previdência básica. Os gestores do plano são conhecidos como EAPC.

Qualquer pessoa pode adquirir um produto dessa previdência aberta pensando na pensão por morte: pecúlio ou renda mensal. A contratação tem visível semelhança com o seguro privado.

O empreendedor é geralmente uma companhia seguradora ou banco, designado como entidade aberta de previdência complementar.

A EAPC distingue-se das EFPC em vários aspectos, principalmente por admitir quaisquer pessoas e de objetivar lucro.

Beneficiários da cobertura

Diferentemente da previdência básica ou complementar fechada, são dependentes do segurado as pessoas que ele, um contratante, por ocasião da inscrição, indicar para receber as mensalidades da pensão por morte desse participante, então falecido. De sorte que subsiste bastante liberdade para tal designação; ela somente observa a volição do segurado.

Taxa de carregamento

Chama-se de carregamento um valor desembolsado pelo participante, para fazer face às despesas administrativas, de corretagem e de colocação do plano de benefícios.

O percentual máximo permitido pela legislação é de 10% para os planos estruturados na modalidade de contribuição variável e de 30% para a modalidade de benefício definido.

Contrato de adesão

A pessoa celebra um instrumento jurídico que tem por objetivo estabelecer as condições da cobertura e fixar os direitos e as obrigações entre a EAPC e os segurados também chamados de participantes.

Contribuição mensal

O *quantum* desembolsado mensalmente à EAPC custeia o benefício contratado da pensão por morte.

Atualização das mensalidades

Os contratos firmados a partir de 1º.1.1997 têm os valores de benefício e contribuição atualizados anualmente de acordo com um dos índices de preços previstos na Circular

SUSEP n. 11/96 e Circular SUSEP n. 255/04, que podem ser IGP-M/FGV, IGP-DI/FGV, INPC/IBGE, IPCA/IBGE, IPC/FGV e IPC/FIPE, previamente pactuados quando da contratação do plano.

Evento gerador

Um evento determinante da pensão por morte ou do pecúlio é a morte ocorrida durante o período de cobertura do plano e, conforme o caso, calculando também a morte presumida.

Início de vigência

A data do início do pagamento das mensalidades do benefício é a Data do Óbito do segurado.

Período de carência

Período de tempo, contado a partir do início de vigência da contratação do plano, durante o qual, sobrevindo o evento gerador, os beneficiários não têm direito ao recebimento do benefício.

Esse período de carência previsto em regulamento deverá ser de no máximo 24 meses, a contar da data de início de vigência do plano. Em caso de morte acidentária não há carência para o pagamento do benefício.

A quitação do benefício por morte acidentária, quando decorrente de suicídio ou sua tentativa, somente será devida caso ocorra após o prazo de 24 meses, a contar da data de início de vigência do plano.

Período de cobertura

Contado da Data do Óbito, os beneficiários ou assistidos farão jus ao benefício contratado.

Renda mensal

O benefício é representado por uma série de desembolsos mensais ao beneficiário.

Pensão por morte

A renda mensal é paga aos designados na proposta de inscrição, em decorrência da morte do participante ocorrida durante o período de cobertura e depois de atendido o período de carência estabelecido no plano.

Uma renda paga vitaliciamente ao participante, a partir da data de concessão do benefício escolhida.

Ocorrendo o falecimento do participante, durante a percepção desta renda, o percentual do seu valor estabelecido na proposta de inscrição será revertido vitaliciamente ao beneficiário indicado.

Na hipótese de falecimento do beneficiário, antes do participante e durante o período de percepção da renda, a reversibilidade do benefício estará extinta sem direito a compensações ou devoluções dos valores pagos.

No caso de o beneficiário falecer, após já ter iniciado o recebimento da renda, o benefício estará extinto.

Renda vitalícia reversível

Renda paga vitaliciamente ao participante a partir da data de concessão do benefício.

Ocorrendo o falecimento do participante, durante a percepção desta renda, o percentual do seu valor estabelecido na proposta de inscrição será revertido vitaliciamente ao cônjuge e na falta deste, reversível temporariamente aos menores até que completem a idade para maioridade (18, 21 ou 24 anos) estabelecida no regulamento e conforme o percentual de reversão estabelecido.

Renda por prazo

Renda mensal a ser paga por um prazo pré-estabelecido ao participante/assistido. Na proposta de inscrição, o participante indicará o prazo máximo, em meses, contado a partir da data de concessão do benefício, em que será efetuado o pagamento da renda.

Se, durante o período de pagamento do benefício, ocorrer o falecimento do participante/assistido antes da conclusão do prazo indicado, o benefício será pago ao beneficiário (ou beneficiários), na proporção de rateio estabelecida, pelo período restante do prazo determinado.

Pecúlio por morte

Importância em dinheiro, pagável de uma só vez aos dependentes em decorrência da morte do participante ocorrida durante o período de cobertura e depois de cumprido o período de carência estabelecido no plano.

Resíduos deixados

O pagamento da renda cessará com o término do prazo estabelecido.

Na hipótese de um beneficiário falecer, a parte a ele destinada será paga aos sucessores legítimos, observada a legislação vigente.

Faltando o beneficiário nomeado, a renda será paga aos sucessores legítimos do participante-assistido, observada a legislação em vigor.

Não havendo beneficiário nomeado ou, ainda, em caso de falecimento de beneficiário, a renda será provisionada mensalmente, durante o decorrer do restante do prazo determinado, sendo o saldo corrigido pelo índice de atualização de valores previsto no regulamento do plano contratado, até que identificados os sucessores legítimos a quem deverão ser pagos o saldo provisionado e, se for o caso, os remanescentes pagamentos mensais.

Imposto de Renda

Incide sobre quaisquer benefícios pagáveis sob a forma de renda, bem como os resgates, desde que estes ultrapassem o teto máximo definido pela Receita Federal.

Parâmetros e condições

Devem ser observados no Regulamento Básico: o período de carência para benefício, as coberturas oferecidas e se estas possuem seus valores iniciais de benefício e de contribuição discriminados na proposta de inscrição. Deverá haver previsão sobre o carregamento utilizado, que constará da proposta de inscrição, além do índice de atualização de benefícios e de contribuição, bem como sobre sua periodicidade de aplicação.

Tábuas biométricas

A tábua BR-EMS foi desenvolvida a partir da experiência do mercado segurador brasileiro e será atualizada a cada cinco anos de forma a refletir a realidade de mortalidade da população feminina e masculina à época da concessão do benefício contratado. As primeiras tábuas biométricas BR-EMS tiveram início de vigência em 1º.4.2010 e terão como final de vigência a data de 31.3.2015.

Capítulo 204 — CAPEMI e GBOEX

A CAPEMI — Caixa de Pecúlio dos Militares (fundada em 24.7.1960), sucessora da CEPAMA, era um montepio, isto é, uma entidade aberta de previdência complementar sem fins lucrativos. Acessível a quaisquer pessoas, tidas como associadas, que quisessem economizar certo capital, a título de pecúlio.

Na ocasião, era a maior organização previdenciária privada do País, com cerca de dois milhões de inscritos, principalmente militares.

Para se ter uma ideia de sua importância, as organizações militares foram autorizadas pelo Governo Federal a descontar as contribuições na folha de pagamento dos soldos. Logo, realizava a receita prevista integralmente.

Quando da aplicação dos capitais acumulados, em razão dos esforços tecnicamente equivocados de empreendimentos nas diversas áreas da exploração econômica e nas aplicações financeiras, a entidade entrou em dificuldades econômicas e com enorme déficit não conseguiu honrar os compromissos assumidos com os associados, principalmente militares das Forças Armadas, que ali buscaram maior proteção para os seus familiares.

Em 1983, o Presidente João Batista Figueiredo determinou a intervenção na entidade e até hoje, passados quase 30 anos, ela ainda causa prejuízo aos associados, porque não tem recursos para pagar os benefícios convencionados. Pior que isso é que o seu fracasso é confundido com as entidades fechadas de previdência complementar.

Atualmente, muitos dos seus associados são vítimas de estelionatários, mediante a aplicação de golpes por escritórios que se dizem de advogados, prometendo liberar valores mediante o depósito de honorários.

O seu principal benefício era um pecúlio, constituído com as contribuições mensais dos associados, a ser resgatado com um pagamento único e até mesmo na forma da pensão por morte aos dependentes.

CAPEMI não deve ser confundida com a GBOEX — Grêmio Beneficente, cuja fundação se deu em 14.5.1913, no Colégio Militar de Porto Alegre e que em 1965 se tornou uma entidade aberta de previdência privada, com cerca de 200 mil associados, também enfrentando dificuldades para cumprir os seus compromissos.

Capítulo 205 — MONGERAL

O Plano do Montepio de Economia — MONGERAL pode ser considerado um marco inicial da previdência social brasileira na condição de montepio, isto é, uma entidade aberta de previdência complementar. Foi aprovado pelo Decreto Imperial de 10 de janeiro de 1835, assinado pelo Imperador Dom Pedro II e justifica considerações.

Segurados instituidores

Seu art. 1º dizia:

> "para a subsistência e socorro das famílias dos Empregados Públicos, de qualquer classe, que fallecerem em exercício ou aposentados no serviço da Nação" (art.1º).

O título da entidade falava em Servidores do Estado.

Por outro lado, o § 1º desse mesmo art. 1º rezava:

> "Todos os cidadãos que recebem ordenado, solo ou salário do Thesouro Público, ou por qualquer outra repartição publica, por officio, praça, emprego ou outro serviço de qualquer denominação que seja."

Destinatários do benefício

Eram os familiares que estivessem sem rendimentos.

Ingresso no sistema

O regime de ingresso era facultativo.

Contribuição do benefício

a) A contribuição era de 5% da quantia anual;

b) 5% "pagos aos quarteis na Thesousaria da caixa desta instituição, da quantia em que os Empregados, que não vencem ordenado, ou que vencerem pequeno, a aliarem seus empregos, ou esse argumento, além do ordenado na fórma do art. 2º, § 2º" (*sic*);

c) 1,5% de cada sucessor ou herdeiro;

d) Produto das loterias.

Dependentes preferenciais

a) Viúva;

b) Cônjuge ausente por justa causa;

c) Filhas solteiras nascidas de legítimo matrimônio, que vivem em companhia do pai;

d) Filhas casadas com o consentimento do pai;

e) Filhos menores de 25 anos (art. 5º).

Ausência dos preferenciais

Na ausência de viúva ou filhas legítimas, as filhas legitimadas solteiras, ou casadas com o consentimento do pai, eram dependentes.

Rateio do valor

Sobrevinha o rateio da cota da mãe falecida para as filhas.

Designação de pessoas

Não havendo ascendente ou descendente, o empregado podia designar metade da pensão por morte em favor de qualquer parente, ou ainda de estranho à família.

Valor da pensão

Era de 50% do ordenado.

Capítulo 206 – Competência da Previdência Complementar

A competência para dirimir conflitos no âmbito da previdência complementar ainda não conta com o consenso doutrinário ou mesmo jurisprudencial. As divergências de pontos de vista são patentes, não dissolvidas e dizem respeito a várias relações possíveis, o que torna inevitável a deflagração de maiores embates de juízo.

Até hoje não se aquilatou que a previdência complementar não é uma simples extensão do contrato de trabalho e, assim, a Justiça Laboral não poderia ser competente para examiná-la.

Nada justifica os magistrados trabalhistas avocarem-se capazes de tratar de distonias jacentes entre uma pessoa que, nessa relação não está se apresentando como empregada, mas um participante de um fundo de pensão e enfrentando patrocinadoras que, por seu turno, não são empresas nesse momento. A aceitar-se essa extensão, os segurados que conflitarem com o INSS deveriam invocar a Justiça do Trabalho.

Patrocinadora e entidade

As relações subsistentes entre uma empresa patrocinadora e a entidade patrocinada são de direito civil; logo, a competência deve ser a da Justiça dos Estados. De regra, são duas pessoas jurídicas de direito privado cujo relacionamento se encontra disciplinado na Lei n. 10.406/02.

Patrocinadora e PREVIC

Tendo em vista a presença da União, que simplifica a análise, constitucionalmente os desentendimentos entre a patrocinadora e a PREVIC são solúveis pela Justiça Federal.

Entidade e PREVIC

Da mesma forma como sucede com as relações da patrocinadora com a PREVIC, órgão supervisor do MPS, diante da presença da União, ainda uma vez a Justiça competente é a federal.

Participante e patrocinadora

Desencontros laborais havidos entre o participante, então um empregado, e a patrocinadora, então uma empresa, geralmente invocando a CLT e não a LC n. 109/01, devem ser submetidos à Justiça do Trabalho. No tocante à previdência social vale invocar esse estamento, se o plano de benefícios for empresarial, com o são aqueles concebidos antes da Lei n. 6.435/77.

EFPC pública e o ente político

As diferenças resistidas entre uma EFPC estatal, prevista no art. 40, §§ 14/16 da Carta Magna, e um órgão público que a patrocina serão desfeitas pela Justiça Federal.

Participante e entidade

Por último, a mais comum relação previdenciária se dá entre o participante e uma EFPC, para alguns, entendida como sendo a Justiça do Trabalho a competente, mas, como ajuizado, que deve ser a Justiça estadual.

Capítulo 207 — História do Benefício

A pensão por morte, a par das aposentadorias, está intimamente ligada à previdência social e à sua história. Principalmente, a legislativa. Compreender que esse benefício dos dependentes, além das incapacidades laborais do trabalhador, também deveria cobrir o seu falecimento, foi um grande passo adiante na construção do Direito Social.

Pré-história

Levando-se em conta que a Lei Eloy Chaves é tida como aquém, deu início à história da previdência social brasileira, tem-se que os regimes criados entre 1795 e 1923, constituem sua fase da pré-história.

É preciso considerar que diante de um litoral tão extenso a ser defendido, os militares da marinha portuguesa e, depois de 1822, a Marinha brasileira, foram mais importantes que os do Exército. E até a Proclamação da Independência (7.9.1822), as normas vigentes provinham de Portugal.

O Plano do Montepio Militar dos Oficiais do Corpo da Marinha, também conhecido como Plano de Montepio dos Oficiais da Armada Real Portuguesa, criado em 23.9.1795, mediante alvará assinado pelo Príncipe Dom João, no Palácio Queluz, em Lisboa, é considerado a primeira lei previdenciária.

É o registro mais antigo de que se tem notícia. Dava direito a uma pensão de ½ soldo aos dependentes desses oficiais ("donzelas ou viúvas"), sendo de um soldo para os cabos e soldados (Decreto de 4.1.1823). Esse mesmo decreto criou pensão para as viúvas e órfãos dos oficiais do Exército brasileiro falecidos nas lutas pela independência de Portugal.

Uma lei de 6.11.1823 estendeu às viúvas, filhas solteiras, filhos menores de 18 anos e mães viúvas, 1/2 soldo da patente de oficial do exército.

Nova lei, agora de 6.11.1827, previa pensão "às viúvas dos oficiais do exército que têm falecido..." (art. 1º).

As filhas solteiras dos militares foram autorizadas a se casar sem perder o direito (Decreto n. 521, de 1847).

O art. 1º do Decreto n. 2, de 10.1.1835 (MONGERAL), concebia a pensão por morte de servidor civil e militar falecido no exercício, na aposentadoria ou na reforma.

Consta que uma Carta de 26.6.1867 criou um Montepio Oficial dos Servidores do Estado, que viria a se tornar o IPASE em 1938.

O Decreto n. 9.912-A, de 26.3.1888, disciplinou a previdência social dos empregados dos correios, colhendo-se referência esparsa em um Decreto de 14.8.1924.

Decreto n. 695, de 18.8.1890, estendeu o Montepio da Marinha para os oficiais do Exército brasileiro.

O Decreto n. 942-A, de 31.10.1890, criou o Montepio dos Empregados do Ministério da Fazenda. Em seu art. 31 previa uma espécie de pensão por morte.

Um Decreto n. 9.184, de 30 de dezembro de 1891, tratou da Caixa de Pensões dos Operários da Casa da Moeda e previa pensão em seu art. 10.

A Lei n. 288, de 1895, unificou os oficiais da Armada com os do Exército e também os seus direitos.

Século XX

No dealbar do século XX, precisamente em 16.4.1904, o Banco do Brasil criou um regime de previdência destinado a pagar pensão por morte do bancário, que mais tarde se tornou uma entidade fechada de previdência complementar (PREVI). Era a Caixa Montepio dos Funcionários do Banco da República do Brazil, inicialmente com 52 associados, quando a expectativa de vida era de 37 anos.

O Decreto n. 9.517, de 17 de abril de 1912, em seu art. 20, regulava "uma pensão deixada pelo contribuinte que fallecer, exigindo-se apenas a respectiva certidão de óbito".

Lei Eloy Chaves

Para alguns autores, o Decreto Legislativo n. 3.524, de 15.1.1919, seria a primeira lei previdenciária brasileira, mas como ela cuidava apenas de acidentes do trabalho, para a maioria dos estudiosos a Lei Eloy Marcondes de Miranda Chaves (Decreto Legislativo n. 4.682/23) é considerada o marco da previdência social no nosso país; admitia aposentadoria (arts. 15/28) e pensão por morte (arts. 29/32).

No caso de falecimento do associado aposentado, ou do ativo "que conta mais de cinco anos de serviços efetivos nas estradas de ferro do país, terão direito os seus herdeiros, de acordo com a ordem de sucessão constante do art. 32, de requerer a pensão e proveito de socorros médicos de que trata essa lei".

Além dessa carência respeitável de 60 contribuições para os não aposentados, o art. 32 previa como dependentes a mulher, marido e pais inválidos, filhas enquanto solteiras, irmãs solteiras e menores, filhos legítimos, legitimados, ou adotados legalmente e irmão até a idade de 16 anos, desde que qualquer das pessoas acima citadas vivesse na dependência econômica exclusiva do associado, chefe da família há mais de três anos (?) antes da data em que foi adquirido o direito de gozar dos valores da presente lei, salvo o caso de falecimento se verificar nos dois primeiros anos de casamento (art. 32).

Com ordem de sucessão (art. 33), reversão (art. 33, § 2º), acumulação (art. 34), contribuição (art. 37), encerrando-se o benefício: I – viúva ou viúvo, inválido ou mãe de ferroviário que se casasse; II – filhos e irmãos, quando atingissem 16 anos; III – filhas, ou irmãs menores, quando contraíssem matrimônio; IV – em caso de vida desonesta, ou vagabundagem do pensionista devidamente comprovada com recurso do Conselho Nacional do Trabalho (art. 38, § 4º).

O Decreto Legislativo n. 5.109/26 alterou o Decreto Legislativo n. 4.682/23, mas não alterou muito a pensão por morte (art. 29).

Institutos de Previdência

Victor Valerius reproduziu praticamente todas as leis previdenciárias dos IAPs, de 1923 a 1957, onde se encontram as normas iniciais referentes à pensão por morte em cada IAP (*Legislação Brasileira de Previdência Social*, 4ª ed. Rio de Janeiro: Aurora, 1958).

a) CAPFESP — art. 9º, § 4º, do Decreto Legislativo n. 4.682/23;

b) IAPM — arts. 54/60 do Decreto n. 22.872, de 19.6.1933;

c) IAPC — arts. 123/128 do Decreto-lei n. 2.122, de 9.4.1940;

d) IAPB — arts. 72/75 do Decreto n. 24.615, de 9.7.1934;

e) IAPI — arts. 56/64 do Decreto n. 1.918, de 27.8.1937, que regulamentou a Lei n. 367, de 31.12.1936;

f) IAPETC — art. 5º, *b*, do Decreto-lei n. 615, de 26.8.1938;

g) IPASE — art. 11, *b*, do Decreto-lei n. 288, de 23.2.1938;

h) SASSE — art. 8º, § 1º, *b* da Lei n. 3.149, de 21.5.1957.

Disposições constitucionais

Nossa primeira Carta Magna, de 25.3.1824, silenciou quanto à previdência social, apenas prevendo: "A Constituição também garante os socorros públicos" (art. 179, XXXI).

A Lei Maior de 16.7.34, em seu art. 121, § 1º, *h*, dizia: "assistência médica e sanitária ao trabalhador e à gestante, assegurado a esta descanso antes e depois do parto, sem prejuízo do salário e do emprego, e instituição de previdência, mediante contribuição igual da União, do empregador e do empregado, a favor da velhice, de invalidez, da maternidade e nos casos de acidentes do trabalho ou de morte".

Carta Federal de 10.11.1937 falava em "seguro de vida" (art. 137).

O art. 157, XVI, da Constituição Federal de 1946: "previdência, mediante contribuição da União, do empregador e do empregado, em favor da maternidade e contra as consequências da doença, da velhice, da invalidez e da morte".

A Constituição Federal de 24 de janeiro de 1967 tratou da previdência social no art. 158, XVI.

A Constituição resultante da EC n. 1, de 17.10.1969, abordou o evento determinante morte no art. 165, XVI.

Capítulo 208 – Abono Anual

Uma vez deferida, a pensão por morte é um benefício mensal de pagamento continuado. Por expressa determinação legal ela anualmente compreende as 12 mensalidades usuais mais o abono anual.

Trata-se de um décimo terceiro pagamento previdenciário instituído para a comemoração do Natal, assemelhado ao décimo terceiro salário dos trabalhadores.

Norma vigente

Diz o art. 40 do PBPS:

> "É devido abono anual ao segurado e ao *dependente* da Previdência Social que, durante o ano, recebeu auxílio-doença, auxílio-acidente ou aposentadoria, pensão por morte ou auxílio-reclusão" (grifo nosso).

O montante anual é explicitado no parágrafo único do mesmo artigo:

> "O abono anual será calculado, no que couber, da mesma forma que a Gratificação de Natal dos trabalhadores, tendo por base o valor da renda mensal do benefício do mês de dezembro de cada ano."

Evento determinante

O fato gerador do benefício é a percepção de benefício durante o ano. Para os pensionistas, a pensão por morte e o auxílio-reclusão. Ou parte dele: se um benefício de R$ 2.000,00 mensais teve DIB em 1º de julho, o abono anual será de R$ 1.000,00.

Período de carência

Não existe período de carência. O tempo de fruição de um benefício no ano não é considerado como tal (e rigorosamente foi contemplado apenas para definir o valor).

Desnecessidade de formalidade

A quitação anual dessa décima terceira mensalidade da pensão por morte dispensa solicitação à Previdência Social. É desembolsado automaticamente.

Acumulação de benefícios

O abono anual é uma mensalidade única e substituidora de uma remuneração anualmente única (o décimo terceiro salário) pode ser acumulada com qualquer benefício.

Significa que, no comum dos casos, em dezembro receberá duas mensalidades. Individualmente consideradas, e assim podendo ultrapassar o teto do RGPS.

Auxílio-doença

Se o segurado falecido recebeu auxílio-doença — um benefício definido como sendo de 91% do salário de benefício, sabendo-se que a pensão por morte, no exemplo, é de 100% de uma aposentadoria por invalidez hipotética —, digamos, até 30 de junho do exercício, com DO em 1º de julho, nesse caso, o abono anual da pensão será de 6/12 do mês de dezembro com base no *quantum* do auxílio-doença e 6/12 da pensão por morte. Não necessariamente 100% da pensão por morte.

Pensões especiais

Os percipientes da Síndrome da Talidomida, Hemodiálise de Caruaru e outras mais não têm direito por falta de amparo legal. Também não há direito em face do benefício da LOAS.

Capítulo 209 — Fundo de Garantia

Falecendo um empregado, aposentado ou não, que ainda tenha depósito do FGTS não levantado em vida, propõe-se saber quem fará jus a esse montante. Evidentemente, o tema está diretamente relacionado com uma possível pensão por morte ou direito dos familiares do trabalhador.

Na condição de crédito de um segurado, imediatamente pensa-se nos seus dependentes ou, se inexistentes, em seus sucessores. Raciocínios previdenciários ou civis.

Historicamente a matéria experimentou quatro momentos:

a) antes do FGTS;

b) Lei n. 5.107/66;

c) Lei n. 6.858/80; e

d) Lei n. 8.036/90.

Indenização trabalhista

Leciona Eduardo Gabriel Saad: a CLT não previa o pagamento da indenização aos familiares. Era direito personalíssimo. (*Comentários à Lei do Fundo de Garantia do Tempo de Serviço*. 3. ed. São Paulo: LTr, 1995. p. 465).

Lei n. 5.107/66

Com a primeira lei do FGTS, o critério era previdenciário: os dependentes do RGPS faziam jus aos valores (PBPS, art. 16, I/III).

Lei n. 6.858/80

Inovando, o art. 1º da Lei n. 6.858/80 determinou:

> "Os valores devidos pelos empregadores aos empregados e os montantes das contas individuais do Fundo de Garantia do Tempo de Serviço e do Fundo de Participação PIS-PASEP, não recebidos em vida pelos respectivos titulares, serão pagos, em quotas iguais, aos dependentes habilitados perante a Previdência Social ou na forma da legislação específica dos servidores civis e militares, e, na sua falta, aos sucessores previstos na lei civil, indicados em alvará judicial, independentemente de inventário ou arrolamento."

O seu § 1º acrescia:

> "As quotas atribuídas a menores ficarão depositadas em caderneta de poupança, rendendo juros e correção monetária, e só serão disponíveis após o menor completar 18 (dezoito) anos, salvo autorização do juiz para aquisição de imóvel destinado à residência do menor e de sua família ou para dispêndio necessário à subsistência e educação do menor."

Por último:

> "Inexistindo dependentes ou sucessores, os valores de que trata este artigo reverterão em favor, respectivamente, do Fundo de Previdência e Assistência Social, do Fundo de

Garantia do Tempo de Serviço ou do Fundo de Participação PIS-PASEP, conforme se tratar de quantias devidas pelo empregador ou de contas de FGTS e do Fundo PIS PASEP" (§ 2º).

Norma vigente

O art. 20, inc. IV, da Lei n. 8.036/90 reza:

"falecimento do trabalhador, sendo o saldo pago a seus dependentes, para esse fim habilitados perante a Previdência Social, segundo o critério adotado para a concessão de pensões por morte. Na falta de dependentes, farão jus ao recebimento do saldo da conta vinculada os seus sucessores previstos na lei civil, indicados em alvará judicial, expedido a requerimento do interessado, independente de inventário ou arrolamento."

Supõe-se que não tenha sido revogado o § 2º antes reproduzido que, na hipótese, o destino do numerário seja aquele ali prescrito.

Regulamento do FGTS

O Decreto n. 99.684/90 dispõe sobre o assunto nos seus arts. 35/38.

Sucessão provisória

O empregado desaparecido ou ausente, instituidor de pensão por morte aos seus dependentes, quando declarada judicialmente a morte presumida autoriza o saque do FGTS.

Prazo de prescrição

Não há prazo para o levantamento desse valor na legislação específica devendo ser consultado o Código Civil sobre a prescrição do direito. Seu art. 205 diz:

"A prescrição ocorre em dez anos, quando a lei não lhe haja fixado prazo menor."

Ausência de dependentes

Se não existem dependentes, os sucessores fazem jus aos depósitos devendo habilitar-se perante o Poder Judiciário.

Capítulo 210 – Direito Procedimental

Adotando como norma superior a Lei n. 9.784/99 e, na esfera da previdência social, a Portaria MPS n. 548/11 (antes, a Portaria MPS n. 323/07), quando do indeferimento da pretensão à pensão por morte, os interessados podem recorrer dessa decisão no âmbito administrativo (*Comentários à Lei n. 9.784/99*. São Paulo: LTr, 2011).

Órgãos decisórios

O Direito Previdenciário Procedimental, por assim dizer, conhece quatro níveis de decisões: a) INSS, uma autarquia federal do MPS vinculada à União; b) Juntas de Recursos estaduais submetidas ao CRPS; c) Câmaras de Julgamento do CRPS; e d) Conselho Pleno do CRPS.

Um órgão monocrático (INSS) e três órgãos colegiados paritários. Designados como instâncias.

Sujeitos da relação

Os dois polos da relação jurídica procedimental são: a) INSS e b) segurados e dependentes, às vezes referidos como beneficiários.

Excepcionalmente, terceiros interessados na lide.

Sem embargo de não ter sido usual essa prática, uma EFPC poderá participar do processo e do julgamento, se a decisão do expediente administrativo de alguma forma afetar uma prestação complementar.

No caso de um plano de benefícios verdadeiramente complementar, caso haja uma diminuição do valor devido pelo RGPS, aumentará o dever dessa pessoa jurídica; caso contrário, o seu encargo será diminuído.

Raramente uma pessoa jurídica terá participação no que diz respeito a um conflito envolvendo a pensão por morte do RGPS, mas isso não é impossível.

Comunicação do indeferimento

Cientificado o interessado da negativa de concessão, caberá interposição de impugnação da decisão do INSS, contado o prazo procedimental da data do pleno recebimento da comunicação.

Na hipótese de não ter sido notificado, mas ciente da concessão de uma pensão para pessoa que julga não ser a titular do direito, quem entender ser o titular do direito solicitará sua habilitação por escrito, providência que terá o mesmo significado de contestação da concessão.

Isso é bastante comum no caso de segurado que pagava pensão alimentícia para a ex-esposa e falece ao lado de uma companheira, quando o INSS deferiu a prestação para apenas uma dessas mulheres.

Recurso ordinário

Notificado o indeferimento da pretensão pelo INSS, o titular do direito poderá ingressar com um recurso de apelação à Junta de Recursos da sua jurisdição, que toma o nome de Recurso Ordinário.

Recurso especial

Da decisão da Junta de Recursos caberá Recurso Especial, ainda de apelação, por parte do INSS ou do beneficiário que se sentir prejudicado, à Câmara de Julgamento — CAj, do CRPS.

Embargos declaratórios

No caso de dúvidas no tocante à redação do acórdão da Junta de Recursos ou da CAj do CRPS, cabem os Embargos Declaratórios visando ao esclarecimento do texto da decisão.

Contrarrazões

Quando da apresentação do recurso, a parte contrária tem o direito de avaliá-la e impugná-la na forma de contrarrazões, que subirão juntas para o órgão decisório superior.

Recurso adesivo

Se a decisão não atender à pretensão de ambos os polos da relação, eles podem recorrer ao mesmo tempo (Portaria MPS n. 548/11).

Uniformização dos julgados

Nos termos dos arts. 60/63 da Portaria MPS n. 548/11 é possível se pretender a uniformização da jurisprudência administrativa.

Uniformização em tese

Em um processo semelhante à uniformização dos julgados, porém promovida pelo próprio CRPS, é possível no processo administrativo.

Revisão de ofício

Observando vetusto entendimento do Direito Administrativo, a administração gestora da previdência social pode tomar a iniciativa de rever sua decisão.

Avocatória

A avocatória deixou de existir no ordenamento procedimental previdenciário.

Coisa julgada

Transitando na última instância do expediente interno a decisão tomada pelo MPS faz coisa julgada administrativa, cenário que não se confunde com a coisa julga judicial, à qual se submete.

Tratamento preferencial

Alguns benefícios têm preferência no encaminhamento dos julgamentos: prestações por incapacidade, acidentárias ou não, pensão por morte e auxílio-reclusão. Principalmente, benefícios dos idosos, entre os quais, o da LOAS.

Defesa oral

Requerida a tempo aos órgãos judicantes, é possível ao titular a defesa oral, a ser realizada durante o julgamento na JR ou no CRPS.

Prazos recursais

Todos os prazos recursais administrativos são de 30 dias.

Meios de prova

São admitidos todos os meios de prova válidos em Direito, junto dos órgãos decisórios.

Exame de constitucionalidade

A despeito do pensamento do procedimento fiscal da RFB, é preciso definir a possibilidade de exame da constitucionalidade no procedimento administrativo. Se a questão é constitucional não tem sentido adiá-la para ser composta apenas no Judiciário.

Nuanças das decisões

Conforme cada hipótese, os acórdãos devem considerar:

a) Juízo de admissibilidade — Exame do órgão julgador da possibilidade de ingresso do recurso (titularidade, tempestividade, jurisdição, capacidade postulatória do signatário etc.);

b) Apreciação de preliminar — Análise das preliminares arguidas na articulação da impugnação;

c) Presença de suspeição — Reconhecimento da hipótese de suspeição ou impedimento por parte de um dos conselheiros;

d) Questão prejudicial — Verificação da intempestividade, impedimentos, suspeição, litispendência etc.;

e) Relatório inicial — Narrativa dos fatos importantes desde o protocolo do recurso;

f) Avaliação do mérito — Depois do relatório, estudo sobre a incidência da norma em relação ao fato objeto de questionamento;

g) Fundamentos jurídicos — Base legal aplicada aos fatos relatados nos autos;

h) *Decisum* da questão — Encaminhamento técnico e jurídico mediante o qual a decisão conclui sobre a validade ou não das alegações do recorrente;

i) Voto contrário — Voto exercitado pelo conselheiro vencido com suas razões de dissidência.

Capítulo 211 – Acordos Internacionais

Atualmente, como no Brasil a pensão por morte não exige um período de carência, poderia não haver interesse em computar um período de trabalho ou de filiação à previdência social no exterior para os fins desse benefício, especialmente se o segurado e os dependentes residiam no Brasil desde julho de 1994 (período que fixa o valor da aposentadoria por invalidez e, por conseguinte, o montante da pensão por morte).

Entretanto, esse período no exterior tem validade na hipótese de o conceito de dependentes ser mais amplo que o da legislação brasileira. Então, ter-se-á de consultar o texto específico do acordo internacional. Nos casos em que foi bem redigido previa a solução (concessão de imediato no país que acolha a hipótese).

Conceito mínimo

Acordo internacional é um tratado celebrado entre dois países em matéria de previdência social, de modo que a filiação consumada no território de uma nação é somada à de outra nação signatária, para a totalização dos requisitos exigidos para diferentes prestações.

No comum dos casos, uma vez definido o direito ao benefício, o seu valor é rateado entre as partes contratantes (designação diplomática referente aos países signatários).

Direitos previstos

É bastante comum o texto dos acordos internacionais prever de forma geral a cobertura do evento determinante morte, como acontece com o art. I, inciso II, letra *e*, do Decreto n. 67.695/70 (Acordo entre o Brasil e Portugal). Mas também é bastante comum não dispor clara e especificamente sobre esse benefício, dando preferência à aposentadoria por idade e, às vezes, por tempo de serviço.

De regra, a entidade gestora de cada Estado Nacional contratante determinará, separadamente, a prestação a que teriam direito os dependentes como se ele fosse inteiramente exercitado nesse país.

Determinação do valor

A quantia a ser paga por cada entidade gestora será o resultado da proporção estabelecida entre o período totalizado e o tempo de cumprimento sob a legislação do seu próprio Estado.

Se alguém viveu 10 anos num país contratante de acordo e 20 anos no Brasil, e o benefício é aqui solicitado, o dever do INSS é pagar 2/3 da pensão por morte calculada conforme a nossa legislação.

Norma específica

De modo geral, a pensão por morte não é distinguida em especial na legislação internacional, mas no acordo entre o Brasil e a Espanha, o Título V do Ajuste Administrativo de 5.11.1981 (DOU de 26.3.1982) cuida de modo específico da pensão por morte.

Falecimento no exterior

Não é importante o local em que ocorreu o óbito do segurado, se no país da última residência, no do contratante ou em outro país.

Óbito no Brasil

Se o óbito se deu no Brasil, o benefício aqui será requerido junto ao INSS.

Capítulo 212 – Planos de Saúde

Os planos de saúde são os principais instrumentos particulares de realização do atendimento à saúde em nível suplementar ao SUS. A Agência Nacional de Saúde Suplementar monitora essa suplementação sanitária ínima. A norma básica regente é a Lei n. 9.656/98, que trata especificamente dos planos individuais e familiares e empresariais.

Neste momento é preciso considerar os direitos da viúva do segurado falecido e dos seus dependentes em relação à continuidade de uma relação jurídica iniciada pelo titular que possa ter designado beneficiários.

Uma cláusula contratual que exclui os dependentes foi considerada abusiva (art. 51 do CDC), pelo desembargador Vivaldo Pinheiro, da 4ª Vara Civil na AC n. 2009.010.152-9 (Falecimento de titular de plano de saúde não pode excluir dependentes, *in CONTAR — Contabilidade, Consultoria e Assessoria Tributária*, colhido em 24.6.2010).

Direito dos dependentes

A Lei n. 9.656/98 não tem regra geral sobre a permanência do contrato depois do falecimento do segurado. Somente para os empregados (art. 30).

O comum é que cada operador disponha sobre essa possibilidade e até mesmo defina os dependentes designados, possibilidade de inclusão e de exclusão. Essa é uma necessidade imperiosa para os cálculos atuariais da possibilidade do atendimento.

Cada operadora tem um contrato de adesão previamente elaborado, que permite ou não a inclusão de dependentes. Normalmente permitida indicação de parentes até o 3º grau, principalmente o grupo familiar descrito no art. 16 do PBPS.

Dependentes para o MPOG

A Portaria Normativa MPOG n. 1/07 define os dependentes:

a) cônjuge ou companheiros;

b) companheiros na união homoafetiva convivendo há dois anos;

c) pessoa separada auferindo pensão alimentícia;

d) filhos e enteados solteiros até 21 ou até 24 anos, se frequentando curso superior;

e) menor sob guarda ou tutela concedida pelo Judiciário.

Direito dos dependentes

"A Unimed manterá plano de saúde para os dependentes de cliente falecido, diz a Justiça", decisão da 2ª Câmara Civil do Tribunal de Justiça do Ceará, que obrigou a Unimed-Fortaleza manter o plano de saúde para os dependentes (decisão de 26.3.2011 no AI n. 16046.18.2006.8.06.000/0, relatada pelo desembargador Francisco de Assis Figueira, *in* notícia de jornalista Eliomar Lima, *in blog do Eliomar*).

Remissão dos pagamentos

Alguns operadores dispõem que o plano de saúde se manterá gratuitamente de três a cinco anos, contados da data do óbito do segurado. Depois, disso ele se extinguiria.

Diz o item 1 da Súmula Normativa ANS n. 13, de 3.11.2010:

> "O término da remissão não extingue o contrato de plano familiar, sendo assegurado aos dependentes já inscritos o direito à manutenção das mesmas condições contratuais, com a assunção das obrigações decorrentes, para os contratos firmados a qualquer tempo."

Mariah de Castro Neves Olmedo Freind e José Leandro da Silva Costa Passos Caldas entendem que a remissão é um atrativo e uma manobra dos planos de saúde que causam prejuízo dos dependentes de maior idade (Remissão: a manobra dos planos que prejudica o consumidor da terceira idade, *in Migalhas*).

Assim entendeu a 12ª Câmara Cível na AC n. 001137-47.2007.8.19-0209, relatado pelo desembargador *Marcos Bento de Souza* em 11.11.2010.

Findo o prazo de cinco anos, extingue-se o contrato e os dependentes, geralmente alguém com bastante idade, terão de celebrar um novo contrato e então com custos muito maiores.

Continuidade dos pagamentos

A juíza Fernanda Gomes Camacho, da 8ª Vara do Tribunal de Justiça do São Paulo, tendo em vista que houve continuidade nos pagamentos, entendeu que a operadora Notre Dame deveria manter o plano de saúde (Seguradora de saúde deve manter convênio com os dependentes, mesmo após o falecimento do titular, *in* Genason Fonseca – Advogado Associados).

Exclusão de dependentes

No que diz respeito aos planos de saúde, os dependentes do segurado têm muito a ver com a mesma situação da pensão por morte. Relatando o Proc. n. 1205.010.009.10.005, a desembargadora *Heloisa Pinto Marques* decidiu excluir a ex-esposa (que não mais era dependente do marido) e manter o direito dos filhos à continuidade do contrato com a Unimed de Tocantins (Plano para dependente de empregado falecido, *in Capitólio Consulting*).

Depois do óbito, os dependentes se tornam titulares.

Dependentes de empregados

A situação dos dependentes dos empregados é disciplinada na Lei n 9.656/98 em duas disposições, quando regra a manutenção do plano de saúde por ocasião da ruptura do contrato de trabalho.

Diz o art. 30, § 2º:

> "A manutenção de que trata este artigo é extensiva, obrigatoriamente, a todo grupo familiar inscrito quando da vigência do contrato de trabalho". Quer dizer, com vistas

ao art. 478 da CLT, o empregado poderá indicar os seus beneficiários para fins do plano de saúde.

Por outro lado diz o § 3º do mesmo art. 30:

"Em caso de morte do titular, o direito de permanência é assegurado aos dependentes cobertos pelo plano ou seguro privado coletivo de assistência à saúde, nos termos do disposto neste artigo."

Capítulo 213 — Dano Moral

No referente à pensão por morte, o relacionamento dos dependentes com os postos de atendimento dos regimes protetivos pode provocar resultados inesperados. São relações humanas e, por vezes, produzem prejuízos de ordem material e moral a serem sopesados.

Esses incidentes são incomuns e, por conseguinte, raríssimos os acórdãos divulgados cuidando de ocorrências envolvidas especificamente com esse benefício, se é que existem, mas a simples possibilidade reclama algumas considerações.

Sujeitos da relação

Um processo de dano moral envolve os dependentes do *de cujus*, os seus representantes, e o órgão gestor, personalizado este último na figura dos atendentes, isto é, dos servidores que possam dar causa a atritos.

Avaliação prévia

Inicialmente, quem se julgar ofendido em sua dignidade deve sopesar o acontecimento com isenção, mensurar a sua extensão e, se for o caso e possível, absorvê-lo em seu íntimo. Às vezes, exceto se a ação de dano moral for inibidora ou educativa para o agressor, convém esquecer a ofensa.

Provas do alegado

O dever de provar o acontecido é do ofendido e terá relação direta com a natureza desse fato, se de ordem pessoal ou não. No caso da demora da concessão do benefício, importa a demonstração da DER e a Data da Concessão do Benefício. E também se a causa não foi dada pelo próprio interessado. Em se tratando de mau atendimento, o depoimento de testemunhas que assistiram a ocorrência desairosa.

Composição do conflito

Caracterizado o dano, a vítima deverá tentar se compor com a Administração Pública, na tentativa de evitar uma demorada e custosa ação judicial, com constrangimentos para ambas as partes.

Em certas circunstâncias, uma tentativa de negociação resultaria em melhor solução, sem desgaste para ambas as partes envolvidas.

Distúrbios no atendimento

A falta de urbanidade e a ocorrência de injúrias pessoais descrevem os principais desencontros no atendimento dos interessados. Desrespeitos à preferência dos idosos também são muito comuns.

Demora na concessão

Evidenciada a singeleza do preenchimento dos requisitos, na demora injustificada na concessão cabe o procedimento do dano moral. Até porque esse tipo de prestação em face da alimentaridade das mensalidades beneficia-se pela preferência no atendimento.

Negativa do benefício

O indeferimento da pretensão, exceto diante de erro evidente, não comporta o dano moral, pois é prerrogativa do órgão gestor indeferir o que julgar indevido. Questões polêmicas com a do IRSM, decidida recentemente, são acolhidas e sem culpa do INSS.

Se a ação do servidor é legítima, agindo de acordo com a lei, não está presente o pressuposto da pretensão do dano moral.

Reserva de quota

Ter deferido integralmente a renda inicial ao requerente sem o cuidado de reservar quota de possível concorrente, sobrevindo a divisão do benefício *a posteriori* causa danos material e moral. O primeiro dependente consumiu os valores auferidos e devolvendo-os representa constrangimento de variada ordem.

Quantificação do valor

A quantia pretendida deve ser ponderada em função da gravidade de cada cenário, do dano ou do prejuízo. Se o autor não tomar essa cautela, com certeza o magistrado o fará. O montante do dano moral é uma reparação civil e não um benefício previdenciário.

Justiça competente

Tendo em vista o órgão gestor, em se tratando do INSS, a Justiça competente será a Justiça Federal. Crê-se que mesmo no caso de pensão por morte acidentária deva ser essa mesma Justiça.

Ação regressiva

O Estado acionará o servidor causador do prejuízo que indevidamente provocou envolvido com a pensão por morte (beneficiários, direito, renda inicial, concorrência etc.).

Informação equivocada

O juiz Jorge Antônio Maurique, da 4ª Turma do TRF da 4ª Região, condenou o INSS a pagar uma indenização de danos material e moral no valor de R$ 40.804,00, tendo em vista que a autarquia não informou à Justiça do Trabalho a existência do autor como dependente do pai, ainda que cadastrado oficialmente no INSS desde 30.12.2003, que havia reclamado R$ 122.412,92 (Processo Trabalhista n. 00206.017/89-8) e que foi inteiramente pago à sua mãe, quando deveria haver uma tríplice divisão (AC-RN n. 2006.71.00.008981-0/RS, de 15.12.2010, *in Revista Síntese* n. 261, de mar. 2011, p. 179-184).

Dano morte

Douglas Phillips Freitas examinou a indenização da morte, a que chamou de dano morte (Dano Morte e os Novos Rumos do Dano Morte após a CF de 1988, *in* Rep. IOB de Jurisp. da 2ª quinzena de set. 2011, p. 626-630).

Capítulo 214 – Modelo para um RPPS

Assim como sucede com a União, os 26 Estados e o Distrito Federal, os mais de cinco mil municípios brasileiros terão de implantar um Regime Próprio de Previdência Social (RPPS). E, se for o caso, um sistema de complementação dos seus benefícios (CF, art. 40, §§ 14/16).

Observados os preceitos constitucionais do art. 40 e os das Leis ns. 9.717/98 e 10.887/04, cada um desses entes políticos da República tem liberdade para legislar diferentemente sobre a pensão por morte. Minimamente, tal norma disporá sobre:

Fontes formais — Disposição expressa das fontes formais vigentes, com norma dispondo sobre a remissão a outras possíveis fontes válidas ou remissíveis, como as do RGPS e do ESPCU (Lei n. 8.112/90).

Regras de transição — Regras de transição da legislação válidas anteriormente em face da nova lei e, se for o caso, os procedimentos de adequação. Aclarando expressamente a aplicação da norma atual, se melhor ou pior, quando comparada com a anterior, em relação ao passado.

Servidores protegidos — Definição da clientela protegida: apenas estatutários e celetistas, avultando a situação dos ocupantes de cargos em comissão e outros obreiros públicos mais. Em particular disciplinando o benefício dos efeitos não estáveis.

Rol dos beneficiários — Lista exaustiva dos dependentes preferenciais e não preferenciais, com clara definição do momento em que se deverá aferir a invalidez dos filhos e irmãos com mais de 21 anos, exigibilidade da prova de dependência econômica nesses casos e se a figura da emancipação elide essa invalidez ou não.

Possibilidade de designação — Decantação da existência da designação e, se positiva essa opção, quem pode designar e ser designado.

Qualidade de dependente — Normas sobre a inexistência, data da aquisição, período de manutenção e a perda desse *status* jurídico, configurando as diferentes hipóteses.

Concorrência entre os dependentes — Disposição sobre as pessoas concorrentes entre si e em que condições o fazer.

Dependência econômica — Rol dos beneficiados pela presunção, se ela é absoluta ou relativa, e os meios de prova, assim que exigida a dependência econômica.

Pensão alimentícia — Papel da presunção, ausência, dispensa e necessidades supervenientes do alimentado antes e após o óbito do servidor.

Faixa etária dos menores — Maioridade previdenciária dos filhos e dos irmãos, depois de avaliação do mercado de trabalho e dos meios de subsistência dos que têm de 18 a 21 anos.

Invalidez e aptidão — Regras gerais sobre a invalidez dos dependentes, data da consumação, sua continuidade e resgate da capacidade.

Momento da condição — Importância do momento gerador da dependência econômica.

Regra da sucessão — Ordem e regras da sucessão previdenciária, em relação à pensão por morte e aos resíduos deixados pelo servidor que faleceu em gozo de benefício.

Conceituação de família — Definição da família como entidade a ser previdenciariamente protegida, como constituída e quando não é reconhecida, caso das relações instáveis.

União estável — Total equiparação da união estável à união civil em termos de Direito Previdenciário.

União homoafetiva — Reconhecimento da união homoafetiva, resultando equiparada às uniões civis e uniões estáveis, com acolhimento da presunção de mútua assistência e dependência econômica.

União religiosa — Aceitação ou não do casamento canônico e das cerimônias realizadas em outras religiões.

Evento determinante — Rol das hipóteses que envolvem o sinistro protegido pelo benefício: morte, desaparecimento, ausência, evasão e fuga.

Renda inicial — Cálculo da renda mensal com definição do período básico de cálculo, salários de contribuição, atualização monetária, limites mínimo e máximo dos elementos pecuniários do montante do benefício.

Valor do benefício — *Quantum* da renda mensal inicial em face do art. 40, § 7º, I/II, da Carta Magna.

Rateio da renda inicial — Norma sobre a divisão da pensão imposta, se por pessoa ou por família.

Data do início — Data de início do benefício, preferivelmente na Data do Óbito e sem prorrogação da DIB, para capazes e incapazes.

Data da cessação — Configuração das hipóteses de cessação dos pagamentos, como o óbito dos pensionistas, a recuperação da higidez, emancipação, maioridade, casamento, ausência etc.

Imprescritibilidade do direito — Respeito ao princípio da imprescritibilidade ao fundo do direito.

Decadência de mensalidades — Prazo de decadência das mensalidades dos inertes.

Prescrição dos menores — Imprescritibilidade do direito dos menores, ausentes e incapazes.

Situação dos afastados — Disposição sobre a situação jurídica dos afastados nas suas várias hipóteses.

Casamento dos dependentes — Consequências do casamento dos pensionistas em relação à manutenção do benefício.

Segurados reclusos — Norma jurídica à situação dos presidiários.

Contribuição dos pensionistas — Dever dos pensionistas de verterem contribuições.

Retenções possíveis — Expressa dicção das parcelas que podem ser descontadas na renda mensal.

Devolução do indevido — Natureza alimentar das mensalidades, presença do princípio da irrepetibilidade, com sistematização das regras de restituição do recebido indevidamente.

Impenhorabilidade da prestação — Reafirmação expressa da impenhorabilidade das mensalidades.

Interdição dos pensionistas — Aspectos previdenciários do procedimento legal da interdição dos pensionistas.

Reajustamento das mensalidades — Critério de reajustamento das mensalidades em face do processo inflacionário.

Prazo para revisão — Prazo para o servidor reclamar questões relativas ao benefício.

Revisão do órgão gestor — Em face da boa e da má-fé, definição da decadência do prazo de decadência da Administração Pública.

Suspensão da manutenção — Prescrições relativas às condições para a suspensão do pagamento das mensalidades quando de suspeita real de impropriedades na concessão ou na manutenção.

Acumulação com outras prestações — Comandos de acumulação da pensão com outros benefícios, no bojo do RPPS.

Sucessores do falecido — Caracterização jurídica dos responsáveis pelos créditos e débitos do falecido.

Tipos de filhos — Rol dos filhos que podem ser dependentes.

Empréstimo consignado — Regras sobre o empréstimo bancário consignado.

Emancipação dos filhos — Observações quanto ao procedimento civilista sobre a emancipação.

Inscrição dos beneficiários — Procedimento administrativo da inscrição dos dependentes.

Situação dos ausentes — Preceitos sobre os dependentes ausentes.

Casamento dos idosos — Disposição atuarial sobre o casamento ou a união estável de servidores idosos.

Expectativa de direito — Preceitos sobre as regras de transição.

Direito simples — Em cada caso, os elementos da caracterização do direito simples.

Direito adquirido — Total respeito ao direito adquirido, principalmente no que diz respeito à vigência da lei ao tempo dos fatos geradores.

Despensão — Possibilidade de revisão do valor da renda mensal em face da desaposentação do servidor consumada após o seu óbito.

Complementação — Determinação genérica sobre a complementação do benefício básico, configurando as condições do plano de benefícios do fundo de pensão dos servidores.

Capítulo 215 – Conclusões Derradeiras

Rastreada a legislação revogada e a vigente, centenas de decisões judiciais e o pensamento de articulados estudiosos, desenvolvido o tema central, resta agora considerar a hipótese de transformações suscitadas pela atual pensão por morte. Embora não possamos resolver todos os problemas, algumas conclusões técnicas são possíveis.

Valor da renda mensal

Partindo-se de uma união constituída apenas de duas pessoas, usualmente de idade avançada, é preciso sopesar qual deve ser o montante pecuniário que o membro remanescente deva receber para se manter dignamente em face da diminuição dos encargos.

Um estudo dessa natureza não poderá ignorar que, *per se*, os idosos têm diminuídas algumas despesas, mas aumentadas outras, como as próprias da assistência à saúde. Isso impõe uma vasta pesquisa de campo para determinar-se com profundidade a validade e mensuração dessas afirmações.

Por último, saber se tal dependente, agora sozinho, não tem necessidades especiais de acompanhamento, contando com a ajuda de cuidador, o que levaria à manutenção do *quantum* nos 100%.

Ou seja, o sistema deverá responder a indagação: qual deve ser o montante do benefício do dependente, em face da renda familiar, quando resta apenas um dos membros do casal. Se essa família teria necessidade do mesmo numerário que auferia antes do falecimento do segurado.

A pensão por morte do servidor é dividida em duas partes: a) 100% até o limite do RGPS mais b) 70% do que ultrapassá-lo, que é uma modalidade de limitação vinculada às necessidades do pensionista.

Acumulação de prestações

Diante da existência de quatro regimes previdenciários básicos, da previdência complementar e de outras modalidades de proteção assemelhadas à pensão por morte (trabalhistas, civis e estatais) urge uma norma federal de superdireito cuidando da acumulação do benefício entre si e com outros benefícios.

Quem é dependente e, ainda, tem direito a uma aposentadoria, propicia uma renda pessoal maior comparada com a de quem tem apenas uma aposentadoria ou somente é dependente.

A par do fato de ter contribuído, carece perquirir se cabe a pensão por morte para quem desfrute de uma aposentadoria ou tenha como subsistir com dignidade. É preciso definir se são tecnicamente defensáveis a pensão por morte e aposentadoria.

Reinhold Stephanes assevera: "5.2. Forma seletiva na concessão. Os critérios seriam: 1) idade; 2) renda; 3) capacidade do beneficiário; 4) existência de filhos menores; 5) percepção de outros benefícios" (*Reforma da Previdência Social sem segredos*. Rio-São Paulo: Record, 1998. p. 221).

Perda do poder aquisitivo

Uma reclamação frequente dos pensionistas (e dos aposentados) é o montante do benefício ser achatado no curso do tempo. Mesmo quando se afasta a questão da mensuração da renda inicial em termos de salários-mínimos, diante da majoração real do seu *quantum* nos últimos dez anos, tem-se uma queixa geral de que a mensalidade perde poder aquisitivo.

Isso se dá, pelo menos, por três motivos: a) uma perda real; b) aumento das despesas próprias dos idosos, entre as quais as da assistência médica; e c) diferença da cesta básica inicial em relação à atual.

Subsiste uma perda real porque os indexadores utilizados na formulação dos índices não são verdadeiramente representativos. Os idosos enfrentam majoração de suas despesas com assistência à saúde, sem prejuízo dos gastos habituais. De modo geral, de uns 30 anos para cá as pessoas estão consumindo uma infinidade de produtos novos, somados aos tradicionais.

Qualidade de segurado

Sendo certo que após a perda da qualidade de segurado não há direito à pensão por morte (ainda que o segurado tenha contribuído por longos anos antes de encerrar sua relação com a Previdência Social) e que esse direito somente subsiste se ele preencheu os requisitos para uma aposentadoria, a perda da qualidade de segurado carece de ser disciplinada.

Principalmente, em relação àqueles que deixaram de contribuir, mas estiverem incapazes para o trabalho antes do falecimento.

O legislador tem de meditar sobre o fato de não ter muito sentido proteger um cônjuge ou unido, meia hora depois da cerimônia da união, já que não faz jus ao benefício alguém que contribuiu durante 24 anos e perdeu a qualidade de segurado.

Situação jurídica do amante

A norma jurídica deve definir a situação jurídica de quem mantém relação furtiva com pessoa casada sem ter constituído com ela uma união estável, distinguindo essa pessoa dos companheiros.

Dupla filiação do servidor

A despeito do que diz a Carta Magna, ainda a ser regulamentada por lei ordinária, impõe-se aclarar se o servidor filiado a um RPPS tem permissão para contribuir como facultativo no RGPS e, por conseguinte, instituir pensão por morte.

Casamento do pensionista

Em relação a situações constituídas antes de o PBPS ter afirmado que o casamento da viúva não impede a fruição da pensão por morte derivada do primeiro casamento, o pensamento jurisprudencial caminhou no sentido de verificar se a nova união implicava ou não em melhores condições.

Principalmente pensando-se no dependente do sexo feminino que não aufere rendas, na condição de pensionista se vier a se casar ou manter uma união estável, defendia-se a ideia de que essa união deveria pôr fim à pensão por morte (como ocorria antes daquela data-base).

O tema tem de ser retomado em face das condições dos dependentes depois do óbito do segurado.

Superveniência da pensão alimentícia

O Poder Judiciário Federal construiu a ideia de que, se a mulher dispensou a pensão alimentícia quando da separação e posteriormente comprovou estar em situação financeira carente de recursos para a subsistência, é devida a pensão por morte. Tal afirmação carece constar da lei para pôr fim às intermináveis discussões.

Contribuição dos pensionistas

O Governo Federal precisa rever a política previdenciária de exigir contribuição dos pensionistas do serviço público, concepção técnica a ser repassada para a previdência complementar, se for o caso, que defina um percentual menor para o benefício.

Possibilidade de despensão

Tanto quanto a desaposentação, é preciso regulamentar a despensão (que não deve ser confundida com o poder de revisão atribuído aos dependentes em relação à revisão da aposentadoria do falecido).

Revisão da aposentadoria

Exceto se presentes menores, incapazes e ausentes, dentro do prazo legal, disposição expressa fixará o direito dos dependentes de reverem a concessão do benefício que precedeu a pensão por morte.

Casamento e união estável

A lei carece definir a situação do unido remanescente quando o falecido era casado e manteve ao mesmo tempo duas uniões: civil e estável.

Inadimplência do contribuinte

Seja no que diz respeito à preservação da qualidade de segurado, seja no referente a débitos constituídos anteriormente, é preciso disciplinar a contribuição daqueles que falecerem em débito para com a Previdência Social e a responsabilidade dos dependentes ou sucessores.

Data do início

Exceto se requerido benefício cinco anos depois do óbito (PBPS, art. 103, parágrafo único), a DIB da pensão por morte deve ser a DO, revogando-se os incs. I a III do art. 74 do PBPS.

Natureza alimentar

As pensões por morte de valor igual ou inferior ao limite da previdência social devem ser consideradas como natureza alimentar, e as demais se recebidas indevidamente devem ser restituídas.

Valores indevidamente pagos por culpa dos dependentes têm de ser restituídos, admitindo-se parcelamento da dívida de modo a permitir a quitação do débito.

Justificação administrativa

Revogando-se o PBPS, a justificação administrativa é válida para permitir a prova do direito, inclusive no que diz respeito à existência do casamento ou da união estável.

De todo modo, ela pode ser providenciada cautelarmente antes do requerimento de um benefício.

Universalização dos critérios

Os critérios de definição de quais são os dependentes preferenciais e não preferenciais, no tocante à dependência econômica, separação dos casais, valor da renda inicial e outros aspectos comuns, devem ser nacionalmente unificados em relação a todos os quatro regimes previdenciários.

Separação na união estável

A separação fática e jurídica dos membros de um casal é mal disciplinada na legislação previdenciária. Carece a lei definir como se dá, para fins jurídicos, a separação dos conviventes de uma união estável. Qual o papel da nova união estável em face de conviventes pensionistas.

Duração da união estável

Carecer melhorar a definição do tempo de duração da união para que se tenha decantada a união estável.

Casamento anulado

Se a união civil existiu e mais tarde o casamento foi anulado, falecendo o segurado antes da declaração de anulação, subsiste o direito à pensão por morte.

Casamento canônico

Mesmo que o casamento religioso não tenha se convertido num casamento civil, o direito permanece intacto.

Casamento no exterior

Comprovado o casamento no exterior, ainda que não tenha sido formalmente reconhecido no Brasil, entender-se-á presente uma união estável, o que deve ser bastante para a concessão do benefício.

Tutela antecipada

É preciso rever os efeitos da tutela que tenha sido antecipada, diante da hipossuficiência financeira da maioria dos impetrantes.

Pensão e aposentadoria

Adotando como premissa previdenciária a necessidade da manutenção é possível pensar na cessação do direito à pensão por morte de quem é aposentado, até porque terão diminuídas as despesas do casal. E se for o caso, a mesma solução a ser adotada se não era aposentado, mas obteve a aposentadoria, cessando a pensão por morte daí para frente.

Note-se que nessa corrente de pensamento não será mais a contribuição que filosoficamente gerará o direito ao benefício e sim a necessidade da pessoa humana.

Casamento de viúvos idosos

Muitos regimes próprios de previdência social (RPPS) e até mesmo o RGPS do INSS estão preocupados com um fato relativamente recente, o casamento de viúvos com idade avançada com jovens mulheres, às vezes de apenas 18 anos de idade.

O enfoque na órbita previdenciária é o custeio da possível pensão por morte, uma vez que a esperança média de vida desses aposentados e as "reservas matemáticas" do seu benefício estariam se esgotando.

Um tema delicado sob vários aspectos, entre os quais a liberdade e a dignidade humana, a serem considerados com ênfase, não havendo impedimento para o casamento civil de maiores de idade (e até mesmo para a união estável), sem se falar agora na propriedade real dessas uniões.

Bastaria um simples registro em cartório para que se tenha uma união entre homem e mulher, sem se exigir a vida em comum. Como distinguir os casos em que a união se deu com a boa-fé de propósitos e o casamento é real?

Sem sombra de dúvida, tecnicamente, do ponto de vista atuarial a questão é a do mau risco, ou seja, falecendo esse idoso, a jovem viúva irá receber durante cerca de 60 anos a pensão por morte (as contribuições por ele vertidas, ainda que socialmente consideradas, não seriam suficientes para essa cobertura, onerando o regime de repartição simples).

Um mau risco é avaliado pelo sistema previdenciário, pelo menos na origem das instituições afeiçoadas ao seguro privado. Não haver direito a benefícios por incapacidade por parte daquele que ingressou incapaz (DII anterior à data do início da filiação), é um exemplo da vedação do mau risco.

Nosso Código Civil disciplina o impedimento do casamento com comunhão de bens com pessoas com mais de 70 anos de idade com algum significado sociológico.

O principal questionamento diz respeito à dignidade humana a ser preservada e que seria afetada no direito constitucional das pessoas de se unirem com qualquer idade, sabendo-se que, em muitos casos, um homem sozinho deseja a companhia de mulheres com menor idade.

Esse tema reclama competência do elaborador da norma, sensibilidade para definir as diferentes situações e fixação de idade mínima das pessoas envolvidas. Poder-se-ia vedar o direito à pensão por morte quando a diferença de idade entre os nubentes foi superior a 20 anos.

A avaliação da capacidade civil e previdenciária do aposentado é item que deve ser considerado.

Reserva de quotas

Para não sobrevirem problemas de divisão da pensão por morte tempos depois da concessão, releva que concessor acautele-se quanto à possibilidade de concorrência tardia. Uma delas, de caráter cautelar, solicitar ao requerente que se manifeste por escrito sobre a possível existência de concorrentes.

Direito do homicida

Ainda que o delito não tenha por escopo o benefício, o legislador tem de definir se o homicida faz ou não jus à pensão por morte (como vedam algumas leis).

Acordo internacional

A regulamentação administrativa da concessão da pensão por morte, em se tratando de benefício decorrente de acordos internacionais, melhoraria significativamente os serviços prestados pela Previdência Social.

Momento da definição do direito

O momento da definição da invalidez do filho ou do irmão, maiores de 21 anos, em face da superveniência da incapacidade até a data do óbito do segurado e posterior a essa data-base é sede de divergências.

Uniões simultâneas

A existência das uniões simultâneas previdenciariamente reclama a atenção do elaborador da norma, particularmente quando um dos unidos é casado.

Constituição de rendas

Concorrendo com as seguradoras e oferecendo a garantia do Estado, ao INSS deveria ser possível contratar a constituição de uma renda fixa, programada ou vitalícia, mediante a percepção de uma dotação inicial.

Filhos e irmãos deficientes

Tendo em vista o disposto na Lei n. 12.470/11, importa muito uma clara definição do que seja a invalidez, deficiência intelectual ou mental.

Menores sob guarda

Independentemente do que dispõe o ECA, mas em face da semelhança do menor guardado com o adotado, restabelecimento da classificação como dependente anterior à Lei n. 9.528/97.

Filhos ilegítimos

Os dois componentes tradicionais de uma união, que chamaremos de primeira família, constituída sob a forma da união civil ou da união estável, individualmente podem ter tido filhos com outras pessoas que não façam parte dessa primeira família, referindo-se ou não, então, a uma segunda família que mantiveram.

Na história da humanidade, e até hoje, tem sido comum homens gerarem filhos fora do casamento ou da união estável, sem constituir uma família em relação a esses filhos.

Sempre pensando naquela primeira família, cifrado ao casamento, no Direito Civil eles são conhecidos como filhos naturais (no passado, designados como bastardos, uma expressão com cunho pejorativo).

Na condição de filhos, em princípio, eles têm direito à pensão por morte, restando saber como viveram até a data do óbito do pai segurado, porque são filhos legítimos da mãe, se eles não viveram em outra família.

Essas considerações valem para o filho não reconhecido; o reconhecido pelos pais fará parte daquela primeira família. Quando reconhecido pelos pais (CC, art. 1.607) e a partir daí, terá os mesmos direitos que os demais filhos.

Às vezes, esse reconhecimento se dá após a morte do pai e produzirá efeitos perante a Previdência Social.

Obras do Autor

O empresário e a previdência social. São Paulo: LTr, 1978.
Rubricas integrantes e não integrantes do salário-de-contribuição. São Paulo: LTr, 1978.
Benefícios previdenciários do trabalhador rural. São Paulo: LTr, 1984.
O contribuinte em dobro e a previdência social. São Paulo: LTr, 1984.
O trabalhador rural e a previdência social. 2. ed. São Paulo: LTr, 1985.
Legislação da previdência social rural. 2. ed. São Paulo: LTr, 1986.
O salário-base na previdência social. São Paulo: LTr, 1986.
Legislação da previdência social. 5. ed. São Paulo: LTr, 1988.
A seguridade social na Constituição Federal. 2. ed. São Paulo: LTr, 1992.
O salário-de-contribuição na Lei Básica da Previdência Social. São Paulo: LTr, 1993.
Legislação da seguridade social. 7. ed. São Paulo: LTr, 1996.
Obrigações previdenciárias na construção civil. São Paulo: LTr, 1996.
Primeiras lições de previdência complementar. São Paulo: LTr, 1996.
Propostas de mudanças na seguridade social. São Paulo: LTr, 1996.
Direito dos idosos. São Paulo: LTr, 1997.
Novas contribuições na seguridade social. São Paulo: LTr, 1997.
Curso de Direito Previdenciário. São Paulo: LTr, 1998. Tomo III.
O salário-base dos contribuintes individuais. São Paulo: LTr, 1999.
Reforma da previdência social. São Paulo: LTr, 1999.
Estatuto dos Servidores Públicos Civis da União. 2. ed. São Paulo: LTr, 2000.
Fator Previdenciário em 420 perguntas e respostas. 2. ed. São Paulo: LTr, 2001.
Pareceres selecionados de previdência complementar. São Paulo: LTr, 2001.
Curso de direito previdenciário. tomo IV, 2. ed. São Paulo: LTr, 2002.
Prova de tempo de serviço. 3. ed. São Paulo: LTr, 2002.
Seguro-desemprego em 620 perguntas e respostas. 3. ed. São Paulo: LTr, 2002.
Comentários à Lei Básica da Previdência Complementar. São Paulo: LTr, 2003.
Curso de direito previdenciário. Tomo II, 2. ed. São Paulo: LTr, 2003.
Parecer jurídico: como solicitá-lo e elaborá-lo. São Paulo: LTr, 2003.
PPP na aposentadoria especial. 2. ed. São Paulo: LTr, 2003.

Retenção previdenciária do contribuinte individual. São Paulo: LTr, 2003.

Reforma da previdência dos servidores. São Paulo: LTr, 2004.

Curso de direito previdenciário. Tomo I, 3. ed. São Paulo: LTr, 2005.

Lei Básica da Previdência Social. 7. ed. São Paulo: LTr, 2005.

Portabilidade na previdência complementar. 2. ed. São Paulo: LTr, 2005.

Previdência social para principiantes — cartilha. São Paulo: LTr, 2005.

Auxílio-acidente. São Paulo: LTr, 2006.

Legislação previdenciária procedimental. São Paulo: LTr, 2006.

Manual prático do segurado facultativo. São Paulo: LTr, 2006.

Aposentadoria especial em 920 perguntas e respostas. 5. ed. São Paulo: LTr, 2007.

Curso de direito previdenciário. Tomo III, 2. ed. São Paulo: LTr, 2007.

Direito previdenciário procedimental. São Paulo: LTr, 2007.

Os crimes previdenciários no Código Penal. 2. ed. São Paulo: LTr, 2007.

Retirada de patrocinadora. São Paulo: LTr, 2007.

Prova e contraprova do nexo epidemiológico. São Paulo: LTr, 2008.

Subsídio para um modelo de previdência social para o Brasil. São Paulo: LTr, 2008.

A união homoafetiva no direito previdenciário. São Paulo: LTr, 2008.

Dano moral no direito previdenciário. 2. ed. São Paulo: LTr, 2009.

Comentários à Lei Básica da Previdência Social. Tomo II, 8. ed. São Paulo: LTr, 2009.

Comentários ao regulamento básico da OAB Prev. São Paulo: LTr, 2009.

Curso de direito previdenciário. Tomo IV, 3. ed. São Paulo: LTr, 2009.

Estágio profissional em 1420 perguntas e respostas. São Paulo: LTr, 2009.

Os deficientes no direito previdenciário. São Paulo: LTr, 2009.

Prova e contraprova do nexo epidemiológico. 2. ed. São Paulo: LTr, 2009.

Direito adquirido na previdência social. 3. ed. São Paulo: LTr, 2010.

Obrigações previdenciárias do contribuinte individual. 2 ed. São Paulo: LTr, 2010.

Curso de direito previdenciário. 3. ed. São Paulo: LTr, 2010.

Aposentadoria Especial. 5. ed. São Paulo, LTr, 2010.

Direito Elementar dos Presos. São Paulo: LTr, 2010.

Obrigações Previdenciárias do Contribuinte Individual. 2. ed São Paulo: LTr, 2010.

Comentários às Súmulas Previdenciárias. São Paulo: LTr, 2011.

Princípios de Direito Previdenciário. 5. ed. São Paulo: LTr, 2011.

Aposentadoria especial do servidor. São Paulo: LTr, 2011.

A arte de aposentar-se. São Paulo: LTr, 2011

Curso de direito previdenciário. São Paulo: LTr, 2011.

Comentários a lei do procedimento administrativo federal. São Paulo: LTr, 2011.

Previdência Social para Principiantes — Cartilha. 3. ed. São Paulo: LTr, 2012.

Cobrança de benefícios indevidos. São Paulo: LTr, 2012.

Comentários ao estatuto do idoso. 3. ed. São Paulo: LTr, 2012.

Desaposentação. 5. ed. São Paulo: LTr, 2012.

A Prova no Direito Previdenciário. 3. ed. São Paulo: LTr, 2012.

Aposentadoria Especial do Servidor. 2. ed. São Paulo: LTr, 2012.

Em coautoria:

Temas — Administrativo Social. 1988.

Contribuições sociais — Questões polêmicas. Dialética, 1995.

Noções atuais de direito do trabalho. São Paulo: LTr, 1995.

Contribuições sociais — Questões atuais. Dialética, 1996.

Manual dos direitos do trabalhador. 3. ed. Editora do Autor, 1996.

Legislação da previdência social. Rede Brasil, 1997.

Processo Administrativo Fiscal. 2. v. Dialética, 1997.

Dez anos de contribuição. Editora Celso Bastos, 1998.

Estudos ao direito. Homenagem a Washington Luiz da Trindade. São Paulo: LTr, 1998.

Introdução ao direito previdenciário. LTr-ANPREV, 1998.

Perspectivas atuais do direito, 1998.

Processo administrativo fiscal. 3. v., 1998.

Temas administrativo social. 1988.

Temas atuais de previdência social — Homenagem a Celso Barroso Leite. São Paulo: LTr, 1998.

Contribuição previdenciária. Dialética, 1999.

A previdência social hoje. LTr, 2005.

Temas atuais de direito do trabalho e direito previdenciário rural — Homenagem a Antenor Pelegrino. São Paulo: LTr, 2006.

Não jurídicos:

O tesouro da Ilha Jacaré. São Paulo: Editora CEJA, 2001.

Manual do Pseudo Intelectual. São Paulo: Editora Apanova, 2002.

Contando com o vento. São Paulo: Editora Apanova, 2003.

Estórias do Zé Novaes. São Paulo, edição do autor, 2008.

Produção Gráfica e Editoração Eletrônica: Peter Fritz Strotbek
Projeto de Capa: Fabio Giglio
Impressão: Orgrafic